辽金历史与考古

辽宁省博物馆 辽宁省辽金契丹女真史研究会 编

第十四辑

科学出版社
北京

内 容 简 介

本书涉及考古发现与研究、历史研究、文物研究、碑志研究、辽海文博等栏目，刊登以辽金史研究为主的原创性学术论文42篇，总字数65万字。其中，考古发现与研究论文3篇，包括宋、辽、金、西夏嫔伽脊饰的考古学研究等；历史研究17篇，多结合传世文献史料和考古资料对辽金史重点难点问题进行研究探讨；文物研究5篇，对近年出土的辽金文物进行深入分析和研究；碑志研究8篇，为本书的常设特色栏目；辽海文博9篇，是对文博行业发展有较高价值的研究。

本书适合文物考古研究工作者及大专院校师生参阅。

图书在版编目（CIP）数据

辽金历史与考古. 第十四辑 / 辽宁省博物馆，辽宁省辽金契丹女真史研究会编. —北京：科学出版社，2024.1
  ISBN 978-7-03-077652-5

Ⅰ. ①辽⋯　Ⅱ. ①辽⋯　②辽⋯　Ⅲ. ①中国历史—研究—辽金时代 ②考古—研究—中国—辽金时代　Ⅳ. ① K246.07　② K871.44

中国国家版本馆CIP数据核字（2024）第016708号

责任编辑：王琳玮 / 责任校对：邹慧卿
责任印制：肖　兴 / 封面设计：北京美光设计制版有限公司

科学出版社 出版
北京东黄城根北街16号
邮政编码：100717
http://www.sciencep.com
北京中科印刷有限公司印刷
科学出版社发行　各地新华书店经销
*
2024年1月第 一 版　开本：787×1092　1/16
2024年1月第一次印刷　印张：27 3/4　插页：2
字数：650 000
定价：258.00元
（如有印装质量问题，我社负责调换）

《辽金历史与考古》编委会

目　　录

考古发现与研究

历　史　研　究

文 物 研 究

碑 志 研 究

辽 海 文 博

辽金历史与考古 · 第十四辑

考古发现与研究

宋、辽、金、西夏嫔伽脊饰的考古学研究

朱靖宇　彭善国

内容提要： 10世纪中后期至11世纪初出现的嫔伽脊饰是我国古代脊饰演变中的重要一环，本文通过类型学排比发现，宋、辽、西夏的嫔伽脊饰以双手合十为主，金朝出现了双手持物嫔伽，并辨析出了一批金代产品。嫔伽脊饰的出现与传播和宋金时期净土信仰流行有关，金代受到供养思想的影响，嫔伽脊饰出现了持物形象。金代以后，嫔伽逐渐衰落。

关键词： 嫔伽脊饰　类型学研究　源流　文化内涵

中国古代屋脊，从新石器时期就扮演着重要的角色。先秦时期，瓦当出现，屋脊不仅承担遮风避雨的功能，还慢慢发展成社会地位和人文情趣的表征。

本文研究的是宋、辽、金、西夏的嫔伽脊饰，时间上从10世纪初到13世纪中叶，地理范围参考谭其骧主编的《中国历史地图集》第6册[1]，包括金代晚期的东北边疆割据政权。

嫔伽是10世纪中后期至11世纪初新出现的脊饰类型，也是我国古代脊饰演变中的重要一环。《营造法式》记载：殿、阁、厅、堂、亭、榭转角，上下用套兽、嫔伽、蹲兽、滴当火珠等[2]；套兽施之于子角梁首，嫔伽施于角上，蹲兽在嫔伽之后。其滴当火珠在檐头华头甋瓦之上[3]。目前学界的研究多集中在石窟寺内的迦陵频伽，对嫔伽脊饰关注较少[4]，嫔伽

1　谭其骧主编：《中国历史地图集（第6册）宋·辽·金时期》，中国地图出版社，1982年。

2　（宋）李诫著，王海燕注译：《营造法式译解》，华中科技大学出版社，2011年，第194页。

3　（宋）李诫著，王海燕注译：《营造法式译解》，华中科技大学出版社，2011年，第194页。

4　对迦陵频伽的研究目前多集中在石窟壁画上，有刘璟：《敦煌石窟"迦陵频伽"图像的认定与来源》，《美术》2021年第4期；靳艳、何瑞：《试述甘肃地区迦陵频伽分布与演变》，《社科纵横》2020年第11期；段婷婷：《迦陵频伽乐舞形象研究》，《河南教育学院学报（哲学社会科学版）》2019年第2期；张艺洋：《佛教造像符号迦陵频伽的象征与表达》，陕西师范大学硕士学位论文，2018年；孙武军、张佳：《敦煌壁画迦陵频伽图像的起源与演变》，《中国国家博物馆馆刊》2018年第4期；胡曼：《从"迦陵频伽"图像的象征意义看唐代佛教音乐美学思想》，西安音乐学院硕士学位论文，2014年；叶明春：《唐代敦煌壁画"迦陵频伽"造像与佛教音乐美学》，《交响（西安音乐学院学报）》2013年第4期；徐英：《迦陵频伽：从西天佛国到北疆草原的意义嬗变》，《艺术探索》2013年第5期；任平山：《迦陵频伽及其相关问题》，四川大学硕士学位论文，2004年；陈雪静：《迦陵频伽起源考》，《敦煌研究》2002年第3期；程雅娟：《东渡后的佛教妙音鸟形象——日本〈舞乐图〉与〈法华圣卷〉中"迦陵频"服饰研究》，《装饰》2012年第4期等。

脊饰发展脉络和文化内涵的探讨也较为欠缺[5]。本文欲在学界研究的基础上，探讨宋金时期嫔伽脊饰的类型与年代，并通过梳理宋金时期的历史背景，对其出现和形象转变原因进行思考。对于高等级建筑和佛寺才有资格使用的脊饰进行研究，有助于我们进一步了解宋金时期古建筑的发展脉络和不同政权之间的政治、文化交流（图一）。

图一　《拜月图》中所绘嫔伽脊饰

［图片来源：（宋）佚名《拜月图》，台北故宫博物院藏］

一、考古出土嫔伽脊饰简介

将目前搜集到的脊饰材料按时代分类进行简单介绍（表一）。

表一　宋金时期的嫔伽脊饰（以考古出土为主）

序号	年代	建筑址/墓葬	具体情况	类型	出处（注释）
1	北宋	东京顺天门	出土3件嫔伽脊饰，比较完整的一件宽袖下飘，双手合十，背有双翼，下露锋利的三趾鸟爪，腹部似蚕茧，腿部蜷在身体两侧；2件嫔伽尾部残件	Aa型	6
2	北宋	洛阳城北宋衙署宅院	1件，头部及腿部以下残。双手合十，袒胸，背有双翅，底部为椭圆筒形底座	Aa型	7

5　嫔伽脊饰研究有：聂鸿音：《迦陵频伽在西夏王陵的象征意义》，《宁夏师范学院学报》2007年第1期；牛达生：《自成体系的西夏陵屋顶装饰构件》，《西夏学》2013年第2期；黄洪波：《宋代建筑屋顶仙人脊饰形象探析》，《装饰》2015年第6期；杨彩虹、杨艳、马玉洁、武宇清：《磁州窑妙音鸟的建筑解读》，《建筑与文化》2020年第4期；葛奇峰：《妙音千年：文物中所见迦陵频伽神鸟》，《收藏》2018年第12期；牛昊林：《唐宋建筑脊饰研究》，吉林大学硕士学位论文，2021年；姜子强：《金代文物中的迦陵频伽》，《大众考古》2021年第5期；远宏、王嫣嫣：《金代磁州窑三彩脊饰迦陵频伽的设计特征》，《山东陶瓷》2022年第6期。

续表

序号	年代	建筑址/墓葬	具体情况	类型	出处（注释）
3	北宋	元德李皇后陵	2件残件，只余头部，头顶戴冠，眉心似有白毫。其中一件嫔伽脊饰头部以下保存了用于套接的榫卯结构	/	14
4	南宋	南宋御街严官巷遗址	3件，2件手合十拱于胸前，下肢为卷曲的鸟爪，蜷在腰部两侧，整体雕刻精细；1件光头大耳，面带微笑，背有双翼，腹部圆鼓，刻划线纹，下肢蜷曲在体侧，面部、手部残缺	Aa型	9
5	南宋	南宋皇陵	3件嫔伽残件，2件双手合十，腰部以下残缺，1件只余头部	Aa型	10
6	南宋	德寿宫	未披露详细信息	/	16
7	南宋	恭圣仁烈皇后宅遗址	翅膀残件	/	15
8	辽	城四家子遗址辽代建筑址	1件。头部与手部残损，双手似为合十，下身方形台座，两爪蜷在体侧	Aa型	11
9	西夏	西夏三号陵	76件。均为双手合十，分为五角花冠和四角花冠两种，背有双翼，下半身为台座，上刻有卷云纹	Aa型	8
10	金	塔东遗址	均为残件，依稀可以辨认出掌部、嫔伽羽毛等残件	A型	13
11	金	岱庙	出土十几件，较完整的有3件。两件人首鸟身，头戴菩萨冠，双手捧物拱于胸前，物下垫方巾，尾上翘，双爪挺立于一饰有云纹的底座上，面部安详，体态轻盈，通体施黄釉；一件头部残缺，双手捧物，站立在兽头上	Ba型	17
12	金	皇陵	9件，7件琉璃、2件陶质迦陵频伽脊饰。琉璃迦陵频伽保存较好，人首鸟身，背有双翅，头戴花冠，双手捧盒放于胸前，站立在兽头上	Ba型	18
13	金	太子城	未披露数量，公布的1件嫔伽头戴宝冠，上身人形，袒露胸部，双手捧一圆盒状物于胸前，下身鸟形，背生双翅，尾部平伸，立于兽头形座上	Ba型	19
14	金	宝马城	1件，JZ1台基东侧出土，人首鸟身，背有双翼，头顶戴冠，手持香花，站立在筒形台座上	Bb型	21
15	金	金上京皇城西部	残损严重，只余躯干	/	23
16	金	观台窑	9件，包括三彩嫔伽和素胎嫔伽。三彩嫔伽1件双手合十，素胎嫔伽残件中2件手中捧物	Ab/Bb	12
17	金	吉林省文物考古研究所藏	1件。三彩，眉心似贴花。发冠残损，头部两侧有飘带，背生双翅，双手于胸前捧盒，下部垫巾，腰部系腰带打成如意结，腰部以下残缺	Ba型	资料未公布
18	金	首都博物馆藏	1件。绿釉迦陵频伽造像，头部戴冠，手部持物，背有双翼，腹部系有如意结。腿部修长，踩在底座上	Ba型	20
19	东夏	磨盘村山城2号建筑址	1件。嫔伽头部残件	/	24

　　根据手部和腿部姿态，将宋金时期的嫔伽脊饰分为两型，A型"双手合十"，按腿部可分为两亚型：Aa型，腿部蜷在身体两侧，双手合十置于胸前，背有双翼，腹部刻纹，后有鸟尾；Ab型，腿部修长，站立在台座上。B型"双手持物"嫔伽脊饰，根据手持物和站立物的区别，可以再分为两个亚型：Ba型，手中持盒类物，下垫巾，多站立在兽头上；Bb型，手中持盘、莲蕾等物，下部多为台座。

　　A型脊饰主要在宋、西夏和辽流行，金朝不多见。Aa型脊饰见于北宋东京城顺天门遗址[6]（图二，1）、洛阳城衙署遗址[7]（图二，3）；西夏三号陵[8]（图二，2）；南宋御

图二　A型嫔伽脊饰

1～5. Aa型（东京城顺天门遗址T1016H118：12、西夏三号陵T0602②：10、洛阳城衙署遗址DT45②：24、
南宋御街严官巷遗址T6④：10、城四家子遗址辽代建筑址出土嫔伽脊饰）

6. Ab型（观台磁州窑Y3①：135）

6　河南省文物考古研究院、开封市文物考古研究所、城市考古与保护国家文物局重点科研基地、河南大学历史文化学院文博系：《河南开封北宋东京城顺天门遗址2012～2017年勘探发掘简报》，《华夏考古》2019年第1期。

7　中国社会科学院考古研究所编著：《隋唐洛阳城1959～2001年考古发掘报告》，文物出版社，2014年。

8　宁夏文物考古研究所、银川西夏陵区管理处编著：《西夏三号陵：地面遗迹发掘报告》，科学出版社，2007年。

街[9]（图二，4）、皇陵[10]；城四家子城址辽代建筑址[11]（图二，5）等。Ab型数量不多，在观台磁州窑遗址[12]内有发现（图二，6）。此外，昌图县塔东遗址[13]出土残件双手合十，无法确定腿部情况；元德李皇后陵[14]、恭圣仁烈皇后宅[15]出土了一些手部残缺，或只余头部、翅膀、尾部的嫔伽残件，难以进行归纳；德寿宫[16]未披露嫔伽详细信息。从可辨认的遗物来看，宋、辽、西夏暂未发现B型脊饰。

    金代发现了少量A型脊饰，以B型嫔伽脊饰更为多见。Ba型以岱庙[17]（图三，1）、金代皇陵[18]（图三，2）、太子城[19]（图三，3）、吉林省文物考古研究所藏（解峰老师提供）（图三，4）和首都博物馆藏[20]嫔伽（图四，2）为代表；Bb型以宝马城[21]（图三，6）和观台磁州窑址[22]（图三，5）出土嫔伽为代表。金上京皇城西部出土的嫔伽只余躯干，难以辨析类型[23]。东夏国是金代晚期东北边疆地区的割据政权，嫔伽只余头部[24]。

二、迦陵频伽与嫔伽脊饰来源

    迦陵频伽一词多见于佛教典籍，从典籍记载中看，迦陵频伽声音优美和雅，世所难及，故也被称为"妙音鸟"。东晋《华严经》记载：迦陵频伽鸟等，出妙音声[25]。十六

9 杭州市文物考古所编著：《南宋御街遗址》（上册），文物出版社，2013年。

10 时萧、雷长胜、吴丝禾等：《浙江绍兴宋六陵陵园遗址2018年考古发掘简报》，《考古与文物》2021年第1期；远宏、王嫣嫣：《金代磁州窑三彩脊饰迦陵频伽的设计特征》，《山东陶瓷》2022年第6期。

11 梁会丽、张迪、解峰、顾聆博：《吉林白城城四家子城址建筑台基发掘简报》，《文物》2016年第9期。

12 北京大学考古学系、河北省文物研究所等：《观台磁州窑址》，文物出版社，1997年。

13 辽宁省文物考古研究所、铁岭市博物馆、昌图县文管所：《辽宁昌图县塔东辽代遗址的发掘》，《考古》2013年第2期。见赵里萌、王琦：《辽宁昌图城楞地城址调查简记》，《辽金历史与考古（第十二辑）》，科学出版社，2021年，认为遗址应为金代，本文采用这种看法。

14 河南省文物考古研究所编：《北宋皇陵》，中州古籍出版社，1997年，第337页。

15 杭州市文物考古所编著：《南宋恭圣仁烈皇后宅遗址》，文物出版社，2008年。

16 黄贵强、朱正：《南宋德寿宫遗址建筑工字殿复原研究》，《杭州文博》2023年第1期。

17 赵鹏：《泰安岱庙出土的宋代妙音鸟》，《文博》2006年第1期。

18 北京市文物研究所编：《北京金代皇陵》，文物出版社，2006年，第120页。

19 河北省文物研究所、张家口市文物考古研究所、崇礼区文化广电和旅游局：《河北张家口市太子城金代城址》，《考古》2019年第7期。

20 首都博物馆编：《大辽五京——内蒙古出土文物暨辽南京建城1080年展》，文物出版社，2018年。

21 吉林省文物考古研究所、吉林大学边疆考古研究中心：《吉林安图县金代长白山神庙遗址》，《考古》2018年第7期。

22 北京大学考古学系、河北省文物研究所等：《观台磁州窑址》，文物出版社，1997年。

23 赵永军、刘阳：《哈尔滨市阿城区金上京皇城西部建筑址2015年发掘简报》，《考古》2017年第6期。

24 徐廷：《虚构的云顶天宫，真实的东夏王国 东夏国南京城故址探秘》，《大众考古》2020年第6期。

25 （东晋）佛陀跋陀罗译：《华严经》卷51，日本大正新修大藏经本。

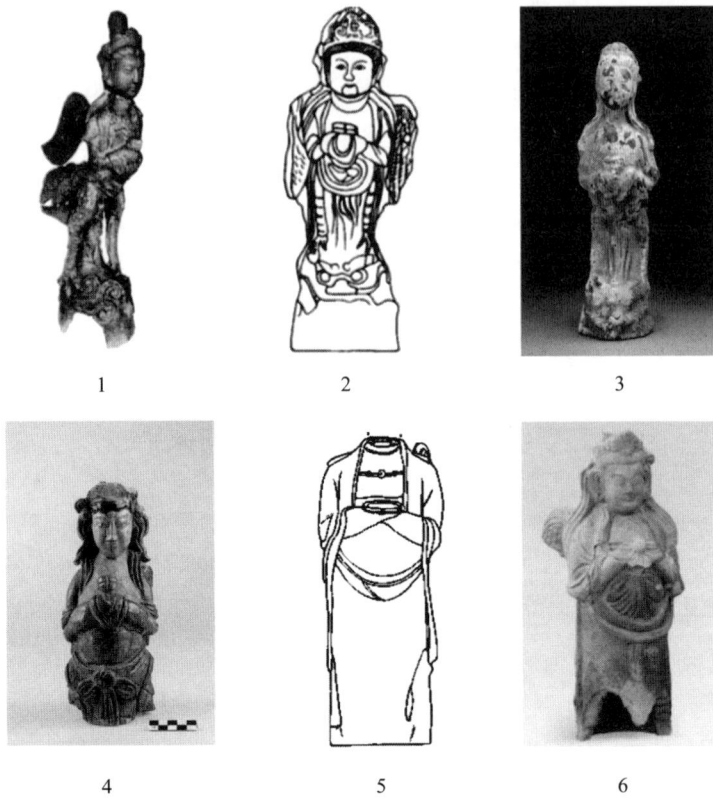

图三　B型嫔伽脊饰

1~4.Ba型（岱庙清理出土、金代皇陵标本2001FJLP4：48、太子城17CTT1608②：9、吉林省文物考古研究所藏嫔伽）　5、6.Bb型（观台磁州窑Z3：2、宝马城JZ1台基东侧出土迦陵频伽）

图四　双手捧物的嫔伽脊饰

1.应县木塔女供养人画像　2.首都博物馆藏嫔伽脊饰　3.岱庙出土嫔伽

国后秦时期《阿弥陀佛经》：彼国常有种种奇妙杂色之鸟白鹄、孔雀、鹦鹉、舍利、迦陵频伽、共命之鸟，是诸众鸟，昼夜六时出和雅音[26]。南朝梁《释迦谱》：二十恒河沙诸飞鸟王，凫雁鸳鸯孔雀迦陵频伽鸟耆婆鸟，持诸花果稽首佛足[27]。唐《华严经》：譬如雪山迦陵频伽鸟，在壳中，有大势力，一切诸鸟所不能及[28]，早期的佛教典籍中多强调迦陵频伽声音美妙。隋唐时期，关于迦陵频伽的记载增多，隋代的《法华玄义》《摩诃止观》，唐代的《华严经疏》《一切经音义》《净土法师赞》《金光明经》《宝积经》等都有迦陵频伽的相关记载，地位逐渐超过众多的奇妙杂色之鸟，"一切诸鸟所不能及"。

　　目前国内关于中国迦陵频伽形象的来源，陈雪静认为迦陵频伽来源于古印度的神话传说，是印度神话和希腊神话结合的产物[29]。朱岩石则认为迦陵频伽源于中国传统文化，是取代了南北朝"千秋万岁"形象而出现的新元素[30]。任平山认为迦陵频伽是中国传统神话中的西王母人头鸟与佛教思想相互碰撞的结果，目前比较确定的迦陵频伽形象可以追溯到初唐莫高窟[31]，成为后世迦陵频伽形象的滥觞。

　　迦陵频伽集中在莫高窟的观无量经变画和阿弥陀佛经变画中出现，是阿弥陀极乐净土的代表符号，随着西方净土变相题材的流传，影响力不断增加[32]。据学者统计，盛唐莫高窟中出现迦陵频伽的应有6窟，中唐则有25窟，晚唐12窟，到了五代则只有3窟[33]。在佛教题材中，迦陵频伽的地位呈上升的态势。盛唐时期225窟的迦陵频伽有背光；445窟的阿弥陀经变中，迦陵频伽出现在画面中轴线上，手持乐器，立于阿弥陀佛身下；中唐时期，迦陵频伽壁画发展到了顶峰，不仅数量上最多，在112窟南壁观无量寿经变中出现了站立在中轴线上，和独舞的音乐伎、阿弥陀佛构成画面中心的迦陵频伽形象；并且迦陵频伽逐渐超脱了西方净土题材，在一些表现释迦牟尼说法的场合也开始出现[34]。莫高窟外，墓葬、石窟藻井、边饰图案、银梳、铜镜中都出现了迦陵频伽[35]。虽然莫高窟五代以后衰落，但是唐代莫高窟西方净土的经变画中，迦陵频伽出现的频率和其地位逐渐上升，迦陵频伽已经成为了西方净土的重要代表符号。

　　宋代流行的佛教教派可以分为"义理型佛教"和"功德型佛教"，"义理型佛教"包括华严、天台、唯识等宗派，以探究诸法实相和自我证悟为主，由于义理深奥，趋于式微；而"功德型佛教"注重世俗化，禅宗宣扬禅机为核心的"文字禅"，净土宗渲染

26　（十六国后秦）鸠摩罗什译：《阿弥陀佛经》卷1，日本大正新修大藏经本。

27　（南朝梁）僧祐撰：《释迦谱》卷1，日本大正新修大藏经本。

28　（唐）般若译：《华严经》卷36，日本大正新修大藏经本。

29　陈雪静：《迦陵频伽起源考》，《敦煌研究》2002年第3期。

30　朱岩石：《"千秋万岁"图像源流浅识》，《汉唐与边疆考古研究（第一辑）》，科学出版社，1994年，第131页。

31　任平山：《迦陵频伽及其相关问题》，四川大学硕士学位论文，2004年。

32　任平山：《迦陵频伽及其相关问题》，四川大学硕士学位论文，2004年。

33　任平山：《迦陵频伽及其相关问题》，四川大学硕士学位论文，2004年。

34　任平山：《迦陵频伽及其相关问题》，四川大学硕士学位论文，2004年。

35　任平山：《迦陵频伽及其相关问题》，四川大学硕士学位论文，2004年。

念佛法门简单易行、获益快捷，迎合了普通民众的心理，加上"功德型佛教"抛弃了深奥晦涩的义理，宣扬"积善之家必有余庆、积不善之家必有余殃"的传统报应观念，在宋代迅速流行开来[36]。而就各宗派的信仰人数来说，净土宗毫无疑问地压倒包括禅宗在内的其他佛教，因为净土信仰给人们展示了一幅无比美好的理想国度的蓝图，且往生净土之法又极为简便，只要口念阿弥陀佛，死后便可往生净土[37]。两宋净土宗发展的一个显著特征是，净土宗已经不是一个专门的佛教宗派而是佛教各派的共宗[38]。辽、西夏的情况与宋类似，入宋以后，佛教整体的发展趋势就是世俗化，用简单的仪式取代晦涩的义理，降低准入门槛，将更多的人纳入到佛教信仰中来[39]。在净土信仰流行的情况下，迦陵频伽作为西方净土的一个代表符号，出现在宋、辽、西夏时期的高等级建筑中也合乎情理。

迦陵频伽在莫高窟净土变中的形象可以分为双手合十与手持乐器两类，五代以后迦陵频伽供养神，主要是音乐供养神的属性已经衰落，手中持乐器的迦陵频伽数量大大减少。而从经书合掌记载来看，合掌并没有特殊的含义，更多的是表示一种礼节，是佛教中最为常见的手势之一。因此北宋与辽境内出现A型脊饰，一方面是佛教净土信仰在统治阶层中流行的体现；另一方面，在迦陵频伽音乐供养功能衰落的情况下，继续采用了常见的双手合十的手势，手部姿态指向性并不明确。这种脊饰出现之后，得益于佛教的兴盛，在北宋、辽、西夏迅速传播开来，南宋灭亡之后，Aa型脊饰基本不见。

三、佛教信仰与嫔伽脊饰形象的转变

金朝也盛行佛教信仰，主要继承于北宋和辽，以禅宗为主，兼有净土宗、律宗、华严宗、密宗等宗派[40]。如前文所说，入宋以后，净土已经成为了各个宗派普遍的信仰，即使是宣扬修行内心便可成佛的禅宗也逐渐认可了净土的存在。且"时金有国七十年，礼乐刑政因辽、宋旧制"[41]，金朝统治者继承了北宋和辽在屋脊上使用嫔伽脊饰的传统。

金朝流行B型脊饰，在宫殿、皇陵和祭庙中都有发现，与它同时期的南宋发现的仍以A型为主。但是金代发现的无论是A型还是B型脊饰，形体都更加修长，人物比例基本与我们常见的人物比例相当，上下身比例大概为1∶1.2，站立在台座上，最大的变化是从双手合十转变为双手持物。

36　陈雷：《宋代佛教世俗化的向度及其启示》，《宁夏社会科学》2019年第5期。

37　范立舟：《净土信仰与南宋白莲教》，《暨南学报（哲学社会科学版）》2013年第7期。

38　范立舟：《净土信仰与南宋白莲教》，《暨南学报（哲学社会科学版）》2013年第7期。

39　辽与西夏的信仰可见张国庆：《论辽人佛教信仰的功利性特征》，《论草原文化（第六辑）》，内蒙古教育出版社，2009年；索罗宁：《西夏佛教之"系统性"初探》，《世界宗教研究》2013年第4期；聂鸿音：《迦陵频伽在西夏王陵的象征意义》，《宁夏师范学院学报》2007年第1期。

40　金朝佛教情况可见：王德朋：《近三十年来金代佛教研究述评》，《中国史研究动态》2012年第4期；王德朋：《论金代佛教的历史渊源》，《兰州学刊》2018年第9期；孙梦瑶：《金朝上京地区佛教研究》，哈尔滨师范大学硕士学位论文，2020年。

41　《金史》卷73《完颜守贞传》，中华书局，1975年。

　　从唐代及以前开始，佛经与经变画之外的迦陵频伽就已经在人们有意识或无意识的主导下，出现了手中持物供养（不包括手中持乐器）的形象。唐代山西薛儆墓[42]（图五，1）、禅众寺舍利金棺[43]（图五，2）、长干寺舍利金棺[44]（图五，3）、扶风法门

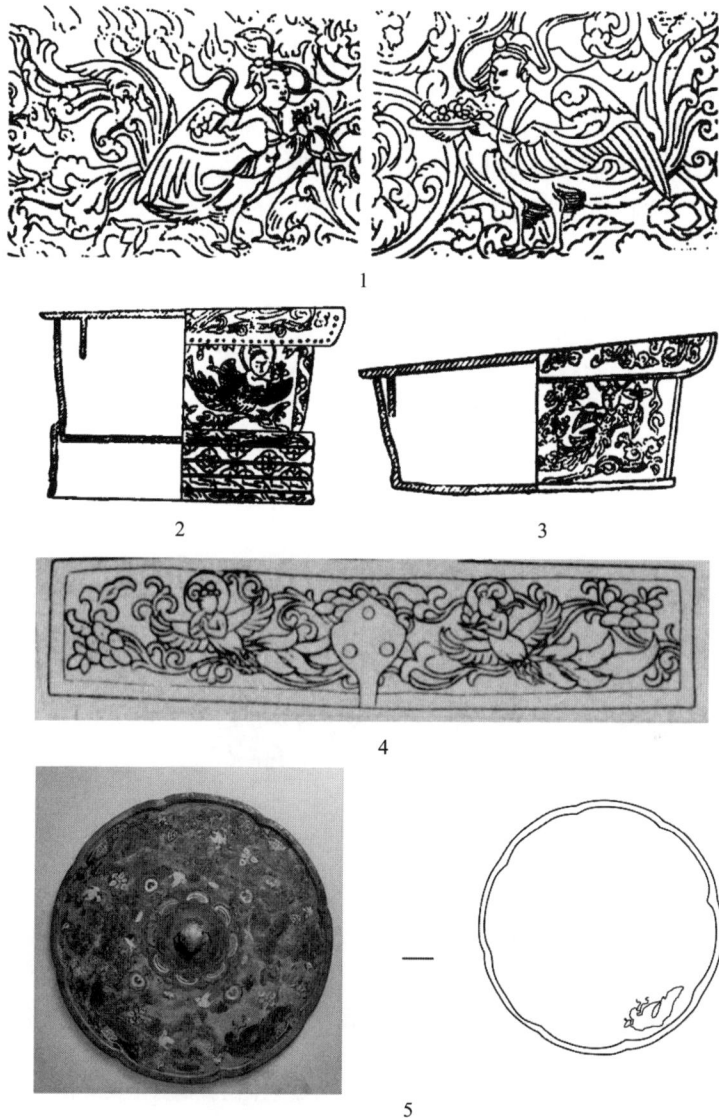

图五　宋代之前迦陵频伽持物形象
1.山西薛儆墓出土迦陵频伽　2.禅众寺舍利金棺迦陵频伽形象　3.长干寺舍利金棺迦陵频伽形象
4.法门寺地宫鎏金银宝函顶盖上錾刻迦陵频伽　5.金银平脱羽人花鸟葵花镜

42　山西省考古研究所编著：《唐代薛儆墓发掘报告》，科学出版社，2000年，第55、56页。

43　郑金星、刘受农、杨荣春、梁白泉：《江苏镇江甘露寺铁塔塔基发掘记》，《考古》1961年第6期。

44　郑金星、刘受农、杨荣春、梁白泉：《江苏镇江甘露寺铁塔塔基发掘记》，《考古》1961年第6期。

寺地宫的铜浮屠[45]（图五，4）、铜镜[46]（图五，5）都发现了手中捧物的迦陵频伽形象。

入宋以后，佛教兴盛，这种现象变得更为多见。北宋初祖庵殿内的石柱上雕刻有一手执佛珠，一手执香花的迦陵频伽[47]；巴林右旗和布特哈达辽墓出土了双手捧香花的迦陵频伽金耳环[48]（图六，5），辽代张家营子辽墓出土了一件迦陵频伽铜镜，迦陵频伽双手持物[49]（图六，2），喜闻过斋藏迦陵频伽火珠纹山形筒式鎏金红铜冠上所绘迦陵频伽双手持物，中间为一颗火焰宝珠，浮于莲花宝座上[50]（图六，4）。赵德钧墓出土的铜质迦陵频伽像（图六，3），辽上京雕刻的迦陵频伽石造像，手中均捧物[51]。云冈石窟第五、六窟窟顶辽金佛寺遗址出土的迦陵频伽瓦当漫漶不清，但能明显看出手中持物[52]（图六，1）。库伦旗八号辽墓壁画绘制的迦陵频伽，双手捧一朵盛开的牡丹花[53]。

图六　宋辽时期迦陵频伽手中持物

1.云冈石窟辽金佛寺遗址出土迦陵频伽瓦当　2.张家营子辽墓出土迦陵频伽铜镜　3.赵德钧墓出土铜质迦陵频伽像　4.喜闻过斋藏迦陵频伽鎏金红铜冠　5.巴林右旗和布特哈达辽墓出土迦陵频伽金耳环

45　韩伟、王占奎、金宪镛、曹玮、任周芳、淮建邦、傅升岐：《扶风法门寺塔唐代地宫发掘简报》，《文物》1988年第10期。

46　中国青铜器全集编辑委员会编：《中国美术分类全集·中国青铜器全集·铜镜》，文物出版社，2005年，第115页。

47　徐英：《迦陵频伽：从西天佛国到北疆草原的意义嬗变》，《艺术探索》2013年第5期。

48　扬之水：《辽代金银饰品知见录》，《湖南省博物馆馆刊（第16辑）》，岳麓书社，2020年，第422～434页。

49　冯永谦：《辽宁省建平、新民的三座辽墓》，《考古》1960年第2期。

50　宋晓薇：《辽代金冠研究》，北京服装学院硕士学位论文，2020年。

51　祁皓月：《丝绸之路背景下辽代外来文化因素文物探析》，内蒙古师范大学硕士学位论文，2020年。

52　谷敏、张庆捷、张焯等：《云冈石窟窟顶二区北魏辽金佛教寺院遗址》，《考古学报》2019年第1期。

53　邵国田：《敖汉旗羊山1～3号辽墓清理简报》，《内蒙古文物考古》1999年第1期。

可以看出，莫高窟经变画所绘迦陵频伽囿于佛经内容，画匠的创作往往有比较固定的范式。脱离经变的限制之后，迦陵频伽的形象更为丰富。从唐代开始，莫高窟外的迦陵频伽就有了持物供养的形象。北宋和辽，迦陵频伽手中持物供奉的频率越来越高。

迦陵频伽出现持物的现象，应与供养思想有关。《十地经论》卷三中记载，"一切供养者有三种供养，一者利养供养，谓衣服卧具等。二者恭敬供养，谓香花幡盖等。三者行供养，谓修行信戒行等"[54]。法门寺地宫出土器物基本都是皇室贵族的供养品。入宋以后，供养文化更为盛行。由于净土宗流行，许多普通人开始信仰佛教，追求西天净土极乐世界。除了自诵佛经、修行自身之外，他们经常还会向佛寺捐赠钱物、香花幡盖，以显示自己的诚心。佛教经典中记载的供养人为供养对象施供之物品大概有僧舍、卧具、衣被、饮食、香药、香花、幡盖、灯烛、悬缯、财宝、伎乐[55]。关山M4《秦国太妃墓志》载：皇太后躬亲左右，夙夜扶持。馈其药则先尝，扇其枕则废寝。奉香花以供佛，严著蔡以告神[56]。董匡信及其妻王氏墓志铭，记王氏"又恒以清净心，日课上生法花观音品"[57]。

从现存的辽金时期供养形象推测B型脊饰可能也受到了供养思想的影响。应县木塔中的两侧女性供养人出现了下垫方巾、上放盘、盘中放供养品的做法，这种做法也见于Ba型双手捧盒的嫔伽脊饰（图四）。Ba型脊饰一般为下垫方巾，上面放置供养品，这种形式为之前所不见，无论是莫高窟中还是世俗的墓葬中都很少见下垫方巾的做法。应县木塔的供养形象提示我们在辽金的一段时间内，或许流行过供养人下垫方巾再捧供奉物的习惯，Ba型嫔伽脊饰可能也是这种供养习惯的反映。

Ba型方巾上的盒，未曾展示盒中内容，不能确定盒中为何物，有可能是香料，也有可能是食物等其他供奉品，这是嫔伽供奉行为与供养人形象的一个不同。

Bb型脊饰中部分手持托盘（图七，2～4），辽代真寂寺石窟发现了供养人的造像，该供养人造像高约0.8米，呈跪状，双手托供盘，面向佛祖，低眉下目，极显虔诚之状[58]。山西应县木塔绘有三男三女共六人的画像，女供养人中两侧手捧盘，下垫方巾，内盛灵芝珊瑚等物；中间的供养人似身着菩萨服，捧盘内为鲜花（图七，1）；男供养人两手持盘，盘内放宝瓶[59]。西夏时期莫高窟328窟（图七，5），俄藏X-2435观音菩萨（图七，7）、俄藏《维摩诘和供养菩萨》（X.2463）供养人手捧盘，盘内放置鲜花等物[60]。莫高窟61窟僧侣手托盘，盘中放置供养品（图七，6）。南宋时期大足多宝塔中也发现手中捧物的供养人[61]。两宋时期供养人手中持盘供养的形象十分常见，Bb型嫔伽饮食供奉时下置托盘的形制，与之十分相似。

54　（北魏）菩提流支译：《十地经论》卷3，日本大正新修大藏经本。

55　张国庆：《辽代佛教供养行为考论》，《辽宁大学学报（哲学社会科学版）》2009年第5期。

56　向南、张国庆、李宇峰辑注：《辽代石刻文续编》，辽宁人民出版社，2010年，第91页。

57　北京市文物局编：《北京辽金史迹图志（下）》，北京燕山出版社，2004年，第155页。

58　张国庆：《辽代佛教供养行为考论》，《辽宁大学学报（哲学社会科学版）》2009年第5期。

59　杨学勇：《从供养人壁画看山西应县佛宫寺释迦塔的供养问题》，《山西档案》2012年第4期。

60　刘兴好：《西夏图像中的供养器研究》，宁夏大学硕士学位论文，2022年。

61　李红霞：《大足南宋多宝塔供养人像及题记的考察》，《长江文明》2018年第4期。

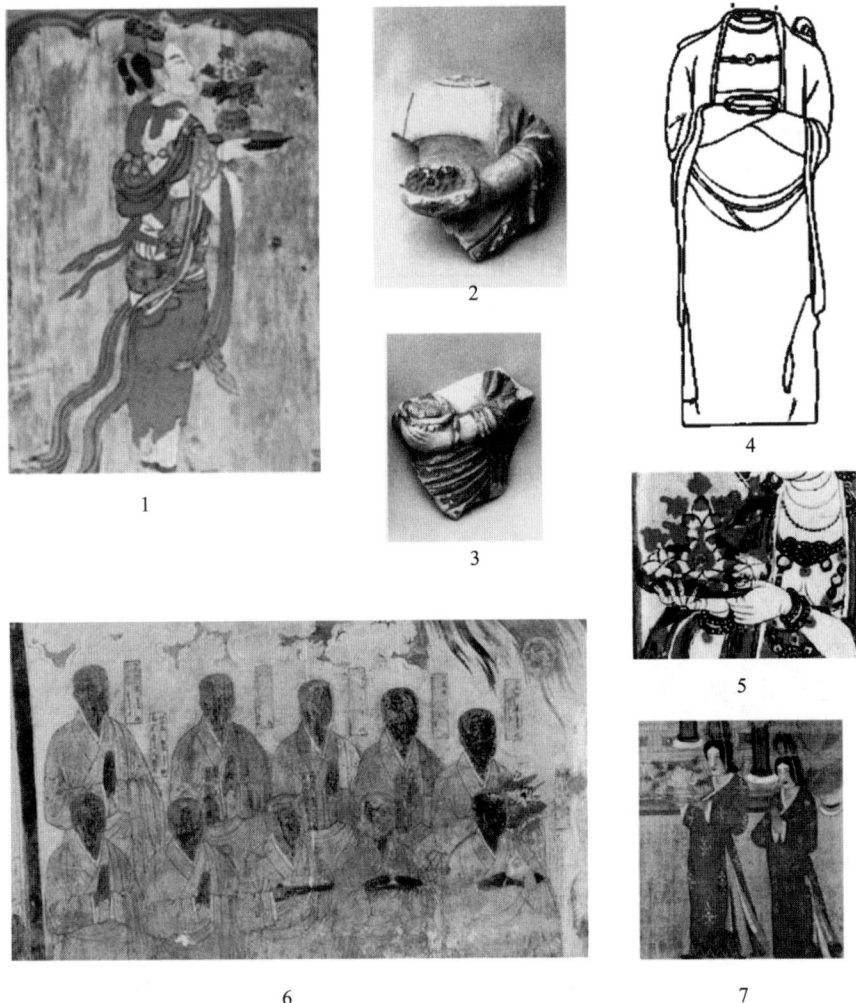

图七　手中托盘供养的人物形象

1. 应县木塔女供养人画像　2. 观台磁州窑址Y4①：83　3. 观台磁州窑址T10⑤：142　4. 观台磁州窑址Z3：4
5. 莫高窟328窟壁画　6. 莫高窟61窟供养僧壁画（图源：数字敦煌）　7. 俄藏X-2435观音菩萨

　　而Bb型嫔伽手中持物，目前可以辨认出的有香花和饮食两类，与《十地经论》供养人供奉物中的记载相吻合。香花是常见的供奉物，在史书和壁画中都有记载[62]。观台磁州窑出土的两件嫔伽脊饰残件，一件盘中置花瓣形饼，一件盘中为堆成山尖形的食物（图七，2、3），也与宋金时期民间供养行为类似。综上，B型脊饰在内容和形式上都能看出受供养文化影响的痕迹。

　　入宋以后，随着民间供养热情高涨，迦陵频伽手中持物越发多见，金朝在继承前代的基础上，顺应社会变化出现了B型脊饰。"故远自开元所记，降及辽宋之末，参用讲

62　刘兴妤：《西夏图像中的供养器研究》，宁夏大学硕士学位论文，2022年。

求。有便于今者，不必泥古；取正于法者，亦无循习"[63]，金朝脊饰的变化可能与统治者没有照搬辽宋制度有关，至于在辽及北宋时期，佛教盛行，民间供养热情也较高，为何没有出现持物供养的嫔伽形象，目前尚不能确定原因。

四、结　语

宋、辽、西夏嫔伽多为双手合十、腿部蜷在身体两侧、腰部以下为台座的形象，金代出现了腿部修长、站立在兽头或台座上的嫔伽脊饰，手部有双手合十和持物两种，以持物更为多见。迦陵频伽在莫高窟中一般出现在西方净土变相题材中，宋金时期净土思想流行，迦陵频伽作为比较典型的净土象征出现在了高等级建筑和佛寺上。五代以后，手中持乐器的形象不再流行，嫔伽脊饰手部继承了指向性不强的双手合十姿态。金代受供养文化的影响，出现了持物的B型嫔伽，B型嫔伽在内容和形式上都可以看出当时盛行的供养思想的影响。

嫔伽是10世纪中后期至11世纪初新出现的脊饰，作为高等级建筑及佛寺才有资格使用的建筑构件，对其进行研究不仅有助于探讨我国古建筑的发展脉络，也有助于我们了解当时的社会文化。金代以后，嫔伽脊饰逐渐衰落，多为武士形象。虽然元代后桃园居住址[64]和明代小常屯窑址也出土了持物嫔伽脊饰[65]，但已经无力挽回衰退的趋势，嫔伽脊饰最终退出了历史舞台。

（朱靖宇　彭善国　吉林大学考古学院）

63　董书豪：《辽夏金"学唐比宋"策略研究》，宁夏大学硕士学位论文，2022年。引自陶晋生：《金代政权合法地位的建立》，《中国历史论文集》，台湾商务印书馆，1986年。

64　中国科学院考古研究所：《北京西绦胡同和后桃园的元代居住遗址》，《考古》1973年第5期。

65　徐政、刘金友：《辽宁北镇市小常屯窑址再辨识》，《边疆考古研究》2022年第1期。

辽墓出土唾盂及相关问题研究

郭智强 解星海

内容提要：唾盂是辽人生活中常见的一种器物。本文通过类型学研究，结合唐墓出土唾盂、辽墓壁画与出土器物组合关系，分析其制作工艺、分布区域、材质变化等方面相关问题；认为唾盂的使用人群由贵族逐渐扩大到平民，是古人盥洗之物；在此基础上结合唐宋文献对唾壶、唾盂、渣斗三者关系进行浅析，推测三者为独立器物。

关键词：辽墓 唾盂 盥洗之物

唾盂是辽墓出土的一种器物，主要外形特征分为：盘口、短颈、鼓腹、矮圈足或侈口、束腰、鼓腹、矮圈足或敞口、束腰、圈足底等。相似的器物外形特征目前有着多样化的命名，多数简报称为渣斗，一些文章、书籍则称为唾盂、瓷盂、漱盂。这类器物在古人的日常生活中十分常见，有着不容忽视的作用。唐宋之际，中国古代社会发生较大变化，辽上承晚唐五代之风华，下与北宋西夏相交融。辽墓出土唾盂数量较为丰富，系统研究辽墓出土的唾盂，对厘清古代社会唾壶、唾盂、渣斗发展变化历程有一定推动作用。关于唾盂研究，张东[1]对唾壶和渣斗进行考辨认为两者是独立的器物，但认为唾盂是唾壶。李知宴[2]和许雯倩[3]、刘翠[4]都持上述观点，但李萌[5]在研究唐墓出土的茶具和茶文化时把唾壶、唾盂都视为渣斗。孙机[6]分析唐县出土的邢窑茶具时，认为其中的渣斗亦可称为唾盂。以上学者在探讨唾盂的功用时认为其与茶文化的关联非常大，而扬之水[7]从名物角度着眼，认为唾盂是承接漱口水的器物。总的来说，前人学者研究颇为深入，但是对唾盂的综合性研究比较鲜见，本文拟采用考古学方法，对编年分期、使用人

1 张东：《瓷质唾壶、渣斗考辨》，《上海博物馆集刊（第九期）》，上海书画出版社，2002年，第212页。

2 李知宴、朱捷元：《唐白釉贴花钵、白瓷唾盂和黑釉罐》，《文物》1979年第1期，第68页。

3 许雯倩、曹春生：《散论唾壶的功能价值》，《景德镇陶瓷》2021年第1期，第26页。

4 刘翠：《陶瓷制唾壶型式的发展演变初探》，《文物世界》2021年第1期，第57页。

5 李萌：《试论洛阳地区唐墓出土的茶具与茶文化》，《农业考古》2021年第5期，第52页。

6 孙机、刘家琳：《记一组邢窑茶具及同出的瓷人像》，《文物》1990年第4期，第40页。

7 扬之水：《镣子·斯锣与唾盂、钵盂一副——"金银从物"考》，《南方文物》2015年第4期，第220页。

群、功能及相关问题进行初步研究。

鉴于目前唾盂名称较多，本文将简报中名称为唾壶、唾盂、渣斗、漱盂的器物统称为唾盂。

一、辽墓唾盂的考古发现

辽墓唾盂的考古发现主要是集中在内蒙古中部、东部，辽宁西部，河北北部，山西也有少量发现，主要是在墓室壁画中呈现。据不完全统计，在已发表考古发掘报告中共搜集出有关陶瓷唾盂的墓葬有35处，其中出土唾盂的30座，墓葬壁画中涉及唾盂的5座，有明确纪年的11座（表一）。

表一　有关辽陶瓷唾盂的考古发现

出土地点	发掘时间	出土种类及数量	资料出处	时代	备注
山西大同	1984年10月	图九，东壁守门侍婢及侍者图	《山西大同市辽代军节度使许从赟夫妇壁画墓》，《考古》2005年第8期	辽代景宗乾亨四年（982）辽早期墓葬	贵族墓葬
辽宁北票	1971年8月	白釉唾盂1件	《辽宁北票水泉一号辽墓发掘简报》，《文物》1977年第12期	辽代早期墓葬	契丹贵族
内蒙古阿鲁科尔沁旗	1992年8月	金银花渣斗1件（银器）	《辽耶律羽之墓发掘简报》，《考古》1996年第1期	辽代太宗会同五年（942）辽代早期	契丹皇族
内蒙古巴林左旗	2012年7月	银唾盂1件	《内蒙古巴林左旗盘羊沟辽代墓葬》，《考古》2016年第3期	辽代太宗会同六年（943）辽代早期	后唐德妃
内蒙古巴林左旗	2000年8月	甬道东南壁画	《白音罕山辽代韩氏家族墓地发掘报告》M3韩匡嗣，《内蒙古文物考古》2002年第2期	辽代圣宗统合三年（985）辽代中期	秦王韩匡嗣
辽宁朝阳	1997年9月	青瓷渣斗1件	《辽宁朝阳市姑营子辽代耿氏家族3、4号墓发掘简报》M3，《考古》2011年第8期	大概是保宁二年（970）辽代早期	辽代贵族耿氏家族成员墓
辽宁彰武	1993年10月	釉陶唾盂1件（黄白釉）	《辽宁彰武的三座辽墓》，《考古与文物》1996年第6期	辽兴宗时期墓葬（中期晚段）	
辽宁法库	2010年8月	白釉陶唾盂1件	《辽宁法库县蔡家沟发现一座辽墓》，《考古》2013年第1期	辽代早期晚段到中期早段（辽穆宗至圣宗时期）	女性墓葬（可能是萧氏后族）

续表

出土地点	发掘时间	出土种类及数量	资料出处	时代	备注
内蒙古通辽县	1978年8月	绿釉唾盂1件	《内蒙古通辽县二林场辽墓》，《文物》1985年第3期	可能是圣宗前期辽中期	辽代贵族或官员
河北宣化	1990年6月	青釉瓷唾盂1件	《河北宣化辽姜承义墓》，《北方文物》1991年第4期	辽代圣宗统合十二年（994）辽代中期	辽代汉人官员
天津蓟县	1986年6月	白釉瓷盂1件	《天津市蓟县营房村辽墓》，《北方文物》1992年第3期	在统合十三年（995）至开泰六年（1017）辽中期	
辽宁朝阳	1972年12月	（单色绿釉陶器）绿釉渣斗1件	《辽宁朝阳前窗户村辽墓》，《文物》1980年第12期	统合后期至开泰初年之间，即大体在澶渊之盟（1004）前后辽代中期	辽代女萨满或者契丹贵族妇女
辽宁建平	1993年9月	青瓷唾盂1件	《建平唐家杖子辽墓清理简报》	辽代中期	辽代契丹族
辽宁义县	1950年	白瓷唾盂1件	《义县清河门辽墓发掘简报》，《考古学报》1954年第2期	辽代兴宗重熙十三年（1044）辽代中期	辽代契丹萧氏贵族
内蒙古奈曼旗	1986年	银唾盂1件；前室东壁壁画，男侍捧唾盂	《辽陈国公主驸马合葬墓发掘简报》，《文物》1987年第11期	辽圣宗开泰七年（1018）辽代中期	景宗皇帝的孙女，秦晋国王圣宗皇太弟之女
内蒙古林西县	1975年8月	釉陶唾盂1件（浅绿釉）	《林西县小哈达辽墓》，《内蒙古文物考古》1998年第1期	辽代中期	中等契丹贵族
河北宣化	1991年	黄釉唾盂1件	《河北宣化邓家台辽墓》，《考古》1994年第8期	辽代中晚期	
河北滦平县	1991年3月	绿釉唾盂（露陶胎，陶胎红中泛白）1件	《河北滦平县银窝沟辽墓》，《北方文物》1997年第3期	辽代中、晚期墓葬	具有一定社会地位的上层贵族
内蒙古多伦县	2015年6月	M1，鎏金铜渣斗1件（后室东部）	《内蒙古多伦县小王力沟辽代墓葬》，《考古》2016年第10期	辽代中、晚期墓葬	萧氏家族墓
辽宁北票	1968年	《仪卫侍从图》女侍图	《北票季杖子辽代壁画墓》，《辽海文物学刊》1995年第1期	辽代中后期（上限不早于辽圣宗统合二十六年，其下限不晚于兴宗时期（1031~1055）辽代中期	契丹贵族，信奉道教

出土地点	发掘时间	出土种类及数量	资料出处	时代	备注
内蒙古赤峰	1976年5月	黄釉唾盂1件	《内蒙古赤峰郊区新地辽墓》，《北方文物》1990年第4期	中期向晚期过渡时期（不会早于圣宗建辽中京以前）	
河北宣化	1971年	黄釉唾盂1件	《河北宣化辽壁画墓发掘简报》，《文物》1975年第8期	辽恭宗天庆六年（1116）辽代晚期	张世卿
河北宣化	1989年3月	M3，黄瓷唾盂1件	《河北宣化下八里辽金壁画墓》，《文物》1990年第10期	辽道宗大安九年（1093）辽代晚期	M3，张世本
河北宣化	1989年3月	M2，唾盂1件（陶器）	《河北宣化下八里辽金壁画墓》，《文物》1990年第10期	辽恭宗天庆三年（1113）辽代晚期	M2，张恭诱
河北宣化	1993年	M5，盂1件（陶器）	《河北宣化辽代壁画墓》，《文物》1995年第2期	辽恭宗天庆七年（1117）辽代晚期	M5，张世古
河北宣化	1993年	M6，图五七，后室东南壁壁画	《河北宣化辽代壁画墓》，《文物》1995年第2期	辽代晚期	
北京昌平	1986年8月	M1，唾盂1件	《北京昌平陈庄辽墓清理简报》，《文物》1993年第3期	不早于辽天祚帝天庆九年（1119），辽代晚期	契丹平民（陶瓷器，陶器居多）
内蒙古赤峰市宁城县	1987年5月	M2，釉陶盂1件	《内蒙古赤峰市宁城县铁匠营子砖厂辽墓》，《内蒙古文物考古》1997年第1期	辽道宗咸雍三年至辽天庆五年，辽代晚期	汉人火葬墓
赤峰阿旗罕苏木苏木	1996年8月	万金山辽墓M1，渣斗（粉红色陶胎）1件	《赤峰阿旗罕苏木苏木辽墓清理简报》，《内蒙古文物考古》1998年第1期	辽代晚期	契丹贵族
辽宁朝阳	1987年8月	绿釉唾盂1件（瓷器）	《辽宁朝阳木头城子辽代壁画墓》，《北方文物》1995年第2期	辽代晚期	辽代贵族
内蒙古阿鲁科尔沁旗	1990年11月	釉陶唾盂1件	《阿鲁科尔沁先锋乡和双胜镇辽墓清理报告》，《内蒙古文物考古》1996年第1、2合期	辽中、晚期	辽代小型平民墓
辽宁阜新县	1988年秋	五家子辽墓，灰白釉唾盂1件	《辽宁阜新县契丹辽墓清理简报》，《考古》1995年第11期	辽代末期的道宗时期	

续表

出土地点	发掘时间	出土种类及数量	资料出处	时代	备注
辽宁法库县	2004年8月	渣斗1件	《辽宁法库县叶茂台23号辽墓发掘简报》，《考古》2010年第1期	辽代中期偏晚	
内蒙古赤峰		绿釉净盂1件	《赤峰市郊区发现的辽墓》，《北方文物》1991年第3期	辽代晚期	可能是奚族墓地

二、辽墓出土唾盂的类型学分析

关于唾盂的型式分析，吉林大学彭善国、北京大学路菁均在其辽代陶瓷的系统研究中有过分析。本文将唾盂分为三种类型，依据其早晚关系分为以下式别：

A型：无颈唾盂，共8件，根据其口部深浅，分为两个亚型。

Aa型：口部较深，无颈，束腰，鼓腹，口径略大于腹径，矮圈足。根据口部变化主要分为三式。

Ⅰ式：口部呈喇叭状、无颈，束腰，圆鼓腹。如辽宁法库县蔡家沟辽墓出土的白釉陶唾盂。口径14.2、圈足径6.4、高10.4厘米（图一，1）。

Ⅱ式：口部呈漏斗状、无颈、束腰，鼓腹。如辽宁彰武墓葬出土的黄白釉陶唾盂，高12.2、口径15.2、腹径12、足径7.1厘米（图一，2）。

Ⅲ式：口部呈碗状，无颈，束腰，鼓腹。如辽宁朝阳木头城子辽代壁画墓出土的绿釉唾盂，外施绿釉，内无釉。口径17.3、底径7、高13.5厘米（图一，3）。

Ab型：口部浅，口径较大，无颈，鼓腹。根据腹部变化主要分为两式。

Ⅰ式：敞口，鼓腹，凹底，腹径略小于高。如多伦县小王力沟辽代墓葬出土的鎏金铜唾盂，口径32.2、底径17.2、高22.7厘米（图一，4）。

Ⅱ式：敞口，弧腹，平底，腹径明显小于高，呈扁圆状。如河北宣化辽代壁画墓M5出土的陶唾盂，口径13.9、底径6.5、高6.4厘米（图一，5）。

B型：束颈唾盂，有颈，有口沿，共有12件。根据其腹部有无弦纹分为两个亚型。

Ba型：碗式口，直沿，鼓腹，腹部有弦纹。根据其腹部变化，共分为三式。

Ⅰ式：碗式口，直沿，鼓腹，腹部有弦纹，腹部腹径较大，腹部呈扁圆状。如辽宁朝阳市姑营子辽代耿氏家族M3，口径17.4、最大腹径12.2、圈足径7.4、12.6厘米（图一，6）。

Ⅱ式：碗式口，直沿，鼓腹，腹部有弦纹，腹部较Ⅰ式有所增高，腹径缩小。如建平唐家杖子辽墓出土的青瓷唾盂，口径17.8、底径6、高12.8厘米（图一，7）。

Ⅲ式：碗式口，直沿，鼓腹，腹部有弦纹，腹部较Ⅰ、Ⅱ式，腹径大为减小。如辽宁法库县叶茂台23号辽墓出土的灰白瓷唾盂，口径22、残高9厘米（图一，8）。

Bb型：碗式口，直沿，鼓腹，腹部无弦纹。根据其腹径变化分为两式。

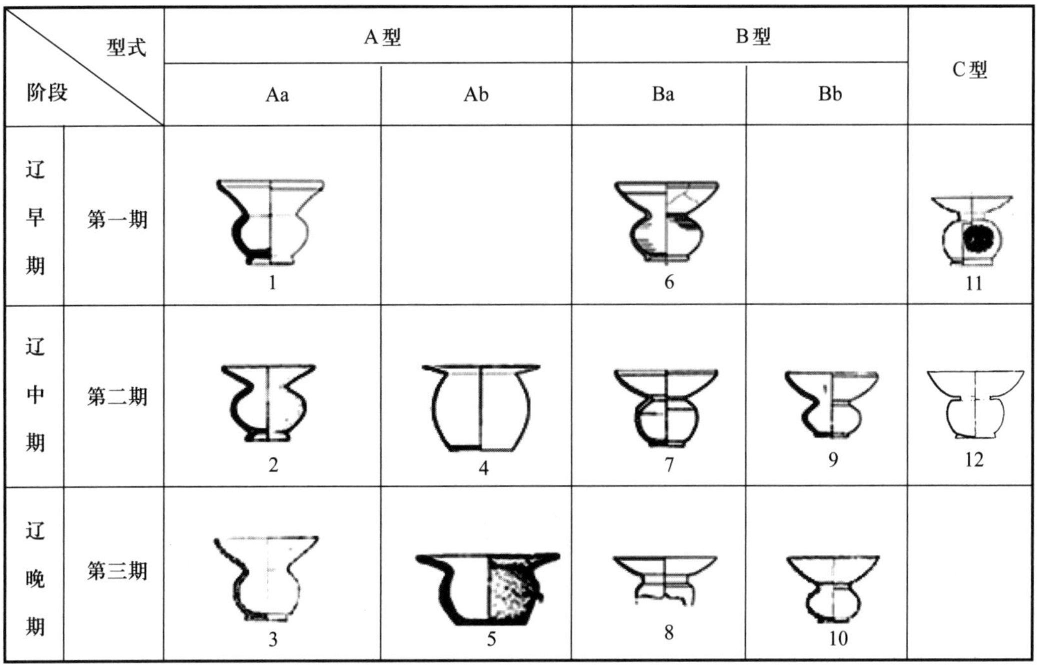

	型式	A 型		B 型		C 型
阶段		Aa	Ab	Ba	Bb	
辽早期	第一期	1		6		11
辽中期	第二期	2	4	7	9	12
辽晚期	第三期	3	5	8	10	

图一　唾盂的形制与演变

1. 辽宁法库县蔡家沟辽墓　2. 辽宁彰武M3　3. 朝阳木头城子辽代壁画墓　4. 多伦县小王力沟辽墓　5. 河北宣化辽代壁画墓M5　6. 姑营子辽代耿氏家族3号墓　7. 建平唐家杖子辽墓　8. 辽宁法库县叶茂台23号辽墓　9. 天津市蓟县营房村辽墓　10. 河北宣化下八里辽金壁画墓M3　11. 耶律羽之墓　12. 辽陈国公主驸马合葬墓

Ⅰ式：碗式口，直沿，鼓腹，矮圈足，腹径较大。如天津市蓟县营房村辽墓出土的白釉瓷唾盂，口径20.4、高14.5、底径13.8厘米（图一，9）。

Ⅱ式：碗式口，直沿，鼓腹，矮圈足，腹径缩小。如河北宣化下八里辽金壁画墓M3出土的黄釉瓷唾盂，口径16.5、高11.4厘米（图一，10）。

由上可知，B型唾盂的腹径在不断减小，碗式口径明显增大。

C型：束颈唾盂，有颈，无口沿，共6件。根据颈部变化可分为两式。

Ⅰ式：盘口，束颈，圆鼓腹，矮圈足，颈部较高，如耶律羽之墓出土的金花银渣斗，口径18、腹径13、底径9.5、高13.8厘米（图一，11）。

Ⅱ式：盘口，束颈，圆鼓腹，矮圈足，颈部变短，如陈国公主驸马合葬墓出土的银唾盂，口径24.5、底径9.9、高16厘米（图一，12）。

由上可知，C型唾盂的演变趋势是颈部逐渐变短。

三、辽墓出土唾盂的分期与分布

根据辽墓出土唾盂的形制演变规律，并根据冯恩学的辽墓分期观点[8]：早期为太

8　冯恩学：《辽墓初探》，吉林大学博士学位论文，1995年。

祖至穆宗（916～969）、中期为圣宗至兴宗（984～1055）、晚期为道宗至天祚帝（1056～1125），可将其分为三期。第一期是辽代早期，出土唾盂的辽墓墓主人身份都是辽政权的大贵族，如耶律羽之、后族萧氏、耿氏家族，墓葬中与唾盂同出的器物不仅有华贵的金银器，还有精美的高档定窑和越窑瓷器。类型主要是Aa型Ⅰ式、Ba型Ⅰ式和C型Ⅰ式唾盂。根据其制作工艺，Aa型Ⅰ式的器表及内壁可见明显的整体轮制拉坯痕迹；Ba型Ⅰ式为下接球形小罐，上下部有粘连痕迹，张东先生据此推测认为其制法为分别拉坯成小罐和敞口碗，再对合粘连成器。同时，他认为这种方法源自C型Ⅰ式金银唾盂的制法[9]。在唐宋之际，金银器广泛被贵族使用，它不仅拥有西域因素，为了适应国内市场需要，商人往往也生成一些时人生活所需器物。由于金银器制作工艺的特殊性，无法完成唾盂曲线变化的要求，齐东方认为器型复杂的器物可以分别制作[10]所以只能分别捶打，选择外形相似的两个器型相接在一起，这种工艺影响了瓷质唾盂的制法[11]。辽宁朝阳市姑营子辽代耿氏家族M3出土的青瓷唾盂与五代吴越国康陵马王后墓出土唾盂同为越窑产品，辽宁法库县蔡家沟辽墓出土的喇叭口白釉唾盂与北京房山晚唐卢龙节度使刘济墓（810）唾盂口部相似。这一阶段的唾盂腹径较大，与9世纪以来唐墓出土的唾盂相似，深受唐文化影响[12]。

　　第二期是辽代中期，随着出土唾盂的增多，它不仅出现在大贵族墓中，一些中下级贵族和墓中也有出现。类型主要是Aa型Ⅱ式、Ba型Ⅱ式、Bb型Ⅰ式和C型Ⅱ式唾盂，同时增加了形制为口部浅，口径较大，无颈，鼓腹的Ab型Ⅰ式唾盂，相较第一期唾盂腹径，第二期腹径有所减小。制作工艺均为分别拉坯成小罐和敞口碗，再对合粘连成器（金银器为上下两部分焊接），与同时期北宋生产的唾盂在工艺上相通。如无锡市郊北宋墓出土的影青瓷唾盂[13]，与Aa型Ⅱ式、Ba型Ⅱ式、Bb型Ⅰ式和C型Ⅱ式唾盂都是束颈唾盂，并且为上下两部分黏合而成。在器物纹饰上，辽墓出土唾盂腹部有弦纹装饰，更有辽宁朝阳前窗户村辽墓出土的唾盂腹部下方还有莲瓣纹饰，而宋墓中则多出土素面唾盂。正如日本学者町田吉隆认为辽陶瓷在继承唐代传统的同时，比宋代增添了更加新颖的创造特色，唾盂的样式是当时最流行的[14]。在材质上，唾盂多为釉陶唾盂或白瓷唾盂，有些白瓷唾盂釉色泛黄，可能为辽产白瓷，金银质唾盂出现在陈国公主墓。

　　第三期是辽代晚期，唾盂除在贵族墓中出土，在平民墓中也有出现。类型主要是Aa型Ⅲ式、Ab型Ⅱ式、Ba型Ⅲ式、Bb型Ⅱ式唾盂。制作工艺还是延续上两期，但比较前两个阶段唾盂腹径，此时唾盂腹径明显减小，口径有所增大，同时Ab型Ⅱ式唾盂作

9　张东：《瓷质唾壶、渣斗考辨》，《上海博物馆集刊（第九期）》，上海书画出版社，2002年，第212页。

10　齐东方：《唐代金银器研究》，中国社会科学出版社，1999年，第179页。

11　张东：《瓷质唾壶、渣斗考辨》，《上海博物馆集刊（第九期）》，上海书画出版社，2002年，第212页。

12　高义夫：《北方唐墓出土瓷器的考古学研究》，吉林大学博士学位论文，2019年，第72页。

13　冯普仁：《无锡市郊北宋墓》，《考古》1982年第4期，第391页。

14　（日）町田吉隆著，尹钰译：《试论契丹陶瓷的"周缘性"——以唾壶和陶枕为例》，《辽金历史与考古（第八辑）》，科学出版社，2017年，第259页。

为明器，出现在辽墓随葬品中。与其同出的器物都为成套的明器，此时北宋的墓葬中也有唾盂作为明器出现，在山西忻县北宋墓[15]中出土的铜唾盂形制与Ab型Ⅱ式有所相似，只是盘口略深。在材质上，出土唾盂多数为釉陶唾盂，瓷质唾盂较少，金银质唾盂未出现。

从分布上看，出土唾盂的墓葬地域主要分布在辽五京旁或重要城市和交通要道附近[16]。如辽上京周围的耶律羽之墓、盘羊沟辽墓等；辽兴中府与大定府附近的姑营子耿氏家族墓、前窗户村辽墓等；辽西京大同府的辽军节度使许从赟夫妇壁画墓、大同郊区的五座辽壁画墓。出土青瓷唾盂的辽墓、唐家杖子辽墓、姑营子耿氏家族墓等，其位置都位于兴中府附近。五代时期，该地与辽重要的海上口岸城市锦州距离较近。辽与吴越进行海上贸易，或是吴越向辽进行朝贡，辽地可以得到越窑的精美青瓷。辽宁朝阳市姑营子辽代耿氏家族M3出土的青瓷唾盂与五代吴越国康陵马王后墓出土唾盂[17]同为越窑产品，烧造工艺精湛，釉面滋润有光泽。第一期出土的唾盂主要在辽上京周围和萧氏后族的投下军州，瓷质唾盂为输入精品瓷器，第二期和第三期的唾盂是分布在辽中京周围和交通要道附近，上京道和中京道是距契丹的发源地近，集中了贵族力量，所以在这两地出现唾盂数量较多（图二）。

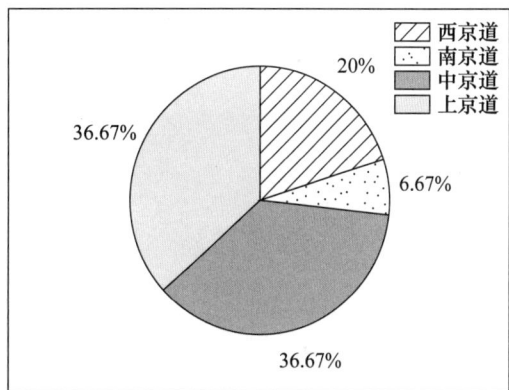

图二　唾盂地域分布图

四、相关问题浅析

通过分期、年代和地域分布的研究，我们可以发现辽墓出土唾盂的材质逐渐发生了变化，同时在第二阶段和第三阶段出土唾盂的墓葬增多。综合上述的阶段变化后，可以对其功用有更为全面清晰的了解。下面，在明确其功用的基础上，结合唐宋文献，进一步对唾盂、唾壶、渣斗进行浅析。

（一）主要材质变化

出土唾盂的材质有变化发展。初期贵族墓中的唾盂有金银器和南方一些高档青瓷。在辽圣宗时期与北宋签订《澶渊之盟》共求和平发展，辽宋双方榷场经济贸易往来更趋繁荣，同时辽地内自主生产瓷器，如中京缸瓦窑、南京龙泉务窑都生产官民所用瓷器。其出土的唾盂，一部分是本地生产，一部分是境外输入瓷器，但圣宗针对政权发

15　冯文海：《山西忻县北宋墓清理简报》，《文物参考资料》1958年第5期，第50页。

16　均参考谭其骧先生主编：《中国历史地理地图集》，地图出版社，1982年。

17　杭州市文物考古研究所等：《五代吴越国康陵》，文物出版社，2014年，第83页。

展情况，下令禁止金银器入殓随葬，屡有禁令"庚辰，禁止穿戴明金、缕金、贴金服饰"[18]。所在中期墓葬中出土的瓷质和釉陶唾盂较多，在耶律和萧氏等高级贵族的墓中依旧陪葬大量的金银器，例如陈国公主墓葬中出土银唾盂。辽代道宗时期，社会衰败、政治腐朽、国力衰弱，与北宋贸易减少，辽产瓷增多，辽墓随葬的三彩器也大量增加[19]，这一时期的墓葬出土的釉陶唾盂占出土唾盂的多数，瓷质唾盂数量屈指可数，如北京昌平陈庄辽墓、内蒙古赤峰郊区新地辽墓出土了釉陶唾盂（图三）。

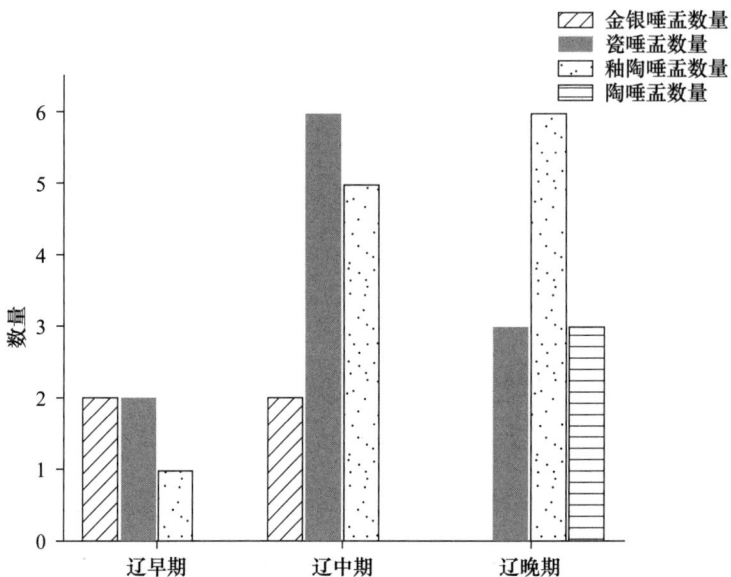

图三　唾盂材质变化图

（二）墓主人身份变迁

出土唾盂辽墓的主人身份的社会地位在初期极高，随着辽社会的发展，其身份有所降低。据发掘简报和报告，早期辽墓出土唾盂的墓主人身份都非常显赫，如辽太祖耶律阿保机的堂兄弟、东丹国早期的实际统治者耶律羽之、晚年居于辽地的后唐庄宗德妃、辽景宗孙女陈国公主，还有一部分辽后族萧氏家族墓中也多有出现。这明显是承袭晚唐五代的礼仪规则，只有贵族才可以使用唾盂。随着辽经济社会的发展，耶律皇族与世家大族联姻，世家大族之间相互联姻，世家大族与地方一些乡绅势力联姻，随着各民族的交往交流交融不断深入，虽然社会流动较为微弱[20]，但由于婚姻关系的牵动，阶层流动依旧可以实现，象征身份的唾盂的范围也逐渐扩大，在一些契丹等级较低的贵族和辽南京周围的乡绅墓中也有出现，如河北宣化邓家台辽墓、河北宣化下八里辽金壁画墓等。

18　《辽史》卷19《本纪第十九兴宗耶律宗真（二）》，中华书局，1974年。

19　王春燕：《辽代金银器研究》，吉林大学博士学位论文，2015年，第135页。

20　王善军：《世家大族与辽代社会》，人民出版社，2008年，第291页。

（三）功用

辽墓不仅出土了大量唾盂实物，在辽墓的壁画中也多有侍从捧盂图出现。壁画反映了社会生活、民族习俗和宗教信仰，本身就是辽代社会生活的一个缩影[21]，对认识唾盂的功能有至关重要的作用。辽墓壁画中出现唾盂的场景都是侍从捧盂侍立门口，欲侍候主人盥洗。辽陈国公主驸马合葬墓的前室壁画东壁至后室之间的空间中，绘有男女侍从各一人，女侍从双手持巾，男侍从手捧一白色器物。两侍从所处位置及手中所捧之物似准备侍候主人盥洗。除此之外，辽代军节度使许从赟夫妇墓的东壁，北票季杖子辽代壁画墓东壁，河北宣化辽代壁画墓M1、M2、M10、M6东壁都是在东南壁描绘手持唾盂、铜镜或巾帛的侍女，尤其是M10墓后室的东南方还摆放着铜镜、镜架和脸盆架等随葬品[22]。西南壁都是侍女掌灯，恰与东方朝白晨起盥洗，西方日暮掌灯休憩的人物活动吻合[23]（图四）。

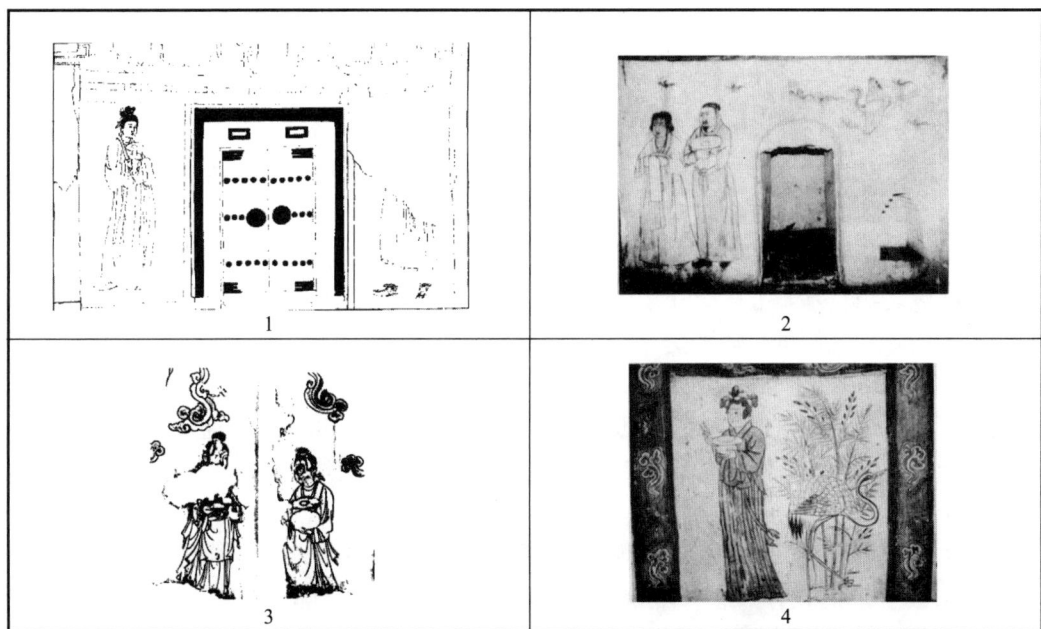

图四　唾盂壁画图

1.辽代军节度使许从赟夫妇墓　2.辽陈国公主驸马合葬墓
3.北票季杖子辽代壁画墓　4.河北宣化辽代壁画墓M6

在辽墓壁画之外，通过出土器物组合关系也可了解该器物的使用情况。在辽宁朝阳前窗户村辽墓中，该器物与海兽葡萄镜、青瓷粉盒、绿釉花式口杯等梳洗装扮之物摆放在一起；在赤峰郊区发现的辽墓，该器物与铜镜、衣架、铁熨斗等器物组合出现。从时

21　李清泉：《墓葬艺术与辽代社会》，文物出版社，2008年，第3页。

22　郑绍宗：《河北宣化辽张文藻壁画墓发掘简报》，《文物》1996年第9期，第30页。

23　李清泉：《墓葬艺术与辽代社会》，文物出版社，2008年，第239页。

人文献记载中的唾盂，到辽墓壁画中所呈现的形象，再联系其组合关系，这种器物出现在宴饮场合的现发表出版的辽墓壁画中很少存在。如果仅凭"宋季大族设席，几案间必用筋瓶、渣斗"，就判断该类器物为渣斗，有些欠妥，与客观事实相违背。所以该器物应为唾盂，其主要作用是时人盥洗或餐后盛放漱口水。

由于辽代的特殊性，它建立于唐末五代，为推动古代各民族交往交流交融做出了巨大的历史贡献，文化上继承和发展唐代多元文化，与北宋、西夏等政权特色文化相互借鉴。基于前辈学者的研究，我们发现学界对唾盂的笔墨多是附会于唾壶和渣斗的研究，在明确辽墓唾盂的形制和功用后，笔者搜集唐宋文献，试图对唾壶、唾盂、渣斗三者进行辨析。

（四）唾盂、唾壶、渣斗辨析

唾盂始见于晚唐文献，唐人范摅在《云溪友议》卷三记载："内人以陆君吴音，才思敏捷，凡所调戏，应对如流，复以诗嘲之，陆亦酬和，六宫大咍，凡十余篇，嫔娥皆讽诵之。例物之外，别赐宫锦五十段，楞伽瓶及唾盂各一枚，以赏吻翰之端也。"[24]证明唐代皇家使用唾盂并用其进行赏赐。北宋遗民孟元老《东京梦华录》，卷六中记载："御龙直一脚指天一脚圈曲幞头，着红方胜锦袄子，看带束带，执御从物，如金交椅、唾盂、水罐、果垒、掌扇、缨绋之类。"[25]该物在宋被延续使用并未废弃。最重要的是在宋人士大夫的文集，其中多次提到宋帝赏赐贺节辽使钞锣、唾盂、被褥，宋庠的《宋元宪集》第36卷记述"赐贺乾元节人使钞锣唾盂被褥等"[26]，可知宋廷赏赐前来贺节辽使日用洗漱之物。基于上述对辽墓出土唾盂的考古学研究，结合宋人士大夫关于赏赐辽使唾盂的记录，我们可知唾盂是一种盥洗之物。同时Aa型Ⅰ式、Ba型Ⅰ式和C型Ⅰ式唾盂与9世纪唐墓中出土的唾盂形制如出一辙，此前的唐墓中未出土该类器物。所以唐墓9世纪以来出土形制为盘口、短颈、鼓腹、矮圈足的器物也应叫唾盂。通过考古学与历史文献的结合，我们可知唾盂从唐代产生，直到辽宋时还在使用，是一种独立的器物，并不附属于唾壶。

唾盂在唐代产生，并不意味着唾壶的消失。在唐代逐渐成为一种礼器，虞世南的《北堂书抄》中记载有如意、巾箱、笈、唾壶等[27]尤其是金唾壶产生，此后历代的舆服志、仪卫志中都记载了唾壶。它由魏晋以来世家贵族所用的实用器变为礼器。同时，唐代到清代的大量文献中出现唾壶，多数见诗词之中，用"王处仲（王敦）每酒后辄咏'老骥伏枥，志在千里。烈士暮年，壮心不已'。以如意打唾壶，壶口尽缺"[28]。作为典故直抒胸臆，如"是翁犹矍铄，诸老自揶揄。唱叹投麟笔，悲歌击唾

24　（唐）范摅：《云溪友议》卷3，嘉业堂丛书。

25　（宋）孟元老：《东京梦华录》卷6，元刻本。

26　（宋）宋庠：《宋元宪集》卷36，清武英殿聚珍版丛书本。

27　（唐）虞世南，（明）陈禹谟补注：《北堂书抄》卷135，钦定四库全书。

28　（南朝宋）刘义庆著，（南朝梁）刘孝标注，徐传武点校：《世说新语》，上海古籍出版社，2013年，第250页。

壶"[29]，周邦彦在《浪淘沙慢·晓阴重》中写道"怨歌永、琼壶敲尽缺。恨春去、不与人期，弄夜色、空馀满地梨花雪"[30]。由此可见唾壶并未出现在时人关于日常生活器具的记述中。正是唾壶这种盘口、短颈、扁鼓腹的器物成为礼器，贵族日常生活盛放漱口水等用水器物可能会有所改变，要制造新的用水盛放器物。同时新式家具革新，宴饮方式转变，唐中后期，传统的分食制开始向合食制转变[31]。此前古人席地而坐，分餐食之，每有唾弃，定不能吐在室内筵席之上，当有承接之物，放在身侧。随着家具由低向高转变，古人垂足为礼[32]，会餐食之[33]，用餐完毕，食者漱口，多个唾壶放置周侧颇有不便，所以由仆从捧盂服侍更为妥帖。

宋代成为使用高型家具绝对主流时代[34]，陆游《老学庵笔记》卷4载："徐敦立言：往时士大夫家，妇女坐椅子、杌子，则人皆讥笑其无法度。梳洗床、火炉床家家有之。"[35]共器共餐的合食制度也最终确立并普及开来，餐桌上的各色酒菜果品逐渐繁多，同时餐桌产生的食物残渣相应增加。所以元人记载"宋季大族设席，几案间必用筋瓶、渣斗"，筋瓶为放置筷子的器物，渣斗应为放置食物残渣的用具。同时苏轼在《仇池笔记·论茶》[36]中写道："除烦去腻，不可缺茶，然暗中损人不少。吾有一法，每食已，以浓茶漱口，烦腻既出，而脾胃不知。肉在齿间，消缩脱去，不烦挑刺，而齿性便若缘此坚密。率皆用中下茶，其上者亦不常有，数日一啜为害也。此大有理。"所以与有明确记载茶具同出的盘口、短颈、鼓腹、矮圈足或侈口、束腰、鼓腹、矮圈足或敞口、束腰、圈足底的器物应是唾盂，可能是古人餐后漱水所盛放的用具。白沙宋墓中的开芳宴壁画对此有更为具体的表现（图五）[37]。并且其口径较小，茶渣或是食物残渣难以放入，强行放入也很难倒出，出于实用角度，古人可能不会将唾盂作为渣斗使用。渣斗的特征应是大敞口、粗束颈、圆鼓腹，用于装倒食物残渣最是方便，四川省什邡县出土了该器物[38]（图六）。

辽政权经历了后梁到北宋中晚期，文化交流活跃频繁。辽墓出土的唾盂实物、辽墓墓葬壁画内容与宋人士大夫文集记载吻合无异。以辽墓出土唾盂为关键点，通过文献梳理和考古学资料印证，唾壶、唾盂、渣斗，三者在中国古代社会应是独立之物，器型各有特点，自有名称。唾壶先于唾盂，唾盂早于渣斗，从器型发展角度观察，三者一脉相承，适应了唐宋之际的社会生活变革。

29 （宋）汪元量：《杭州杂诗和林石田（其二十）》，《水云集》，四库全书本。

30 （宋）周邦彦著，陈元龙集注：《浪淘沙慢·晓阴重》，《片玉集》卷10，《彊村丛书》本。

31 高启安：《唐五代敦煌饮食文化研究》，民族出版社，2004年，第250～254页。

32 （宋）庄绰著，萧鲁阳点校：《鸡肋篇》卷下，唐有坐席遗风，中华书局，1983年，第126页。

33 刘朴兵：《唐宋饮食文化比较研究》，中国社会科学出版社，2010年，第317页。

34 扬之水：《唐宋家具寻微》，人民美术出版社，2015年，第111页。

35 （宋）陆游：《老学庵笔记》，中华书局，1997年，第47页。

36 （宋）苏轼：《东坡志林 仇池笔记》，华东师范大学出版社，1983年，第234页。

37 宿白：《白沙宋墓》，文物出版社，2002年，图版伍，第一号墓前室西壁壁画。

38 丁祖春：《四川省什邡县出土的宋代瓷器》，《文物》1978年第3期，第94页。

图五　白沙宋墓开芳宴壁画

图六　四川省什邡县出土渣斗

五、结　　语

辽墓出土唾盂是古人生活中常用之物，从考古学角度系统研究该器物，可以从微观事物变化了解唐宋变革和辽社会发展情况。本文对现有辽墓发掘报告中出土的唾盂进行了较为系统的分期研究，探讨了该器物的阶段变化。第一阶段是辽早期，唾盂受唐文化影响，并且出土的多数为输入器物。第二阶段是辽中期，唾盂数量较多，一部分为输入瓷器，另一部分釉陶器是辽自产，存在弦纹装饰，具有自身特色。第三阶段是辽晚期，唾盂主要是釉陶器，还有明器出现。唾盂的使用人群不断扩大，但主要是在辽城市中的民众使用，再结合墓葬壁画和出土器物组合，明确是盥洗之物。在此基础上结合唐宋文献和唐墓出土唾盂，大概认为唾壶、唾盂、渣斗三者是独立的器物，并且一脉相承，唾壶早于唾盂，渣斗晚于唾盂。透过对唾盂这样一件小器物的分析，可以加深对辽贵族社会的生活、交通地理环境和商业贸易的了解与认识。研究唾盂这类器物，可以生动地展现出中国古代社会各民族相互交往交流交融的繁荣景象，更好地还原当时各民族共生共荣的美好生活图景，为铸牢中华民族共同体意识提供一些实物实证。

附记：本文系内蒙古自治区2023年研究生科研创新项目（S20231063Z）、内蒙古师范大学2022年度研究生科研创新基金项目（CXJJS22036）成果，并得到内蒙古师范大学基本科研业务费专项资金（2022JBXC006）资助。

（郭智强　内蒙古师范大学历史文化学院　韩风玲　呼和浩特博物院）

阜新地区出土的金代窖藏铜钱

刘　梓

内容提要：金代的窖藏铜钱遍及全国，尤以东北地区最为密集，出土范围之广、数量之多，是其他王朝望尘莫及的。在阜新地区阜蒙县、彰武县等地都有发现。本文通过对阜新地区出土的金代窖藏铜钱进行整理与研究，进一步揭示出产生这一社会现象的深层历史缘由。

关键词：阜新地区　金代　窖藏现象

金朝是由女真族建立的封建王朝，共传九帝。公元1115年完颜阿骨打称帝，建国号金。金朝建立以后，采取一些措施使整个社会经济有了很大发展。阜新地处中原地区连接金上京的交通孔道，阜新驿路成为东北地区主要交通干道。

金代的货币，是研究金代政治、经济、文化和社会发展的实物见证，在某种程度上反映着金朝的历史文化，是我们研究金朝历史的重要内容。窖藏铜钱，是金代的一大社会问题，更是金代出现的一种特殊的历史现象。

阜新地区作为金代一个重要的行政辖区，发现和出土了大量金代的窖藏铜钱。本文就针对这一现象并结合阜新地区出土的窖藏铜钱作一探究。

一、金朝阜新地区的商业贸易与货币流通

金朝建立之初，社会经济虽然发展很快，但其国力尚难以达到自己铸造货币的程度，没有发行自己的货币。据《三朝北盟会编》卷3记载："其市易，则惟以物相博易，无钱"。基本上沿用宋、辽旧钱。金代窖藏铜钱绝大部分为宋钱和汉、唐、五代钱，辽金铜钱占窖藏铜钱的比重很小。金建国之后，在农业生产恢复和发展的同时，手工业和商业也得到了迅速发展，铸造技术也得以快速发展。金太宗天会十一年（1133）始设钱监。"正隆二年（1157），历四十余岁，始议鼓铸……（金海陵王正隆）三年二月，中都置钱监二：东曰'宝源'，西曰'宝丰'。京兆置监一：曰'利用'。三监铸钱，文曰'正隆元宝'，轻重如宋小平钱，而肉好字文峻整过之，与旧钱通用。"[1]继海陵王（完颜亮）铸"正隆通宝"铜钱之后，金世宗（完颜雍）又于大定十八年

1　《金史》卷46《食货志三》，中华书局，1975年，第1069页。

（1178）在代州设监（后名阜通监），铸"大定通宝"铜钱，年产一万六千多贯。大定二十九年（1189），又在中山府曲阳县设利通监。以上两监，每年共铸钱十四万多贯。且在金、宋之间设立榷场进行交易，设置专门机构管理交易市场，并征收商税。泰和四年（1204），金章宗（完颜璟）又开始铸大钱一直十（篆书）"泰和重宝"，与钞参行。但由于缺乏铸币，货币流通不足，严重影响市场交易。

阜新地区原为辽代的重要腹地，是金王朝与南宋王朝相对峙的后方。金代东北地区的陆路交通以上京会宁府（黑龙江白城子）和东京辽阳府为中心通往各地。阜新自古以来就是沟通东北与内蒙古关内的交通枢纽。懿州城作为阜新州治，是辽东重镇、商贸和交通中心，也是商旅必经之地，其繁盛度可想而知。从阜新地区发现的金代遗物来看，金代懿州（今阜新蒙古族自治县塔营子）地区金属加工业发展最快[2]。阜新地区先后发现大量的货币窖藏，进一步佐证了金代懿州商贸的发达。20世纪80年代和90年代初，阜新地区的阜蒙县扎兰营子、平安地、彰武县兴隆堡、四堡子、满堂红、后新邱、苇子沟、大四家子等地都有出土金代窖藏铜钱。

二、阜新地区金代窖藏铜钱分布情况及种类

近几十年以来，金代窖藏铜钱在全国多有出土，其分布范围广、出土铜钱数量多。但分布不均衡，呈东多西少的态势。最北到黑龙江，最南不过淮河，西不过宁夏，即东北最多，中原次之，西北相对较少，范围均在金朝的统治区域内。铜钱装于瓦缸或瓷坛内，深埋于地下，密封良好，保存完整。阜新地区的阜、彰等地都有金代窖藏铜钱出土。窖藏铜钱这一现象前代虽亦有之，但是却很少见。金代为什么要把大量的铜钱埋入地下贮藏起来，值得探讨。

金代窖藏铜钱出土的范围之广，涵盖了整个金朝统治的区域。本文现将阜新地区出土的金代窖藏铜钱情况加以整理。阜新地区先后出土约1000多千克铜钱。每次多则几百千克，少则也有数百枚铜钱重见天日。这些铜钱以陶罐或大瓮盛装而埋于地下，字迹清晰可认。

阜新地区金代窖藏铜钱时代跨度大，基本与我国各地金代窖藏铜钱的年号相一致，上起西汉初年，下迄金代中后期。下面就阜新地区金代窖藏铜钱的分布情况作一大致的叙述。

1987年9月13日，兴隆堡乡后荆林村村民高晓峰起牛圈过程中，在距离地表30厘米处发现一素面灰陶罐（已碎）装138市斤钱币。经整理共38种年号，16560枚。下限为金：正隆年间（1156～1161）造[3]，属金代窖藏。11月4日，在四堡子乡冷家村前苇子沟屯沟北，村民发现一弦纹陶瓮（已碎）装有百斤大钱，当时被大家抢分后，这63市斤经县公安局收缴转给文物所。经整理，共28种年号，3529枚，钱币纹饰清晰，属金代窖藏。

同年11月13日，在四堡子乡所在地，村民边庆遗培院墙时发现缸装95市斤钱币，

2　张志勇著：《辽金时期懿州历史与文化研究》，长江出版社，2010年，第110页。

3　汪艳敏、孙杰、张春宇：《彰武县发现多起窖藏钱币综述》，《阜新辽金史研究（第二辑）》，1995年，第138页。

被县文物管理所收藏（图一）。此批铜钱盛装于一酱釉弦纹小缸内。缸通高43、口径21.5、腹径30.1、底径18.2厘米，平底微凹。圆唇、敛口，有20道沟弦纹，内装有41个年号，48个种类的铜钱，上限是西汉"五铢"钱，下限是金"正隆元宝"，北宋货币居多，其中出土四枚辽代铜钱，为彰武首次发现[4]。

图一　四堡子货币窖藏铜钱拓片

4　汪艳敏、孙杰、张春宇：《彰武县发现多起窖藏钱币综述》，《阜新辽金史研究（第二辑）》，1995年，第138页。

　　1992年10月5日，阜新引闹工程中在彰武县满堂红乡后房身村后房身屯发现一处位于辽金遗址内窖藏[5]。当时被几名民工私分卖给供销社，后经县公安部门全力追踪，将卖掉的钱币全部收回，移交给县文管所，现在这批货币收藏于辽宁省博物馆。钱币为铜质，重460市斤，44个年号，51个种类，上限是西汉"半两"，下限是金"大定通宝"，北宋钱币最多（图二）。

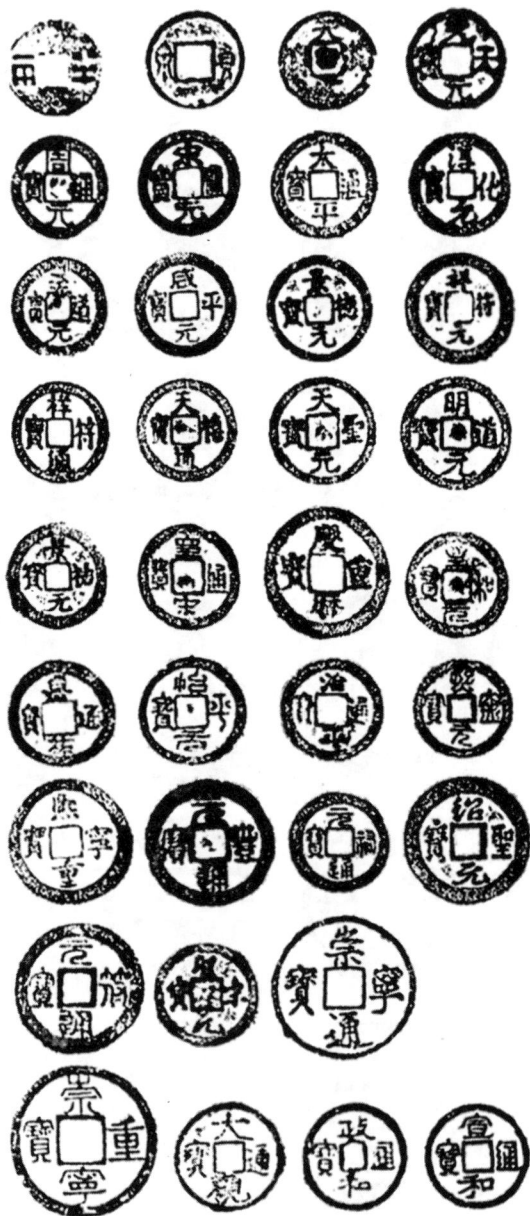

图二　后房身货币窖藏铜钱拓片

5　胡健、李丽新：《彰武县后房身发现金代窖藏铜钱》，《阜新辽金史研究（第二辑）》，1995年，第132页。

赵家街货币窖藏[6]位于彰武县后新秋镇民家村赵家街屯。1994年4月12日村民张荣在挖排水渠时发现一酱釉弦纹罐，内盛装钱币。货币铜质，重38市斤，30个年号，36个种类，上限是唐"开元通宝"，下限是金"正隆元宝"，北宋货币最多，是一处金代窖藏。

土城子货币窖藏[7]，位于彰武县苇子沟乡土城子村。1995年8月，村民李围良在打石头时发现。装币的罐已碎。钱币被征集到县文物管理所并予以表彰。为铜质，重10市斤，23个年号，27个种类，上限是唐"开元通宝"，下限是金"正隆元宝"，土城子货币窖藏距辽代城址较近，是一处金代窖藏。

李顺窝堡货币窖藏[8]位于彰武县大四家子乡胜利村李顺窝堡屯。1998年8月12日，村民徐国梁在修建乡路时发现一黑釉罐。罐藏货币17市斤，已征集到县文物管理所，并对发现人员予以奖励。钱币为铜质，31个年号，37个种类，上限是西汉"五铢"钱，下限是金"正隆元宝"。

汪四村铜钱窖藏位于阜蒙县扎兰营子镇汪四村[9]。1986年9月10日，村民关永志同志在自家院子内挖菜窖时发现了一瓮重100千克的古代铜钱币，由于及时报告，很快得到清理，铜钱保存完整。瓮内装铜钱近2000枚，铜钱出土时成堆叠放在瓮内，穿索已经腐烂，部分铜钱因锈蚀而粘结在一起。这批铜钱保存基本完好，大部分字迹清晰。经整理，可辨出36种类型，46个式样（图三）。这批铜钱以北宋钱居多，唐代也较多。大定通宝和五铢各二枚。铜钱最晚的是大定通宝，窖藏时间不早于金世宗完颜雍大定十八年（1178），应是大定十八年后金代晚期的窖藏。

白音他拉铜钱窖藏位于平安地镇白音他拉村[10]。1998年8月村民张树春在自家院外土崖处取土垫院时，发现铜钱。接到乡文化站报告后，县文物管理所及时赶到，在乡派出所、文化站的协助下，将铜钱取回。经过整理，窖藏的铜钱由汉代至金代37种，总共35千克（图四）。

此批铜钱最晚的是金代的正隆元宝，窖藏中未出现1162年以后的铜钱，这批铜钱埋入地下的时间应在金代正隆年间以后。铜钱以北宋钱居多，说明在辽金时期的社会经济发展还不够完善，当时辽金时期政权统治区域内所流通的多为北宋铜钱，这不仅表明辽金铸造业发展不够，而且说明统治者忙于战事，忽略了民族经济的发展。由于战事频繁，民心不稳，商贾富户将大批铜钱埋于地下。这一窖藏的发现，为我们进一步研究阜新地区辽金时代的政治、经济、文化及货币提供了宝贵资料。

从上述情况来看，出土的窖藏铜钱以北宋居多，达90%以上；"开元通宝"次之；其次是南宋钱和金正隆钱，而"半两""五铢""货泉"等钱再次之。在这些窖藏铜钱中，辽钱较为少见，南宋高宗之后的铜钱也不多见。这批铜钱的下限即窖藏时间应为正隆年间（1156～1161）以后。

6　冯永谦主编：《彰武县文物志》，辽宁民族出版社，1996年，第122页。
7　冯永谦主编：《彰武县文物志》，辽宁民族出版社，1996年，第124页。
8　冯永谦主编：《彰武县文物志》，辽宁民族出版社，1996年，第125页。
9　童立红主编：《阜新蒙古族自治县文物志》，辽宁大学出版社，2018年，第85页。
10　童立红主编：《阜新蒙古族自治县文物志》，辽宁大学出版社，2018年，第85页。

图三　汪四货币窖藏铜钱拓片

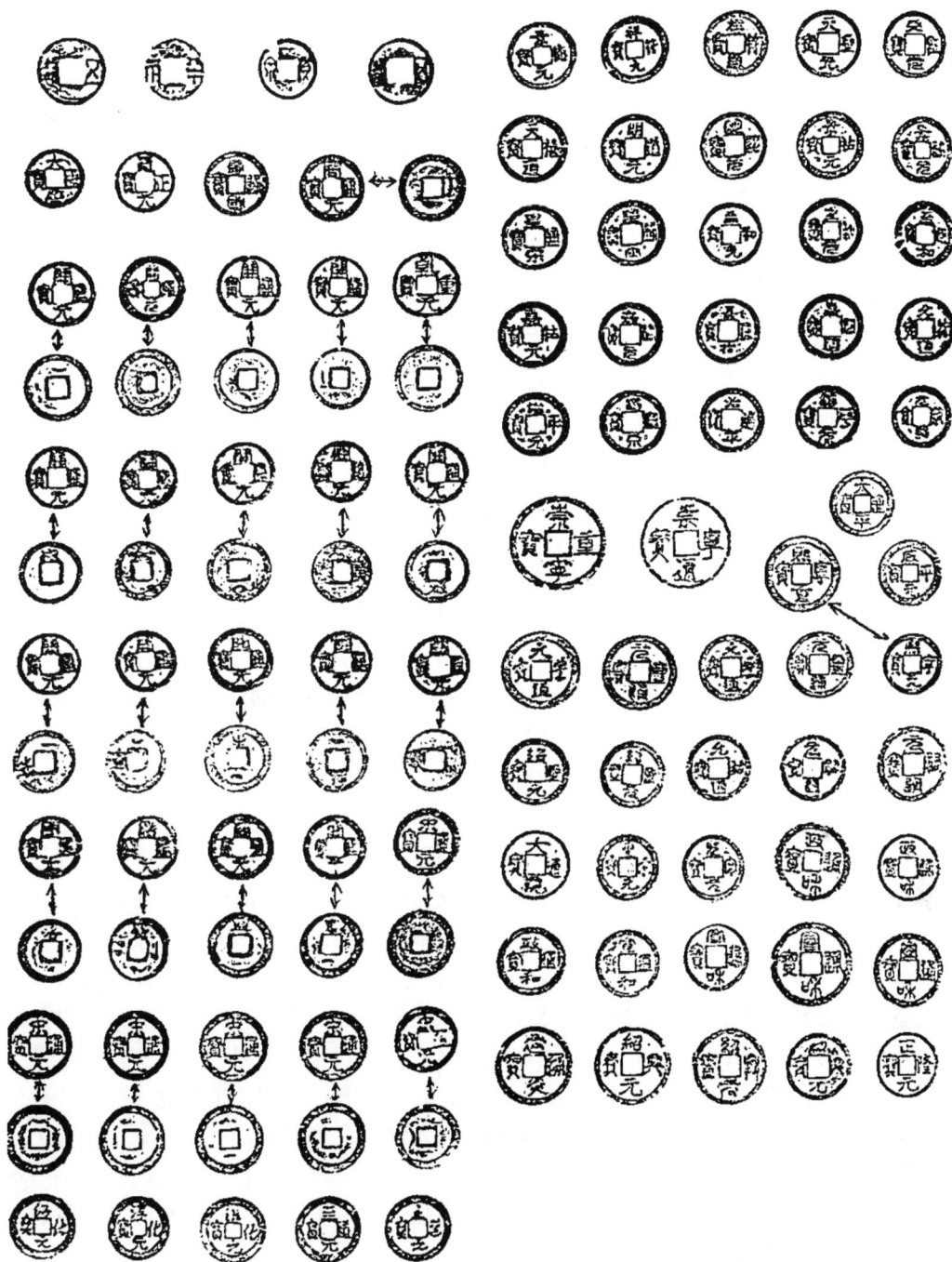

图四　白音他拉货币窖藏铜钱拓片

三、探究窖藏铜钱现象存在的原因

窖藏铜钱现象出现的原因比较复杂。经济的快速发展是金代出现大量窖藏铜钱的前提和基础。由于金政权货币制度混乱，在民间推行铜鍮器和限制铜钱使用等政策，并将交钞的使用规定于百姓，但铜钱在人们心中的重要程度远远在于交钞之上，所以人们得交钞立即使用，得铜钱则藏之。

近年来，阜新地区曾多次出土古代铜币，据初步掌握的材料看，以金代窖藏铜币居多，先后出土700多千克铜币。金人缘何把大量铜钱埋于地下，必然有其深层的历史原因。

1. 禁铜政策的实施

金政府对铜器制造业实行严格管控，为了得到更多的铜器，禁止民间私自冶铜，但扰乱国家对货币的控制权及私自制造其他器物的行为，却屡禁不止。大定初年规定，"（铜）镜每斤三百十四文，镀金御金花腰带十七贯六百七十一文"[11]。金人喜爱铜镜，题材丰富的人物故事镜、双鱼镜等深受百姓喜爱。由于铸镜之风盛行，以铜为原料，铸出的铜镜的价格超过铜钱的价值，销钱铸镜可获得比铜钱高出数倍的回报。

世宗时期规定，"金银坑冶，恣民采，毋收税"[12]。但对铜的控制较严，海陵王时不准出境。金政府规定："民用铜器不可缺者，皆造于官而鬻之"[13]。其实铜钱的短缺并非始于金代，在晚唐和五代时就开始显现出来，至金代铜资源匮乏，金代铸币不多；加上随着商业的发展，贸易区域的不断扩大，铜钱短缺现象一直没有得到彻底解决。由于铜材短缺，铸钱费用非常之高，据统计，金章宗时阜通、利通二监每年铸钱14万贯，而费用高达80余万贯，于是废除二监。终金之世，所铸钱币有限，造成流通货币严重不足。为了能长久占有铸造铜器的原料，人们便将手中的铜钱窖藏起来对抗金政权的禁铜政策。"销钱作铜，旧有禁令，然民间犹有铸镜者，非销钱而何"[14]。富豪和百姓都随意销铜钱，得铜钱后窖藏起来，官府虽有令却难止。销钱铸器是获取利润的便捷方式。因此，金朝的禁铜政策越严厉，私藏的行为就越猖獗。

2. 金朝的限钱禁令

金世宗大定年间，经济得到较大恢复和发展。金末期，宣宗、哀宗时期，阶级矛盾日益激化，经济受到重创，政府开支增大，交钞发行泛滥。金政权为了使过量的交钞在民间流通，于明昌五年（1194）三月开始实行限钱制度，又数次颁布"限钱法"，禁止钞价跌落，企图采取高压的法制手段，强迫持有大量铜钱的人到官府去兑换交钞。史料记载，"令官民之家以品从物力限见（现）钱，多不过两万贯，猛安谋克则以牛具为差，不得过万贯。凡有所余，尽令易诸物收贮之"。金政权还提倡"告者有赏"政策，不能"告数外留钱者，奴婢免为良，佣者出离，以十分之一为赏，余皆没入"。持有过多铜币之人，为防止他人告发，便把大量铜钱埋入地下窖藏起来。

3. 交钞贬值

金朝是我国历史上第一个全面推行纸币的政权，在货币稳定方面没有可供借鉴的经验[15]。币制混乱是导致金铜钱窖藏的主要原因之一。

由于铜产量不丰富，境内铜源奇缺，铸钱数量较少，为解决货币不足问题，海陵王

11　《金史》卷48《食货志三》，中华书局，1975年，第1074页。

12　《金史》卷50《食货志五》，中华书局，1975年，第1116页。

13　《金史》卷46《食货志一》，中华书局，1975年，第1029页。

14　《金史》卷48《食货志三》，中华书局，1975年，第1070页。

15　李桂芝著：《辽金简史》，福建人民出版社，1996年，第301页。

于贞元年间（1153～1156）仿宋币大量发行交钞，以此来增加财政收入，解一时之急。自贞元二年（1154）起，交钞一直是金朝境内流通的主要货币。交钞以特定的纸张为原料，在铜钞版上印刷，金代称交钞，两宋称之为交子和会子。交钞分为大钞和小钞，大钞面额分为一、二、三、五、十贯，小钞分为一、二、三、五、七百文，使大宗交易得以顺畅交易，与辽、宋旧钱同时流通使用。但交钞只限民间使用，并规定民间交易一贯以上必须使用交钞，不得用铜钱交易。磨损后可至交钞库进行兑换，酌收工本费。海陵王时规定交钞的使用期限为七年，到了章宗时改为长期流通。金朝后期，纸币发行量增多，"日之所出，动以万计"[16]。交钞发行的最初目的是促进流通，缓解铜钱的不足，但政府滥发交钞，带来的恶果则是物价飞涨，"旦暮不一"，"至以万贯唯易一饼（烧饼）"[17]。金朝百姓非常重视铜钱，"得钱则珍藏"，而纸币到手后立即抛出，使得本来不多的铜钱就更加匮乏。章宗后期官府豪绅积储铜钱，市面上铜钱已难得到。宣宗时，以大量印造交钞来缓解财政困难，加剧了通货膨胀，物重钱轻现象更为严重。交钞在人们心中很快就丧失了社会信用。人们纷纷向外抛售交钞，囤积铜钱。由于铜贵钞贱，百姓不肯将铜钱和交钞混用，宁可窖藏。

由此可见，金代从限钱法到废除铜钱制，皆因纸币的过量发行，造成通货膨胀，从而出现交钞销滞的局面。金政权货币制度的混乱，导致百姓极度重钱轻钞、得钱辄藏之。有金一代，纸币的出现无疑是社会进步的一种表现，虽然出现很多弊端，但从长远看是历史发展的必然，也是商品经济发展的必然产物。

4. 实行通检推排政策

金代曾多次进行通检推排。通检推排是指金代调查民户资产、评定户口等，据以征收物力钱及征发差役的一种制度。金世宗完颜雍即位后，由于辽东赋税激增，更是力推通检推排赋税制度。特点有二：一是征收的范围广。"上自公卿大夫，下逮民庶，无苟免者。"[18]二是征税对象明确。举凡田园屋舍、车马牛羊、树艺之数，乃至藏镪（铜钱）多寡都成为物力钱课征收对象。金世宗完颜雍的这一做法，导致后来凡交易一贯以上者俱用银钞宝货，不许用铜钱，一贯以下听民便。因此，在征收的过程中，拥有铜钱的多少成为征税的标准之一。通检推排这一政策的实施，导致贵族、官员、地主千方百计隐瞒财产，把铜钱窖藏起来，最大限度地保护自己的利益。

5. 蒙金之战

金末金元交兵，战乱不息。金章宗泰和六年（1206），成吉思汗建立蒙古政权。金太祖天辅五年（1121），成吉思汗发动南侵金政权的战争，北方地区陷入战乱之中。蒙古统治者到处掠夺人口，北方居民四处逃散。统治者忙于战事，在阜新地区先后发生了撒八、窝斡叛乱和向木华黎投降事件。金政权准备迁都南京的做法亦导致民心不稳，当时商贾富户不得不将大批铜钱埋于地下，以求日后侥幸回归，但日后即便回来也难以找准他们的窖藏。这些埋藏起来的铜钱也就悄悄地沉睡在地下，不为后人所知了。

16　《金史》卷48《食货志三》，中华书局，1975年，第1089页。

17　《元史》卷146《耶律楚材传》，中华书局，1976年，第3460页。

18　《金史》卷46《食货志一》，中华书局，1975年，第1028页。

四、结　语

　　窖藏铜钱，是金代出现的特殊历史现象，是金代的一大社会问题。阜新地区发现大量的金代货币窖藏，说明金代阜新地处中原地区连接金上京的交通要道，是东北地区主要的交通干道，也说明金代阜新地区的商贸活动十分活跃。阜新地区在金代政治、经济、文化发展方面起着举足轻重的作用。这些窖藏铜钱为我们进一步研究阜新地区金代的货币制度提供了宝贵资料。

（刘　梓　阜新市博物馆）

历史研究

辽朝国家政体研究述评

——兼论辽朝"一国两制"政体的特点及其历史价值

郑　毅　　张志勇

内容提要：关于辽朝政治体制，学界有三种基本观点。其中，"一国两制"说更加符合辽朝历史发展的实际脉络。对其形成的历史背景和演进，笔者认为：①胡、汉集团的斗争与妥协，是契丹"一国两制"政体产生的内因；②弱中心与强边缘的倒置局面，是契丹"一国两制"政体形成的外因；③"混置"与"兼治"是契丹"一国两制"政体的进一步演进。

关键词："一国两制"　契丹　混置　兼治

916年，契丹民族的杰出领袖耶律阿保机正式建立辽王朝，成为与中原政权南北相望的强大帝国。为了适应形势的变化，帝国建立前后，契丹统治者很快建立起一套"以国制治契丹，以汉制待汉人"为特点的南北面官僚体制，逐渐发展成为辽代著名的"一国两制"政体，这一体制不但成为辽王朝的统治基石，更成为后世金、元、清等少数民族入主中原的政治借鉴，发挥出极其重要的历史作用。目前，学界对辽朝"一国两制"的具体内容多有深刻的见解，但对其形成的历史背景和演进尚未有全面的探讨，笔者愿抛砖引玉，就此做一阐释。

一、学界关于辽朝政治体制的争鸣

关于辽朝政治体制，学界有三种观点，彼此争鸣。笔者分别加以回顾。

其一，辽朝政体"一国两制说"。张博泉先生将辽朝政体概括为"一国两制"[1]。其后又有许多学者提出相同或相近的论断。任爱君先生认为："辽朝由最初的一国两制逐步演变为南北面兼治。"[2]张国庆老师认为："（契丹）建立了'藩汉分治'而又一体的政权体制。"[3]"因俗而治，各安其业""笼络上层，为我所用""讨伐叛逆，分治监

1　张博泉：《试论历史上的"一家两国"与"一国两制"》，《史学集刊》1987年第4期。

2　任爱君：《应当重新认识契丹辽朝的"一国两制"——兼谈其南北兼制的政治体制的确立》，《昭乌达蒙族师专学报（汉文哲学社会科学版）》1992年第2期。

3　张国庆：《辽代社会史研究》，中国社会科学出版社，2006年，第62页。

视”的契丹‘一国两制’民族政策的特点、特色。”李文军先生认为："辽代君主是有意维持‘一国两制’，利用‘边缘’的制度资源形成并巩固所期望的核心结构，既维持了多元君合政体，又有增强核心与边缘同质性的客观效果。"[4]魏志江等先生认为："辽帝国‘因俗而治’政策的推行，也是有着强有力的中央皇权作为保证的。"[5]李玉君认为："一言以蔽之，辽朝施政‘因俗而治’……然后顺应时代潮流而渐趋‘一体’汉化。"[6]

其二，辽朝政体"中央集权说"。李锡厚先生持"中央集权制说"。他认为："有了北枢密院，皇帝始得以把一切政令贯彻到二府以至各部族。枢密院虽然有两个，但军政大权最终还是集于皇帝一身，所以，北、南枢密院的建立即标志着辽朝专制主义中央集权政治体制的形成。"[7]李桂芝先生认为："随着辽政权的中央集权化，契丹贵族大会的权力被日益削弱，逐渐被官僚的朝议所取代。"[8]程妮娜先生认为："从10世纪初到14世纪60年代，契丹、女真、蒙古建立的辽金元三朝均为中央集权制度。"[9]武玉环认为："辽国家是专制的中央集权的封建国家。"又指出："在辽中央集权下，辽代部族官员的选任由中央来决定，从而控制地方分裂势力的发展。"[10]

其三，辽朝政体"二元论"。辽朝"二元"政体的观点主要由美国、日本和中国台湾地区学者提出，并在学界得到广泛认同。美国学者魏特夫认为："辽朝社会具有两重结构与两种社会的传统和宗教意识。"日本学者岛田正郎提出："把其政治（契丹）、法律、经济、社会等方面存在的二元体制作为它的特征来把握。"中国台湾地区学者姚从吾、赵振绩、杜烈原认为：契丹实行"二元政制"或"二元体制"。

二、"二元"还是"两制"：对辽朝政体的内涵本质，需要有客观的认识

如何看待这三种不同的观点。其实，许多专家的见解都不是固定不变的。比如日本学者岛田正郎，早年坚定持有"二元论"，但在其后期专著《大契丹国》一书中，却明确承认"辽朝是专制集权政体"，但早期的"二元论"依然在国内传播甚广。

笔者认为，所谓"二元论"，其表现形式应该是两种权利平等的政体，并行于一个国家之中，而"一国两制"中的"两制"则是一个政体下存在两种不同的区域管理制度，这两种制度彼此沟通、交流和渗透，趋向于融合的国家体制。判断"两元"还是"两制"的根本区别，主要在于看其中央政权架构是集权还是分权。很明显，辽朝在建

4　李文军：《国家制度变迁中的"边疆资源"——辽代法制儒家化再思考》，《中央民族大学学报（哲学社会科学版）》2019年第4期。

5　魏志江、陶莎：《辽帝国的国家安全思想研究》，《国际安全研究》2019年第5期。

6　李玉君：《华夷同风——渐趋一体的辽代农牧交融》，《光明日报》2019年12月4日。

7　李锡厚：《论辽朝的政治体制》，《历史研究》1988年第3期。

8　李桂芝：《契丹贵族大会钩沉》，《历史研究》1999年第6期。

9　程妮娜：《从"天下"到"大一统"——边疆朝贡制度的理论依据与思想特征》，《社会科学战线》2016年第1期。

10　武玉环：《契丹部落联盟与辽初政体》，《松辽学刊（社会科学版）》2000年第1期。

国后虽然有过短暂的中央分权时期，但很快就转入集权统治架构，其中以北枢密院的建立为典型标志，国内外史学家基本认同这一判断。

有学者从辽朝双国号现象，就认定这是辽朝"二元制"的具体表现。笔者对此不敢苟同。从国号演变看，一个政权有两个国号，比拟一个人有两个名字，在不同地区使用不同的名字，在欧美国家使用英文名字，在中国使用汉语名字，虽然名称不同，但仍代表的同一个人物，只不过是在不同地区的权变称呼而已。进而言之，如果一个人拥有英、汉两个名字，能否认为此人是两个人的合体呢？答案当然是否定的。

是否存在一个政权内部，拥有两个平行政府的现象（就好像一个躯体长着两个头颅），即便有这样的政权架构，是否能保持长期稳定？从大自然和人类社会的长期历史考察看，这种现象即便存在，也是不常见的，西方近代曾经有过波兰王国和奥匈帝国的存在，但历史实践表明，这两个国家的政权具有先天的脆弱性，与先后崛起的沙俄普鲁士等集权国家无法有效对抗，先后消失于历史长河中。

而契丹王朝的历史显然不是这样。作为一个长期压制中原王朝的强大政权，在其200年的辉煌历史中，东征西讨，南伐北略，几乎没有对手。最终败亡在被自己征服上百年的女真民族手中，可以看作是一场意外。因此"二元"政权架构与契丹王朝的强势表现显然是矛盾的。从中国古代历史演进也可以得出这样的结论，一个强大中央集权政体的政权，是建立一个强大王朝的必要条件。

契丹王朝实行南北面官制，是否意味着对幽云汉族地方政权放任不管呢？显然不是这样，所谓"以汉制待汉人"，更多体现在尊重汉族的文化生活习俗，以让汉人尽快融入契丹王朝，为契丹王朝贡献自己的才智和力量。与中原王朝的羁縻政策相比较而言，中原王朝对边疆的"羁縻"，更多体现的是一种"放"的精神，边疆民族仍然由当地首领统辖，不需要向中央纳税，仅有的"义务"就是稳定边疆地区。而作为"弱中心—强边疆"的契丹王朝的地缘政治结构，契丹王朝的上京核心需要幽云边疆提供更多的人力、物力、财力，因此，对待相对富饶的辽海地区和幽云地区，必然体现为更多的重视与管控。中原政权是赐予大于回报的央地关系，而契丹王朝则是需要回报大于赐予的央地关系。

无论从政治上还是军事上，契丹民族在幽云地区和辽海地区无疑都具有统治地位，军政大权完全掌握在契丹贵族手中，因此"以汉制待汉人"，无疑只是一种有限的从俗体现。

通过以上论述，笔者认为用"一国两制"来概括辽朝的政治体制，显然是更加切合辽朝的历史发展脉络的。

三、辽朝"一国两制"政体形成的背景与特点剖析

（一）胡、汉集团的斗争与妥协：契丹"一国两制"政体产生的内因

契丹民族是古代东胡民族的后裔，生活在大兴安岭南缘的两河流域（西拉木伦河和老哈河地区），即现在的内蒙古赤峰和通辽地区。这一带恰好位于漠北、中原的接壤地

区。伴随着古代漠北与中原势力的更替消长，契丹民族也不断游走其间，改换门庭并积蓄力量，先后附属于中原的北魏、北齐、隋、唐各朝；附属于漠北突厥、后突厥、回纥等政权，其间，先后经历了松散的原始八部落时期、大贺氏双首领部族联盟时期、迭剌部首领遥控的遥辇氏部族联盟时期，直至唐朝末年，阿保机取代遥辇氏联盟长，建立耶律氏的契丹王朝。

在600余年的历史进程中，中原、漠北各政权都对契丹民族产生了深远的影响。从部落联盟到建立王朝，契丹王朝大体呈现出由分散到整合，由分权到集权的演变过程。在此进程中，中原中央集权政治制度和漠北游牧军事"世选"民主制呈现出从激烈博弈到互有妥协的演进过程。例如，阿保机不断将中原王朝的典章制度引入契丹，先后设立了皇太子制和天下兵马大元帅制，947年，耶律德光入主中原后，又将中原枢密院体制引入契丹，此基础上，辽世宗耶律兀欲正式建立契丹北枢密院制度，北枢密院作为辽朝最高权力机构，标志着中央集权体制在契丹王朝确立起来。

另外，契丹部族的"世选"传统，依然拥有强大的影响力。最高军事权力掌握在最为强大的迭剌部贵族手中，通过契丹贵族大会，定期选举并确定最高军事领导人，任期三年，可以连任九年。这种"世选"制度在契丹各级权力机构中都有体现，契丹部族权力正是这样被把控在各个世家贵族手中传承沿袭。

在"变家为国"的过程中，阿保机拆分、削弱旧部族组织的同时，不能不对新旧贵族集团在政治上有所妥协和让步。例如，在镇压新旧敌对集团的同时，又不断将新贵族册封为具有"世选"权力的新贵族集团。例如"四年秋七月戊子朔，以后兄萧敌鲁为北府宰相。后族为相自此始"[11]。又如：神册六年（921）"春正月丙午，以皇弟苏为南府宰相，迭里为惕隐。南府宰相，自诸弟构乱，府之名族多四罹其祸，故其位久虚，以锄得部辖得里、只里古摄之。府中数请择任宗室，上以旧制不可辄变；请不已，乃告于宗庙而后授之。宗室为南府宰相自此始"[12]。

在契丹王朝早期内部的激烈政治斗争中，逐渐形成了以太子耶律倍为首的"汉化集权"集团和以太后述律平为首的"世选胡俗"集团。辽世宗的继位斗争，可以看作是两大集团的最终政治妥协，即在尊重辽朝中央集权政体的同时，又维护新旧贵族"世选"权利的政治平衡体制，这就是辽朝"一国两制"政体形成的内因。

（二）弱中心与强边缘的倒置局面：契丹"一国两制"政体形成的外因

笔者曾经在拙著《辽朝的建立及其边疆经略：契丹与漠北、中原、东北的地缘政治变迁》论及契丹民族所处的独特地缘特点。用围棋的"中心—边角"结构做了形象的比喻。围棋的棋理国人普遍熟悉，即起于边角，最终逐鹿中原。而契丹民族则是反其道而行之，起于中心，征伐四方。作为民族核心的上京两河流域，被漠北游牧民族、中原王朝和东北渔猎民族所包围，从先天条件看，即处于极大的地缘劣势中。契丹民族能够起落600年，最终崛起建国，其一，是民族坚韧性格起了决定性作用；其二，则是把握住

11　《辽史》卷1《太祖上》，中华书局，1974年，第3页。

12　《辽史》卷2《太祖下》，中华书局，1974年，第12页。

了稀缺难得的战略机遇，即10世纪初，漠北、中原、东北同时处于混乱状态，因此，得以轻易攻略四方，建立起强大的契丹王朝。

与轻松创建帝国不同，维护庞大的契丹帝国，其地缘态势就转化为帝国的中心处于被边疆地区四面包围的状态。辽上京核心区既没有幽云地区庞大的人口和富庶的经济，也缺乏漠北广大的地域战略空间，更没有东北渔猎民族强健彪悍的严寒适应能力。契丹早期著名大臣耶律羽之就上书，陈述渤海旧地统治的不易，中期萧韩家奴上书则是陈述在漠北统治的艰苦困境。同时，中原政权对幽云自然不会轻易放弃。后周和北宋先后三次北伐，试图收复幽云地区，迫使契丹王朝不得不在幽云长期驻防重兵。概而言之，契丹王朝建立后的最大困境，即有限的国力对应于统治庞大的帝国边疆，这一与生俱来的先天不足。因此，契丹统治者不得不从建国初期就采取"因俗而治"的边疆统治政策，其后，逐渐演进为"一国两制"政体。

渤海灭亡后，阿保机在渤海故地设立东丹国。以耶律倍为人皇王并主政东丹。完整保留渤海中央行政机构，契丹、渤海人数各半。这无疑是对自身实力不足的清醒认识。938年，德光取得幽云十六州后，辽朝将"因俗而治"统治政策顺延至汉族聚居区。随着辽宋"澶渊之盟"的签订，两国实现了长期和平。至此，"以汉制待汉人"的"一国两制"政体初步建立起来。

对于漠北地区，由于各部迁徙飘忽、叛服无常，辽帝则反其道而行之，采取筑城设防的强力统治方针。虽然为此耗费巨大，历代辽帝也坚持不退。漠北强权曾经长期统治契丹各部，历史上，唐朝对漠北羁縻的失败和金朝亡于蒙古，都说明漠北的战略地位极其重要，历代辽帝对此的认识无疑是正确而明智的。由此，在中国历史上，辽朝成为第一个对漠北地区实现长期统治的王朝，这说明辽朝统治者的统治方针是灵活多变的。宽松与强硬政策往往因时因地而变化。

（三）"混置"与"兼治"：契丹"一国两制"政体的进一步演进

中原政权对边疆的"羁縻统治"方针，基本上是保持边疆地区的人口和部族组织，以达到确保边疆稳定的局面。这是中原政权"强中原—弱边疆"地缘态势的自然反映。对于辽王朝"弱中心—强边疆"的地缘态势，从开始辽朝的"因俗而治"的"一国两制"就体现出与中原王朝截然不同的发展脉络。

对于以上京为中心的契丹民族，无论人口、经济还是环境，都远远落后于幽云和渤海故地，因此，为了稳固中心，削弱边疆，阿保机创建帝国之初，辽就开始大力推行人口、行政区划的"混置"与地方政权组织的"兼治"。

所谓"混置"，就是将人口相对充裕的幽云地区汉族人口、东北渤海人口以及女真各部，迁徙到地旷人稀的上京道、东京道和中京道地区。形成独特的游牧—农耕交错而立，你中有我、比邻而居的场景。这样做的好处：其一，是增加各民族的彼此认知度，降低民族隔阂；其二，变相削弱了边疆民族聚居区的人口，进而避免单一民族势力过大的问题[13]。

13　郑毅：《"因俗而治"与"胡汉一体"：试论辽朝"一元两制"的政治特色》，《黑龙江民族丛刊》2013年第6期。

所谓"兼治"，可以这样理解，辽朝"一国两制"所体现的"以国制治契丹，以汉制待汉人"。这里的"制"无疑是说具体的政策和制度。但执行政策的各级地方官是否也一定是南人治南，北人治北？显然不是这样的。王旭东在《辽代五京地方政务运行研究》一书中对此做了详细的统计和归类。"52位上京留守，契丹族40人，汉人仅为12人。""30位东京留守，耶律、萧氏28位，奚人2位。""25位南京留守，汉人仅为6人。"[14]

从这段数字统计不难看出，在辽朝地方行政关系上，契丹贵族无疑占据绝对多数地位，上京留守中有一定数量的汉族，渤海、奚族担任五京留守几乎可以忽略不计。这说明，虽然"因俗而治"是契丹的国策，但执行政策的地方长官依然以契丹贵族为主，地方大权依然掌控在契丹民族手中，这显然与中原"羁縻政策"的举措截然相反。另外，汉族担任上京留守的人数也有十几人之多，这是契丹统治者对汉族的信任和知人善用的具体表现，以"一国两制"为中心的契汉政治联盟显然是稳固的。

四、关于辽朝"一国两制"的内涵和表现形式，学界取得的共识和尚待解决的问题

多数专家学者认为辽朝"一国两制"主要内容与表现是国家统治机构，即中央和地方的行政管理机构。杨保隆先生认为中央实行北、南面官制度，地方推行州县与部族并行制度泾渭分明的统治体系。孟广耀论述了汉族儒士群体"华夷之辨"观念日益淡化，并从辽人的思想意识入手，分析了"汉契一体"的中华观念的表现、产生和意义[15]。宋德金、郭康松先生都认为辽朝夷夏观的演变与中原文化传播和被吸收进程相一致[16]。武玉环先生从契丹民族的历史观、社会观、民族观、道德观等方面，分析了契丹民族作为中华民族一分子的归属感与思想认同[17]。程妮娜先生、赵永春先生分析了辽人自称"北朝"与辽人的"中国"观，辽金以"中国"，以"正统"自居，反映了中国多元一体民族观[18]。

通过对国内外相关研究的学术史梳理，专家学者在辽朝"一国两制"表述、内涵、形成与发展的历史过程、历史背景、原因与条件、作用与影响等方面研究已经取得了一些成果，提出了许多真知灼见。

同时不难发现：①学界对中华民族"多元一体"架构的"多元"论述较为充分，而对"一体"形成的内因分析较为笼统，有进一步研究的必要；②对辽朝"一国两制"与

14　王旭东：《辽代五京地方政务运行研究》，知识产权出版社，2021年，第152页。

15　孟广耀：《试论辽代汉族儒士的"华夷之辨"观念》，《北方文物》1990年第4期；孟古托力：《辽人"汉契一体"的中华观念述论》，《辽金史论集（第五辑）》，文津出版社，1991年。

16　宋德金：《辽金人的忠孝观》，《史学集刊》2004年第4期；郭康松：《辽朝夷夏观的演变》，《中国史研究》2001年第2期。

17　武玉环：《契丹部落联盟与辽初政体》，《松辽学刊（社会科学版）》2000年第1期。

18　程妮娜：《辽金王朝与中华多元一体的关系》，《史学集刊》2006年第1期；赵永春：《试论辽人的"中国"观》，《文史哲》2010年第3期。

历史上"胡汉分治""因俗而治"的关系需要深入辨析；③对辽朝"一国两制"性质与特点分析不够深刻，对辽朝"一国两制"的内容与表现分析不够全面，实施与发展到何种程度研究不到位；④新的考古资料运用不够；⑤关于辽朝"一国两制"治理模式的理论研究还较为匮乏；⑥对辽朝"一国两制"取得的成效与存在问题及原因分析不足。

五、深入研究辽朝"一国两制"政体的历史和现实意义

辽朝的"一国两制"是古代"中国之治"的成功典范，认真研究、挖掘其内涵意义，对于当代中国"一国两制"政治制度建设具有极其重要的历史和现实启发、借鉴意义。辽朝"一国两制"彰显了辽朝统治者的治国经验与智慧。中国是一个统一的多民族国家，自西周以来，无论是中原王朝，还是少数民族为主体建立的政权，都在不同程度上采取过"因俗而治""胡汉分治"的统治政策。辽朝建立后针对境内不同生产方式、生活方式、宗教信仰、文化习俗的民族创造性实行"一国两制"治理模式，而且实施效果显著。辽朝统治者为稳固"一国"的统治，先后采取一些较为现实可行的具体政策。例如，推行各民族的迁徙和混置。辽朝中央政府严格管理地方官员的任职和升迁、转任。同时在意识形态领域，辽朝统治者大力推行以儒释道为代表的中原文化，从而推动了辽代"一国两制"政体的发展。无疑，这些举措都对当代深化国家治理体系建设具有历史借鉴意义。

因此，深入开展对辽朝"一国两制"治理模式思想理论基础、背景、原因与条件、特色、内容、实施程度、经验与教训的深入研究，传承这一份珍贵的历史文化遗产，是当代学界应该承担的责任。

附记：本文系2021年辽宁省社会科学规划基金项目（L21BZS004）"辽朝'一国两制'的缘起、演进及其历史贡献研究"阶段性成果，2024年辽宁社会科学院一般项目《文旅融合下的辽宁古代历史文化传承与创新研究》（Insky24kt41）成果。

（郑　毅　辽宁社会科学院历史所　张志勇　辽宁工程技术大学）

《历代名臣奏议》所见辽史、契丹史史料研究

李浩楠

内容提要：宋代奏议，仅见于明人黄淮、杨士奇所编《历代名臣奏议》一书，提及辽史及金代契丹史者，共计10篇，内容涉及辽代政治、法制、民族关系及金代契丹人、南宋契丹归明人等，可与传世辽、宋、金文献互相对照，具有一定的史料价值。

关键词：历代名臣奏议　辽史　契丹史　史料价值

两宋与辽、金对峙，出于爱国主义精神和现实中的边患、边防问题，宋朝臣僚、士大夫撰写了相当数量涉及辽、金的奏议（奏札、奏疏）。对于宋人奏议中的相关辽史史料及契丹史史料，辽金史学者更为重视宋人文集（如苏颂、苏辙、吕颐浩等）及《宋朝诸臣奏议》《宋会要辑稿》《续资治通鉴长编》《三朝北盟会编》《宋史》等，对于明人黄淮、杨士奇等编《历代名臣奏议》[1]尚缺乏一定的关注。王曾瑜先生指出，《历代名臣奏议》中的宋人奏议，"乃全书之精华所在"，宋臣无文集、奏议集传世或传世者收录不全者，其奏议却保存于此书[2]。王德领先生梳理《历代名臣奏议》及宋代文献，其文所附四表，整理了宋人奏议仅著录于《历代名臣奏议》者[3]。笔者翻阅《历代名臣奏议》，并参阅王德领先生大作，发现《历代名臣奏议》中独有的宋人奏议，涉及辽史、契丹史者，共有10篇，其史料价值尚未得到充分利用，现分述如下：

1　（明）黄淮、杨士奇编：《历代名臣奏议》，上海古籍出版社，2012年。

2　王曾瑜：《上海古籍出版社影印本〈历代名臣奏议〉序言》，《点滴编》，河北大学出版社，2010年，第544页。

3　即该宋人奏议最早著录于《历代名臣奏议》，又包括以下四种情况：其人无文集传世；其他宋代文献未著录；其人有文集传世，但传世文集未载，他书亦未著录者；虽为他书所载，而以《历代名臣奏议》为最早来源者，见王德领：《〈历代名臣奏议〉（宋代部分）研究》，河北大学硕士学位论文，2010年，第80～120页。

一、辽史及辽代契丹史史料

辽代政治。宋元祐元年（1086），尚书右仆射韩缜被刘挚、苏辙等弹劾，罪状之一即其人参与熙宁年间的宋辽边界谈判，割让土地与辽朝[4]。殿中侍御史吕陶亦弹劾之，并劾张璪[5]。奏议亦提及韩缜弃地之罪，但亦提及辽朝参与谈判的汉臣梁允同，并云，"梁允同以拓土之功，归其国，为两府。吾亦用韩缜，以示不疑尔"[6]。该奏不见于吕陶《净德集》[7]。熙宁七年（辽咸雍十年，1074）至八年（辽大康元年，1075）辽宋边界谈判事，沈括撰有《入国奏请》《入国别录》，赵永春先生有系统整理。唯"梁允同"作"梁颖"[8]。梁颖墓志出土于2010年，梁颖在重熙二十四年（1055）年中进士，清宁六年（1060）为枢密院书令史，"经十四年十三迁"而为枢密直学士，"又四迁为枢密副使"，时间已肯定在咸雍九年（1073）之后。墓志详述边界谈判之事，力赞梁颖拓土之功，并提及韩缜[9]。关树东先生利用《梁颖墓志》，考证梁颖"自签枢密院事则进入宰执行列。大康六年（1080），拜门下侍郎、同中书门下平章事（中书省宰相）、知枢密院事。大安二年（1086），罢相"。并认为《文献通考》所载杀耶律英弼（乙辛）的"国相梁益介"即梁颖[10]。宋代"两府"，又称"二府"，即中书门下、枢密院[11]。吕陶所闻，除将梁颖之名误为梁允同外，其他要素（梁颖任宰相，时间在熙宁间宋辽谈判后）大体无误。彭凤萍、黄艳先生曾引用吕陶此奏，但并未细究梁允同与梁颖实为一人[12]。吕陶将梁颖边界谈判之功，作为其晋升宰相的唯一因素，颇有简单化之嫌，梁颖之任宰相，除个人才能之外，尚有辽道宗时汉人士大夫政治地位提升及辽道宗对耶律乙辛等人的警惕等[13]。从任枢密直学士参与辽宋边界谈判，到出任宰相，历时六年，边界谈判之功在其跻身宰相过程中所起到的作用，尚需进一步讨论[14]。

北宋后期，宋辽交聘频繁，宋使、宋臣对于辽朝内政的了解，相对从前有了一定程

4　《宋史》卷315《韩缜传》，中华书局，1977年，第10311页。

5　吕陶弹劾张璪在元祐元年五月，王智勇：《吕陶年谱》，《宋代文化研究（第7辑）》，巴蜀书社，1998年，第153页。

6　（宋）吕陶：《乞早赐圣断罢免韩缜张璪事疏》，（明）黄淮、杨士奇编：《历代名臣奏议》卷177《去邪》，上海古籍出版社，2012年，第3册，第2318页。

7　王德领：《〈历代名臣奏议〉（宋代部分）研究》，河北大学硕士学位论文，2010年，第104页。

8　赵永春：《奉使辽金行程录（增订本）》，商务印书馆，2017年，第103～123页。

9　杨卫东：《辽朝梁颖墓志铭考释》，《文史》2011年第1期。

10　关树东：《辽朝汉人宰相梁颖与权臣耶律乙辛之斗争辨析》，《中国史研究》2017年第4期。

11　龚延明编著：《宋代官制辞典》，中华书局，1997年，第114页。

12　彭凤萍：《浅析沈括使辽地界误朝说》，《益阳师专学报》2001年第1期；黄艳：《论吕陶的政治活动及军事思想》，河北大学硕士学位论文，2007年，第21页。

13　关树东：《辽朝汉人宰相梁颖与权臣耶律乙辛之斗争辨析》，《中国史研究》2017年第4期。

14　与之对照的是，元代伪书《契丹国志》云，辽兴宗时刘六符与宋朝谈判，成功促成"重熙增币"，刘六符擢为枢密使，后至中书政事令，刘浦江：《试论辽朝的民族政策》，《辽金史论》，辽宁大学出版社，1999年，第41页。遗憾的是，《刘六符墓志》全文至今尚未公布，无法确知其任职的准确纪年。

度的提高。徽宗初，建中靖国元年（辽寿昌七年，1101，辽道宗去世之年）之前，陈瓘（1057～1124）上奏，论及河北流民，认为朝廷应更多关注西北边防，不应该将北方安全的赌注押在辽朝，因"老胡（辽道宗）耄矣，余日几何，其孙好杀，理必生事"[15]。陈瓘无文集传世，该奏最早著录于《历代名臣奏议》[16]。稍早，元祐四年（1089）出使辽朝的苏辙，回宋上奏，云所见辽道宗身体状况颇佳，坚持与宋朝和好，但"其孙燕王（耶律延禧）幼弱，顷年契丹大臣诛杀其父，常有求报之心"，倾向于依靠汉人，与宋朝交好，这一事实，乃"北界小民亦能道此"[17]。比较二人所奏，苏辙得之于出使辽朝的所见所闻，陈瓘则得之于"风闻"。二人在辽道宗年老，倾向于内政稳定，与宋朝交好方面，评价一致。于天祚帝，二人皆认为天祚帝有报复心、好杀，但苏辙倾向于耶律延禧即位后会清洗契丹大臣，而陈瓘倾向于新君即位，血气方刚，会在宋朝河北边境挑起事端。二人对于耶律延禧的判断有过于简单化的倾向，耶律延禧虽有报复之心，但诚如王金秋先生所论，由于其幼年的心理创伤，导致形成"冷酷无情、生性多疑、懦弱、任性和刚愎自用的性格"[18]。即位后虽继续清理耶律乙辛党羽，但仍然任用耶律乙辛之同母弟耶律阿思，辽朝糟糕的内政与女真崛起的局势[19]，也决定了其在位期间无"生事"之举。苏、陈二人对于耶律延禧的了解较为片面，但亦揭示了其性格中"冷酷无情""任性"的一面。

天祚帝在位时，宋朝赵鼎臣上奏，"（延）禧僭立之后，肆为荒淫，无复法度。再至燕京，穷极暴虐，燕人痛毒，贯入骨髓。而又出入轻佻，斥去防卫，嫚我使人，笞辱傧者，人怨神怒"[20]。该奏不见于赵鼎臣《竹隐集》[21]。据《辽史》，天祚帝首至燕京为乾统四年（宋崇宁三年，1104）十月，再至燕京为天庆二年（宋政和二年，1112）十一月[22]。该奏所上时间应在政和二年（1112）后，大观四年（1110）出使辽朝的王汉之，上奏宋徽宗，亦提及"契丹岁比荒，用度毕取于燕人，凌蔑掊剥，至不堪命，怨嗟日闻"[23]。在天祚帝的内政治理，尤其是苛待燕京汉人方面，王汉之与赵鼎臣是存在相

15　（宋）陈瓘：《上思患预防奏》，见（明）黄淮、杨士奇编：《历代名臣奏议》卷196《慎微》，上海古籍出版社，2012年，第3册，第2568页。

16　王德领：《〈历代名臣奏议〉（宋代部分）研究》，河北大学硕士学位论文，2010年，第84页。

17　（宋）苏辙：《栾城集》卷42《北使还论北边事札子五道·二论北朝政事大略》，《苏辙集》，中华书局，1990年，第2册，第748页。

18　王金秋：《天祚帝的情感世界与辽朝灭亡》，《赤峰学院学报（汉文哲学社会科学版）》2019年第5期。

19　刘梓：《辽道宗与天祚帝对辽朝灭亡的影响》，《北方文物》2012年第2期。

20　（宋）赵鼎臣：《代条具北边事宜》，见（明）黄淮、杨士奇编：《历代名臣奏议》卷347《夷狄》，上海古籍出版社，2012年，第5册，第4505页。

21　王德领：《〈历代名臣奏议〉（宋代部分）研究》，河北大学硕士学位论文，2010年，第105页。

22　《辽史》卷27《天祚皇帝纪一》，中华书局，2016年，第359、365页。

23　（宋）程俱：《北山小集》卷34《延康殿学士中大夫提举杭州洞霄宫信安郡开国侯食邑一千七百户食实封一百户赠正奉大夫王公行状》，《宋集珍本丛刊》第33册，线装书局，2004年，第601页；李浩楠：《宋代使臣语录补考》，《宋史研究论丛（第25辑）》，科学出版社，2019年，第277页。

当多的共识，这一共识，亦增强了宋徽宗"恢复幽燕"的信心。

辽代法制。神宗时，郑獬（1022～1072）上奏，提及宋朝密诏河北修缮城堑，以防辽人南下。郑獬认为两朝今无"衅隙"，此举乃小题大做。且"比者黥两地税户手背，兹虽事生，亦未为逾盟之大失。臣素知幽、燕间乡民皆黥之，非颛以为兵也。无屯兵营火伍粮糒器甲之制，惟将迎汉使，岁役之三月。又其黥之者，似闻非虏主意，乃其酋豪妄为之。既已黥之，则可移文，讯其所以然"[24]。郑獬有《郧溪集》传世，但该奏系据《历代名臣奏议》增补，《郧溪集》名为《请罢河北夫役疏》[25]。因宋代士兵普遍刺字[26]，宋代边州将官及臣僚，以己度人，将之视为扩军备战的信号。郑獬则根据自己所闻见，指出，辽朝燕京地区及两属地乡民[27]，被地方官府强制刺字，以备宋使入境之后使用，系夫役而非兵役。此系辽代黥刑（刺字）的重要史料。关于辽代刺字，《辽史》载，刺字部位有"面""额""臂""颈"等[28]。重熙二年（1033），辽朝规定，"犯窃盗者，初刺右臂，再刺左，三刺颈之右，四刺左"[29]。苗润博先生指出《辽史·刑法志》主要史源系以金朝陈大任《辽史·刑法志》为主体[30]。宋朝宰相司马光曾谈及"契丹之法"，"民为盗者，一犯文其腕为贼字，再犯文其臂，三犯文其肘，四犯文其肩"[31]。学者讨论辽代刺字者，历来不出以上史料之外[32]。郑獬此奏揭示：辽朝不仅有针对罪犯的刺字，尚有针对平民百姓者，正如漆侠先生所言，辽朝接待宋使的馆驿，系沉重之力役，应役之人不堪重负，或有破产者，人多视为畏途[33]。为保障宋使的沿途供应，辽朝地方官不得不采取强制手段，以刺字的方式，强迫众人服役，且避免推脱、逃亡等。因服役百姓并非罪犯，故刺字之举，郑獬颇疑非出辽帝诏旨，而系辽朝地方大员的法外之刑。同时，刺字于手背，皆低于辽代刺字之最轻者（右臂或手腕），将百姓与罪犯做了一定程度上的区分。

辽代民族关系。大观四年（1110）出使辽朝的王汉之，所奏除论及燕京汉人与辽朝统治者的矛盾外，还注意到辽朝对于渤海人的高度戒惕[34]。赵鼎臣除关注燕京汉人外，

24　（明）黄淮、杨士奇编：《历代名臣奏议》卷220《兵制》引郑獬奏，上海古籍出版社，2012年，第3册，第2901页。

25　王德领：《〈历代名臣奏议〉（宋代部分）研究》，河北大学硕士学位论文，2010年，第118页。

26　魏峰：《从刺字看宋代军制》，《史学月刊》2005年第9期。

27　陶玉坤：《也论辽宋间的两属地》，《宋史研究论丛（第6辑）》，河北大学出版社，2005年，第151～168页。

28　《辽史》卷61《刑法志上》，中华书局，2016年，第1041、1042页；《辽史》卷62《刑法志下》，中华书局，2016年，第1046页。

29　《辽史》卷62《刑法志下》，中华书局，2016年，第1046页。

30　苗润博：《〈辽史〉探源》，中华书局，2020年，第50页。

31　（宋）吴曾：《能改斋漫录》卷13《契丹之法》，上海古籍出版社，1979年，下册，第387页。

32　参见陈述补注：《辽史补注》（第7册），中华书局，2018年，第2495～2520页；武玉环：《辽代刑法制度考述》，《中国史研究》1999年第1期；张志勇：《辽代法律史研究》，高等教育出版社，2002年，第75页。

33　漆侠、乔幼梅：《辽夏金经济史》，河北大学出版社，1994年，第115～117页。

34　李浩楠：《宋代使臣语录补考》，《宋史研究论丛（第25辑）》，科学出版社，2019年，第277页。

还将目光投向了辽朝奚族，"今奚又首乱，破其三州，兵势甚盛，据谍报所传，殊未衰息，密迩汉境"，且"今奚人叛虏，众已盈万，止杀契丹，不戮汉人，其意盖欲阴结其党，以为己助。虽曰草窃，固亦未易可量，然既破三州，未能长驱，有所深入，尚且屯聚于采凉山中。不闻谍者言其有窥窬燕、蓟之意，则虚实强弱，亦未可以蠡度也"[35]。天庆二年（1112）左右，根据宋朝边境谍报，辽朝境内的奚族发动叛乱，攻克三州，且杀戮契丹人，不杀汉人。赵鼎臣判断，这些"叛奚"屯聚于"采凉山"（疑为辽朝某处夏捺钵），并无南下进攻燕京之意。此段史料长期以来不为辽金史、奚族史学者引用[36]。"三州"不详具体为何，但据毕德广先生研究，辽朝中后期奚族主要聚居在"滦河中下游及其支流青龙河流域一带"[37]。"三州"当与此不远。《辽史·天祚皇帝纪》，史源除金朝实录及《亡辽录》外，主要出自辽人记载者系《皇朝实录》成书后，辽朝史官在其本纪部分续补天祚朝编年记录[38]。记载简略。而今本《宋会要辑稿·蕃夷》辽天祚帝部分，崇宁四年（辽乾统五年，1105）记事后，下一事纪年为政和六年（辽天庆六年金收国二年，1116）[39]。辽末女真起兵反辽之前，辽、宋双方史料对于天祚朝史事的记载，均有失之过简之嫌。赵鼎臣转述宋朝间谍提供的辽末奚族反叛，及其政治立场、发展规模、经略方向等，具有较高的史料价值。亦可对刘浦江先生的结论，"在辽朝统治期内，奚人表现得相当驯服"，直到奚王回离保建立政权，奚族始与辽朝分道扬镳[40]，做出一定程度上的修正。

二、金代及南宋契丹史史料

金代契丹人的政治、军事。乾道元年（金大定五年，1165），辛弃疾（1140～1207）上《美芹十论》[41]，提及了契丹人在金朝的政治地位和军事部署，"况虏廷今用事之人，杂以契丹、中原、江南之士，上下猜防，议论龃龉，非如前日粘罕、

35　（宋）赵鼎臣：《代条具北边事宜》，详见（明）黄淮、杨士奇编：《历代名臣奏议》卷347《夷狄》，上海古籍出版社，2012年，第5册，第4505页。

36　刘浦江：《试论辽朝的民族政策》，《辽金史论》，辽宁大学出版社，1999年，第53～57页；孟广耀：《辽金战争中奚族之丛谈——辽金宋关系史中的一个小问题》，《北部边疆民族史研究》（上册），黑龙江教育出版社，2002年，第371～386页；刘一：《奚族研究》，吉林大学博士学位论文，2014年，第146、147页；周峰：《奚族史略》，台湾花木兰文化出版社，2016年，第48～53页；毕德广：《奚族文化研究》，科学出版社，2016年，第44～49页；王丽娟：《中国古代北方民族史·库莫奚卷》，科学出版社，2021年，第91页。

37　毕德广：《奚族文化研究》，科学出版社，2016年，第46、47页。

38　苗润博：《〈辽史〉探源》，中华书局，2020年，第86～93页。

39　（清）徐松辑：《宋会要辑稿·蕃夷二》，郭声波点校：《宋会要辑稿·蕃夷道释》，四川大学出版社，2010年，第96页。按，今本《续资治通鉴长编》为清朝四库馆臣辑佚时，已缺少徽宗、钦宗两朝史事。

40　刘浦江：《试论辽朝的民族政策》，《辽金史论》，辽宁大学出版社，1999年，第57页。

41　刘浦江：《辛稼轩〈美芹十论〉作年确考》，《古籍整理研究学刊》1990年第2期。

兀术辈之叶"[42]。又云，"虏人列屯置戍，自淮阳以西，至于汧、陇，杂女真、渤海、契丹之兵，不满十万。关中、洛阳、京师（开封）三处，彼以为形势最重之地，防之为甚深，备之为甚密"[43]。此奏最早见于《历代名臣奏议》[44]。前一条史料点明了金朝民族压迫的本质，但对金朝政治的走下坡路的倾向，评价过于乐观，世宗一朝，金朝政治大体稳定，契丹势力虽有反叛与不满，但局势大体稳定。在金朝民族关系的评价中，拔高了江南士人的政治地位，对原金朝"汉人"政治势力采取了视而不见的态度，但对契丹人的政治地位的评价，尚属公允。对世宗初年的金朝政治而言，契丹人是不可忽视的一极，任何人都不能完全无视他们的政治利益和诉求[45]。后一条史料则说明在宋金边界，金朝部署重兵防御南宋，除了女真军外，尚有一定数量的契丹军士。

庆元三年（金承安二年，1197），卫泾（1159～1226）出使金朝，因南宋闻知金朝与蒙古的战争，宋宁宗叮嘱其"询访鞑靼事宜"。卫泾回朝后，上奏所见所闻，首论鞑靼之事，云其渐强，威胁金朝，而"契丹遗类、蒙国诸戎"，与金朝为世仇，乘机而动。金朝对蒙古用兵"蕃兵部落亦有离心，公出怨言"，亦征发汉人签军。金朝投入全力，"今两敌（金朝与鞑靼）相持，犹在亘（桓）、抚等州，而临潢被围，逾时未解，在边之兵，仅三十万，复期以九月决战"[46]。纠军的民族构成问题，向为辽金史界所关注，王曾瑜先生认为主要是非女真人之游牧民族，包括部分奚人、契丹人[47]。刘浦江先生认为主要由契丹人组成[48]。从卫泾的行文来看，他并非认为"契丹"与"蕃"为同类人群，将"蕃兵"判断为非女真族、汉族、契丹族，而由金朝其他北部少数民族组成，类似北宋西北"蕃兵"的军队。但联系承安元年（1196），契丹德寿起义及承安二年（1197）部分由契丹人组成的纠军出没于锦、懿州之间等事[49]。"公出怨言"无疑反映了章宗时契丹将士与金朝朝廷之间，日渐趋于紧张、对立的关系。《金史》对于章宗朝北部边事，忌讳甚多。根据刘浦江先生对完颜襄北伐时间的考证，承安元年（明昌七年，1196）六月，完颜襄大破蒙古塔塔尔部于斡里札河，

42   （宋）辛弃疾：《美芹十论》，详见（明）黄淮、杨士奇编：《历代名臣奏议》卷94《经国》，上海古籍出版社，2012年，第2册，第1282页。

43   （宋）辛弃疾：《美芹十论》，详见（明）黄淮、杨士奇编：《历代名臣奏议》卷94《经国》，上海古籍出版社，2012年，第2册，第1291页。

44   王德领：《〈历代名臣奏议〉（宋代部分）研究》，河北大学硕士学位论文，2010年，第120页。

45   刘浦江：《金朝的民族政策与民族歧视》，《辽金史论》，辽宁大学出版社，1999年，第58～86页；夏宇旭：《金代契丹人研究》，中国社会科学出版社，2014年，第54～67页。

46   （宋）卫泾：《奉使回奏事札子》，详见（明）黄淮、杨士奇等编：《历代名臣奏议》卷350《夷狄》，上海古籍出版社，2012年，第5册，第4539页。

47   王曾瑜：《金朝军制》，河北大学出版社，2004年，第102页。

48   刘浦江：《〈金朝军制〉平议——兼评王曾瑜先生的辽金史研究》，《松漠之间——辽金契丹女真史研究》，中华书局，2008年，第392页。

49   范军、周峰：《金章宗传》，中国广播电视出版社，2003年，第115～119页；夏宇旭：《金代契丹人研究》，中国社会科学出版社，2014年，第50页。

七月捷报传至中都，章宗命收瘗此战阵亡者骸骨[50]。《金史·内族襄传》虽大书金朝北伐之功，但结合卫泾上奏来看，此战大约只是给予塔塔尔部一定的打击，之后塔塔尔部及其他蒙古诸部仍然继续进攻金朝边境，主要战场集中在桓州、抚州及临潢府。金代文献亦有反映，监察御史宗端修（姬端修）上奏，"大军至卢车河，敌势穷蹙，不即剿绝，至有临潢之败"[51]。可能即《金史》所记，"北部复叛，（完颜）裔战失律"[52]。直到承安三年（1198），金朝北方局势方得安定。卫泾所奏，可与金代文献互为补充。临潢府系契丹族聚居地，如此大规模的战争，对于契丹百姓、牧民的伤害无疑是巨大的。

　　宋朝通过契丹人搜集金朝情报。钦宗时，许翰上奏，认为施用离间计，金军不足为患，他提及"归朝官"张企肃建议从海道，运送可靠燕人至燕境，煽动"乡党"叛金。许翰族人有从拱州陷于金军逃归者，"阴得契丹、燕人之情，见其怨愤金贼，欲食其肉"[53]。此奏不见于许翰《襄陵文集》[54]。从历史发展来看，此奏所论过为乐观，但所云新兴的金朝女真统治者，强调女真人与非女真人之间的对立，他们与契丹人、汉人之间，矛盾、积怨甚深，尚有可取之处。宋金战争开始后，宋朝官员、将领中的有识之士，身体力行，利用宋辽百年和好和金朝的民族矛盾，招抚金军中的契丹人，如著名的抗金名将宗泽，颇有成效[55]。隆兴元年（金大定三年，1163）十一月后，湖北京西制置使虞允文（1110～1174），对于宋军收复的唐、邓二州，其极力反对割还金朝。他指出金朝"多事"，自顾不暇，但主守有余，也绝非"恢复"之机，"况近日屡报境上，虏兵名为东南行，而其实东北去，有真女真、契丹人来归，其说亦合"[56]。虞允文无文集传世，该奏首录于《历代名臣奏议》[57]。虞允文认为金朝很多军事威胁系"恫吓"，无力南下，强调这一判断来自边境上的情报——金军向东北方向转移，而且通过询问归附宋朝的契丹、女真人，证实了情报不虚。但结合历史发展来看，此时，金朝已经平定契丹牧民大起义，在符离之战战胜宋军。诚如赵永春先生所论，世宗虽有意对南宋做出有限让步，但是底线是维持"绍兴和议"以来的宋金边界，宋金双方为唐、邓等四州的归

50　刘浦江：《再论阻卜与鞑靼》，《松漠之间——辽金契丹女真史研究》，中华书局，2008年，第355～357页。

51　（金）赵秉文著，马振君整理：《赵秉文集》卷11《姬平叔墓表》，黑龙江大学出版社，2014年，第286页。"卢车河"，《畿辅丛书》本作"虏车河"。此奏，王庆生先生系于承安元年（1196），见王庆生：《金代文学家年谱》（下册），凤凰出版社，2005年，第804页。

52　《金史》卷94《内族襄传》，中华书局，1975年，第2090页。

53　（明）黄淮、杨士奇编：《历代名臣奏议》卷84《经国》，引许翰奏，上海古籍出版社，2012年，第2册，第1148页。

54　王德领：《〈历代名臣奏议〉（宋代部分）研究》，河北大学硕士学位论文，2010年，第106页。

55　史泠歌、王曾瑜：《宗泽李纲评传》，中国书籍出版社，2020年，第249页。

56　（宋）虞允文：《论措置唐邓一带为必守计》，（明）黄淮、杨士奇编：《历代名臣奏议》卷336《御边》，上海古籍出版社，2012年，第5册，第4350页。按，奏议提及南宋金国通问使胡昉被金军所执，时间在隆兴元年（金大定三年，1163）十一月之后，李辉：《宋金交聘制度研究（1127～1234）》，上海古籍出版社，2014年，第182页。

57　王德领：《〈历代名臣奏议〉（宋代部分）研究》，河北大学硕士学位论文，2010年，第91页。

属进行多次谈判，但金军于大定四年（宋隆兴三年，1164）渡淮南下，以战迫和。以宋朝最终交还四州而告终[58]。许翰、虞允文虽然通过契丹人搜集金朝军事情报，但颇有先有立场，再找证据之嫌。

南宋契丹归明、归正人。绍兴三十二年（金大定二年，1162），张浚（1097~1164）积极筹划北伐，其人上奏提及金朝契丹牧民大起义，影响波及金朝南部边境，"宿州总管萧宇及萧千户，皆契丹之族属，今其闻契丹之盛，欲归之心，想见甚切"[59]。张浚无文集传世，该奏首录于《历代名臣奏议》[60]。金宿州总管契丹人萧宇、萧千户，因受契丹牧民大起义的影响，有欲归宋之心，但由于史料的缺乏，未知是否最终降宋[61]。在宋朝的招抚政策和投降契丹人的感召下，同年的宋军北伐，契丹将士颇有投降响应者。但不可忽略的是，仍然有相当数量的金军契丹人，坚持效忠金朝，抵抗南宋，当年五月十四日，宋军攻克宿州，李显忠将生擒金朝官员并"女真、奚、契丹等兵八千余人，尽戮之城东隅"[62]。

孝宗时，李椿（1111~1183）连上二奏，讨论南宋降人（归正、归明人）问题，他先算经济账，指出归附宋朝的"降虏"（包括女真、契丹等民族）"散在州郡间，骄横凌民"，且"不习军务，高官厚禄"。他提醒宋孝宗注意历史上晋武帝、苻坚、唐太宗优待异族及宋朝接受辽朝郭药师投降的教训，严加防范，"降虏或布州郡，或掌事军中，或往来阙下，或宿卫禁庭"，"近见耶律适哩所为，触类而思之，恐为害于他日"[63]。李椿无文集传世，该奏首录于《历代名臣奏议》[64]。据夏宇旭先生考证，耶律适哩即《金史》中的括里，参与契丹族牧民大起义，起义失败后投降南宋。隆兴北伐之初，李显忠等曾用括里等献计策，连下灵璧、虹县、宿州等[65]。据王善军先生的考证，乾道三年（1167），耶律适哩为建康府驻扎御前后军都统制[66]。李椿担心其或有变乱之

58　赵永春：《金宋关系史》，人民出版社，2005年，第255~263页。

59　（宋）张浚：《论萧宇等约降及恢复事宜疏》，（明）黄淮、杨士奇编：《历代名臣奏议》卷88《经国》，上海古籍出版社，2012年，第2册，第1218页。

60　王德领：《〈历代名臣奏议〉（宋代部分）研究》，河北大学硕士学位论文，2010年，第86页。

61　王善军：《南宋社会中的契丹人》，《南宋史及南宋都城临安研究（续）》，上册，人民出版社，2013年，第104页；夏宇旭：《金代契丹人研究》，中国社会科学出版社，2014年，第188、189页。

62　（宋）佚名撰，黄宝华整理：《中兴御侮录》卷下，《全宋笔记（第5编）》第1册，大象出版社，2012年，第55页。对于此事，宁宗时的曹彦约评价，"（李）显忠杀宿州之降，已不足以厌服人心"，（宋）曹彦约撰，尹波、余星初点校：《曹彦约集》卷17《中兴四将赞》，四川大学出版社，2015年，第357页。

63　（明）黄淮、杨士奇编：《历代名臣奏议》卷349《夷狄》，引李椿奏，上海古籍出版社，2012年，第5册，第4535页。

64　王德领：《〈历代名臣奏议〉（宋代部分）研究》，河北大学硕士学位论文，2010年，第94页。

65　夏宇旭：《金代契丹人研究》，中国社会科学出版社，2014年，第188页。

66　王善军：《南宋社会中的契丹人》，《南宋史及南宋都城临安研究（续）》（上册），人民出版社，2013年，第106页。

虞，这种分析，基本不出南宋臣僚对契丹人的偏见[67]。耶律适哩及其他金朝少数民族降将，之后并无反叛之事。可见此类分析，盲目援引历史，立场先于现实。

附记：本文系2022年国家社会科学基金西部项目《明代文献中的辽金史料整理与研究》（22XZS001）成果之一。

（李浩楠　赤峰学院历史文化学院）

67　王善军：《南宋社会中的契丹人》，《南宋史及南宋都城临安研究（续）》（上册），人民出版社，2013年，第114、115页。

鲜演与《华严经玄谈决择记》

谭 睿

内容提要：鲜演（1046～1118）是辽代著名的华严学僧，撰有《华严经玄谈决择记》六卷。本文首先通过《鲜演墓碑文》和《大辽御史中丞耶律思齐书（三首）》两则材料介绍鲜演生平事迹和成就，进而对《华严经玄谈决择记》正确的题名、注疏的范围、流通的状况三个问题进行厘清和确定，最后说明《华严经玄谈决择记》的著述背景、文体特点、结构大意。

关键词：鲜演　《华严经玄谈决择记》　辽代佛教

一、鲜演生平事迹和成就

（一）《鲜演墓碑文》[1]

佛教的兴盛很迅速，历代都十分重视，认为佛教的义理深奥玄妙。若非极贤能的人，谁能使其兴旺光大呢？恭敬思量，守太傅大师正是一位古往今来贤能出众的人。大师讳鲜演，家族系怀州（今内蒙古巴林右旗）人，俗姓李，源出陇西。父亲讳从道，性格聪慧、善于思考，能言善辩、长于文章，隐居而不做官，人到中年就去世了。母亲杨氏蕙心兰质、贤良淑德。先以儒家经典引导大师的禀性，再以佛教经典引导大师的思想感情。通过长期学习接触，鲜演对儒学和佛学十分喜欢。

鲜演年少出众，不同于一般世俗之人。有同乡太师大师听说其事后赞叹不已，因而到鲜演居所传授教化。大师看到鲜演后说："你年龄虽小，胸怀才学，若能善加利用，今后便能出人头地。"于是设法诱导教化，鲜演自然便醒悟了。他跟随太师大师到其所在的上都，并拜太师大师为师研修佛法，在上京大开龙寺出家。

凡是比丘戒律，鲜演不用学习就能做到。凡是所见所闻之事，鲜演都比众人擅长。同门称赞说："你就像走兽中的麒麟、飞鸟中的凤凰，真是出类拔萃啊。"清宁五年（1059），不到二十岁的鲜演参加了具足戒的试经考试并获得第一。不久他便辞别师友，各地游学，寻访名师。先在白霫，后到幽燕。

1　此下由笔者将《鲜演墓碑文》译为现代汉语，《鲜演墓碑文》录文参见王未想：《辽上京发现辽代鲜演墓碑》，《辽海文物学刊》1987年第1期，第54页。

鲜演常在论场讲经论辩，声名逐渐远播。有秦楚国大长公主对大师说："我愿成为大师善友，延请大师入竹林寺，长期作为寺院讲主。"一年以后，他的声名又传到道宗皇帝那里，道宗特赐他紫衣和"慈惠"德号。自此以后，鲜演名声赫赫，传遍京师。偶遇道宗巡幸燕京，在通赞疏主的特意举荐下，鲜演再次受到皇帝的恩泽，被任命改充大开龙寺暨黄龙府讲主。

在传播与研究佛理之外空闲的时间，鲜演撰写了表达个人思想的著作，包括《仁王护国经融通疏》《菩萨戒纂要疏》《唯识论掇奇提异钞》《华严经玄谈决择记》《摩诃衍论显正疏》《菩提心戒本》《诸经戒本》，数量很多。唯有《三宝六师外护文》十五卷，可以说是积累万行功德的利器，是包含千经奥妙的著作。鲜演精通《因明大义》，途中遇到暴雨而没有打湿衣服。鲜演刊印《楞严钞文》，山中枯井自动涌出泉水。不仅大辽国内的佛教徒对鲜演十分仰慕，就连高丽外邦的僧统义天（1055～1101）也对鲜演充满向往。

道宗是最圣明的皇帝，常在冬夏时节召鲜演入宫探讨佛法、斟酌事宜。大师善于传播宣扬佛理，也协助处理朝廷政务。大安五年（1089），特授予他"圆通悟理"四字师号。大安十年（1094）冬，鲜演奏请将自己的户籍系于兴中府兴中县。寿昌二年（1096），封他崇禄大夫、检校太保。大师奉旨开坛七十二次，随应根器救度的众生不可胜数。

大师受到皇帝的器重，在朝廷中名望极高。天祚帝即位后，感念其过去的功德，又给他新的赏赐。乾统元年（1101），加特进阶、守太保。乾统六年（1106），迁特进、守太傅。大师的弟子首先被授予官职，亲弟兴操授紫衣、二字师号，兴义授紫衣、崇禄大夫、鸿胪卿，兴密、兴智、兴祚并授紫衣、德号。其后俗弟李亨授左承制兼监察御史，俗侄永晟授礼宾副使兼殿中侍，俗侄永安、永宁并授在班祗候。其余恩荫授官的人，更是难以计数。乾统四年（1104），其父追封太子左翊卫校尉，其母追封弘农县太君。当此之时，大师的弟子们加封爵号，聚集一门；俗家亲属享有声望，荣耀九族。

天庆二年（1112），鲜演大师再三请辞，离开京城，颐养天年。此后寒来暑往数载，他的身体和精神仍然硬朗。大师于天庆八年（1118）离世，年过七十有二。现在大师的丧礼操办完毕，随后侍奉灵柩迁葬。大师安葬后，便为其撰写碑文，按照真实情况记录下来，使未来的人们知晓。奎，析津人，在上京做官，在政治和学养上的能力都有愧于为大师撰写碑文。在此受人委托，努力写了这篇碑文。此时是天庆八年四月二十一日。

（二）《大辽御史中丞耶律思齐书（三首）》

除《鲜演墓碑文》的记载外，另一了解鲜演生平事迹的史料是载于《大觉国师外集》卷8的《大辽御史中丞耶律思齐书（三首）》，反映了耶律思齐与高丽义天的书信往来情况。

第一

右思齐，伏以瞻言宝刹，高栖上士之心。幸睹慈标，顿拭常流之目。已阙依归之素，殊增销黯之怀。

第二

右思齐，伏蒙僧统，特遣经教者，捧看无斁。扬西竺之玄风，探赜攸深。导南宗之密印，方勤迈靡。夐阻谢尘，既深黯郁之怀，又积铭藏之素。

第三

前录内，欲令鲜演大师撰集章疏，前回到阙，寻与大仁惠提点同共奏记。圣旨：比候，向前冬里，诸大师等来到，再行举奏。却值大仁惠有事，至今未令行得。即目家兄王华是副提点，比候此回再去，必望诸事了毕。又据大师智佶大师安乐。伊集到教义，新已奏行，雕板流通。切虑前起草本透误，又将得新印行本来。大保鲜演大师亦安乐。伊《记文》因彼处雕印，进呈了后，亦令大朝雕印流通也。其鲜演大师过生知感，不可具陈。为此时将到本寻读了，被抄写人笔误，音同错字不少，又令将新印行一部来献呈。又将到前庆录大师集到《摩诃行[2]论》记文一部及《御义》五卷，并小可上物。外有些小行货，取法尊准备密献，为复别做买卖。特乞垂慈，方便照察，早赐端的[3]。

耶律思齐在《辽史》《契丹国志》中均无记载，今人陈述辑校的《全辽文》提及了他出使高丽的情况，这些文字据《高丽史》卷11收录[4]。辽道宗寿昌三年（高丽肃宗二年，1097）十二月，时任临海军节度使、检校太傅兼御史中丞的耶律思齐奉命作为册封高丽国王的使者和副使李湘来到高丽，受到盛大欢迎。耶律思齐可能在此时与高丽国师义天结识交往，回国后与义天仍有书信往来。

上述三封书信中，以第三首所含的信息最多，直接提及了与鲜演有关的内容。义天曾写信委托耶律思齐，表达他希望得到鲜演撰集章疏的请求，耶律思齐为此与大仁惠一起上奏道宗。道宗降旨，要求等冬捺钵时诸大师聚齐后再奏，后又因大仁惠有事而耽搁了。耶律思齐向义天报告鲜演健康安乐，在高丽雕印的鲜演《记文》进呈契丹后，契丹也下令在国内雕印和流通，并转达了鲜演对义天的感谢。鲜演读完现行本后发现其中有许多错误，又令重新刻印新本送给义天。

鲜演与义天在佛学上的交往是当时东亚佛教文化圈交流互动的一个重要缩影，显示了佛教在契丹与周边国家交往中的独特地位和重要作用，促进了辽代佛教的传播与辽代义学的繁荣。

二、《华严经玄谈决择记》相关问题考

（一）《华严经玄谈决择记》的正确题名

鲜演著述颇多，现仅存《华严经玄谈决择记》一种，但在历来文献中所提到的鲜演

2　"行"字疑误，疑作"衍"。

3　《大觉国师外集》卷8，参见https://kabc.dongguk.edu/content/view?itemId=ABC_BJ&cate=bookName&depth=4&upPath=Z&dataId=ABC_BJ_H0063_T_008%5E006T。

4　《全辽文》卷2第194条，参见https://ctext.org/wiki.pl?if=en&chapter=656516#p194。

这部阐释华严学著作的名称却并不一致，包括《华严悬谈决择》《华严玄谈决择》《华严经谈玄决择》《华严经谈玄决择记》《华严经玄谈决择记》等。如何确定正确的题名呢？一般来说，由当事人根据亲身经历写成的资料或者由同时代以及距离那个时代较近的人记录下来的数据通常是最原始且未经改动的，而这样的信息也最为真实。

从实际情况来看，这部著作在《续藏经》中所用刊本的名称为《大方广佛华严经谈玄决择》，而根据《鲜演墓碑文》作者的记载，其名称为《花严经玄谈决择记》，两种名称并不一致。比较上述题名，其差别之处主要在于"玄谈"与"谈玄"的不同、"决择"与"决择记"的不同。哪种名称更为准确？鲜演在该文结尾的自述和回向偈为认识这一问题提供了重要参考。该文结尾提到他是应满规等五百弟子的请求，"于玄谈上下之内，据义门隐辟之间，略集记文，永为义释"[5]。回向偈曰："已得冥加力，集成决择文。遍熏含识类，普入解脱门"[6]。由此可知，该文是鲜演为众弟子讲解澄观《华严玄谈》时随讲随记而成的集合，鲜演称其为"记文""决择文"。此处的"记文"与"决择文"是该著的简称，其中"记文"表示文体，"决择"表示内容，而这部著作的全称应是《华严经玄谈决择记》。

此外，觉华岛海云寺的海山法师是最早在辽地研习华严思想的知名学僧之一，曾著有《大华严经玄谈钞逐难科》一卷，是对澄观《华严经疏钞玄谈》所作的科判。从《大华严经玄谈钞逐难科》的题名亦可看出"玄谈"是指澄观所著的《华严玄谈》，所以不应是"谈玄"。而"决择记"相较于"决择"在表达上则更显完整，且这部著作在日本金泽文库所藏写本第五卷中也被称为《大方广佛华严经决择记》，所以可知《鲜演墓碑文》作者记载的名称应是准确的。至于耶律思齐与高丽义天书信中提到的鲜演《记文》是否就是《华严经玄谈决择记》，目前还没有可以证明的材料，仍然是一个不确定的问题。

（二）《华严经玄谈决择记》的注疏范围

《华严经玄谈决择记》，顾名思义就是决择《华严经玄谈》的记文。《华严经玄谈》是指唐代澄观（738～839）撰述的《华严经疏钞玄谈》，共九卷，又称《华严玄谈》《清凉玄谈》，现收于《续藏经》第5册232号。《华严经疏钞玄谈》是将澄观撰述的《华严经疏》及《华严经随疏演义钞》中有关玄谈的部分摘出而刊行的会本，鲜演所著《华严经玄谈决择记》就是《华严经疏钞玄谈》的注疏。

玄谈，也作悬谈，是指佛教讲经者在正释经文前，先概述该经要义纲领的部分，一般包括题目、作者、主旨大意、篇章结构等内容。从内容上看，《华严经疏钞玄谈》可视为澄观分判和阐述《华严经》教理的绪论。

澄观所著六十卷《华严经疏》从教起因缘、藏教所摄、义理分齐、教所被机、教体浅深、宗趣通局、部类品会、传译感通、总释经题、别解文义十个方面论述《八十华严》，而九十卷《华严经随疏演义钞》分总叙名意、归敬请加、开章释文、谦赞回向四个部分进一步解释和发挥《华严经疏》的内容。具体而言，总叙名意、归敬请加两个部

分可视为序分，开章释文是正宗分，谦赞回向是流通分。其中，开章释文部分又包括教起因缘、藏教所摄、义理分齐、教所被机、教体浅深、宗趣通局、部类品会、传译感通、总释经题、别解文义十个方面。在别解文义部分，先科判大疏，后正释经文。从结构上看，《华严经疏钞玄谈》包括了正释经文前的各个部分。

与之相对，在篇章方面，鲜演《华严经玄谈决择记》注疏的范围是《华严经疏钞玄谈》卷1~8的重要文句，对应则包括《华严经疏》卷1~3以及《华严经随疏演义钞》卷1~15的相关文句。需要注意的是，《华严经疏钞玄谈》与《华严经疏》《华严经随疏演义钞》对应的同一文句有些并不完全一致，这种情况可能是在传抄流通过程中所导致的。在结构与内容方面，《华严经玄谈决择记》基本遵循澄观《华严经疏钞玄谈》的科判结构，而在开章释文部分只对应教起因缘、藏教所摄、义理分齐、教所被机、教体浅深、宗趣通局、部类品会、传译感通八门。

尽管总释经题、别解文义二门在篇章范围上属于《华严经疏钞玄谈》第九卷的内容，但鲜演在《华严经玄谈决择记》中也有对应这两部分的说明，使得《华严经玄谈决择记》与《华严经疏钞玄谈》在结构上关照完整。其中，总释经题门可对应卷首决择疏题门，而别解文义门的大疏科判在卷末亦有概括重释。需要指出的是，上述注疏范围均是就《华严经玄谈决择记》的注疏顺序和注疏形式而言的。在注疏顺序上，该文基本遵循《华严经疏钞玄谈》行文的先后进行相应注释；在注疏形式上，该文多以"疏……者""钞……者""言……者"随文随解。

（三）《华严经玄谈决择记》的流通状况

虽然高丽义天《新编诸宗教藏总录》是目前所知收录辽代佛学著作最为完备的目录，但其中并未记载鲜演的任何著作。《鲜演墓碑文》中记载的《华严经玄谈决择记》没有提及卷数，现存版本所记皆作六卷。现收入《续藏经》第8册235号的刊本是这部著作的主要流通版本，但只有第2~6卷，缺第1卷。该书题名为《大方广佛华严经谈玄决择》，作者是上京开龙寺圆通悟理大师赐紫沙门鲜演。

此外，尚有日本称名寺收藏、金泽文库管理的日僧湛睿（1271~1346）抄录的完本。该写本原件纵26.2、横16.1厘米，共6卷6册，有校对，刊写于日本弘安八年（1285）[7]。神奈川县立金泽文库将《续藏经》本所缺的卷1收入《金泽文库资料全书》（佛典第2卷·华严篇）于昭和五十年（1975）刊行于世，平成二十九年（2017）又复刻发行。值得注意的是，鲜演仅存的这部著作曾被刊入《高丽续藏经》，后又被收入日本《续藏经》而得以保存。

在该书前四卷各卷结尾处留有写本附记。卷一末记有"高丽国大兴王寺寿昌二年岁次丙子奉宣雕造；大宋国崇吴古寺宣和五年癸卯岁释安仁传写；淳熙岁次己酉吴门释祖灯科点重看，时年七十二岁也；弘安八年九月十九日于高山寺令书写了，沙门"[8]，

---

7 《金泽文库资料全书（佛典第二卷·华严篇）》，神奈川县立金泽文库，2017年复刻版，第288页。

8 （辽）鲜演述：《华严经谈玄决择（卷1）》，《金泽文库资料全书（佛典第2卷·华严篇）》，神奈川县立金泽文库，2017年复刻版，第45、46页。

卷二末记有"高丽国大兴王寺寿昌二年（丙子）岁奉宣雕造；大宋国崇吴古寺宣和五年（癸卯）岁释安仁传写；淳熙岁次（己酉）释科点重看祖灯眼疲也，莫罪莫罪"[9]，卷三末记有"祖灯七十二也，神疲眼昏点科。乃一时重览之，意虑有多不是。幸勿罪之，痛告爻处"；（辛未）同三月一日于大宋国一交了"[10]，卷四末记有"大宋咸淳第七（辛未）岁春中月下七日，于宋朝湖州思溪法宝禅寺借得行在南山高丽教寺之秘本，谨以写留之毕，执笔沙门辨智"[11]。

辽寿昌二年（丙子）是1096年，北宋宣和五年（癸卯）是1123年，南宋淳熙十六年（己酉）是1189年，南宋咸淳七年（辛未）是1271年，日本弘安八年是1285年。从上述附记可知，该写本是在1123年由北宋时僧人释安仁在崇吴寺传写的，其传写的版本是1096年在高丽兴王寺雕刻的《高丽续藏经》本，后于1189年由南宋时僧人释祖灯重新阅览并做了科判标点。"（辛未）同三月一日于大宋国一交了"这条记录的作者未知，他在南宋朝校对了祖灯的抄本，此处的辛未年可能是嘉定四年（1211）。1271年，日僧辨智在湖州思溪法宝禅寺借得南山高丽教寺所藏的秘本抄写留存。此秘本可能即是祖灯科点的抄本，后由辨智带回日本。1285年，辨智带回的抄本在高山寺由某沙门抄写。此书在高山寺抄写后，后又陆续传到了东大寺、久米寺等地，被认为是湛睿移居关东时一起带到称名寺的，后由湛睿抄录。

日本高山寺曾藏有许多华严经典的宋代刊本，且大多是海内孤本，后由于种种原因，高山寺原本或散佚或残缺，而藏于金泽文库等地的写本却保存至今。鲜演所著《华严经玄谈决择记》便是其中之一。

三、《华严经玄谈决择记》结构与大意

（一）《华严经玄谈决择记》著述背景

有关鲜演著述《华严经玄谈决择记》的背景，可以获取的最直接的信息是其在卷6结尾处的一段自述：

> （鲜演）首习唯识三能变，叵究其源。次览华严十所因，罔穷其邃。且挥尘传灯，肤受空惭于孟浪。操觚翰牍，散村实恶于□文。然承诸徒而劝请（偶因前夏，续启法筵。泊至初秋，列状扣请。其词曰："切以满规等五百学流，宿慕圆宗，时被□义。理事之异同莫辨，生佛之即离难分。昧因果而感酬，迷染净而断证。拟请于玄谈上下之内，据义门隐碎之间，略集记文，永为义释。"），劳谦靡遑。凭众圣而潜加，强陈鄙作。傥片言而合理，唯愿钩深。或大义而违贤，真更希摭而已矣[12]。

9　（辽）鲜演述：《华严经谈玄决择》，《续藏经》第8册，第235号，CBETA，第16页。

10　（辽）鲜演述：《华严经谈玄决择》，《续藏经》第8册，第235号，CBETA，第30、31页。

11　（辽）鲜演述：《华严经谈玄决择》，《续藏经》第8册，第235号，CBETA，第51、52页。

12　（辽）鲜演述：《华严经谈玄决择》，《续藏经》第8册，第235号，CBETA，第87页。

鲜演以自谦的口吻简要叙述了自己的学法经历，他曾先习唯识，后又学华严，但认为都没有探求推究到其精深根本。况且自己造诣不深，没有才能，要传讲佛法恐怕言语轻率不当，要写作成书恐怕文章没有文辞，实在有愧。现在之所以勉强论说，主要是因为众弟子的至诚请求，而且仰赖于众圣的加持。

鲜演提到，在前夏集会讲法之后，由于满规等五百弟子对于圆宗了义之教一直很向往，但对于理事之辨、生佛之分、因果、染净等若干问题难以理解，因此希望能以清凉澄观所著《华严经疏钞玄谈》来讲解其中的义理学问，并记录整理成文字，这即是《华严经玄谈决择记》。鲜演表示，若他所述有个别合理可取之处，只希望学人能探索奥义；抑或有违背众贤不当之处，更希望学人能指正出来。

此外，鲜演在卷1卷首的序文中也表达了自己曾经有幸阅览《华严经》的心情，且又适逢众弟子询问请教这种很强的因缘力，所以勉强对《华严经疏》做了划分和解说。他自述："（鲜演）庆自幸以多生，忝曾披阅。遭强缘而劝请，勉强区分"[13]。

（二）《华严经玄谈决择记》文体特点

从文章内容上说，《华严经玄谈决择记》是鲜演对清凉澄观所著《华严经疏钞玄谈》的注释；从文章体裁上看，《华严经玄谈决择记》是鲜演讲解《华严经疏钞玄谈》时随讲随解记录下来的文字整理的合集。因此，一方面，它既不同于传统意义上后世学人对佛教原典首创式的直接注疏，而是注释者就已作为疏释作品的再注释，从这类作品中通常可以较为明显地看出注释者对所注释佛教经典作品的思想倾向和价值态度；另一方面，它也不同于系统论述且章法明确的佛教义理类的宣教讲义，而是说法者随讲随解随记组织起来的。这类作品通常体系较为松散，层次不太分明，难以清晰地集中展现出说法者对讲解作品核心思想的综合把握，但在对所讲解佛教经典作品中相关重难点问题的辨析和诠释上却显得较为突出。

鲜演对《华严经疏钞玄谈》的注释和讲解多基于澄观《华严经疏》及《华严经随疏演义钞》的阐释，特别是援引上下文能够相互照应的文字段落予以说明，显示了鲜演在华严思想上对澄观的接受。在注疏对象上，《华严经玄谈决择记》基本遵循《华严经疏钞玄谈》的行文顺序就文本中的某一词一句或多词多句予以解释，而非逐字逐句或逐段解释。鲜演的讲解有些仅短短数字，有些则多达几千余字，这表明鲜演在华严教学中对相关问题的认识有自己的考虑。

此外，从《华严经玄谈决择记》中可以看出，其所展现的鲜演教学的方式主要有单向讲解和双向互动两种。其中，单向讲解是鲜演直接对《华严经疏钞玄谈》原文所作的解释，而双向互动还包括弟子的提问及鲜演的回答。

（三）《华严经玄谈决择记》结构与大意

注释者对佛教经典的科判多采用序分、正宗分、流通分的三分法模式。序分叙述此

13　（辽）鲜演述：《华严经谈玄决择（卷1）》，《金泽文库资料全书（佛典第2卷·华严篇）》，神奈川县立金泽文库，2017年复刻版，第22页。

经发起的缘由，正宗分正说此经的主旨，流通分付嘱此经的传播。序分、正宗分、流通分也对应称之为初善、中善、后善，表示佛法无时不善。

　　按照序分、正宗分、流通分的三科分法，可以将《华严经玄谈决择记》全文划分成三个部分。第一部分从"稽首十方三世宝，毗卢文殊普贤师"至"遭强缘而劝请，勉强区分"[14]，是该文的序文部分。这一部分首先略述毗卢遮那世尊宣讲《华严经》的缘由，然后赞叹华严之理难思难议和华严之教难见难闻的殊胜。第二部分从"将明所赞之经，先辨能赞之疏"[15]至"或读诵而或讲传，祯祥难录"[16]，是该文的正文部分。这一部分是全文的主体，鲜演分决择疏题、纪旌作者、判释疏文三段对《华严经疏》予以解说。第三部分从"（鲜演）首习唯识三能变，叵究其源"至"遍熏含识类，普入解脱门"[17]，是该文的结尾部分。这一部分介绍了《华严经玄谈决择记》的著述动机，表达了鲜演的寄望，并以回向偈收结全文。

（谭　睿　台湾政治大学哲学系）

14　（辽）鲜演述：《华严经谈玄决择（卷1）》，《金泽文库资料全书（佛典第2卷·华严篇）》，神奈川县立金泽文库，2017年复刻版，第21、22页。

15　（辽）鲜演述：《华严经谈玄决择（卷1）》，《金泽文库资料全书（佛典第2卷·华严篇）》，神奈川县立金泽文库，2017年复刻版，第22页。

16　（辽）鲜演述：《华严经谈玄决择》，《续藏经》第8册，第235号，CBETA，第87页。

17　（辽）鲜演述：《华严经谈玄决择》，《续藏经》第8册，第235号，CBETA，第87页。

佛教影响下的契丹平民丧葬礼俗

郑美蒙　孙伟祥

内容提要： 丧葬礼俗是具有宗教性质的社会文化表现形式之一，在辽代佛儒思想合流的社会背景之下呈现出多元发展样态，其中佛教对于契丹平民丧葬礼俗的影响主要体现在丧葬习俗、祭祀仪式、镌刻经幢等方面。这种影响是北方契丹旧俗与中原汉制、外来佛教与传统儒学等诸多因素共同作用的结果，同时反映了中华民族多元一体进程中的阶层互动和礼制变革。

关键词： 辽代佛教　儒学　契丹平民　丧葬礼俗

中国古代丧葬礼俗是围绕亡者进行的包括丧、葬、祭等仪式的一系列相关活动，与宗教间的密切联系可以追溯到旧石器时代人们和大自然斗争过程中萌发的灵魂不灭观。此后，在"事死如生"等观念的影响下，丧葬礼俗逐渐发展成为一种具有宗教性质的社会文化表现形式。自汉代以来，佛教作为外来宗教与中国本土文化进行了长期的交流与互融，丧葬礼俗也随之呈现出多元的发展样态。有辽一代，丧葬礼俗日趋完善，在以佛儒合流为主的社会背景之下，佛教对于契丹平民丧葬礼俗的影响主要体现在丧葬习俗、祭祀仪式和镌刻经幢等方面。

从20世纪至今，有关辽代佛教与丧葬礼俗的研究已十分丰富[1]，但前贤多着眼于探

1　学界代表性研究成果如下：杜仙洲：《辽代佛教文化小议》，《佛教文化》1989年创刊号，第8～13、103页；顾国荣：《佛教在辽朝的流布及其影响》，《赤峰学院学报（汉文哲学社会科学版）》1989年第1期，第31～37页；田广林：《契丹礼俗考论》，哈尔滨出版社，1995年；刘浦江：《辽金的佛教政策及其社会影响》，《佛学研究（第5辑）》，1996年，第231～238页；霍杰娜：《辽墓中所见佛教因素》，《文物世界》2002年第3期，第15～20页；张国庆、于航：《辽代丧葬礼俗：生者为亡者镌志刻幢——以辽代石刻为史料》，《东北史地》2009年第1期，第18～25页；张国庆：《辽代丧葬礼俗补遗——皇帝为臣下遣使治丧》，《辽宁大学学报（哲学社会科学版）》2008年第6期，第90～95页；张国庆：《石刻资料中的辽代丧葬习俗分析》，《民俗研究》2009年第1期，第95～109页；张国庆、于航：《辽代民俗中的佛教因素——"佛教文化与辽代社会变迁"研究之五》，《辽金历史与考古（第二辑）》，辽宁教育出版社，2010年，第171～182页；张国庆：《佛教文化与辽代社会》，辽宁民族出版社，2011年；郑承燕：《辽代贵族丧葬制度研究》，南开大学历史学博士论文，2012年；张国庆：《辽代佛教世俗表象探微——以石刻文字资料为中心》，《黑龙江社会科学》2014年第4期，第144～148页；张国庆：《辽代人丧葬观念刍论——以石刻文字资料为中心》，《辽金历史与考古（第五辑）》，辽宁教育出版社，2014年，第184～189页；谷丽芬：《碑志所见辽代高管丧葬述略》，《辽金历史与考古（第五辑）》，辽宁教育出版社，2014年，第312～316页；王德朋：《20世纪50年代以来辽代佛教研究述评》，《史学月刊》2019年第8期，第105～118页等。

析特定的丧葬礼俗形式，或将辽代皇室贵族等阶层作为主要研究群体，对于契丹平民丧葬礼俗相关问题的论述较为缺乏，概因古籍记载不详及考古材料不够充分。然而，契丹平民丧葬礼俗与其蕴含的诸多社会因素在中国古代史研究中极具参考价值。不同的政治生态、阶层特征以及宗教信仰所造成的丧葬礼俗差异，体现出契丹旧俗与中原汉制、契丹贵族与平民阶层、佛教文化与儒家思想等不同领域的交融渗透。由此，本文对佛教影响下的契丹平民丧葬礼俗略作探讨，以期管窥中华民族多元一体进程中的阶层互动和礼制变革，不足之处敬请方家学者指正。

一、辽代佛教政策与契丹平民佛教信仰

　　辽代是东北亚佛教发展史上的关键时期，更是研究佛教在北方民族地区传播与发展的典型范例。佛教被引入契丹内地后，取得了广泛的民众基础，在与萨满教、儒学等思想文化交流交融的过程中使辽代社会风俗发生了一定程度的变革，进而在契丹平民丧葬礼俗中体现得十分明显。因此，要深入探究佛教对于契丹平民阶层丧葬礼俗的影响，首先要厘清佛教在辽代社会的发展轨迹以及契丹平民的信仰程度。

　　辽代佛教兴起始于辽太祖、太宗时期。契丹族作为中国古代北方的一支游牧民族，在10世纪初建立起辽朝政权并持续了200余年，统治对象包含契丹人、汉人以及其他少数民族。契丹统治者们为了安抚汉民，巩固政权，官方开始推崇并信奉佛教。辽太祖于唐天复二年（902）"始建开教寺"[2]，912年"以兵讨两冶，以所获僧崇文等五十人归西楼，建天雄寺以居之，以示天助雄武"[3]，神册三年（918）"诏建孔子庙、佛寺、道观"[4]等政策为佛教在辽代社会普遍兴起奠定基础。辽太宗笃信佛教，他供奉观世音菩萨以求为亲人、国家祈福，天显十年（935）"幸弘福寺为皇后饭僧，见观音画像，乃大圣皇帝、应天皇太后及人皇王所施"[5]，会同五年（942）"闻皇太后不豫……幸菩萨堂，饭僧五万人。七月乃愈"[6]。此外，《辽史》中"国家三父房最为贵族，凡天下风化之所自出"[7]的记载也说明辽代上层人士的思想理念对于下层社会教化具有深刻影响，太祖、太宗信奉佛教确实促进了佛教在契丹平民间的传播与发展。

　　辽世宗、穆宗、景宗时期佛事日盛。世宗赐"钱三百贯"[8]资助邑社，穆宗"以生日，饭僧，释系囚"[9]，景宗"以沙门昭敏为三京诸道僧尼都总管"[10]等行为都是统治者推崇佛教的政策体现。佛教"空无""轮回"等理念对于下层民众具有强大的吸

2　《辽史》卷1《太祖本纪上》，中华书局，2016年，第2页。

3　《辽史》卷1《太祖本纪上》，中华书局，2016年，第6页。

4　《辽史》卷1《太祖本纪上》，中华书局，2016年，第13页。

5　《辽史》卷1《太祖本纪上》，中华书局，2016年，第39页。

6　《辽史》卷4《太宗本纪下》，中华书局，2016年，第56页。

7　《辽史》卷45《百官志一》，中华书局，2016年，第783页。

8　陈述：《全辽文》，中华书局，1982年，第70页。

9　《辽史》卷6《穆宗本纪上》，中华书局，2016年，第79页。

10　《辽史》卷8《景宗本纪上》，中华书局，2016年，第102页。

引力，随着佛教地位不断攀升，佛教信众愈发广泛，民间也随之出现了"千人邑社"组织。例如，辽穆宗应历十五年（965）《重修范阳白带山云居寺碑》对此现象有所描述："今之所纪，但以谦讽等同德经营，协力唱和，结一千人之社，合一千人之心，春不妨耕，秋不废获，立其信，导其教。无贫富先后，无贵贱老少，施有定例，纳有常期，贮于库司，补兹寺缺。"[11]通过史籍文献和石刻资料可以得知，佛教发展到辽代中期时已十分兴盛并拥有众多民间信徒，不同阶层、不同民族的人士被共同的宗教信仰联系在一起，这在某种程度上也有利于缓和当时的社会矛盾。

　　辽圣宗至天祚帝四朝是辽代佛教发展的黄金时期。圣宗"小字文殊奴"[12]，他精通佛学，"至于道释二教，皆洞其旨"[13]，在位时"四民殷阜，三教兴行"[14]。兴宗一朝尊崇佛教，撰写于重熙十三年（1044）的《沈阳塔湾无垢净光舍利塔石函记》中记载了官民邑众近两千人"共同发愿造无垢净光舍利佛塔一所"[15]的壮观景象。重熙年间的《阜新懿州记事碑》所载信众中也多有诸如"契丹特末特里、钵戈、□□、八斤"[16]等契丹平民的名字，这是契丹底层人群信仰佛教的直观表现。重熙二十三年（1054），兴宗曾"以开泰寺铸银佛像，曲赦在京囚"[17]。这样的诏令同样源自统治者对于佛教的信仰和推崇。道宗、天祚帝时期崇佛更甚，《显州北赵太保寨白山院舍利塔石函记》中记载了清宁四年（1058）官民众人建千佛舍利杂宝藏经塔的事迹以及建塔人的官职、姓名，从中可以发现"耶律男行库都监□满儿""小厮儿曷剌哥""男奴瓦打"[18]等人分别属于契丹官员或平民阶层，其余诸位多为汉人。咸雍八年（1072）《蓟州神山灵泉寺记》有云："佛法西来，天下响应……惟恐居其后也。"[19]道宗大安五年（1089）《六聘山天开寺忏悔上人坟塔记》记载，忏悔上人曾经"放菩萨戒坛十余次，所度白黑四众二十余万"[20]。大安七年（1091）《法均大师遗行碑铭》也载，法均大师"自春至秋，凡半载，日度数千辈"，使民众为此积极奔走，"乃受西楼、白霫、柳城、平山、云中、上谷泉、本地紫金之请，所到之处，士女塞涂，皆罢市辍耕，忘馁与渴。递求瞻礼之弗暇，一如利欲之相诱。前后受忏称弟子者，五百万余。"[21]可见辽代中后期民间信众数量大幅提升，佛教思想随之渗透到契丹平民社会生活的各个方面，成为民众之依怙。

11　向南：《辽代石刻文编》，河北教育出版社，1995年，第34页。

12　《辽史》卷10《圣宗本纪一》，中华书局，2016年，第115页。

13　《契丹国志》卷7《圣宗天辅皇帝》，中华书局，2014年，第81页。

14　向南：《辽代石刻文编》，河北教育出版社，1995年，第194页。

15　向南、张国庆、李宇峰辑注：《辽代石刻文续编》，辽宁人民出版社，2010年，第352～358页。

16　向南、张国庆、李宇峰辑注：《辽代石刻文续编》，辽宁人民出版社，2010年，第103～108页。

17　《辽史》卷20《兴宗本纪三》，中华书局，2016年，第281页。

18　向南：《辽代石刻文编》，河北教育出版社，1995年，第288～293页。

19　陈述：《全辽文》，中华书局，1982年，第204页。

20　向南：《辽代石刻文编》，河北教育出版社，1995年，第413页。

21　向南：《辽代石刻文编》，河北教育出版社，1995年，第438页。

二、佛教影响下的契丹平民丧葬习俗

契丹平民丧葬习俗是佛教生死观、儒家伦理观等诸多价值理念相互交流交融的外化表现，不仅是对传统丧葬仪式的继承与拓展，还作为中国北方民族文化的独特代表在中国丧葬礼俗史上占据重要地位。梳理传世文献与考古材料可以发现，佛教对于契丹平民丧葬习俗的影响主要体现在火葬仪式和随葬佛教纹饰物品等方面。

火葬是指火化尸体后埋葬骨灰的一种葬俗。原始社会后期，中国北方地区曾出现火化尸体现象，但史籍中并没有对当时骨灰处理方式的确切记载。《列子》载："秦之西有仪渠之国者，其亲戚死，聚柴积而焚之。熏则烟上，谓之登遐，然后成为孝子。"[22]《吕氏春秋》载："氐羌之民，其虏也，不忧其系垒，而忧其死不焚也。"[23]《墨子》[24]《荀子》[25]中也都记有类似文字。然而火化与火葬有所不同，焚烧尸体并不算严格意义上的火葬。唐代之前的火化仪式只流行在北方少数民族地区，中原汉人受儒家思想影响视火化尸体为恶俗，唐宋时期火葬广泛兴起则与佛教盛行密切相关，如史料有载："自释氏火化之说起，于是死而焚尸者，所在皆然。"[26]契丹族作为中国古代北方游牧民族，建国前就存在火化仪式，《隋书》载："父母死而悲哭者，以为不壮，但以其尸置于山树之上，经三年之后，乃收其骨而焚之。"[27]说明契丹族原始时期采用先树葬、后火化的二次葬俗，但明显还没有将骨灰埋入地下的行为。辽代初期民间流行土葬，即重视对遗骸或骨灰的埋葬处理，这种转变是由于契丹族建国后农业经济有所发展[28]，并且在丧葬意识上吸收了儒家"掩骼埋胔""死得其所"等生死伦理观。至于辽代中后期佛教盛行，火化尸体后埋葬骨灰的丧葬仪式由僧侣阶层渗透到民间，世俗民众受到佛教和儒家思想的双重影响开始纷纷效仿，"及佛教来，又变其饬终归全之道，皆从火化"[29]，火葬应该逐渐成为了契丹平民葬俗主流乃至一种公认的社会习俗。同时，结合考古出土资料可以发现，契丹平民火葬墓大量出现在辽代中晚期佛事繁盛的地区，且多数为家族丛葬，可见火葬占地少、成本低、更易迁葬及合葬等特点也促进了火葬在民间的适配与

22　景中译注：《列子·汤问篇》，中华书局，2007年，第152页。

23　（战国）吕不韦著，陈奇猷校释：《吕氏春秋新校释》卷14《义赏篇》，上海古籍出版社，2002年，第786页。

24　吴毓江撰，孙启治点校：《墨子校注》卷6《节葬下篇》，中华书局，1993年，第268页。

25　（清）王先谦撰，沈啸寰、王星贤点校：《荀子集解》卷19《大略篇》，中华书局，1988年，第501页。

26　（宋）洪迈撰，穆公校点：《容斋随笔·续笔》卷13《民俗火葬》，上海古籍出版社，2015年，第252页。

27　《隋书》卷84《契丹传》，中华书局，1973年，第1881页。

28　参见孙伟祥在《辽朝帝王陵寝组成问题初探》一文中，对于契丹游牧经济向农业经济过渡时期土葬出现及盛行问题的研究（《黑龙江民族丛刊》2015年第1期，第78~83页）。

29　向南：《辽代石刻文编》，河北教育出版社，1995年，第413页。

发展[30]。

生者为亡者安置随葬品属于古老的丧葬习俗之一。随葬品多为逝者生前所用生产生活器具,体现了中国古代"事亡如存"的传统观念以及对"送终之礼"的重视。佛教对于辽代民间丧葬习俗的影响在随葬品纹饰上有所反映,一些平民墓中出土的随葬品上刻有佛教装饰纹样,所以据此推测墓主人生前可能信奉佛教。如北京昌平陈庄1号墓是一座契丹平民夫妻合葬墓,随之出土的一些随葬器物纹饰可见佛教因素,其中包括莲花纹八角陶盘、瓶腹有凹凸轮纹的青灰陶瓶、卷草纹圆盘、波浪卷草纹长方盘等[31]。莲花在佛教中有清净、圣洁、纯粹、生生不息的含义,也可以代表佛的诞生,因此莲花纹路经常出现在佛教雕刻题材中,几乎贯穿了佛教艺术发展史。凹凸轮纹可以比拟真实与虚妄,视觉上凹凸起伏的立体效果隐喻众人理解佛教诸法有高有下、虚实相生。卷草纹也是佛教纹样里非常重要且常见的元素,花叶反转仰合、转动飘扬,代表着吉祥、祥瑞,其祥云般流转自如的气韵同样与佛教生死轮回观相契合。由此可见,墓主人生前应该是虔诚的佛教信徒,故而在墓中放有许多与佛教相关的随葬器具。此外,位于内蒙古赤峰市林西县大川乡的刘家大院辽代墓地也属契丹平民墓葬,其中辽代中晚期墓葬M8出土的釉陶鸡冠壶上所绘双头迦陵频伽共命鸟图案可以明显体现出墓主的佛教信仰[32]。迦陵频伽由梵语音译而来,是佛教中的一种神鸟,相传此鸟生于喜马拉雅山,人首鸟身,能歌善舞以愉悦和供养神佛。刘家大院辽代墓地M8出土的釉陶鸡冠壶上所绘迦陵频伽是双头共命鸟,共命鸟手持的莲花和荷叶是典型的佛教因素,两侧伴有的牡丹花则在汉文化中具有吉祥寓意,头顶双髻则代表着契丹人传统髡发形象。这些图案表明佛教在辽代中晚期已十分盛行,并且与中原汉文化、契丹传统习俗共融于契丹民众生活之中。出于各种原因,现今契丹平民墓葬留存较少,更多带有佛教因素的民间随葬物品仍有待调查研究,但根据已出土的随葬品以及大量契丹贵族墓葬中的佛教用具,可以提出设想——佛教对契丹下层民众的影响在随葬佛教纹饰物品方面有所体现。

三、佛教影响下的契丹平民祭祀仪式

祭祀仪式是生者以追悼逝者、缅怀先亡为目的举办的某种活动,与生前侍奉及死后埋葬、度亡同属于丧葬礼俗的重要环节。辽代统治者通过提倡祭祀仪式,在情感上加深契丹人对祖先的崇拜,有利于加强统治基础,建立良好的社会秩序。同时,在贵族的表率以及朝廷的大力倡导下,契丹民众也通过祭祀来追思祖先,颂扬祖先的恩德,表达对"孝道"的传递。

契丹族早期的祭祀习俗有烧饭、抛盏和杀牲祭祀等。"烧饭"即焚烧死者生前所

---

30 关于辽代契丹火葬墓研究,学界代表性成果有:中国科学院考古研究所内蒙古工作队:《内蒙古昭盟巴林左旗双井沟辽火葬墓》,《考古》1963年第10期,第553、554、561页;哲里木盟博物馆:《内蒙古通辽市半截店辽代火葬墓群》,《考古》1994年第11期,第1005~1011、1004页等。

31 昌平县文物管理所:《北京昌平陈庄辽墓清理简报》,《文物》1993年第3期,第68~77、105页。

32 内蒙古文物考古研究所、内蒙古博物院:《内蒙古林西县刘家大院辽代墓地发掘简报》,《考古》2016年第2期,第77~87页。

用物品以供死者享用，在史籍中常有记载。《契丹国志》载："朔日、月半上食，食气尽，登台而燎之，曰'烧饭'，惟祀天与祖宗则然。"[33] "既死，则设大穹庐，铸金为像……筑台高丈余，以盆焚食，谓之'烧饭'。"[34]《辽史》载："圣宗崩……乃以衣、弓矢、鞍勒、图画、马驼、仪卫等物皆燔之。"[35] 景福元年（1031）七月，兴宗"谒太平殿，焚先帝所御弓矢"[36]，十一月"出大行皇帝服御、玩好焚之。"[37] "抛盏"指人为破坏随葬物品以向祖先表示崇敬的一种祭祀礼俗，辽世宗时"会诸部人葬德光。……诸部大人惟执祭器者得入。入而门阖。明日开门，曰'抛盏'，礼毕。问其礼，皆秘不肯言"[38]。杀牲祭祀习俗则源自契丹族青牛白马的原始传说，建国后人们常在祭山仪中宰杀动物以求获得祝佑，《辽史》载："设天神、地祇位于木叶山……牲用赭白马、玄牛、赤白羊、皆牡。仆臣曰旗鼓拽剌，杀牲，体割，悬之君树。太巫以酒酹牲。"[39] 契丹早期祭祀习俗中多包含祖先崇拜、自然崇拜的内容，等到佛教传入契丹内地并逐渐发展到社会意识中的支配地位时，祭祀仪式的内容也随之发生了变化，受到佛教因素的影响也明显增多。

佛教对于民间丧葬礼俗的影响体现在祭祀不杀生的变革中[40]。"不杀生"是佛教五戒中的首戒，《大智度论》云："佛说十不善道中，杀最在初；五戒中亦最在初。若人种种修诸福德，而无不杀生戒，则无所益。何以故？虽在富贵处生，势力豪强而无寿命，谁受此乐？以是故，知诸余罪中，杀罪最重；诸功德中，不杀第一。"[41]《法苑珠林》对于杀生之戒的解释是慈念众生、戒杀生之念，即修行者要拥有大慈仁之心和大慈善之念，某种程度上与儒家之仁、道家之慈的理念相通[42]。不杀生是佛教"众生平等"思想的体现，善待一切有生命的东西以护养大慈大悲之心，这一戒律无论出家僧尼还是俗家居士都须受持。契丹建国后佛教思想日益深入人心，统治者受到"慈悲"理念的影响，曾多次下令禁止杀生。辽太宗会同五年（942）五月诏"禁屠宰"[43]。辽圣宗统和十年（992）正月诏"禁丧葬礼杀马"[44]，改变了原始时期宰牛杀马的祭祀活动。辽兴宗重熙十一年（1042）十二月诏"禁丧葬杀牛马及葬珍宝"[45]，十二年（1043）六月

33 　《契丹国志》卷9《道宗天福皇帝》，中华书局，2014年，第99页。

34 　《契丹国志》卷23《建官制度》，中华书局，2014年，第251页。

35 　《辽史》卷50《礼志二》，中华书局，2016年，第933页。

36 　《辽史》卷18《兴宗本纪一》，中华书局，2016年，第240页。

37 　《辽史》卷18《兴宗本纪一》，中华书局，2016年，第241页。

38 　《新五代史》卷73《四夷附录第二》，中华书局，1974年，第906页。

39 　《辽史》卷49《礼志一》，中华书局，2016年，第928页。

40 　辽代祭祀不杀生的变革不仅是佛教慈悲观的体现，实际上也与契丹建国后农业有所发展密切相关，本文只围绕佛教对于契丹平民祭祀仪式的影响展开具体论述。

41 　（印度）龙树菩萨造，（后秦）鸠摩罗什译，王孺童点校：《大智度论》卷13《释初品中戒相义》，宗教文化出版社，2014年，第266页。

42 　（唐）道世撰集：《法苑珠林》，上海古籍出版社，1991年。

43 　《辽史》卷4《太宗本纪下》，中华书局，2016年，第56页。

44 　《辽史》卷13《圣宗本纪四》，中华书局，2016年，第154页。

45 　《辽史》卷19《兴宗本纪二》，中华书局，2016年，第260页。

"诏世选宰相、节度使族属及身为节度使之家，许葬用银器；仍禁杀牲以祭"[46]。可见兴宗即使放松了对于陪葬品规格的限制，但仍严格禁止杀生祭祀。辽道宗执政期间同样遵循这一理念，清宁十年（1064）十一月下诏"禁六斋日屠杀"[47]，咸雍七年（1071）八月"置佛骨于招仙浮图，罢猎，禁屠杀"[48]。可以看出，佛教不杀生理念对祭祀仪式的影响集中反映在辽代中后期，是因为当时正是辽代佛教发展的鼎盛阶段，佛法张扬，释风鼓荡，上至天子，下至庶人，人人信佛。尽管统治者政策的效力不言而喻，但民众出于对佛教的虔诚信仰，心态上自然也十分愿意配合这种变革。此外，宋人使辽录中也曾记载契丹人祭祀时焚烧纸马等行为，如张舜民《使辽录》有载："北塞黑山，如中国之岱宗，云：北人死魂皆归此山，每岁五京进入人马纸各万余事，祭山而焚之，其礼甚严，非祭不敢近也。"[49]说明此时的契丹祭祀仪式中确有不杀生之俗。尽管史籍中对辽代民间祭祀的直接记载不甚详尽，然而结合多方史料可以推断，佛教在一定程度上对契丹平民祭祀仪式造成了影响。

四、佛教影响下的契丹平民镌刻经幢

镌刻经幢是中国古代丧葬礼俗中的重要内容，其目的有报恩尽孝、祈福度亡等。经幢在中国佛教史上普遍存在，表面镌刻各种密宗陀罗尼，具有"尘沾影覆"的宗教功能。辽金接唐代遗风，立经幢的风气相当流行，且立幢者不局限于高门贵族，也包含颇多民间群众。在契丹丧葬礼俗中，经幢常以墓幢、度亡幢的形式出现。墓幢是为超度亡者而建在其坟墓之侧的经幢，其大小各异，高大精美的墓幢多称"塔"，一般为贵族或高僧所建，而俗家百姓的墓幢多属矮小简陋。度亡幢与墓幢的区别则是位置不立于坟旁。俗家百姓所建墓幢、度亡幢在辽代经幢中占有相当大的比例，且很多流传至今。这些经幢不仅能体现墓主对佛教的虔诚信仰，同时还对后代起到教育作用，足见佛教对于辽代社会的影响程度之深。然而囿于史料局限，遗存下来的辽代经幢所载功德主多为契丹贵族或汉人，现今只能通过上层群体对下层民众的影响和教化，以及佛儒思想合流的社会背景下汉契两族之间的交往交流交融，略窥佛教对于契丹平民镌刻经幢的影响。

契丹统治者和贵族在丧葬礼俗中兴建经幢，对于契丹平民阶层可能会起到推波助澜的作用。因为上层群体的行为活动极易被社会下层人士所效仿，从而推动某种丧葬礼俗的盛行，契丹平民镌刻墓幢也许就是如此，在某种层面上可视为对统治者推崇佛教文化的一种迎合。例如，辽道宗咸雍七年（1071）的《办佛事碑》是"男勃特钵里、弟闸"为萧闾归葬办佛事而建，墓幢文中所录佛事场面十分壮观，"生天道场一个月，斋僧四百人。开梵……日。持陀罗尼经并诸真言二万一千。佛名七万□。""次道场三昼夜，斋僧四十人……三卷计七遍。持陀罗尼诸真言台百八十六……次陀罗尼诸真言并佛

---

46 《辽史》卷19《兴宗本纪二》，中华书局，2016年，第261页。

47 《辽史》卷22《道宗本纪二》，中华书局，2016年，第300页。

48 《辽史》卷22《道宗本纪二》，中华书局，2016年，第307页。

49 （宋）张舜民：《张舜民使辽录》，《奉使辽金行程录》（增订本），商务印书馆，2017年，第149页。

菩萨名号计一百七十……一千八百四十遍。"[50]还有一些经幢碑文中可见契丹贵族出于佛教信仰而建幢立碑的事迹，如辽道宗咸雍二年（1066）《曷鲁墓园经幢记》载"次孙阿里牙、阿边、霍哩钵郎君"在辽横帐曷鲁墓园为超度已故大横帐曷鲁兴建经幢[51]。道宗大安八年（1092）《懽州西会龙山碑铭》记载了"大横帐五郎君必孝""大横帐六郎君必庆""相公耶律元白"等契丹贵族家庭与民间邑社众人共同埋葬供奉舍利的事迹[52]。契丹贵族兴办规模庞大的佛事以超度亡者，或者直接建碑立幢，很可能对契丹平民的丧葬意识造成影响。此外，在国家遭遇洪水大旱等灾难期间，一些契丹上层人士受到佛教思想的影响，会出资捐建义冢以安置灾民遗骸，例如出土于内蒙古赤峰市巴林左旗的道宗大安三年（1087）《□塔记》上刻有"京师间有善心者""建冢塔以葬骸骨"[53]的记载。道宗寿昌五年（1099）《义冢幢记》云："先于大安甲戌岁，天灾流行，淫雨作阴，野有饿莩，交相枕藉。时有义士收其义骸，仅三千数。于县之东南郊，同瘗于一穴。"[54]这种具有广泛社会影响的行为，同样可能促进契丹平民的佛教信仰，以及民众丧葬观念中对于镌刻经幢行为的向往。

在辽代佛儒思想合流的社会背景下，汉契两族之间不断进行交往交流交融，从汉族平民丧葬礼俗中经幢的兴盛，也可以略窥佛教对于契丹平民镌刻经幢的影响。早期佛教教义并无纲常伦理之说，与儒家一贯倡行的忠君孝亲相悖。但在统治者的政治引导下，儒家的忠孝思想逐渐被纳入佛教义理的内容。如辽道宗咸雍七年（1071）《李晟为父母造幢记》中的"五戒颂"规定崇佛者必须"于家存孝，于国尽忠。一生慈善，性行敦柔"[55]。"五戒"是佛教中的最基本戒律，此处的"五戒"已然是佛教与儒家思想结合后的产物，"存孝""尽忠"成为了佛教戒律中的一部分。因此，镌刻墓幢、度亡幢此类行为一旦与儒家思想中的"孝"相结合，就会被赋予诸多意义，帮助先亡祖宗脱离地狱之苦、往生极乐在某种程度上成为了民众心中的一种道义与必然[56]。此类思想在一些汉人墓幢中十分明显，例如"盖闻佛顶尊胜陀罗尼，能与众生除一切恶道罪障等。□若非先灵以祐逝者，则是其不孝矣！"[57]以及"苟未能为幢于坟，则是为不孝也"[58]。这些经幢承载了人们对父母先祖的思念与祝福，如辽道宗大安七年（1091）《文永等为亡父母造幢记》中"文永等奉为亡过先代父母，建造幢子，仍回余愿，上通有顶，旁亘十方，赖此殊恩，齐登觉道"[59]。天祚帝乾统十年（1110）《赵公议为亡考造陀罗尼幢记》中"夫孝子之养亲也，近而□远而□□可□于斯人无不跃而为者。……□乃□建佛

50　向南、张国庆、李宇峰辑注：《辽代石刻文续编》，辽宁人民出版社，2010年，第134页。

51　向南：《辽代石刻文编》，河北教育出版社，1995年，第328页。

52　向南：《辽代石刻文编》，河北教育出版社，1995年，第443页。

53　向南、张国庆、李宇峰辑注：《辽代石刻文续编》，辽宁人民出版社，2010年，第195页。

54　向南：《辽代石刻文编》，河北教育出版社，1995年，第495页。

55　向南：《辽代石刻文编》，河北教育出版社，1995年，第347页。

56　张明悟：《辽金经幢研究》，中国科学技术出版社，2013年，第53页。

57　向南：《辽代石刻文编》，河北教育出版社，1995年，第390页。

58　向南：《辽代石刻文编》，河北教育出版社，1995年，第699页。

59　向南：《辽代石刻文编》，河北教育出版社，1995年，第436页。

顶尊胜陀罗尼幢一座，□于先茔先考之墓侧"[60]。乾统十年（1110）《李惟晟建陀罗尼经幢记》中"伏愿亡过父母托斯胜力□离三途"[61]。同年《李惟准建陀罗尼经幢记》中"奉为亡父昌逸，亡母张氏，建幢，长男惟准，次男惟沐，次男惟□，□□男讲经沙门法资"[62]。天祚帝天庆十年（1120）《李公幢记》中"奉为父母建"[63]。同年《郭仁孝为父母建顶幢记》中"大辽燕京涿州固安县归仁乡中由里郭仁孝奉为考妣特建顶幢。妻杜氏，男十得，妹□□"[64]等。除此之外，还有一些墓幢并非下葬当时即立，立幢时间也许间隔几年或几十年，究其原因可能与百姓生活拮据有关。例如天祚帝乾统五年（1105）的《白怀友为亡考妣造陀罗尼经幢记》中就记载了白怀友历经二十余年为亡考刻幢尽孝的事迹，"始则力匮不逮，痌瘝常如有所缺然。暨今之能为也，欣欣然以为孝子永思之道。"[65]体现出白怀友将镌刻墓幢使先亡"往生极乐"视作报恩尽孝的一种重要方式。经幢不仅具有为先亡长者报慈孝亲的功能，还可以为逝去的亲人祈福禳灾、灭罪度亡。辽宁建平县发现的《宝禅寺建幢记》中记载，天祚帝乾统元年（1101）七月十七日，妻张阿梁"奉为亡夫特建梵幢一座"，目的是给亡夫祈福消灾，使其"速登极乐间"[66]。乾统九年（1109）的《李从善幢记》内容较为简洁："……大辽国燕京良乡县刘李村李阿牛奉为亡夫李从善特建石匣并塔一座。长男驴粪，次男廿一猪。"[67]通过名字可以推测这个家庭受教育程度不高、生活条件比较窘困，但女主人仍决心建幢以超度亡夫，她与亡夫的情义以及对信仰的坚持令人动容。上述史料足证，佛儒合流的社会背景之下，辽国境内的许多汉人在丧葬礼俗中出现了镌刻经幢的行为。笔者据此推测，在汉、契两族交往交流交融的过程中，汉族民众间盛行的某种丧葬礼俗也许会对契丹平民造成一定的影响，但这种影响的程度仍有待进一步研究。

五、结　语

中国古代国家政治演进的过程总是伴随文化转型与制度变革。文化、制度与国家政治体系的构建关系密切、相辅相成。当文化与制度相互协调或二者张力保持在一定限度内，国家政治体系则较为稳定；当旧有的文化与制度不能满足社会发展需求时，国家的政治体系就会被重构，同时文化转型与制度变革也随之产生。因此，在契丹国家构建和政治演进过程中，为了满足社会发展需求，必然伴有文化转型与制度变革，即从契丹旧有的文化和制度逐渐转向契汉融合的二元文化和制度。佛教作为一种外来宗教文化，经过长期与本土文明的相融互补，发展到辽金时期，其中国化程度已十分成熟。契丹统

60　向南：《辽代石刻文编》，河北教育出版社，1995年，第605页。
61　向南、张国庆、李宇峰辑注：《辽代石刻文续编》，辽宁人民出版社，2010年，第268页。
62　向南、张国庆、李宇峰辑注：《辽代石刻文续编》，辽宁人民出版社，2010年，第269页。
63　向南、张国庆、李宇峰辑注：《辽代石刻文续编》，辽宁人民出版社，2010年，第308页。
64　向南、张国庆、李宇峰辑注：《辽代石刻文续编》，辽宁人民出版社，2010年，第310页。
65　向南：《辽代石刻文编》，河北教育出版社，1995年，第549页。
66　向南、张国庆、李宇峰辑注：《辽代石刻文续编》，辽宁人民出版社，2010年，第240页。
67　向南、张国庆、李宇峰辑注：《辽代石刻文续编》，辽宁人民出版社，2010年，第263页。

治者将佛儒学说之积极因素寓于政教礼俗中，并赋予宗教某种社会化功效与定位，从而达到安抚民心、巩固政权的目的。对于统治者而言，诸如佛教因果报应说与儒家"积善之家，必有余庆"[68]等此类有利于社会教化的理念相通之处，足以跨越其教格的相克对立，跨越佛教自身优越感与儒学"华夷说""异端说"间的矛盾。此外，儒学自春秋战国时兴起，在发展过程中始终坚持"卑高以陈，贵贱位矣"[69]的理念，这种严格的道德标准与伦理诉求导致儒学体系对于下层民众的影响较为有限；反之，佛教"众生平等""诸法平等"的观点以及对身份、阶级较为宽松的要求使其在传播过程中吸引了广泛的民间信众，最终与儒家思想并融于契丹平民的社会意识与思想文化之中。所以基于底层民众的视角来看，佛教之所以能具备深刻的社会影响，也与儒学秉持着强烈的等级观而佛教注重"众生平等"密切相关。

综上，丧葬礼俗是一种基于国家政策和社会基础而形成的具有宗教性质的社会文化表现形式，在辽代佛儒思想合流的背景之下，契丹平民丧葬礼俗亦呈现出多元发展样态，其中佛教对于契丹平民丧葬礼俗的影响主要体现在丧葬习俗、祭祀仪式和镌刻经幢等方面。这种影响体现出契丹旧俗与中原汉文化的兼容并蓄，以及契丹贵族与平民阶层间的交流互动，更是外来佛教与传统儒家生死观交融渗透而来的极具特色的产物。通过探寻不同政治生态、阶层特征和宗教信仰之下的丧葬礼俗差异，从而研究辽代社会文化之变迁轨迹，可以窥见中华民族多元一体进程中的民族交融、阶层互动和礼制变革，对于了解中华民族凝聚核心的发展演变和铸牢中华民族共同体意识具有积极作用。

　　附记：本文系2018年度国家社科基金青年项目"后族与辽代社会研究"（18CZS018）阶段性成果。

（郑美蒙　孙伟祥　辽宁大学历史学部）

68　《十三经注疏》整理委员会：《周易正义》，北京大学出版社，2000年，第36页。
69　《十三经注疏》整理委员会：《周易正义》，北京大学出版社，2000年，第302页。

辽世宗朝史事新证

耿 涛

内容提要：辽世宗甫立，权贵攻讦尚未平息，围绕权力斗争的矛盾依旧。世宗为掌控局势自树皇权，借塑造其父耶律倍"皇帝"身份而实现政统合法化，次又扶植国舅别部，独立汉人甄氏为后，起用汉臣。世宗的"有为"冲击了盘根错节的既有权力网络，以萧翰为代表的贵族势力屡屡犯上。世宗深陷权贵争斗漩涡之中，难以"有为"，故试图南下中原摆脱贵族政治束缚，"南伐"之事遂起。一直被"纵容"的察割趁机发动"火神淀之乱"，杀害世宗之余试图另立穆宗，却被屋质再一次"劫走"了鼎力之功，世宗的"有为"与"南下"大业随之搁浅。

关键词：辽世宗　贵族政治　耶律屋质　萧翰　耶律察割　火神淀之乱

辽世宗在位寥寥数年即遇弑，生前宏图愿景随之休矣，后人追述颇有微词，《辽史》"赞曰"评介道："世宗，中才之主也。入继大统，曾未三年，纳唐丸书，即议南伐，既乏持重，宜乖周防，盖有致祸之道矣。然而孝友宽慈，亦有君人之度焉。未及师还，变起沉湎，岂不可哀也哉！"[1]元人的诘责代表了大部分人对世宗的观感认识，认为世宗空有君主之仁，却无治国之术，难以驾驭治下群臣，终致遇弑悲剧，实为颠顶之徒。可事实上，世宗朝是契丹辽朝走向中央集权的拐点[2]，是契丹开国史的重要组成部分，世宗本人亦非这般不堪。世宗即位后积极有为，不断尝试突破权贵的束缚，更试图走向汉制。然受困于时代，世宗最终死于"有为"，未能撼动契丹强大的贵族政治势力。

以往学者对世宗朝及世宗本人关注点多在帝位传继纷争[3]，抑或派系间的攻伐等问题之上[4]，缺乏对世宗朝系统的认知。新近林鹄先生撰系列专文探讨世宗朝史事，其文

1　《辽史》卷5《世宗本纪》，中华书局，1974年，第66页。

2　李锡厚：《论辽朝的政治体制》，《历史研究》1988年第3期。

3　姚从吾：《契丹君位继承问题的分析》，《东北史论丛》（上册），台北正中书局，1959年，第270页；陈述：《契丹政治史稿》，人民出版社，1986年，第112～118页；李桂芝：《契丹贵族大会钩沉》，《历史研究》1999年第6期；邱靖嘉：《辽朝皇位继承史事考》，《辽金历史与考古（第六辑）》，辽宁教育出版社，2015年。

4　蔡美彪等著：《中国通史》，人民出版社，1979年，第50页；黄凤岐：《辽世宗、穆宗时期的内外斗争》，《东北亚历史与文化　庆祝孙进己先生六十诞辰文集》，辽沈书社，1991年，第383～391页；李锡厚：《中国历史·辽史》，人民出版社，2006年，第76页。

洞见频现，但仍只是揭开了诸多繁絮的冰山一角，且若干观点尚有商讨空间[5]。故本文在前人研究基础上，勾稽史料，由世宗与权贵博弈共生的政治生态入手，重新勾勒世宗从"有为"到遇弑的政治生命轨迹。

一、"横渡之约"后的权贵更迭

太宗死后，王位纷争遂起，多方势力博弈、妥协后终成"横渡之约"，世宗入继大统，重组政局，新旧权势势力随之更迭换代，围绕权力的矛盾亦因之升级。

作为这场王位之争的败者，述律后与李胡首当其冲，成为众矢之的，世宗正式接手权柄后即刻惩处，将之剔除出核心权力圈层之外，据《李胡传》云："会有告李胡与太后谋废立者，徙李胡祖州，禁其出入。"[6]《世宗本纪》亦有相近记载："既而闻太后、李胡复有异谋，迁于祖州；诛司徒划设及楚补里。"[7]

很显然，所谓的"谋废立者""异谋"不过是莫须有的罪名，可成王败寇，再无抵抗之力的述律后与李胡只得无奈接受败者的命运，司徒划设及楚补里之死或是受之牵连。雄踞太祖、太宗二朝的述律后族就此被剪除羽翼，偃旗息鼓，一时沉寂。

长期为述律后把持的大权空余了出来，世宗遂对支持者阵营投桃报李，大量权贵纷纷上位，瓜分了述律后一系的政治遗产[8]。据载：

> 以崇德宫户分赐翼戴功臣，及北院大王洼、南院大王吼各五十，安抟楚补各百。的鲁、铁剌子孙先以非罪籍没者归之。癸未，始置北院枢密使，以安抟为之……以安端主东丹国，封明王，察割为泰宁王，刘哥为惕隐，高勋为南院枢密使[9]。

世宗打压述律后本是进一步拉拢权贵的好时机，以之为靶，理应达到凝聚人心的作用，却奈何世宗支持者阵营构成复杂，投机者、复仇者、自保者充斥其间，真心拥立者寥寥无几，大多数人选择世宗更多是基于利益的考量，无关忠义[10]。故此，新晋上位的贵族对世宗并无感恩戴德之意，在他们看来，高官厚禄不过是其在政治斗争中犯

5　林鹄：《辽世宗朝史事考》，《中华文史论丛》2012年第4期；林鹄：《辽世宗、枢密院与政事省》，《中国史研究》2014年第2期。

6　《辽史》卷72《李胡传》，中华书局，1974年，第1213页。

7　《辽史》卷5《世宗本纪》，中华书局，1974年，第64页。

8　任爱君即提出"这不是一次简单的官职调整的过程，而是一次贵族家族间政治易势的具体场面，它显示着应天皇太后集团从契丹政治舞台上被完全排除的具体场面"。见任爱君：《辽朝史稿》，甘肃民族出版社，2012年，第167页。

9　《辽史》卷5《世宗本纪》，中华书局，1974年，第64页。《校勘记》指出此处崇德宫应为长宁宫，即应天太后宫卫。

10　耿涛：《"扶余之变"到"横渡之约"：辽世宗即位始末考辨》，《中央民族大学学报（哲学社会科学版）》2019年第6期。

险站队的回馈而已。更甚者，世宗的"提携"在诸臣看来只是怯懦的避让，诸臣居功自傲，潜意识下将世宗当作傀儡之主，理当听从于己，可显然世宗并不甘于受其摆弄，这种脆弱且微妙的君臣秩序随着世宗在政治上的"有为"愈加崩溃，贯穿世宗朝的权力之争就此上演。

总而言之，横渡之约以降的政局重组并未消解矛盾，只是促成了权力的转接传递，本质上无异于"前驱狼后迎虎"，权贵势力始终如附骨之疽般蚕食着"皇权政治"。

二、不欲傀儡：世宗自树皇权

不同于正常继位的异代之主，世宗一方面亟需摆脱军中拥立的影响，证明自身权位正统性，另一方面还要在权贵环伺的情况下培植心腹势力，打破被支配的傀儡命运。有鉴于此，世宗围绕"树立皇权"进行了大量积极有为的尝试。

（一）政统的衔续与合法化

作为耶律倍长子，世宗难以从太宗一系汲取权位正统性，且太宗子耶律璟、耶律天德等人尚在，强行接续太宗法统无疑会赋予太宗子嗣同等的继任权，为避免作茧自缚，世宗只得"另起炉灶"，舍弃太宗的政统资源。

世宗先由尊号入手，称天授皇帝[11]，以此划清与太宗一系的界限，试图证明自己得位乃顺天应人，天意如此，并非通过阴谋诡计得到，掩饰了其并未获得一致推戴的事实[12]。

接下来，世宗为自证并非僭越，追尊耶律倍为皇帝[13]，尝试将政统衔接到其父之上，"追谥皇考曰让国皇帝"[14]。并通过谒陵、祭拜等方式不断强化对耶律倍政统的认同，《胡峤陷北记》云：

> 兀欲时卓帐于此，会诸部人葬太宗。自此西南行，日六十里，行七日，至大山门，两高山相去一里，而长松、丰草、珍禽、异兽、野卉，有屋室碑石，曰："陵所也。"兀欲入祭，诸部大人惟执祭器者得入，入而门阖。明日开门，曰"抛盏"，礼毕。问其礼，皆秘不肯言[15]。

11　"丁卯，行柴册礼，群臣上尊号曰天授皇帝。"《辽史》卷5《世宗本纪》，中华书局，1974年，第64页。

12　肖爱民：《辽朝皇帝尊号中频繁使用天字的政治内涵分析》，《中国边疆史地研究》2019年第1期。

13　肖爱民：《辽朝追尊皇帝及其原因钩沉》，《内蒙古社会科学》（汉文版）2019年第2期。

14　《辽史》卷5《世宗本纪》，中华书局，1974年，第64页。关于耶律倍被追尊让国皇帝一事，《续资治通鉴长编》误将其系于辽圣宗统和二十六年（1008），对此，肖爱民据石刻文献已有勘误分析，此不赘述。参见肖爱民：《辽朝追尊皇帝及其原因钩沉》，《内蒙古社会科学》（汉文版）2019年第2期。

15　《契丹国志》卷25《胡峤陷北记》，中华书局，2014年，第266页。有学者指出世宗此次祭奠地点当为医巫闾山，即耶律倍显陵。屈连志：《〈陷辽记〉中辽世宗祭奠对象考辨》，《辽金历史与考古（第七辑）》，辽宁教育出版社，2017年。

《世宗本纪》亦载：

> 癸亥，祭让国皇帝于行宫[16]。

所谓"让国"与尊号"天授"一样，皆有其内在政治内涵，"让国"之名既凸显了耶律倍作为嫡长子理应的继承顺位，又暗讽了太宗得位不正，追溯政统之余还打压了太宗一系，一举两得[17]。

不仅如此，世宗还在东丹国上大做文章。当时的东丹国在耶律倍浮海事唐后早已名存实亡，太宗又将之南迁，其独立性早已荡然无存，已成为受统于东京道的地方行政机构[18]。可世宗深谙耶律倍未获王位，其政统只得系于东丹国之上，东丹国若废弃，政统自然"皮之不存毛将焉附"，故竭力维系东丹国形式上的独立性，"以安端主东丹国，封明王"[19]，试图凭此回溯耶律倍的政统源头，东丹复建之因由此可知[20]。

质言之，世宗为自树皇权将政统衔于耶律倍之上，为其父打造出"皇帝"的身份，自身又从中受益，至少在形制上完成了政统的合法化工作，但亦激化了与太宗一系子嗣的矛盾，埋下了隐患。

（二）培植心腹势力

衔续耶律倍之政统无法给予世宗实际的势力支撑，所谓的"东丹系"政治力量早在太宗朝便消弥殆尽。同时，世宗又未能通过联姻的方式获取同盟力量，甄氏汉人宫人出身，毫无根基可言；怀节皇后派出述律后一系家族，此时正逢被打压之际，难有辅助之用。无法通过既有势力获取助力，世宗只得扶植新势力，打造真正从属于自己的"腹心部"。

为此，世宗擢升母亲萧氏家族为国舅帐，即"国舅别部"[21]，"尊母萧氏为皇太后，以太后族剌只撒古鲁为国舅帐，立详稳以总焉"[22]。不光如此，世宗还提拔了国舅别部中原本籍籍无名之辈，为之"脱罪"，使之列居高位，"萧塔剌葛……太祖时，坐

16　《辽史》卷5《世宗本纪》，中华书局，1974年，第66页。

17　事实上，这种围绕政统资源的斗争与追溯一直持续到景宗及其后诸帝，"统和中，更谥文献。重熙二十年，增谥文献钦义皇帝，庙号义宗，及谥二后曰端顺，曰柔贞。"《辽史》卷72《义宗倍传》，中华书局，1974年，第1211页。

18　杨雨舒：《辽代东丹国废除问题辨析》，《东北史研究》2004年第2期。

19　《辽史》卷5《世宗本纪》，中华书局，1974年，第64页。

20　对此，刘浦江指出世宗此举含有为他父亲耶律倍昭雪的意思，康鹏进一步提出"除去奖励安端辅立之功这一因素外，还有出于缅怀先父，为其正名的考虑。""昭雪""缅怀"之论确可备一说，然其未能揭示出此事潜在的政治动因。刘浦江：《辽代的渤海遗民——以东丹国和定安国为中心》，《松漠之间：辽金契丹女真史研究》，中华书局，2008年，第378页；康鹏：《东丹国废罢时间新探》，《北方文物》2010年第2期。

21　《辽史》关于国舅别部的记录阙如，《外戚表》虽有相关描述，却无独立史源，不过是元朝史官杂抄列传的产物，无法作为可靠的史料征引。目前可明确的国舅别部出身的仅有台哂、塔剌葛二人。参见苗润博：《契丹国舅别部世系再检讨》，《史学月刊》2014年第4期。

22　《辽史》卷5《世宗本纪》，中华书局，1974年，第64页。

叔祖台哂谋杀于越释鲁，没入弘义宫。世宗即位，以舅氏故，出其籍，补国舅别部敞史……天禄末，塔剌葛为北府宰相"[23]。在世宗有意扶植之下，国舅别部至少在名义上取代了述律后家族的权势地位，其复归崛起为世宗提供了一个相对可靠的政治联盟[24]，以萧塔剌葛为代表的族人亦甘为世宗沥胆堕肝，《辽史·论曰》曾评介道："塔剌葛以忍行不义徒自取赤族之罪责察割，其心可谓忠矣。"[25]然可惜的是，世宗朝不过匆匆数年，国舅别部尚未复兴壮大，应有的砥柱作用不及发挥便又复归沉寂。

上述可见，世宗若仅依靠母族的势力显然远远不够，更遑论其母族历经太祖、太宗二朝的压制，族中势衰一时难以改变。故此，世宗还试图从耶律皇族中择取心腹[26]，通过引入新兴的政治势力稀释并打破固有僵化的政治格局。与世宗相交较早，又有鼎力之功的安抟率先被委以重任：

> 及置北院枢密使，上命安抟为之，赐奴婢百口，宠任无比，事皆取决焉。然性太宽，事循苟简，豪猾纵恣不能制。天禄末，察割兵犯御幄，又不能讨，由是中外短之[27]。

可以看出，世宗对安抟极尽信任，然所托非人，安抟专于父仇，得雪后明显呈现出"不作为"的状态，与之前谋划拥立世宗时期相比判若两人。

此外，世宗还尝试拉拢一些投机者，可惜收益亦不多，如耶律朗在被提拔后依然保持着鼠首两端的投机性，未能回报以足够的忠诚，据载：

> 先是，朗祖瑉古只为其弟辖底诈取夷离堇，自是族中无任六院职事者，世宗不悉其事，以朗为六院大王。及察割作乱，遣人报朗曰："事成矣！"朗遣详稳萧胡里以所部军往，命曰："当持两端，助其胜者。"穆宗即位，伏诛，籍其家属[28]。

世宗并非"不悉其事"，只不过在当时可用之人寥寥之际，择人授职的捉襟见肘迫使其无奈地提拔一些投机者，只是不曾料到耶律朗在察割叛乱之际竟选择明哲保身，完全无视被擢拔的恩情。

然并非所有人所托非忠，也有臣僚对世宗一片赤诚，耶律颓昱则是一例。

---

23 《辽史》卷90《萧塔剌葛传》，中华书局，1974年，第1358、1359页。
24 因并无直接相关史料佐证，很难坐实世宗扶植国舅别部上位是在回馈其拥立即位之功，就现有的材料来说，仅可推知世宗所作所为皆旨在获取政治资源。有迹象表明，世宗母族早在太祖时期已有一定势力，萧台哂合谋戕害释鲁，耶律倍与柔贞皇后的联姻皆可说明其家族曾显赫一时，只不过被"回鹘系"的述律家族后来居上，被排挤出"后族"的权力核心之外。
25 《辽史》卷90《论曰》，中华书局，1974年，第1359页。
26 由世宗正式执掌权柄后的人事安排可知，除高勋外，皆系耶律氏。
27 《辽史》卷77《耶律安抟传》，中华书局，1974年，第1261页。
28 《辽史》卷113《逆臣传》，中华书局，1974年，第1507页。

> 颏昱性端直……世宗即位，为惕隐。天禄三年，兼政事令，封漆水郡王。
> 及穆宗立，以匡赞功，尝许以本部大王。后将葬世宗，颏昱恳言于帝曰："臣
> 蒙先帝厚恩，未能报；幸及大葬，臣请陪位。"帝由是不悦，寝其议。薨[29]。

颏昱受恩于世宗，官居惕隐，执掌风俗教化，备受重用。其后颏昱又在察割之乱中立匡扶之功，本可在穆宗朝继续平步青云，却在世宗下葬时选择"陪位"，其忠心可见一斑。

表面上看，世宗堪堪打造出了一支从属于自己的政治势力，有了与权贵博弈的资本。实则外强中干，脆弱不堪，一来，世宗朝时限很短，国舅别部崛起速度远不及事态变化之快；二来，拉拢"投机者"无异于抱薪救火；三来，虽有颏昱这种忠臣在列，但以个人之力实难挽整体颓势。总之短期内，世宗仍难以突破贵族政治的藩篱。

（三）册立皇后背后的政治抉择

为获取足够多的政治势力支持，世宗又将目光投向了汉人势力。册封汉人皇后，提拔汉臣，皆是其迈向皇权政治之路的重要策略。

1. 独立甄氏——被后世遮蔽的历史

在阐释世宗借助汉人势力的政策之前，尚需解决世宗朝的"立后"疑题。据《辽史·后妃传》的记载，世宗共有两位皇后，

> 世宗怀节皇后萧氏，小字撒葛只，淳钦皇后弟阿古只之女。帝为永康王，纳之，生景宗。天禄末，立为皇后……察割作乱，弑太后及帝。后乘步辇，直诣察割，请毕收殓。明日遇害。谥曰孝烈皇后。重熙二十一年，更今谥[30]。
> 世宗妃甄氏，后唐宫人，有姿色。帝从太宗南征得之，宠遇甚厚，生宁王只没。及即位，立为皇后……察割作乱，遇害。景宗立，葬二后于医巫闾山，建庙陵寝侧[31]。

甄氏被列为妃，文中却言"立为皇后"，罗继祖曾就此记述发出疑问："既云立为后，而仍称妃，何也？"[32]林鹄以天禄三年的石刻文献为据证实了甄氏曾立为皇后，并指出《辽史》关于甄氏的记述应承袭自《契丹国志》[33]。但其他问题接踵而至，遍检史籍，并未发现世宗有废后举动，缘何出现甄氏封后在前，又册立萧氏为后的吊诡之事？《契丹国志·后妃传》又为何仅录甄氏，不录萧氏？李月新将之解读为世宗出于政治上的考虑，在册立甄氏之后又遵照传统立萧氏为后，不过并未名正言顺地废黜甄氏[34]，这种解

29　《辽史》卷77《耶律颏昱传》，中华书局，1974年，第1262页。

30　《辽史》卷71《后妃传》，中华书局，1974年，第1201页。

31　《辽史》卷71《后妃传》，中华书局，1974年，第1201页。

32　罗继祖：《辽史校勘记》，上海人民出版社，1958年，第208页。

33　林鹄：《辽世宗朝史事考》，《中华文史论丛》2012年第4期。

34　李月新：《辽世宗皇后研究》，《河北北方学院学报（社会科学版）》2016年第2期。

读只是弥合了政治史与文本文献之间的裂隙，且未能道清《契丹国志》如此记述的缘由。事实上，以往研究只是关注甄氏为后真伪的问题，恰恰忽略了萧氏为后的记载是否可信，若转换思路，便会有更深入更合理的解释。

比《后妃传》稍加具体，《世宗本纪》将萧氏册立为后的时间系于天禄四年年末（950），其文称："（天禄四年）冬十月，自将南伐……是岁，册皇后萧氏。"[35]然是年年末，世宗正值南伐[36]，人在中土，战事未歇之时何故仓皇立后？这不禁让人质疑萧氏为后的真实性。退一步来说，即便世宗曾于天禄四年其他月份立萧氏为后，为何《辽史》不言具体时日，而仅以"天禄末""是岁"这般语焉不详之文带过，册封皇后不比寻常小事，日期失载可能性很低，终辽一朝，册封皇后大抵均有明确时日，且基本与新帝即位同步，《辽史》此处突兀且模糊化的书写实难理解。而且，世宗册立述律家族出身的萧氏与打压该家族的政策完全背道而驰，即便是为了获取政治资源也断然不会选择述律家族为盟友，其动机亦难明。

《皇子表》的记录倒是为释上述疑惑提供了一个思路，该表云世宗共有三子，景宗与吼阿不同为萧氏所生，甄氏生子为只没，三者关系如下所述：

> 吼阿不。第一。旧史皇族传书在第三，且云未详所出。按景宗本纪云，景宗皇帝，世宗第二子。又按旧史本传云，景宗立，亲祭于墓，追册为皇太子。当是世宗嫡长子也……早薨。墓号太子院。
> 只没，字和鲁董。第三。旧史皇族传书在第一。景宗封为宁王，保宁八年夺爵[37]。

元朝史官修此表时依"皇太子"之称将吼阿不列为嫡长子，可契丹人的"皇太子"之称仅表示一种皇储身份，并不带有伦理内涵[38]，元人的判断于事理未谐[39]。细绎元朝史官所犯舛误，皆因"旧史皇族传以年齿为序，而本表改以嫡庶为序"[40]，然其对嫡庶的判断依据来源于景宗追溯吼阿不的行为，也就是说元人承袭了景宗的嫡庶观念。那么，问题便聚焦为景宗缘何追册一个早夭的皇弟，又为何如此注意强调与只没的嫡庶之别？

推及至此，已有一个合理的假设可将上述疑惑一并解决，那就是世宗朝根本没有册立萧氏，只是在即位之初册立了甄氏，萧氏为后的认识当出自景宗以降的追溯。景宗避忌

35　《辽史》卷5《世宗本纪》，中华书局，1974年，第65页。

36　对此次南伐，中土文献另有详细记述，"镇州、邢州驰奏，契丹寇洺州，陷内丘县。时契丹永康王兀欲帅部族两道上边，内丘城小而固，契丹攻之，五日不下，敌人伤者甚众。"《旧五代史》卷103《隐帝本纪》，中华书局，1976年，第1375页。此外，《新五代史》《资治通鉴》等史籍皆录其事，兹不赘引。

37　《辽史》卷65《皇子表》，中华书局，1974年，第984、985页。

38　邱靖嘉：《辽太宗朝的"皇太子"名号问题——兼论辽代政治文化的特征》，《历史研究》2010年第6期。

39　林鹄：《辽世宗朝史事考》，《中华文史论丛》2012年第4期。

40　《辽史》卷64《皇子表》校勘记，中华书局，2016年点校本，第1102页。

其"庶出"身份，当权后颠覆嫡庶关系，一面在无法篡改甄氏为后这一事实的情况下，竭力遮蔽甄后的信息；另一面又不断强化己身嫡出的观念，追册吼阿不，将只没排挤出"宗室"之外，更为萧氏追封皇后身份，使其与世宗、甄氏一同入葬。而后世撰史者或不谙其故，难以将册立一事插叙进世宗朝时间线，只得权且虚化处理；又或知其隐情，却不会为一个汉人皇后推翻既有认知，更何况景宗之后诸帝皆系其子孙，嫡庶立场一以贯之，故依然会含混记录，粉饰曲笔。至于元人修史，则因未加细究未辨真伪，与实情失之交臂，终致上文所述困惑，幸其存有对"旧史"的描述，为该疑题的阐释提供了隐匿的路径。

由此，相关记述抵牾的症结已然打开，后世的遮掩模糊化了世宗朝的立后实情，镀上了一层"塑造"的嫡庶观念。反倒值得一提的是，《契丹国志》虽为书贾托名的伪作[41]，却由于不受嫡庶之争的困扰，误打误撞保留了实情，元人不谙其故，只录不析，方成《辽史》"二后并立"的吊诡之事。

2. 立汉后与用汉臣

世宗独立甄氏的背后是借用、仿效汉制的政治抉择。在世宗自树皇权的政治背景下，以甄氏为代表的汉人群体越来越多地进入到辽朝的上层政治领域。

世宗册立甄氏并非单纯出于宠爱其姿色，亦是看中了其出色的政务能力，据载："严明端重，风神闲雅。内治有法，莫干以私……后与参帷幄，密赞大谋，不果用。"[42]虽甄氏之"大谋"并未被采用，但"内治有法"足以说明其并非"花瓶"。

甄氏以外，尚有不少汉人在世宗朝得以提拔重用，"帝慕中华风俗，多用晋臣"[43]。高勋在世宗即位之初便得以晋升[44]，"天禄间，为枢密使，总汉军事。"[45]据林鹄论述，世宗在中枢行政层面明确将北南分治制度化[46]，高勋任职之重要可见一斑。张谏则又是一例，据其墓志所载："时让国皇帝在储君，时携笔从事，虽非拜傅，一若师焉。自后让皇入汉，天授潜龙，公为王府郎中，重元臣也。天授帝龙飞，公授密直学士，转给事，除朔州顺义军节度使，检校太保。"[47]作为耶律倍的臣僚，世宗与之关系自不必多言，张谏受重用实属预料之中。刘承嗣却略有不同，世宗并未忌刻其太宗朝臣身份，而是量其能用之，"天授皇帝天禄元年，转司空，守右威卫将军。入亲严卫，匪殚勤劳。"[48]由此可见，世宗对汉臣的态度颇为开明，凡能为所用者，皆可有其职。

与之同时，世宗还对汉臣予以充分的敬重，《辽史》载："夏五月壬戌朔，太子太傅赵莹薨，辍朝一日，命归葬于汴。"[49]《册府元龟》对此事有详细记述："莹初被

41　刘浦江：《关于〈契丹国志〉的若干问题》，《史学史研究》1992年第2期。

42　《辽史》卷71《后妃传》，中华书局，1974年，第1201页。

43　《契丹国志》卷4《世宗天授皇帝》，中华书局，2014年，第51页。

44　关于高勋系汉人抑或渤海人的讨论，可见周峰：《辽代前期汉人重臣高勋生平发微》，《北方文物》2011年第1期。

45　《辽史》卷85《高勋传》，中华书局，1974年，第1317页。

46　林鹄：《辽世宗、枢密院与政事省》，《中国史研究》2014年第2期。

47　向南：《辽代石刻文编》，河北教育出版社，1995年，第68页。

48　向南：《辽代石刻文编》，河北教育出版社，1995年，第48页。

49　《辽史》卷5《世宗本纪》，中华书局，1974年，第66页。

病，遣人祈告于虏主，愿归骨于南朝，使羁魂幸复乡里，虏主闵而许之。及卒，遣其子易从及家人数辈护丧而还，仍遣大将送至京师。"[50]世宗遂赵莹生前意愿，还尸中土，特辍朝一日以示哀悼，足可见世宗对汉臣重用之心。另从赵莹"太子太傅"的官职来看，世宗似有意在其子嗣身上延续汉制的培育。不过，世宗对汉臣的属意引起了契丹贵族极大的不满，"麻答归至其国，帝责其失守，麻答不服，曰：'朝廷徵汉官致乱尔。'帝鸩杀之。"[51]麻答所言虽有夸大之嫌，但个中权力矛盾已然浮上水面。

综上所述，世宗为树立真正的皇权政治，一面打破既有成规，另一面又尝试推行新制度，起用新势力。但随着世宗"有为"的纵深拓展，被侵犯利益的权贵反抗之势愈演愈烈，世宗与权贵的博弈就此展开。

三、难以"有为"：世宗与权贵势力的博弈

以往研究仅将世宗朝的数度谋乱视为觊觎帝位的篡位之举，该观点虽无可厚非，却因过度聚焦王位引发的纷争，简化了"谋逆"的复杂动因，忽视了世宗朝庞杂又微妙的权力网络所起到的关键作用，更未能道出世宗在权贵攻讦中难以"有为"的"无力感"。

（一）"镇压"萧翰、刘哥、天德反叛集团

萧翰、耶律刘哥本就是政治投机者，支持世宗不过是为了牟取更高的权位。然事与愿违，世宗论功封赐时，萧翰所授何职史书只字未提，仅言"侍卫"，实情很可能是萧翰"有功"却未授高职。刘哥虽获位惕隐，但从前引《耶律颓昱传》的记载来看，似其惕隐之职很快就被世宗起用的颓昱所顶替，权位受损。二人趋利而来，却颗粒无收，所处境遇与获赐高官厚禄者，如安抟等人判若云泥，愤懑情绪遂滋生蔓延，这一情绪随着世宗不断"有为"愈加放大，萧翰等人意识到了世宗并非易于掌控的傀偏之君。

很快，二者联合了受损于世宗追溯政统的太宗子嗣——天德，策动了第一次谋反，《世宗本纪》载：

> 二年春正月，天德、萧翰、刘哥、盆都等谋反。诛天德，仗萧翰，迁刘哥于边，罚盆都使辖戛斯国[52]。

《萧翰传》亦载：

> 天禄二年，尚帝妹阿不里。后与天德谋反，下狱。复结惕隐刘哥及其弟盆都乱，耶律石剌告屋质，屋质遽入奏之，翰等不伏。帝不欲发其事，屋质固

50　《册府元龟》卷940《总录部》，中华书局，1960年，第11078页下。

51　《契丹国志》卷4《世宗天授皇帝》，中华书局，2014年，第52页。

52　《辽史》卷5《世宗本纪》，中华书局，1974年，第64页。

诤以为不可，乃诏屋质鞫按。翰伏辜，帝竟释之[53]。

《耶律刘哥传》同云：

> 天禄中，与其弟盆都、王子天德、侍卫萧翰谋反，耶律石剌发其事，刘哥以饰辞免。后请帝博，欲因进酒弑逆，帝觉之，不果，被囚。一日，召刘哥，锁项以博。帝问："汝实反耶？"刘哥誓曰："臣若有反心，必生千顶疽死！"遂赏之。耶律屋质固诤，以为罪在不赦。上命屋质按之，具服。诏免死，流乌古部，果以千顶疽死[54]。

《耶律屋质传》另有相关记述：

> 天禄二年，耶律天德、萧翰谋反下狱，惕隐刘哥及其弟盆都结天德等为乱。耶律石剌潜告屋质、屋质遽引入见，白其事。刘哥等不服，事遂寝。未几，刘哥邀驾观樗蒲，捧觞上寿，袖刃而进。帝觉，命执之，亲诘其事。刘哥自誓，帝复不问。屋质奏曰："当使刘哥与石剌对状，不可辄恕。"帝曰："卿为朕鞫之。"屋质率剑士往讯之，天德等伏罪，诛天德，杖翰，迁刘哥，以盆都使辖戛斯国[55]。

此次谋反无疾而终，未能颠覆世宗统治，然而世宗对谋反者的处置却颇耐人寻味。世宗对天德毫不留情，即刻诛杀以正人心，对萧翰、刘哥、盆都却不施重罪，且有意为萧翰回护遮掩，"不欲发其事"，对刘哥更是据其"誓言"与"饰辞"便免罪释放。林鹄将此做法释义为"从对谋反诸人的不同处理来看，刘哥等欲推戴的想必是天德……由于世宗继位是扳倒皇太子李胡的结果，所以他特别需要刘哥、察割等人的支持，这就是为什么他一再对萧翰、刘哥等忍让的主要原因。世宗的得国不正，恰恰给察割等人开启了恶例。"[56]林氏所言欲推天德确为灼见，谋乱者当中唯有天德具有明确继任权，即便其非主凶，世宗却不得不除之，否则难以自正权威。但林氏关于世宗因得国不正而一味放纵诸祸臣的论述则有待商榷，世宗继立时为扳倒李胡亟需刘哥等人支持可以理解，但在即位后，李胡已被软禁的情况下，还为了获取助力而一味忍让则无法说得通，得国不正或可以视为诸臣犯上的托词，却不能解释世宗手下留情的动机为何，此事仍难明就里。

　　其实，过去学人未能注意到耶律屋质在萧翰等人谋反时所起到的作用，以之为线索，稍加详检即可豁然开朗。通过上述引文可知，与世宗的"怀柔"截然不同，屋质对萧翰、刘哥等人的态度极为强硬，"固诤"二者之罪，竭力要求世宗严惩以儆效尤。屋质心系社稷的忠臣形象跃然纸上，然翻检史料则会发现屋质所为明面上在"清君

53　《辽史》卷113《逆臣传》，中华书局，1974年，第1506页。

54　《辽史》卷113《逆臣传》，中华书局，1974年，第1508页。

55　《辽史》卷77《耶律屋质传》，中华书局，1974年，第1257页。

56　林鹄：《辽世宗朝史事考》，《中华文史论丛》2012年第4期。

侧"，实为报私仇，据《萧翰传》载："初耶律屋质以附太后被囚，翰闻而快之，即因所谓曰：'汝尝言我辈不及，今在狴犴，何也？'对曰：'第愿公不至如此！'翰默然。"[57]屋质与萧翰似交恶已久，此番萧翰沦为阶下囚，屋质自然趁机落井下石。故此，萧翰等人的谋逆并非一场"单纯"的叛乱，而是演变成了权贵势力相互攻讦的战场，这才是世宗处理祸首时难以杀伐果断的实质原因。

从事态的后续发展来看，世宗并未采纳屋质的建言，依然对叛逆者从轻发落，世宗当然不是被花言巧语所蒙蔽，事实上，世宗对逆臣的"祖护"是基于时局而作的决定，一来世宗避忌他们深厚的政治势力基础[58]，过度惩处唯恐会激起背后势力更强的反抗，故世宗将所有问罪之事委派于屋质，回避了定罪责任，想借此将矛头置于屋质之上，自己在裁决时又从轻发落，凸显自己"仁君"风范；二来世宗试图在权贵势力间保持一种互相牵制的平衡，以此维持稳定的态势，并不希望某一方销声匿迹，因为萧翰等人尚有可借力之处，更不希望另一方借机得势，为屋质得势提供踏板。

可是萧翰并未"珍惜"来之不易的喘息之机，很快又发动了第二次叛乱。

> 三年春正月，萧翰及公主阿不里谋反，翰伏诛，阿不里瘐死狱中。庚申，肆赦。内外官各进一阶[59]。

《萧翰传》另言：

> 复与公主以书结明王安端反，屋质得其书以奏，翰伏诛[60]。

此次谋反略有蹊跷，此前叛乱涉及多方势力，且欲以天德为继立者。此次却仅集中在萧翰一家，又无明确拥立对象，只是据一封书信便入罪，草草开场又匆匆了事。此次"谋乱"很可能是屋质对萧翰"赶尽杀绝"所安的"莫须有"之罪。但无论真相如何，萧翰复犯"谋乱"，世宗再无法为其"开绿灯"，最终又是在屋质的问责下，身死名败。直至此时，世宗仍想粉饰太平，对在世者加官一阶以安抚人心。

综上所述，世宗与萧翰等投机者关系的破裂实属必然，叛乱之事想必世宗已有所料，不过碍于贵族政治强大的政治影响力而隐忍不发，潜心"有为"，发展己身力量。事发之后，真正有意"镇压"诸谋乱者的人其实并非世宗，而是与之素有嫌隙的耶律屋质。世宗不欲卷入权贵纷争，只想作壁上观，维持彼此势力间的平衡，然事态的发展并不遂世宗意，世宗之所为未能解决问题，反而导致"复叛"不断，"有为"的进程随之被打乱，亦为察割这样别有用心的人抓住了上位的机遇。

57　《辽史》卷113《逆臣传》，中华书局，1974年，第1506页。

58　如世宗与述律后对峙时，刘哥"以本部兵助之"，可见其有相当兵权。见《辽史》卷113《逆臣传》，中华书局，1974年，第1507页。

59　《辽史》卷5《世宗本纪》，中华书局，1974年，第65页。

60　《辽史》卷113《逆臣传》，中华书局，1974年，第1506页。

（二）疏离耶律屋质与"纵容"耶律察割

世宗无意亦无力短期内整改根深蒂固的贵族势力，而是采取了一种"均衡"政策，与权贵阶层保持着若即若离的关系，得势者不捧，落势者不欺，对耶律屋质与耶律察割的态度正是这种"远交外攻"策略的体现。

耶律屋质贵为数朝重臣，在诸多节点性事件上有着重要作用，契丹人将之视为道德楷模[61]，于世宗而言更是有着拥立之功。然世宗与之关系十分微妙，《屋质传》虽言：

> 帝谓屋质曰："汝与朕尤近，何反助太后？"屋质对曰："臣以社稷至重，不可轻付，故如是耳。"上喜其忠心[62]。

从个人传记来看，世宗似对屋质忠于社稷的行为十分满意，但上引《萧翰传》则道出了另一番光景，世宗非但没有尽弃前嫌，而是囚禁屋质以泄不快。而且，与萧翰相近，屋质也未能在世宗入继大统后位极人臣，终其一朝未堪重任，其所获要职"北院大王""于越"等均是世宗以降诸帝封赐。

归根结底，世宗与屋质关系并不和睦，世宗对其左右逢源的表现耿耿于怀，而屋质则仰仗自身重要的政治影响力，打着"尊王"的旗号，对萧翰等其他权贵做着"攘夷"之事。世宗既然不能除之而后快，只得退而求其次，对屋质"敬而远之"，甚至为了牵制屋质，不遂其愿，不惜屡屡放过萧翰、刘哥等人。然而，随着萧翰反叛集团的溃散，牵制屋质的势力不再，世宗又不愿看到屋质一家独大，无奈之下开始重用另一权贵——耶律察割，殊不知此举却招来了杀身之祸。

耶律察割虽亦是一个首鼠两端之徒，但由于鼎力世宗有功，受封泰宁王。极具野心的察割不甘于此，为获高位竟栽赃其父，以此表忠心伺机趁势上位。

> 会安端为西南面大详稳，察割佯为父恶，阴遣人白于帝，即召之。既至上前，泣诉不胜哀，帝悯之，使领女石烈军。出入禁中，数被恩遇。帝每出猎，察割讬手疾，不操弓失，但执链锤驰走。屡以家之细事闻于上，上以为诚[63]。

由上可见，察割舍父事上，背信弃义，奸宄之心知微见著，看起来世宗已被其蒙蔽，误以之为忠诚。可实际上世宗并非单纯的用人不淑，不知察割真面目，据载：

> 或言泰宁王察割又无君心。塔剌葛曰："彼纵忍行不义，人孰肯从！"
> 他日侍宴，酒酣，塔剌葛捉察割耳，强饮之曰："上固知汝傲狠，然以国属，

61　"大康中，始得归乡里。诣阙上表曰：'本朝之兴，几二百年，宜有国史以垂后世。'乃编耶律曷鲁、屋质、休哥三人行事以进。上命置局编修。"《辽史》卷104《耶律孟简传》，中华书局，1974年，第1456页。

62　《辽史》卷77《耶律屋质传》，中华书局，1974年，第1257页。

63　《辽史》卷112《逆臣传》，中华书局，1974年，第1500页。

曲加矜悯，使汝在左右，且度汝才何能为。若长恶不悛，徒自取赤族之祸！"
察割不能答，强笑曰："何戏之虐也！"[64]

萧塔剌葛系世宗提拔的心腹之臣，其所言或多或少反应了世宗的立场，也就是说塔剌葛对察割"赤族之祸"的警告很可能出于世宗授意。世宗明知察割有犯上之心，却仍加重用实有隐情，即是为了牵制屋质，不让其牢据上位，独掌局势。事实上，察割的被重用着实引起了屋质的注意，屋质开始向世宗不断揭露其狼子野心，试图将之扼杀在摇篮里。

> 察割以诸族属杂处，不克以逞，渐徙庐帐迫于行宫。右皮室详稳耶律屋质察其奸邪，表列其状。帝不信，以表示察割。察割称屋质疾己，哽咽流涕。帝曰："朕固知无此，何至泣耶！"察割时出怨言，屋质曰："如虽无是心，因我过疑汝，勿为非义可也。"他日屋质又请于帝，帝曰："察割舍父事我，可保无他。"屋质曰："察割于父既不孝，于君安能忠！"帝不纳[65]。
>
> 三年，表列泰宁王察割阴谋事，上不听[66]。

对于屋质的控诉，世宗自然是不予理睬，得到世宗首肯的察割与屋质形成了分庭抗礼的局面，察割自此也愈发跋扈，世宗起用察割牵制屋质的策略已初显成效。

至此，世宗的谋划已基本可以勾勒出来。世宗为了在自树皇权的"有为"之路上不被贵族政治势力掣肘，竭力维系权贵之间的均势局面，让权贵穷于彼此攻讦，自己则争分夺秒，夹缝中发展。故此，世宗对萧翰、刘哥等人并非不忍诛杀，世宗与屋质的关系绝非文本叙述的那般和谐，至于对察割的一味"纵容"亦非本意，上述策略均是在时局的左右下做出的最优解。但这般纵横捭阖之法再卓有成效也不过是权宜之计，不树立起绝对的皇权难以真正解决问题，于此世宗效仿太祖、太宗，也想借汉地实现真正的集权统治，却也正是因此变生肘腋，招致"火神淀之乱"。

四、"火神淀之乱"探赜

"火神淀之乱"实质上是世宗朝权力纷争的集中爆发，"南伐"则是引爆矛盾的导火线。世宗遇弑促成了新一轮权力派系的洗牌，穆宗在这滚滚洪流中成了重要的政治资源，为屋质和察割所争夺。"火神淀之乱"后，随着世宗大业的搁浅与穆宗的继立，辽朝政局的走向再次发生转变。

（一）"南伐"与世宗遇弑

关于"南伐"与世宗遇弑的关系，中土系统的文献是这样记述的，

64　《辽史》卷90《萧塔剌葛传》，中华书局，1974年，第1358、1359页。

65　《辽史》卷112《逆臣传》，中华书局，1974年，第1500页。

66　《辽史》卷77《耶律屋质传》，中华书局，1974年，第1257页。

《新五代史》云：

> 兀欲立五年，会诸部酋长，复谋入寇，诸部大人皆不欲，兀欲强之。燕
> 王述轧与泰宁王呕里僧等帅兵杀兀欲于大神淀[67]。

《资治通鉴》亦载：

> 契丹欲引兵会之，与酋长议于九十九泉。诸部皆不欲南寇，契丹主强
> 之。癸亥，行至新洲之火神淀，燕王述轧及伟王之子太宁王沤僧作乱，弑契丹
> 主而立述轧[68]。

二者记述大同小异，均将世宗遇弑系于"南伐"引发的分歧，陈述先生也有相近论述[69]。然"南伐"引起诸臣不满虽是事实，世宗死于"南伐"途中也是事实，但若将之比附为世宗死于"南伐"未免有些主观，且淡化了诸部为何不欲南下，世宗又缘何强行为之等诸多疑题。故林鹄对二则材料的反思颇为可鉴，但其又从一个极端走向了另一个极端，其认为《辽史》所有有关此事的记载都找不到任何能将察割弑帝与反对南征加以联系的证据[70]。诚然，察割弑帝可能有着诸多考量，或许与"南伐"直接关联不大，可仅凭表面上文本无载便割裂"南伐"与世宗遇弑的内在关系着实欠妥。

　　实际上，"南伐"与遇弑的关系并非文本记述的这般简单。世宗欲效太祖、太宗南伐以成就皇权政治[71]，但太祖、太宗均历经了长期的酝酿筹备，太祖有"腹心部"，又一点点从"打草谷"过渡到南下略地；而太宗则是与述律后不断博弈，培植出耶律洼、耶律吼等实权派的支持者，借灭后晋之机方成南下大业。反观世宗，即位不过数年，脚跟尚未站稳[72]，心腹势力不足以支撑起其南下霸业，而且此时"诸酋"尚保有"打草谷"的惯性[73]，与世宗攻城占地的初衷有着明显分歧。在这种情况下，世宗执意"南伐"自然不会受到众人拥护，此即"诸不大人皆不欲"的症结所在。世宗未与"诸部大

67　《新五代史》卷73《四夷附录》，中华书局，1974年，第903页。
68　《资治通鉴》卷290后周太祖广顺元年（951）九月条，中华书局，1956年，第9593页。
69　陈述：《契丹政治史稿》，人民出版社，1986年，第120页。
70　林鹄：《辽世宗朝史事考》，《中华文史论丛》2012年第4期。
71　关于阿保机南下中原以图树立皇权政治的讨论，可见耿涛：《耶律阿保机"嫁接"皇权之路》，《中国边疆史地研究》2021年第3期。
72　显然，林鹄高估了世宗对局势的把握，其认为"从天禄三年起，安反侧的效果已然显现，世宗已经控制了局面，在这种情况下他才能腾出手来南伐。"若世宗真的掌控了局势，"诸酋不欲南寇"的现象便不会发生，察割欲弑帝自然也无从下手。而且，据《辽史·世宗本纪》的记载来看，二年夏四月，世宗已有"议攻汉"的南下举动，足可见世宗并非在等待局势受控后才行南伐之事。参见林鹄：《辽世宗朝史事考》，《中华文史论丛》2012年第4期。
73　"秋九月辛丑朔，召群臣议南伐。冬十月，遣诸将率兵攻下贝州高老镇，徇地邺都、南宫、堂阳，杀深州刺史史万山，俘获甚众……（四年）冬十月，自将南伐，攻下安平、内丘、束鹿等城，大获而还。"《辽史》卷5《世宗本纪》，中华书局，1974年，第65页。

人"从长计议，选择"自将南伐"，徒有野心未逢良机的察割终于等来了这一千载难逢的机遇。

质言之，"南伐"虽非世宗遇弑的直接原因，但却点燃了世宗与权贵之间长期存在的矛盾，致使世宗在准备不周的情况下强行南伐，此举无疑将弱点暴露殆尽，这便给了别有用心之人以机会。

（二）另立新君：围绕穆宗的争夺战

世宗遇弑可见于《世宗本纪》，其载："癸亥，祭让国皇帝于行宫。群臣皆醉，察割反，帝遇弑，年三十四。"[74]由此仅可知，南下攻势正劲的世宗放松了警惕，酒醉后被察割所弑。该段记述不尽翔实，反倒是其他传记保留了大量值得参酌的信息。

《耶律察割传》言：

> 天禄五年七月，帝幸太液谷，留饮三日，察割谋乱不果。帝伐周，至详古山，太后与帝祭文献皇帝于行宫，群臣皆醉。察割归见寿安王，邀与语，王弗从。察割以谋告耶律盆都，盆都从之。是夕，同率兵入弑太后及帝，因僭位号。百官不从者，执其家属。至夜，阅内府物，见玛瑙碗，曰："此希世宝，今为我有！"诧于其妻。妻曰："寿安王、屋质在，吾属无噍类，此物何益！"察割曰："寿安年幼，屋质不过引数奴，诘旦来朝，固不足忧。"其党矧斯报寿安、屋质以兵围于外，察割寻遣人弑皇后于枢前，仓惶出阵。寿安遣人谕曰："汝等既行弑逆，复将若何？"有夷离董划者委兵归寿安王，余众望之，徐徐而往。察割知其不济，乃系群官家属，执弓矢胁曰："无过杀此曹尔！"叱令速出。时林牙耶律敌猎亦在系中，进曰："不有所废，寿安王何以兴。籍此为辞，犹可以免。"察割曰："诚如公言，谁当使者？"敌猎请与罨撒葛同往说之，察割从其计。
>
> 寿安王复令敌猎诱察割，旒杀之。诸子皆伏诛[75]。

《耶律屋质传》同叙此事：

> 秋，上祭让国皇帝于行宫，与群臣皆醉，察割弑帝。屋质闻有言："衣紫者不可失"，乃易衣而出，亟遣人召诸王，及喻禁卫长皮室等同力讨贼。时寿安王归帐，屋质遣弟冲迎之。王至，尚犹豫。屋质曰："大王嗣圣子，贼若得之，必不容。群臣将谁事，社稷将谁领？万一落贼手，悔将何及？"王始悟。诸将闻屋质出，相继而出。迟明整兵，出贼不意，围之，遂诛察割。
>
> 乱既平，穆宗即位，谓屋质曰："朕之性命，实出卿手。"命知国事，

74　《辽史》卷5《世宗本纪》，中华书局，1974年，第66页。

75　《辽史》卷112《逆臣传》，中华书局，1974年，第1500、1501页。

以逆党财产尽赐之，屋质固辞。应历五年，为北院大王，总山西事[76]。

《耶律敌猎传》又有补充：

> 察割谋乱，官僚多被囚系。及寿安王与耶律屋质率兵来讨，诸党以次引去。察割度事不成，即诣囚所，持弓矢胁曰："悉杀此曹！"敌猎进曰："杀何益于事？窃料屋质将立寿安王，故为此举，且寿安未必知。若遣人籍此为辞，庶可免。"察割曰："如公言。谁可使者？"敌猎曰："大王若不疑，敌猎请与喎撒葛同往说之。"察割遣之。寿安王用敌猎计，诱杀察割，凡被胁之人无一被害者，皆敌猎之力[77]。

即便备述如此详细，但"火神淀之乱"最核心的问题——察割弑帝的动机亦未明确指出，前人学者对此多有阐释。陈述先生认为这既是世选制下汗位不定的反映，也是草原保守主义派系反击的结果[78]。可是，所谓的"草原本位"与"汉化本位"是否真的存在尚需进一步论证，且并没有直接相关的证据能够证明察割是明确的"草原本位"者，故陈先生观点滞留于用概念简化史实，似难坐实。林鹄则在反思陈述先生观点基础上提出了由于世宗得国不正，察割有意篡位才导致了这场帝位之争[79]。然而，"弑帝"是否一定要与"篡位"相关联呢？[80]察割若真的意欲染指王位，未免准备过于不周，如此轻易便被屋质围剿并不符合一个蓄谋已久的篡位者行径。还有，令人不解的是，察割弑帝前曾与穆宗会面，似有私谋，察割犯上实有隐情未解，帝位之争的判断略显粗糙。

欲释该惑，尚需从察割的立场入手。察割作为一个投机分子，"依附"世宗自然是为了攀爬高位，但从上引《萧塔剌葛传》可知，世宗早已对察割的"小动作"极为不满，察割深谙一旦世宗"南伐"顺遂，心腹势力得以成熟之后，自己便再无立足之地。察割不愿坐以待毙，选择先下手为强，故有弑帝之举。同时，狡诈的察割明白单纯的弑帝不过是为继任者做嫁衣而已，没有继任权的他必须另择他枝而栖，这就是察割谋逆前会面穆宗的原因所在。也就是说，察割其实将"谋逆"规划成了两个步骤，弑世宗后随即拥立穆宗，试图在穆宗朝继续权臣的身份。然自大的察割在穆宗拒绝同行后，错估了事态发展的速度，更轻视了另一关键人物——耶律屋质，"屋质不过引数奴"，先行弑杀了世宗，不料此时的屋质后来居上，遣其弟冲"劫走"了穆宗。此时的穆宗尚犹豫不决，屋质虽以性命相逼，但恐非实情，若察割真有残害穆宗之意，二人会面之时早应动手，何待此时？但在局势汹涌之际，穆宗无力捭阖，被动做出了阵营的选择。而此时失

76　《辽史》卷77《耶律屋质传》，中华书局，1974年，第1257、1258页。

77　《辽史》卷113《逆臣传》，中华书局，1974年，第1509、1510页。

78　陈述：《契丹政治史稿》，人民出版社，1986年，第120页。

79　林鹄：《辽世宗朝史事考》，《中华文史论丛》2012年第4期。

80　事实上，自太祖"诸弟之乱"以降，契丹的王位纷争出现了一个令人不解的现象，作乱者即便势力再强，时机再好，均未攫取王位，最终入继大统的都是太祖的嫡系子孙，或德光、或倍一系，王位继任权似出现了天然的分界，只有真正的"宗室"方可即位。

去拥立对象的察割彻底变成了谋逆者,未曾料到事态如此的他难以招架屋质召集诸王的围攻,方寸大乱间只得以人质相逼。通过察割与敌猎的对话可知,察割此时仍想充当鼎力穆宗的功臣,对穆宗出于"感恩"的赦免犹抱有希望,"不有所废,寿安王何以兴。籍此为辞,犹可以免"。可惜敌猎所言不过是切准察割脉门的脱身之辞,尽失筹码的察割最终被设计"脔杀之"。

察割为保住己身利益不惜舍身犯险,弑旧帝以立新帝,试图借此平步青云,却怎料计划未能如意开展。在屋质等人的干预下,察割不光未能保持权位,甚至沦为了他人功成名就的业绩,从叛者滦蜡、盆都、朗等亦成为了新君继立的垫脚石[81]。至于世宗的"南伐"大业,则前功尽弃,所有蓝图构想皆成虚幻。

五、结　语

世宗继立得益于权贵相助,却也因此深陷贵族政治的泥淖之中。不欲权贵傀儡的世宗上位后积极有为,先是追溯耶律倍政统,自正王权,其后又扶植国舅部等势力上位,欲效太祖营构"腹心部"。经考订又可知,世宗在位时仅立甄氏为后,萧氏为后的认识当出自景宗以后的追认,世宗独立汉人皇后的背后是重用汉人势力的体现,亦为"有为"的一部分。然世宗之"有为"深深触及了权贵势力的既得利益,以萧翰等人为代表的政治投机分子屡屡犯上,权贵的攻讦也随之升级,其间萧翰、刘哥、屋质、察割轮番登场,世宗无力亦无意插手权贵争斗,只想在夹缝中隐忍发展,故采取了近似"绥靖"的均衡策略,可谋逆并未因之停息,反而愈演愈烈。无奈下,世宗又试图借南下中原一举解决所有矛盾,不料一直被"纵容"的察割借机起势,弑帝以立新王,却被屋质捷足先登,夺走了拥立"穆宗"之功,自己身死名败,此即"火神淀之乱"世宗遇弑的复杂真相。

世宗之"有为"极大程度上推动了辽朝政权的集权化发展,但其中道崩殂意味着皇权政治建设的中止,贵族政治又牢牢把持了辽朝大权,穆宗继立后更是难以突破桎梏,致使政权徘徊于集权政治之外。同时,世宗遇弑亦标志着辽前期三朝南下略地谋划的再度破产,所谓"草原本位"的特点再度出现。

附记:本文系2019年国家社会科学基金重大项目"渤海、女真、满洲族源谱系关系研究"(19ZDA180)、2023年国家社会科学基金青年项目"辽朝对渤海国疆域的统治及治理研究"(23CMZ006)阶段性成果。

(耿　涛　齐齐哈尔大学文学与历史文化学院)

---

[81] "天禄五年,察割弑逆,滦蜡方醉,其妻扶入察割之幕,因从之。明旦,寿安王讨乱,凡胁从者皆弃兵降,滦蜡不降,凌迟而死。妻子皆诛。""既还,复预察割之乱,凌迟而死。"《辽史》卷113《逆臣传》,中华书局,1974年,第1506、1508页。

辽初三位武将相关问题研究

韩靖宇

内容提要：辽初记史制度尚不完善，官方修史与私家传记呈现相互隔绝的状态，使得部分辽初武将的事迹处于过分简略和模糊不清的状态。文章选择了具有代表性的三人——耶律曷鲁、耶律敌剌和高模翰，对他们的事迹、身份等相关问题进行分析和考证。其中，耶律曷鲁劝进辽太祖受禅称帝的佐命功臣形象，应是辽朝后期为增强自身正统性而建构的产物，从而将辽朝建立时间提前至907年，以接续唐朝正统。耶律敌剌与"奚酋秃馁"并非同一人，前者早在太祖神册建元前便已去世，后者则主要活跃于天赞年间。高模翰在太原解围战中表现出色，又护送石敬瑭赴洛阳取代后唐，为后晋向辽太宗上尊号、献土立下头功，故被视作"第一功臣"。在辽晋白团卫村大战中，高模翰所率的铁鹞子军战败，被太宗杖责，为《辽史》所不载。

关键词：武将 耶律曷鲁 耶律敌剌 高模翰

辽朝以武立国，"自阿保机创业于其初，德光恢廓于其后，吞灭诸蕃，割据汉界，南北开疆五千里，东西四千里，戎器之备，战马之多，前古未有"[1]。辽太祖与太宗在位的辽初正是辽朝开疆拓土、对外扩张的高峰期（以916～947年南下经略中原期间为最），奠定了"东至于海，西至金山，暨于流沙，北至胪朐河，南至白沟，幅员万里"的立国规模[2]。在这一过程中，辽朝的武将们居功甚伟，正所谓"辽自神册而降，席富强之势，内修法度，外事征伐，一时将帅，震扬威灵，风行电扫"[3]，在国家政治和军事作战等方面发挥了重要作用，成为辽朝立国的重要支柱。

然而，由于《辽史》的简陋与粗疏，辽初武将的记载也出现了事迹简略、讹误众多的问题，与其他正史中对于开国武将的记载相比尤为逊色。该情况可以从两个方面来解释：其一，辽初的记史制度可能停留在官方档案层面，仅限于对国家大事、皇帝行止的逐次记录，直到圣宗时期才出现纪传体国史[4]；其二，《辽史》列传中部分人物有私家

1　（宋）马端临著，上海师范大学古籍研究所、华东师范大学古籍研究所点校：《文献通考》卷200《经籍考二十七》，中华书局，2011年，第5741页。

2　《辽史》卷37《地理志一》，中华书局，2016年，第496页。

3　《辽史》卷95《论曰》，中华书局，2016年，第1532页。

4　苗润博：《〈辽史〉探源》，中华书局，2020年，第9、10页。

碑志资料传世，其本传与碑志资料普遍大相径庭，反映出辽朝官方历史编纂与私家传记系统似乎处于相对独立、隔绝的状态，与隋唐以降的中原修史制度大相迥异[5]。因此，辽朝官方在缺乏辽初武将事迹详细记载的情况下，又没有充分采纳诸将家传类型的史料，导致《辽史》中辽初诸将的事迹长期处于模糊和缺位的状态。本文选取了辽初诸将中具有代表性的三位人物，分别为太祖时期的耶律曷鲁、耶律敌剌，以及太宗时期的高模翰，从三者在《辽史》中的本传入手，考稽史源，兼结合中原史籍的记载，以期对他们的真实形象和事迹加以还原，为与辽朝建国史相关的研究提供新的思路，敬请方家指正。

一、耶律曷鲁"劝进"与佐命功臣形象的建构

耶律曷鲁是辅佐辽太祖建国的佐命功臣，生前曾担任迭剌部夷离堇、阿鲁敦于越等显赫职位，史载"后太祖二十一功臣，各有所拟，以曷鲁为心云"[6]。学术界对于曷鲁的专题研究较少，多在辽代人物群体研究或职官研究中提及[7]。《辽史·耶律曷鲁传》（以下简称《曷鲁传》）不但高居开国功臣列传之首，而且篇幅极长，记载翔实，保留了曷鲁与太祖、释鲁、偶思等人的诸多对话，传末还有《论曰》作为总结，在辽初诸将传记中可谓独一无二。因此，考证《曷鲁传》的史料来源与文本形成过程，便成了分析曷鲁形象、事迹的必要前提。

今本《辽史》卷73～75所载人物多为太祖创业功臣及其后人，应是元人杂采自耶律俨《皇朝实录》和陈大任《辽史》的不同列传拼合、加工而成。其中《曷鲁传》记阿保机先祖之名为"雅里"，当源自陈大任《辽史》[8]。另外，《曷鲁传》称曷鲁受封阿鲁敦于越，"阿鲁敦者，辽言盛名也"[9]，而《辽史·太祖纪上》（以下简称《太祖纪上》）则记"以迭烈部夷离堇曷鲁为阿庐朵里于越"[10]。《曷鲁传》显然误将"阿庐朵里"等同于"阿鲁敦"。实际上，"阿鲁敦"的契丹语原型为aldon，与"阿庐朵里"

5　苗润博：《〈辽史〉探源》，中华书局，2020年，第16～19页。

6　《辽史》卷73《耶律曷鲁传》，中华书局，2016年，第1348页。

7　何天明：《辽代大于越府探讨》，《内蒙古大学学报（人文社会科学版）》2006年第1期，第114～118页；陈金生：《试论契丹"挞马"组织的性质及其影响》，《甘肃联合大学学报（社会科学版）》2013年第6期，第94～97页；张国庆：《二元决策视阈下的辽朝君臣之"问""对"》，《赤峰学院学报（汉文哲学社会科学版）》2020年第7期，第1～8页；吴翔宇：《契丹国家与族群的形成》，吉林大学博士学位论文，2021年，第90～92页等。

8　苗润博：《〈辽史〉探源》，中华书局，2020年，第55、56页。《辽史·世表》记载："耶律俨辽史书为涅里，陈大任书为雅里"。见《辽史》卷63《世表》，中华书局，2016年，第1057页。

9　《辽史》卷73《耶律曷鲁传》，中华书局，2016年，第1347页。

10　《辽史》卷1《太祖纪上》，中华书局，2016年，第11页。苗润博先生通过分析《辽史·历象志》中的月朔后指出，元人所见陈大任《辽史》中的《太祖纪》首卷恐怕有大幅度残缺，故今本《辽史·太祖纪上》可能以耶律俨《皇朝实录》为蓝本。见苗润博：《〈辽史〉探源》，中华书局，2020年，第39～43页。

同根而非同一词。前者专用于女性，后者则专用于男性[11]。两相比较，可知《曷鲁传》应出自对契丹语不甚熟悉的汉人史官或后世的金元史官之手。从只有该传结尾保留了《论曰》，而同卷及后卷诸传均无来看，元人在修史时敷衍成事，很可能只是原搬照抄旧史《曷鲁传》的内容，甚至疏忽大意到忘记修改格式与其他列传保持一致。但从另一方面来看，《曷鲁传》应该在很大程度上保留下旧史中的原貌，具有珍贵的史料价值。

《曷鲁传》内容之翔实，绝非辽初"大事记"所能涵盖，其文本形成过程和记载的真实程度均值得深入研究。作为开国功臣之首，曷鲁最大的功绩是辅佐太祖建国，其"劝进"的相关内容同样也是《曷鲁传》的核心部分。故笔者不吝篇幅，将其始末完整列出，并于下文进行分析。

> 会遥辇痕德堇可汗殁，群臣奉遗命请立太祖。太祖辞曰："昔吾祖夷离堇雅里尝以不当立而辞，今若等复为是言，何欤？"曷鲁进曰："曩吾祖之辞，遗命弗及，符瑞未见，第为国人所推戴耳。今先君言犹在耳，天人所与，若合符契。天不可逆，人不可拂，而君命不可违也。"太祖曰："遗命固然，汝焉知天道？"曷鲁曰："闻于越之生也，神光属天，异香盈幄，梦受神诲，龙锡金佩。天道无私，必应有德。我国削弱，龁龁于邻部日久，以故生圣人以兴起之。可汗知天意，故有是命。且遥辇九营棋布，非无可立者；小大臣民属心于越，天也。昔者于越伯父释鲁尝曰：'吾犹蛇，儿犹龙也。'天时人事，几不可失。"太祖犹未许。是夜，独召曷鲁责曰："众以遗命迫我。汝不明吾心，而亦俯随耶？"曷鲁曰："在昔夷离堇雅里虽推戴者众，辞之而立阻午为可汗。相传十余世，君臣之分乱，纪纲之统隳。委质他国，若缀斿然。羽檄蜂午，民疲奔命。兴王之运，实在今日。应天顺人，以答顾命，不可失也。"太祖乃许。明日，即皇帝位，命曷鲁总军国事[12]。

《曷鲁传》中有关劝进的记载详细程度远胜《太祖纪上》，是建构起曷鲁佐命功臣这一形象的核心，但细究之下，其中却疑点重重。

其一，该段首句"痕德堇可汗殁……请立太祖"云云与《太祖纪上》完全一致，应为照搬或同出一源。然此时痕德堇可汗其实仍健在，《资治通鉴》引赵志忠《虏廷杂记》云："太祖生而智，八部落主爱其雄勇，遂退其旧主遥辇氏归本部，立太祖为王"[13]，《册府元龟》中记载："（后梁开平二年，908）前国王钦德亦进马"[14]，可见所谓痕德堇可汗遗命传位太祖之说殊不可信。此事又可以得到契丹小字《耶律玦墓志》的印证。该墓

11　〔日〕爱新觉罗·乌拉熙春：《遥辇氏迪辇鲜质可汗与陶猥思迭剌部——以契丹文〈故左龙虎军上将军正亮功臣检校太师只兖昱敵稳墓志〉为中心》，《立命馆文学》2010年第3期，第2页。

12　《辽史》卷73《耶律曷鲁传》，中华书局，2016年，第1346、1347页。

13　（宋）司马光：《资治通鉴》卷266《后梁纪一》，中华书局，1956年，第8677页。其中"遥辇"被误记为"阿辇"。

14　（宋）王钦若等编纂，周勋初等校订：《册府元龟》卷972《外臣部·朝贡第五》，凤凰出版社，2006年，第11253页。

志记载：痕得堇霞里葛可汗将大位传于霞濑益石烈耶律弥里阿庐朵里太祖皇帝。这就直接否定了《辽史》当中的推举一说，在一定程度上颠覆了曷鲁"劝进功臣"的形象[15]。

其二，曷鲁在劝进时列举出太祖应当即位的三大条件，分别为遗命、符瑞、众人推戴。遗命自不必赘述，而阿保机降生神话等符瑞，据王小甫先生研究，大都仿自摩尼降生和受启神话[16]。但其中夹杂的"龙锡金佩"之典引起了笔者的注意，《辽史·国语解》将其解释为："太祖从兄铎骨札以此帐下蛇鸣，命知蛇语者神速姑解之，知蛇谓穴傍树中有金，往取之，果得金，以为带，名龙锡金。"[17]可以看出，"龙锡金佩"实为铎骨札事迹，与阿保机本人并不相关。但任爱军先生认为，神速姑具有"巫"的身份，与铎骨礼同为辅助阿保机谋取汗位的参与者和实行者，二人合力炮制出"龙锡金佩"的传说，为阿保机争取部落民众的信任[18]。《曷鲁传》将"龙锡金佩"与摩尼教降生神话一起作为太祖即位的符瑞，是阿保机为夺取汗位大造舆论的真实写照。

其三，曷鲁称释鲁早年有"吾犹蛇，儿犹龙也"这一"龙蛇之喻"，然此事在《辽史》中同样属于孤证。直到大安十年（1094）的《耶律智先墓志》中才出现："时太祖尚幼，（释鲁）异而重之。尝谓人曰：'吾辈蛇尔，吾侄其龙乎？'乃诲宗属与其子弟善当翊护。"[19]同年的《耶律庆嗣墓志》也记载："当太祖潜德时，（释鲁）尝谓族人曰：'观吾侄应变非常，乃龙之至神者。以吾辈况之则蛇虺尔，吾国业家一天下，非侄而何尔，宜肩一心，始终善爱戴之。'"[20]然而，与二人同属横帐仲父房，且辈分更长、地位更高的耶律仁先，其墓志中却不见此语。按《耶律仁先墓志》撰写于道宗咸雍八年（1072），据此推测，"龙蛇之喻"这一故事可能在道宗晚期才最终形成，并被纳入辽朝官史体系。

其四，曷鲁声称，自雅里拥立阻午可汗后已"相传十余世"。雅里是太祖的七世祖，而据《辽史·百官志一》"遥辇九帐大常衮司"条记载，"掌遥辇洼可汗、阻午可汗、胡剌可汗、苏可汗、鲜质可汗、昭古可汗、耶澜可汗、巴剌可汗、痕德堇可汗九世宫分之事"[21]，可见遥辇氏政权从阻午可汗到痕德堇可汗只历经了八世。因此，无论"相传十余世"指的是遥辇氏政权还是太祖家族，均无法成立。曷鲁对可汗世系和家族相关历史的描述竟出现如此低端的错误，反映出《曷鲁传》作者对于辽朝建国前史事了解之粗疏，这可能是因为今本《辽史·世表》所建构的遥辇氏及太祖家族世系在当时尚未成形。

最后，太祖即位，曷鲁得以总军国事。然"总军国事"此前是对于越权力和职掌范

15　〔日〕爱新觉罗·乌拉熙春：《遥辇氏迪辇鲜质可汗与陶猥思迭剌部——以契丹文〈故左龙虎军上将军正亮功臣检校太师只兖昱敌稳墓志〉为中心》，《立命馆文学》2010年第3期，第15页。

16　王小甫：《契丹建国与回鹘文化》，《中国社会科学》2004年第4期，第186～189页。

17　《辽史》卷116《国语解》，中华书局，2016年，第1705页。

18　任爱军：《契丹辽朝前期（907～982）契丹社会历史面貌解析》，内蒙古大学博士学位论文，2005年，第51～53页。

19　向南、张国庆、李宇峰辑注：《辽代石刻文续编》，辽宁人民出版社，2009年，第222页。

20　向南：《辽代石刻文编》，河北教育出版社，1995年，第456页。

21　《辽史》卷45《百官志一》，中华书局，2016年，第800页。

围的解释，而此时的于越已经换成了耶律辖底，"太祖将即位，让辖底，辖底曰：'皇帝圣人，由天所命，臣岂敢当！'太祖命为于越"[22]。故有学者认为，太祖此举意在以曷鲁钳制辖底，并分割了于越的行政和军事权力[23]。笔者怀疑，曷鲁在此时便已总军国事的记载未必属实。据《曷鲁传》后文，"太祖宫行营始置腹心部，选诸部豪健二千余充之，以曷鲁及萧敌鲁总焉。已而诸弟之乱作，太祖命曷鲁总领军事，讨平之，以功为迭刺部夷离堇"[24]。曷鲁在太祖即位后的主要职责是执掌亲兵性质的腹心部，与其同掌腹心部的还有萧敌鲁、萧阿古只、耶律斜涅赤等人，可见他在腹心部内也并无独尊地位。直到讨平诸弟之乱时，太祖方授予其"总领军事"之权，明显带有临时差遣的性质。神册元年（916，下略），曷鲁"乃请制朝仪、建元，率百官上尊号。太祖既备礼受册，拜曷鲁为阿鲁敦于越"[25]，然而《曷鲁传》对这次给曷鲁带来了"阿鲁敦于越"殊荣的劝进却一笔带过，实在不符合常理。故笔者认为，曷鲁直到此时才有"总军国事"之职，太祖元年之事应为搞错时间以致误记，或是史官故意而为之，将于越的名号与职权拆分为二，分别作为曷鲁两次劝进所受奖励。

综上分析，《曷鲁传》中有关曷鲁在痕德堇可汗去世后劝进太祖的事迹漏洞百出，实为辽朝后期才被建构、完善而成的开国神话。苗润博先生指出，辽朝在圣宗后期至兴宗前期汉化渐深，逐步兴起了一股正统化潮流，到重熙中期达到高峰。重熙十三年（1044）耶律谷欲、耶律庶成、萧韩家奴等高度汉化的辽朝史臣奉命修纂《遥辇可汗至重熙以来事迹》，对契丹建国以前历史进行了大幅度改写，彻底重塑了开国史的面貌[26]。曷鲁相关事迹的编纂便是这一背景下的产物，"（耶律孟简）大康中，始得归乡里。诣阙上表曰：'本朝之兴，几二百年，宜有国史以垂后世。'乃编耶律曷鲁、屋质、休哥三人行事以进。上命置局编修"[27]，故《曷鲁传》主体内容的形成时间应不早于此时，因而才会加入"龙蛇之喻""龙锡金佩"等具有明显具有汉化色彩的故事，即使后者已有牵强附会之嫌。这也意味着被载入史册的曷鲁承担起了教化之职，其事迹必然被修改、润色以符合后世的价值取向，并为塑造辽朝正统性的政治需要所服务。

在明确《曷鲁传》内容的编纂时间与目的后，前文所述的问题便迎刃而解了。一方面，《曷鲁传》制造痕德堇可汗临终遗命传位阿保机的假象，借曷鲁之口，以劝进的方式列举出阿保机取代遥辇氏建国的合法性依据，其中不乏牵强附会及错漏之处，将原本游牧传统中的汗权更迭包装成华夏文化中的禅让，将充满血腥的嬗代过程粉饰为本该属于该家族的最高权力的归还[28]。另一方面，由于阿保机在称帝前实为可汗，故《曷

22　《辽史》卷112《逆臣上·耶律辖底传》，中华书局，2016年，第1648页。

23　洪纬：《"肇迹王业"——契丹于越研究》，《地域文化研究》2019年第3期，第42、43页。

24　《辽史》卷73《耶律曷鲁传》，中华书局，2016年，第1347页。

25　《辽史》卷73《耶律曷鲁传》，中华书局，2016年，第1347页。

26　苗润博：《被改写的政治时间：再论契丹开国年代问题》，《文史哲》2019年第6期，第102、103页。

27　《辽史》卷104《耶律孟简传》，中华书局，2016年，第1605页。

28　苗润博：《契丹建国前史发覆——政治体视野下北族王朝的历史记忆》，《历史研究》2020年第3期，第62页。

鲁传》将笔墨花费在曷鲁首次劝进的事迹上，对阿保机真正称帝的第二次劝进却一笔带过，制造出阿保机继遥辇氏之位伊始便已经称帝的假象。辽朝开国年代由此提前到907年，与唐朝灭亡时间相连，否定了自朱梁以下历代之正统，似有跨越五代、直承唐朝正统之势[29]。由此可见，将耶律曷鲁先后两次"劝进"的事迹进行重构这一行为背后所反映出的，正是辽朝后期在汉化程度加深后，对强化自身政权合法性、正统性的强烈渴望。

二、耶律敌剌与秃馁身份辨析

耶律敌剌其人，在《辽史》中的列传极为简略，且事迹语焉不详，一笔带过，与其他开国功臣的列传相比堪称异数。长期以来，学术界对其罕有研究，仅蔡美彪先生在《辽代的天下兵马大元帅与皇位继承》一文中提及天赞元年（922，下略）河北之战时曾有所探讨，认为中原史料中的"奚酋秃馁"即耶律敌剌，而《辽史·耶律敌剌传》（以下简称《敌剌传》）因讳言太祖战败，故意不载其在河北之战中的战功[30]，此说遂成公论。但笔者认为，蔡美彪先生从耶律敌剌在太祖时期曾受任奚六部秃里这一点，便得出其与秃馁为同一人的结论，稍显武断。现将耶律敌剌与秃馁事迹进行分析与对比，以厘清二人的身份。

首先，从名字来看，"耶律敌剌，字合鲁隐，遥辇鲜质可汗之子"[31]，秃馁则身世不详，名为铁剌[32]。"敌剌"与"铁剌"发音接近，可能为同名异译。但《辽史》中同名者颇多，故未可就此断言。据当前的研究来看，遥辇氏很可能是唐开元年间才加入契丹族群的奚人，在"可突于之乱"后确立了对契丹部落联盟的统治地位。因此，作为鲜质可汗之子的耶律敌剌应该也是奚人[33]。

其次，从任职经历来看，敌剌自"太祖践阼，与敌稳海里同心辅政。太祖知其忠实，命掌礼仪，且诿以军事。后以平内乱功，代辖里为奚六部吐里，卒"[34]，此处的"辖里"应为耶律霞里，"终奚六部秃里"[35]。蔡美彪先生将敌剌接任奚吐里的时间系于神册末年，由此认定参与天赞元年河北之战的"奚酋秃馁"与敌剌为同一人[36]。然而，《敌剌传》明确记载，敌剌是以"平内乱功"而取代霞里，所谓的内乱，当指913年的"诸弟之乱"。有学者指出，吐里即奚王府监军太尉之简称，耶律霞里可能是首任

29　苗润博：《被改写的政治时间：再论契丹开国年代问题》，《文史哲》2019年第6期，第103、104页。

30　蔡美彪：《辽金元史十五讲》，中华书局，2011年，第77页。

31　《辽史》卷74《耶律敌剌传》，中华书局，2016年，第1355页。

32　《辽史》卷3《太宗纪上》，中华书局，2016年，第30页。

33　吴翔宇：《鸠占鹊巢：奚人集团与契丹建国——兼论辽政权对皇族祖先身份的重塑》，《中国边疆史地研究》2023年第2期，第30～38页。

34　《辽史》卷74《耶律敌剌传》，中华书局，2016年，第1355页。

35　《辽史》卷73《耶律欲稳传》，中华书局，2016年，第1352页。"秃里"即"吐里"之异译。

36　蔡美彪：《辽金元史十五讲》，中华书局，2011年，第77页。

奚吐里，而敌剌担任奚王府监军太尉应在五月平定内乱后不久[37]。换而言之，霞里很可能在"诸弟之乱"中身亡，敌剌随之继任，而非远至神册末年。阿保机之所以命敌剌接任奚吐里，除忠诚外，可能也考虑到他的奚人背景，以及鲜质可汗之子的身份。由此可见，从敌剌任奚吐里到河北之战爆发，时间跨度足有9年。故蔡美彪先生以任职时间接近天赞元年而认定敌剌即秃馁，恐怕不能成立。

另外，《敌剌传》不书敌剌在奚吐里任内的事迹，是否因讳言太祖河北之战失败之故？与秃馁一同参加河北之战的开国功臣还有耶律老古，"太祖侵燕、赵，遇唐兵云碧店，老古恃勇轻敌，直犯其锋。战久之，被数创，归营而卒"[38]，老古在此战中恃勇轻进，以致负伤身亡，《辽史》对此并未讳言。与之相比，秃馁在此战中表现突出，"遇奚长秃馁五千骑，庄宗亲军千骑与之斗，为其所围，外救不及，庄宗挺马奋跃，出入数四，酣战不解"[39]，甚至一度将李存勖逼入绝境，《辽史》实无必要对此事只字不提。考秃馁事迹，除参与天赞元年河北之战外，还曾与卢文进一起进驻营、平二州，侵扰幽州。据《资治通鉴》记载，后唐同光二年（924），"时东北诸夷皆役属契丹，惟勃海未服；契丹主谋入寇，恐勃海掎其后，乃先举兵击勃海之辽东，遣其将秃馁及卢文进据营、平等州以扰燕地"[40]。辽军的侵扰十分猛烈，"同光之世，为患尤深。文进在平州，率奚族劲骑，鸟击兽搏，倏来忽往，燕、赵诸州，荆榛满目。军屯涿州，每岁运粮，自瓦桥至幽州，劲兵猛将，援递粮车，然犹为契丹所钞，奔命不暇，皆文进导之也"[41]，在一定程度上牵制了后唐。虽然《旧五代史》中未曾提及，但从"奚族劲骑"来看，其中应有秃馁之功。盖辽初对归降汉将既利用又提防，卢文进自然也不例外，他曾先后与耶律曷鲁、涅鲁古共事，此次太祖派秃馁与其共同进驻营、平，应该也有监视之意。若《敌剌传》因河北之战为太祖败绩而不书其功，又为何要忽略秃馁在营、平数年间的功绩呢？卢文进在天显元年（926）叛辽南归，《辽史》中未给其单独立传，仅留下了只言片语的记载，不存在掠秃馁之美一说。因此，《敌剌传》因太祖战败讳而不书其事迹这一理由于情不符。

笔者认为，《敌剌传》内容简略的原因应归咎于辽初记史制度不完善，留存史料太少，而敌剌又去世较早，错过了太祖神册、天赞年间的对外战争，以致无事可记。从《辽史》编纂角度来看，耶律欲稳、耶律海里、耶律敌剌与萧痕笃四人的传记虽分属两卷，但在顺序上前后相连，内容上也具有关联性，如都具有遥辇系背景，敌剌与海里共同辅佐太祖、接任欲稳之弟霞里的奚吐里职位等。可以推断，以上四传在旧史中应同属遥辇系佐命功臣之列，被元人在摘抄时拆散，分属两卷。与其他开国功臣相比，四传内容均堪称简略，对其功勋事迹一带而过，其中敌剌、萧痕笃甚至无确切的去世时间。《辽史》卷73～75的辽初开国功臣中，除韩延徽等少数特例，大多数功臣早在太祖时

37　刘一：《奚族研究》，吉林大学博士学位论文，2014年，第129、130页。文中同样持耶律敌剌即秃馁的观点。

38　《辽史》卷73《耶律老古传》，中华书局，2016年，第1351页。

39　《旧五代史》卷137《外国列传一》，中华书局，2015年，第2132页。

40　《资治通鉴》卷273《后唐纪二》，中华书局，1956年，第8923、8924页。

41　《旧五代史》卷97《卢文进传》，中华书局，2015年，第1514页。

期，晚至太宗天显年间便已经去世，敌刺应该也不能免俗。笔者推测，因为功臣列传中普遍以年号纪年来记载诸功臣去世时间，而敌刺与萧痕笃在神册元年前便已去世，故《辽史》避而不书。以萧痕笃为例，他是"迭剌部人。其先相遥辇氏……既践阼，除北府宰相"[42]，由太祖"四年秋七月戊子朔，以后兄萧敌鲁为北府宰相。后族为相自此始"可知[43]，萧痕笃去世时间应在太祖四年（910）七月之前，敌刺的情况应该也与此类似。如上文所述，辽后期曾对契丹开国史进行过大幅度改写，将开国时间由916年提前到907年，从而制造出长达9年的无年号纪年时间[44]。在此情况下，辽朝史官既要将907年作为"太祖践阼"的起始年份以塑造辽朝的正统形象，又无法化解敌刺和萧痕笃不能像其他功臣那样以年号记载死期这一矛盾，故索性对二人的具体死期避而不书，给后人留下了悬念。

综上分析，耶律敌刺与秃馁实为二人。耶律敌刺早年辅佐太祖称汗，在"诸弟之乱"后便担任奚吐里一职，于神册元年前去世。秃馁的事迹则集中于天赞年间，除参与河北之战外，还与卢文进一起袭扰幽州，后在天显三年（928）援助定州王都时被俘身亡。两者的活跃时间、生平事迹大相径庭。之所以出现身份混淆问题，应归咎于辽朝史官对开国史事的改写，导致耶律敌刺本该明确的死亡时间被模糊化处理，为《辽史》研究增加了障碍。

三、"第一功臣"高模翰事迹考

高模翰是辽初著名的渤海族武将，在以契丹人和部分汉人为主体的辽初武将中堪称一枝独秀。学界关于高模翰的研究，目前多以家族世系考证为主，兼在部分辽金时期渤海遗民群体研究中有所提及[45]，对于高模翰个人事迹则多停留在叙述层面，罕有深入分析。笔者认为，《辽史·高模翰传》（以下简称《高模翰传》）存在疏漏和模糊之处，妨碍了我们对于高模翰事迹的准确认知，故于下文对其中龃龉之处加以分析和纠正。

对于高模翰的出身，《高模翰传》称他"一名松，渤海人"[46]，未载其家世。据《高为裘墓志》，"其先渤海国扶余府鱼谷县乌惹里人也"[47]，点明了高模翰家族乃渤

42　《辽史》卷74《萧痕笃传》，中华书局，2016年，第1356页。

43　《辽史》卷1《太祖纪上》，中华书局，2016年，第4页。

44　苗润博：《被改写的政治时间：再论契丹开国年代问题》，《文史哲》2019年第6期，第103页。

45　王善军：《辽代渤海世家大族考述》，《民族研究》2006年第3期，第60～66页；王晔：《由武功到文治——试论辽代渤海高模翰家族的转变》，《赤峰学院学报（汉文哲学社会科学版）》2010年第2期，第3～5页；苗霖霖：《辽、金时期渤海遗民高氏家族考述》，《北华大学学报（社会科学版）》2013年第3期，第74～77页；李智裕、苗霖霖：《略论辽金时期东京渤海遗民高氏家族——以高模翰家族为中心》，《辽金历史与考古（第十辑）》，科学出版社，2019年，第233～239页；李婷玉：《辽金时期渤海世家大族考述》，牡丹江师范学院硕士学位论文，2022年，第18、34～36、83页等。

46　《辽史》卷76《高模翰传》，中华书局，2016年，第1377页。

47　向南：《辽代石刻文编》，河北教育出版社，1995年，第609页。高为裘系高模翰之孙。

海扶余府人，可补《辽史》之漏。渤海国的门阀观念非常强烈，"右姓曰高、张、杨、窦、乌、李，不过数种，部曲、奴婢无姓者，皆从其主"[48]，从高模翰逃奔高丽后，"王妻以女"来看[49]，其门第应该颇为显贵，可能为扶余当地大族。

高模翰"有膂力，善骑射，好谈兵"[50]，在渤海国时期是否担任官职已不得而知。契丹天显元年（926）正月"庚申（三日），拔扶余城，诛其守将"[51]，高模翰家族世居扶余，有可能参与了这场扶余城保卫战。此后月余，渤海国灭亡，高模翰被迫逃亡高丽，不久便因犯罪逃回，很快又因为酒后杀人而入狱，"太祖知其才，贳之"[52]。案阿保机在征服渤海后东归途中生病，当年七月去世于扶余，若高模翰是返乡后犯罪，那么此事应发生在阿保机去世前不久。虽然《高模翰传》称其被赦免的理由是太祖爱才，但高模翰的军事才能此时尚未展现出来，而高氏家族在扶余府当地的深厚势力恐怕才是真正原因。此时渤海国虽然已经灭亡，辽朝改立东丹国，然而渤海遗民不甘亡国，在各地发起叛乱，辽军正忙于平乱，阿保机又突染沉疴。在此情况下，对高模翰网开一面加以笼络也在情理之中。

太宗朝前期，高模翰似乎籍籍无名，本传中对此时期事迹只字不提。《高为裴墓志》称"皇朝天赞间，有同平章事、兼侍中、天下兵马都部署摸翰"[53]，应属于以高模翰最终所获官职追记天赞年间入辽的先祖。到天显十一年（936，下略），石敬瑭反叛后唐，被围于太原，先后派遣赵莹、桑维翰向辽朝求援，太宗应允出兵，高模翰的仕宦生涯才迎来了转机。当年九月，"丁酉（十一日），入雁门。戊戌（十二日），次忻州，祀天地。己亥（十三日），次太原。庚子（十四日），遣使谕敬瑭曰：'朕兴师远来，当即与卿破贼！'会唐将高行周、符彦卿以兵来拒，遂勒兵陈于太原。及战，佯为之却。唐将张敬达、杨光远又阵于西，未成列，以兵薄之。而行周、彦卿为伏兵所断，首尾不相救。敬达、光远大败，弃仗如山，斩首数万级"[54]。《旧五代史》将此战系于次日，对后唐方面的描述更加详细："九月甲辰（十八日），张敬达奏，此月十五日，与契丹战于太原城下，王师败绩。时契丹主自率部族来援太原，高行周、符彦卿率左右厢骑军出斗，蕃军引退。巳时后，蕃军复成列，张敬达、杨光远、安审琦等阵于贼城西北，倚山横阵，诸将奋击，蕃军屡却。至晡，我骑军将移阵，蕃军如山而进，王师大败，投兵仗相藉而死者山积。"[55]《资治通鉴》则对交战中辽军使用的诈败战术有所着墨："契丹遣轻骑三千，不被甲，直犯其陈。唐兵见其羸，争逐之，至汾曲，契丹涉水而去。唐兵循岸而进，契丹伏兵自东北起，冲唐兵断而为二，步兵在北者多为契丹

48　（宋）叶隆礼撰，贾敬颜、林荣贵点校：《契丹国志》卷26《诸蕃记》，中华书局，2014年，第277页。

49　《辽史》卷76《高模翰传》，中华书局，2016年，第1377页。

50　《辽史》卷76《高模翰传》，中华书局，2016年，第1377页。

51　《辽史》卷2《太祖纪下》，中华书局，2016年，第24页。

52　《辽史》卷76《高模翰传》，中华书局，2016年，第1377页。

53　向南：《辽代石刻文编》，河北教育出版社，1995年，第609页。补充了高模翰的仕宦经历。

54　《辽史》卷3《太宗纪上》，中华书局，2016年，第40页。

55　《旧五代史》卷48《末帝纪下》，中华书局，2015年，第762、763页。

所杀，骑兵在南者引归晋安寨。契丹纵兵乘之，唐兵大败，步兵死者近万人，骑兵独全。"[56]可以看出，辽军的大举来援，迫使后唐军放弃对太原城的包围，集中兵力于城西北方向进行决战。由于后唐军队以步兵为主力，骑兵多位于军阵左右以保护侧翼。因此当两军交战时，辽军先以三千轻骑诈败，引诱后唐军追击，到河边时步兵无法像辽军骑兵一样涉水过河，被迫沿河行军。此时后唐军队中的步兵与骑兵脱节，无法形成严整的军阵，被辽军在东北方向的伏兵抓住时机分割包围，导致步兵损失上万，只得逃回晋安寨。

那么，高模翰在此战中究竟发挥了多大作用呢？《高模翰传》记载："九月，征兵出雁门，模翰与敬达军接战，败之，太原围解"[57]，似乎张敬达军之败应归功于高模翰。然而，在参战诸将中，有惕隐耶律洼，"天显末，帝援河东，洼为先锋，败张敬达军于太原北"[58]；北院夷离堇耶律的鲁，"敬达走保晋安寨，夷离堇的鲁与战，死之"[59]；南院夷离堇耶律颇德，"天显初，为左皮室详稳，典宿卫，迁南院夷离堇，治有声。石敬瑭破张敬达军于太原北，时颇德勒兵为援，敬达遁"[60]；西南边大详稳耶律鲁不古，"帝亲率师往援，鲁不古从击唐将张敬达于太原北，败之"[61]；保静军节度使赵思温，"天显十一年，唐兵攻太原，石敬瑭遣使求救，上命思温自岚、宪间出兵援之"[62]。此外，"南宰相鹘离底、奚监军寅你已、将军陪阿临阵退懦，上召切责之"[63]，鹘离底等人虽然参战，但表现不佳，自不必说。由此可见，高模翰此时地位不高，应该尚未独自领军，可能在耶律洼的先锋军或太宗的主力军中随从作战。

张敬达军战败后，"翌日，复战，又败之。敬达鼠窜晋安寨，模翰献俘于帝"[64]，高模翰获胜后亲自献俘，应当给太宗留下了勇武过人的深刻印象。此后近三个月间，"敬瑭引兵会契丹围晋安寨，置营于晋安之南，长百余里，厚五十里，多设铃索吠犬，人跬步不能过"[65]，辽军"分遣精兵守其要害，以绝援兵之路"[66]，高模翰在其中必定出力甚多。到闰十一月，晋安寨守军终于投降，"上谕模翰曰：'朕自起兵，百余战，卿功第一，虽古名将无以加。'乃授上将军"[67]，"上将军"因而成为高模翰所担任的

56　《资治通鉴》卷280《后晋纪一》，中华书局，1956年，第9148页。

57　《辽史》卷76《高模翰传》，中华书局，2016年，第1377页。

58　《辽史》卷77《耶律洼传》，中华书局，2016年，第1391页。

59　《辽史》卷3《太宗纪上》，中华书局，2016年，第40页。的鲁即耶律图鲁窘之父耶律敌鲁古，"太宗立晋之役，其父敌鲁古为五院夷离堇，殁于兵，帝即以其职授图鲁窘"，见《辽史》卷75《耶律图鲁窘传》，中华书局，2016年，第1370页。

60　《辽史》卷73《耶律颇德传》，中华书局，2016年，第1351页。颇德字兀古邻，即"南府夷离堇曷鲁恩"，见《辽史》卷3《太宗纪上》，中华书局，2016年，第40页。

61　《辽史》卷76《耶律鲁不古传》，中华书局，2016年，第1375页。

62　《辽史》卷76《赵思温传》，中华书局，2016年，第1379页。

63　《辽史》卷3《太宗纪上》，中华书局，2016年，第40页。

64　《辽史》卷76《高模翰传》，中华书局，2016年，第1377页。

65　《资治通鉴》卷280《后晋纪一》，中华书局，1956年，第9149页。

66　《辽史》卷3《太宗纪上》，中华书局，2016年，第41页。

67　《辽史》卷76《高模翰传》，中华书局，2016年，第1377页。

首个高级官职。

收降晋安寨的敌军后，辽与后晋联军继续南下，"契丹以其将高谟翰为前锋，与降卒偕进。丁卯（十二日），至团柏，与唐兵战，赵德钧、赵延寿先遁，符彦饶、张彦琦、刘延朗、刘在明继之，士卒大溃，相腾践死者万计"[68]，高模翰率领先锋军在团柏谷大败赵德钧父子，又立一功。随后，辽军主力北返，"（闰十一月）甲戌（十九日），车驾至昭义，受赵德钧、延寿降。是日，戎王举酒曰帝曰：'予远来赴义，大事已成。皇帝须赴京都，今令大相温勒兵相送至河梁。要过河者，任意多少。予亦且在此州，俟洛京平定，便当北辕'"[69]，此处的"大相温"在中原史籍中记载为高模翰，"考异曰：废帝实录作高谟翰，范质陷蕃记作高模翰，欧阳史作高牟翰。盖蕃名太相温，汉名高谟翰"[70]，"大相温"即大详稳，符合高模翰的"上将军"之职[71]。但《辽史》中却称"命迪离毕将五千骑送入洛"[72]，迪离毕应为耶律突吕不[73]，而漏记了高模翰。

到了"会同元年（938），册礼告成，宴百官及诸国使于二仪殿。帝指模翰曰：'此国之勇将，朕统一天下，斯人之力也'"[74]，仅从《辽史》来看，很难理解太宗为何会对其有如此高的评价。太宗此言发于册礼告成之后，所谓册礼，当指"（十一月）壬子（九日），皇太后御开皇殿，冯道、韦勋册上尊号曰广德至仁昭烈崇简应天皇太后。甲子（二十一日），行再生柴册礼。丙寅（二十三日），皇帝御宣政殿，刘昫、卢重册上尊号曰睿文神武法天启运明德章信至道广敬昭孝嗣圣皇帝"一事[75]。"再生柴册礼"应断为再生礼和柴册礼，在此仪式中，后晋扮演了氏族制时代大部落的角色，而辽朝则相当于部落联盟主，由后晋向太宗上尊号、献土地，最能代表诸部推举之意[76]，从而使太宗以塞北皇帝兼任了中原皇帝[77]。由此可见，后晋的推戴对太宗"统一天下"至关重要。因此，在解围太原、围困晋安寨、团柏谷之战以及护送石敬瑭入洛阳等一系列战役中居功甚伟的高模翰自然赢得了太宗的盛赞。《高模翰传》仅书解围太原一事，失载了高模翰在团柏谷之战和尤为重要的入洛之功，以致给人以高模翰"名过其实"的印象。

辽晋关系在和睦的表面下暗流涌动，会同六年（943）十二月，辽朝南下伐晋。在辽晋战争中，高模翰屡立功勋，自不必赘述，而笔者注意到，高模翰也曾败走麦城。"是冬，兼总左右铁鹞子军，下关南城邑数十"[78]，由于辽军发兵后次年正月才正式与后晋交战，故此处的"是冬"当指会同七年（944）冬。十二月底，辽军围攻恒州，会

68　《资治通鉴》卷280《后晋纪一》，中华书局，1956年，第9159页。

69　《旧五代史》卷76《高祖纪第二》，中华书局，2015年，第1156页。

70　《资治通鉴》卷280《后晋纪一》，中华书局，1956年，第9161页。

71　杨若薇：《契丹王朝政治军事制度研究》，中国社会科学出版社，1991年，第266页。

72　《辽史》卷3《太宗纪上》，中华书局，2016年，第41页。

73　耶律突吕不"十一年，送晋主石敬瑭入洛"。见《辽史》卷75《耶律突吕不传》，中华书局，2016年，第1369页。

74　《辽史》卷76《高模翰传》，中华书局，2016年，第1377页。

75　《辽史》卷4《太宗纪下》，中华书局，2016年，第48、49页。

76　罗亮：《以谁为父：后晋与契丹关系新解》，《史学月刊》2017年第3期，第44页。

77　朱子方：《论辽代柴册礼》，《社会科学辑刊》1985年第1期，第90页。

78　《辽史》卷76《高模翰传》，中华书局，2016年，第1378页。

同八年（945）"春正月庚子，分兵攻邢、洺、磁三州，杀掠殆尽"[79]，"下关南城邑数十"当指此事。是年三月，辽军与杜重威、李守贞所率的后晋军主力在阳城激战，"癸亥（二十七日），围晋兵于白团卫村。晋兵下鹿角为营。是夕大风。至曙，命铁鹞军下马，拔其鹿角，奋短兵入击。顺风纵火扬尘，以助其势。晋军大呼曰：'都招讨何不用兵，令士卒徒死！'诸将皆奋出战。张彦泽、药元福、皇甫遇出兵大战，诸将继至，辽军却数百步。风益甚，昼晦如夜。符彦卿以万骑横击辽军，率步卒并进，辽军不利"[80]，此战中"铁鹞既下马，苍皇不能复上，皆委弃马及铠仗蔽地"[81]，遭遇了惨败。因此，"至幽州，其首领大将各笞数百，独赵延寿免焉"[82]。作为铁鹞子军的统帅，高模翰自然难脱关系，应该也在被杖责诸将之列，《高模翰传》对此败绩只字未提，当属于为传主讳。

综上分析，《高模翰传》既有扬胜讳败之处，也不乏阙笔漏记之误。高模翰出身渤海扶余府大族，早年饮酒犯罪，因太祖初定渤海，为安抚人心而加以宽宥。太宗朝前期，高模翰仕宦不显，直到天显十一年援晋之战，高模翰军功卓著，受封上将军。在此之后，高模翰率军护送石敬瑭入洛阳，进一步稳固了后晋政权，为之后太宗接受后晋的尊号和土地，完成"统一天下"的伟业立下头功，从而成为了太宗眼中的"第一功臣"。高模翰也曾有败走麦城之时，作为铁鹞子军统帅，他对白团卫村大战中辽军的战败也负有一定责任，因而在战后受到太宗的杖责。从《高模翰传》整体来看，此传内容丰富翔实、错漏之处较少，应出自辽代官方史乘，在后世修史时被充分利用，因而具有较高的史料价值。

四、余　论

本文通过对耶律曷鲁、耶律敌剌及高模翰三人在《辽史》中的传记进行分析，总结出辽初武将事迹存在的三点问题：其一，辽初建国事迹在辽朝后期被大幅度改写，导致部分武将的事迹也脱离史实，为政治目的所服务，必须仔细加以甄别；其二，《辽史》的一些记载过分简略，对诸多事迹一笔带过，以致我们经常要靠推测和想象来重构史事，容易产生简单、武断地下结论的问题；其三，即使是内容翔实、可信度较高的传记，也存在扬胜讳败、错记漏记的现象，需要结合多方史料对其进行综合分析。本文仅属抛砖引玉之作，从史源学角度对耶律曷鲁等三人的事迹加以还原和剖析，而辽初武将群体中事迹有待研究者远不止于此，此后可作进一步的研究。

（韩靖宇　辽宁大学历史学部）

79　《辽史》卷4《太宗纪下》，中华书局，2016年，第59页。

80　《辽史》卷4《太宗纪下》，中华书局，2016年，第60页。

81　《资治通鉴》卷284《后晋纪五》，中华书局，1956年，第9290页。

82　《新五代史》卷72《四夷附录一》，中华书局，2015年，第1012页。

辽代官员起复之探析

张 创

内容提要：起复是指因丁忧已经解服去职的官员在守制未满的情况下，被统治者强诏回朝视事。丁忧与起复在以契丹为统治民族的辽代存在一个随汉化逐渐被接受的过程，自辽穆宗统治时期，才始见对官员进行起复的记载。辽代的起复表现出了民族性、阶段性、延续性、不完备性等特征，起复的原因包括政治、军事及其他三个方面，对政治、社会风气及官员自身的升迁都造成了一定的影响。

关键词：辽代 官员 起复 丁忧

对于辽代官员起复的研究目前辽史学界少有关注，曲守成先生的《辽代守制考论》发表时间较早，文章集中探讨了官员的丁忧问题，认为："辽政权乃至契丹族对儒家思想，并非无条件地全面接受，而是有所选择的。"[1]张国庆先生的《辽朝官员的丁忧与起复》[2]将文献资料与碑刻资料相结合，对于丁忧与起复结合官员案例进行了详细分析，对后来者的研究具有参考意义，但文章对于起复的原因、影响等鲜有提及。笔者在前辈学者的基础上，提出自己的一些浅陋之见，敬请各位学界前辈斧正。

起复是指官员因丁忧、致仕或犯罪后，已经解服去职又被统治者强诏回朝视事的情况。在辽代文献中，起复形式的记载主要有两种方式：其一，"起复"二字专指官员丁忧后遭到起复。其二，致仕及犯罪免官后则称"起"为某官，如《辽史·道宗六》载："寿隆六年春正月……壬午，以太师致仕秃开起为奚六部大王。"[3]再如《辽史·萧陶隗》载："萧陶隗以罪免官，久之，起为塌母城节度使。"[4]虽表述不同，但"起"为某官也是起复的一种形式。

一、起复官员的类型

辽代起复的官员的类型可以从起复的形式、文官武将、中央地方三个方面来看，遭起复的形式可分为丁忧后起复与致仕与犯罪后起复两种形式，在文官与武将方面，

1　曲守成：《辽代守制考论》，《学习与探索》1998年第6期，第132～134页。

2　张国庆：《辽朝官员的丁忧与起复》，《东北史地》2014年第1期，第23～29页。

3　《辽史》卷26《本纪·道宗六》，中华书局，1974年，第312页。

4　《辽史》卷90《列传·萧陶隗》，中华书局，1974年，第1358页。

反而是文官起复较多，从中央官员与地方官员的比例来看，也是中央官员遭起复者远多于地方。

1. 起复形式之别

辽代官员起复分为丁忧后起复与致仕或犯罪后起复两种形式，二者的去官原因不同，文献记载措辞不同，在实际执行上亦有不同。

首先，在人数占比上，丁忧后起复者所占比例较高，文献可查丁忧者共29人，起复者达21人。至于致仕及犯罪免官者则人数众多难以完全统计，但以此形式起复者仅8人，比例很低。

其次，丁忧后起复大多起复原职，且离朝时日不长，如刘景"会父忧去。未几，起复旧职"[5]，再看致仕及犯罪起复者则无一人起复旧职。如耶律合里只"重熙中，累迁西南面招讨都监……鞭二百，免官。清宁初，起为怀化军节度使"[6]。萧拔剌"重熙中，迁四捷军详稳，谢事归乡里。数岁，起为昭德军节度使"[7]。笔者认为之这种差别主要是因为致仕及犯罪免官者离朝时日较长，很少存在致仕或犯罪免官者迅速遭起复的情况，因为统治者若迫切需要某官员视事，大可不许其致仕或赦免其罪。离朝日久，其官缺自然会被他人所补。

再次，丁忧后起复官员中，仅萧孝友一人为契丹人，而致仕及犯罪起复官员8人：秃开、耶律涤鲁、耶律合里只、萧拔剌、萧陶隗、萧术哲、萧图玉、萧迭里得，此8人中，除秃开民族不明，其余7人均为契丹人，无一汉人。笔者认为原因有二，一是辽代的汉化程度不深，丁忧及起复被统治者接受存在一个过程，还未推广至契丹官员；二是相比于契丹人，犯罪的汉人官员更容易失去统治者的信任，自然也不会有起复的机会。

2. 文武之别

从文官与武将的类型来看，致仕或犯罪免官后起复官员共8人中有5人起复为节度使或统军使，这5人致仕或犯罪免官前亦为武将，如萧迭里得"出为西南面招讨使……事觉，决大仗，削爵为民。清宁中，上以所坐事非迭里得所犯，起为南京统军使"[8]。起复官员中武将占比大较为符合起复"金革无避"之初衷。

但丁忧后起复者情况有所不同，辽代丁忧后遭起复的官员21人中只有韩德威、韩德凝兄弟二人明确记载为武将，韩德威起复前为彰武军节度使、韩德凝行右神武大将军。其余19人，2人起复前官职无载，剩余17人皆为文官，这与以"金革无避"为初衷的起复似乎相悖。笔者认为有三个原因，首先，辽代统治者对于汉文化的接受存在一个过程，其接受程度还需要讨论。其次，军事关乎政权存亡，辽代统治者似乎在保证军政事务正常运转与使武将尽孝，标榜统治者以孝治天下二者之间选择了前者，因此除个别特殊外，比如在辽代异常显赫的韩式家族（上述韩氏兄弟即韩匡嗣之子），一般武将可能没有丁忧的机会，就更谈不上起复了。再次，辽与北宋政权不同，将与相之间的分隔并非十分严格，王曾瑜先生认为："中国在汉唐之间，文武区分并不严格，有'出将入

5　《辽史》卷86《列传·刘景》，中华书局，1974年，第1322页。

6　《辽史》卷86《列传·耶律合里只》，中华书局，1974年，第1327页。

7　《辽史》卷88《列传·萧拔剌》，中华书局，1974年，第1340页。

8　《辽史》卷114《列传·萧迭里得》，中华书局，1974年，第1515页。

相'之说……辽金却与汉唐相似。"⁹这点从萧孝友起复后的经历亦可体现，"（萧孝友）进王赵，拜中书令。丁母忧，起复北府宰相，出知东京留守。会伐夏，孝友与枢密使萧惠失利河南。"¹⁰萧孝友先拜中书令，辗转为东京留守，然后同枢密使一道领兵出征，说明将与相之间的分隔并非十分严格。

3. 内外之别

在我国古代的高度中央集权的帝制国家中，对百姓的民生、疾苦最为了解的并非皇帝，而是地方官，因此统治者自然不会随意将熟悉当地事务的官员进行替换。这一点在唐、北宋二朝的起复上都有体现，存在大量的地方官起复，如唐代"严震为凤州刺史，丁母忧，起复本官"¹¹，北宋"前降授中奉大夫、充检校阁待制、知庆阳府王似特起复还任"¹²。而澶渊之盟之后政策主张"学唐比宋"¹³的辽代情况却恰恰相反，仅有韩德威为彰武军节度使，镇守兴中府与贾师训为恩州军事判官此二人起复前为地方官，其余均为中央官员。笔者认为地方官员在起复上的低比例所体现的并非是辽代统治者不重视地方官员，而是辽代统治者允许官员丁忧及将其起复都是一种特殊的赏赐，而非所有官员都必须遵守的政令，因此在皇帝身边的中央官员更有机会获得这项殊荣。如"特旨（宁鉴）枢密院令史。丁太君忧，寻起复加尚书户部郎中"¹⁴。宁鉴只是枢密院一个基层的办事官员，因离皇帝较近而获得了丁忧及起复的殊荣。这一点在杜念的起复中更加明显，"三年六月，擢（杜念）为枢密副都承旨，加太常少卿。是月丁太夫人忧，寻诏起复职官之格，未及品者不听，奏闻，特授异恩，又为荣事。五年冬，落加少府监。"¹⁵此段记载表明，杜念的官位达不到起复职官之格规定的标准，但统治者仍然将他起复，表示对他的优恤。

二、辽代官员起复的特征

辽代碑刻《杜念墓志》提到："寻诏起复职官之格，未及品者不听。"但目前辽代相关史料中并无明确记载，笔者试图从文献及碑刻等史料中勾陈出的数十条辽代遭到起复官员的记载中，略窥辽代起复的特征。

1. 民族性

辽是由契丹族建立的政权，契丹族在接受儒家文化及开始汉化前，并没有推行孝治观念，更没有形成与丁忧相关的旧俗，因此契丹官员无需丁忧。这反映到官员起复中就是契丹官员起复者仅萧孝友一人，他本任职中书令，后以"丁母忧，起复北府宰相，出

9　王曾瑜：《辽金军制》，河北大学出版社，2011年，第12页。

10　《辽史》卷87《列传·萧孝友》，中华书局，1974年，第1334页。

11　《册府元龟》卷862《总录部·起复》，中华书局，1960年，第10243页。

12　（清）徐松辑、刘琳等校点：《宋会要辑稿·职官》卷77之13，上海古籍出版社，2014年，第5146、5147页。

13　陈述：《辽代史话》，北京人民出版社，2021年，第52页。

14　向南：《辽代石刻文编》，河北教育出版社，1995年，第607页。

15　向南、张国庆、李宇峰辑注：《辽代石刻文续编》，辽宁人民出版社，2010年，第305页。

知东京留守"[16]，且在其兄弟萧孝穆、萧孝先传中均未见丁忧及起复，可视为契丹族中的特殊状况。张国庆先生认为"在契丹人中，除了契丹皇帝为了统治需要作些宣传外，只有部分汉化程度较深、对儒家礼制文化有特殊喜好的契丹族官员，才在一定程度上接纳并践行了丁忧制度"[17]。这一观点是比较准确的。

辽代丁忧后起复的官员一般都是汉人官员，目前文献可查丁忧后起复共21人，其中20人皆为汉人。为父母守制来源于儒家思想，自汉武帝"罢黜百家，表彰六经"[18]。至辽代已逾千年，汉族知识分子长期受作为主流的儒家思想影响，自然遵守此制，即便在辽代契丹化的汉人韩氏家族中也有为父母丁忧及起复的例子。韩德让、韩德威、韩德凝兄弟三人乃韩匡嗣之子，三人均有为丁父、母忧后被起复的记载，韩德让"（统和）十一年，丁母忧，诏强起之"[19]。韩德威"（乾亨）四年，丁秦王之忧……授起复云麾将军，依前充职"[20]。韩德凝"当年丁考之忧……寻起复云麾将军，余如故"[21]。

辽代起复的民族性特征还表现在程序简略，能够反映出契丹作为游牧民族重效率，轻形式的追求。与辽同时期的北宋，其起复程序较辽复杂，"从皇帝下起复诏令到官员上表恳辞，从而再到皇帝的允丧诏令，最后由官员的谢表结束。"[22]起复的官员丧期内官衔须加起复二字，出丧期后皇帝下诏落起复，整个起复过程才算结束。而在辽代，官员上表恳辞为父母守孝终制以及落起复均为个例，如上表乞终制者仅见邢抱朴"寻以母忧去官，诏起视事。表乞终制，不从"[23]，落起复者仅见杜悆"落加少府监"[24]，其余起复者的记载中均不见复杂程序。

2. 阶段性

从起复官员的数量上来看，大致以穆宗、景宗时期为分界线，穆、景之前起复的官员数量少，而景宗之后起复官员则迅速增多。辽代最早的官员起复记载见于穆宗时期的赵延密一例，《赵德均妻种氏墓志》记载：种氏次子赵延密原本任职"河阳军节度使，起复云麾将军、左金吾卫将军、同正太尉"[25]。景宗朝有韩德威、韩德凝兄弟二人丁父忧并俱遭起复，圣宗时期开始，官员起复的记载大大增加。这说明起复作为儒家孝文化催生出来的政治现象，与辽代的汉化一样，存在一个逐渐为统治者接受的过程。

有辽一代，目前文献与碑刻中明确可查的官员因丁忧解服去官者有29人，其中起复者21人，2人卒于守制期中，只有6人在解官去职的情况下服阕。较高的起复比例反映了辽代统治者对于官员尽孝的不重视，相较于以此来标榜自己以孝治天下，他们更看重官

---

16 《辽史》卷87《列传·萧孝友》，中华书局，1974年，第1334页。

17 张国庆：《辽朝官员的丁忧与起复》，《东北史地》2014年第1期，第23～29页。

18 （西汉）司马迁撰：《史记》卷12《孝武本纪》，中华书局，1959年，第2379页。

19 《辽史》卷82《列传·耶律隆运》，中华书局，1974年，第1290页。

20 向南、张国庆、李宇峰辑注：《辽代石刻文续编》，辽宁人民出版社，2010年，第35页。

21 向南、张国庆、李宇峰辑注：《辽代石刻文续编》，辽宁人民出版社，2010年，第51页。

22 郭春燕：《宋代官员起复研究》，河南大学硕士学位论文，2023年。

23 《辽史》卷80《列传·邢抱朴》，中华书局，1974年，第1279页。

24 向南、张国庆、李宇峰辑注：《辽代石刻文续编》，辽宁人民出版社，2010年，第305页。

25 向南：《辽代石刻文编》，河北教育出版社，1995年，第22页。

员直接视事，避免影响国家机器的运转以维护他们的统治（表一）。

表一　辽代官员丁忧及起复统计表

	丁忧人次	丁忧后起复人次	卒于丁忧人次	服阕人次	致仕、犯罪后起复
穆宗	2	1	0	1	0
景宗	2	2	0	0	0
圣宗	7	4	0	3	1
兴宗	3	3	0	0	2
道宗	10	7	1	2	5
天祚帝	6	5	1	0	0
总计	30	22	2	6	8

上表中文献实际丁忧人数为29人，因韩德威分别在景宗朝丁父忧和圣宗朝丁母忧。文献可查实际起复人数为21人，韩德威在分别丁父、母忧后均遭起复。

3. 延续性

根据《辽史》与碑刻，穆宗、景宗时期被起复的三人均被授予了起复云麾将军。云麾将军是唐代武散官，为从三品。授起复云麾将军的三人丁忧前官职各不相同，赵延密史籍无载，韩德威为彰武军节度使、检校太师，韩德凝为崇禄大夫、检校太尉、行右神武大将军。此三人起复时均被授予作为从三品武散官的云麾将军应当不是巧合。陈述先生认为辽代政策在澶渊之盟之后开始注重"学唐比宋"[26]，起复者授云麾将军之事，在唐代文献中便多有出现，如"以刘悟子将作监主簿从谏起复云麾将军"[27]"承宗，士真长子……元和四年三月，士真卒……由是起复云麾将军"[28]。另外在北宋徐度的笔记中亦可见："（北宋）旧制：文臣丁忧，起复必先授武官，盖用墨缞从戎之义，示不得已。……余官多授云麾将军。近岁起复者直授故官。"[29]该段记载可知，北宋初期的文臣丁忧起复时必先授予武官（武散官）以表示"军情无避"，表示夺情起复是统治者迫不得已，作为政治性的粉饰。上述三人所处的穆宗、景宗时期正是辽代史料开始出现起复记载的时期，此三人之后的记载中，再未见授起复云麾将军，多是起复旧职，三人丁忧前官职各不相同却均被授予云麾将军，因此笔者认为辽代的起复应当受到了北宋起复制度的影响，这也侧面反映出了澶渊之盟后，辽宋之间交往交流的密切。

4. 不完备性

辽代史料未见明文规定的丁忧制度，起复作为与丁忧息息相关的政治行为，在史料中也无明确制度记载，仅在《杜悆墓志》中见："寻诏起复职官之格，未及品者不

26　陈述：《辽代史话》，北京人民出版社，2021年，第52页。

27　《旧唐书》卷17《本纪·敬宗》，中华书局，1975年，第517页。

28　《旧唐书》卷142《列传·王承宗》，中华书局，1975年，第3878、3879页。

29　（宋）徐度：《却扫编》卷上，《全宋笔记》第3编第10册，大象出版社，2008年，第129页。

听。"[30]仅此一条起复职官之格模糊地提到了起复似乎有官员品级上的限制,但限制在几品尚不明确。

首先从辽代官员丁忧及起复的数量上来看,丁忧者29人,其中起复者21人,相对于有辽一代的官员群体来说,数量过少,很有可能丁忧及起复制度并非是所有官员必须遵守的政令。

其次是在实际执行中程序简略,不若唐及北宋的起复有一套固定程序。唐代官员起复一般经过统治者下诏起复,官员上表乞终制,统治者下诏不许,如此拉扯数次,官员再奉旨起复。与辽同时期的北宋起复程序与唐大体相似。但在辽代官员起复相关的文献记载中基本不涉及起复的程序,上表恳辞终制仅见邢抱朴"寻以母忧去官,诏起视事。表乞终制,不从"[31]。

最后是辽代在有关于起复的记载中还存在一些不合理之处。《梁援墓志》载:"(大安)三年,丁齐国太夫人忧,哀毁去职。(大安)十[32]年起复兴中尹……(大安)五年起复诸行宫都部署。"[33]梁援在丁母忧中已经起复为兴中尹,后又称起复诸行宫都部署。再如《孟初墓志》载:"丁母忧,差中京银绢库都监。寿昌元年,起复史馆修撰,迁司勋郎中,□□左司郎中。"[34]孟初丁母忧中,起复之前便诏他视事,后又遭起复。此二条记载,与其他记载所反映的丁忧解服去官,诏起复后才能视事相悖。综上所述,笔者认为辽代的起复制度尚未完备,丁忧须解服去官以及起复并未覆盖到全部官员,程序相对来说较为简略,在具体执行上也有违反常理之处。

三、辽代官员起复的原因

辽代起复的对象分为丁忧后起复和致仕或犯罪后起复两种,关于起复官员的原因可分为三种,从政治上看,国家需要官员维持国家机器运转,从军事上看,则由于国家需要某些官员来保证战争顺利进行,此外还有其他原因,包含了统治者对某些官员的特殊待遇等。

1. 政治原因

历朝历代,统治者摆布与控制官员的根本目的是为政治服务,保证国家政治机器的正常运转,巩固自身的统治。由于丁忧使官员在父母死后,守制三年,其间不得行婚嫁之事,不预吉庆之典,任官者必须离职,官员解官须三年之久才能视事,导致职位长期空缺,影响朝廷的正常政务运行,即便抽调其他官员补缺,会出现补缺者不熟悉该职业的政务情况,同样会影响朝廷的正常政务运行。比如邢抱朴就未能为其母守制三年,因其颇有政绩而遭到统治者的起复,在辽史中形容他"大协人望""优诏褒美""(统

---

30 向南、张国庆、李宇峰辑注:《辽代石刻文续编》,辽宁人民出版社,2010年,第305页。

31 《辽史》卷80《列传·邢抱朴》,中华书局,1974年,第1279页。

32 丁忧守制期为三年,不应当自大安三年丁忧七年后才起复,紧接着下文为大安五年,此处"十"当为"四"之误。

33 向南:《辽代石刻文编》,河北教育出版社,1995年,第521页。

34 向南、张国庆、李宇峰辑注:《辽代石刻文续编》,辽宁人民出版社,2010年,第297页。

和）十年，（邢抱朴）拜参知政事……寻以母忧去官，诏起视事。表乞终制，不从；宰相密谕上意，乃视事"[35]。即便邢抱朴上表乞求为母守制，但因其位至宰辅，又有政绩，统治者为了国家政务的正常运转，仍然起复他回朝视事。还有致仕官员起复回朝视事，"寿隆六年春正月……壬午，以太师致仕秃开起为奚六部大王。"起复致仕官员也有利用其政治才能继续为国家机器服务的考虑。至于犯罪免官者起复回朝，笔者注意到这类起复官员共6人皆为耶律氏或萧氏，如萧陶隗"遂拜西南面招讨使……罪当死，诏免官。久之，起为塌母城节度使"[36]。其罪当死，但之后也起复为塌母城节度使。统治者对于此类官员的起复应当有巩固皇族及后族集团地位的考虑。

2. 军事原因

起复这一政治行为的出现，最初原因便是"金革夺情"，从起复开始出现至辽的历朝历代，战争都是官员遭起复的重要原因，且战争事关重大，与政权存亡息息相关，不允许官员上表拒绝起复，所谓"君子不夺人之亲，为金革之事则无避"。

辽与周边政权如北宋、高丽等关系时常反复，特别是在辽前期，与北宋战争不断，直至澶渊之盟之后双方关系的主旋律才变为友好往来。因此战争也是辽代官员起复的重要原因之一。韩德威丁父忧、丁母忧期间均被起复，都与辽当时的边境战争有关。第一次是乾亨四年丁父忧期间恰逢景宗南伐北宋，在满城（今河北保定）败于宋军，守太尉奚瓦里中流矢死，时任彰武军节度使、手握军权的韩德威自然是无法在皇帝亲征失败，国家遭到军事威胁时解官持服，因此韩德威被"授起复云麾将军，依前充职"[37]。韩德威第二次起复是统和十一年（993）丁母忧期间，"由于以东京留守萧桓德等伐高丽。"[38]于是韩德威被"授起复冠军大将军，右金吾卫上将军，员外置同正员，依前充职"[39]。统治者起复韩德威时，将他的武散官从云麾将军提升到冠军大将军，辽史未载武散官官品，按唐制云麾将军为从三品，冠军大将军为正三品，武散官的提升也反映了起复他是为战争作准备。

此外还有《王泽墓志》明载："丁母忧……金革夺情，起复前职……十四年，知涿州军州事。"[40]此时王泽起复当是因兴宗于重熙十三年（1044）亲征西夏之事。因金革之事起复官员众多，此处不再一一列举。

从致仕及犯罪起复的官员中也可明显看出起复中的军事原因，共8人中，4位起复为某节度使，1位乌古敌烈部详稳（即汉语将军），1位南京统军使，6人起复军职。此6人的起复与他们都为耶律氏或萧氏固然有关，但能胜任军职也是他们能遭起复的重要原因。

3. 其他原因

上述政治原因与军事原因都是从国家层面来影响官员起复的，还存在一些情况与上述原因不同，如官员的个人才能受到统治者肯定而起复，或是统治者对官员加以优恤而

35　《辽史》卷80《列传·邢抱朴》，中华书局，1974年，第1278页。

36　《辽史》卷90《列传·萧陶隗》，中华书局，1974年，第1358页。

37　向南、张国庆、李宇峰辑注：《辽代石刻文续编》，辽宁人民出版社，2010年，第35页。

38　《辽史》卷13《本纪·圣宗四》，中华书局，1974年，第155页。

39　向南、张国庆、李宇峰辑注：《辽代石刻文续编》，辽宁人民出版社，2010年，第35页。

40　向南：《辽代石刻文编》，河北教育出版社，1995年，第261页。

起复。

邢抱朴颇有政绩与能力，其传中见"山西州县被兵，命抱朴镇抚之，民始安""决南京滞狱还，优诏褒美"等记载，说明其既有能力，又得统治者青睐，于是邢抱朴"为参知政事……（统和十三年）寻以母忧去官，诏起视事。表乞终制，不从；宰相密谕上意，乃视事"[41]。统治者不同意他为母守制，甚至还要派宰相"密谕上意"要求他视事，因为统治者不可能让一个有才能的官员离开中枢从而影响政务运行。

杜悆的起复则更多的是由于统治者的优恤，《杜悆墓志》载："（寿昌）三年六月，擢为枢密院副都承旨，加太常少卿。是月丁太夫人忧，寻诏起复职官之格，未及品者不听。奏闻，特授异恩，又为荣事。五年冬，落加少府监。"[42]此段史料说明杜悆的官品达不到当时起复的标准，但统治者还是将他起复，说明了对他的优恤。文中虽不见起复二字，但"五年冬，落加少府监"此处"落"当是指落起复，意为官员服阕，将官衔前缀的起复二字去掉，自寿昌三年（1097）六月至五年（1099）冬，一般冬是指十月至十二月，刚好是守制期满的二十七个月。我国古代丁忧为父母守制守制名义上为三年，一般实际执行为二十七个月。

四、辽代官员起复的影响

起复作为一种打断官员丁忧尽孝的政治行为，不利于统治者所谓的以孝治天下的自我标榜，特别是有辽一代起复未形成明显制度的情况下，统治者并不会滥施起复，除非是朝廷"金革之事"紧急，某官员才能出众或是统治者对其施以抚恤，虽制度尚未完备，但起复是实际存在的一种政治行为，确实对辽代的政治、社会、官员的升迁产生了影响。

1. 起复对政治的影响

目前文献中显示有辽一代丁忧者仅29人，遭起复者21人，致仕及犯罪起复者8人，这些数字相对于整个辽代的官员群体来说属于少数，这固然有文献较少的原因，但也与辽代对于丁忧起复乃至汉化的接受程度有关。较少的起复官员数量反映到政治上的影响是一种隐性的，与宋代起复引起政治风波这种对政治的显性影响不同，但不意味着起复对于政治毫无影响。它的影响主要体现在维持国家机器的正常运转上，官员起复后往往恢复原职，负责与丁忧解官前相同的职务，如王泽"起复前职"[43]、邓中举"方卒哭，起复旧职"[44]、刘景"会父忧去。未几，起复旧职"[45]等多人起复旧职，此处不一一列举。大多数官员起复旧职是因为统治者需要保证国家政务的正常运转，贸然将官员调离原职，或是调人补缺，都有可能出现不熟悉所执掌事务的情况，造成影响政务运行的后果，因此很大比例官员是起复旧职，正是这种起复旧职，对政治造成一种隐性的影响，

41　《辽史》卷80《列传·邢抱朴》，中华书局，1974年，第1279页。

42　向南、张国庆、李宇峰辑注：《辽代石刻文续编》，辽宁人民出版社，2010年，第305页。

43　向南：《辽代石刻文编》，河北教育出版社，1995年，第261页。

44　向南：《辽代石刻文编》，河北教育出版社，1995年，第489页。

45　《辽史》卷86《列传·刘景》，中华书局，1974年，第1322页。

一定程度上维护了国家机器的运转。

2. 起复对社会的影响

孝与忠自古以来都是选择难题，两者同样重要，但两者也不可兼得。碑刻记载中可知辽代官员在起复时，官衔前要加上起复二字，如《萧孝资墓志》中载："起复乾文阁直学士、充史馆修撰杨丘文撰。"[46]服阕后要落起复，如杜念"落加少府监"[47]此处"落"当是指落起复。以此证明官员仍在守制，以求最大限度地将忠与孝二者进行中和，统治者既想要官员起复视事，又想官员不忘尽孝。但是频繁的起复始终是于礼不和，并非是一些官衔加上起复二字的礼法粉饰就能弥补不能尽孝的事实。起复必然会对辽代在逐渐汉化中所尊崇的儒家文化以及礼制产生冲击，对社会风气产生不良影响。

儒家思想作为西汉以后中国古代的主流思想逐渐被辽代统治者所接受，其提倡的三年丧礼对黎民百姓或官员（主要燕云十六州的汉人）经过积年累月的影响，已经深入人心。前文已述，辽代的丁忧及起复制度尚不完善，可能并非是一项全体官员必须遵守的政令，而属于官员主动要求且由统治者同意的赏赐。即便如此，仍有许多官员冒着解服去官的风险，主动要求丁忧，为父母守制，如邢抱朴"寻以母忧去官，诏起视事。表乞终制"[48]，韩德威"（统和）四年，丁秦王之忧，礼极无容，悲深永诀。绝曾子之浆，泣高柴之血。……授起复云麾将军，依前充职。公以成命载降，固辞不获"[49]，邢抱朴"表乞终制"与韩德威"固辞不获"，都体现了他们为父母守孝的坚定想法，但帝王的夺情起复，使官员不得尽孝，必然是不被国人接受的。

3. 起复对官员升迁的影响

首先是丁忧后起复官员多是起复旧职，目前文献可查有辽代丁忧后起复者共21人，其中韩德让、韩德威等9人起复时皆起复旧职，还有赵延密等5人不知丁忧前何职，只知起复后的官职，因此无法比较，剩余7人起复后为别职。如萧孝友是现存史料中唯一明文记录丁忧间起复的契丹人，丁忧前为中书令、封赵王，但"起复北府宰相，出知东京留守"[50]。萧孝友已官至宰执，起复后却出知东京留守，离开中枢，这应当与兴宗重熙十三年（1044）亲征伐夏有关，在《辽史》记载萧孝友起复之事后紧接着："会伐夏，孝友与枢密使萧惠失利河南。"尽管萧校友起复后出现了职位变迁，但从中书令到北府宰相仍是平级调动。

在服阕之后，为表示统治者对于官员无法尽孝的补偿，官职常常会得到提升，如邓中举任职宣权盐铁使，后以"丁父忧。方卒哭，起复旧职。服阕，加直学士，知盐铁使"[51]。韩德让"十一年，丁母忧，诏强起之……服阕，加守太保"[52]。除了起复旧职，服阕后加官，暂时未见有因丁忧后起复而降官者。

46　向南、张国庆、李宇峰辑注：《辽代石刻文续编》，辽宁人民出版社，2010年，第265页。

47　向南、张国庆、李宇峰辑注：《辽代石刻文续编》，辽宁人民出版社，2010年，第305页。

48　《辽史》卷80《列传·邢抱朴》，中华书局，1974年，第1279页。

49　向南、张国庆、李宇峰辑注：《辽代石刻文续编》，辽宁人民出版社，2010年，第35页。

50　《辽史》卷87《列传·萧孝友》，中华书局，1974年，第1468页。

51　向南：《辽代石刻文编》，河北教育出版社，1995年，第489页。

52　《辽史》卷82《列传·耶律隆运》，中华书局，1974年，第1422页。

其次是致仕或犯罪起复官员则属平调或是降官起复。致仕后起复共二人，尚属平调，如"寿隆六年春正月……壬午，以太师致仕秃开起为奚六部大王"[53]，以及萧拔剌"重熙中，迁四捷军详稳，谢事归乡里。数岁，起为昭德军节度使"[54]，从太师到奚六部大王以及从四捷军详稳到昭德军节度使应当都属平调。至于犯罪免官后起复者则多是降职起复，以萧图玉降职幅度最大，"（萧图玉）加同政事令门下平章事……会公主坐杀家婢，降封郡主，图玉罢使相。寻起为乌古敌烈部详稳。"[55]暂未见致仕或犯罪后起复有官职提升的例子。

五、结 语

起复从丁忧制度中演变而来，一直贯穿于其始末，自先秦时期的"墨衰而从戎"特例开始，可以说，官员起复制度是在历史的沉积中通过历朝历代的不断实践一步步发展而来的，具有一定的历史性和实践性。辽代官员的起复虽规模不大，但却在丁忧官员中所占比例很高，这与前代起复的零星出现截然相反。起复还表现出了阶段性、民族性以及学唐比宋等特征，但最终起复制度并未呈现一个完整的状态。

起复最早见于辽穆宗时期。起复的原因主要有：在政治上，统治者为了避免因官位空缺影响国家机器的运转而起复官员，这一点在官至高位者上尤其明显；在军事上，战争与政权的存亡息息相关，此时更不能有官员缺位，因此与战争相关起复次数较多，如韩德威两次起复分别是在辽景宗满城之战与辽圣宗伐高丽；还存在一些统治青睐某官员才能或是加以优恤的起复。总体看来，起复官员最根本的目的是维护统治。

辽代官员的丁忧后起复对于升迁的影响往往是正面的，多数起复官员先是恢复原职，即便有调动也是平级，服阕后再加官晋爵，这表示了统治者对于官员无法尽孝的补偿。尽管起复所谋求的是对忠与孝进行最大程度的中和，但起复始终是有违礼制，不可避免地在长期受到儒家孝文化影响的百姓（主要是燕云十六州地区）中产生反响，一定程度上影响社会风气。

参 考 书 目

［1］（元）脱脱等撰：《宋史》，中华书局，1985年。

［2］（元）脱脱等撰：《辽史》，中华书局，1974年。

［3］（宋）徐度：《却扫篇》，《全宋笔记》第3编第10册，大象出版社，2008年。

［4］（清）阮元校刻：《十三經注疏 清嘉庆刊本·五 仪礼注疏》，中华书局，2009年。

［5］向南：《辽代石刻文编》，河北教育出版社，1995年。

［6］王曾瑜：《辽金军制》，河北大学出版社，2011年。

---

53 《辽史》卷26《本纪·道宗六》，中华书局，1974年，第312页。

54 《辽史》卷88《列传·萧拔剌》，中华书局，1974年，第1340页。

55 《辽史》卷93《列传·萧图玉》，中华书局，1974年，第1378页。

［7］杨树森：《辽史简编》，辽宁人民出版社，1984年。

［8］向南、张国庆、李宇峰辑注：《辽代石刻文续编》，辽宁人民出版社，2010年。

［9］陈述：《辽代史话》，北京人民出版社，2021年。

［10］（北宋）王钦若等编：《册府元龟》，中华书局，1960年。

［11］（清）徐松辑，刘琳等点校：《宋会要辑稿·职官》，上海古籍出版社，2014年。

［12］（后晋）刘昫等撰，中华书局编辑部点校：《旧唐书》，中华书局，1975年。

（张　创　黑龙江省社会科学院）

辽对渤海人的移民及安置政策再探

孙炜冉

内容提要： 辽灭亡渤海国前后，先后多次对渤海人进行内迁，析散其遗民，重置其州县，以巩固统治。其中，规模较大的迁徙重置有三次：第一次是太祖时期，攻陷渤海辽东地区，徙辽阳诸地渤海人于上京地区，重置3个县，安置移民3万余人；第二次是天赞五年（926）太祖攻灭渤海期间，俘掠近17万渤海人，移民安置于辽上京道和中京道地区，重置渤海16个县；第三次是太宗为削弱东丹国而移渤海民户至东京道，安置人口至少25万余人，重置渤海29个州、39个县；除上述三次较大规模移民重置之外，出于平叛、戍边和守陵等需要，还先后数次小规模移民渤海人重置州县。渤海移民上京、中京和东京地区人口约达47万余人，且很多渤海原设州县都是整体迁徙复置。这些渤海移民为辽代社会的政治、军事、经济发展起到了巨大的促进作用。

关键词： 辽代　渤海人　移民　《辽史·地理志》

渤海国灭亡前后，域内的人口经历了几次大规模的迁移，这种移民现象在较长的一段历史时期内持续进行着，其中流入辽境内的人口数量最为庞大，这些渤海移民在新的居住地有着各不相同的安置和生活境遇。

辽灭亡渤海国前后，陆续将渤海人移民至其腹地予以重新安置，主要出于三种目的和情况：

一是政治性移民。灭亡渤海国的过程中以及东丹国时期，辽强制迁徙了大量渤海人到其腹地及其他地区重新安置，这种做法本身，是将政治上潜在的威胁势力迁入政权控制严格的区域，便于消除隐患，加强辽对新占地区的统治。事实上，这种移民是历史上的惯例，例如，高句丽灭亡之后，唐朝迁徙高句丽王室及贵族于西安一带，赐官予爵，或集中或分散安置[1]。又如，北宋初期赵匡胤先后灭亡了除辽和北汉之外的全部割据势力，将各国君主皆迁至开封，有的甚至已经备好宅第。另外，出于看守皇陵的需要，辽代实行奉陵邑制度，由此还多次强制移民渤海人至这些陵邑为辽国皇帝守陵服务。

二是军事性移民。辽代为戍守边疆，强迁渤海人实边。同时，为使边疆安定，在燕颇、大延琳等叛乱被平定之后，将大批渤海人移民迁至辽通州、中京等地予以安置。

1　苗威：《高句丽移民研究》，吉林大学出版社，2011年，第203、204页。

　　三是经济性移民。契丹人原来生活在西拉木伦河流域和老哈河流域，以游牧渔猎为生，所以其传统的生产方式是畜牧业。建立封建政权后，进而在汉人、渤海人的影响下，逐步发展了农业生产，出现了工商业的繁荣。尤其是这些被迁徙而来的数以几十万计的渤海人口，在主要依靠体力劳动为生产力的古代社会，尤其是原本以粗犷游牧经济为主的契丹社会，在从畜牧业向封建农耕业过渡阶段，获得47万余口的渤海遗民[2]，这些数量庞大的成熟劳动力，无疑是促进辽代社会地区开发和提高生产能力的巨大力量。

　　渤海亡国之际，域内族众成为"渤海遗民"，除留居故地之外，大体的流徙方向主要有四：一是被辽迁入腹地的上京府和东京府等地区；二是流入女真部落，或在边隅建国固守，坚持抗辽，如定安国和兀惹等；三是通过辽境或其他路径迁入中原；四是迁入朝鲜半岛的高丽王朝，这其中又有少量渤海人借道朝鲜半岛去往日本。其中，前三部分在后来的历史发展中基本融入汉族，成为北方汉人的重要组成部分，故而元人陶宗仪在其《辍耕录》中将渤海人归入"汉人八种"之列。总之，渤海国灭之后，人口的流徙方向以辽为中心，呈散射状，无论南邻王氏高丽、道路被阻隔的日本与宋朝，还是东北邻靺鞨（女真），皆有渤海移民的足迹。这其中，最具代表性的便是辽对渤海遗民的几次大规模移民，有时甚至是对原有州县的整体性异地重置。金毓黻《渤海国志长编·京府州县》率先系统考证了渤海国五京十五府及诸州县历史沿革和地理位置的同时，梳理了辽对这些渤海州县及其渤海遗民的迁置情况[3]；改革开放以后，中国学术界对于辽代迁徙渤海人及渤海州县的重置问题研究逐步深入，成果颇丰，如杨保隆的《辽代渤海人的逃亡与迁徙》[4]和蒋金玲的《辽代渤海移民的治理和归属研究》[5]，系统梳理了渤海人被迁徙至辽上京府和东京府等地被重新安置的情况，此外还有郑永振《渤海国的灭亡和其遗民的流向》[6]以及王德忠的《辽代渤海国故地民族关系变迁及其影响》[7]等都论证了该问题。在既有研究成果的基础上，通过对渤海人的移民及安置政策的全新梳理，可以进一步明确辽的移民目的和安置手段以及实施这些政策后取得的成效与影响。

一、辽太祖攻占辽东及其对辽东渤海人的移民和安置

　　渤海国末期，辽不断蚕食其西部边境和人口，首当其冲的便是对以辽阳城为中心的辽东地区的侵伐。辽东地区即后来辽所设的东京辽阳府，史载："东京故渤海地，太祖力战二十余年乃得之。"[8]

2　王承礼：《渤海简史》，黑龙江人民出版社，1984年，第177页。

3　金毓黻：《渤海国志长编》卷14《地理考·京府州县》，《社会科学战线》杂志社翻印，1980年，第284～316页。

4　杨保隆：《辽代渤海人的逃亡与迁徙》，《民族研究》1990年第4期，第93～103页。

5　蒋金玲：《辽代渤海移民的治理和归属研究》，吉林大学硕士学位论文，2004年，第8～20页。

6　郑永振：《渤海国的灭亡和其遗民的流向》，《延边大学合校十周年纪念·延大史学论集》，延边大学出版社，2006年，第45～58页。

7　王德忠：《辽代渤海国故地民族关系变迁及其影响》，《史学集刊》2012年第2期，第28～31页。

8　《辽史》卷28《天祚皇帝本纪》，中华书局，1974年，第334页。

　　关于渤海据有辽东的问题，学界尚有争议。多数学者认为是在渤海国早期，金毓黻认为随着安东都护府的逐步内迁，标志着渤海势力逐渐西侵，而开元二年（714）唐将安东都护府西迁于平州，证明了"渤海国扩张其势至辽河东岸"[9]。魏国忠等亦认为当是在唐安东都护府内徙和裁销[10]，辽东之地遂为"渤海据而有之"[11]。朝鲜学者孙永钟也认为"渤海最晚在8世纪初已经控制了渤海沿岸"[12]。另有学者认为是在渤海国末期才占有了辽东，如孙进己主张其时间"最早也应到大彝震后期，或公元八三五年张建章聘渤海之后"[13]。其实，从两点便可窥见渤海初年便已占据了辽东：其一，是开元十五年（727），唐朝敕封宿卫归国的渤海王子大昌勃价为"襄平县开国男"[14]，众所周知，所谓"襄平"即辽阳之古称，倘若不是辽阳此时已为渤海所据，那么唐朝便没有理由有此封予；其二，开元二十年（732）渤海国越海袭击了唐朝登州[15]，如果渤海没有据有辽东，其跨海军事行动必然在辽东南部便被发现受到阻击。由此可知，渤海至开元初年便将势力抵达辽河东岸，而应当是在"安史之乱"时期，乘唐自顾不暇之际彻底据有了辽东地区，此后河北北道藩镇割据，再无辽河以东的建置。因此，渤海国占有辽东地区至少达近两个世纪之久。

　　渤海末年，唐朝灭亡，中原弥乱，渤海失去了来自宗主国的庇护，而恰逢此时，其西邻的契丹崛起，同光二年（924）"时东北诸夷皆役属契丹，惟渤海未服，契丹主谋入寇，恐渤海掎其后，乃先举兵击渤海之辽东"[16]。足见，在渤海亡国的前两年，辽东地区亦尚未完全丧失。进一步证实了前文所述，辽东地区是辽太祖经过20余年的奋战才完全攻克的。但渤海在亡国前早已丧失了辽东核心区域辽阳亦是不争的事实。史载，神册四年（919）辽太祖"修辽阳故城，以汉民、渤海户实之"[17]，可见，在渤海亡国前就开始将攻占下的辽东渤海人俘虏移民至辽境予以安置。

　　辽攻占辽东时期，除将部分渤海人安置于新修茸的辽阳故城以外，其余基本都安置到了上京地区。

　　临潢府辖县"潞县。本幽州潞县民，天赞元年，太祖破蓟州，掠潞县民，布于东京，与渤海人杂处。隶崇德宫。户三千"[18]。天赞元年（922）能够被安置于此的渤海人，必定是辽东渤海人无疑。因为是杂汉同居，所以渤海人以半数计，为1500户。

　　祖州辖县咸宁县，"本长宁县，破辽阳，迁其民置，户一千"[19]。辽修辽阳是于

9　金毓黻：《渤海国志长编》，《社会科学战线》杂志社翻印，1980年，第504页。

10　魏国忠、朱国忱、郝庆云：《渤海国史》，黑龙江人民出版社，2014年，第206页。

11　谭其骧：《〈中国历史地理地图集〉释文汇编·东北卷》，中央民族学院出版社，1988年，第91页。

12　孙永钟：《渤海的西部边界》，《渤海史译文集》，黑龙江社会科学院历史所，1986年，第154页。

13　孙进己、冯永谦：《东北历史地理》（第二卷），黑龙江人民出版社，1989年，第355页。

14　《册府元龟》卷975《褒异二》，中华书局影印本，1989年，第3876、3877页。

15　《旧唐书》卷199下《渤海靺鞨传》，中华书局，1975年，第5361页。

16　《资治通鉴》卷273《后唐纪二》庄宗同光二年，中华书局，1956年，第8923页。

17　《辽史》卷2《太祖本纪下》，中华书局，1974年，第15页。

18　《辽史》卷37《地理志一·上京临潢府》，中华书局，1974年，第439页。

19　《辽史》卷37《地理志一·祖州》，中华书局，1974年，第443页。

神册四年（919），那么袭破辽阳势必是在神册四年之前。所以此迁之民亦是在太祖时期。而考渤海长宁县，乃渤海中京显州属县，中京地处渤海中心地区，与辽中间隔着郑颉府和扶余府，此时辽万不会绕过二府远袭渤海核心区域掠民而走，所以这也验证了《辽史·地理志二·东京辽阳府》条记事并非如学者所言尽为谬误[20]，所谓"平壤城"即"襄平城"之异称，《辽史·地理志》言其为"中京显德府"，其"八门：东曰迎阳，东南曰韶阳，南曰龙原，西南曰显德，西曰大顺，西北曰大辽，北曰怀远，东北曰安远"。基本透露了渤海最盛时四至和建置情况，其实可以很容易理解为何此时称襄平为渤海中京，在未被辽袭破之前，渤海中京确在于此，迨阳城破，渤海尚存近十年，而如中京这样的重要建置自然会如中原一些侨治的府州那样，自辽东侨治回今和龙"西古城"[21]。今辽阳城出土了大量渤海莲花纹瓦当[22]，此即是渤海曾统治过此地的见证，而辽在渤海亡国前迁本属渤海中京府辖属长宁县民至辽阳，亦是渤海中京府曾在此的证明。

饶州辖县长乐县，"本辽城县名。太祖伐渤海，迁其民，建县居之，户四千"[23]。辽城县，显然是指唐灭高句丽后，安东都护府所辖的辽城都督府的旧称[24]，即今辽阳附近，故此时所伐渤海地区必为辽东的辽阳。

由上可知，太祖攻袭辽东期间，至少迁徙重置了原辽东三县渤海民众于辽上京之潞县、咸宁县和长乐县，共计6500户，以每户5口计，则有32500口。

二、辽灭渤海时安置于上京道和中京道的渤海移民

天赞五年（926），阿保机挥师东进，灭掉渤海国。随之，安边、郑颉、南海、定理等府州来降，渤海国全境归于辽朝。从起兵征伐渤海国，到渤海国亡国，辽国用了不到三个月的时间。至基本尽灭其国亦仅仅半年有余。加之，辽对渤海旧有府州的军事占领并不稳固。于是，建立"东丹国"作为政治过渡。

至渤海灭国后，其遗民和原有行政建置的处理，成为辽亟待解决的问题。太祖、太宗两朝，除小部分仍留居故地之外，很大一部分渤海人被移民至辽上京道、中京道和东京道等地区安置。这其中主要实施的，便是辽另外两次大规模的对渤海人迁徙重置新州县的策略。

对于渤海国边远府州，契丹无力迅速做到有效的政治统治和军事威慑。而从渤海故地的角度，诸州坚持抵抗契丹统治或降而复叛的事件时有发生。据《辽史》载：

20　姜维公：《〈辽史·地理志〉东京辽阳府条记事谬误探源》，《中国边疆史地研究》2011年第2期，第119～129页。

21　宋玉彬：《西古城》，文物出版社，2007年，第18页。

22　王禹浪、程功：《东辽河流域的古代都城——辽阳城》，《哈尔滨学院学报》2012年第6期，第1～10页。

23　《辽史》卷37《地理志一·饶州》，中华书局，1974年，第448页。

24　都兴智：《唐末辽东南部地区行政归属问题试探》，《辽宁师范大学学报（社会科学版）》2014年第1期，第115～117页。

天显元年春正月……庚申，拔扶余城，诛其守将。……二月庚寅，安边、鄚颉、南海、定理等府及诸道节度、刺史来朝，慰劳遣之。……三月戊午，遣夷离毕康默记、左仆射韩延徽攻长岭府。……己巳，安边、鄚颉、定理三府叛，遣安端讨之。丁丑，三府平。……五月辛酉，南海、定理二府复叛，大元帅尧骨讨之。……秋七月丙辰，铁州刺史卫钧反。乙丑，尧骨攻拔铁州。……八月辛卯，康默记等攻下长岭府[25]。

由引文可知，安边、鄚颉、定理等府面对阿保机的进攻，于天显元年（926）二月即已降服，但时隔仅一个月，安边等三府又叛；其后，南海、定理二府以及铁州亦叛。依此，在辽灭亡渤海国后不到一年的时间内，渤海十五府之中，有三分之一以上曾降而复反。而长岭府经过了长达半年时间才被攻破，可见，相当一部分渤海人坚持抵抗的决心十分强烈。面对这样的情况，契丹为了巩固对渤海故地和渤海人的统治，一方面建立东丹国作为过渡政权，另一方面采取将渤海人迁离故土，分而治之的政策，而且安置于自己的肘腋之内，以便于对其的控制和监视。这一时期契丹迁移渤海人的目的地主要是其腹地上京道地区。从史书记载看，被迫移民西迁的渤海人，主要为渤海灭亡时阿保机掳掠来的"俘户"，以及反抗契丹统治而失败的所谓"叛人"。他们多来自渤海上京龙泉府、西京鸭绿府、中京显德府、东京龙原府、扶余府、铁利府以及辽东等地。其中许多人被太祖阿保机赏赐给王亲贵戚、功勋大臣、将士及其他贵族，成为契丹统治集团和贵族的奴仆。

据《辽史·地理志·上京道》诸州情况统计[26]，渤海移民迁于辽上京的安置情况如下：

辽上京临潢府属县长泰县，为原渤海上京龙泉府龙州长平县民，"太祖伐大諲譔，先得是邑，迁其人于京西北，与汉民杂居，户四千"，以半数计算则有二千户；定霸县，"本（渤海）扶余府强师县民，太祖下扶余，迁其人于京西，与汉人杂处……户二千，"渤海人当为半数，则一千户；保和县，为原渤海上京龙州富利县民，"太祖破龙州，尽徙富利县人散居京南……户四千"；宣化县，"太祖破鸭渌府，尽徙其民居京之南……户四千"。祖州所辖长霸县，为原渤海上京龙泉府"龙州长平县民，迁于此，户二千"。怀州所辖扶余县，"本（渤海上京）龙泉府，太祖迁渤海扶余县降户于此，世宗置县，户一千五百"；显理县，"本（渤海中京）显理府（当为显德府之误）人，太祖伐渤海，俘其王大諲譔，迁民于此，世宗置县。户一千。"庆州所辖富义县，"本（渤海铁利府）义州，太宗迁渤海义州民于此"，户数不详。永州所辖长宁县，"本（渤海中京）显德府县名，太祖平渤海，迁其民于此，户四千五百"；义丰县，"本（渤海）铁利府义州，辽兵破之，迁其民于南楼之西北，仍名义州……户一千五百。"降圣州所领永安县，"本（渤海东京）龙原府庆州县名，太祖平渤海，破怀州之永安，迁其人置寨于此，建县，户八百。"饶州所领临河县，"本（渤海中京显德府显州）丰

25　《辽史》卷2《太祖本纪下》，中华书局，1974年，第21、22页。

26　《辽史》卷37《地理志一·上京道》，中华书局，1974年，第439～448页。

永县（当为永丰县之误）人，太宗分兵伐渤海，迁于潢水之曲，户一千"；安民县，"太宗以渤海诸邑所俘杂置，户一千。"

从上述资料看，辽朝初灭渤海时，将大多数怀有严重反抗情绪或者俘获的渤海人移民西迁至契丹腹地的上京地区安置。有据可查的渤海移民，原居于渤海上京龙泉府为约4000户，西京鸭绿府为4000户，中京显德府至少为6500户，东京龙原府为800户，扶余府为1000户，铁利府为1500户，铁利府徙至富义县的户数失载，籍地不详的渤海移民6500户，粗略统计达24300户，按每户平均5口计算，总数约为121500口。这其中，无户数记载的州县我们尚未计算在内，另有如长泰县、定安县和潞县为渤海与汉人杂居，当有一定数量的汉人，但考其县为徙渤海人而置，其中的汉人应少于渤海人。因此，上述的121500口，只是迁徙到上京道地区安置的渤海移民最保守的人口估计，其真实的移民数量，还需加细化辨析。当然，其中有些县建置于渤海灭亡几十年之后，那时渤海遗民的具体情况已经发生较大变化，但基本能够体现渤海移民迁徙于上京道的大体情况。

除上京道外，据《辽史·地理志·中京道》诸州情况统计[27]，亦有少量安置于中京道地区的渤海移民，情况如下：

中京大定府辖县大定县，"以诸国俘户居之"，其中必有渤海"俘户"，但人数不会太多。兴中府黔州，"太祖平渤海，以所俘户居之"，黔州辖县盛吉县，"太祖平渤海，俘（渤海中京显德府）兴州盛吉县民来居，因置县"。锦州辖县安昌县，"太祖平渤海，迁汉户杂居兴州境"。

与移民至中京道诸州县的渤海户失载情况一样，尚有一些地区，因无法确算而未加以统计。如辽帝后宫卫中的渤海宫户[28]，应天后帐下的渤海伎艺人[29]，等等。所以，渤海灭亡前后，被契丹掠至上京的渤海人口至少将近17万口，重置渤海县16个。

三、辽太宗迁至东京道的渤海移民及州县重置

辽除将渤海"俘户"移民安置于上京道和中京道地区以外，还出于政治需要，将东丹国治下诸州县渤海人移民于东京道。是时，部分渤海遗民仍未甘心契丹统治，反抗不断。为削弱渤海遗民的反抗势力，时任辽右次相的耶律羽之献策：

> 渤海昔畏南朝，阻险自卫，居忽汗城。今去上京辽邈，既不为用，又不罢戍，果何为哉？先帝因彼离心，乘衅而动，故不战而克。天授人与，彼一时也。遗种浸以蕃息，今居远境，恐为后患。梁水之地乃其故乡，地衍土沃，有木铁盐鱼之利。乘其微弱，徙还其民，万世长策也。彼得故乡，又获木铁盐鱼之饶，必安居乐业。然后选徒以翼吾左，突厥、党项、室韦夹辅吾右，可以坐

27　《辽史》卷39《地理志三·中京道》，中华书局，1974年，第481～488页。

28　《辽史》卷31《营卫志上》，中华书局，1974年，第362、363、370页。

29　《辽史》卷37《地理志一·上京道》，中华书局，1974年，第446页。

制南邦，混一天下，成圣祖未集之功，贻后世无疆之福[30]。

从引文可知，耶律羽之建议迁徙渤海遗民于"梁水"地区。学界普遍认为，梁水即今天的辽河，《读史方舆纪要》认为梁水为今辽宁境内之太子河，无论是哪一条河流，实际指代的乃是辽东的东京道地区。其目的有二，一是解决渤海遗民在距离契丹直接势力范围较远的地方发展，进而形成"后患"，故而迁徙渤海人于"故乡"梁水地区，便于进行有效的控制和管辖；二是可以让渤海移民成为其左翼，与突厥等成为契丹之"右辅"相对应，增强实力，以便更好地与"南邦"中原王朝抗衡，早日"混一天下"，此策得到了太宗耶律德光的认可。

其实，诱发辽太宗意图南迁东丹国内的渤海人还有更深层次的原因。契丹天赞五年（926），太祖阿保机灭渤海，以太子耶律倍为东丹国王，是年，改元天显元年，九月驾崩，耶律德光即位。此时，契丹内部政治斗争激烈。东丹国王耶律倍原为阿保机选定之皇位继承人，然而在阿保机死后却未能按继统承皇帝位，反由其弟耶律德光在述律太后支持下继位。耶律德光继位之后，有削弱东丹国国力之意。天显三年（928，东丹甘露三年），太宗耶律德光迁东丹国至东京（当时称为"东平"，不久改为"南京"，后又改为"东京"），且为了最大程度地减少移民政策的阻力，还诏令"其民或亡入新罗、女直，因诏困乏不能迁者，许上国富民给赡而隶属之。"[31]因为相比较太祖时期以所攻陷之地渤海"俘户"及"降民"移民上京道，太宗时期的移民更加具有规划性和统筹性，在此情形之下，便有更多的渤海人被移民南迁，而且是将许多原渤海州县整体移民重置于东京道内。因此，这次辽太宗强制南迁的渤海人规模之大、人数之众，远超出辽太祖时期的规模，且与太祖时置渤海移民与汉户杂居不同，太宗此次移民大多是将渤海原本建置易地重置，甚至多数州县名称仍旧，所以基本没有打乱渤海人原有的社会结构和族群团体。尽管没有确切的每一府州县南迁户数记载，但从史料来看，除未见西京鸭绿府、安边府、率宾府、扶余府和长岭府五府的移民情况，其余十府、三个独奏州都有移民重置州县的记载，可见此次移民几乎涉及了原渤海所有行政区域及更多的人口。根据《辽史·地理志·东京道》统计[32]，原渤海国诸府州县移民东京道情况如下：

上京龙泉府辖领龙、湖、渤三州，除被太祖阿保机掠走外，其余大部分被迁至今辽阳市境内，部分被迁往今吉林省农安县境内（原渤海龙州长平县民被辽太祖迁往祖州长霸县，部分被移往辽阳，置肃慎县）。辽东京龙州黄龙府，本渤海扶余府，领县黄龙县，本渤海扶余府扶州之长平县，徙以上京龙州富利县、肃慎县、湖州佐慕县移民迁置；迁民县，以原渤海上京龙州永宁县，并湖州丰水县、扶罗县移民迁置。辽东京湖州，以原渤海上京湖州移民迁置。辽东京渤州，以原渤海上京渤州移民迁置，渤州统县贡珍县，以原渤海上京渤州贡珍县徙置。上京龙泉府在东丹国南迁时，城区被尽毁。

中京显德府辖领显、铁、卢、兴、汤、荣六州，辽东京道也重置了同名六州（荣州

30　《辽史》卷75《耶律羽之传》，中华书局，1974年，第1238页。

31　《辽史》卷3《太宗本纪上》，中华书局，1974年，第30页。

32　《辽史》卷38《地理志二·东京道》，中华书局，1974年，第455～477页。

更为崇州，辽东京道内另有荣州，与渤海无涉），皆是将原显德府移民迁至辽东京辽阳府等地而重置。辽东京显州为渤海中京显德府移民迁置，其中原渤海显州所属金德县、常乐县，被移民至辽阳府辽阳县，辽阳县有户1500；永丰县，被移民至辽阳府仙乡县，县有户1500；鸡山县，被移民至辽阳府鹤野县，县有户1200；长宁县，被移民至辽阳府兴辽县，县有户1000。原渤海铁州，被移民至今辽宁营口市境内，仍沿用原州名，有户1000。原渤海卢州杉卢郡，大部分被移民至今辽宁盖州市熊岳城，仍沿用原州名，有户300；辽岩州，本渤海卢州白岩城移民迁置；辽集州，恐本渤海卢州霜岩城移民迁置。原渤海兴州，被移民至今沈阳市北部地区，沿袭旧名，有户200。原渤海汤州，被移民至今辽阳市西北，沿用旧名，有户500；辽东京乾州所辖灵山县，本汤州灵峰县徙置。原渤海荣州，被移民至辽宁康平县境内，有户500，更名为崇州。此处需要说明的是，辽东京道内虽有荣州，但并非渤海迁徙重建之荣州，因据《辽史》可见，《地理志》中将崇州与其他渤海显德府五州依次排列，且注明其为渤海移民置州。且崇、荣二字从字形和字音上都趋近，可能因为当时东京道内辽已设有荣州，故移民原渤海荣州设以建置时，为了不重复州名而易称。原渤海荣州移民除上述重置于崇州外，辽东京道贵德州属县贵德县，为荣州崇山县渤海移民置县；奉德县，为荣州缘城县渤海移民置县。

东京龙原府辖领庆、盐、贺、穆四州，辽于东京道重置了盐、贺、穆同名三州，而龙原府治州庆州迁置后更名为开州（与辽上京道之庆州无涉）。原龙原府庆州之民大部分被迁移民至今辽宁凤城境内，改置开州，其属县开远县，为原庆州龙原县移民迁置，有户1000；原庆州辖县熊山县被移民至辽东京宗州，仍以熊山县置之。辽上京庆州实与渤海庆州无涉，但所辖富义县确为所迁渤海人置设，但非原渤海庆州所统。辽东京开州所辖盐州，本渤海东京龙原府盐州龙河郡移民迁置，有户300。开州所辖穆州，本渤海龙原府穆州会农郡移民迁置，有户300；原穆州辖县顺化县应是移民至东京辽阳府之顺化县易地重置，然而《辽史·地理志》中并未言该顺化县为渤海户置，考其周围诸县多为渤海户置，其应亦是渤海户置，恐为漏载。开州所辖贺州，本渤海龙原府贺州吉理郡移民迁置，有户300。

南京南海府辖领沃、睛（晴）、椒三州，其遗民大部分被南迁至今辽宁省海城一带。辽东京海州（今辽宁省海城市），为沃州移民迁置，有户1500。辽嫔州（今海城东北），为睛州移民迁置，有户500。辽耀州（今营口市北），为椒州移民迁置，有户700。

鄚颉府辖领鄚、高二州，其移民迁至今辽宁省昌图县八面城一带，辽太宗曾于此置三河、榆河二州；至辽圣宗时，则并二州置韩州（治所在今昌图县西北八面城）。韩州所领柳河县，本鄚颉府粤喜县并万安县移民迁置。高州，疑似也被移民至昌图县附近。

东平府辖领伊、蒙、沱、黑、比五州，大部分被迁至今辽宁新民县境内。五州可考者只有蒙州，蒙州被移民迁至辽东京祺（棋）州，蒙州紫蒙县被移民至辽东京辽阳府领县紫蒙县，有户1000。渤海东平府东平寨（兴凯湖西岸）被移民迁至辽同州（今辽宁省开原南之中固镇），同州有统县东平县，"产铁，拨户三百采炼"，当即为渤海户。

铁利府辖领广、汾、浦、海、义、归六州。早在太祖阿保机破铁利府时，便迁铁利府广州和归州渤海人移民辽东，仍以原名置之。辽上京庆州所辖富义县，为辽"太宗迁渤海义州民"置。辽东京海州为原渤海南京南海府，与铁利府海州无涉，其余诸州无考。辽东京道亦设有铁利府，仍处渤海铁利府故地。

定理府辖领定、潘二州，辽同时设有定理府和定州，无潘州而有沈州。辽之定州为高丽设置，与渤海定州迁徙无涉。渤海以"挹娄故地为定理府"[33]，据《辽史·地理志》沈州条载"本挹娄国地，渤海建沈州"，渤海国只有潘州而无沈州，考潘、沈二字繁体形似，当为笔误。据此，辽沈州即为原渤海潘州移民迁置。辽东京双州（治所在今铁岭市西南），为渤海定理府潘州安定县移民迁置；双州领县双城县（今辽宁省铁岭西双城子），则为定理府定州安夷县移民迁置。

安远府辖领宁、郿、慕、常四州。查辽上京道和东京道都设有宁州，辽上京道之辖宁州"本大贺氏勒得山"，乃辽"横帐管宁王放牧地"[34]；而东京道亦辖有宁州，该州内虽有渤海人，但实为辽圣宗统和二十九年（1011）伐高丽掠来的先前逃往高丽的渤海降户，两处宁州都与渤海定理府迁徙宁州无涉。辽东京渌州所辖慕州为原渤海安远府慕州移民迁置，有户二百。郿、常二州无考。

怀远府辖领达、越、怀、纪、富、美、福、邪、芝九州。辽东京信州（今吉林省怀德县地区）为原怀远府移民迁置；其辖县武昌县，为原渤海怀远府达州怀福县移民迁置；定武县，为达州豹山县移民迁置；另有达州汝水县之民亦被迁往信州地区，可能亦安置于定武县。辽东京遂州（今辽宁彰武县西北），本怀远府美州移民迁置；遂州属县山河县为原渤海怀远府美州山河县并黑川、麓川二县移民迁置。辽东京银州（今辽宁省铁岭市），为太祖阿保机时掳渤海怀远府富州民移置其中；银州所辖永平县，为富州优富县"俘户"移民迁置；延津县，为原富州富寿县徙置；新兴县，"本越喜国地"，即渤海怀远府，亦为怀远府渤海移民迁置。辽上京道亦设有怀、福二州，然此怀州虽有渤海人，却是太祖时迁上京龙泉府和扶余府的移民，与怀远府怀州无涉；此福州（今内蒙古科尔沁左旗）乃国舅萧宁以南征俘掠之汉户所置，与渤海福州无涉[35]。余州无考。

渤海独奏州有郓、铜、涑3州，史载辽东京亦设有该3州，分别为渤海郓州、铜州、涑州徙置。辽郓州治无考，但据其兵事隶属北女直兵马司可推断，当在今辽河中上游地区（北女直兵马司的管区在今辽宁昌图、开原、铁岭和新民县一带）。渤海铜州移民被南迁至两地，一处为今辽宁开原境内，置咸州（今辽宁省开原市北）统之；另一处为海城市东南，仍置铜州（今辽宁省海城市东南之析木城）统之。辽铜州属县析木县，为原渤海铜州花山县移民迁置。涑州亦被移民至辽东半岛，仍设涑州统之（涑州治地无考，所据者，盖为其兵事隶属南女直兵马司而度之）。

另外，集州、麓州、东州、尚州亦有渤海移民被安置。考诸《渤海传》所述渤海国行政区划共有62州，明确载有州名的有60州。然而，这60州中不见上述4州。据金毓黻考证，集、麓两州即为所漏载之两州[36]。辽东京集州，为原渤海中京显德府卢州霜岩城移民迁置，可能亦为渤海失载之集州移民迁置于此，故仍以集州命名；辽集州领县奉集

33　《新唐书》卷219《渤海传》，中华书局，1975年，第6182页。

34　《辽史》卷37《地理志一·上京道》，中华书局，1974年，第450页。

35　《辽史》卷37《地理志一·上京道·福州》，中华书局，1974年，第449页。

36　金毓黻：《渤海国志长编》，《社会科学战线》杂志社，1980年，第316页。

县，亦为渤海移民迁置，未详来源。辽东京麓州，可能亦为渤海失载之麓州移民迁置。此外，辽以渤海移民所置之州县，尚有东州和尚州。东、尚两州，《辽史》中既谓"以渤海户"置，我们认为，当是为所迁渤海移民新置之州，但具体属于原渤海何地，还有待进一步深入考证。

从上述情况可知，辽东京道地区可以查实的由东丹国移民而置的州县，涉及原渤海国的29个州、39个县，大体68个行政区域，其中20个有明确的户数记载，总数达21100户，其余州县的户数，史书无载。无户数载记的州县可能人口并没有上述20个州县稠密，但因其数量较多，所以保守估计，按照有户数记载州县户数的2/3估算，其余48个州县约安置渤海移民3万户左右。若按每户5口推算，那么被迫迁徙至辽东京道的渤海移民总数约为25万余口[37]。

四、其他时期被辽迁置州府的渤海移民情况

辽太祖、太宗两朝从渤海故地移民了相对数量的渤海人，但是，除此以外辽对渤海人仍有几次小规模的移民活动，其目的：一方面为继续分散渤海人，避免由于其聚居而带来的叛乱，以利于统治；另一方面，是出于戍守边疆和看守皇陵的需要。

辽代曾经发生过四次较大规模的渤海人叛乱，即燕颇叛乱、大延琳叛乱、古欲叛乱以及高永昌叛乱。为了继续达到平息渤海叛乱势力、析散渤海人的目的，辽统治者陆续将渤海遗民迁离原来居地。主要有如下几次：景宗保宁七年（975），辽在平息黄龙府燕颇叛乱之后，将"（燕颇）余党千余户城通州"[38]。《辽史·地理志》通州条亦载，"保宁七年，以黄龙府叛人燕颇余党千余户置。"[39]通州，今吉林省四平市西侧一面城古城[40]。辽圣宗太平年间，大延琳叛乱（1029～1030）被平定之后，迁置辽阳渤海人于上京、中京等地。上京临潢府属县易俗县，"本辽东渤海之民，太平九年，大延琳结构辽东夷叛，围守经年，乃降，尽迁于京北，置县居之。是年，又徙渤海叛人家属置焉。户一千"[41]；迁辽县，"本辽东诸县渤海人，大延琳叛，择其谋勇者置之左右。后以城降，戮之，徙其家属于京东北，故名。户一千。"[42]"渤海县。本东京人，因叛，徙置。"[43]中京辖领迁州，"圣宗平大延琳，迁归州民置"；润州，"圣宗平大延琳，迁宁州之民居此，置州"；海阳县，"本东京城内渤海民户，因叛，移于此"[44]。

37　需要指出的是，许多东京道诸州县有许多其实就是原渤海辽东地区所置州县，在渤海未亡国之前便被辽占领并继承，但因文献所限，此时很难分辨哪些是原来建置，哪些是后来由东丹国再迁重建的，所以这里一并归于太宗时期被迁徙重置州县之内。

38　《辽史》卷8《景宗本纪上·保宁七年》，中华书局，1974年，第95页。

39　《辽史》卷38《地理志二·东京道·通州》，中华书局，1974年，第468页。

40　谭其骧：《〈中国历史地图集〉释文汇编·东北卷》，中央民族学院出版社，1988年，第145页。

41　《辽史》卷37《地理志一·上京道·上京临潢府》，中华书局，1974年，第440页。

42　《辽史》卷37《地理志一·上京道·上京临潢府》，中华书局，1974年，第440页。

43　《辽史》卷37《地理志一·上京道·上京临潢府》，中华书局，1974年，第440页。

44　《辽史》卷39《地理志三·中京道·来州》，中华书局，1974年，第489页。

相比较辽初期和中期爆发燕颇和大延琳叛乱后，统治者随即将渤海余众移民他地安置的处理来看，古欲和高永昌的叛乱发生于辽末，此时恰逢金国崛起，辽统治失控，所以辽统治者已没有能力再像中前期一样用移民手段处置渤海人，此时渤海人大量投附金国，反而移民辽统治区域之外。

辽圣宗统和二十二年（1004），迁"渤海、女直、汉人配流之家七百余户，分居镇、防、维三州"，以之"捍御室韦、羽厥等国"[45]。出于这样守边目的而移民迁徙的渤海人应该不仅此一例，只是未详载于史册。

为辽统治者看守皇陵，成为一些被移民迁往辽皇陵周边置州县居住的渤海人的使命和义务。辽世宗时，置显、康二州，迁民用以为看守其父东丹人皇王陵。显州所迁之民为"东京三百户"，其中包括了被太宗迁至东京道的原渤海中京长乐县民，以及"自来助役"的渤海人。而康州则是"迁渤海率宾府人置"，辽东京康州辖县率宾县，亦迁渤海率宾府渤海遗民置。辽穆宗为奉祀世宗陵寝，置山东县，所迁之民为原渤海中京显州永丰县民已被迁辽阳者。辽世宗为奉祀景宗乾陵，置乾州，守户中有原被迁至辽阳地区的原渤海中京汤州灵峰县民，亦有不知原属何处的麓郡、麓波、云川三县的渤海人被迁置司农县，另有延昌县，乃析斡鲁朵延昌宫户置，原属延昌宫的遂州、韩州、双州皆有大量渤海移民，因此延昌县内必定迁来一定数量的渤海人[46]。

事实上，由于平叛、戍边和守陵等目的而被迁徙的渤海人的户数因文献记载简略，难以有确切的统计数字。但可以明确的是，相比太祖和太宗朝的西迁和南迁是无法比拟的，人数最多不过万余。

另外，除渤海灭国之初被大批移民至中京道安置，其他时段亦有渤海人被分移至中京一带。辽圣宗统和年间（983～1011），"徙辽东豪右以实中京"[47]，这批辽东豪右多是渤海人，其中最为著名者如渤海王室后裔大公鼎，"渤海人，先世籍辽阳率宾县。"徙于辽中京之后，"因家于大定"[48]。中京大定府统州恩州，"开泰中（1012～1021），以渤海户实之"；统县恩化县，"开泰中（1012～1021）渤海人户置。"[49]

五、渤海移民对辽代社会的影响

一般来说，移民的大量涌入，短时期会造成所迁入地内人口的超速增加，因为这种增加是极大超过该地区原本正常的人口增速，所以如果按常规来扩大该地区的耕地面积，则很难在合理范围内满足这些人口对于粮食的需求；正是这样的困境，反而侧面促使该地区在耕地得不到迅速扩大的前提下，将粗犷农业向精耕细作转型，提高耕地单位面积的农作物产量，从而解决粮食缺口；同时，也进一步迫使许多农业人口转变生产生活方式，更多地投入到手工业和商业中去，正是这些移民迁入，促进了迁入地经济的变

45　《辽史》卷37《地理志一·上京道·边防城》，中华书局，1974年，第451页。

46　《辽史》卷38《地理志二·东京道·乾州》，中华书局，1974年，第465页。

47　《辽史》卷105《能吏列传·大公鼎传》，中华书局，1974年，第1459页。

48　《辽史》卷105《能吏列传·大公鼎传》，中华书局，1974年，第1459页。

49　《辽史》卷39《地理志三·中京道·中京大定府》，中华书局，1974年，第483页。

革与发展[50]。而渤海社会的生产力水平是要高于契丹的，其不仅有着为数众多的农业人口，更有较为先进的手工业和商业水平，所以，这些具有先进生产技艺的渤海移民，对辽代社会的农业、手工业和商业的发展与提高，起到了飞跃性的促进作用。

就渤海国原本的经济水平而言，已经是一个经济较发达的国家，其农业和手工业特产远销东亚，驰名唐朝，据《新唐书·渤海传》载，渤海"俗所贵者，曰太白山之菟，南海之昆布，栅城之豉，扶余之鹿，鄚颉之豕，率宾之马，显州之布，沃州之绵，龙州之䌷，位城之铁，卢城之稻，湄沱湖之鲫。果有九（丸）都之李，乐游之梨"[51]。公元926年，契丹灭亡渤海国后，不仅这些盛产方物之地尽为其所有，更有数以百万计的渤海人口被其统治。这其中，先后有47万余口拥有先进农耕技术和手工业技能的渤海移民，被有目的有计划迁入辽内地核心统治区域予以安置，妥善利用他们的生产能力为辽所用[52]。辽大多采用易地重置州县的方式将这些农民和匠人置于契丹核心腹地安置，让其各司原业，为辽的经济发展贡献力量，迅速填补契丹人擅长游牧而短于农耕和手工业的不足。很快，这些渤海遗民便在所徙各地发展生产，极大促进了辽经济的发展，为辽的对外战争和内部巩固提供了丰厚的经济基础，成为辽代不可或缺的社会生产力量。

渤海国时期闻名东亚"俗所贵者"的特产总计达14种之多，这些富饶的资源、珍贵的劳动力和生产工艺，是契丹贵族极为垂涎的，尤其是渤海人民所掌握的生产技能，是可以极大促进辽代社会快速发展的珍贵推动力。所以，契丹才会意志坚决地要剪灭渤海国，将其纳入自身发展的队伍中来。事实也证明了，正是大批拥有先进生产生活技能的渤海移民的迁入，促使辽代社会经济迅猛发展，很快巩固了在中国北部的统治，社会面貌也发生了极大的改变，而这一切都与渤海移民的到来有着极为密切的联系[53]。

此外，辽还充分利用了渤海移民的军事能力，被其迁徙到统治腹地的渤海移民被大量征调于辽代各种军队中，无论是中央直属的御帐亲军（其中的属珊军），还是隶属于宫卫（斡鲁朵）内的宫卫骑军，抑或五京州县内的五京乡丁，甚至是契丹贵族的部族军等，都可见到大量渤海军人的身影。此外，还有清一色由渤海职业军人组成的战斗力极强的渤海军。这些辽代军队中的渤海军人极大发挥了其卓越的军事能力，为巩固辽边防稳定和对外军事战争发挥了不可磨灭的贡献[54]。

六、结　论

综上所述，在辽吞并渤海辽东地区之际，辽太祖便开始移民安置原辽东地区内的渤海人，至灭亡渤海国的当年，为了长久地对渤海国故地和人口施以行之有效的统治，太祖阿保机大规模地将渤海"俘户"内迁至其腹地上京和中京地区；随后，出于同样因素

50　葛剑雄、曹树基、吴松弟：《简明中国移民史》，福建人民出版社，1993年，第557～559页。

51　《新唐书》卷219《渤海传》，中华书局，1975年，第6183页。

52　孙炜冉：《辽对渤海人的移民及其安置》，《博物馆研究》2015年第1期，第45～53页。

53　孙炜冉：《渤海遗民对辽代社会的经济贡献》，《云南民族大学学报（哲学社会科学版）》2018年第4期，第137～142页。

54　孙炜冉：《辽代军队中的渤海军人》，《黑龙江社会科学》2018年第4期，第149～153页。

的考虑，以及辽内部政治斗争的需要，太宗耶律德光接受耶律羽之的建议南迁东丹国，同时尽迁渤海人于东京诸地。三次大规模安置于上京、中京与东京的渤海移民，保守估计亦达9万余户，45万余口，加上后期反叛、戍边和守陵所迁人数，保守估计应在47万左右，共计以渤海人重置或实户58个县。据考证：渤海移民主要有四个流向，除上述被迁往契丹境内以外，另三个流向分别为逃亡高丽数万户（10余万人），流入中原和女真20万~30万人，留在渤海国故地2万余户（约10万人）[55]。可见，其最大的流向便是迁入契丹境内。这部分渤海移民逐步被统治者同化，直至金末元初，同契丹人、女真人一起，悉数成为北方汉人。

渤海人的大量外迁使其故地成为政治真空地带，再次引发了东北民族形势的变化，原渤海国北部的黑水靺鞨人，即辽时的生女真人趁势由东、北两个方向涌入渤海国故地，成为这一区域新的统治民族。这些相对落后的游牧民族迅速接收了"海东盛国"的经济、文化成就，以及不愿被辽统治而投奔女真的原渤海民众，进而文明程度迅速提高。这些数量众多的渤海移民对辽代社会的影响非常大，无论是传统农业、畜牧业，还是新兴手工业等，渤海移民都掌握着较为先进的生产工艺，这些技能在进入辽代社会后，得到了辽统治者极大的重视，基本都被辽廷转化为促进自身发展的社会推动力，从而改变了辽代社会的经济面貌。但是从后来的发展情况来看，无论是辽、金还是蒙元，其后的东北民族政权在文化成就上都无法超越渤海国，清代崛起后对于其龙兴之地的东北腹地，更是开启了长达二百余年的封禁，使得该地区成为文化贫瘠的地区。所以从某种角度来说，渤海之后的东北文明大有倒退之势，这便是渤海文明在东北亚历史上声誉远播、文化上意义深远的主要原因。

（孙炜冉　通化师范学院高句丽与东北民族研究中心）

55　王承礼：《渤海简史》，黑龙江人民出版社，1984年，第177页；杨保隆：《辽代渤海人的逃亡和迁徙》，《民族研究》1990年第4期，第93~103页。

浅探辽代术不姑部族

赵文生

内容提要：笔者依据《辽史》及前人的成果，对辽代术不姑部族的源流、分布、建置、朝贡等方面做了初步探讨，提出了一些粗浅的看法，以求抛砖引玉之效。

关键词：辽代　术不姑　部族

术不姑在《辽史》中亦作述不姑[1]，又有直不姑（亦作直不古[2]）[3]、挞术不姑[4]、卢不姑[5]三部。

术不姑即苏轼《请修弓箭社第二状》[6]中的"术保"[7]、《宋朝事实》中的"珠尔布固番"、《册府元龟》中的"背阴达勒"、《辽史·本纪第一·太祖》卷1中的"背阴国"[8]。

辽太宗会同四年（941）十一月，"术不姑来贡"[9]。同年十一月庚午（941年12月5日），"阻卜来贡"[10]。据此得出术不姑即阻卜，术不姑是阻卜的慢读，他们之间是专部和统称的关系[11]。

一、术不姑部族源流

有人考证，jufugu（术不姑）中的fugu为《清史稿》之拂河（今流入松花江支流

1　《辽史》卷46《志第十六·百官志二》，中华书局，1974年，第757页。

2　《辽史》卷60《志第二十九·食货志下》，中华书局，1974年，第932页。

3　《辽史》卷46《志第十六·百官志二》，中华书局，1974年，第757、762页。

4　《辽史》卷46《志第十六·百官志二》，中华书局，1974年，第763页。

5　《辽史》卷46《志第十六·百官志二》，中华书局，1974年，第765页。

6　（北宋）苏轼：《东坡奏议》卷14，清宝华盦刻本。

7　唐长孺：《记阻卜之异议》，《大公报·文史周刊》1947年5月16日。

8　周良霄：《鞑靼杂考》，《文史（第八辑）》，中华书局，1980年，第73～84页。

9　《辽史》卷69《表第七·部族表》，中华书局，1974年，第1084页。

10　《辽史》卷4《本纪第四·太宗下》，中华书局，1974年，第50页。

11　赵文生：《试探辽金时期的鼻骨德部族》，《辽金历史与考古（第十三辑）》，科学出版社，2022年，第222页。

安邦河的哈达密河）。jufugu（术不姑）中的fu、funi（拂涅）中的fu，均是fugu（拂河）的简称，表明术不姑和拂涅源于拂河，术不姑来自北魏至隋唐时期勿吉和靺鞨的拂涅部。《辽史》将"拂涅"中的"拂"（fu）改为"术不姑"中的"不"，"涅"（ni）系满——通古斯语族"人"之意，"拂涅"意为"拂河人"。术不姑与术不姑三部[12]之直不姑、挞术不姑、卢不姑[13]的语言均属满——通古斯语族。术不姑（jufugu）的术（ju）是"房"之意，术不姑（jufugu）意为"房居拂河"；卢不姑（irufugu）中的卢（iru）是"穴"之意，意为"穴居拂河"；挞术不姑（dafugu）中的挞（da）是"原住"之意，挞术不姑意为"原地房居拂河"；至于直不姑，应近于术不姑。

拂涅部为北魏、东魏、北齐、北周时期的勿吉七部之一，位于今张广才岭以东的牡丹江流域[14]。隋唐时期，勿吉改称靺鞨，拂涅部转为靺鞨七部之一，北与黑水靺鞨为邻。武周圣历元年（698），粟末靺鞨首领大祚荣率众自营州（今辽宁省朝阳市）东返靺鞨故地，威逼拂涅部北迁依附黑水靺鞨，此时的拂涅西界"大致当在今张广才岭北段，由此而东北过清黑山、小兴安岭，沿今苏境土腊纳山、亚姆山直到鄂霍次克海"[15]。唐玄宗开元十四年（726），渤海对黑水靺鞨以十万大军压境之际，拂涅北渡松花江（今名），越小兴安岭（今名）南段，顺呼兰河（今名）至嫩江下游，演变为室韦九部之一的黄头室韦[16]。后来，他们从室韦岭西部（位于小兴安岭中段西麓）顺科洛河（今名）至甘河上游定居。今内蒙古自治区鄂伦春自治旗甘河镇南的疏夫喀山（海拔146米）[17]，疏夫喀是jofuka的译音，其中ka与gu通，疏夫喀即术不姑，此山便是阻卜发源地或术不姑腹心地区[18]。从笔者考证的可敦城在今黑龙江省漠河市洛古河至北极村往东的黑龙江岸边[19]上看，也有这种可能。唐僖宗光启年间（885~888），契丹部落浸强，"乃抄奚、室韦，小小部种皆役服之"[20]。他们被迫顺海拉尔河（今名）溯至伊敏河（今名），及至辽代形成术不姑部族。

术不姑始见于《辽史·太祖纪上》，辽太祖六年七月"丙午（笔者注：912年8月15日），亲征术不姑，降之，俘获以数万计"[21]。《辽史·兵卫志上》又有辽太祖六年

12 《辽史》卷69《表第七·部族表》，中华书局，1974年，第1084页。

13 《辽史》卷46《志第十六·百官志二》，中华书局，1974年，第762、763、765页。

14 谭其骧：《〈中国历史地图集释文汇编〉东北卷》，中央民族学院出版社，1988年，第53页。

15 谭其骧：《〈中国历史地图集释文汇编〉东北卷》，中央民族学院出版社，1988年，第75页。

16 据《新唐书》卷219《列传第一百四十四·北狄·黑水靺鞨》、《旧唐书》卷199下《列传第一百四十九下·北狄·渤海靺鞨》推定。

17 《中华人民共和国地图集》，地图出版社，1957年，第25、26、29、30页。

18 赵文生：《试探辽金时期的鼻骨德部族》，《辽金历史与考古（第十三辑）》，科学出版社，2022年，第222页。

19 赵文生：《辽代蒙古高原东部地区的农业开发及镇、防、维三州的设置》，《农业考古》2019年第4期，第33页。

20 《新唐书》卷219《列传第一百四十四·北狄·契丹》，中华书局，1975年。

21 《辽史》卷1《本纪第一·太祖上》，中华书局，1974年，第6页。

（912）"秋，亲征背阴国，俘获数万计"[22]。这两处记载实为一事，可证术不姑亦即背阴国。

"背阴"之名亦见《册府元龟》外臣部、降服、后唐庄宗同光二年（924）六月，云州节度使李敬文奏："达勒首领涝撒于于越（笔者注：于越为突厥尊号"贵人"之意）族帐，先在碛北，去年契丹攻破背阴达勒，因相掩击。涝撒于于越率领步（笔者注：应为"部"）族羊马三万，逃遁来降，已到金月南界。今差使蒙越到州，便令入奏。"这段事实亦见《旧五代史·唐书》卷8，其文曰：后唐庄宗"同光三年六月癸亥（925年8月19日），云州上言：去年契丹从碛北归帐达靼，因相掩击。其首领裕越族帐自碛北以部族羊马三万来降，已到南界。今差使人来，赴阙奏事。"但两者时间抵牾。据《辽史》，辽太祖天赞二年（923），耶律阿保机方有事于南面，没有在碛北用兵。天赞三年（924）六月，大举西征吐浑、党项、阻卜等部。九月，次古回鹘城。丙午（10月6日），遣骑攻阻卜，略地西南。上引李敬文奏谓去年契丹破背阴达勒，明为追叙，则于越族帐之至南界，差人入奏，乃同光三年事，当从《旧五代史》所记。唯其年六月无癸亥，《旧五代史》干支纪年亦有失检，行文亦因删节而欠通。

综考上引《辽史》《册府元龟》《旧五代史》所记，可知"术不姑"即"背阴国"，亦可称为"背阴达勒"，而"达勒"即是"鞑靼"。此术不姑以"背阴达勒"之专名以区别涝撒于于越之他部鞑靼，亦犹之乎《辽史》之以术不姑之专名以区别于其他诸部阻卜[23]。

二、术不姑的地域分布

术不姑的居地，从辽太祖天赞三年（924）进军路线看，应在可敦城之西南。李敬文奏称耶律阿保机是先攻破术不姑，进而掩击涝撒于于越鞑靼。北宋王延德《使高昌记》中有达干于越王子族。过此族则为拽利王子族，其居地为合罗川（即和林川，位于镇州西南）。据此断定，但术不姑住地应在和林川西南[24]。从辽圣宗统和四年六月"己未（986年7月31日），闻所遣宣谕回鹘、核列哿国度里、亚里等为术不姑邀留，诏速撒赐术不姑货币，谕以朝廷来远之意，使者由是乃得行"[25]的情形看，也有这种可能。统和三年"闰九月……己亥（985年11月13日），速撒奏术不姑诸部至近淀，夷离堇易鲁姑请行俘掠，上曰：'诸部于国无恶，何故俘掠，徒生事耳。'不允。"[26]此"近淀"当在金山（今内蒙古自治区乌兰浩特市西）以西30千米的老头山南麓5千米处。在淀的东岸有一条南北大道从归流河（今名）直通辽上京庆州（今内蒙古自治区巴林右旗索博日嘎苏木）。术不姑诸部必是生活在归流河（今名）

22　《辽史》卷34《志第四·兵卫志上》，中华书局，1974年，第396页。

23　周良霄：《鞑靼杂考》，《文史（第八辑）》，中华书局，1980年，第73~84页。

24　周良霄：《鞑靼杂考》，《文史（第八辑）》，中华书局，1980年，第73~84页。

25　《辽史》卷11《本纪第十一·圣宗二》，中华书局，1974年，第123页。

26　《辽史》卷10《本纪第十·圣宗一》，中华书局，1974年，第116页。

一带，他们是在唐朝灭亡后不久进入归流河（今名）的。从唐昭宗天复元年至辽太祖三年（901～909），契丹连续七征黑车子室韦。从一征至五征，黑车子室韦的西剌木伦河——西辽河（今名）以北土地尽失，只剩归流河（今名）一地。辽太祖二年五月癸酉（908年6月4日）六征时，辽太祖"诏撒剌讨乌丸、黑车子室韦"[27]，将归流河中下游之黑车子室韦击至乌丸境内。辽太祖三年十月己巳（909年11月22日）七征时，辽太祖"遣鹰军讨黑车子室韦"[28]，将归流河上游榆林峪（今海勒斯图河，蒙古语意为"有榆树的河"）之黑车子室韦逐至大兴安岭（今名）西麓，归流河流域从此空旷起来。于是，术不姑三部溯伊敏河（今名）南下，通过哈拉哈河（今名）源附近的连水陆路和榆林峪，入住归流河流域，从而引发了辽太祖六年七月丙午（912年8月15日）"亲征术不姑"[29]。"及太祖西征，至于流沙，阻卜望风悉降，西域诸国皆愿入贡。因迁种落，内置三部，以益吾国。不营城邑，不置戍兵，阻卜屡世不敢为寇。"[30]此内置之三部阻卜，周良霄疑为术不姑三部。这大概就是术不姑三部在辽太宗天显八年（933）前《辽史》列入属国表，而后则入部族表的原因[31]。又有，辽圣宗统和二年"八月辛卯（984年9月11日），东京留守兼侍中耶律末只奏，女直、术不直、赛里等八族乞举众内附，诏纳之"[32]。可证术不姑部族即在附近。

综上所述，术不姑源自拂涅部，唐代中期为黄头室韦，之后活动在疏夫喀山（今名）一带。唐末迁至伊敏河（今名）一带，辽初迁至和林川一带，最终形成术不姑部族，在辽太祖六年（912）至辽圣宗统和二年（984）间移归流河（今名）一带。

三、术不姑与辽廷之间的朝贡隶属关系

（一）辽廷对术不姑的征讨与管理

（1）辽太祖六年"秋七月丙午（912年8月15日），亲征术不姑，降之，俘获以数万计"[33]。辽太祖六年"秋，亲征背阴国，俘获数万计"[34]。

（2）辽圣宗统和二年"八月辛卯（984年9月11日），东京留守兼侍中耶律末只奏，女直、术不直、赛里等八族乞举众内附，诏纳之"[35]。

（3）辽圣宗统和三年闰九月戊戌（985年11月12日），辽圣宗"驻跸东古山。己亥（11月13日），速撒奏术不姑诸部来至近淀，夷离堇易鲁姑请行俘掠，上曰：'诸部于

---

27 《辽史》卷1《本纪第一·太祖上》，中华书局，1974年，第3页。

28 《辽史》卷1《本纪第一·太祖上》，中华书局，1974年，第4页。

29 《辽史》卷1《本纪第一·太祖上》，中华书局，1974年，第6页。

30 《辽史》卷103《列传第三十三·文学上·萧韩家奴》，中华书局，1974年，第1447页。

31 周良霄：《鞑靼杂考》，《文史（第八辑）》，中华书局，1980年，第73～84页。

32 《辽史》卷10《本纪第十·圣宗一》，中华书局，1974年，第113页。

33 《辽史》卷1《本纪第一·太祖上》，中华书局，1974年，第6页。

34 《辽史》卷34《志第四·兵卫志上》，中华书局，1974年，第396页。

35 《辽史》卷10《本纪第十·圣宗一》，中华书局，1974年，第113页。

国无恶，何故俘掠，徒生事耳。'不允"[36]。

（4）辽圣宗统和四年六月"己未（986年7月31日），闻所遣宣谕回鹘、核列哿国度里、亚里等为术不姑邀留，诏速撒赐术不姑货币，谕以朝廷来远之意，使者由是乃得行"[37]。

（5）辽圣宗太平六年（1026）"九月，术不姑诸部皆叛"[38]。

（6）辽道宗大安四年十月"壬寅（1088年11月9日），诏诸部官长亲鞫诉讼"[39]。

其中，辽太祖六年（912）秋，辽太祖亲征术不姑和亲征背阴国，实为一事，只是《辽史·太祖纪上》和《辽史·兵卫志上》中把术不姑部族分别写成术不姑和背阴国两个名称。

（二）术不姑部族向辽廷朝贡情形

《辽史》中的朝贡记载如下：

（1）辽太宗天显八年（933）七月，"术不姑来贡"[40]。

（2）辽太宗天显八年（933）十月，"术不姑来贡"[41]。

（3）辽太宗天显十二年九月"癸亥（937年10月20日），术不姑、女直来贡"[42]。

（4）辽太宗会同三年（940）九月，"术不姑三部人来贡"[43]。

（5）辽太宗会同四年（941）十一月，"术不姑来贡"[44]。会同四年十一月庚午（941年12月5日），"阻卜来贡，以其物赐左右"[45]。

（6）辽太宗会同五年（942）七月，"术不姑、鼻骨德、于厥里来贡。"[46]会同五年秋七月"辛卯（942年8月23日），阻卜、鼻骨德、乌古来贡"[47]。

（7）辽圣宗统和六年"九月丙申（988年10月25日），化哥与术不姑春古里来贡"[48]。

（8）辽兴宗重熙十年（1041）十二月，"术不姑酋长来贡"[49]。

其中辽太宗会同四年（941）的朝贡，术不姑与阻卜实乃一部两称，正如前面所言是一个大部族的专部与统称的关系。会同五年秋七月辛卯（942年8月23日），阻卜、鼻骨德、乌古来贡及术不姑、鼻骨德、于厥里来贡，这里的阻卜即术不姑，乌古指三河乌

36　《辽史》卷10《本纪第十·圣宗一》，中华书局，1974年，第116页。

37　《辽史》卷11《本纪第十一·圣宗二》，中华书局，1974年，第123页。

38　《辽史》卷69《表第七·部族表》，中华书局，1974年，第1102页。

39　《辽史》卷25《本纪第二十五·道宗五》，中华书局，1974年，第297页。

40　《辽史》卷70《表第八·属国表》，中华书局，1974年，第1130页。

41　《辽史》卷70《表第八·属国表》，中华书局，1974年，第1130页。

42　《辽史》卷3《本纪第三·太宗上》，中华书局，1974年，第41页。

43　《辽史》卷69《表第七·部族表》，中华书局，1974年，第1084页。

44　《辽史》卷69《表第七·部族表》，中华书局，1974年，第1084页。

45　《辽史》卷4《本纪第四·太宗下》，中华书局，1974年，第50页。

46　《辽史》卷69《表第七·部族表》，中华书局，1974年，第1085页。

47　《辽史》卷4《本纪第四·太宗下》，中华书局，1974年，第52页。

48　《辽史》卷12《本纪第十二·圣宗三》，中华书局，1974年，第131页。

49　《辽史》卷69《表第七·部族表》，中华书局，1974年，第1103页。

古（即于厥里）。两条史料实际上说的是一件事。两条史料在年月上完全相同，只是卷4有具体日期，卷69忽略了具体日期。

术不姑的贡物，只在《辽史·食货志下》有所反映，即辽道宗"咸雍五年（1069年），萧陶隗为马群太保，上书犹言群牧名存实亡，上下相欺，宜括实数以为定籍。厥后东丹国岁贡千匹，女直万匹，直不古等国万匹，阻卜及吾独婉、惕德各两万匹，西夏、室韦各三百匹，越里笃、剖阿里、奥里米、蒲奴里、铁骊等诸部三百匹"[50]。由此看出，马匹在术不姑部族中占有重要地位，是主要贡物，说明术不姑部族是个游牧部族，过着游牧生活，但已有一定的定居生活。

《辽史》中对于术不姑部族人物，仅有辽圣宗统和六年九月丙申（988年10月25日）与重臣耶律化哥一同入朝的春古里，并贡方物。

四、辽廷在术不姑部族内的行政建置

作为东辽的属部，术不姑在《辽史》中有直不姑部、挞术不姑部、卢不姑部，建有术不姑国王府。

术不姑国王府，按《辽史·百官志二》"北面属国官"[51]，设有大王、于越、左相、右相、惕隐（司徒）、太师、太保、司空（本名闾林），下设建置有某国某部节度使司、某国详稳司，某国某部节度使司置有某国某部节度使、某国某部节度副使，某国详稳司置有某国详稳、某国都监、某国将军、某国小将军。

又按同卷"北面部族官""部族职名总目"中的"大部族"[52]，设有某部大王（本名夷离堇）、某部左宰相、某部右宰相、某部太师、某部太保、某部太尉、某部司徒（本名惕隐），下设建置有某部节度使司、某部族详稳司、某石烈、某弥里，某部节度使司置有某部节度使、某部节度副使、某部节度判官，某部族详稳司置有某部族详稳、某部族都监、某部族将军、某部族小将军，某石烈置有某石烈夷离堇、某石烈麻普（亦曰马步，本名石烈达剌干）、某石烈牙书，某弥里置有辛衮（本曰马特木）。依据该卷"大部职名""并同属国"[53]的记载，大部族和属国的职官设有大王、于越、左相、右相、惕隐（司徒）、太师、太保、太尉、司空，由大王统治，它们均隶属于东京道。

据《辽史·兴宗纪一》，辽兴宗重熙十年十二月"乙未（1042年1月14日），置挞术不姑酋长"[54]，可以断定术不姑诸部首领是由朝廷任命的，至少挞术不姑部是这样的。又据《辽史·百官志二》中有直不姑部、挞术不姑部、卢不姑部，诸国中有术不姑

50　《辽史》卷60《志第二十九·食货志下》，中华书局，1974年，第931、932页。

51　《辽史》卷46《志第十六·百官志二》，中华书局，1974年，第755、756页。

52　《辽史》卷46《志第十六·百官志二》，中华书局，1974年，第723～725页。

53　《辽史》卷46《志第十六·百官志二》，中华书局，1974年，第757页。

54　《辽史》卷18《本纪第十八·兴宗一》，中华书局，1974年，第226页。

国[55]，可见术不姑国是建在大部族术不姑部中，术不姑国大王可能就是由出自术不姑部的首领人物担任。依据辽制，术不姑部和术不姑国王府下面亦应有相应的军政建置和职官设置，术不姑部的基层建置较术不姑国王府多出了某石烈、某弥里，在节度使司中又多出了节度判官之设。据此，还可推测出术不姑国是由术不姑部改置而来的。

（赵文生　中国民族史学会辽金契丹女真史分会会员、
中华陈述辽金史研究中心兼职研究员、黑龙江省克山县社科联客座研究员）

55　《辽史》卷46《志第十六·百官志二》，中华书局，1974年，第757、762、763、765页。

《辽宁地区辽代壁画研究》评介

李宇峰

内容提要： 张桂霞著《辽宁地区辽代壁画研究》一书于2023年5月由辽宁民族出版社出版。该著作是一部利用考古资料研究辽代壁画的新作，是融考古发掘资料与学术研究于一体的典型范例，收录考古资料较全，将辽代寺庙壁画和辽塔地宫壁画均收录在内，从而拓宽了辽代壁画的内容，图文并茂，雅俗共赏，内容丰富，具有较高的学术价值。

关键词： 辽宁　辽代　壁画研究

辽宁省文物考古研究院副研究馆员张桂霞著《辽宁地区辽代壁画研究》一书已由辽宁民族出版社于2023年5月出版。全书共分八章十二节，16万字，大32开本，正文166页，彩版22幅，插图219幅（图一）。

《辽宁地区辽代壁画研究》是一部利用考古资料研究辽代壁画的新作，是融考古发掘资料与学术研究于一体的典型范例，具有较高的学术价值。笔者通读《辽宁地区辽代壁画研究》之后，受益颇多，该书有以下特点。

第一，自从1939年6月，日本学者田村实造、小林行雄发掘辽代庆陵出土壁画之后[1]，在地下沉睡千年的辽墓壁画才显露端倪，并引起世人注意和学术界的重视。中华人民共和国成立后，在内蒙古自治区、北京市、辽宁省、河北省、山西省等地先后发现大量辽代壁画墓，出土了数

图一　《辽宁地区辽代壁画研究》书影

1　〔日〕田村实造、小林行雄：《庆陵——关于东蒙古辽代帝王陵及其壁画的考古学的调查报告》（1.2），京都大学考古室刊行会，日本京都，1953年。

百幅精美的壁画。从目前的考古发现和研究成果来看，先后发表有关辽墓壁画的图录有《辽代壁画选》[2]《库伦辽代壁画墓》[3]《宣化辽墓壁画》[4]《内蒙古辽代壁画》[5]。除此之外，还有《大同辽代壁画墓刍议》[6]《北京地区辽代壁画墓》二文[7]。但综观上述画册与论文，其内容仅限于辽墓壁画范畴，《辽宁地区辽代壁画研究》一书突破了仅限于研究辽墓壁画的局限，将辽代寺庙壁画和辽塔地宫壁画均收录在内，从而拓宽了辽代壁画的内容，具有创新和填补学术空白的重要价值。

第二，《辽宁地区辽代壁画研究》一书收录考古资料较全，据作者统计，辽宁地区的辽代壁画墓有70座，其中纪年壁画墓有27座，这在中国北方诸省（区、市）中都雄踞榜首，除在正文之后附有辽宁地区辽代壁画墓一览表（以资料发表的时间先后为序）外，又选择其中重要的辽代壁画墓39座按早、中、晚三期分别予以详细介绍。对于已经仅仅发表文字资料的北镇龙岗三号墓[8]以及阜新蒙古族自治县平顶山壁画墓、平安地壁画墓[9]，《辽宁地区辽代壁画研究》一书对这3座墓都首次发表了壁画照片资料，为辽代壁画墓增加了新的题材与内容。这充分表明，作为辽宁省文物考古研究院的青年学者和辽代壁画研究领域里的后起之秀，作者执着的努力与追求，实为难能可贵。

第三，作者依据有学者论及的，辽宁地区的辽代纪年墓（包括辽墓和壁画墓）按三区分布的规律[10]，将辽代壁画墓亦分为三区，即以北镇医巫闾山麓的辽代皇陵显、乾二陵为主的辽代皇陵陪葬墓区，以阜新市为中心的辽代皇族和后族的墓区，以朝阳市为主的仕辽汉族大臣聚族而葬的墓区。分区和分期层次清楚，辽宁地区的辽代纪年壁画墓有27座，早中晚三期都有，这在中国北方诸省（区、市）应占榜首。这是辽宁地区辽代壁画墓分布的一大特点，为其他省（区、市）鲜见。三期分别以纪年辽代壁画墓为先，未纪年辽代壁画墓次之，排列有序，十分规范。

第四，《辽宁地区辽代壁画研究》一书的作者对于已经发表的辽代壁画墓的墓主身份及时代早晚均有创新，颇具新意，首先，对于朝阳市林四家子一号墓，当时简报作者未明确指明墓主姓氏身份[11]。该书作者依据刘宇一墓志在林四家子辽代墓地出土的实际情况，明确指出林四家子一号墓即是刘宇一墓，刘宇一卒于辽代圣宗统和十五年（997）。其墓主室东西两壁出土的仕女壁画中的仕女均粉面丰腴，体态肥美，颇具唐代仕女余韵，这与其他省区辽代壁画墓出土的辽代早中期的仕女形象与风格亦很相

2　项春松编：《辽代壁画选》，上海人民美术出版社，1984年。

3　王健群、陈相伟：《库伦辽代壁画墓》，文物出版社，1989年。

4　河北省文物研究所编：《宣化辽墓壁画》，文物出版社，2001年。

5　孙建华编著：《内蒙古辽代壁画》，文物出版社，2009年。

6　王银田：《大同辽代壁画墓刍议》，《北方文物》1994年第2期。

7　齐心：《北京地区辽代壁画墓》，《契丹学研究（第一辑）》，商务印书馆，2019年。

8　张克举：《北宁龙岗辽墓》，《辽宁考古文集》，辽宁民族出版社，2003年。

9　梁姝丹：《阜新地区辽墓壁画及相关问题》，《辽宁工程技术大学学报（社会科学版）》2011年第3期。

10　李宇峰：《辽宁地区纪年辽墓研究》，《沈阳文物》1993年第1期。

11　辽宁省文物考古研究所：《朝阳市林四家子辽墓发掘简报》，《北方文物》2013年第2期。

近[12]。林四家子辽代墓地即应是刘宇一家族墓地，刘宇一是五代刘仁恭的后裔子孙，自其祖父刘守奇降辽后，刘氏子孙均仕辽为官，已有学者对刘宇一的先祖、家族世系及生平事略有详细考述[13]，对罗继祖所著《辽汉臣世系表》是重要补充[14]。

其次对于已经发表资料的未纪年辽代壁画墓的时代早晚及分期，作者在该书中提出自己的认识和看法。例如，建平县张家营子辽代壁画墓发掘简报的作者认为其年代应为辽代初期[15]；本书作者依据双孔扁身式鸡冠壶应是辽代中期普遍流行的鸡冠壶形式，以及黄釉瓷器最早在辽代中期耿知新墓（圣宗太平七年，1027）才出现的例证[16]，认为建平张家营子辽代壁画墓的年代应为辽代中期，其证据及理由是令人信服的。还有对于朝阳市西三家辽代壁画墓的年代，简报作者认为应属辽代早期[17]，本书作者依据西三家辽代壁画墓的主室壁画出现四神图，而以四神为主的壁画、石棺主要流行于辽代中期的圣、兴两朝，因此认为西三家辽代壁画墓的年代应为辽代中期。其他诸如法库叶茂台七号壁画墓[18]、阜新蒙古族自治县关山七号壁画墓的年代[19]，自资料发表后，长期以来学术界一直颇存争议，迄今尚无趋于一致的认识，对此，本书作者都客观介绍各家观点，并提出自己的认识，这种做法是值得提倡的，百家争鸣，各抒己见，互相切磋，共同推动学术的交流与进步。

第五，《辽宁地区辽代壁画研究》一书除主要论述辽墓壁画之外，在第五章又单辟一章，专门论述辽宁地区其他辽代壁画，在收录的两处辽塔地宫（石宫）壁画和一处辽代寺庙壁画中，以沈阳市辽代无垢净光舍利塔地宫出土的四天王壁画尤为重要[20]，四天王形神兼备、色泽鲜艳，行笔如新，作为辽塔地宫四天王壁画保存完整，尚属首次发现，弥足珍贵。虽然没有留下画工的名字，但从绘画风格来看，尚存唐代画圣吴道子的遗风，为辽代中期壁画艺术的杰作佳品，为中国绘画史和佛教史的研究提供了有明确纪年（兴宗重熙十三年，1044）的考古资料，为辽代壁画研究增加了新的题材与内容。这是其他省（区、市）所未见的，具有填补辽代壁画研究学术空白的重要价值。

除上述外，《辽宁地区辽代壁画研究》一书对辽代壁画中反映的宗教文化的研究，尤其对道教文化的叙述过于简单，缺乏深入的分析与探索。其实，在辽墓壁画里涉及

12 内蒙古文物考古研究所、阿鲁科尔沁旗文物管理所：《内蒙古赤峰宝山辽壁画墓发掘简报》，《文物》1998年第1期。

13 杜守昌、李宇峰：《辽代（刘宇一墓志）考释》，《辽宁省博物馆馆刊（2012）》，辽海出版社，2013年。

14 罗继祖：《辽汉臣世系表》，《愿学斋丛刊》，1936年。

15 冯永谦：《辽宁省建平、新民的三座辽墓》，《考古》1960年第2期。

16 朝阳地区博物馆：《辽宁朝阳姑营子辽耿氏墓发掘报告》，《考古学集刊（3）》，中国社会科学出版社，1983年。

17 白宝玉：《朝阳市西三家辽墓发掘简报》，《文物春秋》2010年第1期。

18 辽宁省博物馆、辽宁铁岭地区文物组发掘小组：《法库叶茂台辽墓记略》，《文物》1975年第12期。

19 辽宁省文物考古研究所编著：《关山辽墓》，文物出版社，2011年。

20 沈阳市文物管理办公室、沈阳市文物考古工作队：《沈阳塔湾无垢净光舍利塔塔宫清理简报》，《辽海文物学刊》1986年第2期。

道教题材的内容十分丰富，据有学者统计近30幅[21]，其中的四神图、门神图、三老对弈图、驾鹤升天图都十分重要。新近发表的《辽代墓葬中的道教遗存——十二生肖》一文[22]，作者对十二生肖与道教文化的关系进行全面阐述与研究，读之令人有耳目一新的感觉。但瑕不掩瑜，《辽宁地区辽代壁画研究》是目前所见研究辽代壁画较好的一部新作，图文并茂，雅俗共赏，文笔流畅，内容丰富，具有较高的学术价值，特向辽代考古、辽史研究者、绘画美术界和广大文物爱好者推荐此书。

（李宇峰　辽宁省文物考古研究院）

21　李宇峰：《辽墓道教壁画四题》（未刊稿）。

22　聂定：《辽代墓葬中的道教遗存——十二生肖》，《契丹学研究（第二辑）》，商务印书馆，2022年。

西辽社会生活与中华文化传承研究

单超成

内容提要： 契丹人在辽朝灭亡后西迁我国新疆与中亚地区，建立了西辽王朝，是中华文化在西域传播的再一次高潮时期。以西迁契丹的宗教发展、物质生活为视角，结合中外史料及考古发掘，可知在西辽的不同时期，中华诸民族先后数批或追随或归附，成为西辽社会文化发展的基础，也成为中华文化传播的主体；西辽佛教的发展充分体现出中华文明的包容性，契丹贵族的宗教宽容政策促使辖境内弱小宗教再次勃兴；而西辽的物质生活发展更助推了西域地区的稳定与繁荣。西辽作为稳定的区域政权，使得中华文化在诸多民族的交流互动中蕴含的底蕴与内涵更为深厚。

关键词： 西辽王朝 中华文化 社会生活

文化作为人类社会生活的特有现象，是由形形色色的人群基于不同的自然环境所形成的生存方式最终汇聚而成的共同符号之一。中华民族几千年来生存繁衍于中华大地，共同创造了灿烂纷繁的中华文化，在历史的长河中，具有地域特征的中华诸文化随着人群的流动而交融汇聚，延绵不断。契丹作为发迹于我国东北地区的游牧民族，于公元10世纪初建立了幅员辽阔的辽朝，契丹一族广泛吸纳中华诸文化，发展成为中华民族在封建社会时期的重要力量。迨女真所建立的金朝灭亡辽朝，契丹贵族耶律大石率众西迁，来到我国新疆与中亚广大地区，建立了强大的西辽王朝，西方和穆斯林史学家称其为哈剌契丹。契丹人作为迁徙者，面对西域中亚地区复杂的社会环境，坚持传承在中原内地业已形成的生活习惯，从社会生活、规章制度、政治理念、文化类型等均与辽朝一脉相承。这间接促进了中华文化在西域中亚的广泛传播和发展。通过对西辽王朝的历史研究、考古发掘，有助于理解为何中华文化能够成为西域诸族社会经济文化繁荣发展的助推力。

一、西辽王朝多元社会文化的现实基础

人类个体是诸多文化的创造者，也是传播者和重要载体，契丹人作为西辽时期西域中亚统治的主体民族，成为当时中华诸文化在西域地区传承与发展的主要力量，契丹人并非全民从事于农业定居生活，尚有大部分仍熟稔于游牧营居生活，其生产生活方式皆

沿袭自中原的风俗习惯。在西辽王朝不同时期，曾有诸多群体追随和归附，研究可知，从耶律大石西迁开始，先后有数批人群不同程度地归入其麾下，或依附于西辽诸君，这不仅壮大了西辽的军事实力，也带来了王朝手工业的发展，为王朝的建立和多元社会文化的形成打下了现实基础。

据《辽史》记载：公元1124年"大石不自安……率铁骑二百宵遁……西至可敦城，驻北庭都护府，会十八部王众，遂得精兵万余"[1]。此贴身铁骑二百、漠北诸部精兵万余为第一批追随耶律大石而去的人群，其中包括契丹人、汉人和漠北草原突厥语族诸部。这部分汉人主要来自原辽朝"山前山后十六州"，为农耕与游牧交错地，耶律大石在这批汉人中设置了南面官加以管理；当时存留于漠北地区的契丹人口，一部分追随耶律大石西征而去，其中包括久已习于农事者；而漠北突厥语诸部族则为耶律大石"仗义而西，欲借力诸蕃"的军力补充。《辽史》载："松漠以北旧马，皆为大石林牙所有"[2]。《松漠纪闻》补充云"辽御马数十万，牧于碛外，女真以绝远未之取，皆为大实所得"[3]。耶律大石在漠北所积聚的人气，初到西域时成为其掌握的重要军事力量，至王朝建立后部分转为从事于农业和手工业生产，推动其社会文化的发展。

耶律大石进入吉利吉思地区受挫后，来到也迷里河流域，在今新疆额敏县境率众修筑城池，建立了其在西域的第一个根据地——叶密立城，叶密立周边突厥语诸部族纷纷归附。公元1132年，耶律大石在此称帝，考虑到所掌握的力量多是突厥语诸部族，他采用了突厥语称号"菊儿汗"，为彰显自身源于中原辽朝，又使用中原尊号。史载："又西至起儿漫，文武百官册立大石为帝，以甲辰岁二月五日即位，年三十八，号葛儿罕。复上汉尊号曰天皇帝，改元延庆。"[4]其称号变更的先后顺序反映出当时突厥语部人数众多的史实。波斯史学家志费尼在《世界征服者史》中、瑞典史学家多桑在《多桑蒙古史》中均对这件事进行了记述，建城不久随即突厥语族各部大量集合在菊儿汗身边，以致迅速增至四万余户[5]。这些周边部族包括阻卜、哈剌鲁、钦察、乃蛮各部，他们随着西辽王朝的发展，从叶密立逐渐迁居西辽直辖地，包括首都虎思斡耳朵都有分布[6]。如哈剌鲁斡扎儿家族据有阿力麻里，与首都关系密切；哈剌鲁人还分布于新城海押立。13世纪初，乃蛮余部散居叶密立。乃蛮部落基本属于游牧部落，有些人住在多山之地，有些人住在平原。有些分布在额尔齐斯河与今吉尔吉斯斯坦之间，以及与畏兀儿国毗连的沙漠边境[7]。这些游牧民多熟稔适合于游牧生活的手工业生产。据意大利人柏朗嘉宾在其蒙古行纪中记载，蒙古入侵后，在西辽地区窝阔台下令筑一城（应为修建），名为斡密立，在该城以南是一片沙漠大碛，那里的居民可以制造驼毛毡毯，可以制衣服蔽体，

1　《辽史》卷30《天祚皇帝四》，中华书局，1974年，第355、356页。

2　《辽史》卷60《食货志下》，中华书局，1974年，第932页。

3　（宋）洪浩撰，翟立伟标注：《松漠纪闻》，吉林文史出版社，1986年，第27页。

4　《辽史》卷30《天祚皇帝四》，中华书局，1974年，第356、357页。

5　〔瑞典〕多桑著，冯承钧译：《多桑蒙古史》，中华书局，1962年，第178页。

6　刘迎胜：《察合台汗国疆域与历史沿革研究》，《中国边疆史地研究》1993年第3期，第31、32页。

7　（波斯）拉施特主编，余大钧、周建奇译：《史集》卷1，商务印书馆，1983年，第224页。

遮羞御风[8]。始终从事游牧生活的鞑靼人，男子主要从事于造箭或者照料牲畜，除了这些轻微劳动，一般不再做什么事情，有时开展一些狩猎活动及练习骑射本领。所有男子都是优秀的射手，孩子刚长到两三岁时就开始骑马而行，驾驭马匹。人们送其弓弩，传授骑射之艺。男女都随身携带弓弩和箭袋。女子从事各种劳动，如缝制皮袄、衣服、鞋、马靴和各种皮货[9]。因此，包括这群游牧群体及其他部族，丰富了西辽王朝因畜牧经济生活而存在的相应手工业的生产和使用。

耶律大石作为辽朝遗臣且为契丹贵族，拥有强大的影响力和感召力，尤其是于西域建立西辽王朝后，俨然成为留居原地受金朝统治的契丹遗民的精神领袖，在强烈的民族认同感的驱使下，先后有契丹人或经西夏投奔，或自金营逃归，前往西域投奔耶律大石。据《金史》记载，作为契丹反金首领，移剌窝斡随从撒八起兵反金，"撒八自度大军必相继而至，势不可支，谋归于大石，乃率众沿龙驹河西出。"[10]虽最终被抓捕，但其在金朝契丹人中产生了很大反响。而金世宗大定十七年（1177），世宗"遣监察御史完颜觌古速行边，从行契丹押剌四人，援剌、招得、雅鲁、斡列阿，自边亡归大石。上闻之，诏曰："大石在夏国西北。昔窝斡为乱，契丹等响应，朕释其罪，俾复旧业，遣使安辑之，反侧之心犹未已。若大石使人间诱，必生边患。遣使徙之，俾与女真人杂居，男婚女聘，渐化成俗，长久之策也"[11]。担心会有更多契丹人与西辽接触，金世宗不得不采取让契丹人和女真人杂居通婚来消减叛逃西辽之事故。这些西逃的契丹人无法统计具体人数，他们的加入壮大了西辽王朝契丹人的力量。至1134年，西辽人口突然多了数万帐，据学者研究，这突然增加的数万帐人口，应该包括经西夏西投大石的契丹人[12]。

12世纪末，阿拉伯历史学家伊本·阿西尔在《全史》中记载，早在耶律大石西征之前，就有1万6千帐契丹人居住在喀喇汗王朝境内，受命为王朝守卫边界，当耶律大石进入七河地区以后，他们加入了西辽军队[13]，据魏良弢先生估算，以每帐2人计算则至少有3万余人[14]，正如《全史》记述，这些人口使西辽军队扩大了一倍，很大程度上壮大了西辽军事力量。13世纪时，意大利人柏朗嘉宾记载了契丹人的种种手工业生产。成吉思汗围困哈剌契丹都城时，当地居民用上了各种兵器，如弓箭等来顽强地抵抗入侵。人们用巨石滚下城墙砸死侵略者，当巨石用尽时甚至拿出银锭，或者用融化的银浆泼洒敌人。对于柏朗嘉宾而言，世界上人们所从事的各行业中再也找不到比他们更为娴熟的精工良匠了[15]。契丹人迁徙至西域，有从事于营居的游牧生活者，有融入各地绿洲农业定居生活者，我们可从此时期高昌回鹘所留下的回鹘文契约文书中略知一二。据刘戈研

8 　耿昇译：《柏朗嘉宾蒙古行纪》，中华书局，1985年，第47页。

9 　耿昇译：《柏朗嘉宾蒙古行纪》，中华书局，1985年，第43、44页。

10 　《金史》卷133《移剌窝斡传》，中华书局，1975年，第2850页。

11 　《金史》卷88《唐括安礼传》，中华书局，1975年，第1964页。

12 　孙进己：《北方民族史研究》，中州古籍出版社，1996年，第449页。

13 　张星烺：《中西交通史料汇编》（第四册），华文出版社，2018年，第1273页。

14 　魏良弢：《中国历史：喀喇汗王朝史》，人民出版社，2010年，第288、289页。

15 　耿昇译：《柏朗嘉宾蒙古行纪》，中华书局，1985年，第48、49页。

究，在现知回鹘文契约文书中约有10余件内含契丹族名的人名，他们参与到高昌回鹘的社会经济生活中，如土地分割租赁、人口买卖、典当等，有的开始从事于农业劳动，有的则已成为木工[16]，加入到当地的社会生产与文化建设中。

综上，正如长春真人西行至邪米思干大城，即今撒马尔罕所见，"城中常十万余户，其中大率多回纥人，田园不能自主，须附汉人及契丹、河西等，汉人工匠杂处"[17]，揭示了契丹人、汉人是西辽直辖地农耕和手工业生产的主力，在西辽王朝的不同发展阶段，众多从事于农业生产和游牧生活的部族或投归或追随西辽王朝诸君，包括初期追随耶律大石之漠北契丹、汉人和突厥语族诸部、于叶密立城闻讯归附的突厥语诸部族、从各地投奔西辽的辽朝遗民等，成为西辽王朝主要的手工业生产者，丰富了西辽王朝的社会生活和经济发展。虽史料语焉不详，但均可从零星记载中有所反应。

二、西辽王朝的宗教生活与中华文化传承

契丹人笃信佛教，佛教在辽朝的社会发展中占有重要地位。辽兴宗（1031～1054）时举全国之力雕刻了《契丹藏》，先后长达30余年始完成。随之《契丹藏》成为中华民族佛事交流的重要平台。同时，契丹也信仰景教等多种宗教。初到西域，契丹人面对的是当地复杂的宗教环境，尤其此时期伊斯兰教发展势头迅猛。西辽统治者采取了宽容以待的宗教政策，鼓励各宗教信仰自由传播发展。公元8世纪中叶，伊斯兰教在中亚地区几乎实现了本土化。在我国新疆地区，960年喀喇汗王朝将伊斯兰教定为国教，至11世纪初，喀喇汗王朝军队攻破和田城，遂使得号称"千年佛国"的于阗王国改变了宗教信仰[18]。西辽建立初期契丹人东征西讨的过程，也是与伊斯兰教势力争夺地盘的过程。西辽附属国东西喀喇汗王朝、花剌子模等均采取敌视态度，花剌子模被征服后，向西辽称臣纳贡，每年缴纳三万第纳尔金币，到摩诃末统治时期，自恃力强，极力想摆脱藩属关系。据多桑记载，公元1209～1210年，摩诃末联军战胜西辽塔尼古所将之军，乘胜占据一部分地，听闻此消息，花剌子模国中之民举国大欢，尊敬算端（摩诃末）尤甚。诸邻国君主皆遣使来贺[19]。

在这样的现实背景下，作为辽朝的延续，西辽统治者仍旧采取宽松的宗教政策，因而佛教、伊斯兰教、景教、祆教、道教等均得到了自由地传播和发展。契丹人则继续坚持着佛教的信仰传统，因而前期处于弱势的佛教得以再次繁荣起来。目前发掘的西辽时期佛教建筑遗址，采用汉地风格的绘画作为装饰，塑像均富丽堂皇。在其首都虎思斡耳朵，今吉尔吉斯斯坦托克马克境内的布拉纳古城遗址，考古发现了石雕佛像的断块，其身躯比常人略高，还有佛像站立在金台座上，身后的石板上雕有光轮和菩萨。还有很多

16 刘戈：《从回鹘文契约文书看13～14世纪高昌地区的民族或部落》，《西北民族研究》2000年第2期，第58～60页。

17 杨建新主编：《古西行记选注》，宁夏人民出版社，1987年，第205、206页。

18 新疆维吾尔自治区教育厅、新疆历史教材编写组：《新疆地方史》，新疆大学出版社，1991年，第113、114页。

19 〔瑞典〕多桑著，冯承钧译：《多桑蒙古史》（上册），中华书局，1962年，第85页。

保存完好的泥塑佛像残块，如带有衣服褶皱的躯干、经过艺术处理颇有特色的头发等，很多元素都源于汉地佛教艺术[20]。当时雕刻佛像的原料多是石头、土块等普通素材，而西辽贵族则喜用贵重材料。一份西藏塔志记录下了一则重要的文献，最近学者刊布译注了写作于12世纪的《帕木竹巴灵塔志》，其中提到法王帕木竹巴著作的经书夹板是用契丹出产的水晶制成，且它在契丹国土上系无价之宝。另一处还提到了契丹之地的锦缎及出自王子Le no统治时期的各种精美织物。据译注者研究，此Le no王子为耶律大石的称谓"林牙"的音译，相关织物属于耶律大石统治时期的西辽地方出产[21]。可见，西辽统治者用珍贵水晶为原料雕刻佛教器物，并作为与佛教国吐蕃之间往来交流的礼物。西辽各地的很多佛教建筑，在《长春真人西游记》中均有所记载。丘处机一行行至塞蓝城，今哈萨克斯坦奇姆肯特东，见有佛教小塔[22]。此地刘郁作《西使记》亦有记述："三月一日过塞蓝城，有浮图，诸回纥祈拜之。"[23]行至邪米思干城，今乌兹别克斯坦撒马尔罕，见有不足十三级的佛塔，为此长春真人作诗云"塔高不见十三级，山厚已过千万重"[24]，佛教文化中，十三层塔代表功德圆满。作为宗教人士，丘处机每到一地记录下当地宗教情况，实为难得的历史材料，足见西辽佛教在契丹贵族的支持下，形成多地再次勃兴的繁荣局面。

　　正因有了西辽统治者的信奉及推崇，佛教在西域中亚得以较好地继续发展。西辽统治下的直辖地居民、附属国居民、附属部族居民均有选择信仰佛教的历史记载。13世纪的波斯及亚美尼亚史学家都把佛僧称作道人，关于佛僧，波斯史学家术兹贾尼记载了一群从唐古特和中原来的偶像教徒，被人称呼为道人[25]。从撒马尔罕到布哈拉的途中，有一个叫塔瓦维斯的村镇，此村有一座供奉偶像的寺院，还有一座拜火教的寺院[26]，诸如此类。周边游牧部族，一方面非城居受伊斯兰教影响相对略少，一方面受西辽宗教政策的鼓励，或延续传统或选择改信佛教。意大利人柏朗嘉宾记述了在鞑靼遇到的突厥人、莫儿多瓦人很多都信仰佛教，且此时鞑靼人已经进入了东欧大匈牙利地区。当蒙古窝阔台差遣大军南征乞儿吉思人，发现这些人也都不是穆斯林[27]。法国人鲁布鲁克记载了属于这个教派的蒙古人，实为鞑靼人，用毡制造佛像，给佛像穿上最华贵的衣袍，放在一两辆车里，让占卜者即他们的教士照看[28]。瑞典人多桑记载了花拉子模沙摩诃末在对抗西辽统治时，战胜了海北荒原信奉偶像教的钦察人[29]。希腊人雅库特编撰的《阿布·杜

20　魏良弢：《中国历史：喀喇汗王朝史》，人民出版社，2010年，第353～355页。

21　曾汉辰：《帕木竹巴灵塔装藏文献之译注与研究》，《西域历史语言研究集刊（第七辑）》，科学出版社，2014年，第500、502、503、515、516页。

22　杨建新主编：《古西行记选注》，宁夏人民出版社，1987年，第204页。

23　杨建新主编：《古西行记选注》，宁夏人民出版社，1987年，第239页。

24　杨建新主编：《古西行记选注》，宁夏人民出版社，1987年，第206页。

25　〔俄〕巴托尔德著，张锡彤、张广达译：《蒙古入侵时期的突厥斯坦》（下），上海古籍出版社，2011年，第443页，注释一。

26　〔俄〕巴托尔德著，张锡彤、张广达译：《蒙古入侵时期的突厥斯坦》（上），上海古籍出版社，2011年，第115页。

27　耿昇译：《柏朗嘉宾蒙古行纪》，中华书局，1985年，第58、59页。

28　〔美〕柔克义译注，何高济译：《鲁布鲁克东行纪》，中华书局，1985年，第252页。

29　〔瑞典〕多桑著，冯承钧译：《多桑蒙古史》（上册），中华书局，1962年，第85页。

拉夫·米萨尔·本·麦哈黑尔游记》，对于诸部族宗教信仰情况更加翔实[30]。该游记记录下了他经过突厥语诸部族到内地的概况。他从呼罗珊出发，首先来到kharkah部落和takhtakh部落，两个部族的人都信仰伊斯兰教，互相配合共同侵袭抢劫远方部落的偶像崇拜者。之后来到badja部落，其部民崇拜偶像，用当地产的一种不燃烧的树木来雕刻偶像。在cikil部落他遇到了一群摩尼教徒。在tubat部落，人们用石头建筑寺庙，用麝香羚角做成偶像供奉，城中还有伊斯兰教徒、基督教徒、犹太人、印度人和祆教徒。之后到达哈剌鲁部落，有供祈祷之寺庙，寺庙墙壁上有该部落诸先王的画像。随后来到pima国，有一座城郭很多村镇，城里有伊斯兰教徒、基督教徒、祆教徒、偶像崇拜者。据几位史学家的记述可知，当时的西域中亚因西辽王朝的鼓励政策而多种宗教并行发展。

西辽王朝所统辖地区，唯有高昌回鹘王国仍以佛教信仰为主，公元1253年，法国人鲁布鲁克受国王派遣出使蒙古，记录了西辽境内诸多回鹘营建的佛教遗迹[31]。在海押立城，今哈萨克斯坦东南部塔尔迪库尔干一带，当地聚集着众多畏兀儿佛教徒，他看到了三座偶像庙宇（佛寺）。进入庙宇，看到拜偶像的和尚，这些和尚在节日中要打开寺门披上僧袍，献香挂灯，供奉百姓献的面食和水果祭品。他们向北朝拜，合掌跪在地上叩头，把额头放在掌上。当时的寺院是按照东西方向建筑，在北面筑一高台，和基督教唱诗台有着一样的功能，即佛教讲经布道之所，还有的将讲经台建在院落中间，而大佛像都面朝南方，所有的和尚都剃光了头，穿上红色袍子，坐在设坛的地方，对着坛手捧经卷或者把经卷放在凳子上，默不出声地念着经文，不与其他人说话。不论到哪里，他们都随手拿着一串一百或两百粒的念珠，嘴里念念有词："阿弥陀佛"。寺庙由整洁的庭院包围着，墙垣环绕，大门总是朝南开放，门旁边竖立一根长木杆，长度尽可能高过全城，以此表示这座建筑是一座佛寺。这些畏兀儿和尚，剃光头发，头戴蛮人的帽子，穿上相当紧身的红色袍子，系有腰带，在左肩披一件袈裟，绕到胸部和右背[32]。这些中亚地区的回鹘僧人形象，我们在《长春真人西游记》中也能找到，"西即鳖思马大城，王官士庶僧道数百，具威仪远迎，僧皆赭衣，道士衣冠与中国特异。"行至昌八剌城，今昌吉市境，"有僧来伺坐，使译者问看何经典，僧云'剃度受戒，礼佛为师'"[33]。在西辽宗教政策的鼓励下，回鹘佛僧得以继续出现在中亚地区，建筑佛寺从事着僧俗活动。

高昌回鹘佛教文化繁荣，基于相同信仰，契丹人在西域地区继续加强着双方的佛事交流。多处文献反映了契丹人在高昌地区从事佛教活动的史实。而在吐鲁番地区，学者在回鹘文社会经济文书中，发现了三件关于契丹男子斌通的文书。斌通在孩童时期就会习字诵经，希望长大成为一名僧人。他常向以定惠大师为首的契丹大师们请教，立志成为皇帝名下的一名僧人，然而命运多舛，他最终沦为丧失人身自由多次被买卖的家庭奴隶。据此系列文书可知，高昌回鹘境内有契丹佛学大师，也有从孩童就予以培养的

30　〔法〕费琅辑注，耿昇、穆根来译：《阿拉伯波斯突厥人东方文献辑注》，中华书局，1989年，第227～251页。

31　〔美〕柔克义译注，何高济译：《鲁布鲁克东行纪》，中华书局，1985年，第248～250页。

32　〔美〕柔克义译注，何高济译：《鲁布鲁克东行纪》，中华书局，1985年，第251页。

33　杨建新主编：《古西行记选注》，宁夏人民出版社，1987年，第201、202页。

传统。吐鲁番地区是高昌回鹘的文化中心，西迁契丹佛教徒出现在高昌地区也就不足为奇了[34]。吐鲁番本地发现的雕版印刷皆为佛教印刷品，所用文字凡六种，为汉文、回鹘文、梵文、唐古特文、蒙古文、西藏文，其中以回鹘文和汉文最多[35]，而没有契丹文佛经。是否可理解为契丹佛教徒一般为达官贵胄，汉文化造诣相对精深，可查阅诵读汉文佛经，且西辽统治者要求官宦学习包括汉文、回鹘文在内的多种语文，因此契丹佛教僧众会诵读回鹘佛经也是有可能的。当然这些只是猜测，仍需要深度挖掘史料及考古得出结论。

在西辽王朝的直辖地同样生活着众多佛教徒，据载花剌子模沙泰凯什统治时期，与西辽进行鏖战，并重创了西辽重镇怛罗斯。泰凯什在给盟友钦察人的书信中，透露了远至怛罗斯的整个区域都充斥着佛教僧众，使得泰凯什认为他正为一场伟大的"宗教正义"而来，因为他遭到了城中一群"陷入无信仰网络""反对穆斯林将士的民众的激烈抵抗"[36]。

西辽王朝将佛教信仰，尤其是浸润了中华佛学文化的汉传佛教再次带到了西域中亚地区，使得西域诸族有了除伊斯兰教之外的选择。西辽时期西域佛教的发展充分反映出中华文明的包容性，在契丹统治者的扶持下，曾经作为弱势群体的佛教、道教、景教、祆教等继续得到发展。面对辽阔的疆域，契丹贵族以包容的心态对待各色臣民，坚持源自于中原汉地的传统和价值理念进行治理，随着契丹人在西域统治的稳定，各宗教传播持续勃兴。

三、西辽王朝的物质生活与中华文化传承

据文献记载，作为贵族，西辽统治者大多居于城内，生活起居延续着中原封建王朝的习惯，耶律大石只穿来自于中原内地的丝绸织物，大将塔阳古的封邑在塔剌思城（今江布尔），同时，西辽统治者们也喜爱居住在帐篷里。另一方面，西辽的众多契丹民众则延续着游牧生活传统，营居于诸城周边，这种明显差异反映在西辽王朝的物质生活之中。

契丹统治者始终坚持中原文化传承，就城市建设而言，西辽时期的发展不仅使得巴拉沙滚、乌兹干、怛逻斯、讹打剌这样的大城得到全新发展，还产生了海押立、哈剌楚克、伊基翰耳朵、阿什纳斯、巴尔钦里格干这样的新城[37]，这些城市中都有大量的手工作坊，城中存在"关厢"的特殊地区，所谓"关厢"即当地所称的"拉巴德"，是手工作坊和商业市集的结合地，工匠们的住宅一般都分成前后两部分，后部分为生活区，前部分为生产及销售区，即产即销，加速了城市经济的发展。西辽第一城叶密立也得到长足发展，花剌子模沙摩诃末的女儿罕速勒僮，先是嫁给撒马尔罕君主斡思蛮而后寡居，

34 耿世民：《两件回鹘文契约的考释》，《中央民族学院学报》1978年第2期，第43～49页。

35 〔美〕卡德著，刘麟生译：《中国印刷术源流史》，山西人民出版社，2015年，第119～121页。

36 〔俄〕巴托尔德著，张锡彤、张广达译：《蒙古入侵时期的突厥斯坦》（上），上海古籍出版社，2011年，第390、391页。

37 魏良弢：《中国历史：喀喇汗王朝史》，人民出版社，2010年，第339～341页。

后来与叶密立城的一名染工皆为夫妻[38]。西辽建筑风格受到中原内地的影响，在巴拉沙衮、斯莱坚卡、列别季诺夫卡、亚历山大古城等遗址，所发掘的居民点利用了汉人的建筑技术和材料，如瓦、泥塑、炕式的取暖等，亚历山大古城的方砖、半圆瓦片，尤其是瓦当，其面上图案为中央坐佛四周雕绘菩萨，典型的汉地造型[39]。另有大批契丹人按照自己久已形成的习惯和传统，生活在帐篷里。据载，金世宗大定中，西域回鹘商人到金西南招讨司进行贸易时说："契丹所居屯营，乘马行自旦至日中始周匝。"[40]当时在巴拉沙衮周围多是农业区，人民大多以耕种为业，然而乐于游牧生活的契丹人仍然搭起帐篷住在城外，且营居范围很广。据穆斯林史学家伊本·阿西尔记载他们居住在乌兹干、巴拉沙衮、喀什噶尔等大城的郊区。这种营居生活基本上贯穿于西辽王朝始终，契丹人依其旧俗，晚上从不离开帐篷，即夜间不设哨兵，因此公元1198年，与之交恶的古尔人由三位将领带队夜袭了西辽营寨，并取得了成功[41]。

　　钱币具有政治属性，铸造钱币是为国之权威的象征，西域诸政权争相铸造自己的钱币，通过钱币表面文字、图案、形制等信息彰显王统的权威性。西辽王朝并未统一境内货币，延续辽制新君即位铸造钱币以示象征，因此西辽钱币更多的是政治属性。西辽摒弃西域中亚流行的压制法造币方式，延续中原内地铸造法，将金属加热融化成液体后，浇铸在钱范模具中制成货币，即我们所熟知的方孔圆钱。目前所见西辽铸钱币有康国通宝、续兴元宝等，清代古钱币学家李佐贤撰写《古泉汇》，内集钱币五千余枚，其中包括西辽所浇铸康国通宝一种。"康国"为开国皇帝西辽德宗耶律大石的年号，正是耶律大石统治时期命令所铸，作为西辽建立之象征，也是自己荣登帝位的象征。2008年至2012年间，在吉尔吉斯斯坦阿克-别什姆城、喀喇-吉伽奇、克拉斯那雅一雷契卡、布拉纳四处遗址中分别出土了续兴元宝，为西辽第三位君主耶律夷列时期所铸造[42]，基于此，西辽王朝凡五主，假设依中原旧制每位新君登基都铸造代表自身时代的钱币，则至少应该有五种西辽钱币。综上，这一类型的钱币铸造为中原制法，则铸造工匠只能是追随耶律大石而来的各族匠人。因自身从中原迁至西域中亚，处于伊斯兰教文化的包围中，西辽王朝试图通过多方面加强与周边的联系。2003年在吉尔吉斯斯坦的克拉斯诺列琴斯基镇北部地区出土了一罐装有280枚西辽古币的陶罐，是目前发掘出的最多的一批。这些西辽钱币为镶有银边的铜钱，外形比较单一，属于同一种类型，但铸造印记不同，且手法也不尽相同，其中有一部分制作得相当精巧，铸有阿拉伯式的花纹，而还有一部分工艺较为粗糙，字型走样，历史学家认为这是西辽王朝在楚山谷地区发行的货币[43]。此批钱币制造工艺不同，且出现阿拉伯纹路样式，是西辽统治者努力加强文化交

38　〔瑞典〕多桑著，冯承钧译：《多桑蒙古史》（上册），中华书局，1962年，第111页。

39　魏良弢：《中国历史：喀喇汗王朝史》，人民出版社，2010年，第354页。

40　《金史》卷121《粘割韩奴传》，中华书局，1975年，第2637页。

41　〔俄〕巴托尔德著，张锡彤、张广达译：《蒙古入侵时期的突厥斯坦》（上），上海古籍出版社，2011年，第394页。

42　〔俄〕别利亚耶夫、斯达诺维奇著，李铁生译：《吉尔吉斯发现的"续兴元宝"与西辽年号考》，《中国钱币》2012年第1期，第70～74页。

43　《吉尔吉斯斯坦发现西辽古币》，《光明日报》2003年5月31日。

流的表现。无文献记载西辽所铸钱币通行全国，包括直辖领地和各附庸国、附庸部族，但文献记载了西辽诸君允许各附庸国按照传统自行制造钱币，且流通西辽全境。据考古发掘，在中亚塔拉斯河上游靠近舍尔吉、台卡勃克特、库尔等城的山上发现有银矿开采痕迹，在阿拉陶山区开采黄金和铜。还在上述城中发现了冶炼银器的残渣，这些都为铸造货币提供了良好的物质条件。哈喇汗王朝所打制的钱币上照例会出现统治者的名字，因此西辽时期部分哈喇汗王朝的钱币中也就出现了耶律大石的名称。学者发现在公元1152年，撒马尔罕发行的迪拉姆银币上就出现了古尔罕（Gur-han）的铭文[44]。

作为统治的象征，除了货币发行，西辽王朝还加强玺印、牌符的制作和发放。玺印和牌符都是一种凭证、验信的重要工具，起到交流信息、发号施令等重要作用，是西辽统治者处理政治、经济、文化、军事的重要途径。在西域中亚广大统辖地区，各附庸国、附庸部族的君主、首领降附于西辽，通过腰带上悬挂一面西辽颁发的牌符以示归顺，西辽所发牌符，采用辽制上刻契丹文[45]。牌符在军事中更是西辽统治者用于行军作战、调发兵马、掌控军力的重要途径，辽代的银牌"长尺，刻以国字，文曰宜速，又曰救走马牌，国有重事，皇帝以牌亲授使者，手札给骚马若干……所如天子亲临，需索更易，无敢违者。使回，皇帝亲受之，手封牌印郎君收掌"[46]。牌符的制作由西辽统治者牢牢掌握，耶律大石要求遇有战争，才"铸金鱼符，调发军马"，以确保各级将领无法擅自越权。蒙古兴起之后，接触到契丹、女真、回鹘等牌符制度，便欣然接受，是为当时又一个采纳中原牌符制度的漠北游牧者，在未产生文字之初，蒙古人用汉字及契丹字制成牌符。1934年，在前热河省（今河北省、辽宁省和内蒙古自治区交界地带）发现一枚铜质金字长牌，正面书写"天赐成吉思皇帝圣旨疾"十个汉字，背面书写契丹文。1998年，河北廊坊征集到一枚银质金字长牌，同样正面汉文，背面契丹文[47]。受中原内地的影响，其形制均延续传统，材质包括金、银等贵重金属，以及木头等普通材料。

一般情况下，牌符和玺印是同时发放的，西辽玺印文化传承自中原汉制。建国之初，西辽德宗耶律大石依照汉制上尊号、改年号、定庙号，册封亲眷及文武百官，赐予每位官吏玺印一枚，作为身份的象征。据零星史料记载，现知西辽职官包括六院司大王、兵马都元帅、同知枢密院事、兵马副元帅、枢密副使、招讨使、副招讨使、都部署、都监、护卫、近侍、中书令、大丞相；以及派往各地的秃鲁、监国、少监等，这些人手执西辽政府颁发玺印以开展相应的政治活动。西辽后期，花剌子模布哈拉城爆发了民主运动，矛头直指诸位萨德尔，即封建领主们。起义者很快控制布哈拉全城，迫使萨德尔们逃窜到西辽大帐，从菊儿汗（此时应为直鲁古）那里领到了救命的正式用了西辽大印的文件，这些盖印公文或许就代表了西辽政府的官方态度[48]。目前在新疆伊犁地区

44　〔俄〕波·德·阔奇涅夫著，张铁山编译：《喀喇汗钱币综述》，《中国钱币论文集（第五辑）》，中国金融出版社，2010年，第142页。

45　江慰庐：《辽朝和西辽朝的牌、印》，《伊犁师范学院学报》2001年第4期，第63～65页。

46　《辽史》卷57《仪卫志》，中华书局，1974年，第915页。

47　董丽清：《蒙元时期的牌符》，《内蒙古画报》2013年第2期，第44～49页。

48　〔俄〕巴托尔德著，张锡彤、张广达译：《蒙古入侵时期的突厥斯坦》（上），上海古籍出版社，2011年，第405、406页。

和沙雅县各出土了一方铜铸契丹文印，是为实物。

西辽贵族生活考究，大臣、公主都会在胸前系一条用来擦拭鼻子的丝织物，作清洁所用，此物为手绢。当时在伊斯兰世界还没有出现，而欧洲直到15世纪才出现手绢，是西迁契丹人将手绢及其文化带到了中亚、蒙古地区[49]。大英博物馆收藏了一块鹤纹玉带銙，表面雕刻了一只栩栩如生的展翅飞鹤。这只鹤的雕刻工艺为减地浮雕且整体造型、双脚等细节均与宋、金玉石器物相仿，玉銙背面的牛鼻穿所需孔洞，也是中原地区玉带銙的传统固定方式。学者认为此玉石物件可能是西辽时期的产物，或者随契丹人西迁带到了中亚地区。无独有偶，据文献记载契丹贵族珍爱玉石，西辽地区有七色玉石生产，当地匠人精通雕刻玉石，可以雕出玉人、玉剑柄或玉带[50]。当时西辽境内无论男女，都以有一块玉器为荣，通过各类玉器来彰显他们的社会地位。在契丹人的影响下中原玉石文化与西域玉石文化进一步交流互动，极大地促进了玉石文化的发展。作为外来迁徙者，西辽始终坚持传承中原内地的生活方式。史载乃蛮王子屈出律迎娶西辽末主直鲁古女儿为妻，面对被蒙古打败而逃难的乃蛮王子，直鲁古女儿以所谓"天朝上国"公主的身份自居，一面要求屈出律改信佛教，一面不许人们给她戴"顾姑冠"，此头冠在蒙古秘史中作孛黑塔黑，是蒙古妇女出嫁时所戴冠饰，她宣布要按照汉女的习俗戴"尼克扯"，按照中原契丹穿戴将自己嫁出去[51]。作为民族身份的认同，西辽境内契丹人始终穿戴契丹服饰，这也是西域中亚契丹人的精神表现。屈出律占领和田之后，强迫当地居民放弃伊斯兰教改信佛教或基督教，如若不从，就必须穿上契丹人的衣服，以表示服从。为了不改变自身穆斯林的身份，很多人便穿上了契丹人的衣服[52]。另据巴托尔德记载，花剌子模沙摩诃末素有在交战时换上敌军服装的习惯，在他与菊儿汗混战时，和一些贴身随从身着契丹人服饰夹杂其中[53]。

西辽王朝之所以迅速征服西域中亚各地，离不开强大的军事组织力量，由汉人、契丹人、突厥语诸部族所组成的强大的军队，随耶律大石南征北战，最终建立了强大的西辽王朝。西辽建立后，继续加强对附属国、附属部族的统治和管理，同样离不开军事力量，这其中契丹所掌握的坚固锋利的铁制武器，尤其是用中原锻造技术生产出的钢制武器起到了关键作用。根据考古发掘，西辽直辖领地诸城已经发展出了发达的冶炼业，据苏北海先生研究，可知有箭镞、矛头、斧、刀、马刀、短剑、铠甲等兵器的出土，所发掘的带有护肩、护喉锁子甲的圆头盔，武器装备精良，头盔内还垫有毛织品[54]。同时，

49　〔俄〕巴托尔德著，罗致平译：《中亚突厥史十二讲》，中国社会科学出版社，1984年，第142页。

50　许晓东：《契丹、蒙古与西域玉雕兼及新疆在中国玉雕传统西传过程中的特殊地位》，《紫禁城》2018年第9期，第30、31页。

51　（波斯）拉施特主编，余大钧、周建奇译：《史集》卷1第2分册，商务印书馆，1983年，第248页。

52　〔伊朗〕志费尼著，何高济译，翁独健校订：《世界征服者史》（上册），内蒙古人民出版社，1980年，第73页。

53　〔俄〕巴托尔德著，张锡彤、张广达译：《蒙古入侵时期的突厥斯坦》（上），上海古籍出版社，2011年，第407页。

54　苏北海：《西辽王朝统治下哈萨克草原经济文化的发展》，《新疆大学学报（哲学社会科学版）》，1986年第4期，第42、43页。

随着农业定居生活的转变，人们从事农耕生产所需的铁制生产工具数量、种类都增多了，目前出土了斧头、镰刀、铲刀、钉子、钥匙、锁、铁链等器物，这些都反映出西辽金属冶炼制作水平的提高。西域中亚比较重要的农作物如棉花、葡萄，契丹人同样开始种植并在农业产区酿制品质尤佳的葡萄酒。金朝文人元好问《蒲桃酒赋》的序文写道："予亦尝见还自西域者云，云大食人绞蒲桃浆，封而埋之，未几成酒，愈久者愈佳，有藏至千斛者。"他将中原葡萄酒酿制和西域酿酒法进行了对比，发现酿制出"甘而不饴，冷而不寒"的葡萄美酒的方法在中原几乎失传，西域大食人（即大石人）的酿酒法则可得佳酿。

四、结　语

西辽统治时期，契丹贵族继承与发扬了中华民族的优秀传统，面对不同文化采取宽容以待的态度，在西域地区输出既有文化的同时，又吸收、融合了多种周围的文化因素，不但丰富了中华诸文化的内涵而且再次让中华文化在西域大放光彩。契丹贵族没有将辽朝已有的政治社会统治直接照搬到西域中亚地区，而是继承了辽代二百余年来所形成的"因俗而治"传统，这种传统正是中华民族在交往交流交融中所形成的生存智慧。西辽王朝允许西域诸族信仰自由，允许不同的文化共生共存，出于生存考虑，作为统治民族的契丹人，则坚持自己的传统，以此来巩固自身统治。手工业发展所带来的社会效应，正是西辽王朝强化统治的稳固基础之一，其范围涵盖了社会生活、经济发展、军事发展的许多方面。将中原内地成熟先进的生产技术带到西域中亚，与西域本地生产技术交叉融合相生共赢，促进了西域中亚地区社会稳定发展。纵观当时的西域，不论是横贯中西的传统丝绸之路，还是影响着众多突厥语族诸部游牧群体的漠北草原丝绸之路，都重新恢复了繁荣和生机。

附记：本文系国家社会科学基金重点项目"民族交融视域下中华民族共同体形成的历史基础研究"（20AMZ002）、西南民族大学铸牢中华民族共同体意识研究中心后期资助项目"中华民族认同形成的历史考察：基于少数民族视角的分析"（ZLGTT20220301）的阶段性研究成果。

（单超成　西南民族大学中华民族共同体学院）

金朝北部地区行元帅府考述

李 俊

内容提要： 金朝元帅府最初作为中央派出临时性作战机构仅称都元帅府、元帅府，不带有行元帅府之称，金朝后期出于战事频繁，战略生存空间受到周边政权挤压，行元帅府演变为驻扎地方常设性军事管理机构，并任命汉族地主武装担任行元帅府事或与行元帅府合作一同管理地方军事。后由于设置繁多，由多个元帅府合称总帅府。其北部地区行元帅府设置主要用来防御蒙古军事入侵；与此相适应，蒙元时期对金朝行元帅府制度多予以沿用或更置，在占领金朝领土后，亦通过收编改造汉族地主武装，任命其首领担任都元帅或行元帅府事，以有效统治占领区域，元帅府制度被纳入蒙元帝国国家早期军政制度之中，成为汉人世侯形成重要因素之一。

关键词： 金朝 行元帅府 北部 蒙元帝国 汉人世侯

行元帅府作为金朝后期重要军事机构，在对外抵御周边政权武力入侵，对内平定武装叛乱发挥重要职能。贞祐南渡之后，随着金朝直接所掌握的女真精锐在战争中大幅丧失，以及辽东、中都地区的弃守，金朝统治者直接所统辖的区域空间被逐渐被分裂压缩。与之相适应而来的是金朝中枢到地方权力运行结构逐渐由单一集权制过渡收缩到赋予地方较大自主行事权力，而授权地方以中央名义对所辖区域进行实际控制，如行元帅府的设置在一定程度凝聚地方武装力量，暂时化解中央政府直辖兵力短缺的窘境，金朝统治者通过整合利用地方势力抵御蒙古、西夏、南宋等周边政权的入侵，平定瓦解红袄军内部武装叛乱，在金末地缘政治格局博弈与对抗中起重要之功用。与此同时，行元帅府等地方军政机构的设置在一定程度上缓解金朝中央政府的巨大内外生存压力，同时，伴随金朝政治实体呈现由点到线、由线到面的中心到边缘呈散状分裂态势的地缘政治格局，在庞大的地缘政治格局压力态势下，中央政府始终无法通过所辐射地方分散区域，抵御外来势力，最终崩溃解体。

目前，学界关于金朝行元帅府的相关研究主要有：程妮娜认为金代元帅府设置前期从太宗三年（1125）至海陵天德二年（1150）是常设的军政合一的统治机构；后期从世宗大定年间复置元帅府至金末（1161～1234），是兵兴始置，兵罢则省的军事统帅机构[1]。

---

1 程妮娜：《金朝前期军政合一的统治机构都元帅府初探》，《吉林大学社会科学学报》1999年第3期。

杨清华认为行省是河东地区最大军区，而行元帅府类似军分区[2]。鲁西奇称大部分行省的主要职责是负责节制诸军，指挥军事，并统管所辖地区的行政事务，安抚百姓征发赋役，选授官吏等，随着行省地方化倾向加深，行省必将演变为一级地方行政机构，只是因为金朝灭亡这个进程被打断[3]。黄阿明认为蒙古帝国时期，尤其是成吉思汗时期元帅府制沿袭至金朝，可能此时元帅官职的品秩也沿袭金朝的规定。元代定制以后元帅职品比金朝相应次第低两级[4]。另有金宝丽[5]、王翠柏[6]、瞿大风[7]、赵文坦[8]、姜锡东[9]、温海清[10]、都兴智[11]、张秉仁[12]、石坚军[13]等分别从战争史、建置史维度出发对金代后期地缘政治格局进行探讨。但关于金代行元帅府的相关研究仍显薄弱，基于此，笔者不揣鄙陋，拟就金朝北部地区[14]行元帅府设置问题作进一步探讨，以求教于史界方家。

一、金朝行元帅府的设置沿革

金朝后期行元帅府设置是由金初都元帅府制度发展演进而来的。《金史·百官志一》载："都元帅府掌征讨之事，兵罢则省。天会二年（1124），伐宋始置。泰和八年（1208），复改为枢密院。"有"都元帅""左副元帅""右副元帅""元帅左监军""元帅右监军""左都监""右都监""经历""都事""知事""检法""女直令史""汉人令史""译史""女直译史""通事"等官称[15]。金代元帅府设置前期是常设的军政合一的统治机构；后期从世宗大定年间复置元帅府至金末是兵兴始置，兵罢

2　杨清华：《金朝后期对河东南、北路的军政统治——以行省、行元帅府统治为主》，《鞍山师范学院学报》2007年第1期。

3　鲁西奇：《金末行省考述》，《湖北大学学报（哲学社会科学版）》1995年第1期。

4　黄阿明：《元代的元帅府略论》，《兰州学刊》2010年第4期。

5　金宝丽：《蒙古灭金史事研究》，中央民族大学博士学位论文，2011年。

6　王翠柏：《金元之际北方地区政治秩序重建与汉人军功家族研究》，武汉大学博士学位论文，2017年。

7　瞿大风：《金朝对山西地方武装首领的起用及其终结》，《内蒙古工业大学学报（社会科学版）》2000年第2期；瞿大风：《金朝在山西的抗蒙部署》，《内蒙古大学学报（哲学社会科学版）》2000年第2期；《蒙古时期山西的契丹、蕃汉军》，《内蒙古社会科学》1999年第1期。

8　赵文坦：《关于金末山东淮海红袄军的若干问题》，《齐鲁学刊》2011年第1期；赵文坦：《山东的几片摩崖石刻与宋金元之际红袄军故事》，《齐鲁文化研究》2012年总第12辑。

9　姜锡东：《宋金蒙之际山东杨、李系红袄军领导人及其分化考论》，《中国史研究》2015年第1期。

10　温海清：《画境中州：金元之际华北行政建置考》，上海古籍出版社，2012年，第3331~3351页。

11　都兴智：《论金宣宗九公封建》，《北方文物》2009年第1期。

12　张秉仁：《略论蒙古南宋联合攻金之战》，《新史学通讯》1955年第5期。

13　石坚军：《1227~1231年蒙金关河争夺战初探》，《内蒙古社会科学（汉文版）》2010年第1期。

14　金朝北部地区，本文根据《金史·地理志上》所载"上京路、咸平路、东京路、北京路、西京路、中都路"，《金史·地理志中》所载"河北东路、河北西路"，《金史·地理志下》所载"大名府路、河东北路、河东南路"所辖之境，进而将金朝北部地区行元帅府设置划定为辽东地区、河北地区、河东地区三个主要设置区域。

15　《金史》卷55《百官志一》，中华书局，2020年，第1321、1322页。

则省的军事统帅机构[16]。"枢密院每行兵则更为元帅府，罢则为院。"[17]元帅府作为金初最高军事主管机构，海陵天德二年（1150）改元帅府为枢密院，然此后宋金开战，则复改枢密院为元帅府[18]。这种体制大致用于金世宗、金章宗两代，世章之际，曾两度对宋用兵，皆设都元帅府，和平时期的四十余年则由枢密院掌管军事[19]。宣、哀之世，许多地方孤悬敌后，朝廷政令多不能下达，而战争形势瞬息万变，乃广泛设置行尚书省、行枢密院、行元帅府，以大臣出领地方行政军事，俾以守土抚民之任，负责军事指挥之责[20]。金朝前期"元帅以下至监军，皆不带'行''守''试''知''充'字"[21]。与此相适应，并无见有行元帅设置之记载。金朝后期由于战事频繁，行元帅府的设置主要普遍适用于卫绍王、金宣宗时期。兴定二年（1218）二月壬子，"御史以北兵退，请汰各处行枢密院、元帅府冗官。"[22]一旦战事较少，设置亦随之撤销或裁减。兴定二年（1218）十二月癸亥，"尚书省言：'枢密掌天下兵，皇太子抚军，而诸道又设行院。其有功及失律者，须白院，启东宫，至于奏可，然后诛赏，有司但奉行而已。自今军中号令关赏罚者，皆明注诏旨、教令，毋容军司售其奸欺。'上从之。以枢密副使驸马都尉仆散安贞为左副元帅，权参知政事，行尚书省元帅府事，伐宋。"[23]一旦战事爆发，行元帅府设置立即恢复。宣哀之际，随着战事频繁，行元帅府成为常设性地方军事机构。元光元年（1222）二月壬寅，"权定行省、枢府、元帅府辄杖左右司、经历司官罪法。"[24]后有设定元帅府左右司及经历官犯罪之法。

二、辽东地区行元帅府设置

辽东地区行元帅府设置主要用于抵御蒙古。北京路地区设置有行北京路元帅府。"宣宗即位，擢辽东路宣抚副使。未几，改速频路节度使，兼同知上京留守事。"二年（1214）二月，"为元帅右都监，行元帅府事于北京。"十一月，"诏谕襄及辽东路宣抚使薄鲜万奴、宣差薄察五斤曰：'上京、辽东国家重地，以卿等累效忠勤，故委腹心，意其协力尽公，以徇国家之急。及详来奏，乃大不然，朕将何赖。自今每事同心，并力备御，机会一失，悔之何及！'"三年（1215）正月，"襄为北京宣差提控完颜习烈所害。未几，习烈复为其下所杀，诏曲赦北京。"[25]"北京路，府四，领节镇

16　程妮娜：《金朝前期军政合一的统治机构都元帅府初探》，《吉林大学社会科学学报》1999年第3期。

17　《金史》卷44《兵志》，中华书局，2020年，第1074页。

18　余蔚：《中国行政区划通史（辽金卷）》，复旦大学版社，2012年，第605页。

19　王曾瑜：《辽金军制》，河北人民出版社，2011年，第10～13页。

20　鲁西奇：《金末行省考述》，《湖北大学学报（哲学社会科学版）》1995年第1期。

21　《金史》卷55《百官志一》，中华书局，2020年，第1314页。

22　《金史》卷15《宣宗纪中》，中华书局，2020年，第362页。

23　《金史》卷15《宣宗纪中》，中华书局，2020年，第369、370页。

24　《金史》卷16《宣宗纪下》，中华书局，2020年，第391页。

25　《金史》卷103《奥屯襄传》，中华书局，2020年，第2412页。

七，刺郡三，县四十二，镇七，寨一。大定府，中，北京留守司。"[26]奥屯襄于贞祐二年（1214），以元帅右都监担任行元帅府事于北京，三年（1215）为北京宣差提控完颜习烈所害。"金守将伊木沁元帅率众二十万来拒我师，遇于花道，王逆击，败走之。木沁婴城自守，其裨将完颜实呼、高德玉杀银青，推乌古论哩伊都呼为帅，俄伊都呼举城降。"[27]伊木沁元帅即奥屯襄[28]。十年（1215）二月，"木华黎攻北京，金元帅寅答虎、乌古伦以城降，以寅答虎为留守，吾也而权兵马都元帅镇之。兴中府元帅石天应来降，以天应为兴中府尹。"[29]由于北京路行元帅府事寅答虎投降，北京后为蒙军占领。

锦州元帅府。岁乙亥（1215），"中原盗起。锦州张致，自立为临海郡王，遣使纳款于太祖，寻以叛伏诛。"[30]十年（1215）四月，"诏张鲸总北京十提控兵从南征，鲸谋叛，伏诛。鲸弟致遂据锦州，僭号汉兴皇帝，改元兴龙。"[31]张致在其兄张鲸被蒙古杀害之后曾占据锦州。贞祐四年（1216）六月壬辰，"辽西伪瀛王张致遣完颜南合、张顽僧上表来归。诏授致特进，行北京路元帅府事，兼本路宣抚使，南合同知北京兵马总管府，顽僧同知广宁府。"[32]张致投归金朝后被授为行北京路元帅府事。《元朝名臣事略·太师鲁国忠武王》载：丙子，"致陷兴中府，权帅王珣遁。""王夜半引军疾驰，比曙抵神水，与贼遇。而蒙古不花兵亦会，前后夹击，大破之。贼遂崩溃，斩其将张东平，获首虏万三千。遂由开义县进围锦州。贼屡出战不利，乃闭门城守，月余，伪监军高益缚致出降，致伏诛。"[33]《元史·移剌捏儿传》载：乙亥（1215），"拜兵马都元帅，佐太师木华黎取北京，下高、利、兴、松、义、锦等二十六城，破五十四寨，平利州贼刘四禄。及锦州贼张致，兵势方炽，且盗名号，木华黎命大将乌也儿、裯斡儿合兵讨之。致拒战，捏儿出奇兵掩击，斩致。"[34]张致占据锦州后，不久被元军攻灭。二年（1218）五月己亥，"大元兵徇锦州，元帅刘仲亨死之。"[35]"锦州，下，临海军节度使。旧隶兴中府。后来属。"[36]继张致之后，锦州元帅刘仲亨被元军杀害。

行婆速路元帅府。"婆速府路，国初置统军司，天德二年（1150）置总管府，贞元元年（1153）与曷懒路总管并为尹，兼本路兵马都总管。"[37]1213年1月，蒙古主遣将哲别自中国率兵进取金东京[38]。《元史·太祖纪》载：七年（1212）春壬申正月，"耶

26　《金史》卷24《地理志上》，中华书局，2020年，第598页。

27　（元）苏天爵：《元朝名臣事略》卷1《太师鲁公忠武王传》，商务印书馆，1936年，第3页。

28　余大钧：《〈元史太祖纪〉所记蒙金战事笺证稿》，《辽金史论集（第二辑）》，书目文献出版社，1987年，第453页。

29　《元史》卷1《太祖纪》，中华书局，1976年，第18页。

30　《元史》卷150《何实传》，中华书局，1976年，第3551页。

31　《元史》卷1《太祖纪》，中华书局，1976年，第18页。

32　《金史》卷14《宣宗纪上》，中华书局，2020年，第345页。

33　（元）苏天爵：《元朝名臣事略》卷1《太师鲁公忠武王传》，商务印书馆，1936年，第3、4页。

34　《元史》卷149《移剌捏儿传》，中华书局，1976年，第3529页。

35　《金史》卷15《宣宗纪中》，中华书局，2020年，第365页。

36　《金史》卷24《地理志上》，中华书局，2020年，第600页。

37　《金史》卷24《地理志上》，中华书局，2020年，第597页。

38　〔瑞典〕多桑著，冯承钧译：《多桑蒙古史》，中华书局，1962年，第70页。

律留哥聚众于隆安，自为都元帅，遣使来附。"[39]《蒙兀儿史记》载：八年（1213）癸酉春三月，"耶律留哥自立为辽王，改元元统。"[40]"金主怒，复遣宣抚万奴领军四十余万攻之。留哥逆战于归仁县北河上，金兵大溃，万奴收散卒奔东京。"[41]哲别攻取东京时间在辛未年冬十二月甲申（1212年1月11日）[42]。耶律留哥自立后曾击败金朝蒲鲜万奴进攻军队。《金史·纥石烈恒端传》载：贞祐三年（1215），"蒲鲜万奴取咸平、东京、沈、澄诸州，及猛安谋克人亦多从之者。"三月，"万奴步骑九千侵婆速近境，恒端遣温迪罕怕哥辇击却之。"四月，"复掠上古城，遣都统兀颜钵辖拒战。"[43]（1215）十月壬子，"辽东贼蒲鲜万奴僭号，改元天泰。"[44]蒲鲜万奴取东京等地之后建立东夏国。《金史·宣宗纪中》载：兴定元年（1217）四月己未，"以权参知政事辽东路行省完颜阿里不孙为参知政事，行尚书省、元帅府于婆速路。"[45]金朝一度收复东京，婆速路在行政上隶属于东京路，在军事上直接受中央直接管理[46]。婆速路行元帅府应与婆速路行尚书省分管本路行政与军事事宜，统属于辽东路行省。太祖十九年（1224）蒙古使者曾到达咸新镇，"不以万奴之境，而从婆速路来焉。"[47]表明婆速路此时未被蒲鲜万奴控制。蒲鲜万奴东徙曷懒路后，领有金时之曷懒，胡里改路及恤品路直至日本海沿岸要地[48]。"胡土乃怨阿里不孙。既而胡土率众伐高丽，乃以兵戕杀阿里不孙。"[49]行婆速路元帅完颜阿里不孙后被胡土杀害。蒙古太宗五年（1233）二月，"幸铁列都之地。诏诸王议伐万奴，遂命皇子贵由及诸王按赤带将左翼军讨之。"九月，"擒万奴。"[50]东夏国蒲鲜万奴后被元朝擒杀，"东土悉平"[51]。

　　行上京元帅府。"以权辽东路宣抚使蒲察五斤权参知政事，行尚书省、元帅府于上京。"[52]"上京路，即海古之地，金之旧土也。国言'金'曰'按出虎'，以按出虎水源于此，故名金源，建国之号盖取诸此。国初称为内地，天眷元年号上京。"[53]"是时，蒲鲜万奴据辽东，侵掠婆速之境，高丽畏其强，助粮八万石。上京行省蒲察五斤入朝，辽东兵势愈弱，五斤留江山守肇州，江山亦颇怀去就。"[54]蒲察五斤行尚书省、元

39　《元史》卷1《太祖本纪》，中华书局，1976年，第16页。

40　屠寄：《蒙兀儿史记》卷3，中国书店，1984年，第31页。

41　《元史》卷149《耶律留哥传》，中华书局，1976年，第3512页。

42　瞿大风：《哲别攻取东京考述》，《内蒙古大学学报（人文社会科学版）》1998年第4期。

43　《金史》卷103《纥石烈恒端传》，中华书局，2020年，第2414、2415页。

44　《金史》卷14《宣宗本纪上》，中华书局，2020年，第341页。

45　《金史》卷15《宣宗纪中》，中华书局，2020年，第357页。

46　吴晓杰：《金代婆速路探析》，《河北北方学院学报（社会科学版）》2018年第3期。

47　（朝鲜王朝）郑麟趾等：《高丽史》卷23《高宗二》，奎章阁本。

48　魏志江：《论金末蒙古、东夏与高丽的关系》，《韩国学论文集（第8辑）》，民族出版社，2000年。

49　《金史》卷103《完颜阿里不孙传》，中华书局，2020年，第2417页。

50　《元史》卷2《太宗纪》，中华书局，1976年，第32页。

51　《元史》卷59《地理志二》，中华书局，1976年，第1400页。

52　《金史》卷15《宣宗纪中》，中华书局，2020年，第357页。

53　《金史》卷24《地理志上》，中华书局，2020年，第590页。

54　《金史》卷103《完颜阿里不孙传》，中华书局，2020年，第2417页。

帅府于上京，后遭蒲鲜万奴侵略婆速路之境，蒲察五斤入朝后，金朝在辽东势力日趋薄弱（表一）。

表一　辽东地区行元帅府设置

机构	人员	史源
行上京元帅府	蒲察五斤	《金史·宣宗纪中》
行婆速路元帅府	完颜阿里不孙	《金史·宣宗纪中》
行北京路元帅府	奥屯襄	《金史·奥屯襄传》
锦州元帅府	刘仲亨	《金史·宣宗纪中》

三、河北地区行元帅府设置

行镇州元帅府。"毕资伦改缙山为镇州，术虎高琪为防御使、行元帅府事于是州。"[55]缙山在今北京市延庆县。《金史·地理志上》载："缙山辽儒州缙阳军县故名，皇统元年废州来属，崇庆元年升为镇州。镇一永安。"[56]卫绍王时期，术虎高琪曾行镇州元帅府事，抵御蒙古。

行真定元帅府。贞祐二年（1214）十二月戊戌，"遣真定行元帅府事永锡等援中都。"[57]永锡初为真定行元帅府事。《蒙兀儿史记》载：十年（1215）三月，"时永锡、庆寿奉命将河北及西南路步骑两万九千人，分道防送北上。"[58]《金史·完颜承晖传》载：贞祐三年（1215）二月，"诏元帅左监军永锡将中山、真定兵，元帅左都监乌古论庆寿将大名军万八千人、西南路步骑万一千、河北兵一万，御史中丞李英运粮，参知政事、大名行省宇术鲁德调遣继发，救中都。"[59]在救援中都途之前临时称元帅左监军[60]。可知原元帅府成员可兼任行元帅之职。由于野狐岭、会河川战役失败给金军士气以沉重打击，此役之后，金朝在军事上丧失了主动[61]。"金人精锐，尽没于此。"[62]金朝直接掌握的女真精锐兵力在蒙金规模会战中大规模丧失，造成金朝中都陷入蒙古兵峰之下，中原腹地备受侵扰，"河北、河东、山东郡县尽废"[63]，"房庐焚毁，城郭

55　《金史》卷124《毕资伦传》，中华书局，2020年，第2855页。

56　《金史》卷24《地理志上》，中华书局，2020年，第608页。

57　《金史》卷14《宣宗纪上》，中华书局，2020年，第332页。

58　屠寄：《蒙兀儿史记》卷3，中国书店，1984年，第33页。

59　《金史》卷110《完颜承晖传》，中华书局，2020年，第2395页。

60　《金史》卷101《李英传》载："中都久围，丞相承晖遣人以矾写奏告急。诏元帅右监军永锡、左都监乌古论庆寿将兵，英收河间清、沧义军自清州督粮运救中都。"《金史·合周传》载："合周者一名永锡。贞祐中，为元帅左监军，失援中都，宣宗削除官爵，杖之八十。"《金史·李英传》称右监军，《金史·合周传》称左监军。

61　李瑞杰、肖守库：《蒙金野狐岭、会河川战役考》，《学术交流》2006年第8期。

62　贾敬颜校注，陈晓伟整理：《圣武亲征录》，中华书局，2020年，第218页。

63　（元）刘因：《静修先生文集》卷16《泽州长官段公墓碑铭》，元刻本。

丘墟"[64]，蒙古军队"尽驱山东两河少壮数十万人而去"[65]。在这种内外军事困境中，"兵凶相仍，寇贼充斥"[66]，金朝统治者选择迁都汴京以缓解面临的军事危机，"兵入中原，金徙都汴，河朔盗起，郡县守宰委印绶去，民莫能相保"[67]，"大河之北，莽为盗区"[68]，"田畴污菜，人无所取饱。"[69]面临内忧外患的局势，金朝统治者试图利用汉族地主武装对抗抵御蒙军入侵，"冀赖其力，复所失地。"[70]与此同时金宣宗"并以河朔战兵三十万分隶河南行枢密院及帅府。"[71]行元帅府与行枢密院作为金朝中央管理地方军政事务的重要派出机构。与此同时，蒙古凭借汉族地主武装与汉族反复争夺的是以真定为中心的浮沱河上游两岸地区[72]。

行清州元帅府，行保州元帅府。"是时，高琪居中用事，忌承晖成功，诸将皆顾望。既而，以刑部侍郎阿典宋阿为左监军，行元帅府于清州，同知真定府事女奚烈胡论出为右都监，行元帅府于保州，户部侍郎侯挚行尚书六部，往来应给，终无一兵至中都者。"[73]"清州，中。宋乾宁郡军，国初因置军，天会七年以守边置防御。"[74]清州为河北清县。《金史·地理志上》载："保州，中，顺天军节度使。宋旧军事，天会七年置顺天军节度使，隶河北东路。"[75]"北兵屠保，尸积数十万，磔首于城。"[76]保州，河北保定市。"是岁（1213），河北郡县尽拔，唯中都、通、顺、真定、清、沃、大名、东平、德、邳、海州十一城不下。"[77]在蒙古军队进攻之下，金朝腹地遭到袭扰，中都受困。由于权臣术虎高琪把持政局，救援中都将领皆怀有徘徊观望不进之意，最初设置的行元帅府目的作为保卫中都之屏障。贞祐三年（1215）五月庚申，是日，"中都破"[78]，随着中都被蒙军占领，河朔地区面临着蒙军巨大军事压力，蒙金双方各自拉拢汉族地主武装为其政权效力。"金即播汴，太祖徇地，北人能以州县下者，即以为守令，僚属听其自置，罪得专杀。"[79]蒙古在攻占金朝北方领土时，亦采取利用汉族武装为其政权效力，以加强对所攻占区域的统治。如："大元甲子（1213），天兵

64　《两朝纲目备要》卷14"宁宗七年七月乙亥""金人告迁于南京条"，清钦定四库全书影印本。

65　（宋）宇文懋昭撰，崔文印点校：《大金国志校证》卷24《宣宗纪上》，中华书局，1986年，第325页。

66　（元）刘因：《静修先生文集》卷16《泽州长官段公墓碑铭》，元刻本。

67　李鸿章总裁，张树声总修，黄彭年监修：《畿辅通志》卷169《耿福先世碑》，清光绪十年本。

68　王新英辑校：《全金石刻文辑校》，吉林出版集团、吉林文史出版社，2012年，第627页。

69　（清）沈涛：《常山贞石志》卷15《王善神道碑》，台湾新文丰出版公司新编本。

70　（元）姚燧：《牧庵集》卷22《荣佑神道碑》，清钦定四库全书影印本。

71　《金史》卷44《兵志》，中华书局，2020年，第1069页。

72　到何之：《关于金末元初的汉族地主武装问题》，《内蒙古大学学报》1978年第1期。

73　《金史》卷110《完颜承晖传》，中华书局，2020年，第2360页。

74　《金史》卷25《地理志中》，中华书局，2020年，第646页。

75　《金史》卷24《地理志上》，中华书局，2020年，第619页。

76　（元）郝经：《陵川集》卷35《须城县令孟君墓铭》，北京图书馆珍本丛刊。

77　《元史》卷1《太祖纪》，中华书局，1976年，第17页。

78　《金史》卷14《宣宗纪上》，中华书局，2020年，第336页。

79　（元）姚燧：《牧庵集》卷25《磁州滏阳高氏坟道碑》，清钦定四库全书影印本。

南下，（张全）以良家子，隶都元帅史公（史天倪）戏下，以武干见称。"[80]贞祐元年（1213）癸酉十二月，"蒙古主与子托雷破雄州，焦用力屈降。"[81]太祖八年（1213）冬，"太师国王徇地至束鹿，遂以其众降。"[82]岁癸酉（1213）冬，"太师穆呼里国王提兵至城下，公（王义）率众归命。"[83]"（1213）皇太弟（哈撒儿）国王奉命率兵出榆关，循卢龙塞而南，雷砰电激，所向无前，府君（王浩）审天命之眷临，悯生民之涂炭，遂挈二州五县版图投献辕门。"[84]"平州陷，郡中豪杰推（鲜卑仲吉）权领永安军事，乙亥（1215），首率滦州军民请降蒙古。"[85]乙亥（1215），"王师南下，公（董俊）审去就，率众款附。"[86]"天兵入中原，侯之祖考（赵柔）以易州总押都统帅民十万来归。"[87]在蒙古军队的进攻态势下，部分汉族地主武装在激烈的政治博弈与军事对抗中选择加入蒙军阵营。

与此同时，金朝通过封建九公的方式拉拢汉族地主武装，用其抵御蒙古。"九公皆兼宣抚使，阶银青崇禄大夫，赐号'宣力忠臣'，总帅本路兵马，署置官吏，征敛赋税，赏罚号令得以便宜行之。""除画定所管州县外，如能收复邻近州县，亦听管属。"[88]九公均被任命总帅本路兵马，被金朝中央政府授命抵御蒙古。贞祐南渡后，行省辖下的行元帅府，以战守各地为主，在河东扰攘之际，挡住蒙古进攻的前锋，为维护金朝后期在河东地区稳定发挥重要作用[89]。

中都元帅府。"成吉思汗派撒勒只兀惕部人三木合拔阿秃儿和降后受中用的女真人明安带着蒙古军行经中都地区，带来了从阿勒坛汗处逃走、从中都郊遣使来降的哈喇契丹军队和那一带的军队。"[90]"（术没贞）遂留撒没喝围守燕京，自将所降杨伯

80　（元）王恽著，杨亮、钟彦飞点校：《王恽全集汇校》卷48《大元宣武将军千户张君家传》，中华书局，2013年，第2255页。

81　（清）刘崇本编辑：《（光绪）雄县乡土志》卷3《兵事录》，《中国方志丛书·华北地区·第154号》，台北成文出版社，1968年，第35页。

82　（元）张起岩《大元敕赐赠中奉大夫河南江北等处行中书省参知政事护军追封高阳郡公耿氏先世碑铭有序》，见谢道安辑：《束鹿五志合刊》卷10《艺文》，《中国方志丛书·华北地区·第155号》，台北成文出版社，1968年，第289页。

83　（元）胡祗遹著，魏崇武、周思成点校：《胡祗遹集》卷18《龙虎卫上将军安武军节度使行深冀二州元帅府事王公行状》，吉林文史出版社，2008年，第395页。

84　（元）王恽著，杨亮、钟彦飞点校：《王恽全集汇校》卷48《大元故昭勇大将军北京路总管兼本路诸军奥鲁总管王公神道碑铭并序》，中华书局，2013年，第2560页。

85　杨文鼎修，王大本等纂：《（光绪）滦州志》卷9《封域下·邱墓·鲜卑元帅仲吉墓》，《中国方志丛书·华北地区·第220号》，台北成文出版社，1969年，第165页。

86　（元）李治《太傅忠烈公神道碑》，见（明）李正儒纂修：《（嘉靖）藁城县志》卷8碑记，《中国方志丛书·华北地区·第161号》，台北成文出版社，1968年，第246页。

87　（元）苏天爵著，陈高华、孟繁清点校：《滋溪文稿》卷15《元故鹰坊都总管赵侯墓碑铭》，中华书局，1997年，第248页。

88　《金史》卷118《苗道润传》，中华书局，2020年，第2716、2717页。

89　杨清华：《金朝后期对河东南北路的军政统治——以行省、行元帅府统治为主》，《鞍山师范学院学报》2007年第1期。

90　（波斯）拉斯特：《史集》卷1第2分册，商务印书馆，2011年，第238页。

遇、刘柏林汉军四十六都统同鞑靼大军分三路攻取河北、河东、山东诸郡邑。"[91]甲戌（1214）三月，"还师，围守中都。"至四月，"王（木华黎）命北进。"八月，"复进兵围守北京，乙亥（1215）三月城降。"[92]北京失守后的同年（1215）五月，被久围的中都亦失守。《金史·田琢传》载：贞祐二年（1214），"中都被围，琢请由间道往山西招集义勇，以为宣差兵马提控、同知忠顺军节度使事，经略山西。琢与弘州刺史魏用有隙，琢自飞狐还蔚州，用伏甲于路，将邀而杀之。琢知其谋，自别道入定安。用入蔚州，杀观察判官李宜、录事判官马士成、永兴县令张福，劫府库仓廪，以兵攻琢于定安。琢与战，败之。用脱身走，易州刺史蒲察缚送中都元帅府杀之。"[93]易州刺史蒲察曾缚弘州刺史魏用于中都元帅府杀之，中都元帅府曾节制易州。"诏以完颜寓行元帅府事，督道润复中都，和辑铁哥军。"[94]中都失守后，完颜寓曾以行元帅府事名义督道润收复中都。与此同时金朝另设有行中都西路元帅府。《金史·靖安民传》载："靖安民遥授知德兴府事，权元帅左监军，行中都西路元帅府事。"[95]靖安民曾以元帅府左监军的身份兼任行中都西路元帅府事。

　　卫州帅府。"时陕西兵大势已去，留脱或栾驻庆阳以扰河朔，且有攻河中之耗，而卫州帅府与恒山公府并立，虑一旦有警，节制不一，欲合二府为一，又恐其不和，命华往经画之。初，华在院屡承面谕云：'汝为院官，不以军马责汝。汝辞辩，特以合喜、蒲阿皆武夫，一语不相入，便为龃龉，害事非细，今以汝调停之，或有乖忤，罪及汝矣。院中事当一一奏我，汝之职也。今卫州之委，亦前日调停之意。'"[96]五年（1228）八月乙卯，"增筑归德行枢密院，拟工役数百万，诏遣枢密院判官白华喻以农夫劳苦，减其工三分之二。以节制不一，并卫州帅府于恒州山公府，命白华往经画之。"[97]金朝考虑一旦有警，节制不一，将卫州行元帅府与恒山公府合并为一，汉族地主武装对金末地方权力机构渗透几乎达到一致。

　　林州元帅府。"文振复奏：'武仙所统境土甚大，虽与林州元帅府共招抚之，乞更选本土州县官，重其职任，同与安集，可使还定。'宣宗用其策。"[98]武仙所辖境土与林州元帅共同招抚。元光元年（1222），"林州行元帅府惟良得罪召还，文振奏：'近闻惟良召还，臣窃以为不可。惟良在林州五岁，政尚宽厚，大得民心，今兹被召，军民遮路泣留。其去未几，巉尖之众作乱，逐招抚使康瑭。乞遣惟良还林州为便。'

91　（宋）李心传撰，徐规点校：《建炎以来朝野杂记（下）》卷19《鞑靼款塞》，中华书局，2000年，第850页。

92　（元）段绍先《义州节度使行北京路兵马都元帅史公神道之碑》，见（清）周震荣修，章学诚纂：《（乾隆）永清县志·永清文征·征实第二》，《中国地方志集成·河北府县志辑》第27册，上海书店出版社，2006年，第356、357页。

93　《金史》卷102《田琢传》，中华书局，2020年，第2383页。

94　《金史》卷118《苗道润传》，中华书局，2020年，第2714页。

95　《金史》卷118《靖安民传》，中华书局，2020年，第2725页。

96　《金史》卷114《白华传》，中华书局，2020年，第2647页。

97　《金史》卷17《哀宗纪上》，中华书局，2020年，第413页。

98　《金史》卷118《郭文振传》，中华书局，2020年，第2728页。

不许。"[99]林州元帅惟良诛杀叛乱，大得民心，民众想要其留任，没有得到准许。《金史·宣宗纪下》载：四年（1227）三月乙巳，"林州元帅惟良擒叛人单仲、李俊，诛之，降其党庐广。"[100]七月辛卯，"宋人及红袄贼犯河朔，诸郡皆降，独沧州经略使王福固守。会益都贼张林来攻，福乃叛降林，帅府请讨之。"癸丑，"林州行元帅府遣总领严禄等讨红袄贼于彰德府，生擒伪安抚使王九。"[101]五年（1228）三月庚子，"赐林州行元帅府经历官康琚进士及第。琚以武阶乞赴廷试，故有是命。"[102]林州行元帅府在讨伐红袄军叛乱之中起重要之功用。林州行元帅府经历官康琚进士及第，反映出元帅府机构设置中经历官具备较高知识文化素养。

行雄州元帅府。"中都经略使苗道润承制授柔定兴令，累迁青州防御使。道润表其才，加昭毅大将军，遥领永宁军节度使，兼雄州管内观察使，权元帅左都监，行元帅府事。继而道润为其副贾瑀所杀，瑀遣使以好辞来告曰：'吾得除道润者，以君不助兵故也。'柔怒叱使者曰：'瑀杀吾所事，吾食瑀肉且未足快意，反以此言相戏耶！'遂移檄道润部曲，会易州军市川，誓众为之复仇，众皆感泣。适道润麾下何伯祥，得道润所佩金虎符以献，因推柔行经略使事。事闻，加骠骑将军、中都留守、兼大兴府尹、本路经略使，行元帅事。"戊寅，"国兵出紫荆口，柔率所部逆战于狼牙岭，马蹶被执，遂以众降，太祖还其旧职，得以便宜行事。柔招集部曲，下雄、易、安、保诸州，攻破贾瑀于孔山，诛瑀，剖其心祭道润。"[103]张柔曾行雄州元帅府事，后行中都元帅府事（表二），在与蒙军交战中投降于蒙古，后杀害贾瑀为故主苗道润复仇，随蒙古征战，"名威震河朔"[104]。

表二　河北地区行元帅府设置

机构	人员	史源
真定行元帅府	永锡	《金史·宣宗纪上》
林州元帅府	惟良/严禄/康琚	《金史·宣宗纪下》
卫州帅府		《金史·哀宗纪上》
中都元帅府	张柔	《元史·张柔传》
行镇州元帅府	毕资伦	《金史·毕资伦传》
行中都西路元帅府	靖安民	《金史·靖安民传》
行清州元帅府	阿典宋阿	《金史·完颜承晖传》
行保州元帅府	女奚烈胡论出	《金史·完颜承晖传》
行雄州元帅府	张柔	《元史·张柔传》

99　《金史》卷118《郭文振传》，中华书局，2020年，第2729页。

100　《金史》卷16《宣宗纪下》，中华书局，2020年，第381页。

101　《金史》卷16《宣宗纪下》，中华书局，2020年，第383页。

102　《金史》卷16《宣宗纪下》，中华书局，2020年，第389页。

103　《元史》卷147《张柔传》，中华书局，1976年，第3471、3472页。

104　（元）苏天爵：《元朝名臣事略》卷6《万户张忠武王》，商务印书馆，1936年，第77页。

四、河东地区行元帅府设置

河东北路行元帅府。"伯德窊哥，西南路咩乣奚人。壮健沉勇。大元兵克西南路，邻郡皆降，窊哥独不屈。"贞祐五年（1217），"东胜州已破，窊哥与姚里鸦胡、姚里鸦儿招集义军，披荆棘复立州事。河东北路行元帅府承制除窊哥武义将军、宁远军节度副使，姚里鸦胡武义将军、节度判官，姚里鸦儿武义将军、观察判官。窊哥等以恩不出朝廷，颇怀觖望，纵兵剽掠。"兴定元年（1217），"诏窊哥遥授武州刺史、权节度使，姚里鸦胡权同知节度使事，姚里鸦儿权节度副使，各迁官两阶。"[105]河东北路行元帅府承制授予伯德窊哥、姚里鸦等人官职，但窊哥等因为不是金朝中央授予，感到不满，其后金朝中央政府不得不直接授予及升迁二人官职。《金史·郭文振传》载："郭文振遥授中都副留守，权元帅左都监，行河东北路元帅府事，刺史、从宜如故。"[106]郭文振以权元帅府左都监的身份，兼任行河东北路元帅府事。地方军政官员在蒙古攻略与征服山西之初，曾坚持抵抗蒙军进攻。还提出采取一系列防御措施，极力挽救时局。在一定程度上较为有效抵御蒙军进攻，从而保住河东一部分州县，使金朝在山西各地摇摇欲坠的统治得以继续维持下去[107]。

太原元帅府。四年（1216）春正月壬申，"太原元帅左监军乌古论德升招其民降北者，得四千三百余人。"[108]乌古论德升曾以太原元帅左监军身份招纳其所辖人民投降蒙古者。"初，河东行省胥鼎奏：'完颜伯嘉屡言同知西京留守兼台州刺史完颜琢，可倚之以复山西，朝廷迁官赐姓，令屯代北，扼太和岭。今闻诸隘悉无琢兵，盖琢挈太原之众，保五台剽掠耳。如尚以伯嘉之言为可信，乞遣琢出太原，或徙之内地，分处其众，以备不测之变。'宰臣奏：'已遣官体究琢军，且令太原元帅府乌古论德升召琢使之矣。当以此意报鼎。'无何，德升奏：'琢兵数万分屯代州诸险，拒战甚力，其众乌合，非琢不可制。'胥鼎复奏：'宣差提控古里甲石伦言，琢方招降人，谋复山西，盘桓于忻、代、定、襄间，恣为侵扰，无复行意。发掘民粟，戕杀无辜，虽曰不烦官廪，博易为名，实则攘劫，欺国害民无如琢者。石伦之言如此，臣已令帅府禁止之矣。'"[109]田琢昭纳降人，谋复山西，后发掘民粟，戕杀无辜人民，遭太原元帅府禁止。"以完颜开权元帅左都监，郭文振权右都监，并行元帅府事，谋复太原。"[110]完颜开与郭文振分别以元帅府权左右都监身份并行元帅府事。

岚州帅府。二年（1218）十二月乙卯，"以礼部侍郎抹捻胡鲁剌为汾阳军节度使，权元帅右监军，与岚州元帅古里甲石伦完复河东。"[111]抹捻胡鲁剌曾以权元帅右监军的

105　《金史》卷122《伯德窊哥传》，中华书局，2020年，第2806页。

106　《金史》卷118《郭文振传》，中华书局，2020年，第2726页。

107　瞿大风：《金朝在山西的抗蒙布署》，《内蒙古大学学报（人文社会科学版）》2000年第2期。

108　《金史》卷14《宣宗纪上》，中华书局，2020年，第342页。

109　《金史》卷100《完颜伯嘉传》，中华书局，2020年，第2344页。

110　《金史》卷15《宣宗纪中》，中华书局，2020年，第376页。

111　《金史》卷15《宣宗纪中》，中华书局，2020年，第369页。

身份被任命，和岚州元帅古里甲石伦一起完复河东。甲子，"诏河东北路忻、代、宁化、东胜诸州并受岚州帅府节制。"[112]忻、代、宁化、东胜并受岚州帅府节制。"大兵围雁门，游骑及县境，金人弃城奔溃"，"（王兆）持牛酒□日近至。"[113]贞祐初，"中原受兵，阅再祀，雁门破，游骑骎骎而南。定襄膺其冲要，侯慨然聚里人戚属，堡南山之隅。明年春，大兵至，侯知河东不可保必矣。""乃率众迎谒郡王于军门，王悦，时承旨拜定襄令。"[114]在蒙军进入河东北路地区后，王兆、周献臣等人投降蒙古。兴定元年（1217）七月，是年十一月，"（古里甲石伦）迁镇西军节度使、兼岚州管内观察使、行元帅府事。"二年（1218）四月，石伦言："去岁北兵破太原，游兵时入岚州境，而官民将士悉力捍御，卒能保守无虞。向者河东内郡皆驻以精甲，实以资储，视边城尤为完富，然兵一至相继沦没。岚兵寡而食不足，惟其上下协同，表里相应，遂获安帖。当大军初入，郡县仓皇，非此帅府控制，则奥、管保德、岢岚、宁化皆不可知矣。今防秋不远，乞朝廷量加旌赏，务令益尽务令益尽心力，易以镇守。"[115]当蒙古军队进入岚州之境时，郡县仓皇而行元帅府难以控制局势，奥、管保德、岢岚、宁化等州局势亦难以预测。戊寅（1218），"王自中都由西京击雁门、定襄并晋高平、上党等郡，悉平之。"[116]木华黎等率领蒙古军队由西京进入河东地区，并平定金岚州行元帅府所辖之境。

绛州元帅府。二年（1218）十一月甲申，"河东南路隰、吉等州听绛州元帅府节制。"[117]"绛州，上。宋置绛郡防御。天会六年置绛阳军节度使。兴定二年（1218）十二月升为晋安府，总管河东南路兵马。"[118]绛州元帅府负责节制隰、吉等州。《绛阳军节度使靳公神道碑》载：贞祐之乱，"（靳和）以富室□从军于绛。常用战多，得以正班叙用。明年绛城失守，公遁归于家。岁己卯，王师复南下，公率□□□□□□逆于境，国王太师嘉其意，授以南征帅。"[119]靳和在绛城失守后抵御蒙古不利，降于蒙古，被授予南征元帅。《金史·陀满胡土门传》载：兴定四年（1220）十月，"迁元帅左监军、行元帅府事、兼知晋安府、河东南路兵马都总管。于是，修城池，缮甲兵，积刍粮，以备战守。民不悦，行省胥鼎闻之，遗以书曰：'元帅始镇河中，惠爱在民，移莅晋安，远近忻仰。去岁兵入，平阳不守，河东保完者惟绛而已。盖公坐筹制胜，威德素著，故不动声气以至无虞也。迩来传闻，治政太刚，科征太重，鼎切忧之。古人有言，御下不宽则人多惧祸，用人有疑则士不尽心。况大兵在迩，邻境已虚，小人易动，诚不可不虑也。愿公以谦虚待下，忠孝结人，明赏罚，平赋税，上以分圣主宵旰之忧，下以为河东长城之托。'""未几，晋安失守，死者几百万人，遂失河东。"[120]陀满胡土门以元帅

112　《金史》卷15《宣宗纪中》，中华书局，2020年，第368页。

113　（清）胡聘之：《山右石刻丛编》卷30《繁峙王氏世德之碑》，清光绪二十五年本。

114　（清）胡聘之：《山右石刻文献丛编》卷27《周献臣碑》，清光绪二十五年本。

115　《金史》卷111《古里甲石伦传》，中华书局，2020年，第2580页。

116　（元）苏天爵：《元朝名臣事略》卷1《太师鲁国忠武王》，商务印书馆，1936年，第5页。

117　《金史》卷15《宣宗纪中》，中华书局，2020年，第369页。

118　《金史》卷26《地理志下》，中华书局，2020年，第682页。

119　（清）胡聘之：《山右石刻丛编》卷26《绛阳军节度使靳公神道碑》，清光绪二十五年本。

120　《金史》卷123《陀满胡土门传》，中华书局，2020年，第2834页。

左监军、行元帅府事，并兼任知晋安府、河东南路兵马都总管，其后晋安失守。三年（1219），"朝廷以晋安行元帅府陀满胡土门暴刻，以间山代之。"[121]晋安行元帅府陀满胡土门被完颜间山取代。三年（1219）十一月戊午，"大元兵平晋安府，行元帅府事、工部尚书粘割贞死之。"[122]晋安府后被蒙军占领，行元帅府事、工部尚书粘割贞被杀。

行河中元帅府。兴定二年（1218）十二月己亥朔，"以御史中丞完颜伯嘉权参知政事、元帅左监军，行河中府尚书省元帅府，控制河东南、北路便宜从事。升绛州为晋安府，总管河东南路兵，降平阳为散府。"[123]元光元年（1222）十二月乙亥朔，"以河中治中侯小叔权元帅右都监便宜行事"，二年（1223）三月癸丑，"以河中府推官籍阿外权元帅右都监，代领侯小叔军。"[124]完颜伯嘉曾权参知政事、元帅左监军，行河中府尚书省元帅府，河中治中侯小叔权元帅右都监便宜行事，后为河中府推官籍阿外代领。吴信，河中府荣河县人，"壬午（1222），皇朝重兵南下，州郡不支，公私念天命所在，力不可抗，潜图效顺，""会契乔帅来谕，遂诣太师国王军门降。"[125]在蒙古军队强力攻势下，吴信在蒙古军队攻打河中府时投降蒙古。元光二年（1223）正月丁卯，"大元兵复下河中府。"元光二年（1223）六月甲午，"诏罢河中行省，置元帅府。"[126]元兵攻破河中府后，河中行省被罢后，置元帅府。刑部侍郎奥屯胡撒合三人曰："河北于河南有辅车之势，蒲、解于陕西有襟喉之要，尽徙其民，是撤其藩篱也。宜令诸郡，选才干众所推服、能纠众迁徙者，愿之河南或晋安、河中及诸险隘，量给之食，授以旷土，尽力耕稼。置侨治之官，以抚循之。择其壮者，教之战阵。敕晋安、河中守臣橛石、岚、汾、霍之兵，以谋恢复，莫大之便。"[127]刑部侍郎奥屯胡撒合等主张依靠晋安、河中两元帅府橛石、岚、汾、霍之兵恢复旧土，此时晋安、河中两行元帅府尚有一定军事力量，能够勉强维持在河东地区统治，甚至想依靠此力量恢复故土。

河、解元帅府。天兴元年（1232）十一月丙寅，"河、解元帅权兴宝军节度使赵伟袭据陕州以叛，杀行省阿不罕奴十剌以下凡二十一人。诬阿不罕奴十剌等反状以闻。上知其冤，不能直其事，就授伟元帅左监军，兼西安军节度使，行总帅府事。伟寻亦归北。"[128]解州，今解县[129]。"（赵伟）国初以才勇随丞相忠武王（史天泽）平金，擢升黑衣百户。"[130]河、解元帅权兴宝军节度使赵伟杀行省阿不罕奴十剌等凡二十一人。金哀宗不能为阿不罕奴十剌解除冤情，反另授予赵伟元帅左监军、兼西安军节度使、行总帅府事，赵

121　《金史》卷100《完颜间山传》，中华书局，2020年，第2339页。

122　《金史》卷15《宣宗纪中》，中华书局，2020年，第377页。

123　《金史》卷15《宣宗纪中》，中华书局，2020年，第369页。

124　《金史》卷16《宣宗纪下》，中华书局，2020年，第394、395页。

125　（清）胡聘之：《山右石刻丛编》卷26《吴信碑》，清光绪二十五年本。

126　《金史》卷16《宣宗纪下》，中华书局，2020年，第396页。

127　《金史》卷118《苗道润传》，中华书局，2020年，第2715、2716页。

128　《金史》卷18《哀宗纪下》，中华书局，2020年，第428页。

129　瞿大风：《金朝对山西地方武装首领的起用及其终结》，《内蒙古工业大学学报（社会科学版）》2000年第2期。

130　（元）苏天爵著，陈高华、孟繁清点校：《滋溪文稿》卷15《元故武义将军漳州新军万户府副万户赵公神道碑铭并序》，中华书局，1997年，第234页。

伟后降于蒙古，金朝后期汉族地方武装独立性较大，在蒙军巨大军事压力态势下，金朝中央政府仅在名义上统辖个别所属区域，实际权力结构运转仍需依靠汉族地主武装力量。

汾州元帅府。三年（1219）二月，石伦奏："向者并、汾既破，兵入内地，臣谓必攻平阳，平阳不守，将及潞州，其还当由龙州谷以入太原。故臣尝请兵欲扼其归路，朝廷不以为然，既而皆如臣所料。""夫太原，河东之要郡；平阳、陕西、河南之藩篱也。若敌兵久不去，居民尽从，屯兵积粮以固基本，而复扰吾郡县未残者，则边城指日皆下矣。北路不守，则南路为边，去陕西、河南益近，臣窃忧之，故复请兵以图战守。而枢府橄臣，并将权太原治中郭通祖、义军李天禄等万余人，就其粮五千石，会汾州权元帅右都监抹捻胡刺复太原。臣召通祖，欲号令其众，通祖不从。"[131]金人所统治区域需要汉族地主武装的协助，汾州权元帅右都监抹捻胡刺复太原，古里甲石伦想要权太原治中郭通祖，一起共谋恢复，号令其部众，但郭通祖没有同意。

行怀州、孟州元帅府。四年（1220）三月己酉，"以吏部尚书李复亨参知政事，南京兵马使术甲赛也行怀、孟帅府事。"[132]五年（1221）二月戊辰，"罢怀州行元帅府，复置招抚司，与孟州经略司并受中京行枢密院节制。"[133]术甲赛也行怀、孟帅府事，后怀州行元帅府撤置，另置招抚司与孟州经略司并受中京行枢密院节制。

行葭州元帅府。"（古里甲石伦）迁金安军节度使，行帅府事于葭州。时鄜州元帅内族承立虑夏人入寇，遣纳合买住以兵驻葭州，石伦辄分留买住兵千八百人，令以余兵屯绥德，而后奏之。有司论罪当绞，既而遇赦，乃止除名。"[134]古里甲石伦曾行帅府事于葭州，内族承立虑夏人入寇考虑西夏入侵，遣纳合买住以兵驻葭州，但仅留买住兵千八百人，其余兵屯绥德，有司论古里甲石伦罪当绞，遇赦乃止除名。（石天应）"从木华黎征陕右，""南攻葭州，拔之。""悉定葭、绥之地。"[135]石天应投降于蒙军之后，在从攻葭州的战役中以及平定葭、绥之地起重要功用。

潞州元帅府。贞祐四年（1216）冬十月庚午，"河东行省胥鼎，遣潞州元帅左监军必兰阿鲁带以军一万，孟州经略使徒单百家以军五千，由便道济河趣关、陕，自将平阳精兵援京师。命枢府督军应之。"十二月壬申，"大元兵进自代州神仙横城及平定承天镇诸隘，攻太原府。宣抚使乌古论礼遣人间道赉矾书至京师告急。诏发潞州元帅府，平阳、河中、绛、孟宣抚司兵援之。"[136]河东行省胥鼎自将平阳精兵，并派遣潞州元帅左监军必兰阿鲁带以军一万与孟州经略使徒单百家率军五千救援京师。兴定二年（1219）六月己酉，"苗道润所部军请隶潞州元帅府，诏河北行省审处之。"九月乙亥，"以户部尚书纳合蒲刺都为元帅右监军，行元帅府事于潞州。"十一月甲申，"大元兵收潞州，元帅右监军纳合蒲刺都、参议官修起居注王良臣死之。"[137]苗道润曾将所部军请隶

131　《金史》卷111《古里甲石伦传》，中华书局，2020年，第2580、2581页。

132　《金史》卷16《宣宗纪下》，中华书局，2020年，第381、382页。

133　《金史》卷16《宣宗纪下》，中华书局，2020年，第386页。

134　《金史》卷111《古里甲石伦传》，中华书局，2020年，第2583页。

135　《元史》卷149《石天应传》，中华书局，1976年，第3526页。

136　《金史》卷14《宣宗纪上》，中华书局，2020年，第347～349页。

137　《金史》卷15《宣宗纪中》，中华书局，2020年，第366～369页。

潞州元帅府但需河北行省审处，其后蒙古军队攻入潞州，元帅右监军、行元帅府事纳合蒲刺都与参议官修起居注王良臣死于这场变故之中。"上党公开壁马武砦，遣别将李松守潞州，壬午三月，东平行台严公偕国兵略地，上党公选懦不能军，乘夜溃围而遁。载之醉不及从。明日父老请载之主州事，遂以城降。"[138]上党公命李松守潞州，后不能抵御蒙军，乘夜而遁，潞州后降于蒙古。《元史·史天倪》载：辛巳，"金怀州元帅王荣、潞州元帅裴守谦、泽州太守王珍皆以城降。"[139]潞州元帅裴守谦以城降于蒙古。

平阳元帅府。兴定元年（1217）三月戊寅，"以绛阳军节度使李革知平阳府，兼河东南路兵马都总管，权参知政事，行尚书省。"三月辛卯，"诏罢平阳、河中元帅。"[140]平阳设置行尚书省后，平阳、河中元帅府被罢置（表三）。

表三　河东地区行元帅府设置

行元帅府机构	人员	史料来源
岚州帅府	古里甲石伦	《金史·宣宗纪中》
太原元帅府	乌古论德升/完颜开/郭文振	《金史·宣宗纪上》
绛州元帅府	驼满胡土门	《金史·宣宗纪中》
行河中元帅府	完颜伯嘉	《金史·宣宗纪中》
行晋安（绛州）元帅府事	粘割贞	《金史·宣宗纪中》
行金安军（葭州）元帅府	古里甲石伦	《金史·宣宗纪下》
怀州行元帅府	术甲赛也	《金史·宣宗纪下》
河、解元帅	赵伟	《金史·哀宗纪下》
晋安行元帅	陀满胡土门	《金史·徒单镒传》
行昭义军（潞州）元帅府	必兰阿鲁带	《金史·必兰阿鲁带传》
汾州元帅府	抹捻胡刺	《金史·古里甲石伦传》
行河东北路元帅府	郭文振	《金史·郭文振传》

五、余　论

金朝后期由于面临周边政权的武力入侵以及腹背受扰的地缘政治压力态势下，在激烈的军事对抗与政治博弈中，金朝中央政府不得不采取有效手段缓解所面临的内忧外患的局势，行元帅府、行枢密院、行六部、行尚书省等军政机构作为金朝中央政府管理地方及抵御外来入侵的重要机制，应运而生。其中行元帅府由中央派遣临时性驻扎军事机构逐渐演变为常设型地方军事作战机构。金宣宗时期，元帅府尚作为一州或数州之军区机构，而此时，元帅府甚至降为县一级的军区机构[141]。从元帅以至总帅、总领、都尉等官职的设置使得元帅府机制得到有效运转以及职能得到更好的发挥。金元鼎革之

138　（清）张金吾编纂：《金文最》卷105《故帅阎侯墓表》，中华书局，1990年，第1525页。

139　《元史》卷147《史天倪传》，中华书局，1976年，第3480页。

140　《金史》卷15《宣宗纪中》，中华书局，2020年，第356页。

141　王曾瑜：《辽金军制》，河北大学出版社，2011年，第187页。

际，战乱频仍，河朔山东豪杰纷起，聚众自保，以捍卫一方安全，后多为蒙古统治者收编，作为灭金平宋的军事力量，史称世侯或汉人世侯[142]。"凡纳土及守命之臣，咸令世守。"[143]《经世大典序录·官制》云："既取中原定四方，豪杰之来归者，或因其旧而命官。若行省、领省、大元帅、副元帅之属者也。或以上旨命之，或诸王大臣总兵政者，承制以命之。"[144]蒙古帝国沿袭并改造金的元帅制度，元帅一职主要授予来降归附的宋金降将降官，成为新附军中的高级军政长官。如"时都元帅史公镇真定，表授（董俊）龙虎卫上将军、行元帅府事，屯藁。"[145]"深、冀以北，相率而自归者三十余城，辟地千里，朝廷加公（张柔）荣禄大夫、河北东西等路都元帅，所部将士迁授有差。"[146]石抹扎剌儿，丁丑年（1217），"充行省都元帅。"[147]"（史天安）录功，行北京路元帅府事，仍抚治真定一道。"[148]"王以国人乌野儿为北京路都元帅。"[149]这批人主要是金朝统治下北方汉族世家或金朝宿将旧臣，元初汉人世侯形成与此有重要之关系，很快元帅一职也被授予蒙古将领，元帅府被引入蒙古帝国地方行政制度，以后宣慰司都元帅府成为一些地区的行政单位[150]。"有边陲军旅之事，则兼都元帅府，其次则止为元帅府。"[151]"各道宣慰使司都元帅，从二品；元帅、副元帅，正三品。"[152]元代定制后的元帅品级比金朝相应次第低两级。但其在元朝国家机构中发挥重要之功用，"国朝以马上有天下，故元帅为贵阶。"[153]有元一代，元帅仍被视为贵阶。

（李　俊　吉林大学文学院）

142　赵文坦：《金元之际汉人世侯的兴起与政治动向》，《南开学报》2000年第6期。

143　（元）苏天爵：《元朝名臣事略》卷7《平章廉文政王》，商务印书馆，1936年，第106页。

144　（元）苏天爵：《国朝文类》卷40《经世大典序录·官制》，《四部丛刊初编》第2026册，商务印书馆，1922年，第415页。

145　（元）李冶《太傅忠烈公神道碑》，见（明）李正儒纂修：《（嘉靖）藁城县志》卷8《碑记》，《中国方志丛书·华北地区·第161号》，台北成文出版社，1968年，第247页。

146　（元）王磐《蔡国公神道碑》，见（清）唐持玉、李卫等监修、田易等纂：《（雍正）畿辅通志》，《景印文渊阁四库全书》第506册，商务印书馆，1983年，第597页。

147　（元）李源《石抹公墓志铭》，见（明）姚卿修，孙铎纂：《（嘉靖）鲁山县志》卷9《艺文》，《天一阁藏明代方志选刊》第74册，上海古籍书店，1981年，第44～48页。

148　（元）李冶《大朝故宣权真定等路万户史公神道碑》，见孟繁峰：《谈新发现的史氏残谱及史氏元代墓群（续）》，《文物春秋》1999年第4期。

149　（元）刘祁《故北京路行六部尚书史公神道碑铭并序》，见（清）周震荣修、章学诚纂：《（乾隆）永清县志·永清文征·征实第二》，《中国地方志集成·河北府县志辑》第27册，上海书店出版社，2006年，第355页。

150　黄阿明：《元代的元帅府略论》，《兰州学刊》2010年第4期。

151　《元史》卷91《百官志七》，中华书局，1976年，第2308页。

152　（元）拜柱等：《大元圣政国朝典章》卷7《吏部一·职品》，元抄本。

153　（元）魏初：《青崖集》卷3《重修北岳露台记》，文渊阁四库全书本。

《大金国志》和《续宋中兴编年资治通鉴》关系新探

刘 坤 张呈忠

内容提要：刘浦江认为《续宋中兴编年资治通鉴》是《大金国志》的史源之一。然通过比勘可知，《中兴两朝编年纲目》和《续编两朝纲目备要》才是《大金国志》的史源，而《续宋通鉴》和《大金国志》相关内容应是同源异流的关系。通过进一步研究可知，《大金国志》大致成书于元成宗大德十年（1306）之前，《续宋通鉴》大致成书时间在至大三年（1310）到皇庆元年（1312），故《续宋通鉴》不可能是《大金国志》的史源之一。通过将《大金国志》与伪书《续宋通鉴》进行比较，也进一步证实了《大金国志》伪书性质。

关键词：《大金国志》 《续宋中兴编年资治通鉴》 《中兴两朝编年纲目》 《续编两朝纲目备要》

《大金国志》共四十卷，题南宋宇文懋昭作，一般认为是元修《金史》外最系统最具有价值的金史史料。对于《大金国志》的研究，学界以往多关注其真伪问题，并且取得了丰硕成果。但关于《大金国志》和《续宋中兴编年资治通鉴》（以下简称《续宋通鉴》）之间的联系问题，学界具有代表性的著作，如刘浦江《再论〈大金国志〉的真伪》，该文指出："《大金国志》卷五以后有不少内容抄自刘书（《续宋通鉴》）……"[1]刘氏显然认为《续宋通鉴》是《大金国志》史源之一。曾震宇在《〈大金国志〉研究》一文中认为："笔者最感兴趣的是《续宋编年资治通鉴》（《续宋通鉴》）与《续编两朝纲目备要》的关系。笔者考证《大金国志》的史料来源时，发现两书在很多地方有着相同的记载，因此不能肯定《大金国志》的内容究竟是抄自上述哪一本书。"[2]显然，曾氏不能判断《大金国志》和《续宋通鉴》是否具有史源关系。在前人研究的基础上，本文重新探讨《大金国志》和《续宋通鉴》的关系问题。

本文认为《大金国志》帝纪部分在章宗前大量取材于《中兴两朝编年纲目》（以下简称《纲目》），章宗后则大量抄《续编两朝纲目备要》（以下简称《备要》），

---

1 刘浦江：《再论〈大金国志〉的真伪》，《辽金史论》，中华书局，2019年，第295页。

2 曾震宇：《〈大金国志〉研究》，香港大学历史系硕士学位论文，2003年，第301页。

和《续宋通鉴》中相关内容没有史源关系，应是同源异流的关系。为此将分三个部分，第一部分将讨论《大金国志》帝纪前半部分和《续宋通鉴》高、孝两朝部分的关系问题；第二部分，探讨《大金国志》帝纪后半部分和《续宋通鉴》光、宁两朝部分的关系问题；第三部分，通过考证《大金国志》和《续宋通鉴》二者的成书时间来进一步探讨《大金国志》和《续宋通鉴》关系问题；最后，再探讨一下《大金国志》真伪问题。

一、《大金国志》帝纪部分和《续宋通鉴》高、孝部分关系

刘浦江认为《续宋通鉴》是《大金国志》史源之一。燕永成在《南宋纲目体本朝史的编修及其流变》一文中指出："（《续宋通鉴》）该书此部分纪事基本出自传世稀少的《中兴两朝编年纲目》，而由作者增补的部分极少。"[3]由此可知，《续宋通鉴》高、孝两朝部分史源主要是《中兴两朝编年纲目》（以下简称《纲目》）。因此，《大金国志》帝纪前半部分和《续宋通鉴》高、孝部分也存在史出同源的可能，而这种同源异流的情况，并不能轻易排除掉。为分析方便，兹对比如下（表一）：

表一

《大金国志》	《续宋通鉴》	《纲目》
七月，宋师复郢昌府，又复鄜州。宋二帝自韩州如五国城[4]	秋七月，复郢昌府。赵哲复鄜州[5]	秋七月，复颍昌府（纲）……复鄜州（纲）。环庆经略赵哲遣将复之（目）……二帝自韩州如五国城（纲）……[6]
八月，宋师复永兴军。宋吴玠复永兴军，金人大惧，遂调兀术自京西，令星驰至陕西、与娄室等合。而张浚亦札诸路，合兵四十万，约日会于耀州大战[7]	吴玠复永兴军，房大惧，调兀术自京西，令星驰至陕西，与娄室等合。而浚合兵四十万，约日与虏战[8]	八月……复永兴军（纲）……会吴玠复永兴军，乃以玠权经略。房大惧，遂调兀术自京西，星驰至陕西，与娄室等合。而浚亦札诸路，合兵四十万，约日会于耀州，以与虏战（目）[9]

3　燕永成：《试论纲目体在南宋的创立及运用》，《史学史研究》2010年第4期，第21页。

4　（宋）宇文懋昭撰，崔文印校证：《大金国志校证》卷6，中华书局，2011年，第102页。

5　（宋）刘时举撰，王瑞来点校：《续宋中兴编年资治通鉴》卷2，中华书局，2014年，第45页。

6　（宋）佚名撰，燕永成点校：《中兴两朝编年纲目》卷3，凤凰出版社，2018年，第114页。

7　（宋）宇文懋昭撰，崔文印校证：《大金国志校证》卷6，中华书局，2011年，第102页。

8　（宋）刘时举撰，王瑞来点校：《续宋中兴编年资治通鉴》卷2，中华书局，2014年，第45、46页。

9　（宋）佚名撰，燕永成点校：《中兴两朝编年纲目》卷3，凤凰出版社，2018年，第115页。

续表

《大金国志》	《续宋通鉴》	《纲目》
春，西京留守孟邦雄为宋翟琮所败。琮即翟兴子，时为河南镇抚。愤大金发掘陵寝，琮及董震以山寨余众入潼关，遂入西京。邦雄醉方卧，俘其族以去[10]	河南镇抚使翟琮入西京，俘伪留守孟邦雄以归[11]	翟琮入西京（纲）。俘伪留守孟邦雄。先是，邦雄盗发永安陵，琮愤不能平……知虢州董震亦与伪将董先密谋，以所部应琮。至是，琮及震以山寨余众入潼关，遂入西京，邦雄醉方卧，俘其族以归。琮，兴子也，时为河南镇抚使（目）[12]
兀术攻仙人关，与吴玠战于杀金平，为玠所败。先是，大金得和尚原，玠度金军必深入，至是，兀术果与撒离曷、刘夔率十万南征，进攻铁山，凿崖开道，攻仙人关……玠斩震以徇。与金军力战，万户韩常为南军所射，损左目……玠设伏河池，扼其归路，又败。是举也，大金决意入蜀，自撒离曷已下，尽室而来……[13]	虏犯仙人关，吴玠击走之[14]	虏犯仙人关，吴玠击走之（纲）。先是，虏得和尚原，吴玠度虏必深入，乃预治垒于关侧，号杀金平……至是，兀术果与撒离曷、刘夔率十万人入寇，进攻铁山，凿崖开道，攻仙人关……玠斩震以徇。与虏力战，虏将韩常为官军射损左目……玠设伏河池，扼其归路，又败之。是举也，虏决意入蜀，自撒离曷已下尽室而来……（目）[15]
五月，遣高景山、王全往宋贺天申节，宋帝见于紫宸殿。时国主恃其强盛，欲渝盟久矣。全因道国主意，求淮汉之地，及指取将相近臣议事，并报渊圣皇帝仆音。且言国主以九月北巡，今所指近臣当于八月至金国，大率皆慢辞也[16]	金遣使高景山、王全来贺正，因道亮意，求淮汉之地，且言亮以九月北巡，指取将相近臣议事，当于八月至其国，大率皆慢辞也[17]	虏使来（纲）。金主亮恃其强盛，欲渝盟犯塞久矣。至是，遣其臣高景山、王全来贺天申节，见于紫宸殿。全因道亮意，求淮、汉之地及指取将相近臣议事，并报渊圣皇帝仆音。且言亮以九月北巡，今所指近臣，当于八月至其国，大率皆慢辞也（目）[18]

10　（宋）宇文懋昭撰，崔文印校证：《大金国志校证》卷8，中华书局，2011年，第115页。

11　（宋）刘时举撰，王瑞来点校：《续宋中兴编年资治通鉴》卷3，中华书局，2014年，第67页。

12　（宋）佚名撰，燕永成点校：《中兴两朝编年纲目》卷5，凤凰出版社，2018年，第180页。

13　（宋）宇文懋昭撰，崔文印校证：《大金国志校证》卷8，中华书局，2011年，第127页。

14　（宋）刘时举撰，王瑞来点校：《续宋中兴编年资治通鉴》卷3，中华书局，2014年，第72页。

15　（宋）佚名撰，燕永成点校：《中兴两朝编年纲目》卷5，凤凰出版社，2018年，第189页。

16　（宋）宇文懋昭撰，崔文印校证：《大金国志校证》卷15，中华书局，2011年，第205页。

17　（宋）刘时举撰，王瑞来点校：《续宋中兴编年资治通鉴》卷7，中华书局，2014年，第152页。

18　（宋）佚名撰，燕永成点校：《中兴两朝编年纲目》卷13，凤凰出版社，2018年，第430页。

续表

《大金国志》	《续宋通鉴》	《纲目》
时北兵犹围海州，宋张子盖率兵往援，仍听张浚节制，相遇于石湫堰，率精锐先入，王友直以所部力战，北兵大败，引去[19]	张子益大败金人于石湫堰[20]	张子盖大败金人于石湫堰（纲）。子盖时为镇江都统，金人围海州，诏子盖率兵往援，仍听张浚节制。浚为书抵子盖，勉以功名。子盖即驰赴之，遇敌于石湫堰，子盖率精锐先入，诸将皆进。王友直以所部力战，张玘死之。虏遂大败引去（目）[21]
（大定六年）十月，宋遣使方滋来贺明年正旦，主亦遣使往宋贺会庆节，寻又遣使往宋贺明年正旦。自后不书[22]	冬十月，方滋使金，充贺正旦使[23]	冬十月，方滋使虏（纲）。贺正旦使（目）。虏使来（纲）。贺会庆节。寻又遣使来贺正旦。自后不书（目）[24]

通过以上对比可知，《大金国志》和《续宋通鉴》均取材于《纲目》一书。不妨再看两例（表二）：

表二

《大金国志》	《纲目》
是时，京东义士耿京率众据东平府，遣掌书记辛弃疾南附于宋，授天平节度，节制京东、河北忠义军马。既而遣使往南宋通和，遂不复通，京遂为国中所杀[25]	是时，京东义士耿京亦率众据东平府，遣掌书记辛弃疾赴行在。授天平节度，节制京东、河北忠义军马。既而虏使来朝廷，遂不复通。京遂为虏所杀（目）[26]
正隆之渝盟也，宋复取海、泗、唐、邓、陈、蔡、许、汝、嵩、寿等十州，至是宋但得四州而已[27]	虏之叛盟也，淮、襄诸军复得海、泗、唐、邓、陈、蔡、许、汝、嵩、寿等十州，自是但余四州而已（目）[28]

以上两例记载并不见于《续宋通鉴》，《大金国志》相关内容应是直接取材于《纲目》。

综上可知，《大金国志》帝纪前半部分有不少内容取材自《纲目》一书，而不是直

19　（宋）宇文懋昭撰，崔文印校证：《大金国志校证》卷16，中华书局，2011年，第224页。
20　（宋）刘时举撰，王瑞来点校：《续宋中兴编年资治通鉴》卷7，中华书局，2014年，第165页。
21　（宋）佚名撰，燕永成点校：《中兴两朝编年纲目》卷13，凤凰出版社，2018年，第448页。
22　（宋）宇文懋昭撰，崔文印校证：《大金国志校证》卷16，中华书局，2011年，第227页。
23　（宋）刘时举撰，王瑞来点校：《续宋中兴编年资治通鉴》卷8，中华书局，2014年，第186页。
24　（宋）佚名撰，燕永成点校：《中兴两朝编年纲目》卷14，凤凰出版社，2018年，第493页。
25　（宋）宇文懋昭撰，崔文印校证：《大金国志校证》卷16，中华书局，2011年，第223、224页。
26　（宋）佚名撰，燕永成点校：《中兴两朝编年纲目》卷13，凤凰出版社，2018年，第446页。
27　（宋）宇文懋昭撰，崔文印校证：《大金国志校证》卷16，中华书局，2011年，第224页。
28　（宋）佚名撰，燕永成点校：《中兴两朝编年纲目》卷13，凤凰出版社，2018年，第446页。

接抄自《续宋通鉴》高、孝两朝部分。雷震在《索隐探赜：文献学视阈下的〈中兴两朝编年纲目〉研究》一文中即指出："《大金国志》在编修过程中曾参据《中兴两朝编年编目》，而非《续宋中兴编年资治通鉴》。"[29]李寒箫在研究《续宋通鉴》时，也得出《纲目》是《续宋通鉴》与《大金国志》的共同史源[30]。总之，《大金国志》帝纪部分和《续宋通鉴》高、孝两朝部分并不存在史源关系。另校勘《大金国志》可参考《纲目》一书。

二、《大金国志》帝纪部分和《续宋通鉴》光、宁部分关系

梁太济在《〈两朝纲目备要〉史源浅探》一文中认为："总之，《两朝》成书于《续宋编年》之前，《续宋编年》的基本内容是转录、并合或删节《两朝》有关记载而成的。"[31]据梁氏研究可知，《续编两朝纲目备要》（以下简称《备要》）是《续宋通鉴》光、宁两朝部分的主要史源。因此，对于《大金国志》和《续宋通鉴》光、宁部分的关系问题仍可做更进一步的探讨。对此，分析如下（表三）。

表三

《大金国志》	《续宋通鉴》	《备要》
是年，宋遣户部郎中赵善义来贺生辰。未几，又遣都官郎中吴旴为孝宗太上后崩告哀使。善义还至雍丘，因与本国人争下车子处，忽谓之曰："尔方为北国所扰，何暇与我交争？莫待要南朝起兵夹攻邪？"其下共调护之，伴使乃不争[32]	壬辰，赵善义、吴旴使金，为告哀使[33]	壬辰，赵善义、吴旴使虏（纲）。善义以户部郎中为贺生辰使，旴以都官郎中为告哀使。善义还至雍丘，因与戎人争下车子处，忽谓戎人曰："尔方为蒙古鞑所扰，何暇与我较，莫待要南朝起兵夹攻耶？"其下共调护之，戎人乃止（目）[34]
宋镇江都统戚珙遣人结涟水县弓手李全焚我涟水，皇甫斌引兵攻我唐州，败焉。池州副都统郭倬、马军行司李汝翼会兵攻我宿州，亦败绩。倬等还至蕲县，国兵围之，倬执马军司统制以与国兵，乃得免[35]	是月，镇江都统戚珙遣忠义人朱裕，结涟水军弓手李全焚涟水，塞其后……江陵都统皇甫斌引兵攻唐州，不克……池州副都统郭倬、马军行司李汝翼攻宿州，不克[36]	甲申，镇江都统戚珙遣忠义朱裕，结涟水军弓手李全焚涟水（目）……皇甫斌败于唐州（纲）。斌引兵攻唐州，败焉（目）……甲申，郭倬、李汝翼败于宿州（纲）。倬以池州副都统、

29　雷震：《索隐探赜：文献学视阈下的〈中兴两朝编年纲目〉研究》，陕西师范大学历史文献学博士学位论文，2020年，第189页。

30　李寒箫：《〈续宋中兴编年资治通鉴〉研究》，北京师范大学历史系硕士学位论文，2021年，第46页。

31　梁太济：《〈两朝纲目备要〉史源浅探》，《梁太济文集》，上海古籍出版社，2018年，第502页。

32　（宋）宇文懋昭撰，崔文印校证：《大金国志校证》卷20，中华书局，2011年，第277页。

33　（宋）刘时举撰，王瑞来点校：《续宋中兴编年资治通鉴》卷12，中华书局，2014年，第282页。

34　（宋）佚名编，汝企和点校：《续编两朝纲目备要》卷6，中华书局，1995年，第102页。

35　（宋）宇文懋昭撰，崔文印校证：《大金国志校证》卷21，中华书局，2011年，第286页。

36　（宋）刘时举撰，王瑞来点校：《续宋中兴编年资治通鉴》卷13，中华书局，2014年，第301～307页。

续表

《大金国志》	《续宋通鉴》	《备要》
		汝翼以主管马军行司公事会兵攻宿州，官军败绩……倬等还至蕲县，金人追而围之，倬执马军司统制田俊迈以与金人，乃得免（目）[37]
宋叛臣吴曦遣其客姚淮源来献关外四州之地，求封为蜀王，主赐以金印，诏封为蜀王[38]	金人封吴曦为蜀王。先是，四月，曦献关外四州之地，求封于金[39]	丁丑，吴曦纳款于金房（纲）。遣其客姚淮源来献关外四州之地，求封为蜀王（目）……金房封吴曦为蜀王（纲）。赐以金印（目）[40]
宋再遣林拱辰来使，林仲虎副之。先是，信孺往河南行省求和，元帅仆散揆许纳南使，且礼遣之。信孺既行，揆复谕之曰："已奏朝廷，更得安宣抚一书与西元帅乃善。"宋朝谕旨安丙作书如所云，且饷以药物、缣帛[41]	癸亥，林拱辰使房[42]	癸亥，林拱辰使房（纲）。林仲虎副，以通书官方信孺自军前归，言房有和意也……遣信孺往河南行省求和，北帅仆散揆许纳南使，且礼遣之。信孺既行，揆复使人谕之曰："已奏朝廷，更得安宣抚与西元帅一书，乃善。"倅胄以书遗安丙，谕指，安公难之。久之乃作书如所云，且饷以药物、缣、币（目）[43]

通过比勘可知，《大金国志》和《续宋通鉴》均取材于《备要》一书。下面再看两例（表四）：

表四

《大金国志》	《备要》
倬等还至蕲县，国兵围之，倬执马军司统制以与国兵，乃得免[44]	癸卯，倬等还至蕲县，金人追而围之，倬执马军司统制田俊迈以与金人，乃得免（目）[45]
又围和州，克信阳军，围襄阳府。又克随州，宋守将通，州人具香花迎拜，敛兵不杀，遂之德安……[46]	戊辰，围和州（纲）……陷信阳军。辛丑，围襄阳府……壬寅，陷随州，守臣通，吉州人具香花迎拜，房敛兵不杀。遂之德安（目）[47]

37　（宋）佚名编，汝企和点校：《续编两朝纲目备要》卷9，中华书局，1995年，第162～164页。

38　（宋）宇文懋昭撰，崔文印校证：《大金国志校证》卷21，中华书局，2011年，第286页。

39　（宋）刘时举撰，王瑞来点校：《续宋中兴编年资治通鉴》卷13，中华书局，2014年，第308页。

40　（宋）佚名编，汝企和点校：《续编两朝纲目备要》卷9，中华书局，1995年，第161～166页。

41　（宋）宇文懋昭撰，崔文印校证：《大金国志校证》卷21，中华书局，2011年，第287页。

42　（宋）刘时举撰，王瑞来点校：《续宋中兴编年资治通鉴》卷13，中华书局，2014年，第316页。

43　（宋）佚名编，汝企和点校：《续编两朝纲目备要》卷10，中华书局，1995年，第182页。

44　（宋）宇文懋昭撰，崔文印校证：《大金国志校证》卷21，中华书局，2011年，第286页。

45　（宋）佚名编，汝企和点校：《续编两朝纲目备要》卷9，中华书局，1995年，第164页。

46　（宋）宇文懋昭撰，崔文印校证：《大金国志校证》卷21，中华书局，2011年，第286页。

47　（宋）佚名编，汝企和点校：《续编两朝纲目备要》卷9，中华书局，1995年，第168页。

上面两例记载不见于《续宋通鉴》，《大金国志》相关内容应是直接取材于《备要》。

综上可知，《大金国志》帝纪后半部分有不少内容是取材于《备要》，而不是取材于《续宋通鉴》光、宁两朝部分。换言之，《大金国志》帝纪部分和《续宋通鉴》光、宁两朝部分之间并不存在史源关系。

三、《大金国志》和《续宋通鉴》的成书时代

《大金国志》帝纪部分的史源包括《中兴两朝编年纲目》和《续编两朝纲目备要》在内，而和《续宋中兴编年资治通鉴》之间没有史源关系。下面通过论证《大金国志》和《续宋通鉴》各自的成书时间来进一步考证二者之间是否存在史源关系。

对于《大金国志》成书时间。刘浦江认为："按《南迁录》有大德丙午（十年）浦元玠跋一篇，文中说：'后因《金国志》刊行，与此书较之，事语颇同而人君年号各殊异，未审其孰是。'据此，《契丹国志》和《大金国志》之成书，当在元成宗大德十年（1306）之前……"[48]曾震宇进一步认为："《大金国志》的成书下限应是元成宗大德十年（1306），而成书年份的上限则是元贞二年（1296）。"[49]通过以上研究可知，《大金国志》的成书时间最晚应在元成宗大德十年。但考南宋陈振孙《直斋书录解题》卷5载："《金国志》二卷。承奉郎张棣撰。淳熙中归明人，记金国史颇详。《金国志》一卷。似节略张棣书。其末又杂录金国事宜，及海陵以后事。"[50]南宋归明人张棣有《金国志》二卷，之后又有《金国志》节略本问世。《金国志》早已散佚，但陈振孙《直斋书录解题》大致成书于宋理宗淳祐十年（1250），这说明晚宋时张棣《金国志》仍有流传。那么《南迁录》大德十年浦元玠跋语中"《金国志》"会不会是指张棣《金国志》或者其节略本呢？首先，张棣《金国志》在元朝的流传情况以及是否刊刻，今都不得而知，然宇文懋昭《大金国志》是有元刻本（《大金国志》元刻本今已不存）。其次，按"事语颇同"应是指记事内容上多有雷同。张师颜《金人南迁录》记事重点是在金章宗即位前后以及金宣宗南迁等事上，其他部分都很简陋。邓广铭提出："《南迁录》一书的几乎百分之九十几的内容，都被《大金国志》的编辑人抄入书中了。"[51]刘浦江业也指出："因此（《大金国志》）自《世宗纪》以后，作者只好不加选择地乱抄一气，甚至像《南迁录》这样的伪书也成了主要的取资对象。"[52]因此，张师颜《金人南迁录》是《大金国志》世宗纪后重要史源之一。而据《直斋书录解题》记载可知，张

48　刘浦江：《〈契丹国志〉与〈大金国志〉关系试探》，《辽金史论》，中华书局，2019年，第317页。

49　曾震宇：《〈大金国志〉研究》，香港大学硕士学位论文，2003年，第50页。

50　（宋）陈振孙撰，徐小蛮、顾美华点校：《直斋书录解题》卷5，上海古籍出版社，2015年，第141页。

51　邓广铭：《〈大金国志〉与〈金人南迁录〉的真伪问题两论》，《邓广铭全集》卷9，河北教育出版社，2009年，第539页。

52　刘浦江：《再论〈大金国志〉的真伪》，《辽金史论》，中华书局，2019年，第294页。

棣是孝宗淳熙年间归明人，故《金国志》记事应多是世宗大定十四年以前的金国事。总之，《南迁录》收录的元人浦元玠跋语中"后因《金国志》刊行，与此书较之，事语颇同"所指应是宇文懋昭《大金国志》一书。

关于《续宋通鉴》的成书时间，学界一直众说纷纭。刘浦江认为："《续宋通鉴》一书大概是在刘氏后来做国史实录院检讨兼编修官时写出来的，那么最早也应当是在理宗后期了。"[53]王瑞来认为："准确地说，《续宋通鉴》一书，当成书于理宗朝行将结束的末期。"[54]而梁太济认为："《续宋通鉴》或即作于南宋覆亡前后。"[55]戴仁柱认为："（《续宋通鉴》）它成书于宋元之交。"[56]

但清代翁方纲等人执笔《四库提要分纂稿》中《续宋通鉴》解题云：标题称宋官，而中书"元太祖为成吉思皇帝"，是时举已入元后所成。稍晚的清代藏书家瞿镛也认为："题通直郎户部驾阁国史实录院检讨兼编修官刘时举撰……而书中有元太祖为成吉思皇帝一语，是入元后所作矣……"翁方纲、瞿镛等人都认为此书成于元朝时。王瑞来认为："仅仅记载成吉思皇帝并不能证明《续宋通鉴》一书为刘时举入元后所作。李心传的《建炎以来朝野杂记》也记有成吉思皇帝，难道也可以说是入元后所作吗？"[57]今考《建炎以来朝野杂记》（以下简称《杂记》）乙集卷一九载："忒没真始叛，自称成吉思皇帝……"[58]又考《备要》卷12载："鞑靼忒没真始叛，自称成吉思皇帝……（目）"[59]此处应是《备要》因袭《杂记》，故二者记载相同。结合语境可知，李心传只是在客观陈述铁木真自称为"成吉思皇帝"这一史实而已。检《续宋通鉴》卷14载："于是，成吉思皇帝留其将撒没曷围燕京……"[60]但考《备要》卷13载："于是鞑靼主忒没真留其大酋撒没曷围燕京……（目）"[61]又考《杂记》卷一九载："忒没真遂留撒没曷围守燕京……"[62]考《续宋通鉴》卷14载："成吉思皇帝选精兵三千驰击之，金人大败……"[63]但考《备要》卷13载："忒没真选精骑三千驰突虏军，虏军乱……（目）"[64]再考《杂记》卷19载："忒没真选精骑三千驰突之，金军乱……"[65]对比明

53　刘浦江：《再论〈大金国志〉的真伪》，《辽金史论》，中华书局，2019年，第295页。

54　王瑞来：《〈续宋中兴编年资治通鉴〉撰者刘时举考》，《知人论世：宋代人物考述》，山西教育出版社，2015年，第426页。

55　梁太济：《〈两朝纲目备要〉史源浅探》，《梁太济文集》，上海古籍出版社，2016年，第504页。

56　戴仁柱：《历史学上对南宋成见的形成及其演化——以史弥远为例》，《张其凡先生纪念文集》，长江出版社，2019年，第219页。

57　王瑞来：《〈续宋中兴编年资治通鉴〉撰者刘时举考》，《知人论世：宋代人物考述》，山西教育出版社，第427页。

58　（宋）李心传撰，徐规点校：《建炎以来朝野杂记》乙集卷19，中华书局，2000年，第848页。

59　（宋）佚名编，汝企和点校：《续编两朝纲目备要》卷12，中华书局，1995年，第230页。

60　（宋）刘时举撰，王瑞来点校：《续宋中兴编年资治通鉴》卷14，中华书局，2014年，第341页。

61　（宋）佚名编，汝企和点校：《续编两朝纲目备要》卷13，中华书局，1995年，第245页。

62　（宋）李心传撰，徐规点校：《建炎以来朝野杂记》乙集卷19，中华书局，2000年，第850页。

63　（宋）刘时举撰，王瑞来点校：《续宋中兴编年资治通鉴》卷14，中华书局，2014年，第336页。

64　（宋）佚名编，汝企和点校：《续编两朝纲目备要》卷13，中华书局，1995年，第244页。

65　（宋）李心传撰，徐规点校：《建炎以来朝野杂记》乙集卷19，中华书局，2000年，第842页。

显可知《续宋通鉴》是直书铁木真为"成吉思皇帝"，而《备要》和《杂记》则是站在宋朝立场直书其译名忒没真（贞）。这也直接反映出《续宋通鉴》一书当作于入元以后。王氏把上述两种情况混为一谈，氏说并不能成立。

王瑞来指出今现存的《宋季三朝政要》元刊本是刊刻于皇庆元年（1312），元刊本《续宋通鉴》也刊刻在这一时期前后，同时一并刊刻的还有一部托名为李焘所作的《续资治通鉴》的伪书。于是，两宋三百年编年史由陈氏余庆堂同时推出。由于时间顺序上，《续宋通鉴》是在《宋季三朝政要》之前，因此很有可能刊刻时间要略早于《宋季三朝政要》[66]。所以《续宋通鉴》成书时间也应早于皇庆元年（1312）。按今现存最早的元刊本《续宋通鉴》的目录后写道："是编系年有考据，载事有本末……三复校正，一新刊行。""三复校正，一新刊行"似乎表明在元刊陈氏余庆堂本之前，《续宋通鉴》一书已经出现过，但并没有证据能足以证明。

今检《续宋通鉴》最后议论部分有"理宗之立，犹能撑拄五十年而后亡"[67]。刘浦江认为："已是元人语，但这条附论是否刘书原文不可知。"燕永成认为："当系后人增附所致"[68]。李裕民提出："书末之附论，与前所书杨、史立贵诚相呼应，当出时举之手……"按《续宋通鉴》既成于元代，则此附论文本形成时应已存在。考"理宗之立，犹能撑拄五十年而后亡"该语出自元人陈栎的《历朝通略》卷4。而理学家陈栎的《历朝通略》成书于元武宗至大三年（1310）。总之，由上可推知《续宋通鉴》应成书于至大三年（1310）至皇庆元年（1312）。

综上所述，《大金国志》成书于元成宗大德十年（1306）之前，《续宋通鉴》成书于元武宗至大三年（1310）之后。所以，《大金国志》和《续宋通鉴》之间没有史源关系。至于《大金国志》列传等部分和《纲目》和《备要》之间有没有史源关系，仍需要进一步研究。

四、再论《大金国志》真伪问题

《大金国志》帝纪部分有关宋金关系的内容不少是抄《纲目》和《备要》二书，但作者并非对其全文照搬，而是往往根据需要，对《纲目》和《备要》具体记事进行适当选取和改编。具体表现在：

一是根据需要加以节取。《大金国志》作者在《纲目》和《备要》中选取相关史料时，往往会根据具体需要，或节取纲，或节取目，抑或是纲、目均有节取。如卷16大定二年载："又破怀宁府，宋守臣陈亨祖登城督战，中流矢死。"[69]考《纲目》卷13绍兴三十二年载：虏陷怀宁府（纲）。"守臣陈亨祖登城督战，中流矢死。其母及家五十余

66　王瑞来：《当代人的近代史——刘时举〈续宋中兴编年资治通鉴〉考述》，《中华文史论丛》2014年第2期，第151页。

67　（宋）刘时举撰，王瑞来点校：《续宋中兴编年资治通鉴》卷15，中华书局，2014年，第376页。

68　燕永成：《试论纲目体在南宋的创立及运用》，《史学史研究》2010年第4期，第21页。

69　（宋）宇文懋昭撰，崔文印校证：《大金国志校证》卷16，中华书局，2011年，第223页。

人皆死之（目）。"[70]《大金国志》卷16大定二年"陈亨祖"事节取了《纲目》卷13绍兴三十二年"陈亨祖"事的"纲"和"目"。

二是调整了行文次序。如卷8天会十一年载："春，西京留守孟邦雄为宋翟琮所败。琮即翟兴子，时为河南镇抚。愤大金发掘陵寝，琮及董震以山寨余众入潼关，遂入西京。邦雄醉方卧，俘其族以去。"[71]考《纲目》卷5绍兴三年春正月载："翟琮入西京（纲）。俘伪留守孟邦雄。先是，邦雄盗发永安陵，琮愤不能平……知虢州董震亦与伪将董先密谋，以所部应琮。至是，琮及震以山寨余众入潼关，遂入西京，邦雄醉方卧，俘其族以归。琮，兴子也，时为河南镇抚使（目）。"[72]对比可知，作者在抄《纲目》卷五绍兴三年春正月"孟邦雄"事时有意调整了行文次序。

三是对相关史实加以适当归纳。如卷21泰和六年载："宋叛臣吴曦遣其客姚淮源来献关外四州之地，求封为蜀王，主赐以金印，诏封为蜀王。"[73]考《备要》卷9开禧二年："四月丁丑，吴曦纳款于金虏（纲）。遣其客姚淮源来献关外四州之地，求封为蜀王（目）。"[74]同卷开禧二年载："六月……金虏封吴曦为蜀王（纲）。赐以金印（目）。"[75]明显可知《大金国志》卷21泰和六年"吴曦被封蜀王"事，是由《备要》卷9开禧二年四月"吴曦纳款"事和同卷六月"金虏封吴曦"事归聚而来。

四是对一些字句进行删改。如卷16大定五年载："四月，报问使至南宋。"[76]考《纲目》卷14乾道元年载："夏四月，虏使来（纲）。报问使（目）。"[77]可知《大金国志》卷16大定五年"报问使至宋"事是由《纲目》卷14乾道元年"虏使来"事删改而成。

上述是《大金国志》抄《纲目》和《备要》的主要手法，而刘坤在《〈续宋通鉴〉真伪考论》中指出："（《续宋通鉴》）作伪者多是按年月（日）机械抄袭《中兴两朝纲目》和《续编纲目备要》的纲目内容。细分来讲，有直接抄自纲，也有直接抄自目，抑或是二者兼抄，但如果字数过长就节录，或者把纲和目的内容删减合并。同时，作伪者也会选择在不影响文义的前提下进行删字或调整句子排列的手法来抄袭，有时也会把不同年份的相关事迹杂糅在一起。"[78]对比可知，宇文懋昭编撰《大金国志》的手法和托名南宋刘时举所撰的《续宋通鉴》的手法高度雷同。无独有偶，与之相似的情况，也出现在托名李焘所撰的伪书《续资治通鉴》一书中。总之，《续资治通鉴》《续宋通鉴》《大金国志》都体现出元人编修宋代史时往往以原有宋代纲目体史书为基础，进行一定程度改编加工的普遍情况。

李寒箫在《〈续宋中兴编年资治通鉴〉研究》中力证《续宋通鉴》是一部托名南宋

70　（宋）佚名撰，燕永成点校：《中兴两朝编年纲目》卷13，凤凰出版社，2018年，第446页。

71　（宋）宇文懋昭撰，崔文印校证：《大金国志校证》卷8，中华书局，2011年，第125页。

72　（宋）佚名撰，燕永成点校：《中兴两朝编年纲目》卷5，凤凰出版社，2018年，第180页。

73　（宋）宇文懋昭撰，崔文印校证：《大金国志校证》卷21，中华书局，2011年，第286页。

74　（宋）佚名编，汝企和点校：《续编两朝纲目备要》卷9，中华书局，1995年，第161页。

75　（宋）佚名编，汝企和点校：《续编两朝纲目备要》卷9，中华书局，1995年，第166页。

76　（宋）宇文懋昭撰，崔文印校证：《大金国志校证》卷16，中华书局，2011年，第226页。

77　（宋）佚名撰，燕永成点校：《中兴两朝编年纲目》卷14，凤凰出版社，2018年，第492页。

78　刘坤：《〈续宋中兴编年资治通鉴〉真伪考论》，待刊稿。

刘时举的伪书，其真正作者极有可能是麻沙刘氏家族的某位成员[79]。至于《大金国志》真伪问题，从清人王士禛、钱曾、钱大昕到近现代学者余嘉锡、李慈铭再到今人邓广铭、刘浦江、曾震宇等都认为此书是伪书。由此可见，有相当多的学者认为《大金国志》是一部元人撰写的伪书。《大金国志》抄《纲目》和《备要》的手法也能进一步佐证《大金国志》应是成于元人之手。

刘浦江指出："古来伪书，大凡有两种，一种是彻头彻尾的伪书，不但作者和成书年代是假的，而且书中内容也全与历史事实不符。另一种伪书，虽然它的作者和作年均系杜撰，但书中内容却大都是有来历的。"[80]《大金国志》和《续宋通鉴》都是属于后一种，并且二者大致都成书于元朝中期，都共同抄袭《纲目》和《备要》二书，抄袭手法也是一模一样。而又从《大金国志》和《续宋通鉴》两部书中都存在着一些缺乏史学素养的问题来看，这两部书应都是出自文化素养较低的作者之手。基于以上种种迹象表明，《大金国志》和《续宋通鉴》二书可能是出自同一人或者同一批人之手。对于这个问题，仍需要更进一步研究。

五、结　语

《大金国志》一书名为南宋宇文懋昭所作，实为元朝书贾托名而来的一部伪书，该书帝纪部分有关宋金关系的内容不少是抄袭《中兴两朝编年纲目》和《续编两朝纲目备要》二书，和托名刘时举所作的《续宋通鉴》并没有史源关系。因此，刘浦江的观点不能成立。本文通过重新探讨《大金国志》和《续宋通鉴》二者的关系，进一步明确了《大金国志》史源和伪书性质。

附记：本文为国家社科基金后期资助项目"王安石新法体制与北宋晚期政局研究"（批准号：21FZSB053）、上海市哲学社会科学规划青年课题"北宋王安石变法时期的地方治理问题研究"（2020ELS005）的阶段性成果。

（刘　坤　上海大学中国古代史硕士　张呈忠　上海大学文学院历史系）

79　李寒萧：《〈续宋中兴编年资治通鉴〉研究》，北京师范大学硕士学位论文，2021年，第24～31页。

80　刘浦江：《再论〈大金国志〉的真伪》，《辽金史论》，中华书局，2019年，第296页。

《金史》校札十则

孙建权

内容提要：中华书局2020年出版的点校本二十四史修订本《金史》，较以往版本有较大创新，不过仍有一些重要问题未能发觉。今再针对《金史》本纪、志、传中十条史料进行校勘，以期推进学界对《金史》的研究。

关键词：《金史》　点校本二十四史修订本　校勘

点校本二十四史修订本《金史》，在2020年春季付梓问世。该书在中华书局1975年点校本的基础上有较大创新，不过仍有一些重要问题未能发现。笔者今以之为底本，按照卷宗次序，将读书所得十则校勘心得条列如下，供同仁参考。如有不当，敬祈指正。

（1）卷6《世宗纪上》，第137页：

> 正隆二年，例降封郑国公，进封卫国。三年，再任留守，徙封曹国。六年五月，居贞懿皇后丧。

此处谓世宗在正隆年间（1156～1161）的爵位变化为郑国公、卫国公、曹国公，且正隆六年五月之前已为曹国公。然据《通慧圆明大师塔铭》知，世宗之母通慧圆明大师卒于正隆六年五月，时世宗的阶衔为"崇进、东京留守、郑国公"[1]，并非"曹国公"，与此不符。另考《金史·百官志一》，"曹"为大国封号之末位，次国号先后有泾（旧为隋）、郑、卫、韩、潞等等[2]，即"郑国"国号地位高于"卫国"，则世宗从"郑国公"改封"卫国"，不得言"进封"。根据以上两条证据，可知《世宗纪》此处记录有误。颇疑世宗是在正隆二年循例降为卫国公，正隆三年进封郑国，正隆六年八月起复东京留守之后，方徙封曹国。

（2）卷16《宣宗纪下》，第393页：

> （元光元年）秋七月庚戌，大元将按察儿以其众屯晋安、冀州之境。

1　邹宝库：《辽阳市发现金代〈通慧圆明大师塔铭〉》，《考古》1984年第2期，第175～177页。

2　《金史》卷55《百官志一》，中华书局，2020年，第1312页。

此处"冀州"乃"翼州"之误。据《金史·地理志》，"冀州"在河北东路[3]，与位于河东南路的晋安府（原绛州）中间相隔甚远[4]，蒙古将领按察儿不能同时驻兵两地。据《金史·地理志下》载，翼州本是河东南路绛州辖县翼城，"兴定四年（1220）七月升为翼州，以垣曲、绛县隶焉"[5]。《金史·宣宗纪下》上文载，元光元年（1222）五月，"大元兵屯隰、吉、翼等州"[6]；《金史·完颜合达传》亦载："是年（元光元年）五月，上言：'顷河中安抚司报，北将按察儿率兵入隰、吉、翼州，寝及荣、解之境'"[7]，则元光元年五月，按察儿已率蒙古军突入金朝翼州境内。此系"翼""冀"形近而误。

（3）卷22《历志下》，第560页：

> 景德中，历官韩显符依仿刘曜时、孔挺、晁崇之法，失之简略。景祐中，冬官正舒易简乃用唐梁令瓒、僧一行之法，颇为详备，亦失之于密而难为用。元祐时，尚书右丞苏颂与昭文馆校理沈括奉敕详定《浑仪法要》，遂奏举吏部勾当官韩公廉通《九章勾股法》，常以推考天度与张衡、王蕃、僧一行、梁令瓒、张思训法式，大纲可以寻究。

按，段内有三处点校问题。其一，"刘曜时、孔挺"的标点当作"刘曜时孔挺"。"刘曜时"并非人名，而是表示"前赵刘曜时期"。孔挺是前赵时人，《隋书·天文志上》载："检其镵题，是伪刘曜光初六年，史官丞南阳孔挺所造，则古之浑仪之法者也。"[8]其二，"景祐"当作"皇祐"。《宋史·律历志九》："皇祐初，又命日官舒易简、于渊、周琮等参用淳风、令瓒之制，改铸黄道浑仪。"[9]其三，"尚书右丞苏颂"当作"尚书左丞苏颂"。考邹浩《苏颂行状》："元祐初，服除。进刑部尚书。……二年，迁吏部。八月，兼侍读。……四年，迁翰林学士承旨。……明年三月，迁尚书左丞。……七年……六月，进右仆射兼中书侍郎"[10]，知苏颂在元祐时不曾担任尚书右丞，而担任过尚书左丞。又《宋史·哲宗纪一》：元祐五年三月"壬申，以……翰林学士承旨苏颂为尚书左丞"，元祐七年"六月辛酉，以……苏颂为尚书右仆射兼中书侍郎"[11]，亦可证。

实际上，元末史官撰此段时，大概率是抄袭了《梦溪笔谈》："司天监铜浑仪，景

3　《金史》卷25《地理志中》，中华书局，2020年，第645页。

4　《金史》卷26《地理志下》，中华书局，2020年，第682页。

5　《金史》卷26《地理志下》，中华书局，2020年，第683页。

6　《金史》卷16《宣宗纪下》，中华书局，2020年，第392页。

7　《金史》卷112《完颜合达传》，中华书局，2020年，第2607页。

8　《隋书》卷19《天文志上》，中华书局，1973年，第518页。

9　《宋史》卷76《律历志九》，中华书局，1977年，第1743、1744页。

10　（宋）苏颂：《苏魏公文集》附录二《故观文殿大学士苏公行状》，中华书局，1988年，第1214页。

11　《宋史》卷17《哲宗纪一》，中华书局，1977年，第334页。

德中历官韩显符所造，依仿刘曜时孔挺、晁崇、斛兰之法，失于简略。天文院浑仪，皇佑中冬官正舒易简所造，乃用唐梁令瓒、僧一行之法，颇为详备，而失于难用。"[12]沈括误称韩显符造铜浑仪是在"景德中"（1004～1007），而据《宋史》载，该事应在至道年间（995～997），元人未能纠正，仍因之，又误抄"皇祐"为"景祐"。

（4）卷25《地理志中》，"济南府"下"禹城"条，第657页：

> 禹城……镇三新安、仁水寨、黎济寨。

此处"新安、仁水寨、黎济寨"标点有误，当作"新安仁、水寨、黎济寨"。考金承安五年（1200）《张诚墓志铭》中，记有："公讳诚，姓张氏，其先冀州信都人。六世祖以黄河初退（难）［滩］，挈家而来旧安仁镇东南五六里，度地以居焉，即济南、禹城之旧界也，今隶齐河县。"[13]可知金章宗朝尚有"旧安仁镇"之称呼，则所谓"新安仁镇"必是相对于"旧安仁镇"而言，"安仁"之间不应点断。再考《宋会要辑稿》食货一五《商税一·商税岁额一》"京东路东路·齐州"条："熙宁十年，在城……禹城县：四千九百七十四贯九百二文……新安仁镇：六百一十六贯一百三十七文；旧安仁镇：五百三十四贯四百四十四文。"[14]可知北宋齐州（入金改济南府）在熙宁十年（1077）已辖有新安仁、旧安仁两镇。至此，"新安仁镇"存在于宋金时期的济南，已无可疑。

（5）卷31《礼志四》，第814页：

> （大定）八年，上命图画功臣于太祖庙，有司第祖宗佐命之臣，勋绩之大小、官资之崇卑以次上闻。乃定左庑：开府金源郡王撒改……特进宗人习失。

按，"习失"，底本原作"辞不失"，校勘记认为辞不失即习不失，为乌骨出之子，官爵与此不合，而石土门之子习失官特进，与此合，故改"辞不失"为"习失"[15]。此说虽是，然底本作"辞不失"亦有其缘故。据《金史·习室传》载，习室（习失）曾与娄室、拔离速迎战西夏援辽军李良辅部[16]，此事在约大定十七年撰写的《完颜娄室神道碑》中，记作娄室"与辞不失、拔离速二将以偕"[17]，因知大定中叶，习失（习室）的译法正作"辞不失"，故《金史·礼志》底本作"辞不失"其来有自，

---

12 （宋）沈括：《梦溪笔谈》卷8《象数二》，上海书店出版社，2009年，第76页。

13 冯云鹓：《济南金石志》卷3《金石三·齐河石》，《石刻史料新编》（第2辑），第13册，新文丰出版股份有限公司，1979年，第9877页，下栏a面。

14 刘琳等校点：《宋会要辑稿》，上海古籍出版社，2014年，第6296页，上栏。

15 《金史》卷31《礼志四》校勘记（一五），中华书局，2020年，第822页。中华书局1975年点校本校勘记与此同。

16 《金史》卷70《习室传》，中华书局，2020年，第1724页。

17 （清）杨宾：《柳边纪略》，金毓黻编《辽海丛书》（第1册），辽沈书社，1985年，第262页。

并非错误，此处出异文校为妥。

（6）卷48《食货志三》，第1150页，叙交钞之制云：

> 库掐、攒司、库副、副使、使各押字，年月日。

此处"库副"即交钞库副使，与"副使"语意重复，必有一误。校勘记疑此处'副'下衍'副使'二字，实则此处并无衍文，而是"库副"有误。今详验现存的金朝交钞铜版及拓片文字，可知押字人有的是"攒司、专副、副使、库使"[18]，有的是"库掐、专副、攒司"[19]，则《金史》此处的"库副"实为"专副"之误。盖"專""庫"繁体字形近似，尤其是个别钞版在久经磨损之后，漫漶不清，故元人未加详考，以生此误。

检索古籍，仓库职官"专副"一名已见于北宋，《续资治通鉴长编》卷385载："木工杨琰，因缘其力，累官以至西京左藏库副使；如专副张愭等数人，元系军将，今亦为侍禁殿直。"[20]南宋承袭之，《庆元条法事类·文书门》"毁失"条载："诸主行吏人若专副毁失交钞、递牒、便钱、公文者，论如《重害文书》律，仍勒停。"[21]金朝建国后，亦延续此名。

（7）卷53《选举志三》，第1261页：

> 泰和元年，以县令见阙，近者十四月，远者至十六月，盖以见格，官至明威者并注县令，或犯选并亏永人，若带明威人亦注，是无别也。遂令曾亏永及犯选格，女直人展至广威，汉人至宣武，方注县令。又以守阙簿丞，近者十九月、远者二十一月，依见格官至宣武、显武、信武者合注丞簿，遂命但曾亏永，直至明威方注丞簿。

《金史·选举志四》亦记此事，然作"泰和元年，上以县令见守阙，近者十四月，远者十六月，又以县令丞簿员阙不相副，敕省臣：'右选官见格，散官至明威者注县令，宣武者注丞簿，虽曾犯选格及亏永者亦注，是无别也。'遂定制，曾犯选格及亏永者，广威注令，明威注丞簿。"[22]则此处"县令见阙"，当作"县令见守阙"，二者含义相去甚远。下文"守阙簿丞"云云，亦可证。

（8）卷53《选举志三》，第1271页：

18　朱捷元：《金贞祐三年拾贯文交钞铜版》，《文物》1977年第7期，第74页；张文芳：《内蒙古博物馆藏"金贞祐三年拾贯文交钞"铜版考》，《〈内蒙古金融研究〉钱币文集》（第一辑），内蒙古自治区钱币学会，2002年，第94页。

19　杨富斗：《山西新绛出土"贞祐宝券"铜版》，《考古与文物》1981年第2期，第32～35页。

20　《续资治通鉴长编》卷385哲宗元祐元年八月丁酉条，中华书局，2004年，第9378页。

21　戴建国点校：《庆元条法事类》卷17《文书门二》，《中国珍稀法律典籍续编》第1册，黑龙江人民出版社，2002年，第367页。

22　《金史》卷54《选举志四》，中华书局，2020年，第1277页。

大定六年，百户任满，有荫者注七品都军、正将，无荫及五十户有荫者，注八品刺郡、都巡检、副将。五十户无荫者及长行有荫者，注县尉，无荫注散巡检。

其中"注八品刺郡、都巡检、副将"标点疑误。此处记载不同出身的侍卫亲军长行任满出职的差别，叙述逻辑为"等而下之"，上文言"七品都军、正将"，下文言"县尉、散巡检"，查《金史·百官志三》知，诸府都军（都指挥使）、正将皆为正七品[23]，县尉、散巡检皆为正九品[24]。但刺郡长官乃是正五品[25]，与前面的"八品"不符，而查《金史·百官志三》知，副将，正八品[26]，与此处的"副将"合。然《金史·百官志三》载诸州都巡检使为正七品[27]，又与此不符。考金朝诸州分为节镇、防御、刺郡三等，各类州官员的配置和品级呈递减趋势[28]，故笔者认为《金史·百官志三》称诸州都巡检使的品级皆为正七品，或不确切，"刺郡都巡检"的品级应低于节镇都巡检正七品的品级，为正八品。则此处"刺郡"与"都巡检"间不得断开，作"无荫及五十户有荫者，注八品刺郡都巡检、副将"。

（9）卷56《百官志二》，第1363、1364页：

都巡河官，从七品。掌巡视河道、修完堤堰、栽植榆柳、凡河防之事。分治监巡河官同此。其泸沟、崇福上下埽都巡河兼石桥使，通济河节巡官兼建春官地分河道。诸都巡河官，掌提控诸埽巡河官明昌五年设，以合得县令人年六十者选充、散巡河官。

末尾小注"年六十者"，年龄卡得偏执，可疑。《金史·河渠志》载参知政事马琪建议"拟升都巡河作从七品，于应入县令兼举人内选注外，散巡河依旧，亦于诸司及丞簿廉举人内选注，并取年六十以下有精力能干者"[29]，章宗从其请，则此处的"年六十者"，应作"年六十以下者"。

（10）卷80《突合速传》，第1916页：

（天会）六年，宗辅驻师邓州，突合速、马五、拔离速西取均、房，遂下其城。

此处"宗辅"乃"宗翰"之误。天会五六年之际，统领金兵进攻河南地区的，是宗

23　《金史》卷57《百官志三》，中华书局，2020年，第1412、1414页。

24　《金史》卷57《百官志三》，中华书局，2020年，第1401、1413页。

25　《金史》卷57《百官志三》，中华书局，2020年，第1399页。

26　《金史》卷57《百官志三》，中华书局，2020年，第1414页。

27　《金史》卷57《百官志三》，中华书局，2020年，第1412页。

28　李昌宪：《金朝京府州县司制度述论》，《中国史研究》2012年第3期，第150页。

29　《金史》卷27《河渠志》，中华书局，2020年，第725页。

翰。考《金史·银术可传》："宗翰趋洛阳，赛里取汝州，银术可取邓州，杀其将李操等。萨谋鲁入襄阳，拔离速入均州，马五取房州，擒转运使刘吉、邓州通判王彬。"[30]又《金史·宗翰传》："（天会五年之后）宗翰遂趋洛阳。宋董植以兵至郑州，郑州人复叛。宗翰使诸将击董植军，复取郑州。遂迁洛阳、襄阳、颍昌、汝、郑、均、房、唐、邓、陈、蔡之民于河北。"[31]而宗辅当时负责进攻山东、河北一带，参见《金史·世纪补》[32]，不赘言。

（孙建权　河北大学宋史研究中心）

30　《金史》卷72《拔离速传》，中华书局，2020年，第1763页。

31　《金史》卷74《宗翰传》，中华书局，2020年，第1803、1804页。

32　《金史》卷19《世纪补》，中华书局，2020年，第444页。

《金史·完颜仲德传》正误一则

马业杰

内容提要：《金史》是研究金朝历史的首选文献，该书经过全面校勘、修订出版后，学界内已经纠正了其中大量讹误之处，影响深远。但是《金史》中依然存有不少讹误之处，继续成为今人研究之阻碍。《金史·完颜仲德传》中误将"胡土"记为"忽土"，导致谬误，2020年中华书局版《金史》的点校者对此亦未引起注意，致成白璧之瑕。

关键词：《金史》 完颜胡土 完颜忽土 正误

《金史》卷119《完颜仲德传》载曰：

> 初，完颜胡土遥授徐州节度使，往帅严禄军于永州北保安镇。时禄已为从宜，在砀山数年，又得士心。忽土到，军士不悦，二月辛卯夜，遂为总领张瓛、崔振所害。吏部郎中张敏修，忽土下经历官，乃以军变胁严禄降北。禄佯应之，阴召永州守陈立、副招抚郭升，会诸义军赴保安镇诛作乱者。军夜至，禄遣敏修召瓛、振计事，二人不疑，介胄而至，及其党与皆为禄所杀。徐州去保安百里，行省闻之来讨，会禄已反正，乃以便宜授禄行元帅左都监，就佩忽土虎符。朝廷复授禄遥领归德知府、兼行帅府事。未几，大元将阿术鲁兵至保安，禄夜遁。后禄闻官奴变，一军顿徐、宿间几一月，遂投涟水，敏修入徐[1]。

上述史料，记"完颜胡土遥授徐州节度使"，但在完颜胡土到达保安镇以后，史料的记载却改"胡土"为"忽土"，造成前后人名不一致的问题，影响此条史料的真实性。故而，笔者拟就"胡土"与"忽土"之正误试作辨析。

按："忽土"误，应为"胡土"。完颜胡土，《金史》无传，生平不详。除了《金史·完颜仲德传》有记载以外，《金史》还有两则记载涉及其人：

其一，《金史》卷116云，"天兴元年（1232）十二月，哀宗次黄陵冈，遣奉职术甲搭失不、奉职权奉御粘合斜烈来归德征粮。女鲁欢遣侍郎世达，治中王元庆权郎中，

---

1 《金史》卷119《完颜仲德传》，中华书局，2020年，第2749、2750页。

仪封从宜完颜胡土权元帅，护送载粮千五百石”[2]。

　　其二，《金史》卷119《完颜仲德传》云“天兴二年（1233）二月，鱼山总领张瓛作乱，杀元帅完颜胡土降北”[3]。

　　详审上述两则史料，由第一则可知，金哀宗在迁都归德途中，石盏女鲁欢遣完颜胡土运粮，这是完颜胡土的名字首次见于《金史》。第二则史料记载了张瓛作乱一事，可知完颜胡土死于天兴二年鱼山总领张瓛之乱。两则史料皆将其人记为“胡土”。

　　既然上述两则史料都记为“胡土”，那么，又何来“忽土”一说？清代史学家施国祁的分析可以为我们提供蛛丝马迹。他在《金史详校》中指出，“初完颜胡土至敏修入徐，二百三十字，当削。案严禄反正事，略见上文。此必《壬辰杂编》中原文，史官无笔，节序以入，而又苟欲凑成长篇，不忍汰去，叠床架屋，成何文法”[4]。施国祁认为，关于“完颜胡土”此则史料来源于元好问在金亡以后所编著的《壬辰杂编》，而且元朝史官在编纂的过程中完全抄录，没有进行删辨。《壬辰杂编》为金哀宗时期史料重要来源，“国亡之后，元好问所述《壬辰杂编》，杨奂《天兴近鉴》、王鹗《汝南遗事》，亦足补义宗一朝之事”[5]。所以，追根溯源，《金史》将完颜胡土记作“忽土”，应是元好问修著《壬辰杂编》时的贻误，而元修《金史》未加勘误，原文照抄，导致谬误，2020年中华书局版《金史》的点校者对此亦未引起注意，致成白璧之瑕。今后再版时，希望予以纠正。

　　综上所述，《金史·完颜仲德传》中的“忽土”乃“胡土”之误。

　　附记：本文系国家社科基金重大项目“东北区域环境史资料收集、整理与研究”（项目编号18ZDA174）阶段性研究成果。

（马业杰　辽宁大学历史学院）

2　《金史》卷116《石盏女鲁欢传》，中华书局，2020年，第2628页。

3　《金史》卷119《完颜仲德传》，中华书局，2020年，第2749页。

4　（清）施国祁撰，陈晓伟点校：《金史详校》卷119，中华书局，2021年，第620、621页。

5　（元）苏天爵：《滋溪文稿》卷25《三史质疑》，中华书局，1997年，第422页。

《避戎夜话》佚文辑校述论

乐日乐

内容提要： 石茂良所撰《避戎夜话》记宋钦宗靖康元年金兵攻陷汴京的史实，成书后一直以抄本流传，直到明嘉靖年间方有刻本。《三朝北盟会编》时引《避戎夜话》，且多为今世传本所未备，故不揣简陋，特为辑录。石茂良作为战争亲历者，在此书中详细记载了宋金交战的场面，可补正史所未备。同时书中还集中展示了火药兵器在实战中的使用情况，交战双方的战术阵法、武备情况，以及当时流传的诗歌和时谚，为研究宋金时期科技史、军事史、文学史提供了可资参考的文献数据。

关键词： 避戎夜话 佚文 辑校 文献价值

"靖康之难"是北宋灭亡过程中的重大历史事件。然而，出自时人之手的《避戎夜话》，一直以来未引起治史者的足够重视。此书原本已佚，现存版本又均非善本。本文在尽可能恢复该书原貌的同时，进一步揭示石茂良《避戎夜话》在研究宋金时期科技史、军事史、文学史等方面的文献价值。

一、《避戎夜话》的书名与作者

《避戎夜话》记宋钦宗靖康元年（1126）十一月，金兵攻陷汴京的史实。"戎"，指的是女真金兵。"避戎"指汴京城破，外逃以避敌锋芒之意。关于书名，《避戎夜话》现存有明嘉靖十八年至二十年（1539～1541）顾氏大石山房刻《明朝四十家小说》本[1]、明崇祯三年（1630）淮南李衡辑刻《璅探》本、清末《说库》本[2]、清宣统上海国学扶轮社排印本、民国三十五年（1946）《中国内乱外祸历史丛书》排印本[3]，书

1　（宋）石茂良撰：《避戎夜话》，《续修四库全书》影印明嘉靖十八年至二十年，上海古籍出版社，1996年，第423册，第275页。

2　（宋）石茂良撰，（清）王文濡辑：《避戎夜话》，《丛书集成三编》影印《说库》本。

3　中国历史研究社编辑：《避戎夜话》，《中国内乱外祸历史丛书》，神州国光社，民国三十五年（1946）排印本。

名俱作《避戎夜话》；明万历刻《历代小史》本作《避戎嘉话》[4]；明刻清顺治三年（1646）宛委山堂印本《说郛》[5]、《宋史·艺文志》作《避羌夜话》[6]。然观宋晁公武《郡斋读书志》、陈振孙《直斋书录解题》俱作《避戎夜话》，且明晁瑮《晁氏宝文堂书目》、祁承爜《澹生堂藏书目》，清黄虞稷《千顷堂书目》、钱曾、钱遵王《述古堂藏书目录》亦作《避戎夜话》，故《避戎夜话》当为此书原名。

关于本书的作者，晁公武《郡斋读书志》云：“《金人背盟录》七卷、《围城杂记》一卷、《避戎夜话》一卷、《金国行程》十卷、《南归录》一卷、《朝野佥言》一卷，右皇朝汪藻编。记金人叛契丹，迄于宣和乙巳犯京城。《围城杂记》等五书，皆记靖康时事也。”[7]陈振孙《直斋书录解题》著录其作者为石茂良，云：“《避戎夜话》一卷，吴兴石茂良太初撰。”[8]宋佚名撰《朝野遗记》云：“陈宋烈在靖康围城中作《避戎夜话》与《孤臣泣血录》，俱盛行于时……宋烈所载不肯推戴异姓者奏状，以桧为首，特以事记之尔，非表其忠诚也。”[9]查今本《避戎夜话》所引均无秦桧之状，盖陈宋烈所撰之书与此书乃同名异书。石茂良，字太初，《嘉泰吴兴志》卷17记载石茂良为吴兴人，南宋建炎二年（1128）进士。

二、《三朝北盟汇编》引《避戎夜话》佚文辑校

《四库全书总目》卷52“《避戎夜话》一卷”条云：“徐梦莘《三朝北盟会编》第九十八卷引此书有云：‘汴京城陷，仆逃难于乡人王升卿舍馆。夜论朝廷守御之方。一话一言，莫不验其文，摭其实，直而不讦。非所见闻，则略而不书’云云。盖茂良自叙之词。此本为明末李蓘刊入《璅探》内者。检勘并无此文，知为删节不全之本矣。”[10]周中孚《郑堂读书记》云：“靖康丙午仲冬，金人陷汴京，太初在围城之内，目击其事，故著是编，后《宋史·钦宗纪》颇采用之，然以徐氏《北盟会编》所引核之，知其书已删节不全，盖从明末李蓘《璅探》内之本也。”[11]今检《三朝北盟会编》卷68、69、71、72、98俱引《避戎夜话》，唯卷68、69之文，今本有之，其余不见于传世之本，特此辑录，以备检阅。

《三朝北盟会编》卷71引《避戎夜话》云：

4　（宋）石茂良撰，（明）李栻辑：《避戎嘉话》，美国哈佛大学哈佛燕京图书馆藏明万历刻《历代小史》本。

5　（宋）石茂良撰，（明）陶廷辑：《避戎嘉话》，美国哈佛大学哈佛燕京图书馆藏明顺治三年（1646）刻《说郛》本。

6　《宋史》卷230，中华书局，1985年，第5117页。

7　（宋）晁公武撰，孙猛校证：《郡斋读书志校证》，上海古籍出版社，1990年，第273页。

8　（宋）陈振孙撰，徐小蛮、顾美华点校：《直斋书录解题》，上海古籍出版社，1987年，第154页。

9　（宋）佚名：《朝野遗记》，大象出版社，2019年，第137页。

10　（清）永瑢等撰：《四库全书总目》，中华书局，1965年，第469页。

11　（清）周中孚撰，黄曙辉、印晓峰标校：《郑堂读书记》卷19，上海书店出版社，2009年，第348页。

　　初驾幸虏寨也，有长入祗候王嗣随驾，凡三日两宿，未尝离左右。至初二日，二酋犹坚欲上皇出郊，上再三说谕，方称皇帝仁孝，乃免。自三十日至初二日早左右，并不与金人晤语，间有立谈者，则左右主事人摇手不令交一言。至此，然后交相庆贺云："今是一家，我出军十二年矣，不知家中父子存亡，且喜两国通和，遂有解甲之期。又况国相二太子来时，路中传令，期汴京必破，万一不可攻打，虽二十年与更戍迭守，誓不返国。我国术者刻二十五日与初三日，城破，果不出二十五日也。"金人供送上左右寝食，皆如法，并吃馄饨扁食，乃金人御膳也。进上御膳，亦用馄饨饼餤裹夹之，类内侍。争攫拿金人，以手加额云："尔罪过，此食未曾供皇帝，岂可食也。"又粘罕、斡离不皆英雄。自古云"不在中国，必在四夷"，信然。

《三朝北盟会编》卷72引《避戎夜话》云：

　　十二月十五日，金人索绢一千万匹，朝廷如数应副，皆内藏元丰大观库，河北积岁贡赋为之埽地，如浙绢，悉以轻疏退回，而不敢重却也，又复易去。凡十余日递般，尚未尽。京师上四军尽皆执役，三衙使臣尽皆分地监督，每军各执旗帜，为办运肘，扬扬然以为已功，诉其劳苦，争持交领照会，来请食钱。又复矜夸云："独我才去，便得收领。"并不退回，殊无愧色。

《三朝北盟会编》卷98引《避戎夜话》云：

　　金人再犯阙，闰十一月二十五日午时，城陷。仆逃难于乡人王升卿舍馆，夜论朝廷守御之方，一话一言，悉莫不验其文，芜其实，直而不讦，质而不文，非所见闻，则略而不书。

　　去年春，金人犯阙，朝廷许以三关，未几，食言，故有十月之师。又许大河为界，河东、河北悉与之。金人恐中国之反复也，凡河东、河北守土臣亲属，悉质于军，以俟及境。训谕又取大臣及家属凡二十余家，如蔡京、童贯、王黼，皆以罪谴而欲其家属也；如张孝纯、蔡靖、李嗣本，皆以降而欲其家属也；甚者如李纲、徐处仁、吴敏、陈遘、刘韐、折彦质、折可求，皆以用事而欲其家属也。朝廷惟命是听，除赴贬所。已出京，则以实告。

　　尝见王升卿说莫俦作馆伴使，自围城之后，金人凡三遣使来。始使命至，声色甚厉，云："自后不复来矣。"后数日，复来，稍下其色，怡其声，复云："后不复来矣。"数日，又来，俦诘其复来之状，无辞以对，哀鸣呻喙而已。朝廷讶其数来，虽许以三镇，托以他事，迟迟其请。未几而城陷。金人登城，敛兵不下，方遣使求和，何栗等疏谬若此。

　　初，李纲征天下兵四十万以解太原之围，师中五月之败，解潜八月之败，溃散殆尽，而太原终不解。至九月初三日辰时，太原陷。九月十五日，上下蒙蔽，一人犹未知。太原，京师之屏翰也，太原陷，则王室孤，内外无援，可谓危矣。

朝廷怡然不顾，惟主和议，私植党与，自相矛盾，烽燧不立，斥堠不遣，敌兵翔翔河上已数日，朝廷犹未之信。十一月二十五日，二太子围城。至二十七日，粘罕四十大队又到，方始仓皇分五路遣使臣征兵矣。天下之兵，除陕西五路外，有汉上保甲、施黔州兵、福建路枪杖手，皆可用，何苦而不预征耶？至敌已围都城，虽欲求援，不可复得矣。天下之援兵不至，京城围月余竟陷，是谁之罪耶？

去年春，金人犯阙，下寨皆在西北地，名年驼冈。敌既去，议者引汴水灌冈，为水所坏者，凡十有八村，冀敌人[12]不敢下寨也。识者鄙之曰："借使汴水可淹，奚不俟敌兵之来，然后引水灌冈，则敌可淹没。今乃先放水灌冈，是使敌人预备害[13]也，谋之不臧如此。"已而敌兵再来，果赴东南，大抵京西北城高，门皆瓮城，水门亦甚完固，可以守御。东南城低，水门未暇修完，最为受敌紧处。

又有大于此者，南门去襄、邓止十有三程，五路征兵来从，汉上兼襄、邓保甲极可用，亦可招而援也。敌营城南，则襄、汉两路不复通。又京师漕运全藉东南，动千万计。万一乘舆播迁，则百艘可以宵济。敌营城东，绝无粮道，且使乘舆不复出矣。议者欲使张叔夜一头项披南城外下寨，或在东水门外下寨，朝廷议不果，反堕彼计中，使人心痛不已。

况汴京自有天地以来，圣帝明王未尝居此，逮至五季之君，因循苟简，雄霸一方，择地未暇也。太祖龙兴，不遗镞而天下稽首称藩，恐烦百姓眷彼大梁，乃建城市，营宫室。然无山川之险，四面受敌。万一敌人缭绕，绝吾粮道，屈膝而已。盖恃险而不恃德，亡国也；恃德不恃险者，危国也；惟险与德俱恃，国乃尊强。仆尝欲建议于朝，果欲复都大梁，莫若回汴河，蔡河、五丈河皆由城外而过，借使辇运粮饷亦何惮，而不车载斗量也。三河既回于城外，则无延敌之水门，旧城亦可筑合。复如新城外门置楼橹，万一外城失守，则旧城复可守矣。

粘罕自称用兵过孙吴，孙吴岂可过也？军中称二太子提十万之师，今年春直入中原，如涉无人之境，不战而屈人之兵，金缯、驼马、牛羊、妇女虏掠无限，班师反国。迤不与三关，立取真定，复至阙下，又如反掌之易。粘罕师老太原，九月不下，纵至都城，亦复后二太子期，以迹较之，其不逮二太子明矣。二太子尚不可及，况孙吴乎！乘我太平之久，军兵游惰，国难未夷，无一人用命，故敌得以乘隙。借使上下一心，内外相应，朝廷有贤相，守御用名将，虽百粘罕，京师岂可破也。粘罕、二太子优劣虽殊，然皆善将兵，其纪律严密，故下皆用命。

顷在殿前见御宝批降到金人三生阵、同命队法，令姚仲友[14]已下各陈己见以闻。凡敌人遇我师，必布围圆[15]阵当锋，次张两阵，左右夹攻，故谓之三生阵。每队一十五人，以一人为旗头，二人为角，三人为从，四人为副，五人为缴。旗头死，从不生还，还者并斩，得胜受赏亦然，故谓之同命队。诸将亦皆

12　"敌人"，《靖康纪闻·拾遗》作"金人"。

13　按：《靖康纪闻·拾遗》无"害"字，疑衍，当删。

14　"姚仲友"，原作"姚友仲"，据《宋史·钦宗本纪》《皇朝编年纲目备要》改。

15　"围圆"，《康济谱·兵制守》作"圆围"。

画阵图，诣殿前司献。欲以方阵迎敌，次以两（缺字）阵夹攻其左右，敌兵厚重，复用两直阵掩其傍，此五行阵法也。或欲分为八阵，击首则尾应，击左则右应，击中则首尾皆应，此八阵法也。仆笑而进曰："自古阵必相其地之利便，敌人之多寡，或披山，或背水，或设伏，料敌应变在临时，岂可预为之。若使敌人知我之情，别布他阵，将何以御？"姚友仲以为然。复问同命队法奈何？仆曰："国家系五连法行之旧矣，且如五人为伍，积五十人为队，押队引于前，拥队驱于后，全伍胜，拥、押队有赏；全伍负，有诛，如此，则自然用命，夷狄之法不足道也。"姚公友仲深以为然。

又尝与仆料敌人之势，仆谓："皆假借而养成之。初合谋而灭契丹也，莫若申严边备，按兵不动，使其自相攻击，可收下庄两虎之功，则朝廷信义不屈，夷狄贪婪无所施，乃假借其威，使二百年之盟约一朝埽地，遂俾蕞尔窥伺王室，先则长驱而来深入重地，迁延月余，盖虑别路辐辏，不得返国也。进不敢攻，止求金缯而已。为当时计，莫若涉河之时，俟其半渡，河北之师邀其中，勤王之兵袭其后，使匹马只轮无北还势，乃拥卫姑息，莫敢谁何。既许三镇，又复不许，使彼得以借口。都不迁，兵不征，饱食安坐，以俟其秋高马肥长驱复来。此曰'假借而养成之也'。"

又自城破，番兵每夜击鼓以报平安，其声隐隐如雷。如日暮，或天欲晓，其时不常。毛德如有诗云"睡觉昏昏厌鼓声者"是也。又于四壁栽种松柏，不知何义。诗又云"城头松柏锁愁烟"是也。

自古城陷，未有不战而陷者。既陷之后，岂期不戮一人，殆有神物主之。自闰十一月二十五日城陷，至十二月正月，尽皆大风雪连日不止，略无少异，天道竟如何哉！

三、《避戎夜话》的文献价值

石茂良《避戎夜话》以战争亲历者的视角，详细地记载了宋金交战的场面，可以补正史所未备。同时书中还集中展示了火药兵器在实战中的使用情况，交战双方的战术阵法、武备情况，以及当时流传的诗歌和时谚，是研究宋金时期科技史、军事史、文学史的重要文献资料。

1. 补正史所未备

清乾隆时期编《四库全书》，《避戎夜话》入史部杂史类存目。四库馆臣云："是编载靖康元年十一月，金人陷汴京事。盖亲在围城之内，记所见闻。其中，多言都统制姚友仲守御东、南两壁之功。史不为友仲立传，然《钦宗本纪》颇采用之。"[16]翁方纲云："《避戎夜话》一卷，宋石茂良著。记靖康元年十一月金陷汴京事也，茂良盖即

---

16 （清）永瑢等撰：《四库全书总目》，中华书局，1965年，第469页。

其时在围城中者。中多表统制姚友仲之功，可为史家佐证。应存其目。"[17]加之，《避戎夜话》书中内容多为《靖康要録》、徐梦莘《三朝北盟会编》所引，《续资治通鉴长编》、《宋史·钦宗本纪》亦多借鉴。可见历来学者多肯定《避戎夜话》的史学价值，并予以征引。作为私人所撰史书，《避戎夜话》在体例和内容上更加灵活，加之石氏是事件的亲历者，故能更加真实细致地记录历史，留下更多被正史有意无意所忽略的细节，从而达到补正史之未备的功用。

如北宋末年，宋钦宗信用郭京"六甲法"，以应对围城之困，加速了北宋覆亡。但《宋史·钦宗本纪》对"六甲法"的记载仅寥寥数语："丙辰，妖人郭京用六甲法，尽令守御人下城，大启宣化门出攻金人，兵大败。京托言下城作法，引余兵遁去。金兵登城，众皆披靡。"[18]而《避戎夜话》则不惜笔墨，对"六甲法"进行了细致的描述：

> 京师盛传能用六甲法，可以生擒粘罕、斡离不，余众可以扫荡无遗类。其法军兵七千七百七十七人，常自试于内廷，其法不得而闻。朝廷深信不疑……其所召人皆市井游惰，色色有之。不问骑射善否，但择年命合六甲者足矣。有卖线刘六者，与姚宅比邻，仆熟识之，郭京一见，授以将命，他皆类此。贼兵攻围甚急，郭京谈笑自若如意，动似有道者。……前置天王旗，每壁分三面，以镇四壁。按五方色，或画天王，或画北斗，不知何法也。又有刘无忌者，乃街市货药道人，常倒立泥中，悬一服药牌子，亦作统制。……二十五日早，宣化门大开，郭京出兵。城中居民跂踵延颈于宣化门者数千人，立俟捷报。……盖六甲法能使人隐形，若楼子上人多，恐贼兵觇望。言犹在耳，贼兵两两翼翼鼓噪而进。我军方踰濠，敌二百余骑突之，冲断前军，一埽而空，若刈茅草。居后者悉堕护龙河，吊桥已尸积不可拽矣。

通过这段文字，可以清楚了解郭京"六甲法"的阵法要求、人员构成、阵法布局、法术威力、实际效果等。金军围城，生死存亡之际，统治者不集思广益，积极应敌，却迷信道法术数，相信六甲法术所谓遁甲隐形的功能，以致城破国灭。这看似荒唐、如同闹剧的史实，正史未载，而《避戎夜话》备述之。

2. 详细记载火药武器在实战中的运用

宋金时期，火药和火药兵器的生产已具有相当规模并广泛应用于军事战争。《避戎夜话》对多种火器如火箭、火炮等的使用情况做了详细的记载。通过石茂良对汴京之战的描述，可以了解北宋末火药武器在实战中的运用。

自宋代使用火药武器始，火箭便成为制造与使用范围最广的火器[19]。石茂良在《避戎夜话》中也提到了火箭的使用："仆尝建议，于东壁欲择使臣善射者一百人，班直

17　（清）翁方纲撰，吴格整理：《翁方纲纂四库提要稿本》，上海科学技术文献出版社，2005年，第1175页。

18　《宋史》卷23，中华书局，1985年，第434页。

19　强忠华：《宋代火药应用研究》，上海师范大学硕士学位论文，2009年，第42页。

三百人，子弟所二百人，各授以火箭二十只、常箭五十只，每一血盆内烧锥十个，共二十人射者，并分布于受敌楼子，上至四鼓初……击鼓一声为号，火箭俱发，凡五百人各二十只，以数计之，一万火箭也。"文中所谓"锥"即铁锥，是指将锥形的铁制器具放到炭火中烧红，用于引燃火器。曾公亮《武经总要》"霹雳火球"一节称"用火锥烙球"。"猛火油柜"一节，称"发火用烙锥"。由此可知，北宋末年的火箭还较为原始，其点燃方式仍以烙锥点燃为主，其主要的攻击对象是敌军的城楼、大型攻城器具或其他易燃物。

除火箭外，《避戎夜话》也提及"火炮"，云："其火箭绝，继以炮，蒺藜炮、金汁炮[20]、应炮齐发，火炮继之。绝后，又以草炮，用草一束，以竹篾三系之，置火其中，以助火势，火既盛，敌必仓皇救火，然后用常箭射之，各五十只，五百人则二万五千只也。矢石如雨，则寨必乱，继以敢战之士五百，乘势折桥，敌炮座既坏，则桥亦毁。"在此作战计划中，涉及三种火器：火箭、蒺藜炮和火炮。从石茂良的记载来看，蒺藜炮和火炮的攻击对象与火箭无异。由此可见，此时的火药武器虽然广泛应用于实战当中，尚处于初级发展阶段，还未形成强大的爆炸威力。

3. 为研究汴京之战提供了翔实的军事资料

石茂良作为战争的亲历者，对这场战役中宋金双方的战术阵法、攻（守）城之具、武备情况都进行了详细的记载，为后世研究汴京之战宋金双方的战略部署、攻守细节、军备情况等提供了翔实的文献数据。

第一，《避戎夜话》中记载了宋金双方交战之际使用的多种战术阵法，除前文所言"六甲法"，还有"封筑城身之法""迭桥之法""拐子城法""三生阵""同命队法"等。"三生阵"也就是宋人所称"拐子马"，是金军常用的一种战术。南宋岳珂《鄂王行实编年》云："兀术有劲军，皆重铠，贯以韦索，凡三人为联，号'拐子马'，又号'铁浮图'，堵墙而进，官军不能当，所至屡胜。"[21] 从文献中不难看出，岳珂认为'拐子马'是用韦索把三匹马联在一起。《宋史·岳飞传》也沿用了岳珂的说法，称："拐子马既相联合，一马偾，二马皆不能行。""其后官私史书及通俗小说无不沿用岳珂的说法"[22]。近年来，邓广铭先生澄清"拐子马"的含义是左右翼骑兵。此观点也受到学界的普遍认可。观之石茂良《避戎夜话》，其对拐子马的阵法排布已经做了详细的介绍：

> 项在殿前，见御宝批降到金人三生阵、同命队法，令姚仲友以下各臣已见以闻。凡敌人遇我师，必布围圆阵，次张两翼，左右夹攻，故谓之三生阵。每队一十五人，以一人为旗头，二人为角，三人为从，四人为副，五人为徽。旗头死，从［者］不生还，还者并斩。得胜受赏，亦然。故谓之同命队。

---

20 于洁《金汁炮小考》云："金汁炮是古代战争中一种常用的，利用高温熔化的液态金属，并藉助投石机（炮）的投射力将其洒向敌人，摧毁对方战具的武器。"（见于洁：《金汁炮小考》，《军事历史》2013年第1期，第76页）

21 （宋）岳珂编，王曾瑜校注：《鄂国金佗粹编续编校注》，中华书局，1989年，第530页。

22 彭向前、张林：《释"方马埋轮"与"拐子马"》，《西夏研究》2020年第4期，第4页。

通过石茂良的记载，可以清晰地认识到"拐子马"的阵法是：圆阵当锋、左右两翼骑兵冲击夹攻。

第二，《避戎夜话》还详细记载宋金双方的攻守之具，如火梯、云梯、编桥、鹅车洞子、撞竿、钩竿之类，并详细记载了这些器具的形制、功用以及防御破敌之法，为学界研究宋代城池防御提供了客观翔实的文献数据。如文中提及撞竿时，不仅介绍了撞竿的材料、形制、配备、部署，还介绍了它的功用及抵御之法。再如文中对洞子的介绍：

> 洞子可以治道，可以攻城，其状如合掌，上锐下阔，人往来其中，即次续之，有长数丈者，上用牛皮生铁裹定，内用湿毡，中用太羸，矢石火炮皆不能入。……兵法之御洞子，用铁蒺藜悬下而敦之：其法以熟铁阔径长一尺二寸，四条纵横，布如蒺藜形，镕生铁灌其中央，重五十斤，上安其鼻，连锁掷下。敦讫，以辘轳绞之。若洞子上有牛皮并泥敦着，即速举放火炬，灌油烧之。又有用火井者，追于地道上，直下穿井以待之，积薪草安井中，以火熏之。或有用火炮纳于其中，则敌自燋灼。又用游火：用铁筐盛火，加脂蜡毒药，悬絚下烧，熏穴中。攻城人有用燕尾炬：缚草分为两岐，如燕尾状，以油蜡灌之，从城坠下，骑洞子烧之。如此，皆御洞子法也。

据上文可知，鹅车洞子可以抵挡箭矢、石头和火炮的攻击，士兵在其掩护下进行掘城作业。另外，鹅车洞子是一种大型的、可移动的且具掩护功能的攻城器械。石茂良不仅细致地介绍了鹅车洞子的功用、形制，还总结了数条御洞子之法。

第三，通过石茂良的记载，我们还能清楚地看到宋金双方在实战中军备上的差距。如石茂良对宋金军的抛石装置的记载，包括炮具形制、运用方法、施放人数、实际射程、实战威力等等。文中记金军的炮具，"其炮有七梢、五梢、三梢、两梢、独梢、旋风、虎蹲等，炮内七梢可以致远，其石大，五梢等亦可以致远[23]，其上或放双炮。"足见金军的炮具种类繁多。反观宋军的炮具"今造到七梢炮多不如法，稍短三尺余，故施放虽逮百斤，亦不至五十步。"同样是用于重磅攻击的七梢炮，宋军石弹的射程却不达标，无法与金军"炮内七梢可以致远"相提并论。

再对比宋金双方的遮炮之法。石茂良云："金人炮架，四旁并用湿榆小椽密簇定，又用生牛皮并铁叶裹定，鸥鹥头火不能入。"宋军则是"于城头马面上，悬穿湿榆榠木、笆篱、格毡，虽慢，然亦可以遮炮也"。虽然火器已经被广泛应用于实战当中，但抛石装置在攻打城池仍发挥着至关重要的作用。通过对比宋金双方在抛石之战中的炮具形制、实战效果、遮炮之法等，不难看出宋人炮具的威力显然不如金军，且远抛无力，加之金军炮架外又有御火措施，难以焚毁，是以石茂良感慨称"（金军）惟炮架最难制御"！除炮具之外，宋军其他攻城之具也不如金军装备齐全。据石茂良记载："兵法载攻城之具甚多，所载者，金人皆用之。城上统制官皆庸人武夫，如古守城器具分步法，

23　"远"，原作"达"，《璅探》本、《历代小史》本、《中国内乱外祸历史丛书》本、《说库》本、《说郛》本、《三朝北盟会编》卷68引《避戎夜话》均作"远"，今据改。

往往皆不甚深晓，如转关桥、木弩、行炉、油囊之类，皆典籍所载，略不闻，按图施行。仆尝献议，皆云：'久在边陲，素不识此。'"两相对比之下，可以清楚地看到，兵法所载攻城之具，金军无所不用；而宋军之中，久在边陲之人，却不晓军备。足见北宋朝廷"相臣将臣文恬武嬉"，武备废弛，这也是导致京城失陷的原因之一。

4. 保存了宋人所作谣谚和诗词

石茂良《避戎夜话》不仅真实客观地记录了汴京保卫战的情形，还记载了很多当时社会广泛流传的谣谚和诗词。"哀歌悲谣，诽政讥世之为也。"[24]反映了当时人民日益高涨的反抗情绪，他们大胆抨击朝政弊端，直击社会现实；而诗词则表达了北宋覆灭之后的亡国之痛，悲愤之情。这些产生于北宋末年的谣谚和诗歌，在一定程度上反映出北宋末年朝廷的软弱政策和尖锐的社会矛盾，具有实录存史的作用。

《避戎夜话》记载："金人今春既出境，朝廷措置多不急之务：如复春秋科，太学生免解，改舒王从祀之类。时为语曰：'不管肃王，却管舒王；不管燕山，却管聂山；不管山东，却管陈东；不管东京，却管蔡京；不管河北界，却管秀才解。道路之言，切中时病如此。'"书中所载谣谚，大胆地讽刺了朝廷不切时务的诸多行为。金兵出境，大敌当前，朝廷不抓紧整修武备，收复燕山，解山东、河北之急，却把精力放在改舒王从祀、为开封府尹聂山更名、镇压反对投降的太学生陈东、商讨前宰相蔡京的再贬以及处理举人免解等不急之务上。大兵压境，生死存亡之际，连平民百姓都懂得孰轻孰重，而统治集团内部还把主要精力放在内斗上，着实讽刺。

除谣谚之外，石茂良还收录了当时脍炙人口的诗词，如胡处晦《上元行》、邓肃《靖康行》、谢克家《忆君王》等。这些诗词皆为徽、钦二帝被俘，北宋灭亡之后所作，其中《上元行》《靖康行》两首为乐府诗，所记为靖康事变，诗中所记时间、人物、事件，可与史书相互印证，有诗史的作用。而谢克家所作《忆君王》，最早见于宋茂良所著《避戎夜话》。后世文人谈及靖康之变，多论及此词。如南宋戴埴《鼠璞》："旧传靖康渊圣狩虏营，有人作《忆君王》词云：依依宫柳拂宫墙……语意悲凄，读之令人泪堕，真爱君怀国之语也。"[25]明杨慎《词品》卷五云："徽宗被虏北行，谢克家作《忆君王》词云：'依依宫柳拂宫墙……月照黄昏人断肠。'忠愤之气，寓于声律，宜表出之。其调即《忆王孙》也。"[26]

综上，石茂良作为战争的亲历者，客观详细地记载了宋金交战的场面，集中展示交战双方的战术阵法、武备情况，以及当时广为流传的诗歌、时谚，是研究宋金时期科技史、军事史、文学史等不可不重视的珍贵史料。

（乐日乐　中国国家博物馆）

24　（宋）蔡襄撰，陈庆元等校注：《蔡襄全集》，福建人民出版社，1999年，第689页。

25　（宋）戴埴撰，储玲玲整理：《鼠璞·麦秀黍离之歌》，大象出版社，2019年，第279页。

26　（明）杨慎撰，王大厚笺证：《升庵词品笺证·卷之五·忆君王》，中华书局，2018年，第371页。

金代的家庭孝养问题研究

李祎昕

内容提要：女真族建国后，在中原汉族王朝养老理念的滋养和孝文化的熏陶下，一改之前"贵少贱老"习俗，制定了一系列敬老养老的政策和举措，尤其是对金代家庭赡养的推动和保障。关于金代的家庭养老问题，可以分为对家庭养老观念的宣传、对家庭孝养的保障、对家庭孝养行为的奖惩，以及官员养亲四个方面去探讨。

关键词：金代　家庭孝养　官员养亲

女真人兴起于北方，由于受到文化所限，其建国之初"本无宗庙，祭祀亦不修"[1]，随着汉化的推进，他们认识到"尊祖之事在乎建宗庙。若七世之（祖）［庙］未修，四时之祭未举，有天下者可不念哉"[2]，此时孝文化开始为女真贵族所接受，金朝社会也开始对中国优秀的传统文化展现出学习和认同的态度。据现存史料文献来看，金代尊老敬老养老的实践并不逊色于中原王朝，金代在推动家庭养老的发展与进步方面，起到了不可或缺的促进作用。

金代的孝养，是以家庭为载体，代际之间实现经济和责任转移的一种环环相扣的互惠均衡反馈模式，在家庭内部自然实现和完成养老的全过程，这是2000多年以来基于孝文化传统，由家庭单位中的子女、晚辈等家庭成员直接承担赡养义务的方式。

关于金代家庭孝养问题的相关研究，已有学者关注，主要研究成果有：孙红梅的《金代老年人优礼政策探析》[3]，其中指出金代对老年人的优礼照顾政策会通过提倡孝道并实行奖惩制度等方式来落实。王志民、李玉君的《论金代"官与养济"与"存留养亲"的博弈及影响——以制度变迁为视角》[4]，介绍了金代利用"官与养济"的方法来限缩所继承的"存留养亲"的适用范围，并指出"官与养济"的方式会产生诱导他人犯罪以此来逃避其赡养父母责任的负面影响，与该制度实施的初心背道而驰。倪屹、徐洁的《金代尊老养

1　（宋）宇文懋昭撰，崔文印校证：《大金国志校证·附录二》，中华书局，1986年，第595页。

2　（宋）宇文懋昭撰，崔文印校证：《大金国志校证》卷33《杂色仪制·陵庙制度》，中华书局，1986年，第473、474页。

3　孙红梅：《金代老年人优礼政策探析》，《黑龙江民族丛刊》2013年第2期，第90～93页。

4　王志民、李玉君：《论金代"官与养济"与"存留养亲"的博弈及影响——以制度变迁为视角》，《吉林省教育学院学报（下旬）》2014年第9期，第132、133页。

老风尚述论》[5]，将金朝实行养老方针的具体实施对象分为庶民之老、退役老兵、致仕之老、留任之老、死囚父母、官员亲老六类。王新英的《金代丧葬礼俗举要——以金代石刻资料为中心》[6]，提出金人在安葬前会找专人卜葬，为死者镌立石刻，聚族而葬，对逝者官方会遣使治丧、皇帝亲临哭丧、辍朝哀悼，以及烧饭、结庐守陵行孝等。本文结合文献史料，通过金代对家庭养老观念的宣传、对家庭孝养的保障、对家庭孝养行为的奖惩，以及官员养亲四个方面来介绍金代的家庭孝养，以期对相关研究有所补益。

一、金代对家庭养老观念的宣传

（一）普及《孝经》

金朝统治者奉行尊老养老国策，加强对家庭养老观念的宣传，采取了推行普及《孝经》的举措。《孝经》作为中国古代汉族的政治伦理著作，是阐述孝道和孝治思想的儒家经典著作。《孝经》，以孝为中心，认为"孝"是上天所定的规范，即"夫孝，天之经也，地之义也，民之行也"[7]，并且《孝经》还首次将孝与忠联系起来，认为"忠"是"孝"的发展和扩大。

对于金朝统治者而言，普及《孝经》是用"孝"治理国家的一种政治手段，强调把"孝"贯通于人的一切行为之中，并把"孝"的社会作用推而广之，这对于臣民孝悌观念的形成和金朝家庭孝养的顺利推行起到了保驾护航的作用。梁肃曾对世宗进言："汉之羽林，皆通《孝经》。今之亲军，即汉之羽林也。臣乞每百户赐《孝经》一部，使之教读，庶知臣子之道，其出职也，可知政事"，世宗同意他的方案，决定推行普及《孝经》，并认为"人之行，莫大于孝，亦由教而后能"[8]。章宗延续了世宗的这一做法，于泰和四年（1204）十月，"诏亲军三十五以下令习《孝经》《论语》"[9]，以表明重视对《孝经》普及，利用《孝经》的教化功能稳固军心。

《孝经》在人的行为规范、道德基础上树立了一个标杆，仅从培养民众修德明礼、稳定社会而言，其应用与功效早已有目共睹。因此，在金朝统治者的大力提倡下，《孝经》得以推行普及，使得孝道成为人们普遍关注与重视的道德观念，这是家庭孝养的思想基础。

（二）宣扬孝道

金朝从各个方面、采取多种方式大力宣扬孝道，使得孝道深入人心，出现了一大

5 倪屹、徐洁：《金代尊老养老风尚述论》，《白城师范学院学报》2014年第2期，第61～65页。

6 王新英：《金代丧葬礼俗举要——以金代石刻资料为中心》，《辽宁省博物馆馆刊》，辽海出版社，2013年，第55～68页。

7 徐艳华译：《孝经·三才章第七》，北京联合出版公司，2015年，第25页。

8 《金史》卷89《梁肃传》，中华书局，1975年，第1984、1985页。

9 《金史》卷12《章宗本纪四》，中华书局，1975年，第270页。

批孝子孝行。在中国古代"视生如视死"观念影响下[10]，古人践行孝道不仅表现在日常生活中，如割肉喂亲，还体现在操办父祖丧礼中，如结庐守陵，充分展现了其"养生丧死"的特点[11]。

首先，金朝的皇帝十分注重孝道，并通过弘扬先祖功劳，增其尊谥来表达自己的孝心，为天下民众做出表率。皇统五年（1145）增上太祖尊谥，以达到"显扬先祖，所以崇孝也"，"惟圣人之德，无以加于孝，是以继绪之君夙宵惕厉，念贻燕之圣谋，扬丕天之大律，必有典册以表谥号，称情为礼，以时增加，其来尚矣"[12]，孝道不仅是治理国家的好帮手，也是国君必须拥有的好品质。大定三年（1163）增上睿宗尊谥时，左平章完颜元宜等奏："继体之君能以孝治天下者，爰念祖考规摹弘远，则必有谥册以光耀万世，其来尚矣。若增而广之，亦非溢美，诚孝心欲报之罔极也，可不务乎"[13]，也同样表明了慎终追远的态度。

其次，金朝政府还通过对孝子孝行的记载和宣扬，作为对孝道的一种鼓励和赞扬。金朝武将庞迪"性纯孝"，其父病后，用药无效，于是庞迪"刲股作羹"疗养父病[14]。世宗朝任熊祥，"事母以孝闻"[15]，虽已年过七十，其母逝世之后，也三日不食，其孝心溢于言表。章宗时期，霍王完颜从彝，因生母早死，便由温妃石抹氏养育，明昌六年（1195）温妃薨逝，为"慈母服齐衰三年，桐杖布冠"[16]，来表达自己对母亲的悼念。女奚烈守愚，"性至孝"，父亲去世时才十五岁，依旧"营葬如礼"[17]，在其母丧期间，也是"勺饮不入口三日，终丧未尝至内寝"，并且太常寺、劝农司对其交相征聘，他"皆不听"[18]。卫绍王时期，聂天骥由于崔立兵变劫杀宰相而深受重伤，其女聂舜英为了治愈父亲，"至刲其股杂他肉以进"，聂天骥死后，其女聂舜英在"葬其父之明日，绝脰而死"[19]。金朝后期，南阳灵山僧法云，"遭岁饥，乃能为父母挽车，就食千里。母亡，庐墓旁三年，号哭无时；父殁亦然。山之人谓之'坟云'，旌其孝也"[20]。金末大将乔惟忠，"公生而孤，事太夫人某氏，孝敬纯至，问安视膳，躬侍汤药"，其孝顺太夫人，"意所向必奉之，唯恐不及"[21]。

10　"视死若生者，烈士之勇也"。孙海通译注：《庄子·秋水》，中华书局，2007年，第260页。

11　"养生丧死无憾，王道之始也"。（宋）朱熹：《钦定四库全书·经部·孟子精义》卷1《梁惠王章句上》，台北商务印书馆影印本，1986年，第5页。

12　（金）张暐等辑，任文彪点校：《大金集礼》卷3《追加谥号上》，浙江大学出版社，2019年，第50、51页。

13　（金）张暐等辑，任文彪点校：《大金集礼》卷4《追加谥号下》，浙江大学出版社，2019年，第64页。

14　《金史》卷91《庞迪传》，中华书局，1975年，第2013页。

15　《金史》卷105《任熊祥传》，中华书局，1975年，第2311页。

16　《金史》卷106《张暐传》，中华书局，1975年，第2328页。

17　《金史》卷128《循吏传》，中华书局，1975年，第2768页。

18　《金史》卷128《循吏传》，中华书局，1975年，第2769页。

19　《金史》卷130《列女传》，中华书局，1975年，第2804页。

20　姚奠中：《元好问全集》卷31《坟云墓铭》，山西人民出版社，1990年，第706页。

21　姚奠中：《元好问全集》卷29《千户乔公神道碑铭》，山西人民出版社，1990年，第681、682页。

一个国家的长治久安很大程度上取决于国民的道德素养，在孝文化渲染的社会氛围下，能让民众在潜移默化中守持住自己的道德，遵从良好的道德规范。通过宣扬孝道文化，整体上有助于金朝社会的稳定与发展。

二、金代对家庭孝养的保障

（一）以法护老

古代践行孝道的方式，不仅表现在父母生前，还表现在操办长辈葬礼和每年忌日悼念上，孝就体现在养老和送终这两方面，活着赡养，死了丧祭。

1. 对生前孝养的维护

泰和六年（1206）三月，章宗下令尚书省"祖父母、父母无人侍养，而子孙远游至经岁者，甚伤风化，虽旧有徒二年之罪，似涉太轻。其考前律，再议以闻"[22]，孔子曾言"父母在，不远游"[23]，金代对于远游于外而不赡养父母之人，视情节严重的程度，至少要处以二年以上的徒刑，但章宗认为该种处罚太轻，需要参考以往的法律重新商定，以确保年迈者晚年得到晚辈的孝养。

金朝还将诅咒父母归入"十恶"中的"不孝"，以谋杀罪论处，对此一般判处死刑[24]。金代法律对这些行为的惩处，是国家提倡孝敬老人的体现，虽然金朝所提倡的孝道从本质上来说，是为了强化民众的等级观念，不以卑幼犯尊长，从而维护社会统治秩序，但从客观上来讲，却使老年群体在某种程度上得到了社会的关注和尊重。

2. 对死后追悼的保障

（1）帝王祭奠祖先

大定十九年（1179）四月十日，奉上孝成皇帝谥号时，册中写道：若稽古，假有庙，尊祖敬宗，寅念祀事，"孝"矣[25]，孝在此时的含义便明确了要包含"寅念祀事"，常悼念先祖也是孝的表现之一。

金代皇帝同样也会祭祀祖先以表哀思。一是节减用食，大定五年（1165）八月二十七日，世宗敕旨："太祖皇帝忌辰，衍庆宫呈用素食享祭，其余诸京应有太祖皇帝御容去处，自今后每遇忌辰，亦只用素食。"十一年（1171）九月二十三日，又敕旨："有太祖御容处只用素食、奠茶，不用肉及酒、乐。"[26]衍庆宫最初是海陵王迁都燕京，"建巨阙于内城之南、千步廊之东，曰太庙，标名曰衍庆之宫，以奉安太祖旻、太

22　《金史》卷12《章宗本纪四》，中华书局，1975年，第274页。

23　《论语·里仁》，中华书局，2006年，第48页。

24　叶潜昭：《金律之研究》，台湾商务印书馆，1972年，第120页。

25　（金）张暐等辑，任文彪点校：《大金集礼》卷4《追加谥号下》，浙江大学出版社，2019年，第71页。

26　（金）张暐等辑，任文彪点校：《大金集礼》卷21《原庙下》，浙江大学出版社，2019年，第219页。

宗晟、德宗宗干"之地[27]，所以，每遇先祖忌辰，在此处只食用素食和奠茶，都是金代皇帝表达对亲人深切悼念的一种体现。

二是辍朝，大定八年（1168）正月九日，世宗敕旨，"自今后凡享太庙行礼日免朝"。大定九年（1169）二月，"勘当祭太社太庙行礼日，有无合免朝事"[28]。敕令是帝王所发布的命令、法令或立法，制定辍朝以祭祀祖先的法令，也是金代皇帝以孝治家、以孝治天下观念的体现。

（2）平民悼念长辈

长辈逝世后，国家会给予官员一定假期用以操办丧仪，也会通过法律强制性要求民众为父母服丧守孝、缅怀亲人，从而强化整个社会的尊老敬老风气。

贞元元年（1153）十月，海陵王"命内外官闻大功以上丧，止给当日假，若父母丧，听给假三日，著为令"[29]，明确规定了大功以上的近亲属丧礼给假一日，父母葬礼给假三天，并将其以法律的形式确定下来。

大定八年（1168）二月，世宗"制子为改嫁母服丧三年"[30]，金朝不再禁止妇女再婚，母亲改嫁后去世，作为晚辈也要为其服丧守孝，这也是从法令的角度来提醒人们尽孝的重要性。

明昌元年（1190）三月，章宗"制内外官并诸局承应人，遇祖父母、父母忌日并给假一日"[31]。承安五年（1200）七月，"定居祖父母丧婚娶听离法"[32]，居丧制度法制化，凡居丧嫁娶者，一律强制离婚，婚姻关系无效，居丧是丧祭活动的重要内容，居丧不为吉事是基本要求，目的就是孝。泰和三年（1203）二月，"定诸职官省亲拜墓给假例"[33]，不论省亲探望健在的老人，还是拜墓祭奠缅怀过世的亲人，都是在为长辈尽孝道。泰和五年（1205）五月，"制司属丞凡遭父母丧止给卒哭假，为永制"[34]，与上述给假以尽孝道一致，并将其作为永制，表明国家对孝养的支持。

金朝构建日益完备的老年群体权益的法律保障体系，通过法律条文给这些老龄群体养老生活更强有力的庇护，助推子女对父母的孝养，既是促进代际和谐的必要举措，也是提升国家治理效能，推动社会向文明迈进的必由之路。

（二）存留养亲

金朝除了以法护老来助推孝养的方式之外，还有一项特殊的存留养亲制度。《唐律疏议》中规定"诸犯死罪非十恶，而祖父母、父母老疾应侍，家无期亲成丁者，上

27　（宋）宇文懋昭撰，崔文印校证：《大金国志校证·附录二》，中华书局，1986年，第595页。

28　（金）张暐等辑，任文彪点校：《大金集礼》卷32《辍朝废务》，浙江大学出版社，2019年，第325页。

29　《金史》卷5《海陵本纪》，中华书局，1975年，第101页。

30　《金史》卷6《世宗本纪上》，中华书局，1975年，第141页。

31　《金史》卷9《章宗本纪一》，中华书局，1975年，第214页。

32　《金史》卷11《章宗本纪三》，中华书局，1975年，第254页。

33　《金史》卷11《章宗本纪三》，中华书局，1975年，第260页。

34　《金史》卷12《章宗本纪四》，中华书局，1975年，第271页。

请"[35]，金律承袭唐宋之律，遇到此种情况需要上报皇帝作最终裁定，而一般面对这种状况，皇帝都会采取的存留养亲制度。

在古代，法律规定了徒流罪犯家有祖父母、父母年老或疾病而无其他男丁侍养者，会停止或免除刑罚的执行，让其返家侍养其亲，恩准犯人奉养亲老，老人去世后再实际执行原判或改判。这种人性化的存留养亲制度，最早可以追溯到北魏孝文帝时期，符合儒家孝的伦理观念，让子孙能够尽养老送终的义务，此制度为后世所沿袭，是中国古代法律家族化、伦理化的体现。

金朝同样也承袭了这项规定，史载"梁檀儿盗金银叶，怜其母老，李福兴盗段匹，值坤厚陵礼成，家令本把盗银器，值万春节，皆委曲全活之。亡失物者，责其偿而不加罪"[36]，梁檀儿偷盗金银叶，虽然以罪当罚，但完颜允恭却可怜其母年老，便赦免了他的死罪。

金代的存留养亲制度类似于现代的缓刑，一是延缓了对罪犯的惩罚，给了他们为亲人养老送终尽其孝道的机会；二是国家面对千千万万个小家庭的养老难题，总会出现力所不逮之时，通过此种方式，在惩罚罪犯和孝养老人之间作出了最优解，既维护了家庭孝养，也彰显了金朝政府治国理政的智慧。

三、金代对家庭孝养行为的奖惩

（一）金代对孝养行为的奖励

金朝有六位孝子，温迪罕斡鲁补、陈颜、刘瑜、孟兴、王震、刘政，为旌表其孝行，专作《孝友传》将其载入史册[37]。这些因表扬他们至孝行为而彪炳史册的孝子，有的被授予了官职，有的被奖励了财物，这些都是通过树立起良好的榜样，凭借政府的表彰促使民众有样学样，来获得社会的认可和赞许，从而发扬整个国家的尊老精神。

1. 孝子为官

金朝在官员的选拔上注重其是否孝顺，并将"孝"作为入仕选官标准之一。金朝政府在吸纳汉文化尊老敬老养老的理念之后，开始认同中原王朝"以孝治天下"的治国思想，受到察举制选官制度中察举科目的启发，不仅把"孝"作为衡量人道德的一项重要标准，还将其作为选官的准则之一，在同等条件下考虑对至孝之人优先给予官职。

明昌三年（1192）三月，章宗对这些孝子为官情况十分关心，便问宰臣："从来孝义之人曾官使者几何？"左丞完颜守贞回答："世宗时有刘政者尝官之，然若辈多淳质不及事"，章宗说："岂必尽然。孝义之人素行已备，稍可用既当用之，后虽有希觊作伪者，然伪为孝义，犹不失为善。可检勘前后所申孝义之人，如有可用者，可具以闻。"[38]章宗认为，这些至孝之人虽然不懂得为官之道，但其具备优良的品行，只要有可用

35　（唐）长孙无忌等：《唐律疏议》卷3《名例律》，中华书局，1983年，第69页。

36　《金史》卷19《世纪补》，中华书局，1976年，第416页。

37　《金史》卷127《孝友传》，中华书局，1975年，第2745、2746页。

38　《金史》卷9《章宗本纪一》，中华书局，1975年，第220、221页。

之处，便要继续委以官职，其中难免将存在一些假装孝义的人，但伪孝总比不孝要好。

明昌四年（1193）正月，有宰臣又言："'近言事者谓，方今孝弟廉耻道缺，乞正风俗。'此盖官吏不能奉宣教化使然。今之察举官吏者，多责近效，以干办为上，其有秉心宽厚，欲行德化者，辄谓之迂阔。故人人皆以教化为余事，此孝弟所以废也。若谕所司，官吏有能务行德化者，擢而用之，则教化可行，孝弟可兴矣"[39]，依然强调官员的个人品德相当重要，选用孝顺的人为官，是国家推行孝治的方式之一。元光二年（1223）三月，宣宗诏谕近臣说："尉忻资禀纯质，事可倚任，且其性孝，朕今相之，国家必有望，汝辈当效之也"[40]，认为性情纯孝的赤盏尉忻为相，国家必有希望，鼓励所有人都应当效仿他的孝行。

2. 孝子表彰

大定二十一年（1181）正月，世宗因打猎而到永清县，听闻契丹人移剌余里也妻子死后，妻所生六个儿子都在庐墓下"更宿守之"，妾的四个儿子也都说："是嫡母也，我辈独不当守坟墓乎？"于是"亦更宿焉"，三年如一日地坚持着，世宗深受感动，"赐钱五百贯，仍令县官积钱于市，以示县民，然后给之，以为孝子之劝"[41]。

明昌元年（1190）十月，章宗"诏赐贵德州孝子翟单、遂州节妇张氏各绢十匹、粟二十石"[42]。明昌三年（1192）三月，又"诏赐棣州孝子刘瑜、锦州孝子刘庆祐绢、粟，旌其门闾，复其身"[43]。同年四月，章宗再次"诏赐云内孝子孟兴绢十四、粟二十石，赐同州贞妇师氏谥曰'节'"[44]。

金代据此还形成了表彰孝养行为的三代同居仪和割股孝悌仪，专门规定，"三代同居孝义之家，委所属申覆朝廷，旌表门闾，仍免户下三年差发"[45]；以及"为祖父母、父母、伯叔父母、姑、兄、姊、舅姑割股者，并委所属申覆朝廷，官支绢五匹，羊两腔，酒两瓶，以劝孝悌"[46]。

由上可知，金朝政府通过对孝子表彰，包括奖赏财物、授予官职、旌表门闾、蠲免赋役等方式，遵循"孝善养老"的理念来强化整个社会的孝养氛围，是推动金代家庭孝养发展的重要方式之一。

（二）金代对不孝行为的惩处

金朝有对不孝行为的惩罚制度，通过对不孝之人的惩处，震慑、警示、教育广大民

39　《金史》卷10《章宗本纪二》，中华书局，1975年，第227、228页。

40　《金史》卷115《赤盏尉忻传》，中华书局，1975年，第2532页。

41　《金史》卷8《世宗本纪下》，中华书局，1975年，第179页。

42　《金史》卷9《章宗本纪一》，中华书局，1975年，第216页。

43　《金史》卷9《章宗本纪一》，中华书局，1975年，第220、221页。

44　《金史》卷9《章宗本纪一》，中华书局，1975年，第221页。

45　（宋）宇文懋昭撰，崔文印校证：《大金国志校证》卷35《杂色仪制·三代同居仪》，中华书局，1986年，第502页。

46　（宋）宇文懋昭撰，崔文印校证：《大金国志校证》卷35《杂色仪制·割股孝悌仪》，中华书局，1986年，第502页。

众，能够破除不孝之人的侥幸心理。同时，还能伸张正义，鼓舞和激励民众成为一个孝顺父母的人，形成良好的社会风气，对不孝之人施加心理上的压力，从根源上消除不孝念头，阻止不孝行为发生，起到防微杜渐的作用。

天德元年（1149）的进士刘焕，幼年时正值北宋末年，金宋开战之际，物资紧缺，缺衣少食，刘焕当时年纪尚幼，煮糠麸来吃，自己只喝清汤，浓稠的粥则留给母亲吃，从小就具有孝顺的品质。在他担任北京警巡使任上时，"捕二恶少杖于庭中"，并对他们说："孝弟敬慎，则为君子。暴戾隐贼，则为小人。自今以往，毋狃于故习，国有明罚，吾不得私也"[47]，告诫他们应该孝敬父母敬爱兄长，礼貌待人，谨慎做事。

大定二十四年（1184）七月，世宗对宰臣们说："天子巡狩当举善罚恶。凡士民之孝弟渊睦者举而用之，其不顾廉耻无行之人则教戒之，不悛者则加惩罚"[48]。认为天子巡狩应当举善罚恶，对这些不孝之人应当加以教诫和警示，其中不悔改的则要加以惩罚，从而对他们起到威慑作用。

明昌三年（1192）三月，尚书省奏："释道之流不拜父母亲属，败坏风俗，莫此为甚。礼官言唐开元二年敕云：'闻道士、女冠、僧、尼不拜二亲，是为子而忘其生，傲亲而徇于末。自今以后并听拜父母，其有丧纪轻重及尊属礼数，一准常仪。'臣等以为宜依典故行之"[49]。一些僧道不敬养自己的父母，有违天理伦常，败坏社会风俗，金朝在承袭辽代某些旧俗的过程中，摒弃了辽代的崇佛无度，以中原唐王朝的儒家孝道思想为标准，对僧道也进行了道德伦理约束。

（三）金代实行家庭孝养行为奖惩的原因

金朝政府之所以实行奖励孝子孝行、惩罚不孝之人的举措，有其背后特殊的原因。

其一，不孝的行为，不仅会影响社会的稳定与和谐，还会动摇国家的统治根基。《尚书·洪范》有言："天子作民父母，以为天下王"，我国古代社会中"忠孝"，皇帝是君父，君权和父权的结合，体现了古代封建国家家长制的特点，父为家君、君为国父、君父同伦，皇帝作为民众的父亲，从这个意义上来说，"不孝"即"不忠"，不孝敬父母即不忠于君王，不敬"君父"就是不忠不孝。如果社会上存在着广泛的不孝行为，那么社会的发展将会变得极其不稳定，甚至对于国家未来的发展，都将会产生致命的危机。

其二，如果平民百姓普遍产生不孝行为而不加监管，社会就容易产生拒绝生养后代的想法，那么国家的人口就会随之逐渐减少，最终导致人口凋零而被动灭亡，这对一个国家而言，无疑是影响发展的重大问题。

孝，既是统治国家的政治需要，也是社会得以发展与延续的生存需要。故而，金朝统治者为了加强中央集权和维护统治，考虑到社会和国家的长期稳定，往往需要树立"孝顺"的榜样形象，对社会上产生的不孝行为给予严厉的惩罚与制裁，来促使民众都

47　《金史》卷128《循吏传》，中华书局，1975年，第2764页。

48　《金史》卷8《世宗本纪下》，中华书局，1975年，第187页。

49　《金史》卷9《章宗本纪一》，中华书局，1975年，第220、221页。

投身到尽孝的行列中来。

随着孝道政治化的发展，金朝政府大力提倡尊老养老，将忠孝相结合，移孝于忠，潜移默化中强化臣民的忠君意识。即所谓"事亲孝，故忠可移于君；居家理，故治可移于官"[50]，譬如金朝大臣移剌道就被世宗评价为"卿孝于家，忠于朕"[51]，金朝政府将其作为统治民众的政治手段，以达到维护封建统治的根本目的。

四、金代官员养亲

（一）金代襄助官员养亲的方式

1. 给俸养亲

杨伯仁，因父亲杨丘行去世而归乡守孝，服丧期满后复出任职，海陵王"赐白金以奉母"[52]。张大节致仕后，"仍擢其子尚书刑部员外郎岩叟为忻州刺史，以便禄养"，古人认为官俸本为养亲之资，给与张大节之子张岩叟忻州刺史一职，方便他以官俸养亲[53]。天兴二年（1233）六月，哀宗又逃往蔡州，遇见了石抹世绩的儿子石抹嵩，石抹嵩当时任新蔡县令，这是兵乱之后父子第一次相见，哀宗勉励石抹嵩，并"授嵩应奉翰林文字，以便养亲"[54]。

2. 调任家乡

大定初年，河州防御使韩铎，希望卸任以"求养亲"，世宗对宰臣们说："韩铎年高，不任繁剧，且其母老矣，可与之便郡"，于是"改顺天军节度使"[55]。明昌二年（1191），张万公"以母老乞就养"，章宗不允许，但"赐告省亲"[56]，两年后，张万公又"复申前请"，请求去职休养，章宗授予他知东平府事，并告诉他说："卿在政府，非不称职，以卿母老，乞侍养，特畀乡郡，以遂孝心。朕心所属，不汝忘也"[57]。因为其母亲年老，乞求侍候赡养，章宗特将其外放到家乡，以遂其赡养孝心[58]。明昌六年（1195），侍讲李宴"归老，得疾"，特诏其子仲略"左司员外郎为泽州刺史，以便侍养"[59]，这与《金史》中对其子李仲略记载相呼应，其父李晏告老还乡，他"以亲病求侍，特授泽州刺史以便禄养"[60]。

───────────────

50　姚奠中主编：《元好问全集》卷17《朝散大夫同知东平府事胡公神道碑》，山西人民出版社，1990年，第485、486页。

51　《金史》卷88《移剌道传》，中华书局，1975年，第1966页。

52　《金史》卷125《文艺传上》，中华书局，1975年，第2723页。

53　《金史》卷97《张大节传》，中华书局，1975年，第2146页。

54　《金史》卷114《石抹世绩传》，中华书局，1975年，第2519页。

55　《金史》卷78《韩铎传》，中华书局，1975年，第1778、1779页。

56　《金史》卷95《张万公传》，中华书局，1975年，第2102页。

57　《金史》卷95《张万公传》，中华书局，1975年，第2103页。

58　《金史》卷11《章宗本纪三》，中华书局，1975年，第254页。

59　《金史》卷96《李晏传》，中华书局，1975年，第2127页。

60　《金史》卷96《李仲略传》，中华书局，1975年，第2128页。

3. 定时省亲

大定二十七年（1187）五月，世宗发现"所进御膳味不调适"，于是下旨召问相关人员。负责制作食物的尚食局属官说："臣闻老母病剧，私心愦乱，如丧魂魄，以此有失尝视，臣罪万死！"世宗嘉奖了他的孝心，"即令还家侍疾，俟平愈乃来"[61]。明昌四年（1193），夹谷清臣上表乞闲，其母年八十三，母子相别十年，章宗先是不许，但他坚持请求赋闲，章宗才赐假省亲，还下谕说："闻卿母老，欲令归省，故特给假五十日，驰驿以往，至彼可为一月留也。"[62]承安二年（1197），马琪病逝于家中，"子师周，合门祗候，当给假，以闻"，给其子马师周丧假回去操办父亲葬礼[63]。承安四年（1199）十月，章宗"初定百官休假"[64]，百官休假制度的雏形既成，在一定程度上来说，该制度也方便了官员回家省亲，以尽孝道。泰和三年（1203）二月，又"定诸职官省亲拜墓给假例"[65]，进一步完善了官员省亲探望健在的老人及拜墓祭奠缅怀过世亲人的休假制度。

4. 携亲就养

天德初年，石抹荣被任命为开远军节度使，入朝谢恩时，不禁潸然泪下，海陵便问他缘故，石抹荣回答说："老母在谷神家，违去膝下，是以感泣"，于是海陵"乃诏其母与之俱行，仍赐钱万贯"[66]。让他迎侍尊亲。蒲察通，因"奚人乱，承诏继往莅军。迁本局使，以母丧免"[67]，蒲察通由于母亲去世而免于出职。徒单绎"改同知广宁府事，以母鄂国公主忧，不赴。世宗特许以忧制中袭父封"[68]，徒单绎同样因为其母守孝而不赴任。

5. 辞官养亲

《礼记》有云："八十者，一子不从政，九十者，其家不从政"[69]。金朝有很多因养亲而辞官的人，并且形成了职官告侍亲求医致仕仪，"职官告侍亲，亲虽未〔年〕八十，及自病求医解职，并年六十以上告致仕者，并听"[70]，以方便官员赡养长辈。熙宗时期，挑选护卫选中了蒲察通，但"通以父老，恳乞就养"[71]，熙宗也因为感念他的孝顺就顺从了他的心愿。大定年间进士武都，"以亲老，与弟监察御史郁俱乞侍"[72]，也是请求辞官养亲，以尽孝心。但并非所有人辞官养亲都能如愿以偿，大定十九年

61 《金史》卷8《世宗本纪下》，中华书局，1975年，第198页。

62 《金史》卷94《夹谷清臣传》，中华书局，1975年，第2084、2085页。

63 《金史》卷95《马琪传》，中华书局，1975年，第2118页。

64 《金史》卷11《章宗本纪三》，中华书局，1975年，第252页。

65 《金史》卷11《章宗本纪三》，中华书局，1975年，第260页。

66 《金史》卷91《石抹荣传》，中华书局，1975年，第2027页。

67 《金史》卷95《蒲察通传》，中华书局，1975年，第2106页。

68 《金史》卷120《徒单绎传》，中华书局，1975年，第2623页。

69 王文锦译解：《礼记译解·王制第五》，中华书局，2001年，第286页。

70 （宋）宇文懋昭撰，崔文印校证：《大金国志校证》卷35《杂色仪制·职官告侍亲求医致仕仪》，中华书局，1986年，第505～506页。

71 《金史》卷95《蒲察通传》，中华书局，1975年，第2105、2106页。

72 《金史》卷128《循吏传》，中华书局，1975年，第2771页。

（1179），改任为左赞善的温迪罕缔达，"以母老求养"[73]，显宗派内直丞六斤劝说温迪罕缔达，并不准许他离去。

总的来说，我们依据史料不难看出，官员想要赡养父母践行孝道，金朝政府便多措并举为其提供便利，譬如以给俸养亲、调任家乡、定时省亲、携亲就养等方式协助他们孝养亲人，与此同时，还将这种家庭孝养模式纳入了法制化的轨道，用法律作为家庭养老的一种调解工具。金代政府出台的一系列人性化措施，能够在一定程度上缓解自古忠孝难两全的矛盾，在保证官员对国家和君主忠诚的基础上，尽量使官员可以孝养父母，以全其孝心。

（二）金代官员养亲实践中的制约

1. 内部因素

随着历史进程的推动，金代养老中将"孝"作为入仕选官标准之一的消极一面逐渐凸显出来。一部分人将其作为政治角逐中脱颖而出的工具，另一部分人失去了自己的个性，沉浸在愚孝的表演中。先秦儒家对孝的理解是子女对父母发自内心的感情流露，是真诚且不掺杂任何功利色彩的，可是当孝被纳入政治范畴，与个人前途发展联系起来，养老便开始不再仅是伦理规范的义务，反而演变成了一种追逐名利的手段。

金代政坛纷纭，存在各种政治斗争和人事冲突，在这种官场境遇中，权势和权术的运作，使该制度往往成为玩弄政治权术的工具，甚至有些人为了可以入朝为官追求功名利禄，便会想尽办法为营造好名声而去弄虚作假，出现了大批"伪孝"之人，对树立孝子人设趋之若鹜，导致金代孝养政策也不可避免地成为各种政治利益的调节器。

在这种社会环境影响下，还出现了大量的愚孝行为，有些人在表现自己孝顺时，会采取割肉喂亲、结庐守陵，甚至自杀等极端行为，这些不合情理的方式都不利于整个社会的养老文化健康发展，在这种养老方针的提倡下，人们似乎变得愚昧又麻木，失去了自身本该有的个性，将本应朴实的孝行演变成一场又一场十分虚伪的作秀式表演。

2. 外部因素

到了战争年代，这份孝亲制度就大打折扣。正隆四年（1159）二月，海陵王"诏谕宰臣以伐宋事。调诸路猛安谋克军年二十以上、五十以下者，皆籍之，虽亲老丁多亦不许留侍"[74]。金朝后期，战争连年不断，国家军事活动频繁，人口锐减，对于军士和人才的需求量大幅度增长，只能被迫取消了留养传统。

此外，在某些特殊情况下，在职官员最基本的居丧守孝有时也无法保证。兴定二年（1218）七月，西夏与金再一次在尨谷发生冲突之时，"遣官诣诸道选寄居守阙丁忧官及亲军入仕才堪总兵者，得一百六人，付枢密任使"[75]。兴定三年（1219）二月，"敕凡立功将居丧者特起复迁授"[76]。元光元年（1222）四月，进一步"籍丁忧待阙、

73　《金史》卷105《温迪罕缔达传》，中华书局，1975年，第2319页。

74　《金史》卷5《海陵本纪》，中华书局，1975年，第110页。

75　《金史》卷15《宣宗本纪中》，中华书局，1975年，第339页。

76　《金史》卷15《宣宗本纪中》，中华书局，1975年，第342页。

追殿等官，备防秋"[77]。同年六月，由于战争导致军队人数缺口大，又"制诸监官及八品以下职事，丁忧、待阙、任满、遥授者，试补侍卫亲军"[78]。元光二年（1223），东京总帅纥石烈牙吾塔说："武举入仕，皆授巡尉军辖，此曹虽善骑射，不历行阵，不知军旅，一旦临敌，恐致败事"，于是"遂籍丁忧、待阙、去职者付之"[79]。哀宗时期，"聂天骥，丁母忧，未卒哭，夺哀复职"[80]，由于国家需要，夺情于他，让他丧期未满就被强令出仕。

此时，由于战火纷飞、灾害频发、疫病横行，国家财政穷困潦倒，卖官鬻爵十分猖狂，不利于公职机构良性运行。面对如此困境，宣宗也意识到了在这样的状况之下，根本无法保证国家孝文化的践行和官员孝亲政策的推行，史料记载"甚而丁忧鬻以求仕，监户鬻以从良，进士出身鬻至及第"[81]。元光二年（1223）正月，宣宗又说："鬻爵恩例有丁忧官得起复者，是教人以不孝也，何为著此令哉？"[82]这便是很好的例证。可以看出，国家战乱时期，对于襄助官员养亲的落实程度很低，若无国家社会环境的安定和谐，养老政策的实施将寸步难行，二者呈正比关系，金朝养老政策的推行具有明显的阶段性。

五、结 语

金朝之所以能够推行这种家庭孝养模式，首先，这是作为中国传统道德强大内在力的必然结果，国家提倡尊老爱老，全社会也随之形成了这种尊老养老的风尚，在中国几千年的发展历史之中，对老年人的赡养一直是由家庭承担的，在众人内心里，也早已经把赡养老人作为自己理所应当、责无旁贷的义务，这是"家庭本位"文化传统伦理责任的必然产物。其次，金朝通过推动家庭养老模式的实行，将国家、社会养老的负担转化为家庭成员的负担，一是能够降低国家、社会的养老成本，二是在国家的社会保障职能无法兑现之际，如在满地兵燹、疮痍弥目的年代，国家无法保障养老政策的正常落地运行，此时家庭养老的存在就能够独当一面，起到风险对冲的积极作用，从而规避掉一些棘手问题。最后，家庭养老强调了子女和父母之间的相互依存，这种代际之间的交流能够满足老年人叶落归根的精神归属感，毕竟含饴弄孙是各朝历代老年人晚年生活的最高理想和最大精神寄托。

参 考 书 目

［1］（宋）宇文懋昭撰，崔文印校证：《大金国志校证》，中华书局，1986年。

---

77 《金史》卷16《宣宗本纪下》，中华书局，1975年，第362页。

78 《金史》卷16《宣宗本纪下》，中华书局，1975年，第362页。

79 《金史》卷51《选举志一》，中华书局，1975年，第1152页。

80 《金史》卷115《聂天骥传》，中华书局，1975年，第2531页。

81 《金史》卷46《食货志一》，中华书局，1975年，第1030页。

82 《金史》卷16《宣宗本纪下》，中华书局，1975年，第365页。

［2］徐艳华：《孝经》，北京联合出版公司，2015年。

［3］（元）脱脱等：《金史》，中华书局，1975年。

［4］孙海通：《庄子》，中华书局，2007年。

［5］（宋）朱熹：《孟子精义》，商务印书馆，1986年。

［6］（金）张暐等辑，任文彪点校：《大金集礼》，浙江大学出版社，2019年。

［7］姚奠中：《元好问全集》，山西人民出版社，1990年。

［8］《论语》，中华书局，2006年。

［9］叶潜昭：《金律之研究》，商务印书馆，1972年。

［10］（唐）长孙无忌等撰，刘俊文点校：《唐律疏议》，中华书局，1983年。

［11］王文锦：《礼记译解》，中华书局，2001年。

［12］孙红梅：《金代老年人优礼政策探析》，《黑龙江民族丛刊》2013年第2期。

［13］王志民、李玉君：《论金代"官与养济"与"存留养亲"的博弈及影响——以制度变迁为视角》，《吉林省教育学院学报（下旬）》，2014年第30卷第9期，第132、133页。

［14］倪屹、徐洁：《金代尊老养老风尚述论》，《白城师范学院学报》2014年第28卷第2期。

［15］王新英：《金代丧葬礼俗举要——以金代石刻资料为中心》，《辽宁省博物馆馆刊》，辽海出版社，2013年。

（李袆昕　黑龙江省社会科学院历史研究所）

辽金历史与考古·第十四辑

文物研究

文 物 研 究

辽式覆钵塔的再讨论

郎智明

内容提要： 辽式覆钵塔是辽代所创的一种不为常见的砖塔造型，长期以来并未得到学术界的重视。文章分析了辽式覆钵塔的形制特点，分析了现存实例以及常被混淆的其他形制砖塔，认为其并非是传统观点中密檐式与覆钵式简单的组合，并给出覆钵三重檐式塔的概念。基于以上观点，文章同时讨论了房山云居寺北塔与蓟县观音寺塔的原始形制以及相关古塔的年代考证问题。

关键词： 蓟县白塔　赤峰静安寺塔　房山云居寺北塔　砖仿木构　枭混曲线覆钵三重檐式塔

辽式覆钵塔是一种辽代所创，后世按照辽代的样式也有兴建，具有覆钵相轮收顶结构的砖塔，故统称辽式覆钵塔，这类佛塔现存数量较少。辽代所建的覆钵式塔为这类佛塔的祖型，现存数量更少。

笔者在2012年[1]与2016年[2]曾先后撰文阐述这一类型的砖塔。其中，《辽代的覆钵式塔》较为细致地论述了此类佛塔。之后，笔者又专门撰文[3]强调辽塔具有四种类型，即：①密檐式塔（图一，1）；②楼阁式塔（图一，2）；③花塔（图一，3）；④覆钵式塔（图一，4）。

但是由于几年前的文章如今读起来觉得尚有缺憾。为此，笔者有必要为辽式覆钵塔重新进行一番剖析，必须不惜篇幅再讨论一下辽式覆钵塔。

一、研 究 现 状

最早对这类佛塔进行研究的当属梁思成林徽因夫妇。但时至今日，对这类佛塔的研究现状仍停留在20世纪40年代梁思成先生在四川李庄完成其《中国建筑史》时的水平，甚至有时还有所倒退。

1　佟强、郎智明、郭松雪：《静安寺塔和静安寺》，《草原文物》2013年第1期，第57～64、113～115页。

2　郎智明：《辽代的覆钵式塔》，《沈阳考古文集（第6集）》，科学出版社，2017年，第231～238页。

3　郎智明、孙树发（摄影）：《辽宁辽塔——占据全国辽塔半壁江山的古塔群》，《中国国家地理》2020年第2期，第166～179页。

图一　辽塔四式

1. 密檐式塔　2. 楼阁式塔　3. 花塔　4. 覆钵式塔

当前学界近十五年来的各类研究著作[4]中，多数依旧把房山云居寺北塔当作辽代所建的覆钵式塔中的一员，或者依旧将蓟县白塔等辽式覆钵塔型与房山云居寺北塔相提并论，并称它们为组（复、混）合式塔。造成这种认知，或许有房山云居寺北塔知名度较高的原因，更有这类佛塔未被重视的原因。

而正是由于房山云居寺北塔被混入辽式覆钵塔这类塔型，直接影响这类塔型独立命名和自成一系的问题。也许近几年来这些论著的作者中有人或许已改变观点，但不可否认的是不够正确的观点依旧广泛流传。

辽式覆钵塔中，知名度最高的为蓟县白塔，梁思成先生早在四川李庄时就已经初步研究了这类佛塔。梁先生在其1942～1944年编著的《中国建筑史》第六章第七节"宋·辽·金建筑特征之分析"中提出了宋、辽、金佛塔计有六型，此类塔为其中之一："窣堵坡顶塔，塔之下段与他型无大区别，多三层，其上塔顶硕大，如窣堵坡，河北房山云居寺北塔，蓟县白塔，易县双塔庵西塔，邢台天宁寺塔，皆属此型。此型之原

4　张小杨：《辽塔考述及相关问题研究》，浙江大学硕士学位论文，2019年，第165、166页；赵兵兵：《辽代砖塔形制的美学特征》，《大舞台》2015年第9期，第255、256页；杨蕾：《浅谈古建筑蓟县白塔的建筑特点及艺术传承》，《卷宗》2020年第11期，第343页；汪盈：《辽塔分布及形制初探》，北京大学硕士学位论文，2009年，第41～43页；许凯：《辽代佛塔建筑的历史成就》，《兰台世界》2013年第7期，第87、88页；李珠：《辽代古塔建筑特征研究》，《智能城市》2021年第3期，第51、52页；常青：《浮屠高耸》，文物出版社，2022年，第109、110页。

始，或因建塔未完，经费不足，故潦草作大刹顶以了事，遂形成此式，亦极可能，但其顶部是否后世加建，尚极可疑。"[5]

梁先生还在他编著的《中国建筑史》第六章第六节"五代·宋·辽·金之实物"中提到："邢台天宁寺塔在河北邢台，其下第一层塔身以下，与其他辽塔相同，其上但出叠涩檐三重，而顶上乃以类似喇嘛之窣堵坡为刹。河北房山县云居寺北塔，蓟县观音寺白塔，易县双塔庵西塔，皆属此型，亦辽代所特有之塔型也。"[6]

但梁思成夫妇受时代所限，并没有确定窣堵坡顶究竟是辽代原制还是后世加建，给出的是一个模棱两可的结论。

梁思成先生主编的《中国建筑史》中也是将房山云居寺北塔与其余诸塔放在一起进行枚举，但通过图二，显见房山云居寺北塔与其余三塔虽有相似之处，但差别甚大，还是难以与它们归为一类。

图二　梁思成《中国建筑史》第六章中提到的几座窣堵坡顶塔
1. 房山云居寺北塔　2. 蓟县白塔　3. 易县双塔庵西塔　4. 邢台天宁寺塔

可新中国成立之后，刘敦桢先生在其1965年成书的《中国古代建筑史》第六章"宋、辽、金时期的建筑"[7]中，对这类塔却并没有提及。同样，1979年出版的潘谷西先生所著的《中国建筑史》第5章"宗教建筑"[8]中共介绍了六种佛塔，依旧也没有涉及此类佛塔。

5　梁思成：《中国建筑史》，生活·读书·新知三联书店，2011年，第212页。
6　梁思成：《中国建筑史》，生活·读书·新知三联书店，2011年，第197页。
7　刘敦桢：《中国古代建筑史》，中国建筑工业出版社，1984年，第214～233页。
8　潘谷西：《中国建筑史》，中国建筑工业出版社，2008年，第175～187页。

图三　蓟县白塔覆钵相轮结构考古
发掘示意图
（笔者根据《考古学报》中的
插图改绘）

特别是1976年唐山大地震中，蓟县白塔遭到破坏，相轮折断、覆钵开裂。地震后对其第一层檐以上拆除重修，并于1989年发表了考古报告[9]。报告中提到，当拆至相轮底部时，发现在现覆钵内还有覆钵，现覆钵为后代包砌的产物，内覆钵为辽代始建时的原物。内外覆钵之间有明显的界面，并且内覆钵表面尚有如意纹雕饰存留。覆钵之上还残留有辽代的相轮根部及相轮座，这些都直接证明了覆钵相轮结构是辽代原构（参见图三[10]）。

可这么重要的发现，却仍然没有得到足够的重视。在接下来的建筑史研究专著中仍旧没被提及，如2003年出版的郭黛姮著《中国古代建筑史（第3卷）宋、辽、金、西夏建筑》[11]。本文脚注4所引诸文献中对这类佛塔的研究，除提到蓟县白塔的覆钵相轮结构是辽代原构这一新发现外，都没有超过梁思成林徽因二位先生当年研究的水平。

相反，梁思成早年猜测性的观点却仍在流传[12]，并被奉为圭臬。那是源于梁先生在1932年所著的《蓟县观音寺白塔记》[13]，当时梁先生初来营造学社不久，认知上难免做出不够准确的推断。文中认为蓟县白塔"盖在晚明，塔之上部必已倾圮，惟存第一、二层。而第三层只余下半，于是就第三层而增其高，使为圆肚之座，以上则完全晚明以后所改建也。圆肚上之八角部分，或为原物之未塌尽部分，而就原有而修砌者，以其大小及位置论，或为原塔之第六层亦未可知也。房山云居寺塔，亦以辽塔下层，而上冠以喇嘛塔者，其现象与此塔颇相似"。

虽然梁思成先生在十年后的《中国建筑史》中早已修正了这种观点，但并未得到关注。1932年那猜测性的推断还直接带来了"藏传佛教和汉传佛教相结合""密檐式塔向覆钵式塔发展的过渡""塔刹向大型喇嘛塔发展的过渡"等有待商榷的观点。

从上述论述中可见，对辽式覆钵塔的研究现状非但没有超过在梁思成先生在四川李庄时的研究水平，甚至还有所倒退。

9　天津市历史博物馆考古队、蓟县文物保管所：《天津蓟县独乐寺塔》，《考古学报》1989年第1期，第83～119页。

10　笔者根据《天津蓟县独乐寺塔》中的插图（图二、图三）改绘。天津市历史博物馆考古队、蓟县文物保管所：《天津蓟县独乐寺塔》，《考古学报》1989年第1期，第85、86页。

11　郭黛姮：《中国古代建筑史（第3卷）宋、辽、金、西夏建筑》，中国建筑工业出版社，2009年，第465～522页。

12　刘学斤：《鹫峰寺塔的发现》，《燕赵都市报》2015年10月25日第10版。

13　梁思成：《蓟县观音寺白塔记》，《中国营造学社汇刊》1932年第3卷2期。

二、辽式覆钵塔的形制

辽式覆钵塔，之所以称其为"辽式"，是因其由辽时所创，后世的金、元沿用这一制式。现存确认建于辽代的辽式覆钵塔仅有两座，一座是前文提到的蓟县白塔[14]、另一座是赤峰静安寺塔。赤峰静安寺塔进入学界视线的时间较晚[15]，此塔之前残损（图四，2），人们一直将其视为普通的辽式密檐塔，残存三层，为不折不扣的半截塔。至于塔顶有一块残缺的圆形砖砌部分，同样未被认为是原构，多年以来一直被当作是后世维修时在半截塔顶所加。

笔者曾撰文简述了确认赤峰静安寺塔真实形制的心路历程[16]，并在《辽代的覆钵式塔》中分析了其年代。

赤峰静安寺塔2013年维修之前相轮无存，覆钵残缺，三层檐皆有破损，破损程度由下至上依次加重（图四，2）；而从蓟县白塔的辽代原貌实测图（图四，1）中可见，其相轮根部及相轮座基本完好，覆钵保存尚可，但覆钵之下至二层塔檐之上交代得不是很清楚。而对比赤峰静安寺塔与蓟县白塔的其他部位，如八边形塔身、一至二层的枭混曲线出檐、塔身转角处理成表征八大灵塔的砖雕经幢，都非常的一致，可见二塔的原始形制正可以相互印证。我们再结合现存的几座金、元所建的辽式覆钵塔（含已毁但留下照片者），总结出辽式覆钵塔的形制特征如下（参见图四诸塔）：

（1）基座与传统辽式密檐塔相类。有设置平座的、有不设置平座的；

（2）第一层塔身与幽云十六州的辽式密檐塔相近，主要表现在塔身转角不施檐柱，以砖雕小塔或砖雕经幢代之；

（3）第一层檐下无斗拱、阑额、普拍枋（而辽代密檐塔第一层檐下部分乃以砖仿木之精华）。各檐皆以枭混曲线形出檐（注：枭混曲线，古建筑装饰线角之一种，上半部呈凹状的圆弧为枭，下半部凸状的圆弧为混，中间就是枭混曲线的拐点。檐部本应由斗拱承托的位置改由凹进的枭砖和凸出的混砖组成，故称以枭混曲线形出檐）。檐上无椽飞、覆瓦。三层檐形制完全相同，仅尺寸有所差异。出三重檐为定制；

（4）第三层檐之上置半球形覆钵体，覆钵之上为相轮及相轮座。

由此可见，图四中诸塔属于同一形制，完全可以归为一类，不同之处仅仅在于塔身形状有八角形和六角形之分。这类佛塔现存数量虽然不是很多，但样本已足够充足，可以被认为是一种独立的塔型了。

总之，辽式覆钵塔与其他类型的辽代砖塔相比，鲜少使用辽代工匠擅长的以砖仿

---

14 蓟县白塔在1983年维修时于上层塔心室内发现一清宁四年（1058）石函，推断为此塔第一次维修的时间。而上层塔室中心孔顶端第一层砖上还出土太平通宝宋钱一枚，又表明其建造年代不能早于北宋太平兴国年间（976～984），当属辽塔无疑。天津市历史博物馆考古队、蓟县文物保管所：《天津蓟县独乐寺塔》，《考古学报》1989年第1期，第83～119页。

15 张晓东博士2011年的博士论文曾认为辽代的覆钵式塔现存确认者仅蓟县白塔一例。张晓东：《辽代砖塔建筑形制初步研究》，吉林大学博士学位论文，2011年，第31页。

16 郎智明：《我和辽塔》，《中国民族建筑》2018年第1期（总第170期），第56～63页。

图四　几座典型的辽式覆钵塔

1. 蓟县白塔[17]　2. 赤峰静安寺塔　3. 易县
双塔庵西塔[18]　4. 北京白瀑寺圆正法师塔[19]
5. 昌平银山宝塔[20]　6. 邢台天宁寺塔[21]

17　图片来源于《天津蓟县独乐寺塔》中图二。天津市历史博物馆考古队、蓟县文物保管所：《天津蓟县独乐寺塔》，《考古学报》1989年第1期，第85页。

18　即河北易县净觉寺积翠屏西塔。该塔位于河北省易县太宁山半山腰积翠屏处，其旁边100米处东塔塔前有万历十四年《大明重修双塔碑记》，碑记中明确记载了西塔的始建年代为"南宋高宗绍兴甲子建修之遗迹"。宋高宗绍兴甲子年时，此地为金朝领地，当为金熙宗皇统四年，即1144年。因此，此塔为金塔。

19　该塔位于北京市门头沟区雁翅镇田庄乡淤白村北面的金城山下，塔为金天会十二年（1134）圆正法师舍利塔，一说建于金皇统六年（1146）。汪建民、侯伟：《北京的古塔》，学苑出版社，2003年，第276页。

20　各类资料皆记载此塔的年代为元代或金元，无论如何都离不开这个"元"字。笔者认为这还是跟人们对覆钵相轮的思维定式有关。传统的观点认为覆钵式塔型是在元代随着藏传佛教的传播而出现在中土，于是但凡见到覆钵相轮的形制便想当然地认为和元代有关了。笔者认为此塔形制与易县双塔庵西塔和白瀑寺圆正法师塔这两座具有相对准确纪年的金塔相近，并且三座塔的朝向皆为东向，故推断此塔建于金代。

21　塔原位于河北邢台天宁寺大殿后，现已毁。为元代高僧虚照禅师灵塔，建于1252年。图片来源于常盘大定、关野贞：《支那文化史迹（第八辑）》，法藏馆，1940年，图版101。

木，塔身无任何砖仿大木作构造，檐部亦无任何辽金塔系常见的仿大木作特征。

值得一提的是，两座辽代覆钵式塔塔身为八角形，金元诸塔多为六角形。八角形塔身转角的砖雕小塔或经幢合为八大灵塔，可六角形诸塔虽延续八边形塔八大转角灵塔的处理方法，但六大灵塔已失去了其原本的意义，徒具其形，仅仅是作为装饰。

三、房山云居寺北塔与蓟县白塔原始形制讨论

1. 房山云居寺北塔原始形制讨论

对比图二等上述照片，可见除房山云居寺北塔下部为二层楼阁式结构，并且两层塔檐、塔身及平座都具有砖仿木结构，与前文总结的辽式覆钵塔的无仿木、三檐定制、枭混差别较大。

最早记载房山云居寺北塔为后世所改的为1948年成书的《白带山志》，作者为爱新觉罗·溥儒。据《白带山志》记载[22]，"今塔下二级中，木梯断折……今塔顶作螺旋状（即层层相轮，笔者注）为不类，则非同时修建可知。盖辽时重建之塔五级，其上三级不知何年倾颓，而塔顶螺旋状者，则明初建耳。"现已有越来越多的学者支持房山云居寺北塔本为楼阁式塔的观点，如倪鑫[23]、谷赟[24]，其中谷赟认为该塔本为七层。可惜房山云居寺北塔并没有专门的考古报告或研究论著发表。

时任辽宁省文物保护中心副主任陈术石先生曾告知笔者，此塔维修时考古工作人员顺着脚手架登上此塔，他们发现该塔的楼阁部分构造较涿州辽代双塔简单，属辽代所建的小型楼阁式塔。其覆钵部分用砖与下面两层楼阁部分差异较大，绝不是同一年代之砖。

此外，云居寺北塔的基座最下部，外围一周砌满偈语砖（见图五，1方框内所示；图五，2），砖上浮雕着小塔的图案，小塔身上阳刻四列文字"诸法因缘生，我说是因缘，因缘尽故灭，我作如是说"（图五，2）。

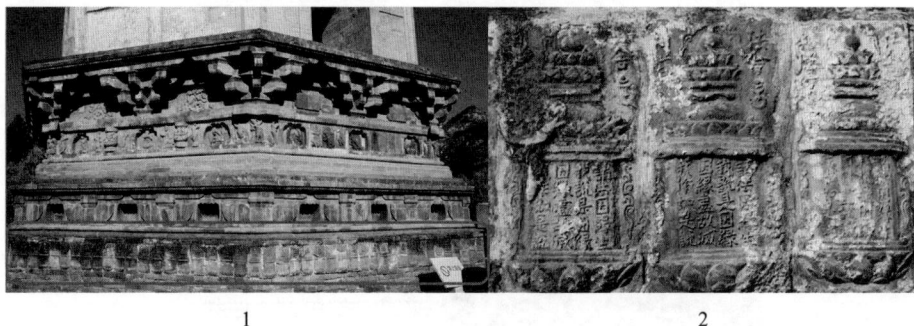

图五　房山云居寺北塔基座最下部外围所砌的偈语砖
1. 云居寺北塔基座　2. 云居寺砖雕图案

---

22 溥儒：《白带山志》，中国书店，1989年，第18、19页。

23 倪鑫：《走近中国塔——中国古塔建筑美学特征研究》，黑龙江人民出版社，2019年，第125、126页。

24 谷赟：《封灵铃藏——辽代砖石塔研究》，辽宁人民出版社，2015年，第29页。

同类型的偈语砖还见于蓟县福山塔，镶嵌在福山塔第一层券门上方。时任蓟县文管所所长蔡习军先生曾告知笔者，1976年唐山地震，蓟县福山塔破坏严重，从塔内出土了大量与镶嵌在其券门上方的偈语砖同规格的偈语砖。这些偈语砖，推测应是始建时作为法舍利，装藏在塔宫中。

如此看来，房山云居寺北塔基座下部外围所砌的这些偈语砖，原本也不应该处于现在的位置。这些偈语砖应该与蓟县福山塔一样，本藏于塔宫中，却因某次灾害后，偈语砖重见天日。

综合上述线索，笔者高度认同房山云居寺北塔本为楼阁式塔的观点。此塔应是在某一次灾害中，三层往上的楼阁式塔身受损，并在维修后未能恢复原制，而是改作他状。两层楼阁式塔身与覆钵相轮绝非同期所建，覆钵相轮为后世所改制。蓟县白塔和房山云居寺北塔，在始建时完全不属同一种类型，差别甚大，归为一类并不合适。

2. 蓟县白塔原始形制讨论

蓟县白塔在考古发掘后，考古人员给出了其原始形制复原图[25]（图六，2），可当时在绘制复原图的时候还是思维定式，参照现塔的外观给出了"双檐一座"的复原，这

图六　蓟县白塔
1.蓟县白塔外观　2.考古人员参照房山云居寺北塔的覆钵座绘制的
蓟县白塔"双檐一座"复原图

25　图片来源于《天津蓟县独乐寺塔》中图四。天津市历史博物馆考古队、蓟县文物保管所：《天津蓟县独乐寺塔》，《考古学报》1989年第1期，第86页。

个"座"的具体复原还参照了房山云居寺北塔的覆钵之座[26]，参见图六所示，还称房山云居寺北塔与蓟县白塔为姐妹塔。

前文已经分析，房山云居寺北塔的覆钵相轮结构为后世所改。那么以辽代之后改动的形制作为辽代始建时的复原依据，显然是当时认知的局限所导致的。所幸该复原图仅是停留在纸面上的理论图，并非维修施工的依据。

那蓟县观音寺白塔的真实原始形制应该是何种样貌呢？其实，当时蓟县的文物考古人员只差一步到罗马。当时蓟县的考古人员已经指出河北易县双塔庵西塔、昌平银山宝塔与蓟县白塔有传承关系，可惜他们并没有意识到这几座塔本就应该属同一类型的塔。前文提到了辽式覆钵塔只出三檐乃定制，如果当时绘制复原图时参考了河北易县双塔庵西塔和昌平银山宝塔，给出三重檐的复原图，那基本上就接近蓟县白塔的真实原始形制了。

于是笔者根据蓟县文物考古人员绘制的"双檐一座"复原图（图六，2），略加修改，给出了笔者心目中蓟县白塔的"三檐"复原图（图七，1）。再与维修后重竖相轮的静安寺塔做一对比（图七，2），可见二塔相似度很高（赤峰静安寺塔维修后覆钵之

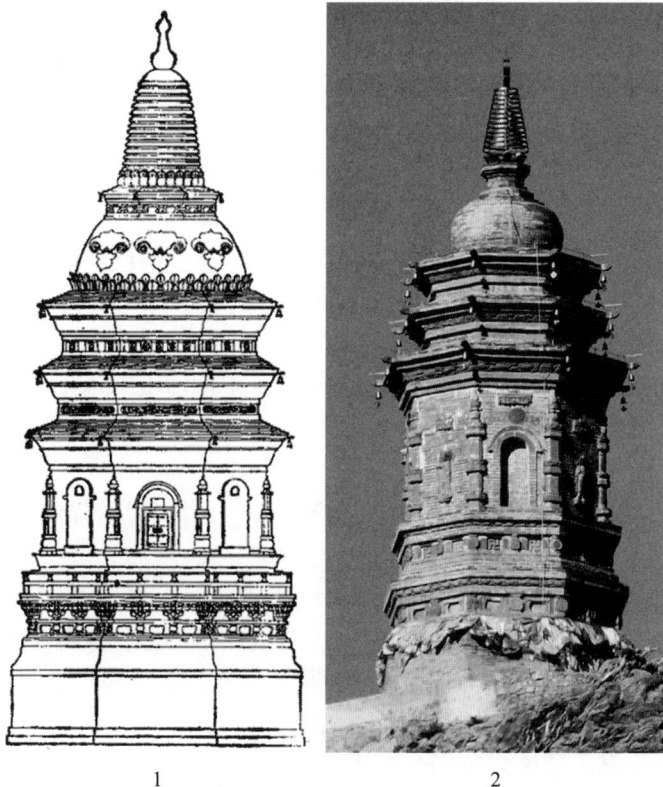

1   2

图七　蓟县白塔与赤峰静安寺塔
1.笔者改绘的蓟县白塔复原图　2.维修后的赤峰静安寺塔

26　纪烈敏：《独乐寺塔形制和年代浅议》，天津市历史博物馆，1986年，第15页。该文较《天津蓟县独乐寺塔》更详细地论述了蓟县白塔参照房山云居寺北塔进行覆钵基座复原的推断，并称为二塔为姐妹塔。

上竖立的是金属相轮，其实相轮并不是塔刹[27]，辽代原构应为砖砌。但如果维修时是从结构力学的角度出发，在不改变原始形制的大轮廓下，采用重量更轻、结构更稳的金属相轮也不失为一种较好的方案）。

于是，以后再提到蓟县白塔，一定要更换掉它以前的同伴——房山云居寺北塔，而是以赤峰静安寺塔取而代之。房山云居寺北塔完全不属于这一塔系，赤峰（图七，2）、蓟县（图七，1）二塔才是这类塔的祖型。二塔的地理位置并不接近，还有燕山山脉阻隔南北，可见其形制绝非特例，而是辽时流行的一种塔型。

四、其他相似塔型形制辨析

1. 阳原澍鹫寺塔

阳原澍鹫寺塔，位于河北省阳原县，塔身八面，笔者认为其建于金代。此塔与前述总结的辽式覆钵塔形制特点相比，其区别在于：①塔身较为素平，转角亦无任何装饰；②相轮部分与其他典型辽式覆钵塔有明显区别，如同重重承露盘（图八，1）。

但总体来说，除上述区别外，此塔无砖仿大木作结构，只出三层檐，檐部为枭混曲线形，都与前文总结的辽式覆钵塔形制特点相同，应该属于一座不太典型的辽式覆钵塔。

2. 天津武清大良塔

天津武清大良塔（图八，2），倒塌于1964年10月，现已不存，所幸留下照片若干。从照片上看，该塔尽管相轮已残，而相轮座保存尚可，仍能看出其以覆钵相轮结构收顶；塔身八面，其上出檐三重，总体轮廓与前述诸辽式覆钵塔相近。特别是塔身四隅面浮雕为碑，与行政上同属天津的蓟县白塔有相似之处。

但是，从照片上显而易见的是，此塔第一层檐下有砖雕斗拱。尽管现存的照片中缺少斗拱部位的特写，但照片上转角斗拱中列拱的外观依稀可见具有辽风，不似为后世所改。此塔第一层檐下有斗拱的事实，是否说明前面关于辽式覆钵塔无砖仿木构的结论不成立了呢？笔者认为，凡事总有特例，不能因为一个特例去推翻从多处实例上所推断出的结论。再者，此塔现已不存，也没有更清晰的照片面世，实属憾事一件，其檐下为何存在砖雕斗拱或许将永远是一个谜。

3. 朝阳双塔寺东塔

朝阳双塔寺位于朝阳县大凌河南郑仗子附近的峭壁之上，双塔寺因双塔而得名。双塔年代无考，双塔中的东塔，顶部通常认为是覆钵和相轮，相轮十三层（图九，1）。塔身一层，有斗拱、普拍枋、檐柱等仿木构造。

该塔四隅面浮雕手印清晰可辨的四方佛，故推断其建于辽金时期。有学者因其覆钵相轮结构，常把其与蓟县白塔、赤峰静安寺塔等辽式覆钵塔相提并论。其实，此塔只

---

27 赤峰静安寺辽塔现已维修，塔顶现为金属相轮。推测原塔相轮应该是毁于1290年的武平路大地震。中国社会科学院考古研究所的汪盈先生在其硕士论文中曾提到，覆钵和相轮通常被称为塔刹，而实际二者的高度在全塔总高中所占比例很大，有的接近总高的二分之一，说明覆钵和相轮同样是塔的主体、是被突出的部分，而其上的宝珠和小刹才相当于塔刹。汪盈：《辽塔分布及形制初探》，北京大学硕士学位论文，2009年，第43页。

图八　阳原澍鹫寺塔与武清大良塔

1.阳原澍鹫寺塔　2.天津武清大良塔

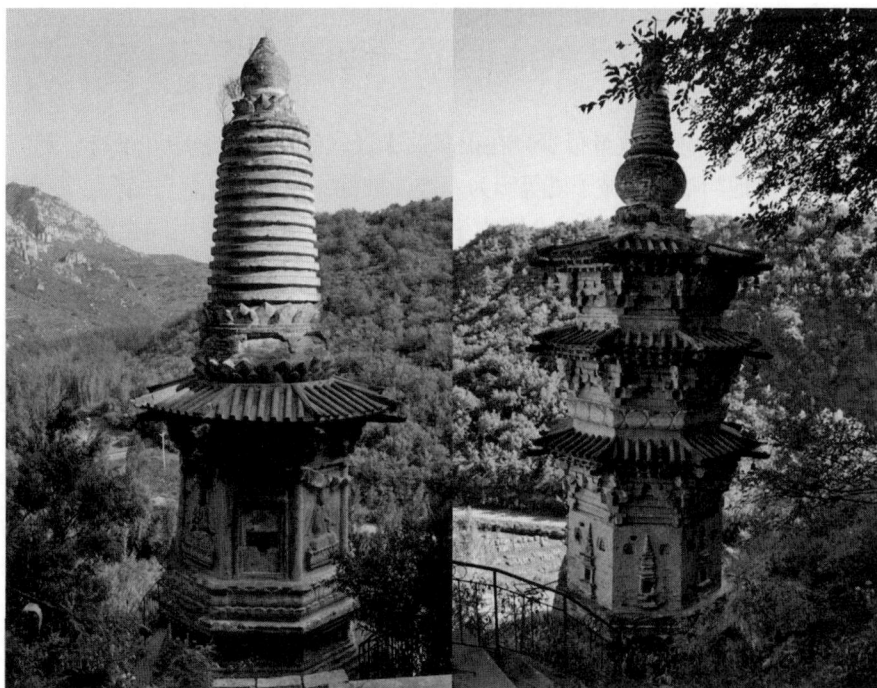

图九　朝阳双塔寺双塔

1.东塔　2.西塔

出檐一层，檐下与塔身皆有仿木构造，檐上有覆瓦，和传统的辽式覆钵塔差别极大。同时，此塔的覆钵极不明显，覆钵直径和相轮直径接近，从外轮廓上也与辽金覆钵式塔有别。此外，有专家认为此塔的覆钵、相轮为后世维修时所改造。但通观此塔覆钵的相轮，又与全塔相协调，感觉又不像是后世所为。

我们再来看一看双塔中的西塔（图九，2），西塔按说应该是密檐三层，但密檐间距过宽，檐间距的比例又接近楼阁式塔。可此塔的二、三层除斗拱、仰莲雕刻之外，并无类似第一层塔身的装饰，算不上是楼阁式塔。

东、西二塔斗拱风格接近，西塔塔身表面的浮雕小龛也见于东塔，看来此种装饰风格应是二塔互相影响，两塔的建筑年代应该接近。西塔的塔刹形制也有些特殊，是一座瓶式塔（覆钵式塔的变形），瓶颈为相轮造型。也就是说，两塔塔顶都采用了覆钵相轮结构，尽管一座仅是塔刹，另一座是巨大的上部塔身。

笔者认为朝阳双塔寺双塔为辽金时期民间信众出资修建的小规模佛塔，或为金代高僧墓塔。塔顶采用覆钵相轮结构应是出于某种偶然的因素，因两塔年代接近，风格有相互影响，于是两座塔的塔顶都采用了覆钵式结构。双塔寺东塔巨大的上部塔身只是偶然与辽式覆钵塔的形制接近而已，其实它们完全不是同一种类型，或许称双塔寺东塔为组合式塔是比较适合的。

五、辽式覆钵塔命名刍议

目前，各类论著仍对此类佛塔表述不清，依旧笼统地将其称作组（复、混、结）合式塔。为此，有必要为辽式覆钵塔的命名进行一番剖析。

1. 前人分类命名研究概况

由于辽式覆钵塔的现存数量很少，在很多关于辽代砖塔的论著中并没有得到应有的重视，而是笼统简单地与喀左大城子塔等归为一类，被称作组合、复合、结合、混合式塔。

古建专家罗哲文先生，从放眼全国古塔的角度，提到了塔身不同类型的几种结合形式[28]，其中蓟县白塔被列为密檐式与覆钵式结合。

我国古塔研究先驱张驭寰在其专著《中国佛塔史》[29]中，提出了一种塔婆式塔，将包含辽式覆钵塔在内的，除喇嘛塔之外所有覆钵收顶塔统称为塔婆式塔，张驭寰认为包括蓟县白塔、房山云居寺北塔、新疆高昌城土塔等在内的，都是塔婆式塔与其他类型的结合。

张晓东先生的博士论文《辽代砖塔建筑形制初步研究》[30]详述了辽代古塔分类，但也是基于罗哲文先生的框架，提出了复合类型。复合类型包括楼阁与密檐复合、单层与喇嘛塔式塔顶复合、楼阁与喇嘛塔结合。其中，辽式覆钵塔被其归入单层与喇嘛塔式塔顶复合式。

28　罗哲文、刘文渊、刘春英：《中国名塔》，百花文艺出版社，2000年，第22页。

29　张驭寰：《中国佛塔史》，科学出版社，2006年，第59页。

30　张晓东：《辽代砖塔建筑形制初步研究》，吉林大学博士学位论文，2011年，第31、32页。

邹晟先生在其硕士论文《辽宁辽塔营造技术研究》[31]中对辽宁辽代古塔的分类时提到一类混合式塔。其论文除了将研究对象的地理范围缩小到辽宁省内之外，其分类方法与张晓东基本相同。其中，朝阳双塔寺东塔、喀左大城子塔被归为混合式塔。

沈阳建筑大学陈伯超教授等人的专著《辽代砖塔》[32]中，辽式覆钵塔被归入组合式塔类型。

还有一些对辽金砖塔的个案研究[33]，称这类佛塔为密檐覆钵结合式、密檐覆钵组合式，覆钵密檐式等各类近似而又不相同的说法。此类名称是目前最为常见的。

此外，倪鑫先生提出了辽代的覆钵式塔是辽塔的一种塔型，并命名其为窣堵坡式塔，但却依旧认为这类塔是窣堵坡与密檐式塔的结合[34]。

其实前文早已指出，早在抗日战争时期的四川李庄，梁思成林徽因先生对这类佛塔就已经有了初步认识，并统称为窣堵坡顶塔，只是没能确定窣堵坡顶是否为辽金原构。梁林二先生对窣堵坡顶塔的命名只限于辽金古塔，与张驭寰先生后来提出的"塔婆"是有区别的。

综上可见，先贤们的认知各有不同，命名的名称相近但用词不同，有结合、复合、混合、组合等各种说法。对于覆钵式塔顶，则有窣堵坡、覆钵、喇嘛塔、塔婆几种命名。

2. 对前人命名的讨论

我们先姑且不论上述这些命名孰是孰非、孰优孰劣，单就分析一下学界流行的组合式（为表述方便，结合、复合、混合、组合，通称为组合）的说法，是否成立。

1）组合式塔的概念

首先，组合式必须有明显的两类古塔的构成要素，如喀左大城子塔、曲阳修德寺塔等。喀左大城子塔身下半部为两层楼阁，上半部为重重密檐，具备楼阁式塔和密檐式塔的要素，可以称作是楼阁密檐组合式塔。同理，曲阳修德寺塔具备明显的楼阁式塔身，一层塔身之上又与辽金时期的花塔有相似之处，可以认为是楼阁式与花塔的组合。

其次，如果某座塔归类于组合式，其形制必须是数量极少、不成体系、各式各样，因难以归类，所以才勉强将它们合为一类。无论是放眼辽代塔还是全国所有朝代的古塔，如喀左大城子塔、房山云居寺北塔、曲阳修德寺塔、贺兰宏佛塔等的形制都称得上是现存的孤例。

接下来，我们再来我们今天要讨论的辽式覆钵塔，现存辽代两例、金元（含已毁但留下清晰照片者）五例，绝对数量虽然不多，但比起喀左大城子塔、曲阳修德寺塔这种孤例，还是不可同日而语。

---

31 邹晟：《辽宁辽塔营造技术研究》，北京建筑大学，2012年，第12页。

32 陈伯超、赵兵兵等：《辽代砖塔》，华中科技大学出版社，2018年，第17～26页。

33 张丽娟：《银山塔林》，北京出版社，2015年，第32、33页；于海燕、霍宇红：《赤峰古代佛塔》，内蒙古文化出版社，2013年，第78、79页。

34 倪鑫：《走近中国塔——中国古塔建筑美学特征研究》，黑龙江人民出版社，2019年，第123、124页。

2）辽式覆钵塔是否为组合而成

目前学界最流行的，是把辽式覆钵塔称作覆钵密檐组合式塔。偶有覆钵单层组合式塔的命名，覆钵单层塔的组合，也就是覆钵式与亭阁式组合。那么，我们就来看看辽式覆钵塔具不具有这几种组合起来的要素？

先看覆钵密檐组合式塔这个命名，覆钵式塔的结构显然是具有的，那是否具有密檐式塔的要素呢？

覆钵密檐组合式塔这个名称的提出，是把辽式覆钵塔的三重檐（含）往下认为是密檐式塔，但这部分真的与辽式密檐塔一致吗？前文详细阐述了辽式覆钵塔这三重檐的形制特点，各檐皆以枭混曲线形出檐，上无覆瓦。

枭混曲线是一种装饰线角，展现的是曲线美（图一〇，1、2）。砖制枭混曲线的造型尽管也是依托于叠涩技术，但外观与密檐式塔刚直的层层叠涩砖差异很大[35]，密檐式塔的叠涩檐参见图一〇（图一〇，3）。

| 1 | 2 | 3 |

图一〇　塔檐对比
1.易县净觉寺积翠屏西塔　2.赤峰静安寺塔　3.阜新红帽子塔

还有，辽代的密檐式塔第一层檐下为砖仿木构之精华，而辽式覆钵塔的第一层檐与二、三层仅有尺寸上的差别，檐下并无砖仿斗拱，檐上亦无椽飞瓦垄，与以砖仿木见长的辽式密檐塔截然不同。这种"三檐"绝不是密檐式塔的密檐，笔者认为其很有可能属于覆钵体的附属部分。

综上，"三檐"与密檐有根本的区别，所以此类塔绝不是覆钵相轮部分与密檐式塔所组合。

再看覆钵式与亭阁式组合这种说法，绝大多数亭阁式塔都是单层塔，有一些两层的塔也可以称为亭阁式塔。

35　倪鑫与吴锴先生都提出此类塔是一种独立（特）的塔型，但没有意识到与叠涩檐和枭混曲线造型的差异。倪鑫：《浅谈辽塔的基本类型》，《艺术品鉴》2017年第9期，第382、401页；吴锴：《北京古塔影像录》，北京出版社，2019年，第98页。

辽式覆钵塔的塔身的确具有亭阁式塔的要素，但是若仔细想想：密檐式、花塔岂不是都具有亭阁式塔的要素？这么说，密檐式和花塔都可以看作是一种单层塔，都是和其他结构的组合。其实对于楼阁式、密檐式、花塔、覆钵式塔等辽代砖塔，其基座与第一层塔身都具有很多共性，谈不上第一层塔身与其他结构进行组合。

诚然，辽代密檐式塔数量较多，早已是一种独立的塔型，以组合命名肯定是不妥的。那我们接下来看一下数量较少的花塔。

对于花塔，通常有三种认识：一种观点认为花塔是一类特殊的亭阁式塔；一种观点则认为花塔是密檐式塔的变异；另一种则认为花塔是一种独立的塔型，这种观点现在是学界的主流。

认为花塔是特殊的亭阁式塔的说法，即是将整个花塔看成是一座单层塔，花塔的花穗部分就是亭阁式塔的塔檐和塔顶。

认为花塔是密檐式塔的变异的说法，即是将花塔的下半部看成密檐式塔高大的第一层塔身，那么花塔的花穗部分就是变化了的层层密檐，这种观点认为花穗部分与密檐部分只是形式上的不同，并没有本质上的区别。

笔者觉得这两种强行将花塔归入其他大类的说法值得商榷，特别是第二类。花塔就是花塔，是一个独立的体系。之所以称为花塔，其全塔的重点即是华丽的花穗部分，这一点与亭阁式塔和密檐式塔完全不同。亭阁式塔和密檐式塔这两种类型，第一层塔身才是他们的重点，与花塔迥异。

所以笔者认同学界绝大多数的观点，花塔应是独立的塔型。

但对于同为现存实例较少的辽式花塔，相比之下，辽式花塔的塔身遍布柱、额、枋等仿木构造，第一层檐亦由砖仿斗拱承托，比起辽式覆钵塔这种塔身往上没有砖仿大木结构的，花塔的第一层塔身与密檐式塔的形制更加接近，那为什么不称花塔为组合式塔？并且辽式花塔仅有区区5例现存，数量上还不比辽式覆钵塔的6例，所以称辽式覆钵塔为组合式就更不合情理。

3. 覆钵三重檐式塔概念的提出

归根结底，辽式覆钵塔的三重檐外观轮廓与密檐式塔确实相似，必须仔细审视才会发现异同。此外，辽式覆钵塔出三檐乃定制，必有用意，如果称其为组合，毕竟几层檐皆可组合。因此如果重新为此类塔命名，一定要强调"三"这个数字。

笔者在《辽代的覆钵式塔》一文中曾将这类塔定义为覆钵三檐组合式塔，也使用了"组合"这一词，这是受了覆钵密檐组合这种学界流行的命名的影响，现在笔者借助本文修正自己的观点。三檐和覆钵在一起，必有其义，三檐与覆钵体不可分割，是一种特定的形制，绝非什么组合。

笔者建议命名为覆钵三重檐式塔，重檐，表示离得近，而不是楼阁式塔那种较大的间隔。对比张驭寰的塔婆式塔，描述更清晰、定位更精确，可用来表述这类辽金古塔。相比梁林二先生的窣堵坡顶塔，梁林把房山云居寺北塔亦归于此类。覆钵三重檐式塔的命名，房山云居寺北塔就可以完全从中排除了。

覆钵三重檐式塔概念的提出，是为了区别元清的覆钵式塔，是纯粹基于古塔形制的分类。此类塔难以划入中国佛塔的几大分类，数量虽少，但仍绝对不失为一种独立的形制。

附录　房山云居寺北塔与赤峰静安寺塔年代小考

1. 房山云居寺北塔年代小考

　　房山云居寺北塔的年代，罗哲文[36]先生以及亲自参与云居寺石经考古发掘的黄炳章[37]先生皆认为其建于辽天庆年间（1111～1120），其他各类资料多沿袭这个观点[38]，或者笼统地说建于辽代。这个时间段来源于1942年倒塌的那座云居寺南塔。云居寺南塔建于辽天庆七年（1117），学界认为双塔的年代应较为接近，故推断北塔为天庆年间所建。

　　云居寺南塔的年代出自辽天庆七年的《石经寺释迦佛舍利塔记》碑，该碑为黄炳章先生在1956年（一说1957）发现于云居寺附近村民家中的灶台上。原来，1942年日军在秋季大扫荡之后，因修筑岗楼缺砖，故而征调云居寺附近村民，去抠拆南塔塔基的砖。南塔终因塔基受损不堪重负而倒塌，有村民从南塔的废墟中发现了这块石碑，带回家中。

　　《石经寺释迦佛舍利塔记》碑记载[39]"有当寺前易州管内都纲功德塔主沙门绍坦，发心速砖塔一十三檐，举高六十余尺……时天庆七年岁次丁酉……"碑文中描述的显然是一座辽代后期流行的八角十三级密檐式砖塔，与倒塌前的南塔别无二致。而作为多层楼阁式砖塔的云居寺北塔，仅参照一座同一寺院的密檐式砖塔，就断定了年代范围，是否有些草率呢？

　　有些双塔是从建造设计之初就按双塔布局而设计，同时营建；当然还有的双塔是因后世增建一塔而形成的双塔。房山云居寺南北双塔形制不同，完全有可能是因后世增建而形成的双塔布局。而辽代的楼阁式砖塔多建于辽中期，如：推断建于太平十一年（1031）[40]的涿州智度寺塔、推断建于重熙六年或七年（1037或1038）[41]的涿州云居寺塔、落成于重熙十八年（1049）[42]的庆州白塔。因此，笔者认为房山云居寺双塔中，北塔早、南塔晚。

　　那云居寺北塔应为何时所建呢？房山云居寺以石经闻名于世，我们就来看一看辽代云居寺的续刻石经活动。关于房山云居寺的辽代续刻石经活动，黄炳章[43]、王德朋[44]、齐心[45]等先生皆有详尽的考述。

　　辽代官方组织的大规模刻经，始于辽圣宗太平七年（1027），圣宗赐普度坛利钱作为刻经经费。兴宗继位以后，再度给予刻经事业大力支持，兴宗朝续刻石经始于重熙七

36　黄炳章：《石经山和云居寺》，《佛教文化》2001年Z2期，第83～93页。

37　罗哲文、刘文渊、刘春英：《中国名塔》，百花文艺出版社，2000年，第61页。

38　汪盈：《辽塔分布及形制初探》，北京大学硕士学位论文，2009年，第25页；吴锴：《北京古塔影像录》，北京出版社，2019年，第422页。

39　向南、张国庆、李宇峰：《辽代石刻文续编》，辽宁人民出版社，2010年，第293页。

40　曹汛：《涿州智度寺塔的史源学考证》，《建筑师》2007年第2期，第184～193页。

41　曹汛：《涿州云居寺塔的年代学考证》，《建筑师》2007年第1期，第97～102页。

42　张汉君：《辽庆州释迦佛舍利塔营造历史及其建筑构制》，《文物》1994年第12期，第65～72页。

43　黄炳章：《房山石经辽金两代刻经概述》，《法音》1987年第5期，第11～21页。

44　王德朋：《房山云居寺辽代刻经述略》，《兰台世界》2014年第24期，第141、142页。

45　齐心、杨亦武：《北京房山云居寺辽金刻经考述》，《辽金历史与考古（第十辑）》，科学出版社，2019年，第20～29页。

年（1038）。兴宗考虑到刻经是一项长期的事业，费用巨大，单靠社会捐助难以持续，于是赐御府钱作为刻经经费，相比圣宗时期，经费拨付渠道发生了变化，从此续刻石经的经费更加充足，来源更加稳定。直至道宗即位后不久的清宁三年（1057），完成四大部经的续镌。

至道宗时期，齐心先生认为兴宗所设刻经经费至道宗时似渐耗尽，于是才有"相国杨遵勖、梁颖，奏闻道宗皇帝，赐钱造经四十七帙"的相关续刻记载。王德朋先生亦指出大安九年（1093）之前，续刻石经活动可能已经停顿了一段时间，不然通理大师不会有续刻之念。大安九年正月，通理大师在云居寺开放戒坛，筹集善款用于续刻，但仅一年之后善款即被用尽。静琬的塔就是在1093年通理大师于"续经之暇"[46]所建。

天祚帝一朝，辽代刻经事业并未停止，但天祚朝的续刻基本是在信众的支持下自发进行的。

通过上述辽代云居寺的续刻石经活动及其经费的分析，笔者认为经费来源稳定、充足的时期就有兴建佛塔的可能。对于云居寺北塔这座规模远超静琬塔的大塔，就更需要建在经费充足的时候，于是笔者推断云居寺北塔最有可能的营建年代就是将兴宗所赐御府钱作为刻经经费使用的这一段时间，即1038～1057年。

但可能有些读者要问了，云居寺南塔的规模也很大，但天祚帝时期续刻石经只靠信众的善款，经费不能说是充足的，那为什么还会在这一时期增建规模较大的砖塔呢？

其实，南塔虽然也是佛舍利塔，但其修建的目的更多的是作为一个指示地点的标志，这与镌刻石经、以备法灭的初衷是完全一致的。辽天庆七年（1117），因藏经洞已满，于是穿地为穴，将1093年以来所续刻石经皆藏瘗地穴之内，"上筑台砌瓦，建石塔一座。刻文标记，知经所在"[47]。笔者认为，碑记中提到的石塔，指的就是云居寺南塔，并非那座建于天庆八年（1118）、镌刻着《云居寺续秘藏石经塔记》的压经塔。

首先，原位于云居寺南塔内的《石经寺释迦佛舍利塔记》明确指出"此塔前相去一步"。

其次，古人文字中的石塔，往往指的是砖塔。

再次，压经塔仅高4.5米，属于小型塔，存在搬移的可能。先不论金天眷三年（1140）时，打开藏经地穴，藏瘗新刻制的石经时，移没移动过压经塔，至少在20世纪50年代开地宫的时候移动过，因此压经塔这座小石塔并不适合作为地点的标记。压经塔的建造其实是作为记录续刻石经活动过程的文字载体。

后来在1957年，考古工作者们果然凭借《石经寺释迦佛舍利塔记》中"此塔前相去一步"的字句找到了辽代石经。

由此可见，云居寺南塔和云居寺北塔的建造背景是不同的。

2. 赤峰静安寺塔年代小考

赤峰静安寺塔，长期以来不仅一直年代无考，就连"静安寺塔"这个名字都是根据近年来的考古成果而取。以前学界习惯称该塔为赤峰塔子山白塔，并根据其形制和地理

46　向南、张国庆、李宇峰：《辽代石刻文续编》，辽宁人民出版社，2010年，第218页。

47　向南：《辽代石刻文编》，河北教育出版社，1995年，第670～673页。

位置认定为辽金遗存。

　　直到2000年8月12日，考古人员在赤峰塔子山白塔所在山腰清理古墓时，出土了两方辽代墓志，分别为耶律昌允墓志（契丹大字）和耶律昌允妻萧氏墓志（汉字）。经过对耶律昌允妻萧氏墓志（汉字）内容的核实，确定该墓志的主人与现流落于宁城辽中京大明塔下的"大辽大横帐兰陵郡夫人萧氏建静安寺碑"中记载的耶律昌允妻萧氏为同一人，那么这块"静安寺碑"原本也应勒石于赤峰塔子山下。

　　结合这一碑、二方墓志中的记载，终于确认了此塔的年代范围、名称等信息。

　　静安寺碑文[48]（该碑文现已无法识读，但《全辽文》中有载）中指出塔子山白塔所在地为辽代的义州，并有"咸雍六年冬……上用嘉之，敕赐曰静安寺"的内容。这是道宗皇帝于公元1070年亲赐寺名，于是塔子山白塔应以其所在寺院和地名命名，唤作义州静安寺塔，今称赤峰静安寺塔。

　　再看年代，据静安寺碑中记载，静安寺为清宁六年（1060）动工，咸雍八年（1072）落成，咸雍五年（1069）曾藏佛牙舍利。碑记中还提到寺院建有大雄宝殿一座、藏经楼两座，以及法堂、僧舍、厨房、仓库、马厩、客房等。遗憾的是，碑文中并未言及建塔。

　　笔者认为，藏佛牙的时间，很有可能就是静安寺塔落成的时间。但碑文全篇无塔或相关字样，又不能完全肯定，只能认为咸雍五年（1069）是该塔兴建年代的上限。

　　关于静安寺塔兴建年代的下限，契丹大字写成的耶律昌允墓志虽然仅能翻译出一小部分[49]，但却有幸能找到线索。

　　耶律昌允墓志（契丹大字）第22列有三个契丹大字能释读为"塔山于"，前面紧邻的两列里（第20列和第21列）部分契丹大字按字序释读为"清宁八壬寅年九月乙巳朔二十六庚午日卯时于"，这个精确的时辰和塔山，应该描述的是耶律昌允本人下葬的具体时间以及地点。但清宁八年（1062），静安寺尚值建寺初期，静安寺碑中记载葬佛牙舍利之事更是在咸雍五年（1069），1062年的时候就有塔于理不合。

　　而耶律昌允墓志（契丹大字）的倒数第2列还可释读出"大康十年六月五日"，通常的辽代墓志，结尾处都是年款、书写者的姓名、身份，以及墓志作者的一些自谦词。这个大康十年（1084）显系年款，说明耶律昌允墓志是在其本人下葬22年之后刻制的，在墓志刻制之前，塔已落成，故而墓志中出现了塔山字样。

　　因此，推断赤峰静安寺塔的年代时间范围应为藏佛牙舍利（咸雍五年）至耶律昌允下葬（大康十年）之间，即公元1069～1084年。

（郎智明　中国科学院沈阳自动化研究所）

48　向南：《辽代石刻文编》，河北教育出版社，1995年，第360～363页。

49　白明霞：《契丹大字〈耶律昌允墓志〉研究》，内蒙古大学硕士学位论文，2014年，第19～24页。

辽宋金铜镜辨识十例

——以《金代刻款铜镜》图录为例

李宇峰

内容提要：2016年，我在帮助阜新蒙古族自治县蒙古贞博物馆编著《蒙古贞文物集萃》图录时，针对学术界存在的辽宋金铜镜辨识界定含混不清的情况，曾写过一篇短文，现以《金代刻款铜镜》图录为例，就辽宋金铜镜的辨识问题再做举例研究，可为《辽宋金铜镜辨识举例》一文的续篇，并以此与作者、读者交流共勉。

关键词：辽 宋 金 铜镜 辨识 十例

一、引 言

2016年，我在帮助阜新蒙古族自治县蒙古贞博物馆编著《蒙古贞文物集萃》图录时[1]，鉴于该馆所藏辽宋金铜镜较多，且大都界定不准确的情况，查阅检索相关资料后，曾写过《辽宋金铜镜辨识举例》一篇短文[2]对辽宋金铜镜辨识举例略陈己见。今再次细读《金代刻款铜镜》图录时[3]，发现其中错误颇多，主要是辽宋金铜镜界定不准确，一些本来是辽镜或宋镜，就因为金代沿用后刻款就变成金代铜镜的现象比较普遍。现以《金代刻款铜镜》图录为例，择其重要者，再举十例作辨识分析，可为《辽宋金铜镜辨识举例》一文的续篇，并以此与作者、读者交流互勉。

二、典型铜镜辨识十例

1. 云凤纹镜

《金代刻款铜镜》收录的云凤纹镜[4]（图一），与《净月澄华——辽宁省博物馆藏

---

1 童立红主编：《蒙古贞文物集萃》，辽宁大学出版社，2016年。
2 童立红、李宇峰：《辽宋金铜镜辨识举例》，《辽金历史与考古（第八辑）》，科学出版社，2017年，第251页。
3 董彦明、徐英章、赵洪山编著：《金代刻款铜镜》，辽宁省博物馆，1996年。
4 董彦明、徐英章、赵洪山编著：《金代刻款铜镜》，辽宁省博物馆，1996年，第22页。

古代铜镜》一书中的辽代凤雁云鹤纹铜镜相似[5]，应是辽镜，金代继续沿用时后刻"利州验记官押"刻款。利州为辽代始置，为辽代中京道所辖州之一，地即今辽宁省喀喇沁左翼蒙古族自治县所在地大城子镇辽代城址[6]，已有城址调查简报发表[7]。金代沿袭利州之名未改，隶属北京路大定府。

2. 弦纹花式镜

《金代刻款铜镜》收录的弦纹花式镜[8]（图二），与《净月澄华——辽宁省博物馆藏古代铜镜》一书中的莲瓣纹镜为同一面铜镜[9]，名称应称莲瓣纹镜为对，应是辽镜，金代沿用后刻有"锦州安昌县验记官"及花押。锦州为辽代太祖俘汉民建州，地即辽宁省锦州市，锦州之名沿袭至今未改，今锦州旧城北街耸立辽代所建的八角十三级实心密檐式砖塔广济寺塔为古城锦州的醒目标志。锦州为辽中京道所辖州之一，统县二，永乐为倚郭县，与州治锦州同城。安昌县地即今辽宁葫芦岛市连山区暖池塘乡安昌岘村古城址[10]。金代沿袭辽代锦州及安昌县名未改。隶属北京路大定府。

图一　云凤纹镜　　　　　　　　　　　图二　弦纹花式镜

3. 弦纹镜

《金代刻款铜镜》收录的弦纹镜[11]（图三），与《辽代铜镜研究》一书中的Ⅲ式弦纹镜是同一面铜镜[12]，应是辽镜，金代沿用后刻"建州□押"款，建州为辽代太祖时置

5　辽宁省博物馆编：《净月澄华——辽宁省博物馆藏古代铜镜》，辽宁大学出版社，2013年，第338、339页。

6　冯永谦：《辽宁地区辽代建置考述》，《辽海文物学刊》1987年第1期，第108页。

7　于长江、傅宗德：《辽宁喀左县辽代利州城址的调查》，《考古》1996年第8期，第53页。

8　董彦明、徐英章、赵洪山编著：《金代刻款铜镜》，辽宁省博物馆，1996年，第50页。

9　辽宁省博物馆编：《净月澄华——辽宁省博物馆藏古代铜镜》，辽宁大学出版社，2013年，第306、307页。

10　冯永谦：《辽宁地区辽代建置考述》，《辽海文物学刊》1987年第1期，第108页。

11　董彦明、徐英章、赵洪山编著：《金代刻款铜镜》，辽宁省博物馆，1996年，第54页。

12　刘淑娟著：《辽代铜镜研究》，沈阳出版社，1997年，第153页。

州，在灵河（今大凌河）之南，因遭水患，圣宗时迁至灵河以北建州。早期建州地即今辽宁朝阳县木头城子城址，晚期建州地即今辽宁朝阳市龙城区大平房镇黄花滩村城址。城外西北山岗上耸立有辽代八角十三级实心密檐式砖塔一座，古城建州的醒目地标[13]。建州为辽代中京道所辖州之一，金代承袭辽制，沿袭建州之名未改，隶属北京路大定府。这面刻有金代"建州□押"款的铜镜就是在20世纪80年代初在黄花滩城址内出土的，现藏朝阳博物馆。

4. 四花纹镜

《金代刻款铜镜》收录的四花纹镜[14]（图四），定名不对。这面四花纹镜与朝阳博物馆藏的亚字形缠枝牡丹联珠纹镜相似[15]，应称亚字形缠枝花卉联珠纹镜，这种造型的铜镜是宋代及辽代普遍流行的镜型，各地发现及著录也很多，恕不详举。这面铜镜即是辽镜，金代沿用时后刻"管司官双押"款。管司疑为"管勾"或为管勾司的省称，南宋时始置。金代沿南宋之制，亦设管勾司，各地发现的有关金代管勾铜印较多，反映金代各类管勾官增多的情况。

图三　弦纹镜　　　　　　　　　　　　　　图四　四花纹镜

5. 折枝花纹镜

《金代刻款铜镜》收录的折枝花纹镜[16]（图五），与《净月澄华——辽宁省博物馆藏古代铜镜》一书中的折枝花纹镜是同一面铜镜[17]。属宋镜，金代沿用时后刻"常安县记官"款。常安县为辽代始置，是辽东京道兴州之属县，但《辽史》失载。在《金史·地理志》沈州属县"挹娄"下注云："辽旧兴州中兴军常安县"，以"本挹楼故地，大定二十九年世宗更名"为挹楼。至明代，"挹楼"讹称为"懿路"，据此可知，

13　冯永谦：《辽宁地区辽代建置考述》，《辽海文物学刊》1987年第1期，第108页。

14　董彦明、徐英章、赵洪山编著：《金代刻款铜镜》，辽宁省博物馆，1996年，第63页。

15　朝阳博物馆编：《龙城宝笈——朝阳博物馆藏古代铜镜》，辽宁人民出版社，2014年，第82页。

16　董彦明、徐英章、赵洪山编著：《金代刻款铜镜》，辽宁省博物馆，1996年，第64页。

17　辽宁省博物馆编：《净月澄华——辽宁省博物馆藏古代铜镜》，辽宁大学出版社，2013年，第244、245页。

图五　折枝花纹镜

常安县为兴州倚郭县，与州治同城，地即今沈阳市沈北新区清水镇依路村城址[18]。

6. 蕃草纹镜

《金代刻款铜镜》收录的蕃草纹镜[19]（图六），与《净月澄华——辽宁省博物馆藏古代铜镜》一书中的忍冬纹镜为同一面铜镜[20]。定名不确，应称忍冬纹镜。忍冬、俗名金银花，忍冬纹是辽代契丹族喜爱的纹饰之一，是各类艺术品中常见的装饰题材。这面铜镜本是辽镜，金代沿用后刻"义州弘政官记"及花押。义州为辽代始置，但《辽史·地理志》失载。《契丹国志》记载的二十三处投下州中有义州之名[21]。但辽代义州

图六　蕃草纹镜

今地何在，在学术界有三种说法，项春松认为辽代义州与金代改辽代宜州为义州同在一地，地即今辽宁义县城关[22]。冯永谦认为辽代义州有二，一在上京道，地即今内蒙古赤峰市巴林左旗土土富洲乡蒙古营子村城址[23]；一在中京道锦州附近，今地待考[24]。孙永刚认为，辽代义州地即今内蒙古赤峰市宁城县小五家回族乡大营子村城址[25]，并举出2000年8月在内蒙古赤峰市元宝山区小五家回族乡大营子村出土的辽道宗大安七年（1091）的《耶律昌允妻萧氏墓志》的记载："于大安七年冬十一月寓居中都清河张公私第……期十九日启手足于寓所之

18　冯永谦：《辽宁地区辽代建置考述》，《东北地方史研究》1986年第1期。

19　董彦明、徐英章、赵洪山编著：《金代刻款铜镜》，辽宁省博物馆，1996年，第79页。

20　辽宁省博物馆编：《净月澄华——辽宁省博物馆藏古代铜镜》，辽宁大学出版社，2013年，第302、303页。

21　（宋）叶隆礼撰：《契丹国志》卷22，《诸藩臣头下州二十三处》，上海籍出版社，1983年，第210页。

22　项春松：《辽代历史与考古》，内蒙古人民出版社，1996年，第102页。

23　冯永谦：《辽史地理志考补——上京道、东京道失载之州军》，《社会科学战线》1998年第4期，第193、194页。

24　冯永谦：《辽史地理志考补中京道、南京道、西京道失载之州军》，《北方文物》1998年第3期，第70、71页。

25　孙永刚、黄文博：《辽代义州、义丰县、富义县考》，《辽金史论集（第十一辑）》，内蒙古大学出版社，2009年，第79页。

宅，归于义州北塔山之阳。"[26]为依据，其理由令人信服，笔者赞同此说。辽代义州最初为耶律昌允所建头下州，至圣宗收归国家变成行政州，为辽中京道所属州之一。金代沿用义州州名未改，但将州治迁至辽代宜州，改宜州为义州，辖倚郭弘政县，州治与县治同城，地即今辽宁义县城关[27]。此正与铜镜所刻"义州弘政官记"相符。

7. 八卦菱花纹镜

《金代刻款铜镜》收录的八卦菱花纹镜[28]（图七），与《净月澄华——辽宁省博物馆藏古代铜镜》一书中的八卦纹菱花镜为同一面铜镜[29]，应是辽镜。八卦是道教的符号之一，辽代中期的圣宗、兴宗都大力提倡和推崇道教。八卦纹铜镜因此十分流行，除菱花形外，还有八卦方镜等[30]。但笔者认为，旅顺博物馆藏的八卦方镜与另一面八卦镜时代均定为宋代似不妥[31]。这面铜镜的图案与辽圣宗统和二十八年（1010）耶律隆佑墓出土的墓志盖的图案相似[32]，均为中间为北斗七星，四周环绕八卦图。可知这类图案是辽代中期流行题材。八卦铜镜的时代应为辽代而非宋代或金代。八卦菱花纹铜镜金代沿用时后刻"遂州司侯司官押"款。据《辽史·地理志》记载，遂州为辽代始置，是皇族耶律颇备以部下汉民置，最初为耶律颇德的头下州，穆宗时，耶律颇德嗣绝，收归国家所有，变为行政州，属东京道管辖。据有学者考证，遂州今地即辽宁省昌图县七家子乡所在地七家子城址[33]。金代承袭辽制，沿袭遂州之名未改，隶属咸平路咸平府。

图七　八卦菱花纹镜

8. 人物菱花纹镜

《金代刻款铜镜》收录的人物菱花纹镜[34]（图八），与《净月澄华——辽宁省博物馆藏古代铜镜》一书中的王质观弈故事镜为同一面铜镜[35]，应是宋镜，金代沿用时后刻"临流县贾"款及花押。晋人王质砍柴遇仙的故事典出梁代任昉《述异记》："信安郡石

26　刘伟东：《赤峰市元宝山区大营子辽墓》，《内蒙古文物考古》2004年第2期，第17~23页。

27　董彦明、徐英章、赵洪山编著：《金代刻款铜镜》，辽宁省博物馆，1996年，第82页。

28　辽宁省博物馆编：《净月澄华——辽宁省博物馆藏古代铜镜》，辽宁大学出版社，2013年，第314、315页。

29　刘淑娟著：《辽代铜镜研究》图77，沈阳出版社，1997年，第88页；旅顺博物馆编：《旅顺博物馆藏铜镜》图143，文物出版社，1997年，第155页。

30　旅顺博物馆编：《旅顺博物馆藏铜镜》图142，文物出版社，1997年，第154页。

31　盖之庸：《内蒙古辽代石刻文研究》（增订本），内蒙古大学出版社，2002年，第129页。

32　冯永谦：《辽宁地区辽代建置考述》，《辽海文物学刊》1987年第1期，第108页。

33　董彦明、徐英章、赵洪山编著：《金代刻款铜镜》，辽宁省博物馆，1996年，第86页。

34　辽宁省博物馆编：《净月澄华——辽宁省博物馆藏古代铜镜》，辽宁大学出版社，2013年，第250、251页。

35　孙进己、冯永谦总纂：《东北历史地理》（下），黑龙江人民出版社，2013年，第368页。

图八　人物菱花纹镜

室中，晋时樵者王质逢二童子弈棋，与质一物，如枣核食之不饥。置斧于座而观，童子曰：'汝斧柯烂矣。'质归于乡面，无复时人。"王质观弈故事镜成为宋代铜镜上的纹饰故事，形制多为菱花形而风靡一时。至于铜镜上后刻的"临流县贾"款所指临流县，据《金史·地理志上》记载，临津县为韩州倚郭县。而金代韩州沿袭辽代韩州之名未改，仅将州治迁至九百奚营，亦称奚营、金代韩州。有学者考证，今地即吉林省梨树县白山乡岫岩村偏脸城城址[36]。金代韩州统二县，临津县为倚郭与州治同治一地，柳河县为辽代韩州三迁址即今辽宁省昌图县八面城城址，据李文信考证："1958年深翻地时，在八面城中出土二陶印，一作'柳河县印'，一作'临流县印'，不作临津。"[37]此陶印上的临流县正与王质观弈故事镜上的金代刻款"临流县贾"相符，可证韩州倚郭称临流县为对，而《金史·地理志上》称临津为误。

9. 湖州镜

《金代刻款铜镜》收录的湖州镜[38]（图九）与《净月澄华——辽宁省博物馆藏古代铜镜》一书中的湖州镜为同一面铜镜。金代沿用时后刻"永合成同"及女真文五号款。宋代开始全国经济重心南移江南。浙江的湖州、杭州，江西的饶州、吉州，江苏的南京等地都是著名的铜镜产地。其中尤以湖州铜镜最为有名。湖州铜镜不注重纹饰，而以优质铜料及精工炼制取胜，铜镜表面银白光亮，色泽颇具唐镜余韵，这种商标名号镜主要流行于北宋末期及南宋时期。镜名多先标出作坊所在的州名，再标出姓氏，也有的标出店铺所在地。习惯上按镜铭出现的地名称这些镜为"湖州镜""饶州镜""成都镜""杭州镜"等，其中以湖州镜最多。湖州镜又以石家最为知名，各地出土发现的亦较多。纪名号有湖州石家镜，湖州石十五郎镜，湖州石念二叔镜，湖州石今二郎镜，湖州仪凤桥石家镜等。这种有铜镜上金代名号的做法一直相沿至明清，有的地名如仪凤桥在湖州市沿用至今未改，这有助于地名学的研究。

10. 万字纹镜

《金代刻款铜镜》收录的万字纹镜[39]（图一〇）与《净月澄华——辽宁省博物馆藏古代铜镜》一书中的卍字联珠纹镜为同一面铜镜[40]应是辽镜，金代沿用时后刻"锦州永

36　李文信：《〈辽东行部志〉批注》，《辽海丛书（五）》影印本，辽沈书社，1985年，第3724页。

37　董彦明、徐英章、赵洪山编著：《金代刻款铜镜》，辽宁省博物馆，1996年，第105页。

38　辽宁省博物馆编：《净月澄华——辽宁省博物馆藏古代铜镜》，辽宁大学出版社，2013年，第268、269页。

39　董彦明、徐英章、赵洪山编著：《金代刻款铜镜》，辽宁省博物馆，1996年，第106页。

40　辽宁省博物馆编：《净月澄华——辽宁省博物馆藏古代铜镜》，辽宁大学出版社，2013年，第320、321页。

图九　湖州镜　　　　　　　　　　　　　　图一〇　万字纹镜

乐记官"及花押。朝阳博物馆的一面卍字符边珠纹镜与万字纹镜相同[41]，但时代定为金代不对，应是辽镜。卍字符号是佛教和印度教中的标志符号，代表吉祥，它常出现佛祖如来造像的胸部，被佛教徒认为是"瑞相"。北魏时期一部经书把它译成"万"字，唐代玄装将其译成"德"字，唐代女皇武则天又把它定为"万"字，意思是集天下一切吉祥功德。锦州为辽代始置，居辽中京道辖州地即今辽宁省锦州市，锦州之名沿用至今未改[42]。锦州辖二县、永乐、安昌，其中永乐县为倚郭县与州治同城。金代沿用锦州及永乐县名未改，隶属北京路大定府。

三、结　语

首先，金代铜镜的显著特征是在铜镜上大都刻有官府管理机构的刻款，这是其他历代所没有的特殊现象。因为金代战争频繁，金属极缺，铜禁很严，规定铜镜的铸造和流通受到官府的严格监管和控制。因此，在金代无论是前朝还是本朝铸造使用的铜镜，必须经过官府管理机构的检查和登记，在镜上刻有官验文字押记后，才准许流通使用。这也是一些辽镜或宋镜在金代沿用时刻上官府文字押记的原因，不能仅凭有金代官府验记刻款就成为金代铜镜而收录到《金代刻款铜镜》一书中，这是很大的失误。本文举例介绍的10面铜镜有7面是辽镜，3面是宋镜，这是今后辨识辽宋金铜镜时应当注意的主要问题。

其次是铜镜的定名问题，《金代刻款铜镜》一书中收录的铜镜有许多定名不确。典型的四花纹镜为亚字形，应称为亚字形镜，是宋辽时期流行的主要镜型之一。又如蕃草纹镜应称忍冬纹镜，忍冬是辽代契丹族艺术品常见的纹饰。再如，人物菱花纹镜应称王质观弈故事镜，是典型的宋镜，类似的例子很多，恕不详述。

41　朝阳博物馆编：《龙城宝笈——朝阳博物馆藏古代铜镜》，辽宁人民出版社，2014年，第159页。

42　冯永谦：《辽宁地区辽代建置考述》，《辽海文物学刊》1987年第1期，第108页。

　　再次，《金代刻款铜镜》一书中收录的铜镜大都刻有金代官府、路府、州、县验记，这是研究辽金两代历史地理的珍贵文字资料。但《金代刻款铜镜》一书考证都极为简略，个别的还有错漏，本文对此均有详细考证，以供研究辽金历史地理学术界同仁参考与利用。

　　最后，对宋镜中普遍流行的各种人物故事镜，依据历史典故分别命以科学的名称和合理的解释，应当是今后研究宋镜时应当注意的课题。目前尚属薄弱环节，亟须加大研究力度。

（李宇峰　辽宁省文物考古研究院）

满洲里市草原丝路珍品陈列馆馆藏部分辽金铜镜

何 佳

内容提要：镜又称鉴或照子，它萌芽于夏，兴起于战国，盛行于汉唐。自唐末以来，铜镜开始衰落，北宋略有复兴，南宋继续衰落。然而与宋对峙的辽、金，积极吸收汉地文化，在铜镜制作上异军突起，虽有不少仿唐宋之作，但也有创新的内容，形成了自己的特色。满洲里市草原丝路珍品陈列馆多年来收藏百余面铜镜，本文选取珍品，通过小小的镜面纹饰，来领略千年前北方草原民族文化内涵，欣赏契丹和女真这两个建立了北方王朝的民族所创造铜镜的艺术魅力及其中所体现的民族大融合。

关键词：辽 金 铜镜 纹饰

一、辽代铜镜的类别

（一）佛教内容的铜镜

辽太祖耶律阿保机在建国之初将佛教奉为国教，至辽圣宗、辽兴宗两帝的推崇，加上国力增强，佛教在契丹王朝中期发展到极盛的阶段，佛教建筑四起，佛塔林立，每个佛塔上就嵌有几百甚至上千面铜镜。铜镜的背面纹饰便有很多的佛教内容，如飞天、迦陵频伽、摩羯、荷花等[1]。

迦陵频伽纹铜镜：辽代，直径22.7、缘厚0.2、钮高0.4厘米（图一；图版三，4）。模铸。小半圆钮，为二次焊接，花形钮座。薄平缘较宽，整体较薄，正面平，生满了绿锈和红锈，背面也局部生锈。区间布满了纹饰，即两个奏乐的迦陵频伽头尾对置，两者面向一致，均向钮处，方向上下相反。头戴云朵状的华冠，颈部佩戴璎珞，披肩有飘带向后扬去。双臂带臂箍，腕带了二个镯，一侧捧笙吹奏，一侧执拍板打击，双翼展开，尾翎舒展飘曳。在辽墓壁画上已见多例，反映出辽代佛教之盛。

---

1 刘淑娟：《辽代铜镜研究》，沈阳出版社，1997年。

图一　迦陵频伽纹铜镜

（二）道教内容的铜镜

辽朝虽将佛教立为国教，但儒、道两教也同样尊崇，耶律阿保机所建造的第一个草原城市——龙化州，便建孔庙，辽上京建城之初也建孔庙。在契丹萨满的基础上道教在辽境也发展起来，不仅有道文化等建设，在墓葬的壁画中也有所体现，如驾鹤的仙人、四神像、玉皇、西王母等道教内容壁画[2]。

四凤龟灵贺寿纹音乐铜镜：辽代，音盒直径22.7、缘厚0.9厘米；铜镜直径20.5、缘厚0.6、钮高1厘米（图二；图版三，5）。铜镜、音盒均为铸成，发声器为错落锻造后焊接。音乐盒呈池状，底面即为镜面，近缘外折出一横向深槽，两个发音器的底托恰插入基中尚能移动。发音器为铸出来的圆角长方体，上另焊两长条状铜簧，厚度更厚而顶端渐薄。带有音盒的铜镜尚为首见，极为珍贵。铜镜的正面为音乐盒盖。镜钮为半圆形，无钮座。中间为四个由连珠边框成的圆形区域，内饰人物、龟、鹤图案。右侧为株柏树，上边为排成人形的飞雁、云朵。远山中间为三波浪纹，空中两只仙鹤飞舞，近为岸边，一龟吐出仙气。其右立两个人物，一长一短，当为龟灵贺寿之意，这种图案在辽镜中流行很广。

图二　四凤龟灵贺寿纹音乐铜镜

（三）花鸟、瑞兽纹铜镜

辽铜镜上不仅有宗教信仰，也有契丹人对美好生活的精神诉求和向往，如瑞兽、花卉、蜂蝶等纹饰。

孔雀衔花纹铜镜：辽代，直径8.2、缘厚0.5、钮高0.5厘米（图三；图版三，6）。模铸。小圆钮，宽平像，向外渐薄。面饰两只开屏而立的孔雀，屏已拖地，首尾对接，头向钮，各衔一枝牡丹花，一枝花两朵，一枝盛开，一朵含苞待放。在缘上刻一行字"太原府録事司"和押记。此类纹饰的镜为宋代流行，此镜应为辽仿宋镜，后至金代，又经太原府録事司的官验。

2　梅丛笑：《以铜为鉴——中国古代铜镜艺术》，中国书店，2012年。

（四）反映中外文化交流内容的铜镜

辽代与西域诸国有着千丝万缕的联系。辽太祖耶律阿保机的妻子述律平就是西方人的后裔。耶律阿保机两次西征，打通了辽国与西方的通道。西方的珠宝如玛瑙、玻璃、金器等源源不断地输入辽境。每隔四年，还在辽上京等地举办国际性的商贸大会。反映在铜镜上有胡人乐舞纹铜镜和驯狮纹铜镜，为研究辽和西方文化交流增加了新内容。

胡人驯虎纹铜镜：辽代，直径7.2、缘厚0.4、鼻高1.2厘米（图四；图版四，1）。模铸。为挂镜，上鼻为一胡人骑一虎。胡人头戴冠，双目突，高鼻，头扭向身后，双臂张开，右手持棍，左手五指伸出。虎右向立，扬首，双目圆睁，尾呈"S"形，有三个三瓣形花草填白。以往所见的胡人驯兽多为驯狮，很少见驯虎的、在辽与西方的文化交流中，西方百戏来辽境内演出，便有驯兽等杂技节目。在辽铜镜、辽瓷、玉雕，以及佛塔等建筑装饰上等均有表现。

图三 孔雀衔花纹铜镜

图四 胡人驯虎纹铜镜

（五）仿唐宋镜

辽仿唐镜之前已有介绍，如宝相花纹菱花形铜镜。这一部分是仿唐海兽葡萄纹铜镜系列，以及仿宋镜，有的是原搬照抄，如仿海兽葡萄镜，仅有"官"押，其余是翻模即铸。而仿宋镜则镜体更薄，或取其一部分，或另加改造。

钱纹锦地双牡丹纹铜镜：辽代，直径10.9、缘厚0.2、钮高0.4厘米（图五；图版四，2）。白铜质，桥形小钮，联珠纹一匝为钮座，近缘处亦有一匝联珠纹。为钱锦地，两枝牡丹花分置两侧，花向外盛开状。这种钱锦地在宋代比较流行，即整个为钱纹地。此镜在钱纹地上又加两枝牡丹花，这便是在宋镜花纹基础上加以改造。另外，联珠纹也是辽镜的主要特征之一。

二、金代铜镜的类别

常见的金代铜镜有双鱼镜、人物故事镜、盘龙镜、瑞兽镜、瑞花镜等，其中以双鱼

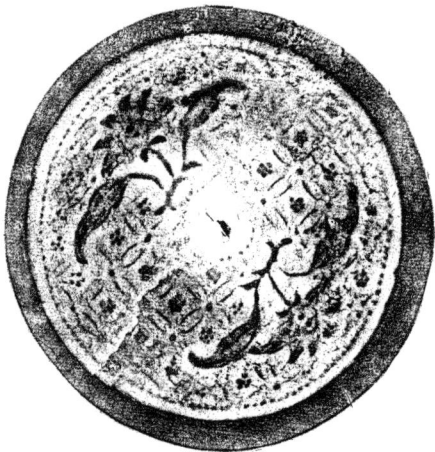

图五　钱纹锦地双牡丹纹铜镜

镜、童子攀枝镜最为流行。以纤细清晰的字体契刻官府验记和押记，是金代铜镜的另一个重要特征[3]。

（一）双鱼纹铜镜

双鱼纹在金代铜镜纹饰中最为常见。以鱼纹为铜镜图案，最早见于汉代，金代最为盛行。女真人居于白山黑水之间，多以捕鱼为生，鱼与他们的生活有着密切的联系。双鱼纹铜镜，多为圆形，圆钮，主纹为双鲤，绕钮反向逐游，四周波涛滚滚。其中有的制作精细，纹饰线条匀密，造型生动，大多为官铸；有的造型笨拙，线条粗糙，纹饰模糊，多为私铸。有的带刻款，有的无刻款和押记，大部分是金代前期、中期的作品。

刻双鱼纹转心铜镜：金代，直径10.1、缘厚0.4、钮高1.1厘米（图六；图版四，3）。镜为铸出，鱼纹为雕刻出后焊接于背。半圆钮较高，两鱼首尾对置，鳞片与尾清晰，刻工细腻、高浮雕式。镜体扣一盒状拖，能转动。这应是金代双鱼纹铜镜中的精品。

（二）龙纹镜

以龙纹作为中国古代铜镜上的装饰主题，是中国铜镜文化的一大特色。金代的龙纹镜受唐代的影响较大，创新也最多，常见的有盘龙镜、摩羯龙纹镜等，金代的双龙纹镜在数量上仅次于极负盛名的双鱼镜。盘龙

图六　刻双鱼纹转心铜镜

镜主要有圆形、菱花形，圆钮；主题纹饰为一条盘龙或两条盘龙；盘龙姿态不一。与唐代盘龙镜相比，可以明显地看出龙的造型拙劣粗放，姿态不美，龙鳞刻画粗略简单。有的在盘龙外环绕一圈云纹，素缘，也与唐代盘龙镜的风格相异。素缘上有的有刻记。

"青盖"铭文龙虎人物纹铜镜：金代，直径9.5、缘厚0.6、钮高0.9厘米（图七；图版四，4）。模铸，黄铜质略泛红，镜面鼓起，半圆钮较大，圆形钮座，宽缘处有细齿纹和折线水浪纹，近缘处为放射线一匝。区内坐一侧身向右的羽人，头扭向左，右手伸向一羊，左手扶胸，羊身后为一龙纹，上一虎纹卷尾扬起处为"青盖"两字，虎张嘴与龙对咬。此镜工细，尤其人物的面孔、身体都很精美。"青盖"也应是"青羊"的含义。

3　河北省文物研究所：《历代铜镜纹饰》，河北美术出版社，1996年。

（三）人物故事纹铜镜

金时期故事镜传世和出土的都比较多，主要以具有浓厚宗教色彩的神仙故事为题材，采用粗线条画法，用浮雕技法处理。诸如仙山楼阁、云中飞鹤、山谷云绕、寻仙访道，使画面呈现出超凡脱俗的神仙意境，这是当时宗教神学盛行的反映。有的故事题材所表现的内容能从史籍记载中找到，如童子攀枝镜、许由巢父故事镜、吴牛喘月故事镜、柳毅传书故事镜、带柄人物故事镜等，多为中原地区广泛流传的历史故事被用于铜镜上，这是汉人与女真人在经济、文化、思想等方面互相学习、互相渗透的必然结果。

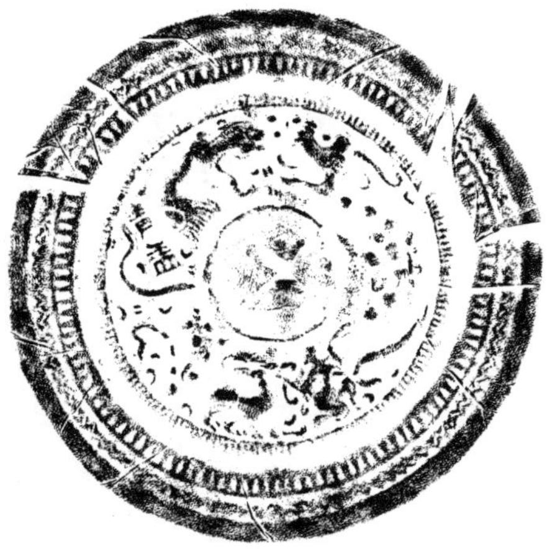

图七　“青盖”铭文龙虎人物纹铜镜

鹤鹿同春仙人故事纹铜镜：金代，直径17.9、缘厚0.6、钮高1厘米（图八；图版四，5）。模铸，细部又经錾刻，属于头版头模镜，半圆按钮较高，钮右侧为一高台上坐一长者，左手扶膝，右手捋髯，其前面一扎双鬓童子，其上身向长者倾，右手指向远方，左手牵一鹿。大角鹿，有鞍，上驮一物。左侧门前立一童子，半侧身向长者，双手托一物。两童子面含微笑，对长者如有所语。山门半开，一仙鹤伸出一爪和长颈。山门左侧为一参天松树，枝叶遮过长者。下方一眼山泉从右向左流去，浪花溅起。此镜是表现福、禄、寿之寓意。人物和动物的面部和五官刻画十分传神。宽缘向外略薄，有边棱。这面铜镜应是人物故事类铜镜的上品。

图八　鹤鹿同春仙人故事纹铜镜

（四）花鸟瑞兽纹铜镜

金时期以瑞兽、花草、花鸟等作为铜镜的主题纹饰，也是比较常见的。金代瑞兽镜比较流行的是四兽镜，四兽同向绕钮奔驰，形态似鼠；有的在瑞兽间点缀几串葡萄，被称为四鼠葡萄镜，虽然与唐瑞兽镜有一致的地方，但整个铜镜的风格仍然不同。仿汉镜类如盘龙镜、双龙纹镜虽然是前期的图纹，但风格殊异。花草镜以菊花纹为多，图案通常以钮为中心向外放射出相互叠压的叶瓣，与钮共同形成一菊花形瓣，满布镜背。有的外区有点线纹和卍字纹，有的还有刻记[4]。

4　董学增：《吉林市博物馆藏部分辽金铜镜》，《北方文物》1990年第3期。

图九　"大定通宝"钱文铜镜

"大定通宝"钱文铜镜：金代，直径12.5、缘厚0.5厘米（图九；图版四，6）。模铸，圆钮，圆心上为"大定通宝"钱文。区间为两只鸳鸯各衔一花枝，一高飞，一游动。有荷叶、荷花、菱角等水中花草。在铜镜背部印有钱文是金代铜镜较流行的做法。

三、结　语

铜镜是古人不可缺少的照面饰容的生活用具，也是我国古代墓葬中常见的随葬品。由于各个历史时期的铜镜有着各自时代所赋予的鲜明特点，它又成为古代墓葬断代的标准器之一。铜镜又是精美的工艺品，其制作精良、形态美观、图纹华丽、铭文丰富。

纵观四千年铜镜发展的历史，我们可以发现，古代匠师给铜镜的纹饰和铭文以更深刻的含义，赋予其美好的寄托和希望，同时也展现了我国青铜工艺的高超水平，为我们了解古代社会生活，探究其背后的历史渊源和人文故事打开了又一扇窗。

（何　佳　内蒙古满洲里市扎赉诺尔博物馆）

辽金时期北方地区塔式罐的发现与初步研究

岳　玲

内容提要： 辽金时期，北方地区民族融合与文化互动形成一个小高峰，这也体现在丧葬习俗上。曾盛行随葬于唐王朝京畿地区的塔式罐出现在辽金墓葬中，并且型式及纹饰呈现出一定的规律和地域特征。但相较于沿用时段较长的唐代，塔式罐在辽金时期的考古研究中是一类较少被关注的器物。笔者认为它的发展与流变在某种程度上是文明交流和区域葬俗的一个缩影，故以此为推想进行考证、探析。

关键词： 辽金墓葬　塔式罐　使用情况　地域差异　文化功能

塔式罐，因整体底大口小并形似佛塔而得名，由主体和底座两部分扣合而成。整体器型高大、束腰高座；主体为罐状容器，质地多为灰陶；装饰手法以彩绘，模制和贴、堆塑为主，也见少数复杂的雕镂工艺。这类遗物主要出自于墓葬中，一般认为是明器的一种，流行于唐、五代延续至辽、宋、金时期的北方地区。下文将以辽金时期的北方地区为限，通过对塔式罐划分型式、观察其使用情况，从而探析塔式罐所蕴含的丧葬意涵，旨在明确特定区域内塔式罐的风格差异及文化功能的演变。

一、研 究 回 顾

结合已刊发的考古资料，较早对塔式罐进行系统梳理的学者是袁胜文[1]，他通过划分唐墓中出土塔式罐的型式和期别，探讨塔式罐的出现、发展及消亡的全过程，并将其用途推定为"五谷仓"。袁泉[2]与郑燕燕[3]对此表达了不同的看法，认为塔式罐首先是作为日用香宝子及舍利容器传入中国的，而后被吸纳为带有佛教因素的明器。赵田田、付玄[4]认为塔式罐是魂瓶的一种，是由于佛教文化的传播而衍生出的魂瓶的新形式。李轩

1　袁胜文：《塔式罐研究》，《中原文物》2002年第2期。

2　袁泉：《舍利安置制度的东亚化》，《敦煌研究》2007年第4期。

3　郑燕燕：《塔式罐与香宝子渊源略考》，《美术学报》2019年第1期。

4　赵田田、付玄：《浅谈历代魂瓶的艺术特征》，《国际公关》2019年第11期。

鹏、李军[5]和王利民[6]则敏锐地着眼于塔式罐出土较为集中的河北邢台地区和山西大同地区，分别对地域内的塔式罐进行发展演变的讨论，并认为邢台地区塔式罐的出现和使用与当时社会的崇佛现象有重要关系[7]。沙琛乔[8]则借助塔式罐与胡瓶在墓中的组合关系对代北地区的葬俗进行探究，从而得出胡汉交融的结论。

二、出土概况

目前，考古发现随葬塔式罐的辽金墓有12座，出土较完整的有12件。地域分布范围主要在辽金王朝统治下的北方地区，包括山西北部、甘肃西南部和中部以及内蒙古中部地区（表一）。

表一　辽金时期北方地区出土塔式罐一览表

	出土地点	出土位置	数量	时间	墓葬形制	墓主身份	资料来源
山西	机车厂壁画墓	不详	1	辽早期	彩绘砖墓	不详	《文物》2006年第10期
	龙新花园辽墓	墓室西北	1	辽	斜坡土洞墓	不详	《文物世界》2004年第3期
	新添堡许从赟墓	墓室西侧、木棺罩南面	1	辽早期（982）	彩绘砖墓	辽军节度使	《考古》2005年第8期
甘肃	临夏祁家庄M1	墓室西北角	1	金	砖雕墓	下级官吏或富户	《陇右文博》2014年第1期
	临夏祁家庄M2	棺床两侧	2	金末或元初	砖雕墓	下级官吏或富户	《陇右文博》2014年第1期
	临夏市红园广场墓	壁龛、人头骨侧	2	金	模印砖墓	不详	《陇右文博》2009年第1期
	临夏和政县杨家庄墓	前后室甬道	1	金	砖雕彩绘墓	不详	《临夏回族自治州博物馆考古发掘调查资料汇编》
	兰州榆中朱家湾金墓	人头骨侧	1	金	砖雕墓	不详	《南风》2016年第11期
内蒙古	和林格尔土城子M2	棺床西侧	1	辽晚期	砖室墓	不详	《文物》1961年第9期
	和林格尔土城子M3	不详	1	辽	砖室墓	不详	《文物》1961年第9期
	和林格尔土城子M7	棺床西侧	1	辽	砖室墓	不详	《文物》1961年第9期
	和林格尔土城子M8	棺床西侧	1	辽	砖室墓	不详	《文物》1961年第9期

（一）山西

3座墓例，分布在今大同地区。

大同龙新花园辽墓[9]，斜坡式土洞墓。墓室西北部放置塔式罐1件。

5　李轩鹏、李军：《邢台地区塔式罐研究》，《中国国家博物馆馆刊》2017年第2期。

6　王利民：《大同地区出土的塔形罐研究》，《文物天地》2020年第9期。

7　李轩鹏、李军：《邢台地区塔式罐研究》，《中国国家博物馆馆刊》2017年第2期。

8　沙琛乔：《代北地区胡瓶葬俗与文化认同》，《阴山学刊》2021年第4期。

9　石红：《大同出土的两件塔式陶器》，《文物世界》2004年第3期。

大同机车厂壁画墓[10]，彩绘砖墓。出土喇叭形器1件，此器或为塔式罐的残底座，推断墓葬年代为辽代早期。

大同新添堡许从赟夫妇墓[11]，彩绘砖墓。墓室西侧、木棺罩南面出土塔形罐1件。根据墓志可知墓主为辽代大同军节度使许从赟夫妇，墓葬年代为辽景宗乾亨四年（982），是为辽代早期。

（二）甘肃

5座墓例，主要分布在今临夏地区。

临夏祁家庄M1[12]，砖雕墓。墓室西北角出土塔式罐1件。

临夏祁家庄M2[13]，砖雕墓。棺床两侧出土塔式罐2件，形制相同。墓主可能为下级官吏或当地富户，墓葬相对年代晚于M1，推测为金末或元初。

临夏市红园广场墓[14]，模印砖墓。墓内出土塔式罐2件，形制相同。1件置于壁龛内，1件位于男墓主头侧。墓葬年代推断为金代。

临夏和政县杨家庄墓[15]，砖雕彩绘墓。前后室之间的甬道出土陶塔1件。

兰州榆中朱家湾金墓[16]，砖雕砖墓。墓主头侧出土塔式罐1件。

（三）内蒙古

4座墓例，分布在今呼和浩特市。

和林格尔土城子M2、M3、7、M8[17]，四墓各出土塔式罐1件，装饰元素有镂孔和刻绘。M7中出土的通高68厘米，座无底，腹下有四组镂孔，每组为两个眼状孔，孔上堆塑龟首两个。每组间饰龟首一个，眼状孔旁绘一方窗棂，上口中有圆孔，口沿附加锯齿纹。

上述资料中出土的塔式罐均为分体拼合成的，烧制火候不高，胎体为泥质灰陶。体量最大的一件底径82、通高258.5厘米[18]。纹饰有莲花纹、火焰纹、联珠纹等，装饰元素有童子、力士、兽面等，未见书写文字题记的塔式罐。

依据底座差异，塔式罐可分为两型，即喇叭形底座和覆莲台形座。

10　大同市考古研究所：《山西大同机车厂辽代壁画墓》，《文物》2006年第10期。

11　山西大学考古系、大同市博物馆：《山西大同市辽代军节度使许从赟夫妇壁画墓》，《考古》2005年第8期。

12　临夏市博物馆：《临夏市祁家庄宋代砖雕墓清理简报》，《陇右文博》2014年第1期。

13　临夏市博物馆：《临夏市祁家庄宋代砖雕墓清理简报》，《陇右文博》2014年第1期。

14　临夏州博物馆：《临夏市红园广场宋墓清理简报》，《陇右文博》2009年第1期。

15　临夏州博物馆：《和政县杨家庄宋墓清理简报》，《临夏回族自治州博物馆考古发掘调查资料汇编》，1993年。

16　柳庆龄、刘学荣：《孝文化下的礼仪空间——以榆中朱家湾金墓为中心》，《南风》2016年第11期。

17　内蒙古自治区文物工作队：《和林格尔县土城子古墓发掘简介》，《文物》1961年第9期。

18　山西大学考古系、大同市博物馆：《山西大同市辽代军节度使许从赟夫妇壁画墓》，《考古》2005年第8期。

A型：喇叭形底座。器身为灰陶罐，长颈、平底。以器身差异分二亚型。

Aa型：鼓腹。异形盖。如大同新添堡许从赟夫妇墓出土[19]，肩腹部间饰模制图案，自下而上依次为火焰、大小兽面、团花。四周彩绘莲瓣、团花等。器盖顶端有两周外翘的莲瓣装饰，自下而上贴塑火焰纹、菱形纹、兽面、团花。周围用黑、白、橙三色绘制花草和莲瓣装饰。座体较高，下大上小，顶部为敞口小碗状。底座上半部分由小碗联结一个双层镂空球状器组成，下半部分绘制纹饰和贴塑图案，两部分间衔接竖条联珠纹镂空器。口径31、底径82、通高258.5厘米（图一，1）。

Ab型：大罐深腹、平口、平底。按细部差异分三式。

Ⅰ式：直沿，器身微凸。如内蒙古和林格尔土城子M2[20]，陶筒有八个角八个镂孔，顶有小圆珠，底中空。通高75厘米（图一，2）。

Ⅱ式：小罐平口。如内蒙古和林格尔土城子M3[21]，顶中部镂孔，底中空。通高80厘米（图一，3）。

Ⅲ式：瓶为宽肩，座无底。如内蒙古和林格尔土城子M8[22]，腹下有四组镂孔，每组为两个眼状孔，孔上附加突起龟首，通高68厘米。

B型：覆莲台形座。器身为灰陶罐。以器身细部变化分三亚型。

Ba型：鼓腹，平底。按器盖差异细分二式。

Ⅰ式：无盖。如临夏祁家庄M1出土[23]，侈口，圆唇。器身上下贯通，腰部堆塑水波纹的附加堆纹。底座饰双层仰莲瓣纹，束腰，覆盆状圈足。口径18、底径20、高24厘米。

图一　塔式罐分型分式图
1.Aa型　2.Ab型Ⅰ式　3.Ab型Ⅱ式　4.Ba型Ⅱ式　5.Bb型

19　山西大学考古系、大同市博物馆：《山西大同市辽代军节度使许从赟夫妇壁画墓》，《考古》2005年第8期。

20　内蒙古自治区文物工作队：《和林格尔县土城子古墓发掘简介》，《文物》1961第9期。

21　内蒙古自治区文物工作队：《和林格尔县土城子古墓发掘简介》，《文物》1961第9期。

22　内蒙古自治区文物工作队：《和林格尔县土城子古墓发掘简介》，《文物》1961第9期。

23　临夏市博物馆：《临夏祁家庄宋代砖雕墓清理简报》，《陇右文博》2014年第1期。

Ⅱ式：塔形盖。如临夏祁家庄M2出土[24]，侈口，圆唇。塔尖形空心高钮。器身上下贯通，腰部堆塑水波纹的附加堆纹。底座饰单层仰莲瓣纹，束腰，覆盆状圈足。器盖直径11、高15厘米。器身口径10、腹径21.5、底径12、高30厘米。底座口径19、底径17.5、高20厘米（图一，4）。

Bb型：鼓腹，平底，肩部有对称双耳。塔形盖，覆莲台形座。如临夏祁家庄M2出土[25]，侈口，圆唇。器身上下贯通，腰部堆塑水波纹的附加堆纹。底座饰双层仰莲瓣纹，束腰，覆盆状圈足。器身口径16、腹径21.6、底径13、高21厘米。底座口径18.2、底径17.8、高24厘米。器身上部已破损（图一，5）。

Bc型：筒腹，平底。螺旋式器盖。如兰州榆中朱家湾金墓出土[26]，器身饰莲花瓣纹。

三、使 用 情 况

历史时期墓葬中明器的大量出现反映当时人们"事死如生，事亡如存"的丧葬观念，生活在辽金时期的汉人也不例外。墓室范围是有限的，如何在狭小的幽冥空间内安置墓主，摆陈各类随葬器物无不受到堪舆学说的影响和限制。因此棺床及随葬器物的摆放位置和组合关系都应具有一定的规律或象征意义。观察以上墓葬资料可以发现，随葬的塔式罐存在器物组合关系。

（一）空间位置

从墓室布局来看，塔式罐的摆放位置主要有三种。①棺外。多集中在墓室西北侧、北侧，只一墓见于甬道内，是否受扰动所致，已无从考之。②棺床两侧。③棺内。以墓主为中心，见于墓主头侧、身侧或棺床两侧。塔式罐在墓中的摆放位置表明其空间属性，也代表时人的丧葬思维。透过这些丧葬行为探究随葬器物的功能区划和背后所反映的文化意涵。

第一种现象存在于山西大同龙新花园辽墓[27]、大同机车厂壁画墓[28]、大同新添堡许从赟夫妇墓[29]，陇中地区的临夏祁家庄M1[30]和内蒙古呼和浩特的和林格尔土城子M2、M3、M7、M8[31]四墓。塔式罐摆放位置较为独立，靠近墓口，各类日用明器则更为集中地靠近棺床接近墓主，也从侧面证实塔式罐在当时非生活类明器，应为镇墓用明器。以

24 临夏市博物馆：《临夏祁家庄宋代砖雕墓清理简报》，《陇右文博》2014年第1期。

25 临夏市博物馆：《临夏祁家庄宋代砖雕墓清理简报》，《陇右文博》2014年第1期。

26 柳庆龄、刘学荣：《孝文化下的礼仪空间——以榆中朱家湾金墓为中心》，《南风》2016年第11期。

27 石红：《大同出土的两件塔式陶器》，《文物世界》2004年第3期。

28 大同市考古研究所：《山西大同机车厂辽代壁画墓》，《文物》2006年第10期。

29 山西大学考古系、大同市博物馆：《山西大同市辽代军节度使许从赟夫妇壁画墓》，《考古》2005年第8期。

30 临夏市博物馆：《临夏祁家庄宋代砖雕墓清理简报》，《陇右文博》2014年第1期。

31 内蒙古自治区文物工作队：《和林格尔县土城子古墓发掘简介》，《文物》1961年第9期。

保存较完整、随葬器物丰富的大同新添堡许从赟夫妇墓[32]为例（图二，1），塔式罐身形高大，装饰堆塑兽面、力士等元素，追溯其发挥的作用是与带铃铛的木棺罩、镇墓木俑、墓顶悬镜共同构成"明器神煞"的屏障，拱卫墓所安宁。这种将塔式罐摆放在墓室西北侧、北侧的丧葬行为与大同地区发现的数量较多的唐墓尤其是中晚期唐墓里的做法一致。

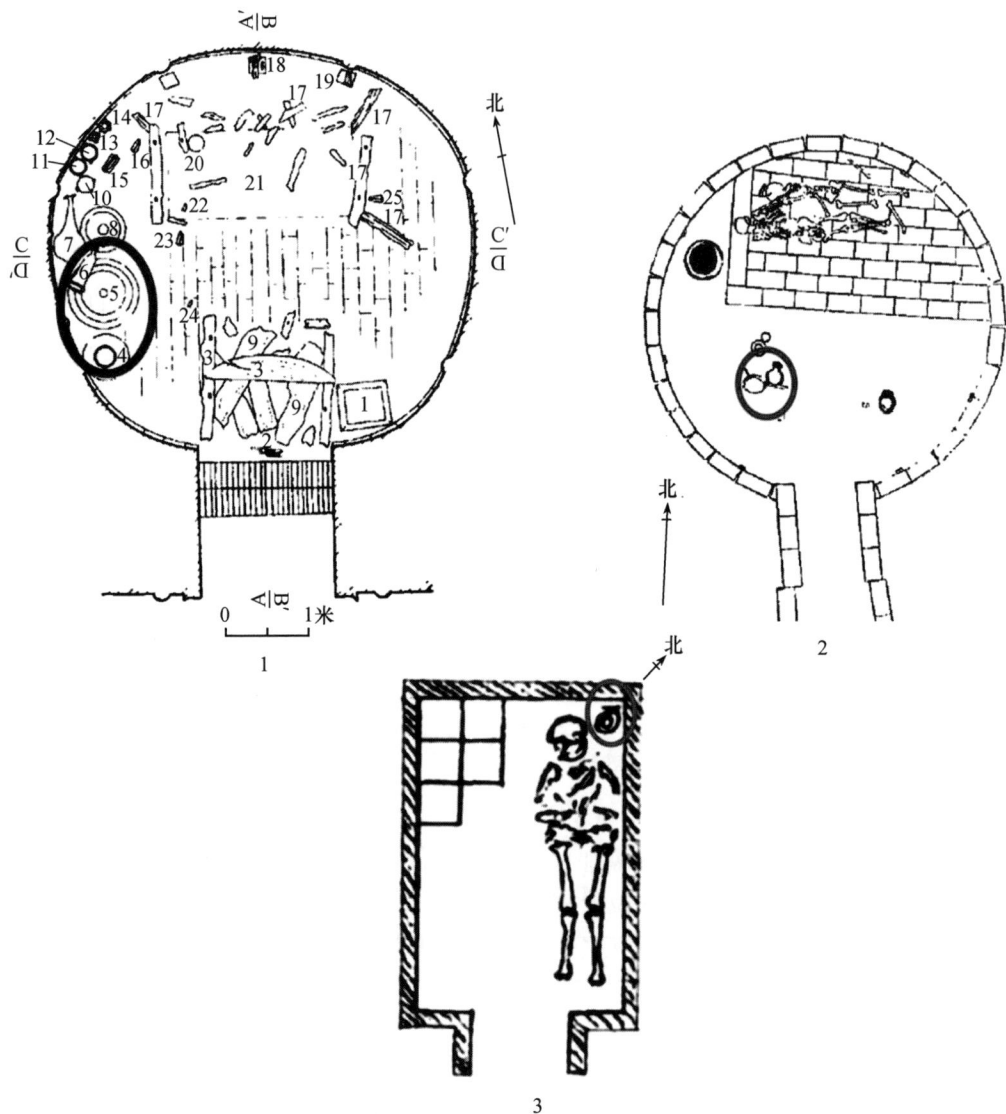

图二　塔式罐在墓葬中具体摆放位置示意图

1.原图出自《大同市辽代军节度使许从赟夫妇壁画墓》　2.原图出自《和林格尔县古城子古墓发掘简介》

3.原图出自《临夏市红园广场宋墓清理简报》

32　山西大学考古系、大同市博物馆：《山西大同市辽代军节度使许从赟夫妇壁画墓》，《考古》2005年第8期。

第二种塔式罐置于棺床两侧的仅见临夏祁家庄M2[33]，棺床方位靠近墓室的北侧。

第三种塔式罐摆放在靠近墓主的位置，见于临夏市红园广场墓[34]（图二，3）、兰州榆中朱家湾金墓[35]。

（二）组合关系

观察墓葬资料可以发现，塔式罐有成组摆放的现象，彼此之间存在组合关系，可分为两种。

1. 同类异位组合

临夏祁家庄M2[36]，出土形制相同的2件塔式罐，分别位于棺床两侧；临夏市红园广场墓[37]，亦为形制相同的2件，1件置于壁龛内，1件位于男墓主头侧。

2. 与枭首壶组合

大同新添堡许从赟夫妇墓[38]、大同龙新花园墓[39]，两墓各出土一组塔式罐＋长颈枭首壶组合，风格极为接近。观察器物底座的形态，长颈枭首壶与塔式罐同为喇叭口形器、镂空工艺。塔式罐雕镂奇巧、赋彩绚丽，枭首壶身形颀长优美，有细高的空心握手。其中，大同新添许从赟夫妇墓[40]中出土的塔式罐，简报单列为喇叭口形器和将军罐。参考大同西环路唐墓04M4[41]出土的塔式罐样式将其拼合，原应分别为一件塔式罐的器身和底座，应是由于墓葬环境而分体（图三，4），与长颈枭首壶呈南北向一同立于墓壁西侧。大同西环路唐墓04M1、04M2、04M3、04M4[42]，皆为尸骨葬，有单、双人葬，四墓中的塔式罐都与长颈枭首壶成组合出现。可知墓主人数与塔式罐并无明确对应关系。同种组合排列的还有大同西南郊唐墓[43]、大同市南关唐墓[44]、大同浑源县唐墓[45]。

33　临夏市博物馆：《临夏祁家庄宋代砖雕墓清理简报》，《陇右文博》2014年第1期。

34　临夏州博物馆：《临夏市红园广场宋墓清理简报》，《陇右文博》2009年第1期。

35　柳庆龄、刘学荣：《孝文化下的礼仪空间——以榆中朱家湾金墓为中心》，《南风》2016年第11期。

36　临夏市博物馆：《临夏祁家庄宋代砖雕墓清理简报》，《陇右文博》2014年第1期。

37　临夏州博物馆：《临夏市红园广场宋墓清理简报》，《陇右文博》2009年第1期。

38　山西大学考古系、大同市博物馆：《山西大同市辽代军节度使许从赟夫妇壁画墓》，《考古》2005第8期。

39　石红：《大同出土的两件塔式陶器》，《文物世界》2004年第3期。

40　山西大学考古系、大同市博物馆：《山西大同市辽代军节度使许从赟夫妇壁画墓》，《考古》2005第8期。

41　大同市考古研究所：《山西大同新发现的4座唐墓》，《文物》2006年第4期。

42　大同市考古研究所：《山西大同新发现的4座唐墓》，《文物》2006年第4期。

43　山西云岗古物保养所清理组：《山西大同市西南郊唐、辽、金墓清理简报》，《考古通讯》1958年第6期。

44　大同市考古研究所：《大同市南关唐墓》，《文物》2001年第7期。

45　大同市考古研究所：《山西大同浑源唐墓发掘简报》，《文物世界》2011年第5期。

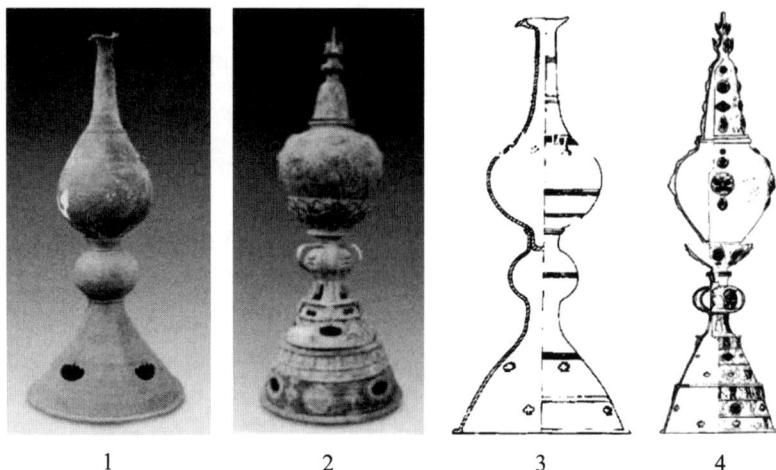

图三　枭首壶与塔式罐

1. 山西大同西环路04M4出土枭首壶　2. 山西大同西环路04M4出土塔式罐

3、4. 山西大同新添许从赟墓出土塔式罐（拼合后）

四、地域差异及文化功能演变

（一）地域差异

辽金时期的塔式罐地域文化特征明显。晋北地区辽早期墓葬中随葬塔式罐的使用情况与唐中晚期墓葬存在继承关系，而陇中地区的金墓中却不具备该种随葬组合。今北京全境、山西和河北北部，同属后晋燕云十六州辖地，归属辽地后，辽先后在北京和山西设立南京和西京，河北宣化属西京道所辖[46]。虽在政治交易中易主契丹，但聚居的主要为汉人，文化面貌仍以汉文化为主。

晋北地区以塔式罐随葬的习俗从唐中晚期延续至辽代早期，上层官吏和家境殷实的地主阶级都有使用。该区出土的塔式罐器型最为高大，装饰繁缛，造型和风格沿袭唐代塔式罐。应与契丹会同元年（938），太宗升幽州为陪都"乃用唐制"[47]有关。大同新添堡许从赟夫妇墓[48]是晋北地区唯一一座早期纪年辽墓，根据墓志记载，许从赟生于唐昭宗天复二年（902），许氏家族世代为官，思想上受唐文化影响颇深。后晋石敬瑭割云州与辽国，许从赟降辽为官。夫妇二人皆为火葬，以石棺为敛具，但并未发现骨灰中撒有铜钱，随葬器物和墓内装饰保留传统汉人旧俗，葬俗呈现辽汉杂糅面貌。

陇中地区由于长期处在宋金拉锯战的波及带上，隋唐以来形成的历史文化传统较为深厚，丧葬礼俗延续北宋旧制。临夏祁家庄墓[49]出土塔式罐与陇西宋墓[50]中塔式罐的莲

46　《辽史》卷41《地理志（五）》，中华书局，1974年。

47　《辽史》卷47《百官志（三）》，中华书局，1974年。

48　山西大学考古系、大同市博物馆：《山西大同市辽代军节度使许从赟夫妇壁画墓》，《考古》2005年第8期。

49　临夏市博物馆：《临夏市祁家庄宋代砖雕墓清理简报》，《陇右文博》2014年第1期。

50　陕西省考古研究所：《西安市西郊曹家堡唐墓清理简报》，《考古与文物》1986年第2期。

花底座形制相对接近。器身无堆花、雕镂、贴塑力士人像或兽面等复杂的装饰，风格呈现简化特征。将其重新置于墓中观察，除盗扰情况外，塔式罐几乎是临夏祁家庄墓[51]和兰州榆中朱家湾金墓[52]里唯一的随葬器物。动荡的社会环境使得百姓致弱致贫，无力营建富丽的地下居室，也从侧面印证出塔式罐对于墓主具有重要意义。

内蒙古地区，和林格尔土城子出土的塔式罐有镂孔和彩色刻绘装饰。该地出土过唐代绿釉塔式罐，五代时期的清水河县山跳峁墓地[53]也出土过风格独特的塔式罐。自唐代起，塔式罐风格就与中原王朝差异较大，器物型式多元，有浓郁的地域文化和游牧民族特色。内蒙古地区作为契丹建国之初的都城所在，更多地保留早期契丹风格，地域性明显。

（二）文化功能演变

纵观塔式罐的使用情况，始于初唐至辽金时期，直到元代逐渐衰落。早期使用人群中有高等级的唐代皇室及贵族，如章怀太子墓[54]、唐睿宗贵妃豆卢氏墓[55]、唐金乡县主墓[56]中都有出现，并且唐代外族人契苾明墓[57]也出土三彩质"四孝"塔式罐1件，构思奇特。晚唐五代至辽金时期，使用墓主身份出现下移趋势，多为汉族官吏或地主，汉人墓中较多使用成套陶明器[58]。而契丹、女真贵族墓中不见这一器具。

关于塔式罐的文化功能，一般认为有三种。一与盛装谷物的谷仓罐有关，意为祭奠墓主和祈愿仓廪丰实。谷仓罐起于伯夷叔齐耻食周粟的传说，恐其灵魂受饥而设，以粮食飨之。实例有甘肃陇西宋墓（1128）[59]出土的塔式罐，其内盛有糜、谷、荞麦三种谷类，与黑瓷酒壶、影青瓷碗等组合放置，应是当时的五谷仓[60]。临夏市红园广场墓[61]、兰州榆中朱家湾金墓[62]中塔式罐均位于墓主头侧，与今天我国西北地区部分家族举行丧葬仪式时在亡者棺内首端随葬食品罐的行为近乎一致。《大汉原陵秘葬经》[63]中的《冥器神煞篇》记载了天子、亲王、公侯卿相及大夫以下至庶人墓葬中的各类明器，都提及

51　临夏市博物馆：《临夏市祁家庄宋代砖雕墓清理简报》，《陇右文博》2015年第1期。

52　柳庆龄、刘学荣：《孝文化下的礼仪空间——以榆中朱家湾金墓为中心》，《南风》2016年第11期。

53　内蒙古文物考古研究所、乌兰察布博物馆、清水县文物管理所：《内蒙古清水河县山跳峁墓地》，《文物》1997年第1期。

54　陕西省博物馆、乾县文教局唐墓发掘组：《唐章怀太子墓发掘简报》，《文物》1972年第7期。

55　洛阳市文物工作队：《唐睿宗贵妃豆卢氏墓发掘简报》，《文物》1995年第8期。

56　西安市文物管理委员会：《西安唐金乡县主墓清理简报》，《文物》1997年第1期。

57　解峰、马先登：《唐契苾明墓发掘记》，《文博》1998年第5期。

58　杨晶：《辽代汉人墓葬概述》，《文物春秋》1995年第2期。

59　陈贤儒：《甘肃陇西县的宋墓》，《文物参考资料》1995年第2期。

60　徐苹芳：《唐宋墓葬中的"明器神煞"与"墓仪"制度——读〈大汉原陵秘葬经〉札记》，《考古》1963年第2期。

61　临夏州博物馆：《临夏市红园广场宋墓清理简报》，《陇右文博》2009年第1期。

62　柳庆龄、刘学荣：《孝文化下的礼仪空间——以榆中朱家湾金墓为中心》，《南风》2016年第11期。

63　《大汉原陵秘葬经》，《永乐大典》，中华书局，1986年。

"五谷仓"，言其位置"于棺头""棺正南偏西"，与之相合。

二与佛教有关，是佛教世俗化的具象体现，也因此被冠以"塔式罐"之名。《大唐西域记》[64]卷6《劫比罗伐窣堵国》，即释迦摩尼佛的故国，该节出现次数最多的词是"窣堵波"，也是梵音"stupa"的音译。其基本形制由半球形覆钵塔身和用砖石垒筑的圆形或方形台基组成，用于供奉高僧圆寂后的舍利及安置经文、法物。后佛教传入中国，唐代统治阶层推崇佛教，各地争相筑塔供佛舍利，窣堵波因此与中国本土建筑相结合，构造成重楼式以便"通天礼佛"，佛教得以长足发展。陕西法门寺地宫出土的鎏金人物画银宝子FD5：046、鎏金银摩三钻杵纹银阏伽瓶FD5：017，都有覆莲台形座，整体造型呈塔形[65]。佛寺塔基的清理中也时有发现塔式罐，如建于辽统和二十四年（1006）的河北香河于辛庄村棲隐寺塔，地表下仅0.9米的方形穹庐顶地宫内发现粗制白瓷塔式罐1件；天津市武清区大良塔基出土辽代白釉塔式罐，两者应为建塔时放置的佛教祭器。大量唐墓中出土的塔式罐，罐内未发现骨灰残迹和谷物颗粒，且普遍为有棺木的尸骨葬，结合塔式罐"莲瓣""童子""力士"等装饰元素，可知唐墓中的塔式罐应不具有实用性，而是带有佛教色彩的特殊明器[66]。

三与堪舆风水相关，作镇墓神煞之用。在地理堪舆学说里，墓室各方位放置不同的器物都起着镇墓的功能。《阴阳五姓宅图经》（阴阳宅经）[67]述黄帝五色石镇宅法，五石在汉代常被装于朱书陶瓶置于墓室四隅，作镇墓之用。晚唐时期东都洛阳北邙山一带出现了"铸铁为牛豕之状像"乃御地下土、水二龙的压胜行为[68]，后逐渐向长安地区传播。延续至宋金时期，中原地区墓葬里常常在墓室四隅或东西两侧放置铁牛铁猪[69]，用以镇水。西北方五行属阴水，是为地支亥方位。辽墓中塔式罐与枭首壶的组合，同放置在亥方位，配合其他镇墓俑类共同庇护墓主灵魂。由此可见在传统汉人的丧葬观念里"明器神煞"类器物有所变化而意涵却未有削减。唐代至辽金，朝代更迭、社会变迁不断赋予塔式罐新的文化功能。

五、相 关 问 题

关于塔式盖罐的出现和使用，以及与塔式罐的关系问题，笔者在收集资料时，注意到辽代的南京、西京和东京附近，即今北京、河北北部、山西大同、辽宁西部和内蒙古巴林左旗地区的部分墓葬中出现一定的数量的盖为塔形的陶罐，故作整理（表二），简单分析如下。

64　（唐）玄奘、辩机撰，董志翘译：《大唐西域记》，中华书局，2014年。

65　陕西省考古研究院、法门寺博物馆、宝鸡市文物局、扶风县博物馆编著：《法门寺考古发掘报告》，文物出版社，2007年。

66　程婷：《唐墓出土塔式罐研究》，西北大学硕士学位论文，2009年。

67　关长龙：《敦煌本堪舆文书研究》，中华书局，2013年。

68　孟原召：《唐至元代墓葬中出土的铁牛铁猪》，《中原文物》2007年第1期。

69　周雨晗：《北方地区宋金时期土洞墓研究》，黑龙江大学硕士学位论文，2023年。

表二　辽金时期北方地区出土塔式盖罐一览表

	出土地点	数量	时间	墓葬形制	墓主身份	出土位置	资料来源
北京	八宝山M3	5	997	彩绘砖墓	辽军节度副使	棺床下四壁	《考古学报》1984年第3期
	先农坛辽墓	1	辽	砖雕墓	不详	棺床前侧	《文物》1977年第11期
	永定门外彭庄M1	5	辽	砖雕彩绘墓	不详	棺床右侧	《考古》1959年第2期
	永定门外彭庄M2	6	辽	砖雕彩绘墓	不详	棺床两侧	《考古》1959年第2期
	大兴区青云店M1	3	辽早期	彩绘砖墓	不详	不详	《考古》2004年第2期
	大兴区青云店M2	5	早于1043年	彩绘砖墓	不详	棺床东侧	《考古》2004年第2期
	大兴区小营金墓	4	金大定年间	砖雕彩绘墓	不详	不详	《北京文物与考古》2004年
	门头沟永定镇金墓	5	金大定年间	砖雕墓	不详	不详	《北京文物与考古》第四辑
河北	宣化储粮仓M1	7	994	砖雕彩绘墓	子为辽军节度使	棺台东侧、北侧	《北方文物》1991年第4期
	宣化下八里M3	8	1093	彩绘砖墓	汉人地主或富商	墓室东西两侧	《文物》1990年第10期
	廊坊市攀钻界小区M2	3	辽	彩绘砖墓	汉族地主	棺床西侧	《文物春秋》2009年第2期
	蔚县高院簝村金墓	2	金	圆形石券墓	不详	不详	《文物春秋》1991年第3期
	和平社M79	1	辽	土洞墓	不详	不详	《文物世界》2018年第5期
山西	新添堡详丛赘墓	2	982	彩绘砖墓	辽军节度使	墓室西侧、木椁草南面	《考古》2005年第8期
	大同市区西环路M1	5	辽晚期	彩绘砖墓	不详	棺床前侧	《文物》2015年第12期
	长治市北郊安昌村南ZAM8	5	1143	石室墓	富农	主墓室	《文物世界》2003年第1期
	长治市北郊安昌村砖窑场金墓	1	1195	彩绘砖墓	富户或地主	墓室右侧	《文物》1990年第5期
	朔县北旺庄M106	2	金大定年间	砖雕墓	不详	墓室壁龛	《文物》1987年第6期
	朔县北旺庄M109	2	金大定年间	砖雕墓	不详	墓室壁龛	《文物》1987年第6期
	沁县南乡里金墓	5	金中期	砖雕墓	富贾乡绅	不详	《文物》2000年第6期
	汾阳高级护校M1	1	金早期	砖雕彩绘墓	不详	不详	《文物》1991年第12期
	汾阳高级护校M5	1	金早期	砖雕彩绘墓	不详	不详	《文物》1991年第12期
辽宁	朝阳召都巴金墓	2	金早期	彩绘砖墓	官吏	墓室右侧	《北方文物》2005年第3期
	朝阳师范学校金墓	2	1184	砖雕彩绘墓	不详	石棺内	《考古》1962年第4期
内蒙古	昭乌达盟宁城山头村墓M4	8	辽晚期	砖雕彩绘墓	不详	墓门东西两侧	《文物》1961年第9期
	巴林左旗林诺子沟村墓	1	辽	不详	不详	不详	《辽上京文物撷英》，远方出版社，2005年
	巴林左旗雅林堆利北山墓	1	辽	不详	不详	不详	《辽上京文物撷英》，远方出版社，2005年

器型上，这类器物比例接近普通陶罐，身形矮壮，无座，器身鲜有复杂工艺和象征类的元素，不易产生关联。且同一墓葬中出土数量1~8件不等，排列整齐，对称出现于墓室两侧或棺床两侧，与塔式罐的使用情况有所差异，似乎包含礼制意味，这种现象以北京和河北地区的辽墓最为普遍。宣化姜承义墓[70]与宣化下八里M3[71]两墓各随塔式罐伴出塔形盖瓷壶1件，内蒙古昭乌达盟宁城县山头村M4[72]伴出土塔形盖三足炉和塔形陶盖各1件。

功能上，明确作为敛具使用的是巴林左旗林东镇塔子沟村辽墓[73]与巴林左旗林东镇胜利北山辽墓[74]，两罐内均盛有骨灰，与文献记载辽人火葬习俗相印证。

塔式盖罐的出现应与塔式罐有关，但是否为对塔式罐型式的模仿和变形，有无相互影响和传播的关系，还有待进一步考证，故并未一同纳入标本探讨。

六、结　语

塔式罐作为明器的一类，常见于唐墓中，面貌一致且演变有序，是北方唐墓分期断代的标型器之一[75]。而经历了唐末五代战乱的影响，加之契丹民族的统治，在一定程度上削弱了汉民族丧葬习俗的传统。辽金时期墓葬中出土塔式罐的数量则有所削减。

辽金时期的塔式罐在形制、装饰上有一定的相似性，又存在明显的地域差异。根据出土状态和位置的不同，学者们对塔式罐的命名也不同。由于文献鲜有记载，仅就目前个人掌握的出土材料与同类可考的镇墓明器进行类比讨论，极为有限。加之塔式罐多为分体制作，器身残破或缺少器盖、底座的情况加大了排序难度，不便于进行类型学分析和把握其演变规律。更多涉及塔式罐所反映的社会风貌及宗教状况等方面，还有待于在掌握更多材料的基础上进阶研读文献后讨论。限于学识和认知，上述试析或存在些许不妥之处，请方家批评指正。

（岳　玲　黑龙江大学历史文化旅游学院）

70　张家口市文管所、宣化县文管所：《河北宣化辽姜承义墓》，《北方文物》1991年第4期。

71　张家口市文物事业管理所、张家口市宣化区文物保管所：《河北宣化下八里辽金壁画墓》，《文物》1990年第10期。

72　李逸友：《辽中京西城外的古墓葬》，《文物》1961年第9期。

73　唐彩兰：《辽上京文物撷英》，远方出版社，2005年，第86页。

74　唐彩兰：《辽上京文物撷英》，远方出版社，2005年，第86页。

75　袁胜文：《塔式罐研究》，《中原文物》2002年第2期，第56~64页。

海城铁塔赏析

钟 昕 李 刚

内容提要：铁塔位于海城析木镇西北，建造年代为辽代末期，经过历代维修，现被辽宁省政府公布为第九批省级文物保护单位。本文对铁塔的年代、塔寺碑文、历代维修进行系统梳理，并结合第三次全国文物普查的资料对铁塔的结构及塔身造像进行实地勘核测量，最后对铁塔的特点，即造像为六面立式菩萨像，且占整塔比例较大等特点进行初步讨论。

关键词：海城铁塔　辽塔　密檐式塔

在第三次全国文物普查中，鞍山市普查队在鞍山地区共普查古塔57座，其中海城（鞍山所辖县级市）有3座、岫岩满族自治县3座、千山区（含千山风景区）51座。这些古塔的年代跨度从辽金直至明清。其中，海城的金塔、铁塔及香岩寺的南塔和北塔具有典型的辽金时期特点。2014年，海城析木镇的铁塔被辽宁省政府公布为第九批省级文物保护单位（图一）。

一、析木概况

"析木"之名，始见于《辽史》，是鞍山地区有文字记载最悠久的地名，时至今日，"析"仍发古音"sī"。

图一　铁塔（摄于2020年5月）

（一）地理位置

铁塔位于析木镇西北，坐标为北纬40°42′03.4″，东经122°54′22.9″，海拔75.9米。析木镇四周环山，中间为盆地，来自孤山、岔沟、接文三条河流在境内汇成海城河上游。因为析木镇东部为山区，西部渐入平原，所以此地是兵家必争之地，甲午战争、日俄战争及庚子事变，这里都曾是重要战场。这里也是鞍山通往岫岩、丹东、凤城的交通枢纽，丹海高速和海岫铁路由此经过。

（二）历史遗迹

根据第二次全国文物普查资料记载：辽代析木城为土筑方城，设有东、西两门。南北长364米，东西宽322米，城基宽8米，城外有护城河。城内高，城外低。20世纪80年代，城墙仍可辨认。20世纪90年代，析木城城墙损毁。1980年，在城内西南角曾发现窖藏一处，出土汉半两钱币十余千克，共计2800余枚。从发掘出土的陶器及农业用具来看，古城建于汉代。

在全国第三次文物普查中，析木镇共普查出25处不可移动文物，有全国重点文物保护单位金塔、析木石棚，省级文物保护单位——为清代关外"一宫三陵"等皇家建筑烧制琉璃构件的黄瓦窑遗址，还有市级文物保护单位龙凤峪山城等。

（三）历史建置

《辽史》《金史》《盛京通志》都有关于析木的记载。

1.《辽史》

东京道分别载有："析木县，本汉望平县地，渤海为花山县，户一千"[1]；"铜州，广利军，刺史。渤海置，兵事隶北兵马司。统县一：析木县。本汉望平县地，渤海为花山县。初隶东京，后来属"[2]。

《辽史》另载："东京，本渤海，以其地建南京辽阳府。统县六，辖军、府、州、城二十六，有丁四万一千四百。天显十三年，太宗改为东京。辽阳府：辽阳县丁三千。仙乡县丁三千。鹤野县丁二千四百。析木县，丁两千"[3]。可见，析木在辽代就有重兵把守。

2.《金史》

析木在金初隶海州，金天德三年（1151），海州改为澄州。《金史》载："设刺史，属下等州，人口一万一千九百三十五户。析木县和临溟县及新昌镇隶属澄州，临溟县为澄州治所，与州同城而置。析木，原为辽国铜州广利军城内附设的析木县，皇统三年（1143）撤销铜州，划属澄州，有沙河"[4]。

3.《盛京通志》

载："析木县，本汉望平县地，渤海置花山县，辽改曰析木，初隶东京，后属铜州广利军，金废州以县改属澄州，元俱废"[5]。"析木城，城东南四十里，按辽史铜州广利军置析木县，元废，详见古迹，今按其城系土堡周围二里三百三十六步，东西二门，工部设监造黄瓦官于此"[6]。

---

1 《辽史》卷38《志第八·地理志二》，中华书局，1974年，第457页。
2 《辽史》卷38《志第八·地理志二》，中华书局，1974年，第472页。
3 《辽史》卷36《志第六·兵卫志下》，中华书局，1974年，第421页。
4 《金史》卷24《志地五·地理上》，中华书局，1975年，第555页。
5 阿桂等：《盛京通志》卷28《古迹》，辽海出版社，1997年，第11页。
6 阿桂等：《盛京通志》卷15《城池》，辽海出版社，1997年，第5页。

二、铁塔概况

（一）铁塔的时代

铁塔自伪满以来，曾一直被定为金代所建（图二）。曹汛先生在《海城地震区寺塔调查记》一文中指出应为辽代末期[7]，并在《海城银塔的建造年代》一文中载，1905年，日本人伊东忠太认为，此塔与朝阳黄花滩塔相似，塔的造型风格更趋近于辽代末期。曹汛先生虽不赞成伊东忠太认为与黄花滩塔相似的观点，但赞成是辽代末期修建的观点，并进一步指其建于辽代道宗和天祚时期，即辽代末期[8]。

（二）铁塔之名

海城有金、银、铁三塔，三塔之名是原本之名？还是后人俗称，已无处考证，比较普遍的说法是金、银、铁是基于塔的颜色。金塔遗址曾发现大量的黄色琉璃瓦，或为塔檐所用。银塔如今外表还有白灰覆盖，呈白色。铁塔外露青砖（砖缝有白灰有残留），铁青色。

（三）铁塔寺及碑文

宣统版《海城县志》记载："在铁塔寺旁有一座铁塔，塔七层高三丈。"[10]可知寺名为铁塔寺，但现已不复存在。

另有道光九年（1829）铁塔寺碑。民国二十六年版《海城县志》载有道光九年的《铁塔寺碑记》。碑已经不存在了，从碑文中"兹如我天仙娘娘"可知，铁塔寺为娘娘庙。

1. 碑文内容

闻之庙寺之立自古已然，或卜吉地而创建，或因倾颓而重修，或增其式廓以壮美丽，或高其闬阓以肃观瞻，制作虽不一，而究其原委，要皆有至义存焉，亦非同于好事者逞意而妄作也。

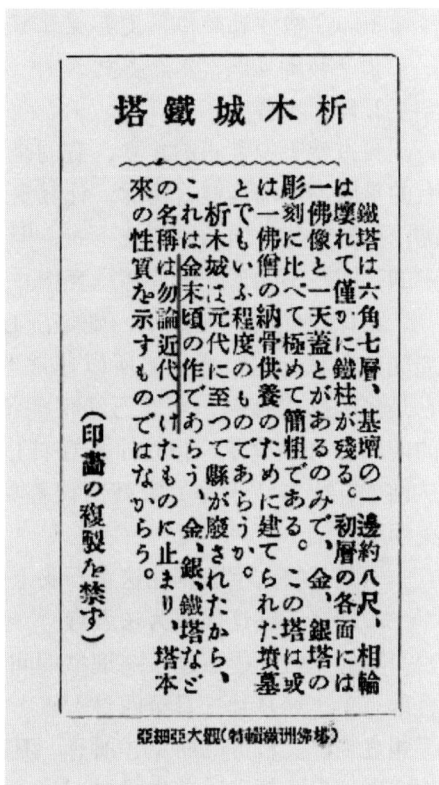

图二　《亚细亚大观》附录《满洲佛塔辑（第一集）》[9]

7　曹汛：《海城地震区寺塔调查记》，《中国考古集成·东北卷·辽（三）》，北京出版社，2000年，第2325页。

8　曹汛：《海城银塔的建造年代》，《中国考古集成·东北卷·辽（三）》，北京出版社，2000年，第2321页。

9　青山春路编：《亚细亚大观》附录《满洲佛塔辑（第一集）》，亚细亚写真大观社，1935年，第6页。

10　《海城县志》（宣统）卷3《地理·古迹》，辽宁民族出版社，1999年，第92页。

兹如我天仙娘娘洗心易行之流，已阴降福于一时，秣马金关之歌更自庇庥于千秋，其所以惠及下民者，何其周且普也？狩欼休哉！何其隆也？但历年已久，风雨摧残，神圣有蒙尘之侮，垣墉有颓圮之虞，虽灵应如昨，而轮奂则非昔矣！爰公议募化资财，重修庙宇，令四方观者谁不羡其美且丽哉！

于是勒诸贞珉，永垂不朽云[11]！

2. 碑文考释

自古就听说寺庙的建立，有的是占卜了吉地，有的是因为倾倒、颓废而重新建立，有的是因为增加其样式轮廓，让其更加壮美，有的是增加它的高度和规格，让人端肃观瞻。虽然修建寺庙的原因就不一，但总的说都是有道义（普惠众生之意）的想法存在其中的，而并不同于好事者恣意妄作。

正像我们的天仙娘娘，她是洗心并行善的，已经降福于金戈铁马的时代，从此更加庇佑千秋，这个意义之所以非常重大的，就是因为普度众生吧，难道不是吗？当年它是多么的兴隆啊，虽然历经很多年风雨的摧残，所供的这个神像都已蒙尘了，庙宇的四墙已有颓废了，但这个庙宇如以前一样，依然非常的灵验。从外观上看，已不像从前的样子啦。于是大家就商议募集资金来重修庙宇，让四方的观瞻者都来羡慕它的美丽和壮阔。

于是就将文字雕刻在这个石头上啊，让后世人永远记住这件事。

3. 铁塔寺在辽代或为法云寺

金代王寂任提点辽东路刑狱期间，出巡辽东各州县，1191年用日记体撰写了《鸭江行部志》（二月廿二日至四月七日），记述其行程中所见所闻。文中详细记载了他出巡澄州之临溟、析木的所见、所感。其到访析木，有如下叙述："戊戌（十九日），宿析木之法云寺。析木，盖先君之旧治。父老郊迎，欢呼塞路。及入城市，观者如堵，里巷为之一空。中有扶杖年高指予而言曰：'此吾明府君之子也。明府君清正仁恕，宜其有后乎？'叹仰不足。或有以手加额者。"法云寺正处于析木城遗址的西部，也正处于海城到析木镇的路北，与"宿析木之法云寺……及入城市"[12]相合，或为法云寺。

（四）历代维修

由于铁塔历经千年、风雨剥蚀及人为损害，铁塔至民国期间已严重损坏（图三）。根据鞍山市文物局档案记载，1954年，市文化主管部门曾对塔基进行了修复。

1962年1月12日，鞍山市人民政府公布铁塔为第一批市级文物保护单位。1975年，海城地震，震后又进行了基础加固。

1981年8月曾维修。塔基标有"一九八一年八月七日"，应为维修所记（图四）。

2005年，塔基又已开裂，基石裸露松动。塔尖上的铁刹杆已不知去向，塔顶杂草丛生，顶部的青砖摇摇欲坠，岌岌可危。2005年10月7日至11月24日由鞍海两级政府共同投资，由沈阳古建筑有限公司承建对铁塔进行全面修缮。

11　戚星严等：《海城县志》卷6，民国二十六年（1937）版，第30页。

12　罗继祖、张博泉：《鸭江行部志注释》，黑龙江人民出版社，1984年，第17页。

图三　20世纪30年代铁塔[13]

图四　铁塔塔基标有"一九八一年八月七日"（摄于2003年）

辽宁省文物专家组检查时认为：2005年的维修，对铁塔风格特点把握不够，修缮后的铁塔风格呈现出明代特点。周围环境至今没有得到改善，高压线离铁塔过近，居民住宅紧邻铁塔。近年来，文物部门划定铁塔保护范围：塔基周围10米内为铁塔的保护范围。

三、铁塔的结构和造像

（一）铁塔的结构

铁塔为六面七级实心密檐砖塔，高13.3米，由塔基、塔座、塔身、塔刹组成（图五）。

塔基为六边形，每边长3.24米，直径5.9米，占地面积约31.3平方米。原塔基须弥座已损坏（图六），现塔座由塔基和须弥座组成。现塔基高0.74米，由七层（有两层埋入地下）石条组成，石条叠砌略有收度。

从20世纪三四十年代的铁塔图上看，塔基之上，应为须弥座，经维修后，已变形，顺石条继续上收。此部分高1.34米。此上，为仰覆莲瓣纹砖雕，高约0.51米。

塔身六角有砖砌仿木圆形倚柱，柱高约2.9米，面宽0.2米，有柱头，柱间置阑额及普拍枋。一层塔檐下施四铺作斗拱，高约0.57米。每面有砖雕立佛一尊，高均约2.14米，上有宝盖，宽0.7米，高约0.22米。一层塔檐和二层塔檐之间每面嵌砖雕小坐佛二尊，形态各异，角上置力士，残缺不全，其上各层密檐用砖叠砌，略有收度。

塔顶为覆钵式，原塔刹已不存，新葫芦形刹身（花岗岩石质），上置铁刹杆及避雷设施。

13　青山春路编：《亚细亚大观》附录《满洲佛塔辑（第一集）》，亚细亚写真大观社，1935年，第6页。

13.3 米 57厘米
2.14 米
51厘米
1.34 米
74厘米

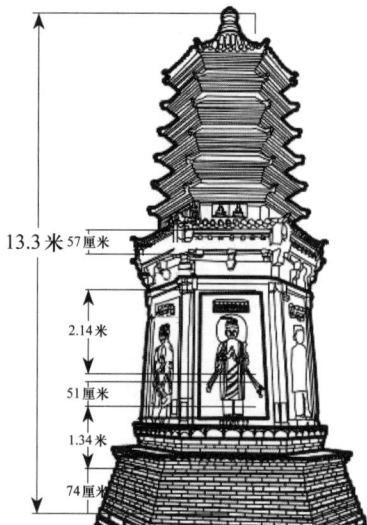

图五　铁塔线图（正南）

图六　20世纪三四十年代的铁塔

（二）塔身造像

塔身六面各有一站立造像，风化程度各有不同，其中东北侧造像面目已经全部风化。六尊造像造型较为统一，戴高筒形冠，上刻简化的卷草纹，束发缯带在头部打结后垂至双肩，这是辽代菩萨造像的常见特征。据此，我们可以认定六面立像均为菩萨造像。面相方圆，颧骨高，颈戴璎珞，着通肩或坦肩袈裟，衣纹简练，转折处以阴刻的几条平行短线表现衣褶，装饰味道浓。两脚各踩一莲台，仰莲肥大舒张（图七至图一二）。

图七　铁塔西南菩萨像

图八　铁塔正南菩萨像

图九　铁塔东南菩萨像

图一〇　铁塔东北菩萨像　　　　图一一　铁塔正北菩萨像　　　　图一二　铁塔西北菩萨像

第二层塔身较矮，每面有砖雕小坐佛两尊，形态各异，角上置力士。从风格上可以看出，应为维修后新置（图一三）。

图一三　二层坐佛及力士

四、铁塔的特点

（一）造像占整塔的比例大

像高2.14米，其中头高0.45米，宽0.23米，脚宽0.15米，手长约0.19米，身宽0.7米，脚踩莲花高约0.13米，头顶华盖高0.22米，宽0.7米。塔高13.3米，一层塔身约3.5米，约占整个塔高的四分之一；而像高约占整个塔高近六分之一。造像占塔的比例如此之大，非常罕见。

（二）无佛龛或券门洞

六面皆为菩萨造像和砖砌仿木圆形倚柱及华盖，没有佛龛、券门洞及飞天等陪衬，颇为干净利落。此种结构也比较少见。

图一四　铁塔正南菩萨像近像

（三）造像为菩萨像且面向多向

塔的佛像多为直视前方（图一四）。铁塔六面均为菩萨像，除正视前方外，还有正视向左前方和右前方。观音菩萨是辽代最为流行的一种造像题材。辽代崇奉观音菩萨源于辽太宗耶律德光，据《契丹国志》记载，辽太宗在得到燕云十六州后来到燕京，在燕京大悲阁，他看到慈眉善目的观音菩萨，与他梦中所见完全一样，立即产生极大敬信。当然，辽太宗信奉观音菩萨的因缘不一定是真实的，他主要还是看到了观音菩萨大悲济世的功用，以此可以笼络广大的汉族人心，为其统治服务。在太宗的带动下，观音菩萨由此得到契丹民族和北方人民的普遍接受和信奉，成为辽代佛教信仰的一大特色[14]。

（四）铁塔位于析木城边

辽宁地区的辽塔，大多数是沿河流或山峰分布。尤其辽宁的河流众多，大多数寺塔都是在河流的沿岸建成的。广济寺塔和班吉塔在小凌河畔，八棱观塔、黄花滩塔、十八里铺塔、大城子塔和槐树洞塔在大凌河畔[15]。鞍山地区的57座塔，均位于偏远山区，唯铁塔位于析木城遗址较近的位置，现在也是人员密集的居住区。

在辽代，随着佛教广泛传播及兴盛，佛教在社会生活中也越来越重要，它渗入到人们日常生活的方方面面，成为人们日常生活密不可分的一部分，诵经听经、组邑入社、游玩娱乐、商业买卖等都与佛教、寺院相关联，佛教已经成为辽代大多数人生活中的必不可少的一部分。除了为民间举行法事，开设道场，设坛讲经，以及在节日期间僧俗同乐外，佛教寺院本身也成为人们游赏的地方。庙会就是一种以寺院为依托，在特定的日期举行，并经常与寺院中的法事、斋会等活动结合在一起的商业性、娱乐性的民俗。如《全辽文》中记载广济寺"面交易之通衢，云屯四境之行商，务集百城之常货"[16]，因此"近彼人稠"。除了商业外，还有一些娱乐活动也因此开展，例如庙会中的戏场，祝圣寿时的"百戏"等。

（五）六角形塔

铁塔为六角形塔，这在今天所见辽塔中数量不多。这种六角形塔多为辽代中后期建

14　黄春和：《浅论辽代佛像艺术》，《法音》2009年第6期，第57页。

15　马琳：《辽宁地区辽代佛教寺塔及其功能与影响》，渤海大学硕士学位论文，2013年，第8页。

16　阎凤梧：《全辽金文》，山西古籍出版社，2002年，第250页。

造的高度在15米左右的小型塔，例如辽上京的北塔、朝阳东平房塔、绥中妙峰寺小塔、已毁的涿州东禅寺砖塔及沈阳陈相屯塔山塔、沈阳七星山塔等。平面六角形的塔例，最早见于唐开成五年（840）的扬州木兰院石塔，但一直没有成为主要的平面形制[17]。

五、结　语

海城铁塔是我市辽代重要历史文化遗存，整塔建筑规模虽小，但造型独特，挺拔俊秀。其佛像雕姿端正，造型优美，形象逼真，为研究我市在辽代的历史，以及我国北方辽代契丹民族的政治、经济、艺术建筑等都提供了极其宝贵的实物资料。

（钟　昕　鞍山市博物馆　李　刚　鞍山市文旅中心）

17　张晓东：《辽代砖塔建筑形制初步研究》，吉林大学博士学位论文，2011年，第20页。

辽金历史与考古·第十四辑

碑志研究

《萧汉宁墓志铭》初探

陶 金

内容提要：《萧汉宁墓志铭》是2014年发现于内蒙古赤峰市松山区的一块墓志铭，两面分别刻有汉字和契丹大字铭文。刘凤翥先生认为该墓志铭可能是赝品，在其新书《契丹文字辨伪录》中收录了相关铭文的录文。笔者通过阅读录文，认为该墓志铭的两种铭文有很多可以对应的内容，认为不像是刻意伪造的赝品，本文就是对该墓志铭两种录文中的信息进行初步分析。

关键词： 萧汉宁 墓志铭 汉字 契丹大字 松山区

　　刘凤翥、张少珊、李春敏所著的新书《契丹文字辨伪录》中提到了一块特殊的墓志铭，是两面刻字，一面汉字，一面契丹大字。根据汉文部分可知，该墓志铭的主人名为"萧汉宁"，故称之为《萧汉宁墓志铭》，于2014年发现于内蒙古赤峰市松山区。刘凤翥先生在研究过拓片后怀疑是赝品，在《契丹文字辨伪录》一书中收录了该墓志铭的两种铭文的录文。但笔者通过阅读录文，认为该墓志铭可能并非赝品，故而撰文对相关内容进行初步探讨，求教于方家。

一

　　《萧汉宁墓志铭（契）》的题名为"**求拵汝皿国臿曰曱夰亜□亩臿何至夰云丬道挣公曱亚丙臿乞□□朩**"。其中"**求拵汝皿**"亦见于《准》第7行、《忠》第1行（各墓志铭简称详见附录），可以转写为契丹小字"**灰伏卅叐**"，可解读为"六部"[1]，"六部"是契丹文中对"六部奚"的专有称呼，也表明墓主人是奚人。"**国臿**"可转写为"**兀夊朩**"，可译为"国之"。"国之"在这里可以理解为"契丹国之"，而"六部"在这里并不对"国之"进行修饰。"**曱曰夰亜□亩臿**"这段录文应有讹误，可以校订为"**身曰夰亜朿皿臿**"，可转写为契丹小字"**口北伏 坕亚奀 曲厷朩**"。"**口北伏**"一词，乌拉熙春解读为"忒邻"[2]，可拟音为"tə-lə-in"，《辽史·逆臣下》："奚回离保……奚王忒邻之后。"可见"忒邻"是某个奚王的名字，那么"**口北伏 坕亚奀 曲厷朩**"可

1　吴英喆、吉如何、彭髣茹罕：《契丹大字〈大辽国常衮耶律凖墓志铭〉考释》，匈牙利《东方学报》2017年第70期。

2　清格尔泰、吴英喆、吉如何：《契丹小字再研究》，内蒙古大学出版社，2017年，第310页。

解读为"忒邻可汗之帐之"，也就是以奚王忒邻可汗为名命名的族帐。

"**求捄攴血国眘身日夯垂朩血眘**"连起来就是表示墓主是忒邻可汗帐家族的成员，而忒邻可汗帐是契丹国所指定的奚王世选家族，具有国家法定地位，同时也是六部（奚）中一个族帐。

"**何至夰**"就是墓主人萧汉宁的名字，契丹小字转写为"**垚芙伏**"，音译为"汉宁（中古拟音为 han-ḍǐo）"无问题。刘凤翥先生已经注意到，萧汉宁与《北大王（汉）》中提到的"索胡驸马、裊胡公主孙、奚王、西南面都招讨大王何你乙林免"存在关联。但这里有一处断句的小问题需要注意。刘凤翥先生将"何你"理解为"乙林免"的名字，故而在"何你"之前加了顿号，变为"奚王、西南面都招讨大王、何你乙林免"。其实"何你（中古拟音为 γa-nǐe）"是"汉宁"的另一种音译[3]，顿号应该点在"何你"的后面，即"奚王、西南面都招讨大王何你、乙林免"，"乙林免"仅仅提到称号，并没有提及她的名字。

"**何至夰**"以下部分抄本录文可能不太准确，又有阙文，无法和原拓进行比对，暂且略过。

二

《萧汉宁墓志铭（汉）》提及萧汉宁祖辈的信息。首先提到的信息是："素剌王、四公主之孙也。□□□□□□奚国王。"随后又说"祖讳□□□□□□□□推忠宣力奉国功臣、安国军节度使，邢、洺管内观察处置等使、开府仪同三司、检校太师、同政事门下平章事、开国公、食邑二千户、食实封二百户、□王。"刘凤翥先生注意到，"祖讳"之下的一长串结衔实际上是属于《卫》墓主沙姑，沙姑在死后赠封卫国王，其墓志铭过于残缺，并没有提及他是否属于奚王家族。而《卫》中提到了他的祖先名为"实失郎"，在《萧京》中提及墓主"本实失王七代之孙，五帐之贵者"[4]，其中的"实失王"应该与"实失郎"为一人，而萧京出自奚王家族无疑，间接表明沙姑与萧京都是奚王实失郎的后裔，属于同一家族。

《北大王（汉）》中提及的"索胡驸马"应该就是指沙姑。"沙姑"的中古拟音为"ʃa-ku"，若考虑"沙"与"娑"相通，则可按照"娑姑"拟音为"sa-ku"。而"索胡"的中古拟音为"sɑk-γu"。两者发音相近，应该属于同名异译。可惜暂时无法确认"索胡"或"沙姑"的契丹大字写法。不过沙姑（索胡）基本可以确定就是萧汉宁的祖父。至于前面提及的"素剌王、四公主"，笔者认为应该是沙姑（索胡）的父母，也就是萧汉宁的曾祖父母，《萧汉宁墓志铭（汉）》中漏掉了"曾"字。

---

3 《宗福》有"烈考何你，惕隐相公"，其中"何你"对应《韩敌烈》第6行出现两次的"**垚芙伏**"，可证"汉宁"与"何你"之间的联系。参见刘凤翥、唐彩兰、高娃：《辽代萧乌卢本等三人的墓志铭考释》，《辽上京地区出土的辽代碑刻汇辑》，社会科学文献出版社，2009年，第371页。

4 任爱君：《辽代奚王萧京墓志铭文释读》，《辽宁师范大学学报（社会科学版）》2020年第43卷第5期。

三

沙姑（索胡）所娶公主的名字，在其本人的墓志铭中残损，已经无法找到，而在《北大王（汉）》中写作"袅胡"，在《萧汉宁墓志铭（汉）》写作"裹胡"，中古拟音皆为"nieu-γu"，属于同名异译。《萧汉宁墓志铭（契）》写作"**均田**"。

契丹大字"**均**"曾经出现在《昌允》第9行，作为人名"**夊卝夯均来余**"的一部分出现，这个人名是由两部分组成，前半部"**夊卝夯**"可以转写为契丹小字"**仐仟伏**"，可以音译为"普你"或"普邻"。"**均来余**"的音译，乌拉熙春有过先行研究，在不同的文章中使用了不同的音译，在乌拉熙春[5]中译为"尢鲁葛"；乌拉熙春、吉本道雅[6]中译为"裹鲁葛"；乌拉熙春[7]中译为"袅剌哥"。从乌拉熙春的研究来看，对于"**均**"的拟音思考有过一些变化，只是没有给出具体分析过程，后两种译名则趋于一致，认为可能是以"袅"或"裹"开头的读音。

笔者则是通过其他方式对"**均**"的契丹小字转写形式进行探索。"**来**"与"**余**"对应的契丹小字早已得到确认，分别为"**夊**"与"**列**"。因此笔者重点寻找词尾包含"**夊列**"的单词。《宗教》第23行出现一个人名"**伏夯夊列伏**"，可以解析为"**伏夯夊列**"尾部加"**伏**"组成的单词。《契丹小字词汇索引》与《契丹小字再研究》对应单词的录文有误，可参考原拓和即实《谜田耕耘》的录文观察该词。而"**伏夯夊列**"可以作为一个独立的单词存在，应该与"**均来余**"存在对应关系。从而推测出"**均**"对应的契丹小字为"**伏夯**"，按照拟音确实与"袅"或"裹"的读音相近，与乌拉熙春的观点不谋而合。《辽史》卷12有"袅里曷"，《平原公主》与《萧旻》有"袅喇哥"，应该就是"**均来余**""**伏夯夊列**"的音译词汇。

契丹大字"**田**"对应的契丹小字为"**余**"，这一点已经有很多例证，不复赘述。由此可以推出，"**均田**"对应的契丹小字应该写作"**伏夯余**"。

另外，《准》第3行出现女性人名"**均卒**"，其中"**卒**"可以转写为契丹小字"**欠**"[8]，则"**均卒**"可以转写为"**伏夯欠**"，读音与"**伏夯余**"相近。"**伏夯欠**"作为女性人名出现在《夷里衍》第6行；"**伏夯余**"则出现在《白隐》第5行，两墓志存在关联性，所指实际上是同一人，也证明"**均田**""**均卒**""**伏夯余**"与"**伏夯欠**"实际上同一个单词，可以用作女性的名字，均可以音译为"袅古"或"裹古"，音译为"袅胡"或"裹胡"也是可以的。虽然乌拉熙春早在2010年之前就已经对"**均**"的拟音有所研究，但之前的学者从未将"**均田**"与"袅胡（裹胡）"联系起来，这属于新的发现。

《萧汉宁墓志铭（汉）》记载："公主讳裹胡，大圣皇帝之次女也。"不过在《辽史·皇女表》中并没有出现这位公主的名字，可能是史书阙载所致。墓志在介绍完裹胡

5 乌拉熙春：Commentary of "Primary sources in the Khitan script". Central Eurasian Civilization Archive. The Center for Central Eurasian Studies, Seoul University, 2010.

6 乌拉熙春、吉本道雅：《新出契丹史料の研究》，京都松香堂，2012年，第157页。

7 乌拉熙春：《契丹文字に遗された"秘史"》，《立命馆文学》第633号，2013年。

8 清格尔泰、吴英喆、吉如何：《契丹小字再研究》，内蒙古大学出版社，2017年，第346页。

公主的身份之后又说"祖母耶律氏，漆水郡夫人。"刘凤翥先生认为这段记录前后矛盾，笔者认为这里的"祖母耶律氏"并非指裏胡公主，很可能是裏胡公主去世后，沙姑续娶之妻，在身份上依然是萧汉宁的祖母。在沙姑去世之后，漆水郡夫人耶律氏依然在世。可惜《卫》的文字过于残损，无法确认沙姑是否续娶，还有待来日验证。

四

《萧汉宁墓志铭（契）》第4行记载"□□捋公均田公主二咎任丙未诛此呫脊及卅"。其中"呫"应该是"亡"之讹误。"亡"对应的契丹小字为"不"。在这个句子里"亡"应该表示与数字有关的词汇。包阿如那对相关问题有过研究，指出"冭"表示修饰阳性的"二"。实际上"冭"可以拆分成"亡"与"从"两个契丹大字。"亡从"可以转写为契丹小字"不扎夲"，拟音为"ha-ia-ri"。此外，另有契丹大字单词"亡可"也可以表示修饰阳性的"二"，契丹小字转写为"不夲"，拟音为"ha-ri"[9]。不过，在契丹小字墓志铭中尚未发现"不扎夲"或"不夲"的拼写方式，而是使用"圣"表示。《萧汉宁墓志铭（契）》的相关句子中"亡"的后面可能脱漏了"从"或"可"。大致意思是说某相公（即沙姑）与裏胡公主二人共有六个孩子，其中二男四女。这段内容与《卫》的记载相吻合，沙姑确有二男四女，其中二男之名分别为达姐阿钵和徒鲁斯阿钵。《萧汉宁墓志铭》中萧汉宁父亲的名字残缺，但可知其为沙姑长男，因此当为达姐阿钵。达姐阿钵应该只是小名，他后来应该起了别的名字，并且可能会拥有汉名。

《萧汉宁墓志铭（汉）》记载萧汉宁父亲（达姐阿钵）的官职为"银青崇禄大夫、检校太傅、行左神武大将军、兼御史大夫、上柱国、兰陵县开国男、食邑五百户"。契丹大字部分第5行有"峚庡太孞无夫抈耸口矸捋杲"，其中"峚庡太孞"可转写为"兀坴兀芍叁业及"即汉语借词"检校太傅"。

"无夫抈耸口矸捋杲"之中的"无"对应契丹小字为"仐及"或"尚"[10]，可表示汉语借词的"左"。"夫"可转写为"秂朿"，可表示汉语借词"神"[11]。"捋杲"可转写为"仐捋兀亦"，即汉语借词"将军"。看来这段文字应该是指"左神武大将军"。然而"抈耸口矸"四个大字不易分析，笔者认为录文可能有讹误，有待以后校订后再作分析。

汉文部分记录，萧汉宁父亲先后有两个夫人，大夫人生三子，二夫人生二子，其中二夫人所生长子即萧汉宁。萧汉宁之弟官职为"左神武大将军"。萧汉宁的叔叔（徒鲁斯阿钵）没有子嗣。契丹大字部分第5行出现"脊及怕二"，表示"妻室二人"应该是说萧汉宁之父娶二妻之事。

9　苏龙嘎：《新发现契丹大字〈萧陈哥别胥墓志铭〉研究》，内蒙古大学博士学位论文，2021年，第101页。具体契丹小字转写与笔者有所不同。

10　陶金：《契丹大字〈耶律准墓志铭〉释文补证》，中国民族古文字文献与历史文化学术研讨会会议论文，2022年。

11　乌拉熙春：《"天朝万顺（岁）"臆解可以休矣——辽上京出土契丹大字银币新释》，《宋史研究论丛（第十一辑）》，河北大学出版社，2010年。

五

根据《萧汉宁墓志铭（汉）》记载，萧汉宁"太平十年正月九日薨于公署"，在契丹大字部分16行提到了相对应的内容。这里面涉及契丹大字中对于年号"太平"的写法问题。"太平"年号在《萧汉宁墓志铭（契）》中至少出现三次，分别是第16、20、24行。录文中各有差异，分别为"㚒㚒""㚒卒""㚒卒"。笔者认为这些差异可能是由于拓片不清使得抄录不太准确所致，需要对原拓进行重新核对校订。

其实契丹大字"太平"年号并非首次出现，在《祺》8～9行有"㚒平盉沠疋"，"盉沠"即表示年号"重熙"，前面的"㚒平"即年号"太平"。这段话的意思就是"太平重熙年间"。另外《李家奴》第8行有"㚒平乑巳之"，表示"太平年间"。由此可以推断，契丹大字年号"太平"的正确写法为"㚒平"，对应契丹小字转写为"父丙亣夯友"或"父丙亣夯尖"。

六

汉文部分没有提及萧汉宁的去世年龄，不过契丹大字部分16行则提到他去世的时候"盂盃二"，转写为契丹小字为"圡夊乙圣"，即"岁五十二"。可知其享年五十二岁，由此可以逆推出其生年为保宁十一年（979）。《萧汉宁墓志铭》汉文和契丹大字部分都提到了墓主在不同年龄的事迹和官职，由此我们也可以得知萧汉宁在不同年龄所对应的年份。

《萧汉宁墓志铭（汉）》提到，萧汉宁21岁参与了南征宋朝的战役，受到了梁王的嘉奖。萧汉宁21岁对应的是统和十七年（999），根据《辽史》记载，梁王耶律隆庆确实在这一年参与了攻打宋朝的战争，并在瀛州击败宋军。《萧汉宁墓志铭（契）》对应内容出现第7行，相关录文为"夬允国盂朿去显列共齐太王……"其中"夬允国"的含义笔者曾经在2014年就撰文考证过，其契丹小字转写为"朳岁夨火 允夊"，直译为"汉儿国"，可以指代宋朝[12]。"共齐 太王"中的"共"可对应契丹小字"丙亣夯"，可译为汉字"燕"或"延"[13]。"共齐 太王"可以转写为"丙亣夯伏 盉杰"，可以音译为"延宁大王"。《辽史》记载耶律隆庆"字燕隐，小字普贤奴"，"燕隐"可以作为"丙亣夯伏"的另一种音译。由此可知"共齐 太王"可直接译为"燕隐大王"，指的就是耶律隆庆。

萧汉宁28岁时，汉文部分提及其"诏入朝，知□宣头子。"契丹大字部分对应记载在8～9行，其中有"矸子寺兏卅之"一段。"矸"根据笔者研究，其对应契丹小字

---

12 陶金：《契丹大字考证三则》，《中西文化交流学报》2014年第6卷第1期，第199～207页。

13 乌拉熙春：《中央民族大学古文字陈列馆所藏时代最早的契丹大字〈痕得隐太傅墓志〉》，首届中国少数民族古籍文献国际学术研讨会会议论文，2010年10月20日；吴英喆、吉如何、彭鞑茹罕：《契丹大字〈大辽国常衮耶律凖墓志铭〉考释》，匈牙利《东方学报》2017年第70期；玲玲：《契丹大字〈耶律祺墓志铭〉研究》，内蒙古大学硕士学位论文，2018年，第51页。

为"丸"。而"丸"经即实[14]考证，拟音为"tou"[15]，可以作为汉语借词"头"使用。"子"对应的契丹小字为"卅""伞谷"或"伞谷"，可以用于汉语借词"子、紫、司"。"矸子"即表示汉语借词"头子"。"兊用之"中的"兊"与契丹小字"仍"相对应[16]。"仍"的拟音，大竹昌巳[17]拟为"bei"或"bey"。"兊用之"可转写为契丹小字"仍小尒"，可以翻译为"补任"。"矸子寺兊用之"即表示萧汉宁入朝后补任为"知口宣头子"的职务。

萧汉宁33岁时的履历为"任本帐敞史半年，旋改小常衮，辖五帐。"契丹大字部分对应内容出现在9～10行，其中出现了两个官名。其一为"身曰夯丢朿凹昚臣天"转写为契丹小字为"口比伏 丞並天 曲尒有 芮氘乢"，翻译为"忒邻可汗帐之敞史"。由于萧汉宁是忒邻可汗帐出身，所以"本帐敞史"就是"忒邻可汗帐之敞史"。其二为"爸夲尚昇"，转写契丹小字为"川欠 木各必"，翻译为"小常衮"或"小敞稳"。

萧汉宁35岁的加封为"积庆宫汉儿渤海副部署、银青崇禄大夫、检校司空、右千牛卫大将军"。契丹大字部分对应内容出现在11～12行。出现的官职名为"夬允犀其及巫昚奻勇劣"，转写为契丹小字为"木亏夊火 伞关 仈用 九丙火有 仐 业友 亥尖"，翻译为"汉儿积庆宫副部署"。

萧汉宁被任命为奚王的年龄，在汉文部分可能因为残缺，无法看到，其官职封号为"六节度奚国王、武信军节度、管内观察处置等使、金紫崇禄大夫、检校太傅，使持节遂州刺史、兼御史大夫、上柱国、兰陵县开国男、食邑三百户"。由契丹大字部分可知，他担任奚王的年龄应该是在41岁，对应13～14行，相关内容为"朿扜汝凹国昚太峊"。"朿扜汝凹"与"国昚"前文已经分析，"太峊"不可解，可能是录文讹误。

萧汉宁被任命为西南面都招讨使的年龄，在汉文部分也无法看到，从契丹大字部分来看，是在其43岁担任某职务满6年之后才被任命，也就是他49岁的时候，也就是在14～15行的位置，相关的职务记载残缺较多，汉文部分为"封西南面都招讨使、安抚巡检使、兼口口都钤口口口军节度、管内观察处置等使、口口崇禄大夫、检校太尉、同政事门下平章事、使持节遂州渚军事、口州刺史、上柱国、兰陵郡开国侯、食邑一千户、食实封一百户"。契丹大字部分可以大致识别出两个职务。其一为"南面受"，转写为契丹小字即"小十 伏升女"，可翻译为"西南面"。其二为"手女昻"，转写为契丹小字为"为关 仐乢"，即汉语借词"安抚使"。

七

《北大王（汉）》提到墓主耶律万辛的第三任妻子中哥是"奚王、西南面都招

14　即实：《谜田耕耘》，辽宁民族出版社，2012年。

15　清格尔泰、吴英喆、吉如何：《契丹小字再研究》，内蒙古大学出版社，2017年，第248、249页。

16　包阿如那：《新发现契丹大字〈维南赡部洲大辽国铭〉研究》，内蒙古大学硕士学位论文，2019年，第57页。

17　大竹昌巳：《契丹語の奉仕表現》，KOTONOHA，2015年。

讨大王何你、乙林免之小女"，也就是萧汉宁的小女儿。耶律万辛死于重熙十年（1041），享年69岁，而他去世的时候中哥尚在。根据《北大王（契）》记载，耶律万辛去世时，中哥的年龄为32岁，最大的儿子12岁，也就是说中哥大概是在20岁的时候嫁给耶律万辛，6年后，耶律万辛被封为北大王[18]，中哥也被加封为乙林免。据此可以推算出中哥的生年为统和二十八年（1010），这一年萧汉宁32岁，年龄上没有问题。可惜《萧汉宁墓志铭》中关于子女部分的信息残缺过多，无法确认中哥的名字是否出现在墓志中。

根据以上分析，可以制作出萧汉宁的大致履历表，残缺较多的内容暂且省略（表一）。

表一　萧汉宁履历表

年份	萧汉宁年龄	事迹官职
保宁十一年（979）	1岁	萧汉宁（何你）出生
统和十七年（999）	21岁	南征宋朝，受到梁王耶律隆庆的嘉奖
统和二十四年（1006）	28岁	诏入朝，知□宣头子
统和二十八年（1010）	32岁	生小女中哥
统和二十九年（1011）	33岁	任本帐敞史半年，旋改小常衮，辖五帐
开泰二年（1013）	35岁	加积庆宫汉儿渤海副部署、银青崇禄大夫、检校司空、右千牛卫大将军
开泰九年（1020）	41岁	封六节度奚国王、武信军节度、管内观察处置等使、金紫崇禄大夫、检校太傅、使持节遂州刺史、兼御史大夫、上柱国、兰陵县开国男、食邑三百户
太平七年（1027）	49岁	封西南面都招讨使、安抚巡检使、兼□□都钤□□□军节度、管内观察处置等使、□□崇禄大夫、检校太尉、同政事门下平章事、使持节遂州诸军事、□州刺史、上柱国、兰陵郡开国侯、食邑一千户、食实封一百户
太平九年（1029）	51岁	中哥娘子20岁，嫁于耶律万辛
太平十年（1030年）	52岁	萧汉宁去世

结　语

从以上分析可以看出，《萧汉宁墓志铭》的汉文部分和契丹大字部分存在许多可以对读的信息，特别是契丹大字部分，有很多是可以和过去所知的一些资料相互印证的。希望以后可以有更清晰的拓片或墓志照片，便于对其进行进一步研究。

文中涉及的契丹大小字转写及释文列表如下（表二）：

18　乌拉熙春指出，根据《北大王（契）》的记载，耶律万辛所封"北大王"实为南院大王，并非北院大王。参见乌拉熙春：《中央民族大学古文字陈列馆所藏时代最早的契丹大字〈痕得隐太傅墓志〉》，首届中国少数民族古籍文献国际学术研讨会会议论文，2010年10月20日。

表二　契丹大小写文字和释文

契丹大字	契丹小字	释文
术拧汝皿	太伏升矢	六部
身曰齐丞亢皿旮	口比伏 亟业夬 岫众有	忒邻可汗之帐之
何至齐	亟夬伏	汉宁、何你、韩隐、曷宁、何宁
均田	伏丈余	袅胡
均卒	伏丈欠	袅胡
女斗齐	个午伏	普你、普邻
均来余	伏丈女列	袅里曷、袅喇哥
众、匸从	不才夬、丞	二（阳性）
匸可	不夬、丞	二（阳性）
岑庶太另	九圣九咢尕业友	检校太傅
无	令及、尚	左（汉语借词）
买平	父丙攴夯友 / 父丙攴夯尖	太平（年号）
央允	耒咢攴央	汉儿
共齐	丙攴考伏	延宁、耶宁、燕隐、延你
矸子	丸令各	头子
无刑之	仍屮众	补任
臣天	尚氘北	敞史
苕卒尚昪	川欠 耒各尐	小常衮（敞稳）
犀其及显	令关 八用九丙央	积庆宫
女另为	个业友戈尖	副部署
南面受	小十伏升央	南西面（西南面）
丰安录	为夬个北	安抚使

附录　文中所涉及的墓志铭简称

一、契丹大字

萧汉宁墓志铭［太平十年（1030）］：萧汉宁（契）

北大王墓志［重熙十年（1041）］：北大王（契）

耶律准常衮墓志铭［咸雍四年（1068）］：准

耶律李家奴墓志铭［南赡部洲大辽国铭］［大康七年（1081）］：李家奴

耶律昌允墓志铭［大康十年（1084）］：昌允

萧孝忠墓志铭［大安五年（1089）］：忠

耶律祺墓志铭［乾统八年（1108）］：祺

二、契丹小字

白隐太傅位志碑铭［乾统五年（1105）］：白隐

耶律夷里衍太保位志［乾统三年（1103）］：夷里衍

耶律宗教墓志铭［重熙二十二年（1053）］：宗教

韩敌烈墓志铭［乾统元年（1101）］：韩敌烈

三、汉文

辽故驸马赠卫国王墓志铭［应历九年（959）］：卫

萧汉宁墓志铭［太平十年（1030）］：萧汉宁（汉）

北大王墓志［重熙十年（1041）］：北大王（汉）

平原公主墓志铭［重熙二十年（1051）］：平原公主

萧旻墓志［清宁四年（1058）］：萧旻

耶律宗福墓志铭［咸雍八年（1072）］：宗福

萧京墓志铭［大安八年（1092）］：萧京

参 考 书 目

［1］刘凤翥、唐彩兰、青格勒（2009）：《辽上京地区出土的辽代碑刻汇辑》，社会科学文献出版社，2009年。

［2］乌拉熙春：Commentary of "Primary sources in the Khitan script". Central Eurasian Civilization Archive. The Center for Central Eurasian Studies, Seoul University, 2010.

［3］乌拉熙春：《中央民族大学古文字陈列馆所藏时代最早的契丹大字〈痕得隐太傅墓志〉》，首届中国少数民族古籍文献国际学术研讨会会议论文，2010年10月20日。

［4］乌拉熙春：《"天朝万顺（岁）"臆解可以休矣——辽上京出土契丹大字银币新释》，《宋史研究论丛（第十一辑）》，河北大学出版社，2010年。

［5］乌拉熙春、吉本道雅：《韓半島から眺めた契丹・女真》，京都大学学术出版会，2011年。

［6］即实：《谜田耕耘》，辽宁民族出版社，2012年。

［7］乌拉熙春、吉本道雅：《新出契丹史料の研究》，京都松香堂，2012年。

［8］乌拉熙春：《契丹文字に遗された"秘史"》，《立命馆文学》第633号，2013年。

［9］陶金：《契丹大字考证三则》，《中西文化交流学报》2014年第6卷第1期，第199～207页。

［10］刘浦江、康鹏：《契丹小字词汇索引》，中华书局，2014年。

［11］刘凤翥：《契丹文字研究类编》，中华书局，2015年。

［12］大竹昌巳：《契丹語の奉仕表現》，KOTONOHA，2015年。

［13］清格尔泰、吴英喆、吉如何：《契丹小字再研究》，内蒙古大学出版社，2017年。

［14］吴英喆、吉如何、彭嘏茹罕：《契丹大字〈大辽国常衮耶律準墓志铭〉考释》，匈牙利《东方学报》2017年第70期。

［15］玲玲：《契丹大字〈耶律祺墓志铭〉研究》，内蒙古大学硕士学位论文，2018年。

［16］包阿如那：《新发现契丹大字〈维南赡部洲大辽国铭〉研究》，内蒙古大学硕士学位论文，2019年。

［17］任爱君：《辽代奚王萧京墓志铭文释读》，《辽宁师范大学学报（社会科学版）》2020年第43卷第5期。

［18］刘凤翥、张少珊、李春敏：《契丹文字辨伪录》，北京燕山出版社，2022年。

［19］苏龙嘎：《新发现契丹大字〈萧陈哥别胥墓志铭〉研究》，内蒙古大学博士学位论文，2021年。

［20］陶金：《契丹大字〈耶律准墓志铭〉释文补证》，中国民族古文字文献与历史文化学术研讨会会议论文，2022年。

（陶　金　苏州物通信息有限公司）

辽《萧莹墓志》校补

常志浩

内容提要：辽《萧莹墓志》，出土信息不详，除志盖外，现仅可见残志拓片两张。经缀合发现，萧莹墓志现存拓片为原石右下方和左上角拓片，缺志石左上方与右下角的拓片。重新校录志文可以推知，萧莹幼年受家庭崇佛影响，代亡父出家资福；成年后受世婚制影响，尚和鲁斡女韩国公主，身陷政治漩涡，只好寄情宴饮，明哲保身。在天祚龙飞之后，本想一展抱负，又英年早逝。

关键词：萧莹 残志复原 生平

《萧莹墓志》出土信息不详，墓志原石似藏于私人手中，网上仅见墓志盖与墓志拓本。从拓片来看，萧莹墓志已残为多块，字多漫漶，不易识读。目前有《辽代石刻文续编》据常红先生所供拓本录文，都兴智先生在考证萧莹家世之余，也对《萧莹墓志》录文做了订正。新近有彭泓博《五方辽宁出土的辽代墓志校勘》一文，亦涉及《萧莹墓志》录文校订[1]。通过研读拓片，笔者发现《萧莹墓志》在录文与考释方面仍有未尽之处。本文不揣浅陋，就教于方家。

一、残志复原与校录

（一）残志复原

《萧莹墓志》现仅有残志拓片两张，《续编》未做缀合，予以分别录文，略有遗憾。据《续编》所言，萧莹墓志盖呈方形，105厘米见方，那么墓志也当为方形，这也符合辽代墓志的常见形制。笔者通过对比拓片与志文内容发现，《续编》所言"残志第一块"当为萧莹墓志右下角残块，共有22行，其中第1、2、3、4行首尾完整，其他仅存下半行内容，上方均有不同程度的缺损；"残志第二块"当为墓志左上角残块，共计23行，皆仅存上半行内容。并且，右下角志石之17、18、19、20、21、22行与左上角志石之1、2、3、4、5、6行可以合缀连读（下简称"右17行""左1行"等，见图一）。

1　向南、张国庆、李宇峰辑注：《辽代石刻文续编》，辽宁人民出版社，2010年，第241页（以下简称《续编》）；都兴智：《辽〈萧莹墓志〉略考》，《辽金历史与考古国际学术研讨会论文集（下）》，辽宁教育出版社，2012年，第170～175页（以下简称《略考》）；彭泓博：《五方辽宁出土的辽代墓志校勘》，《吉林广播电视大学学报》2022年第1期，第156～160页（以下简称《校勘》）。

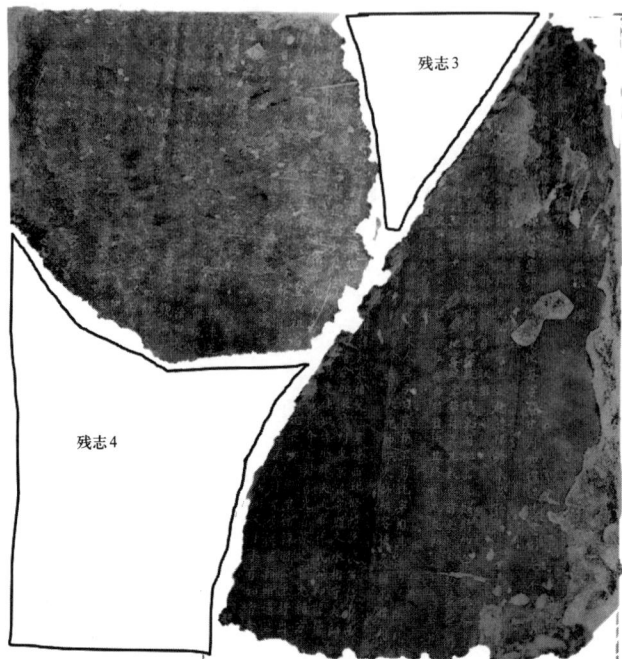

图一　萧莹墓志复原示意图

同行可合缀，如：

（1）右17行与左1行缀合可见："……宰相进封韩王，俄总枢……书令，加采访、判东京留守、赠大承相、守太师"。由右16可知，此段主要是记述萧莹祖父萧知足的官职。萧知足又名萧阿剌，《辽史》有传。据本传记载："清宁元年，遗诏拜北府宰相，兼南院枢密使，进王韩，明年，改北院枢密使"[2]，此处记载与缀合志文大致相同。

（2）右18与左2缀合可见："公主即王第三子，讳德恭，少不仕，以父……节度使。妣漆水郡夫人耶律氏。公即讳莹"。据《萧德恭墓志》记载，萧德恭"未弱冠，特授左奉宸""授忠正军节度留后""夫人漆水郡耶律氏"[3]，可知，萧德恭以父荫入仕，终官忠正军节度留后，娶妻耶律氏，与缀合后志文大体一致。

左右行可连读，如：

（1）右19行与左3、4行连读可见："性刚勇□□有节□辩谈□□能清言，尤不□□……富贵介意，好书史百家之言，尤精方技射御之……"此行旨在介绍志主性情，萧莹性喜辩谈，能清言，不以富贵介意，好书史百家，与左6"酒酣但放言高论"是标准的隐逸形象。尤其是右19行与左4行可以连读，即萧莹"好书史百家之言，尤精方技射御之（术）"。

（2）右20行与左4、5行连读可见："□□遁去，会皇叔祖尚……长女皇姑韩国公主，将出降嘉偶，公首膺□□，寻加防御使、驸马都尉"。此处记载大致是说，萧莹在出家不久即与耶律和鲁斡长女韩国公主结为连理，此处也可得到萧莹母耶律氏墓志的

2　《辽史》卷90《萧阿剌传》，中华书局，1975年，第1355页。

3　向南、张国庆、李宇峰辑注：《辽代石刻文续编》，辽宁人民出版社，2010年，第154页。

印证："长男莹，稚孺出家，特奉皇太后圣旨归元，时年一十有九，得偶于兴宗皇帝次男，皇太叔祖长女郑国公主为妻，特授驸马都尉。"此处为郑国公主，当是在天祚朝萧莹妻又有晋封[4]。

（3）右21行与左6行连读可见："……不在列，常扈从辇辂，所过必载酒高会，与故口宾口相宴饮，酒酣，但放言高论……"此处是说萧莹以驸马都尉扈从皇帝行帐，每日寄情于宴饮清谈。

（4）右22行与左7行连读可见："……而时人亦未有知者，寿昌七年正月"，此处右22行末字"寿"与左7行首字"昌"，正好组成道宗年号"寿昌"。

（二）残志校录

依据上述复原结果，笔者依据诸家校勘成果重新校录如下：

（总1，右1）口始平军节度使、驸马都尉萧公墓志铭并序

（总2，右2）口口监口史馆修撰张毂撰。

（总3，右3）乾统元年夏五月，车驾次庆陵驻驿，以

（总4，右4）道宗皇帝梓宫在茔口，命礼官口与故行

（总5，右5）……口口口庙之……霸萧莹始平军节度使，每宴飨班列加礼遇其恩[5]例尤不与[6]口口

（总6，右6）……遂以遄急奉迎……

（总7，右7）……顾尤重，速遣使与翰林医院驰驿而至，直赴辽阳，而未及治疹，薨逝已矣[7]口

（总8，右8）……⌈公⌋[8]主已下儿女亲族掩泣，不胜其极。有司以状闻

（总9，右9）……使敕祭具，礼营葬事，给班剑、筥口、鼓吹，赐东园秘器，凡赗赙加等，赠龙虎卫

（总10，右10）……之外，赐医巫闾山北口择茔地，口致堂祭，特异其数，与前来祭葬例

（总11，右11）……诏付史馆论撰公之世族、爵位，卒葬时日，与其终始之大节，志于其墓，且[9]

（总12，右12）……兰陵郡者久为著姓，自……

（总13，右13）……帝祖母撒葛芝夫人，生子曰萨懒里，为北宰相。其后谓之以口

（总14，右14）……讳孝穆，尚书令、兵马大元帅、守太师、枢密使、吴国王，赠口

4　根据辽代王爵制度，郑在韩前，见李忠芝：《辽代封爵制度研究》，吉林大学博士学位论文，2016年，第75页。

5　"恩"，《续编》《略考》《校勘》未识别，笔者据拓片识为"恩"。

6　"与"，《续编》《略考》《校勘》未识别，笔者据拓片识为"与"。

7　"已矣"，《续编》《略考》未识别，《校勘》录"已口年"，误，据拓片当识为"已矣"。

8　"公"，拓片字迹漫漶，萧莹尚耶律和鲁斡长女韩国公主，据此补。

9　"且"，《续编》《略考》误录作"上"。

（总15，右15）……[10]

（总16，右16）祖讳知足，补父任，累迁西北路招讨使、兼侍中，□

（总17，右17，左1）北府[11]宰相进封韩王，俄总枢……（17）……书令，加采访、判东京留守、赠大承（丞）相、守太师、

（总18，右18，左2）公主即王第三子，讳德恭，少不仕，以父……节度使。妣漆水郡夫人耶律□。公即讳莹，

（总19，右19，左3）性刚勇□□有节□辩谈[12]□□能清言，尤不□□富贵介意，好书史百家之言，尤精方

（总20，右20，左4）技射御之□□□□□遁去，会皇叔祖尚……妃长女，皇姑韩国公主，将出

（总21右21，左5）降嘉偶，公首膺□□，寻加防御使、驸马都尉，自是……不在列，常扈从辇辂，所过必

（总22，右22，左6）载酒高会，与故□宾[13]□相宴饮，酒酣，但放言高论……而时人亦未有知者，寿

（总23，左7）昌七年正月[14]

（总24，左8）道宗皇帝宫车□□□□王公□往诣[15]行在，入……

（总25，左9）上为之□莅乃□□其□□备[16]宿卫，监护辒辌车至……

（总26，左10）户，皆复职位。公治□□□□□下□□政，颁诏条视民……

（总27，左11）不得侵扰吾民。故有□□者□□□置于法，由是人……

（总28，左12）车驾幸医巫闾山[17]谒陵，庙上□□□公，蕃使入觐，备宴飨……

（总29，左13）治，使人人自便[18]，功未就而得□□，年四十四。妹二人……

（总30，左14）哥选入皇叔、守太尉、兼侍中，南大王郑王为……

（总31，左15）寻奏□出家便赐紫衣德□弘□余四……

（总32，左16）大志，居常鞅鞅不得意，一旦遭遇方□发其蕴……

（总33，左17）二十日，葬于显州北。铭曰：

（总34，左18）连[19]城之壁，□□于□……

（总35，左19）积彼功业，□此俊[20]□……

10　第15行，由现存拓片来看，下半行为空白，未刻字。盖是因为，本行内容述及尊者，撰刻者平抬至16行顶格书写。

11　"北府"，拓片字迹漫漶，萧知足以北府宰相晋封韩王，见上引《辽史·萧阿剌传》，据此补。

12　"辩谈"，《续编》《略考》《校勘》未识别，笔者据拓片识为"辩谈"。

13　"宾"，《续编》《略考》《校勘》未识别，笔者据拓片识为"宾"。

14　按，第23行，"月"字后接"道宗皇帝"，撰刻者为表尊敬平抬至第24行，墓志第5、15行亦如是；《续编》《略考》《校勘》句末点为"……"误。

15　"诣"《续编》《略考》未识别，《校勘》误录为"馆"，笔者据拓片识为"诣"。

16　"备"，《续编》《略考》《校勘》未识别，笔者据拓片识为"备"。

17　"山"，《续编》《略考》《校勘》未识别，笔者据拓片识为"山"。

18　"自便"，《续编》《略考》《校勘》未识别，笔者据拓片识为"自便"。

19　"连"，《续编》《略考》录作"遑"。

20　"俊"，《续编》《略考》《校勘》未识别，笔者据拓片识为"俊"。

（总36，左20）汝惟懿亲，□□于番……
（总37，左21）今也长□……
（总38，左22）年方□命……
（总39，左23）□文□□……

综上来看，萧莹墓志为方形，105厘米见方，志文阴刻楷书，凡39行，满行35字以上。墓志格式规整，笔迹清丽，制作精良，可惜残破严重。从拓片来看，志石当碎为4块或以上，仅存右下与左上角，占原石三分之二左右。

二、萧莹生平钩沉

萧莹生于"代有男十为列国之王，世有女三作宫中之后"[21]的钟鸣鼎食之家，幼年便遁入空门。19岁在仁懿皇太后的安排下还俗，与耶律和鲁斡长女韩国公主完婚。此后在道宗时期，扈从行在，大隐于朝。至天祚即位，始出仕为节度使，方要伸济世之才，却在44岁壮年殁于始平军节度使任上。有学者认为，萧莹一生极有个性，不思仕进，有古名士之风[22]。然而仔细梳理萧莹及其父母墓志可以发现，萧莹不论是出家、尚主、隐逸，似乎并非出自个人意愿。萧莹亦非无经世之志，其长期不仕，也另有原因。下试证之：

1. 萧莹出家

萧莹墓志因志石残破，文字漫漶，信息丢失较多。然据其父《萧德恭墓志》："有子名善光，幼而未冠。"[23]其母《萧德恭妻耶律氏墓志》云："儿女有七，长男莹，稚儒出家。"[24]可知，萧莹为萧德恭的长子，小名善光，在幼年便出家为僧。至于其出家原因，实际是受了家庭环境的影响。首先，其小名"善光"，即佛号。《佛说佛名经》有"南无善光佛"[25]；再者，据萧莹母墓志记载，耶律氏在萧德恭死后"酒脯断来，用资太师之灵；金珠施尽，广铸诸佛之像。"可知萧莹母是虔诚的佛教信徒；第三，萧莹英年早逝，其长子亦出家，萧莹母墓志云："孙男有五，长孙马也郎君，年三十三，所为驸马身故，诚难极德，代以出家，用而资福，蒙恩致赐。"[26]这句是说，萧莹长子马也郎君在萧莹死后，也曾出家为僧，为萧莹资福。如此我们即可明晰萧莹出家之原因，因萧德恭家庭笃信佛教，在萧德恭去世之后，萧莹在家族传统的影响下出家为父"资福"。据都兴智先生推算，萧德恭亡时，萧莹仅14虚岁，且从墓志记载看，萧莹"好书史百家之言，尤精方技射御"，并不信佛，其出家恐非出自个人意愿。

21 向南、张国庆、李宇峰辑注：《辽代石刻文续编》，辽宁人民出版社，2010年，第271页。

22 都兴智：《辽〈萧莹墓志〉略考》，《辽金历史与考古国际学术研讨会论文集（下）》，辽宁教育出版社，2012年，第170～175页。

23 向南、张国庆、李宇峰辑注：《辽代石刻文续编》，辽宁人民出版社，2010年，第153页。

24 向南、张国庆、李宇峰辑注：《辽代石刻文续编》，辽宁人民出版社，2010年，第270页。

25 （清）雍正敕修：《大藏经》第24册，中国书店，2010年，第1034页。

26 向南、张国庆、李宇峰辑注：《辽代石刻文续编》，辽宁人民出版社，2010年，第271页；按《续编》句读为"长孙马也郎君，年三十三，所为驸马，身故，诚难极德，代以出家"，误。

2. 萧莹尚主与隐逸

萧莹出身辽代后族集团萧和家族，因为世婚原因，在出家五年之后，萧莹奉仁懿皇太后之命还俗，娶韩国公主为妻，岳父是天祚朝皇太叔祖即道宗之弟和鲁斡。又据萧莹母墓志，萧莹之妹，姚哥娘子即嫁于和鲁斡次子魏国王耶律淳为妻，这在萧莹墓志中也有记载，其第29、30行云："妹二人……哥选入皇叔、守太尉、兼侍中，南大王郑王为……"此处"某哥"即姚哥，"郑王"即耶律淳，天祚继位，耶律淳进为郑王，至天祚六年以后，方晋封魏国王[27]。受契丹世选制的影响，和鲁斡作为兴宗皇帝次男，在道宗一朝，是天祚帝皇位的有力竞争者，处境微妙。萧德恭家与耶律和鲁斡婚娅紧密，这无疑会加重道宗的猜忌。因此萧莹在道宗一朝，以隐逸自处，并不热心政事。萧莹婚后"常扈从辇辖"，以理度之，萧莹作为皇帝扈从，会有更多的外放任职机会。但其"所过必载酒高会，与故□宾□相宴饮，酒酣，但放言高论……"萧莹只是纵情于辩谈、宴饮，并不显露自己的才干，这或可用明哲保身解释，也因此声名不显，即墓志第22行所谓"时人，亦未有知者"。

3. 萧莹之志

萧莹在道宗时期大隐于朝，恐非出自本心。墓志记载其"性刚勇□□有节□辩谈□□能清言，尤不□□富贵介意，好书史百家之言，尤精方技射御之……"此处记载展示了萧莹的两面形象，一面是好辩谈，能清言，不以富贵介意，有魏晋处士之风；另一面是性刚勇，好书史百家之言，尤精方技射御之术。好骑射，有勇力，通书史，有经世济民之才。哪一面才是萧莹的真实追求呢？我们从萧莹之后的人生抉择可以得出结论。在乾统元年，天祚帝即统之后，43岁的萧莹未敢辞让，就出任始平军节度使，可见其出仕迫切之心。据墓志记载："公（萧莹）治□□□□□下□□政，颁诏条视民……不得侵扰吾民。故有□□者□□□置于法，由是人……车驾幸医巫闾山谒陵，庙上□□公，蕃使入觐，备宴飨……治，使人人自便，功未就而得□□"。可知萧莹不避繁剧之任，想要在官场有一番作为。墓志又说，萧莹"大志，居常鞅鞅不得意，一旦遭遇方□发其蕴"也可推知，纵情宴饮只是他的伪装，天祚继位给了他施展抱负的政治舞台。可惜天不假年。

综上来看，因为萧莹父萧德恭早逝，幼年的萧莹听从家庭安排，出家资福。成年之后，又出于世婚原因，与道宗之弟和鲁斡联姻。这也使得萧莹在道宗朝处境微妙，为明哲保身，只得寄情宴饮。在天祚即位之后，萧莹以为终于脱离了政治的漩涡，积极仕进，可惜天不遂人愿，以44岁壮龄英年早逝。

附记：本文系国家社科基金后期资助项目"辽宁出土辽代墓志整理与研究"（17FZS061）、辽宁省社科基金重点项目"辽代墓志与中华民族共同体演进路径研究"（L22AZS003）阶段性成果。

（常志浩　辽宁师范大学历史文化学院）

27　《辽史》卷30《天祚皇帝四》，中华书局，1975年，第352页。

辽代《张建立墓志》误读考

陈守义

内容提要：目前行世的几种辽代《张建立墓志》，都存在一个相同的错误，即将张彦英的官职"榆景二州刺史"，误书为"榆惠二州刺史"，多年来一直未得到纠正，致使相关研究出现了方向性偏差。本文从文本整理入手，尝试对张建立入辽的时间、榆州的地缘环境、辽代早期榷场概念的涵盖、高丽使辽的路线等问题重新进行论证，并校正了《辽史·地理志》关于景州置年的错误记载。

关键词：张彦英　榆州　高丽贡道　榷场　景州

辽保宁元年（969）张建立墓志，1983年出土于辽宁凌源县宋杖子乡二十里堡村北山，属辽代早期重要石刻资料。墓志录文最初发表在《辽金史论集》第四集[1]，后辑入《辽代石刻文编》《辽宁碑志》《全辽金文》[2]。由于志石碎裂、刊刻不精、书体杂乱等因素影响，诸书所录不尽相同，但与原刻相校，或多或少都有些出入。以《辽宁碑志》为例，该书收录的似为重抄本，全篇除去脱漏4字，空缺42字，舛讹竟多至15字。《辽代石刻文编》也有25字缺疑，脱讹15字。笔者以后者为底本，依据拓本订正了其中的错字，厘清了若干存疑待考的空缺字，使之减少到10个，在标点断句上也做了一些调整（见附录，脱讹处分别以方、圆括号加宋体字标示）。与此同时，又将搜集到的相关论著检阅一过，对基于文本引申出来的各种结论，仅就笔者所知，提出几点粗浅看法，以就教于方家。

一、"景州"误为"惠州"及引出的问题

目前能够看到的几种《张建立墓志》优劣互见，但都出现了一个相同的错误，这就是把张建立之子张彦英的官职"榆景二州刺史"，书为"榆惠二州刺史"。从拓片上

1　田立坤、冯文学：《张建立墓志跋》，《辽金史论集》（第四辑），书目文献出版社，1989年，第176页。

2　另有齐作声先生录文一种。周阿根先生近期出版的《辽代墓志校注》，所收志文也略有不同。齐作声：《辽代墓志疏证》，沈阳出版社，2010年，第21页；周阿根：《辽代墓志校注》，天津古籍出版社，2022年，第22页。

图一　原拓"景"字

看，"景"字上从"口"下从"京"（图一），属常见的碑别字，只不过写法上略带行书笔意，即将"京"字下面的"小"写成三点，加之用笔连绵回护，乍看颇似草书"心"字（图二），很容易被误读。

张彦英历官景州，开泰四年（1015）《宋公妻张氏墓志》是有明确记载的。此墓志记张氏家世："曾祖讳建□，榆州刺史……祖讳□□，景州刺史"[3]。虽然名字残缺，但一望即知，张氏之祖即张彦英无疑[4]。张氏一族，只有张彦英两任刺史，按照墓志写作惯例，景州刺史应是他的最终官职，无惠州之任。

 景	 景	 景	 景	 景	 亰	 亰
台湾《异体字字典》	《古代砖文大词典》	唐欧阳询书《千字文》	辽《王悦墓志》	清傅山书《杜甫诗卷》	北魏《韩显宗墓志》	唐裴休书《圭峰碑》

图二　相近字形举例

景州与惠州不过一字之差，但事关张彦英本兼各职的履职地，尤其是知榷场事一职，归属于何地，涉及辽代早期疆域范围、地缘关系、财赋制度等一系列问题，故不能不予追究。以往鉴于惠州（今辽宁建平县惠州村城址）位处契丹腹地，又非商贾冲要，能否设置榷场，很容易得出结论。而榆州（今凌源市十八里堡城址）属辽初建制，地理位置又在惠州西南百余千米之外，与幽蓟东北门户古北口邻近，其地有无榷场，便难以立断。事实上，自墓志录文发表后，几乎所有参与讨论的学者无不持肯定态度。其中，向南先生首倡"榆州榷场说"："张彦英死于保宁元年，时燕云十六州已割属契丹，而北宋又是初建，其所兼管的榷场，应是榆州附近，为契丹、汉、奚、渤海等民族进行贸易所置的榷场，并非是宋辽间的榷场贸易。"[5]继后，朱子方先生在《辽〈张建立墓志〉读后记》中又进行了详细论证："在石晋割让燕、云十六州以前，其地（榆州）是属边区……在神册元年，太祖即帝位，'百僚进秩'，在大赏群臣的时候，乃任命张建立为榆州刺史……榆州既是边区，又是多族聚居之地，国外商人前来市易者日多，故设立榷场于此。"[6]在此基础之上，程嘉静《辽代榷场设置述论》更进一步，认为榆州榷场是"对高丽所置榷场"："契丹辽朝为了加强和高丽的贸易交换，设置了榆州榷场和保州榷场。其中，榆州榷场的经济作用明显，而保州榷场的军事作用明显。"并对高丽朝贡的道路提出新说："榆州位于契丹、奚、渤海三者交汇之处，同时也是经由海路连接辽朝腹地的重要节点……高丽人朝贡辽朝必经榆州附近……其为高丽经由海路入贡辽

3　向南、张国庆、李宇峰辑注：《辽代石刻文续编》，辽宁人民出版社，2010年，第56页。

4　张力：《辽〈张守节墓志〉考》，《辽金历史与考古（第三辑）》，辽宁教育出版社，2011年，第317页。

5　向南：《辽代石刻文编》，河北教育出版社，1995年，第44页注4。

6　朱子方：《辽〈张建立墓志〉读后记》，《北方文物》1997年第1期。

朝到达上京的一个重要节点"[7]。

以上这些说法都是在景州被当作惠州的误导下，对榆州过度解读而造成的，所涉榆州建置时间及地缘环境、榷场的所在及其具体所指、高丽使辽路线等问题，均有必要重新论证。

二、榆州无榷场

榷场是形成于辽宋时期的边境贸易载体，史称"与敌国互市之所"[8]。从这一基本概念出发，朱子方先生推断张建立任榆州刺史的时间在神册元年（916）以前，志文"遍历诸难"是指他参与了"诸弟之乱"，从而将榆州位处"边区"的历史拉长，为榆州榷场的凿通提供了最有力的支撑。然而仔细推敲，其说并无实据。

关于榆州的地望及沿革，《辽史·地理志》有如下记载："榆州……本汉临渝县地，后隶右北平骊城县。唐载初二年，析慎州置黎州，处靺鞨部落，后为奚人所据。太宗南征，横帐解里以所俘镇州民置州，开泰中没入。"[9]所言解里，是否为剌葛之子耶律拔里得，暂且存疑[10]，但榆州约置于辽太祖天显初（926），属早期头下州，当无大误[11]。

征诸史料，自辽太祖五年（911）平定五部奚之后，包括榆州在内的今大凌河及老哈河上游的"蕃境"已全部纳入契丹版图，其疆域"东际海，南暨白檀"[12]，沿长城线呈南侵之势。后梁乾化间（911～915），榆关失守，"契丹每刍牧于营、平之间"[13]，活动范围又向幽蓟地区推进了一大步。至神册六年（921），辽太祖"下古北口"[14]，其南界已稳固在今滦河中上游一带。此后，辽与五代政权围绕平州（今河北卢龙县）的争夺时有反复，但战争的前沿和焦点一直都在长城沿线以南，其间不仅榆州，其西之泽州（陷河银冶），其南之潭州（习家寨），也都早已远离"边区"。

张建立入辽的具体时间不详。根据志文"□□□□弑主，北阙扬威居家"推测，乾化二年（912）朱友珪弑杀朱全忠时，张建立适以军职驻守平州。因此，他很可能是与赵思温同时降辽。张建立的父亲张守贞与赵思温同事刘仁恭，两家不仅是乡谊故交，且世为姻娅。沙陀李存勖灭舜燕，以赵思温为平州刺史[15]，张建立自应列其麾下。很难

---

7 程嘉静：《辽代榷场设置述论》，《内蒙古社会科学》2015年第2期。

8 《金史》卷50《食货志五》，中华书局，1975年，第1113页。

9 《辽史》卷39《地理志三》，中华书局，1974年，第484页。

10 张意承、李玉君：《辽〈张建立墓志〉相关问题再考释》，《赤峰学院学报（汉文哲学社会科学版）》2020年第6期。

11 刘浦江：《辽朝的头下制度与头下军州》，《中国史研究》2000年第3期。

12 《辽史》卷1《太祖纪上》，中华书局，1974年，第4页。

13 《资治通鉴》卷269《后梁纪四》，中华书局，1956年，第8813页。按古今学者多以此营州为唐营州（治柳城），非是。对此，笔者拟另文撰述。

14 《辽史》卷1《太祖纪下》，中华书局，1974年，第17页。

15 《辽史》卷76《赵思温传》，中华书局，1974年，第1250页。

设想张建立背主于前，两家又结亲于后[16]。赵思温降辽，《辽史》本传称"神册二年，太祖遣大将经略燕地，思温来降"[17]，而同书《太祖纪》又称"（天赞）二年春正月丙申，大元帅尧骨克平州，获刺史赵思温"[18]，刘浦江先生主持修订的新版《辽史》倾向前说[19]，惜无详释。笔者从《卢龙赵氏家传》中了解到，神册二年（917）赵思温是在"城中粮尽援绝"的情况下，"审形势之攸归，察舆情之去就，遂款附"[20]，很像是一次文降，估计是辽太祖按照"我要幽州，令汉儿把捉"[21]的蕃汉分治策略，仍令其屯戍平州。也就是说，名义上神册二年平州已属契丹，但契丹得到实际控制权应是在天赞二年（923）赵思温再次战败被俘之后。由此而言，墓志所谓"遍历诸难"，当指张建立随同赵思温辗转于降叛之间的那段经历，而不应是发生在911年至914年的三次"诸弟之乱"。张建立任职榆州也不会早到神册元年（916），因为直到天显元年（926）六月，《辽史》还有太祖"次慎州"[22]的字样。如前所述，榆州本唐慎州地，此仍以旧名称之，则改置榆州必在其后。重熙四年（1035）《张守节墓志》追述祖考累代专城，有"因承驾幸，肇赐州名"[23]一语，似指张建立。如果州名确为太祖此行所赐，则与《地理志》所记相符，张建立就任刺史或在太祖末，或在太宗初。

早期的榆州位处辽境西南，周边空虚少州县，诸官府视其为召集兵马、供应军需的"总要之地"，皆置官守[24]，故榆州刺史例带西南路番汉都提辖使（置中京后改驻中京），间充乣使。但墓志显示，张建立及其子张彦胜并无知榷场事一职，其他能够查到的榆州刺史如宋匡世之父（失名）、张文熙、张守节、张守恒、李仲禧、高士宁、杜念等也无此职，只有张彦英除外。而张彦英卒于保宁元年（969），53岁，当生于神册二年（917），至石晋天福三年（938）燕云十六州割属契丹，虚龄不过22岁，就算他于此时出任榆州刺史，辽之南界也已拓展到河北新城（今河北高碑店市东南）、河东应州（今山西应县）以南，恰恰错过了"其地是属边区"的历史阶段。

实际上，在契丹人看来，辽太祖平定奚霫，尤其是讨平古北口以后，包括榆州在内的口外之地已属后方。惟其如此，解里方有可能在这里设置头下州。考古研究表明，辽代头下州大都分布在农牧交错地带，"把城址选在自己久已安定、稳固的后方"[25]。这其实是少数民族政权强制性移民的普遍规律。对于头下主而言，这样既可兼顾本民族和

16　赵思温之女适张彦英，见《王恽全集汇校》卷48《卢龙赵氏家传》，中华书局，2013年，第2265页。此外，本志"杜氏娘子男彦斌，女彦郎妇"，与清宁六年（1060）《赵匡禹墓志》"前夫人清河郡君张氏，故仁博州刺史、司徒之女"合，知张彦斌之女适赵思温之孙赵匡禹。

17　《辽史》卷76《赵思温传》，中华书局，1974年，第1250页。

18　《辽史》卷2《太祖纪下》，中华书局，1974年，第18页。

19　《辽史》卷2《太祖纪下》，中华书局，2017年修订本，第27页，注3。

20　（元）王恽著，杨亮、钟彦飞点校：《王恽全集汇校》，中华书局，2013年，第2263页。

21　《旧五代史》卷137《外国列传一》，中华书局，1976年，第1831页。

22　《辽史》卷2《太祖纪下》，中华书局，1974年，第23页。

23　张力：《辽〈张守节墓志〉考》，《辽金历史与考古（第三辑）》，辽宁教育出版社，2011年，第321页。

24　《辽史》卷35《兵卫志中》，中华书局，1974年，第406页。

25　冯永谦：《辽代头下州探索》，《北方文物》1986年第4期。

汉族两种生活方式，又可防止俘户逃亡。而且，头下州一般是契丹贵族生养死葬的世袭之地，"刺史以下皆以本主部曲充焉"[26]。此种私人领地的性质及管理层级，也决定榷场不可能设在头下州。

　　不过，从以往的学术积累来看，对榷场的界定广狭有别，并非基于同一语境。例如向南先生已经明确意识到榆州的"内地"性质，却依然认为榆州置有榷场。另有学者援引《辽史·圣宗纪》统和四年（986）十一月"以古北、松亭、榆关征税不法，致阻商旅，遣使鞫之"[27]，以及路振《乘轺录》"虏置榷场于虎（古）北口而收地征"[28]一类史料，据以证明自石晋割让燕云十六州乃至澶渊之盟以后，通往中京（今内蒙古宁城县大明镇城址）和上京（今巴林左旗林东镇城址）的驿道关口均有榷场，甚至将其与羊城、新城、朔州、保州等榷场相提并论。此问题牵涉榷场一词的历时性，下文还将详论，这里先指出一点：对通关商旅征税即"关征"，乃税赋之一种，《乘轺录》所言古北口榷场，若确有其事，也是指设卡征税的机构和场所，并不意味着古北口置有贸市性质的榷场。当然，如果将当时颇为盛行的"夹带贸易"考虑进去，也不妨作出另一种解释。辽宋和平时期国与国之间的互访活动大都带有一定商业色彩，各国使臣借出国之机往往"私相为市"，"游看买卖"，所到之处或"多赍土物转输"[29]，或"沿路收买物色"[30]，对方依据来使提交的"买物札子"一般也会"令所司调与之"[31]。在这种情况下，辽于五京关隘处开辟市场，以满足"贡道贸易"需求，也不是毫无可能。

　　但如此推论，反倒排除了榆州置有榷场的可能。其原因不仅仅是同时在古北口内外设置两个榷场有违常理，还在于榆州根本就不在驿道通过处。榆州位于古北口之东，中京之南，姑且不论高丽使辽是否行经此道，根据宋人使辽语录和考古调查得出的结论，自古北口至中京的驿道，是从鹿儿峡馆（今河北承德县东山嘴村）至岔路口（今平泉市西坝村），即榆州西南100千米处转东北行，再经铁浆馆（今平泉市罗杖子村）、富谷馆（今平泉市北五十家子村）、长兴馆（今宁城县一肯中乡）至中京[32]。而与此道东西并行的松亭关路，则在岔路口与其相汇，合为一途[33]，也不经由榆州。关于这一点，前引《张守节墓志》也提供了佐证。张守节曾出任北王府诸乣都部署，大约是在辽宋战争结束后的统和末或开泰初，"复治道于松亭，欲通人于桑水，急征名近（匠），立□（变）坦途"。诸乣都部署一职不见于《辽史·百官志》，通过志文"中京四面，榆地

26　《辽史》卷37《地理志一》，中华书局，1974年，第448页。

27　《辽史》卷11《圣宗纪二》，中华书局，1974年，第125页。

28　（宋）路振：《乘轺录》，《丛书集成新编》第93册，台湾新文丰出版公司，2008年，第698页。

29　（朝鲜王朝）郑麟趾等：《高丽史》卷20《明宗二》，西南师范大学出版社，2014年，第624页。

30　（宋）吕陶：《净德集》卷5《奉使至河北劄子》，《丛书集成新编》第61册，台湾新文丰出版公司，2008年，第690页。

31　（宋）刘敞：《公是集》卷53《陈耿墓志》，《丛书集成新编》第61册，台湾新文丰出版公司，2008年，第303页。

32　承德地区文化局辽驿调查组：《辽中京至南京口外驿道调查》，《社会科学战线》1984年第1期。

33　承德地区文化局、宽城县文保所：《松亭关考——兼谈与松亭关、松亭路相关的几个问题》，《辽金史论集（第三辑）》，书目文献出版社，1987年，第130页。

一方"可以看出，其管辖重点仍在榆州，应与纠使类似，掌纠户，因负有输送兵源之责并得给役之便，而兼理交通。此次治道，可能是辽朝对南北通和的一种表示，然而北宋使辽诗文却无一提到榆州，则此前榆州与松亭关、古北口两路并无"坦途"相连至显，其后亦无别国使团出入甚明。再换一个角度看，榆州自圣宗置中京后已属畿辅，两地相距不过百里，王曾《上契丹事》称中京城"有市楼四"，并置馆舍以待四方来人[34]，显然是更为理想的交易之地，无需另置榷场于榆州。

除了交通上不具备懋迁之地的基本特征，以地缘关系论，榆州既不与别国接壤，也不与属部相邻，缺少与渤海、高丽互市的必备条件。渤海与契丹自唐末交恶，双方"血战数十年"[35]，几乎不相聘问，仅有的一次是在神册三年（918），不久又为争夺辽州移民大打出手[36]，没有任何迹象表明两国曾互设榷场，货物流通只能依靠私相贩卖或回图务循环转贸。《辽史·食货志》所言"雄州、高昌、渤海亦立互市，以通南宋、西北诸部、高丽之货"[37]中的"渤海"，无疑是指东丹。

榆州原为奚霫之地，置州后城区人口当以中原汉民为主，也许还有少量唐代靺鞨后裔散在周边[38]，而渤海遗民的大批迁入则是在张建立父子死后。史载契丹西迁渤海遗民规模较大者有三次。一是辽太祖平渤海后于天赞五年（926）"以大諲撰举族行"，至"皇都西，筑城以居之"[39]。据《辽史·地理志》，此次迁徙的渤海人主要分布在上京道永、饶二州，而以临潢府所属州县最为密集，被编入斡鲁朵管辖的渤海人也大都集中在上京和东京（今辽阳市），只有少数人被迁至中京道黔州（今辽宁北票市境）和岩（严）州（今锦州市境），距离榆州均在数百里之外。二是辽太宗继位后，在耶律羽之提议下，东丹于天显三年（928）举国南迁[40]，此事无关榆州。第三次是辽圣宗太平十年（1030）平定大延琳之乱后的移民，中京所属来、隰、迁、润等州始为渤海人居住区[41]。据此得出"榆州位于契丹、奚、渤海三者交汇之处"的结论，进而证明榆州置有专属榷场，至少在时间上是不能对应的。

张彦英卒于保宁元年（969），这一时间节点也足以说明榆州即或置有榷场，也非针对高丽所设。王氏高丽自有国之日即与契丹绝少往来，辽太祖平灭渤海，彼此益为仇雠。至辽圣宗统和十二年（994）征讨高丽确立宗藩关系后，两国始又恢复交往，然而开泰三年（1014）置于鸭绿江东岸的保州（今朝鲜平安北道义州）榷场，也仅维持数年即告停废。及道宗朝欲重开榷场，又因高丽极力反对而不了了之[42]。高丽对游牧政权

34　《辽史》卷39《地理志三》，中华书局，1974年，第485页。

35　（金）王寂撰，张博泉注：《〈辽东行部志〉注释》，黑龙江人民出版社，1984年，第4页。

36　《辽史》卷2《太祖纪下》，中华书局，1974年，第19页。

37　《辽史》卷60《食货志下》，中华书局，1974年，第929页。

38　王晓莉、张美霞：《唐〈李谨行墓志〉简考》，《碑林集刊（八）》，陕西人民美术出版社，2002年，第67页；范恩实：《论隋唐营州的靺鞨人》，《中国边疆史地研究》2011年第1期。

39　《辽史》卷2《太祖纪下》，中华书局，1974年，第22～23页。

40　《辽史》卷3《太宗纪上》，中华书局，1974年，第30页。

41　《辽史》卷17《圣宗纪八》，中华书局，1974年，第206页。

42　（朝鲜王朝）郑麟趾等：《高丽史》卷10《宣宗》，西南师范大学出版社，2014年，第277、283页。

始终抱有敌意，同时出于对本国边境安全的考虑，除去换取"岁赐"的正常输贡和带有"侦察"目的的夹带贸易而外，总体上对辽经贸并不积极。高丽一方面通过频繁的聘问馈答笼络东、西女真，另一方面又不断与北宋、日本等国开展海上贸易，客观上削弱了辽朝在东北亚经贸圈中的宗主国地位。

三、高丽使辽的路线

考古研究证明，连结朝鲜半岛与中国东北及中原的陆路通道早在商周以前即已形成，此后历代沿袭。高丽使辽也基本是因循前朝之旧，即由开京（今朝鲜开城特级市）北上至辽保州渡过鸭绿江，再经开远城（今辽宁凤城市）至东京，然后分途去往上京或南京（今北京市）[43]。

辽朝重启这条贡道并使之不断完善的过程，史料呈现至为清晰。辽圣宗于统和十年（992）首次问罪高丽，高丽以"道途梗涩，甚于涉海"[44]为由，归罪于鸭绿江女真，并提出逐女真、筑城堡、通道路等一系列要求，圣宗为早日促使高丽臣服，"诏取女直鸭渌江东数百里地赐之"[45]，并允许高丽"于鸭江西里创筑五城"[46]。开泰三年（1014），圣宗又"诏国舅详稳萧敌烈、东京留守耶律团石等讨高丽，造浮梁于鸭渌江，城保、宣义、定远等州"[47]，使东西两岸连成一线。也因此令高丽倍感不安，曾一再"表请毁鸭绿城桥"[48]。重熙六年（1037）《韩橁墓志》有"太平五年，鸡种贡材，鸭流通栈。师停下濑，兵罢渡辽"[49]一说，可知此浮梁确曾一度遭到破坏，辽方为此不惜兵戎相见，高丽只好贡材重修。另据《高丽史》，文宗元年即辽重熙四年（1035），辽来远城使通牒高丽，指责其"累石城而拟遮大路，竖木寨而欲碍奇兵"[50]，恐怕也是事实。故重熙九年（1040）兴宗听从耶律仁先的建议，在保、定二州设置关铺[51]。此举应是韩橁"筑垒一十七所"[52]的后续工程，"东京沿女直界至鸭渌江军堡凡七十"[53]的辽东防线当形成于此时。完善这道防线的目的主要是针对女真，同时也为高丽贡道提供了安全屏障。为了确保出入半岛的道路畅通，兴宗还敕建弓口门栏于保州城东野[54]，道

43　李孝聪：《中国区域历史地理》，北京大学出版社，2004年，第462页。

44　（朝鲜王朝）郑麟趾等：《高丽史》卷94《徐熙传》，西南师范大学出版社，2014年，第2910页。

45　《辽史》卷13《圣宗纪四》，中华书局，1974年，第143页。

46　（朝鲜王朝）郑麟趾等：《高丽史》卷3《成宗》，西南师范大学出版社，2014年，第77页。

47　《辽史》卷15《圣宗纪六》，中华书局，1974年，第175页。

48　（朝鲜王朝）郑麟趾等：《高丽史》卷5《德宗》，西南师范大学出版社，2014年，第139页。

49　向南：《辽代石刻文编》，河北教育出版社，1995年，第205页。

50　（朝鲜王朝）郑麟趾等：《高丽史》卷6《靖宗》，西南师范大学出版社，2014年，第151页。

51　向南：《辽代石刻文编》，河北教育出版社，1995年，第352、353页。

52　向南：《辽代石刻文编》，河北教育出版社，1995年，第206页。

53　《辽史》卷36《兵卫志下》，中华书局，1974年，第434页。

54　（朝鲜王朝）郑麟趾等：《高丽史》卷7《文宗一》，西南师范大学出版社，2014年，第202页。

宗朝则增设邮亭，渐加垦田[55]。毫不夸张地说，有辽一代为"长开贡觐之途"，付出了巨大的代价和长期不懈的努力。

这自然是有原因的。按之于史，太平九年（1029）渤海遗民大延琳据东京反，遣使向高丽求援，高丽不许，于是"自此路梗，与契丹不通"[56]。事后，圣宗颁诏于高丽："近不遣人往还，应为路梗，今渤海偷主俱遭围闭，并已归降，宜遣陪臣速来赴国，必无虞虑。"[57]不但未加申斥，反而给予充分谅解，这透露出两国官方交通舍保州一线别无他途的实情。此种局面的形成，既与高丽防范之严密有关，也与贡道必经东京的路线安排有关。东京是辽朝处理高丽及女真事务的主要机构，估计高丽使团每次入觐，都要在东京接受查验。

从东京去往中京的驿道，寿昌三年（1097）《贾师训墓志》称志主"奉诏充高丽人使接伴，道出乾陵"[58]。是知此道即唐营州道。据《武经总要》，东出营州（今朝阳市）有南北二道。南道自东京西南行经鹤柱馆（今鞍山市驿堡城址）、辽水馆（今盘锦市大洼区古城子），至闾山馆（今北镇市闾阳镇）合于北道。北道则由东京经唐叶馆（今辽阳县唐马寨镇）、独山馆（今盘山县古城子镇）、乾州（今北镇市王屯城址）、辽西州（今义县王民屯城址）、宜州（今义县）、牛心山馆（今北票市牤牛营村附近）、霸州（今朝阳市）、建安馆（今朝阳市龙城区黄花滩城址）、富水馆（今喀左县土城子城址）、会安馆（今建平县沙海镇）至中京[59]，然后东北行至上京。这里需稍加解说的是：此道过牛心山馆之后大体是沿今大凌河左岸向西延伸，但到达富水馆之后，便离开大凌河改向西北行，即沿今建平县牤牛河上溯，至会安馆及中京，恰好避开了榆州。另外，还要附带说明一点：以上所述乃辽置中京以后的驿道，之前由东京去往上京，则当自霸州取直道西趋，沿今朝阳县大庙镇青沟梁古道北上草原，与榆州无任何交集。

高丽入觐南京的路线，《三国史记》言之甚明："昔大辽未亡时，辽帝在燕京，则吾人朝聘者，过东京，涉辽水，一两日行至医州，以向燕蓟，故知其然也。"[60]此道也是自东京西行，区别只在于中途改行傍海道（榆关道），即沿隰州（今兴城市东关驿城址）、来州（今绥中县前卫城址）一线出榆关，然后经迁州（今抚宁县）、平州、滦州（今滦县）、石城（今唐山市开平区）、潞县（今北京通州区）至南京[61]。考其经由，也与榆州无涉。

至于高丽由海路入辽，因史料所限，迄无详论。陈述先生认为辽朝的海运"属于附从性质"，"合并渤海以后，增加了海上交通的机会，但港口船只的活动不算多"[62]。

55 （朝鲜王朝）郑麟趾等：《高丽史》卷8《文宗二》，西南师范大学出版社，2014年，第214页。

56 （朝鲜王朝）郑麟趾等：《高丽史》卷5《显宗二》，西南师范大学出版社，2014年，第132页。

57 （朝鲜王朝）郑麟趾等：《高丽史》卷5《显宗二》，西南师范大学出版社，2014年，第134页。

58 向南：《辽代石刻文编》，河北教育出版社，1995年，第478页。

59 王绵厚、李健才：《东北古代交通史》，沈阳出版社，1990年，第200～205页。

60 （朝鲜王朝）金富轼：《三国史记》卷37《杂志第六》，吉林文史出版社，2003年，第443页。

61 唐晓峰、黄义军：《历史地理学读本》，北京大学出版社，2006年，第573页。

62 陈述：《契丹社会经济史稿》，生活·读书·新知三联书店，1963年，第143页。

实际上，辽朝在平灭渤海十数年前已据有辽东南部，甚至可能控制了"登州海行入高丽、渤海道"[63]。此道又称"鸭绿江朝贡道"，如以鸭绿江入海口为节点，逆流北上，经泊汋口（今丹东市叆河尖城址）至渤海国境可达丸都（今吉林集安市）、神州（今临江市）；入海南行，经青泥浦（今大连市老城区）、都里镇（今旅顺口）渡乌湖海（今渤海海峡）可至登州（今山东蓬莱市）[64]。今旅顺口及大连湾因而为海陆枢纽之地，辽太祖二年（908）"筑长城于镇东海口"[65]，后又置苏州（今大连市金州区），辽朝初期与吴越、南唐通使以及东丹王耶律倍奔后唐当皆由此入海。不过，东亚诸国航海出入辽境，却并不限于镇东关。《辽史》对港埠、漕渠固无系统记录，然舰船的制造和使用情况，借助耶律铎轸、萧蒲奴、萧惠诸传尚可略见一斑。《武经总要》则称霸州、宜州（今义县）、双州（今沈阳市石佛寺城址）等地系留滞辽境的江南水军通吴军驻所[66]。另外还有诸如"契丹水军指麾使"[67]、"提点造船韩绍孚"、"监造海行舟船刘可度"[68]、来远城"载船一百四十艘"[69]、大龙湾"海运故道"[70]等零散信息，据此一窥其港口的分布当非难事。按说高丽使臣沿海岸线西行进入辽境的登陆点可有多处，只是如此设想无任何实际意义。原因之一是高丽航海如辽，无论在何处登陆都属于舍易就难，到达上京、中京和南京的里程都会远远超过陆行。原因之二是遍查《辽史》《高丽史》，自辽、丽确立宗藩关系至金兴辽亡计140余年，高丽使辽凡200余次，而海行只有仁宗元年也即辽保大三年（1123）八月"遣河则宝如辽，自龙州泛海不达而还"[71]这唯一一次。文中特意点明"泛海"，显见以往不走海路[72]。"不达"是因苏州先陷渤海高永昌，后又被金兵占领[73]。高丽此次遣使不过是一探虚实而已。

四、景州的"榷场"问题

关于张彦英知榷场事的履职地问题，笔者研究的结论是在景州（今河北遵化市）。

63　《新唐书》卷43《地理志七下》，中华书局，1975年，第1147页。

64　黎虎：《六朝时期江左与东北地区的交通》，《北京师范大学学报》1989年第5期。

65　《辽史》卷1《太祖纪上》，中华书局，1974年，第3页。

66　（宋）曾公亮：《武经总要》前集卷22《北蕃地理》，《传世藏书·子库·兵书》，海南国际新闻出版中心，1995年，第472、473页。

67　（朝鲜王朝）郑麟趾等：《高丽史》卷5《显宗二》，西南师范大学出版社，2014年，第133页。

68　向南、杨若薇：《辽代经济机构试探》，《文史（第十七辑）》，中华书局，1983年，第120页。

69　（朝鲜王朝）郑麟趾等：《高丽史》卷14《睿宗三》，西南师范大学出版社，2014年，第412页。

70　（明）蒋一葵：《长安客话》卷5《畿辅杂记》，《丛书集成续编》第50册，上海书店出版社，1994年，第382页。

71　（朝鲜王朝）郑麟趾等：《高丽史》卷15《仁宗一》，西南师范大学出版社，2014年，第438页。

72　《高丽史》卷93有"今非但聘使，且因贸易，使价烦伙，恐为中国之所贱。且因往来，败船殒命者多矣"之说，所言"中国"当指北宋，"败船"之事亦应发生在使宋途中。（朝）郑麟趾：《高丽史》卷93《崔承老传》，西南师范大学出版社，2014年，第2890页。

73　（宋）徐梦莘：《三朝北盟会编》卷1《政宣上帙一》，上海古籍出版社，1987年，第3页。

理由除去榆州无榷场，以及见于史载的其他榷场在年代上均与张彦英不合而外[74]，更关键的一点在于此"榷场"的含义与前述概念不尽相同，张彦英移官他地专任此职的可能性基本可以排除。

辽朝的榷场可概括为两类：一类是与五代政权及北宋互市的炭山羊城、涿州新城、朔州、振武军等口岸市场；一类是对属国或部族开放的保州、云内州、宁江州等边境市场。后者虽非严格意义上的榷场，然比之于其他国内普通市场，包括五京市场及南北王府市场、行宫市场，仅就地理位置一端，即足以看出其区别之所在。景州"本蓟州遵化县"[75]，随燕云十六州并入契丹，属典型的汉族区，尽管所在方位较之榆州更近于宋境，却同样也缺少设置榷场的必备条件。因此，这里所谓的"榷场"必另有所指。

早有学者指出，榷场一词始见于唐代，其本义是指征税机构和榷卖场所，"即使到了宋代，榷场也仍然沿袭了这种含义"[76]。事实的确如此，直到熙宁十年（1077），宋神宗还曾"诏榷场以市易司为名"[77]，说明"榷场"仍未成为特指两国互市的专有名词。在这一点上，南北间也许存在着一定的文化差异，但可以肯定的是，在辽宋正式设置榷场之前，履职景州的知榷场事一职只可能是针对地方经济发展需要而设，与后来的榷场都监性质不同，其执掌无非榷税。

《辽史·地理志》记景州语焉不详，从张彦英任职时间看，所言"重熙中置"也是不准确的。张彦英卒于景宗继位后一年许，年龄不大，很可能死于任上。则景州宜为穆宗应历中置，最晚也不会晚于景宗保宁初年。由县升州，一般取决于人口及军事因素，而景州入辽后军政地位的提高，主要是缘于当地工商业的快速兴起。景州介于南京析津府与平州两大政区交界处，正当松亭关路南段，东接傍海道，南通蓟运河（浭水），其得天独厚的地理区位和交通资源，在南京近海地区的经济发展中，无疑是极具战略意义的。太平五年（1025）《广济寺佛殿记》描述这一带的区位优势和繁荣景象："凤城西控，日迎碣馆之宾；鳌海东邻，时揖灵槎之客。而复枕榷酤之剧务，面交易之通衢。云屯四境之行商，雾集百城之常货。"[78]南京地区地利富厚，尤以盐业称盛，早在十六国时期石赵便于角飞城煮海[79]，后唐赵德钧创建卢台盐场和新仓榷盐院，"因其盐曰榷盐。复开渠运漕盐，货贸于瀛莫间"[80]，由此形成的北盐南销之势至辽朝有增无减，景州永济盐院也因此应运而生。重熙八年（1039）《赵为干墓志》记赵氏于兴宗初年监永济盐院，"任循一载，课余万缗"[81]。盐业之外，天庆三年（1113）《丁文道墓志》记丁氏出任龙池冶监及整顿课税事："公泊至，督役勉工，亲时铸炼，所收倍于常绩。复

74　张国庆：《辽朝商贸市场及商务管理综论》，《辽金历史与考古（第九辑）》，科学出版社，2018年，第75、76页。

75　《辽史》卷40《地理志四》，中华书局，1974年，第499页。

76　冯金忠：《榷场的历史考察——兼论西夏榷场使的制度来源》，《宁夏社会科学》2013年第3期。

77　（清）徐松：《宋会要辑稿》卷17553《食货三七》，中华书局，1957年，第5460页。

78　向南：《辽代石刻文编》，河北教育出版社，1995年，第177页。

79　《资治通鉴》卷96《晋纪十八》，中华书局，1956年，第3010页。

80　郭正忠：《论辽代盐业体制的变化》，《社会科学辑刊》1993年第6期。

81　向南：《辽代石刻文编》，河北教育出版社，1995年，第220页。

更征商榷酒等务，烦剧皆办，所莅称最。"[82]可见，景州到辽朝中后期已俨然是一座盐铁重镇。由后推前，其经济事务在地方政务中的重要程度自不难想见。

当然，南京地区作为辽朝的主要税源地，榷务烦剧乃普遍现象，设置知榷场事一类职官当不限于景州，惟名目或有不同。概言之，辽朝的财赋制度及散在于五京的经济机构是随着疆域的扩展和封建化程度的不断提升而逐步完善起来的。张彦英任职景州，永济盐院和龙池铁冶可能尚未设立或是设立初期，榷务管理除场官而外，沿袭唐五代节镇兼领榷盐使、榷税使的传统，地方长官亦带衔提控。迨财赋体制健全，"五京计司各以其地领之"[83]，所属职官也随之剥离出来，体现了辽朝经济发展"制度日增"的客观进程。

最后再补充一点：知榷场事一职出现在辽宋互置榷场之前，史载"契丹在（宋）太祖时，虽听缘边市易，而未有官署"[84]，但实际上，南北双方"为私间相贸鬻"[85]沿边设立税场的现象是长期存在的，上述引文"碣馆之宾""灵槎之客"便清楚地说明，由于官方默许，民间走私贸易已呈常态。因此，在确认知榷场事的职责主要为榷税的同时，专题研究还有必要将这种现象作为官榷制度的一个方面加以观照，并与榷场的形成和发展联系起来，庶几可得全貌。

附　录

银青崇禄大夫、检校尚书右仆射、行榆州诸军事、榆州刺史、兼西南路蕃汉都提辖使、兼御史大夫、上柱国张公墓志并序

清河仆射［者］，平州卢龙县破卢（虏）里人也，讳建立。父曾授沧州马步军都指挥使，讳守贞。母郑氏，仕族□□□□具述前勋。公门传官爵，迹本海隅。荒鸡叫而舞袖开，铁马挥而雄风振。□□□□弑主，北闻（阙）扬威居家。奈边境多虞，因滋（兹）向化。身浴（名）沐先皇眷泽，遍历诸难后，任榆州刺史，兼蕃汉都提辖使。天显五年十月十六日染疾卒于公府，春秋四十有七，权葬于宅外西（丙）地。公在世有夫人二，娘子二。［其］长夫人药氏者，门庸暐晔，仁德丰隆，积善肥家，断机训子，流年感□（醉），于应历十五年十二月八日染疾寿终于正寝，年七十有六，权葬于外地。次夫人樊氏者，丰约合度，谨素严颜，有闺政之规，无外族之□（叹），天显十年正月七日疾瘵（瘵）终于寝室，年五十二，权葬于宅右。娘子杜氏者，艳态出群，礼敬馀侈，赞佐能遵于内训，箕帚善禀于古风，去应历十年十二月十三日疾终于侧室，年五十有九，权葬于宅右。今以男彦英，蓝青润美，庆善□（延）勋，亦曾任榆惠（景）二州刺史、知榷场事、兼兵马都监，□□任西南路都提辖使、充匀使、银青崇禄大夫、检校司徒，于保宁元年中春染疾，至夏末闰五月八日卒于公府，春秋五十有三，权攒于

82　向南：《辽代石刻文编》，河北教育出版社，1995年，第640页。
83　《辽史》卷60《食货志下》，中华书局，1974年，第930页。
84　《宋史》卷186《食货下八》，中华书局，1977年，第4562页。
85　（清）徐松：《宋会要辑稿》卷4172《兵二八》，中华书局，1957年，第7292页。

□□西（丙）位。是以命良师以择吉日，辟旧圹以就新茔。礼稟周仪，祔葬同椁，有三人焉：嫡夫人药氏、夫人樊氏、娘子杜氏。药氏夫人男四人：彦琋、彦英、彦珀、彦瑑（瑍）。樊氏夫人男彦胜，曾任榆州刺史、兼充南路纠使、银青崇禄大夫、检校司空、兼御史大夫、上柱国，于应历十五年十二月八日染疾卒于公府，春秋三十有九，权葬于宅右，今辟旧圹同就新茔。女高郎妇。娘子曹氏女，尼随师。杜氏娘子男彦斌，女赵郎妇。呜呼哀哉！其词曰：

爰洎（自）向化，是显大名。豹离寒雾，鹏翥宏□（蒙）。风神□（廓）落，意气峥嵘。作蕃汉牧，胤子孙荣。位兼符□（节），贵□（等）茅旌。如何□（凶）遘，乃有疾成。一归长夜，万不重生。黄肠斯宇，清德曰（因）灵。□（哀）恸□（晨）□（夕），□（倾）□（毁）魂情。愚哲殊类，在兹其（赍）中（甍）。

（陈守义 朝阳市文史研究院）

辽"缙阳寺功德碑"录文校补

王玉亭

内容提要： 现保存于北京延庆灵照寺院内的辽缙阳寺功德碑，记述了缙阳寺建寺修造因革、规模和常住物，以及辽圣宗、兴宗、道宗临幸、施财和其他施主助力添修的事迹。此碑双面刻字，其中庄帐记对于寺之四至、布局、供奉及其他常住物的记载尤为详尽。在今人著录中对于此碑的释读、录文存在着诸多失误和遗漏，笔者依据相关拓片进行了重新释读，并参照以往诸家录文再次校补。在庄帐记释读中收获颇大，共得新释读文字296字。其中释读出有较完整名前结字的僧人18人。从僧人所奉修分析，可以判断出缙阳寺存在着多宗兼容的特点。

关键词： 辽代 缙阳寺 功德碑 校补

北京地区发现的辽代碑、墓志较多，以往，学者们于此有不同方面的研究和利用，并取得了显著成果。利用碑志资料的前提是需要对相关碑志文进行全面、正确的释读，但目前看，许多碑志的释读工作还存在着缺欠，这些缺欠无疑会直接影响到相关资料的利用价值，应引起注意。现以"缙阳寺功德碑"录文为例予以提示，并请专注者指教。

一、现存"缙阳寺功德碑"的基本情况

"缙阳寺功德碑"两面均刻有文字，即我们通常所见《添修缙阳寺功德碑记》《缙阳寺庄帐记》（以下分别简称《功德碑记》和《庄帐记》）。据梅宁华等所编《北京辽金史迹图志（上）》记载[1]，此碑为古缙阳寺（寺址在北京原延庆县香营小堡村北）于辽寿昌元年（1095）所刻立碑，现藏于北京延庆灵照寺院内。碑高2.29米，宽0.9米，厚0.22米。《北辽京金史迹图志（下）》记此碑体量时，记述为碑残高2米，碑身宽0.84米[2]。不知是什么原因，两记同碑数据有异。碑石青石质，下端残佚，碑阳（指刻有《功德碑记》的一面）左下角残缺更甚。碑首雕为螭首状，其间留有"圭"形平面，一面刻"缙阳寺功德碑"六字，一面刻"缙阳寺庄帐碑"六字。此碑的照片及拓片见于

---

1 梅宁华：《北京辽金史迹图志（上）》，北京燕山出版社，2003年，第131页。

2 梅宁华：《北京辽金史迹图志（下）》，北京燕山出版社，2004年，第16页。

图一　　"缙阳寺功德碑"

《北京辽金史迹图志（上、下）》[3]，据照片及拓片可知，此碑现所见到的几种录文均非其上文字的全部，尤其是《庄帐记》缺失极多（图一）。大略估计，所见各资料所录录文缺少七行，且碑的下方每行约缺五字空缺。碑文刻字书法全部为行书，《辽代石刻文编》所记为正书[4]，错。《北京辽金史迹图志（下）》云其书风宗二王，甚是。能在石上刻此纤细笔画，且能将原书笔意表现出来，真乃刻工高手！可惜的是，在拓片上并不能辨明书丹和刻工的名字。

二、"缙阳寺功德碑"的著录录文情况

此碑的录文最早见于陈述先生的1982年的《全辽文》，分别列于246页和343～344页[5]，继由《辽代石刻文编》收录[6]，《北京辽金史迹图志（下）》也有录文和拓片照片。对照原碑拓片（照片），笔者发现，《全辽文》录文文字缺失颇多，而《辽代石刻文编》的录文基本为《全辽文》的转录，并于篇首第二行较《全辽文》多释读出两处文字，即：释读出《功德碑记》第二行之"枢密院令史、太子洗马郑昉撰"（《全辽文》此处为"郑□"二字）。在《庄帐记》第二行释读出"当寺讲经律沙门守约述"十字。《北京辽金史迹图志（上）》在介绍缙阳寺遗址时云："'添修缙阳寺功德碑记'，枢密院令史太子洗马郑国公刘辉撰，掌寺前僧判官圣纶书丹。"[7]关于撰者官职，其本官为太子洗马，使职为枢密院令史，以此身份获得"国公"的爵位，于辽朝制度几无可能。加之细审原拓片，此处并无明显的"国公刘辉"字样，此不取。书丹者，此书本处判为"圣论"，显误。原碑拓片为"当寺前僧判官讲经论（沙门）"，之下残缺，此处的僧人，严格地讲不能断为书丹者。

3　缙阳寺碑及拓片照请参见《北京辽金史迹图志（上）》第170、171页；录文请参见《北京辽金史迹图志（下）》第16、17页。

4　向南：《辽代石刻文编》，河北教育出版社，1995年，第464页。

5　陈述：《全辽文》，中华书局，1982年，第246、343、344页。

6　向南：《辽代石刻文编》，河北教育出版社，1995年，第464～467页。

7　梅宁华：《北京辽金史迹图志（上）》，北京燕山出版社，2003年，第131页。

三、"缙阳寺功德碑"录文校补

笔者对照原碑拓片（照片）以及上述相关资料，对"缙阳寺功德碑"碑文进行重新释读，并试作句读。录文以繁体录出，文字横向排列。笔者新释读部分以加下划线的形式标出，原碑磨泐不清处以"□"标出，推断疑字和提示语以括号"（ ）"标出；每行另起并以阿拉伯数字标出。

（一）《添修缙阳寺功德碑记》录文

縉陽寺功德碑（碑额）

（1）添修縉陽寺功德碑記

（2）樞密院令史、行太子洗馬郑昉撰，當寺前僧判官講經論（沙）（門）□□

（3）縉陽寺者，古之禪房院也，光啓二年为創置之始。雖年代寢遠，而壯麗□□□□

（4）我大遼國先朝聖宗皇帝初以鑾輿南幸，駐蹕於此，登臨觀眺，深思物□□□□

（5）寺殘僧少，山院細路高，乃命筆題於壁面，于今一百三十餘載。龍鳳□□□□□

（6）興宗皇帝偶因巡幸事，亦稽先太平間，賜号曰縉陽，盖其形勝崇嚴□□□□□

（7）名與實相副矣。次至今上睿孝皇帝於清寧秊追思往事，駕幸於□□□□（福）

（8）田之意，遂施銀一十两，絹一十疋。粤有當寺持念沙門奉潤，幼抛俗愛，早（悟）□□□□

（9）耆年而益進，如巘松老而不改，如海月高而愈明。其間受先君□（遺）□□□□□□

（10）具萬矣。常念出家而为俗務，實達人之所耻也。況知本性虛□，忍□□□□□□

（11）室散浮雲。为福田盡出所藏，咸集上善，遂命著人揆日召梓匠□□□□□□

（12）一所，并内筑□匜于内，共施錢七百餘貫。次於寺北隅建洞焉□□□□□□

（13）建土地、伽藍堂两位，并神從共五十餘事。復于寺前起五□□□□□□□

（14）壁畫弥勒（慈）氏来迎相二壇，皆以締構者盡成巧飾繪者□□□□□□

（15）外猶□積餘，仍每年筵僧二百人，迄今二十餘年未曾有□□□□□□

（16）粟一千碩，錢五千緡，每年各息利一分。壽終之日，永入（常）□□□□

□□□□□□□□

（17）輪如日月之運傳之無窮，自餘勝因不可殫述。<u>粗録</u>□□□□□□□□□□□□□□

（18）□詞多驗其所行，則寔曰仁人之利，博俾千古□□□□□□□□□□□□□□□

（19）皇朝建号寿昌元<u>季</u>□□□□□。

（二）《缙阳寺庄帐记》录文

缙陽寺莊帳碑（碑額）

（1）緝陽寺莊帳記。當寺講經律論沙門守約述。<u>首座、持念大德、寺主沙門奉德，門資見尚座（沙門）</u>□□，講經律論□□□□□□□

（2）粵光啓二年孟春首旬，先師師間門人惠真錫攜<u>盟</u>始屆茲地。粵有維那吳公，字建還，特為鞠買地□□□□□□

（3）我大王彭城公統戎之十一<u>祫</u>□，有功德主隨使押衙、<u>左</u>散騎常侍、上柱國劉守約，再為興修。勝緣未畢，天奪□□□□□

（4）（停）次□昭王嗣子約之表◎檢授司空劉守韜。施財預◎。有本郡僕射同<u>與</u>院主惠真尚座行思、都維那□□□□□

（5）師而建也。後有功德主慧省添修功德堂、鐘樓三間。而彭城約之殊力既圖勝宇，巨建標題。僧惠省於□□□□□□□

（6）大寺。迄至我朝興宗皇帝乃賜緝陽之號。□後□□□□□殿僧房共三百八十餘架。地□園林約□□□□□

（7）小道之北，東連翠嶺，西接青嶼。受具僧人百一十□勤□□□<u>容</u>五百已上。資生之物盛興於□□□□□□□

（8）成大寺，今為驗矣。傳有道側墳主高大王闔家施根後莊田，托眾僧為遠嗣，至今仍尔。因此前後并□□□畝具□□□□□

（9）傾六十畝。浮圖子地一段十畝。次北一段二十畝。又次北一段二十畝。中間倚寺主施二十畝。南道北一段□□三十畝。北道北一段□□□□□

（10）土共□□□西至澗，西至官道。山東葛家峪地一傾，東至澗南，西至張<u>延</u>化，北至山頂。□□地一傾二十三畝□□□□□□□

（11）家坎地三十畝。四至（懷霍）、崔永安地一傾二十畝。東至山，南至道，西北至翟公諒。中山□□一□二十畝□□□□□□（於）

（12）可言，南至呂廣倪，西北至道。林墓地四十畝，東至賈守諒，南至墓，西至翟公諒。北至道。坊子□地三十□□□□□□□

（13）道，南至翟嘉進。次道西一段六十畝，東至□□於可言，西至張守仁，北至道。次北一段四十畝，東至張守仁，南至□□□□□□

（14）韋謙讓。次東北地□□□□□□東□西至道，北至<u>王</u>□懿。次北一段四十畝，東北至道，南至崔儼，西至河。次道<u>西</u>□□□□

（15）四十四畝。爰有首座奉潤，世壽八十有五，僧夏五十八<u>季</u>。<u>了</u>感非常，<u>與眾</u>

共□□舊莊田。恐年代遠□□□□□□□□□

（16）願乃為虛廢所託眾僧之力靠賴無依，誠失彼之要期。寔為之□□眾議，令後假餘緣勿變典賣，寔為□便□□□□□□□

（17）永添福祐。持念沙門雲普、講法華經沙門（順）□、持念沙門奉恃、□□沙門□□、□□□（沙門）

（18）現寺主沙門奉（操）、持念沙門沙門（奉）迴、持密□沙門奉達、講花嚴經沙門義□、講花嚴經沙門（順）□、持念沙門義誠、□□□沙門□□

（19）現尚座沙門□□、持念沙門（雲）仁、（見判）官講經沙門雲逸、講唯識論沙門義欣、講花嚴經沙門□□、持念沙門雲（憚）

（20）現都維那沙門□行、持念沙門智遠、持密教沙門義興、講花嚴經沙門雲□、講經律論沙門□□、持念（沙門）義（才）、□□□□□□

（21）上座持念沙門松（憑）、講經律論沙門奉選、雜事持念沙門□□、講經律論沙門奉英、講經律論沙門□□、誦□□沙門義□

（22）持密教沙門歸寂、持密教沙門奉□、誦法華經沙門雲通、講花嚴經沙門□□、誦法華經沙門義□、□經沙門□義進□□義□

（23）持密教□□□□、□□□（沙）門□□、持念沙門□□、前僧（判）講經論沙門□□、□花嚴經沙門□□。□□眾四十四人。

（三）校补结果说明

1.《功德碑记》校补情况

《功德碑记》正文共刻字19行，以碑文下方缺5字的情况分析（参见原立碑图片，碑底的一小部分似被埋在水泥碑座里），每行满行字数约31字。笔者释读碑文共得出与以往释文不同者8处。

2.《庄帐记》校补情况

《庄帐记》碑正文共有23行，每行刻字约50字（原碑行尾疑有5字缺失）。以往录文正文首行缺录约23字，即"首座、持念大德、寺主沙门奉德，门资见尚座（沙门）□□，讲经律论□□□□"。更大的问题是，在第17行的"永添福祐"之后（计7行），各家全部缺录。今依据拓片录出，共新释读出296字。

《庄帐记》正文第一行中明确言明此庄帐记为当寺讲经律论沙门守约"述"，继后的三位僧人或有可能是见证、文字记录者。从《庄帐记》篇尾所记"□□众四十四人"字样可知，缙阳寺至少有44人共同见证了本寺庄田地产。

四、"缙阳寺功德碑"所反映的佛教信息

《庄帐记》所载僧人"名前结字"信息很丰富，既有僧官（如判官），又有"三纲"（如寺主、尚座、都维那）和寺务僧（如杂事），还有众多的教内教职（如讲经律论、讲经论、讲某经论者），以及专修（如持密教、诵某经）。依笔者理解，凡有师号的（如大德）、僧官、三纲、讲经律论、讲经论者，都应视为高僧。类似的高僧

在《庄帐记》至少有12人。讲某经者，应视为有相当修为的学问僧，此类僧人有约8人。即，庄帐记所载此类高僧和学问僧至少有20人，这还不包括一些"持念僧"中的高僧和学问僧。《庄帐记》所列44人，不会是僧众的总数，缙阳寺或还有相当数量的不占籍者。笔者更感兴趣的是缙阳寺的僧人"名前结字"反映出的所修佛典和所奉宗派。现试说如下：

依《庄帐记》所记，明确僧人所研修经典的有四种，即：

（1）华严经，研修者6人；

（2）法华经，研修者3人；

（3）唯识论，研修者1人；

（4）密教，研修者4人；

另有"持念僧"至少12人。

从上述简单数据来看，可知这些僧人至少当时倾向于华严、天台、唯识、密教的研学。另外的持念僧12人，极有可能是奉天台宗者。由此可判断出缙阳寺的僧众研修方向多有不同，也可以看出此寺佛教文化的融合性。

五、余　话

北京、辽宁、内蒙古、河北是辽代汉文碑志遗留较为丰富的地区，有关专门针对本地域所出碑志的搜集、整理工作，各地学者的努力各有不同。如，内蒙古方面，盖之庸先生早在二十年前就出版了《内蒙古辽代石刻文研究》[8]，后来又作了增订本[9]。辽宁方面，辽师大已经做了"辽宁出土辽代墓志整理与研究"项目。北京地区的辽代碑志图文汇集，笔者目前所见较全面的是《辽金史迹图志》（上、下）。其他著作不再赘述。实事求是地看，以往学者对于辽代墓志文本的释读研究工作已经很认真了，但，因学识、研究方向、材料方面等因素的缺欠，致使出现了许多释读上的错误。造成这些错误的原因集中体现在对常用典故、辽朝特殊职官、异体字、当时行文规律等方面的不熟。可惜的是，这种问题还延续于金代墓志的释读工作中。最近，笔者蒙周阿根教授所赐其新著[10]，使笔者看到了辽代墓志释读工作的又一个成果。在碑的正常释读方面，还有待于深入，期盼有人出来认真做好这种基础性的工作。本文写作的目的之一，就是提示学者们在研究辽代墓志的同时，还要关注各地辽碑的信息。从目前的存世资料看，辽代的许多碑多涉及佛教信息，从中可以分析辽代佛教的宗派和传播情况，可以发现这些宗派的地域上的分布，还可以推断出信众的族群属性，以及对于当时社会影响等。这些信息，辽代佛教研究者应当注意，其他方面研究者也应予关注。

8　盖之庸：《内蒙古辽代石刻文研究》，内蒙古大学出版社，2002年。

9　盖之庸：《内蒙古辽代石刻文研究（增订本）》，内蒙古大学出版社，2007年。

10　周阿根：《辽代墓志校注》，天津古籍出版社，2022年。

另外，笔者在《辽代僧人名前结字"持念"含义试解》[11]中，在引用《庄帐记》时，列出13位持念僧，本次通过仔细释读，发现实际有12位，借此予以更正。

附记：本文为国家社科基金后期资助项目："辽宁出土墓志整理与研究"（批准号：17FZS061）的阶段性成果。本文写作得到齐心先生和周峰老师的大力帮助，在此深表谢意。

（王玉亭　巴林左旗政协文史委）

11　王玉亭、姝雯：《辽代僧人名前结字之"持念"含义试解——以石刻为中心的考察》，《黑龙江社会科学》2021年第6期。

碑 志 研 究

辽代汉文墓志撰写三题

王雨鸣

内容提要： 辽代汉文墓志撰写有一定的规范程序。墓志的请志者一般由亲属担任，尤其以长子居多，此外也见有其他诸子或孙子担任请志者的情况，出家僧人即使有俗家亲属存在，也多以弟子为请志者；撰志者有翰林学士或国史院大臣，大多数家庭因社会地位不高而选择进士出身的文士撰写墓志。自唐末以来志盖使用不受品阶限制，使用群体逐渐扩大，篆书志盖的选择体现了辽人对中原丧葬文化的认同。行状和家族谱牒是墓志撰写的主要依据，墓主生平一般据实撰写，但远古先祖多为攀附，并不真实，这就使得志文呈现出"虚实相间"的特点，墓主家属一般会将撰写好的志文直接进行刊刻，有的家庭会请书法名家抄写志文，以提升墓志的品质。辽代汉文墓志大多数均有铭文，因墓主无事迹或撰者学识有限会导致墓志缺少铭文。

关键词： 辽代　汉文墓志　请志者　撰志者　撰写

据《新唐书》记载，契丹人"死不墓，以马车载尸入山，置于树颠"[1]。可见在契丹传统丧葬文化中没有使用墓志的习俗，建国后随着与汉人交流日益密切，他们逐渐接受了汉人的丧葬礼仪制度，墓志也被契丹民族所接受，且出现汉文和契丹文两种墓志。目前学界已有文章对辽代汉文墓志撰写相关问题进行探讨，如刘春燕《书写、传播与政治：辽代汉文墓志撰写研究》主要考察了墓志撰写的类型、特点及墓志文本书写与政治的关系[2]；霍东升《辽代汉文墓志研究》对墓志的时空分布、内容结构和相关人物评价等方面有所关注[3]。但目前的研究成果对请志者、撰志者的选择和志文撰书等问题的考察仍有欠缺，仍有进一步研究的必要。因此，本文拟在前人研究的基础上，对辽代汉文墓志的请志者、撰志者的身份和志文撰写相关问题进行考察。

1　《新唐书》卷219《契丹传》，中华书局，2013年，第6167页。
2　刘春艳：《书写、传播与政治：辽代汉文墓志撰写研究》，中央民族大学硕士学位论文，2021年。
3　霍东升：《辽代汉文墓志研究》，山东大学硕士学位论文，2021年。

一、请志者的身份

辽代汉文墓志可以分为皇帝御赐墓志和家属自建墓志两大类，其中皇帝御赐的墓志由皇帝派专职官员进行撰写，如《梁援墓志》由"朝请大夫、中书舍人、充史馆修撰、轻车都尉、平昌县开国伯、食邑七百户、赐紫金鱼袋、臣孟初奉敕撰"[4]；而墓主家属自建的墓志大多由家属请托他人撰写，也有部分墓志由家属亲自撰写。搜检《辽代石刻文编》《辽代石刻文续编》及相关考古报告，统计辽代汉文墓志有193方，其中记载了请志者身份的有105方，这些墓志中由墓主家属请他人撰写的有94方，在可知请志者身份墓志的总数中占比89.5%。从亲属关系来看，请志者身份以长子占比最多，还有以配偶、非嫡长子、孙子担任请志者的情况。

长子持门户是古代家庭最为常见的做法，故在父母逝世后，长子就需要主持葬礼、请人撰写墓志。辽代汉文墓志中有68方为墓主后人请托撰写，长子参与请托撰写的墓志有34方，其中长子领衔其他诸子女同请托的墓志有23方，其余11方为长子单独请志。长子领衔诸子请志占比多是因为这种方式体现了子女的孝心，更能打动撰者为逝者撰志。马谌在《张岐墓志》中提及其为张岐撰志的原因在于"其二子号泣……斯古孝子显父母之志也，敢不直书"[5]。

除长子请志外，辽朝也存在其他诸子请志的情况，这种情况主要是由如下三个因素决定。其一为墓主长子先于墓主去世，这种情况居多。例如，董匡信长子董世济早逝，故董匡信和其妻子死后由幼子董庠请志[6]。其二为墓主其他诸子中有人社会地位高于长子。例如，韩匡嗣和其妻子秦国太夫人共生九子，除了早逝的儿子外其余均担任高官。其中以第四子韩德让地位最高，景宗去世之时，韩德让"受遗诏而佐佑长君（辽圣宗）"[7]。圣宗继位后，韩德让又"寻以辅立功守司徒、同政事，进封楚王，赐姓耶律氏及改赐今名。未几，拜大丞相，充契丹、汉儿枢密使，南北面诸行宫都部署，改封齐王"[8]。韩匡嗣及其妻子秦国太夫人死后，韩德让以其极高的社会地位成为了父母墓志的请托者。其三如果墓主其他诸子认识善于撰铭者，那么他们也可以成为墓志的请托者。例如，王仲福的三个儿子中，长子和次子都有官职，但次子王廷芝的友人善于撰写墓志铭者，因此王廷芝成为了父亲墓志的请托者[9]。

如果墓主子女均先逝，墓主的其他家属也可以作为请志者。在墓主之子早逝的情况下，墓主有仕宦经历的孙子自然就成为了最佳请志者。高为裘于清宁二年（1056）去世

4　《梁援墓志》，向南：《辽代石刻文编》，河北教育出版社，1995年，第519页。

5　《张岐墓志》，向南、张国庆、李宇峰辑注：《辽代石刻文续编》，辽宁人民出版社，2010年，第366页。

6　《董匡信及妻王氏墓志》，向南：《辽代石刻文编》，河北教育出版社，1995年，第338页。

7　万雄飞、司伟伟：《辽代韩德让墓志考释》，《考古》2020年第5期。

8　（宋）叶隆礼撰，贾敬颜、林荣贵点校：《契丹国志》卷18《耶律隆运传》，中华书局，2014年，第197页。

9　《王仲福墓志》，向南、张国庆、李宇峰辑注：《辽代石刻文续编》，辽宁人民出版社，2010年，第8页。

后并没有立刻下葬，而是"权厝于侍中里北"，至乾统十年（1110）"复奉灵柩归葬于朔州鄯阳县司马里东先茔之次"。此时高为裘的长子高泽已经去世，其长孙高永肩为诸孙中唯一入仕者，故高永肩成为了最佳的请志人选[10]。秦国太妃耶律氏有五子四女，但其五子"皆先妃而薨"，她的十二个孙子有七个孙子已经入仕。她的诸孙中，萧知足和萧无曲有丰富的仕宦经历。萧知足[11]"幼养宫中，兴宗尤爱之"[12]，还任"泰宁军节度使、同中书门下平章事、同知枢密院事、驸马都尉"[13]；萧无曲[14]"以戚属加左右千牛卫大将军……以柴册礼恩，加检校太傅、永兴宫使，总领左右护卫，同知点检司事。尚魏国公主，拜驸马都尉，为北院宣徽使，仍总知朝廷礼仪"[15]。从仕宦经历来看，二人均有资格担任祖母墓志的请志者。但萧知足可能在任同知枢密院事时认识了"兼知南院枢密使"[16]的杨佶，杨佶不仅"举进士第一"[17]，还善于撰写墓志铭，他为张琪、秦晋国大长公主和张俭撰写过墓志。因此萧知足自然就成为了最佳请志人选。

辽代汉文墓志中还有22方由墓主的其他亲属担任请志者，其中配偶担任请志者12方，兄弟担任请志者6方，父母担任请志者4方。无论是由配偶请志，还是由兄弟或父母请志，究其原因都并非他们没有子孙可以代为请志，而是这些人与墓志撰写者比较熟悉，他们出面请志更容易成功。例如，董庠的妻子张氏去世后，董庠以"旧分"请其朋友韩诜担任撰志者[18]。

除亲属外，也见以弟子担任墓志请托者的情况。以弟子担任请志者的墓志共有8方，且都为僧人的墓志。有的僧人虽在娶妻生子后出家，但请志者仍为其弟子。如□□禅师去世后由诸多弟子请志，其俗世家庭中只有出家的长孙参加了他的葬礼[19]。这反映了僧人出家后与俗世家人关系的间断及其与弟子所建立的"父子关系"。

辽朝大部分汉文墓志都有请托者，极少一部分只有撰写者而没有请托者。其中一部分墓志是由皇帝御赐，故没有请托者。另一部分墓志则是由墓主家属或朋友主动撰写而没有请志者。如杜念去世后其友郑□□因"可保始终之义，是全生死之交"而主动

10　《高为裘墓志》，向南：《辽代石刻文编》，河北教育出版社，1995年，第610页。

11　萧知足即《辽史》中的萧阿剌。参见万雄飞：《辽秦国太妃晋国王妃墓志考》，《文物》2005年第1期，第88～96页；张志勇、齐伟：《萧和家族在辽代社会的地位与影响》，《渤海大学学报（哲学社会科学版）》2014年第5期，第25～33页。

12　《辽史》卷90《萧阿剌传》，中华书局，2017年，第1493页。

13　《秦国太妃墓志》，向南、张国庆、李宇峰辑注：《辽代石刻文续编》，辽宁人民出版社，2010年，第91页。

14　萧无曲即《辽史》中的萧撒八。参见万雄飞：《辽秦国太妃晋国王妃墓志考》，《文物》2005年第1期，第88～96页。

15　《辽史》卷87《萧撒八传》，中华书局，2017年，第1467页。

16　《辽史》卷89《杨佶传》，中华书局，2017年，第1489页。

17　《辽史》卷89《杨佶传》，中华书局，2017年，第1488页。

18　《董庠妻张氏墓志》，向南：《辽代石刻文编》，河北教育出版社，1995年，第410页。

19　《□□禅师残墓幢记》，向南、张国庆、李宇峰辑注：《辽代石刻文续编》，辽宁人民出版社，2010年，第246页。

撰铭[20]；郑颉对其弟郑硕照顾有加，"兄即居其长，诸孤尚幼，儿蔽身之衣，皆嫂之手制。适□之食，亦嫂之日给……此谓生我者父母，长我者兄嫂也"，故郑颉去世后郑硕因感激兄嫂照顾而主动撰铭[21]。

二、撰志者的选择

古代墓志一般由专人撰写，撰志者的身份不仅能够体现墓主及其家族的社会地位，且其文化水平更能直接影响墓志的质量，因此墓主家属对撰志者的选择格外重视。皇帝御赐的墓志由皇帝委派专职官员进行撰写。现今193方辽代汉文墓志中，除帝后哀册外，由皇帝御赐的墓志一共有19方。从撰写者的身份来看，这些奉敕撰写墓志铭的撰者多为翰林院和国史院大臣。如寂善大师墓志的撰写者王观于重熙七年（1038）"中进士乙科……迁翰林学士"[22]，其在寂善大师的墓志中又称自己为"充史馆修撰"[23]。梁颖墓志的撰写者耶律兴公自称为"翰林学士、行中书舍人、充史馆修撰"[24]。萧袍鲁墓志的撰写者王师儒为"翰林侍读学士……充史馆修撰"[25]。有学者提出唐玄宗于开元二十六年（738）设立翰林学士院后，奉敕撰文也日益趋向制度化，翰林学士逐渐成为了奉敕撰铭者[26]。通过上述所列部分辽朝奉敕撰铭者的官职，可以看到，辽在继承唐朝撰铭制度的基础上又有所创新，即多以史馆修撰和翰林学士为奉敕撰铭者。这是因为需要史馆大臣参考资料检索逝者贡献，这一点在墓志中也有所反映。如《梁颖墓志铭》云："复诏史臣序其世次、乡贯洎平生出处，所以立身致主之事……录其历官在职、出入资途……询其勤劳尽瘁、干事决务之才"[27]；萧莹去世后，天祚帝下诏："诏付史馆论撰公之世族、爵位，卒葬时日，与其始终之大节，志于其墓上。"[28]

皇帝赐予逝者墓志对于逝者乃至其家族来说是一种巨大的荣耀，虽然大部分官吏难以获得皇帝御赐的墓志，但他们的家属也努力求得翰林学士或国史院大臣为其撰写墓志。赵孝严是辽道宗朝的撰铭高手，他奉皇帝敕令为耶律庆嗣、耶律宗愿等人撰写墓志铭，故时人有能力者多请赵孝严撰志，如耶律弘世、耶律智先去世后其家属都请托赵孝严撰志。

大部分墓主家属由于社会地位不高难以请得当朝翰林学士或史馆大臣撰写墓志铭，

20　《杜悆墓志》，向南、张国庆、李宇峰辑注：《辽代石刻文续编》，辽宁人民出版社，2010年，第306页。

21　《郑颉墓志》，向南、张国庆、李宇峰辑注：《辽代石刻文续编》，辽宁人民出版社，2010年，第179、180页。

22　《辽史》卷97《王观传》，中华书局，2017年，第1551页。

23　《圣宗淑仪赠寂善大师墓志》，向南、张国庆、李宇峰辑注：《辽代石刻文续编》，辽宁人民出版社，2010年，第119页。

24　杨卫东：《辽朝梁颖墓志铭考释》，《文史》2011年第1期，第171～181页。

25　《萧袍鲁墓志》，向南：《辽代石刻文编》，河北教育出版社，1995年，第423页。

26　杨向奎：《唐代奉敕撰写墓志的制度化及其影响》，《中国文学研究》2016年第2期，第57～61页。

27　杨卫东：《辽朝梁颖墓志铭考释》，《文史》2011年第1期，第171～181页。

28　《萧莹墓志》，向南、张国庆、李宇峰辑注：《辽代石刻文续编》，辽宁人民出版社，2010年，第241页。

因此他们大多会请朋友或文化素养较高的士人撰写墓志。现今所见193方辽代汉文墓志中有125方明确记述了撰写者与逝者之间的关系，其中以文化素养较高之人撰写的墓志最多，共有69方；其次则为朋友所撰墓志，有45方。辽人多请文化素养较高之人撰写志文主要是因为他们文化水平较高，所撰写志文的质量能够得到保障。如《韩瑜墓志》的撰写者郝云自署为"前进士"[29]；《刘宇杰墓志》的撰写者王用极为辽圣宗统和十三年（995）进士[30]，官至滦州军事判官、将仕郎、试秘书省校书郎[31]；《耶律元宁墓志》撰写者杨又玄亦是圣宗统和年进士[32]，官至朝议郎、行左补阙、充史馆修撰[33]，从身份上来看，这些善于撰志者多为进士出身的文士。请朋友撰写墓志，朋友关系不局限于墓主朋友，也可以是请志者的朋友。如邓中举[34]、宁鉴[35]、王师儒[36]墓志的撰写者都是他们本人的朋友，而张匡正[37]、梁援妻张氏墓志[38]的撰写者则是请志者的朋友。

三、志 文 撰 写

上文已详细论述了请志者和撰志者的相关问题，这一节将具体论述志文撰写的相关问题。

（一）志盖撰写书体的选择

北朝以来墓志的使用形成了较为严格的等级制度，只有一品高官或宗室亲族才可以使用墓志盖。但自唐末以来墓志品阶界限下移，志盖的使用不再被品级所约束，家族经济实力成为制约志盖使用的主要因素。

除了帝王外，辽朝使用墓志盖的不仅有耶律宗政、耶律仁先和秦晋国妃萧氏这样的契丹贵戚，还有秦王韩匡嗣、韩橁等出身世家者，更有潞州商魏铁都监丁文道、西头供奉官姚璹等低阶官吏。由此可见，辽朝墓志盖的使用也继承了唐末的风气，上至宗室、高官，下至低阶官吏都可以使用。

我国古代志盖一般采用篆体，但随着唐朝以来楷书盛行，楷书志盖也逐渐增多。辽人继承了唐以来的书写风气，不仅运用篆书志盖，亦运用楷书志盖。有研究者提出篆书

29　《韩瑜墓志》，向南：《辽代石刻文编》，河北教育出版社，1995年，第93页。

30　《辽史》卷13《圣宗纪》，中华书局，2017年，第159页。

31　《刘宇杰墓志》，向南：《辽代石刻文编》，河北教育出版社，1995年，第106页。

32　《辽史》卷14《圣宗纪》，中华书局，2017年，第168页。

33　《耶律元宁墓志》，向南、张国庆、李宇峰辑注：《辽代石刻文续编》，辽宁人民出版社，2010年，第43页。

34　《邓中举墓志》，向南：《辽代石刻文编》，河北教育出版社，1995年，第488页。

35　《宁鉴墓志》，向南：《辽代石刻文编》，河北教育出版社，1995年，第606页。

36　《王师儒墓志》，向南：《辽代石刻文编》，河北教育出版社，1995年，第645页。

37　《张匡正墓志》，向南、张国庆、李宇峰辑注：《辽代石刻文续编》，辽宁人民出版社，2010年，第214页。

38　《梁援妻张氏墓志》，向南：《辽代石刻文编》，河北教育出版社，1995年，第566页。

志盖兼具实用性、艺术性、装饰性三重意义[39]；也有学者提出古人多用篆书志盖是因为其相信在丧葬礼制中，古老的篆书更能容易与天地鬼神沟通，更符合神秘的丧葬礼仪气氛[40]。现可考辽朝有盖汉文墓志共77方，其中用篆书撰写的志盖就有46方。辽朝帝后哀册的志盖无一例外均使用篆书，契丹宗室贵戚如耶律宗政[41]、耶律宗允[42]、萧袍鲁[43]等人也多用篆书志盖，这不仅反映了篆书志盖是当时的主流，也反映了契丹人对中原丧葬文化的认同。

（二）志文撰写与书写

撰志者在撰写志文时一般会参考墓主家属提供的资料，主要有行状和家族谱牒。

行状主要内容包括墓主的仕宦经历和家庭信息等内容。如萧德恭于咸雍九年（1073）去世时其子年幼，其兄大国舅驸马萧德良"曲付行状"于石介，石介根据行状"强以编之"[44]。王师儒去世于天庆四年（1114），此时其长子王元孙已经去世，故他的次子、进士王德孙充当了父亲墓志的请志者，他"持公行状"[45]于父亲旧友南抃，南抃根据行状为王师儒撰写了墓志。家族谱牒也是撰写墓志重要的参考材料。如《刘宇杰墓志》云："其先帝尧之后，国史明陈，家牒具载。"[46]《耿延毅妻耶律氏墓志》云："夫人耶律氏，本姓韩。其韩氏之源，国纪家牒备矣。"[47]可见家谱所记载多为墓主先祖的信息，且他们多将先祖追溯至先秦时期。如《吴景询墓志》言："吴氏之先，周姬折流。泰伯受封而为姓，隐之侣郡以扬名。"[48]又同一家族之人所追溯先祖也会有所差异，如《王裕墓志》言其先祖："本素有殷之苗裔，姬周授命封微子为王，遂因以命氏焉。"[49]，但同族的《王悦墓志》则云："殷王子比干，为纣所害，子孙以王者之后，因而称氏。"[50]这说明家牒和墓志所记载的远古先祖信息大多为攀附之举，并不可信。

行状主要出自墓主亲属之手，因此内容难免有不实之处。有些撰写者为了保证志文的真实性会在考察行状后对相关信息如实撰写，如《韩佚墓志》的撰写者裴玄感就是在考察行状的真实性后"直书其事"[51]。而谱牒所记载的祖先信息难以稽考，撰者只能从

39 曹思佳：《墓志盖篆书题铭的装饰性流变与艺术价值研究》，江南大学硕士学位论文，2020年。

40 刘天琪：《隋唐墓志盖题铭艺术研究》，西安美术学院博士学位论文，2009年。

41 《耶律宗政墓志》，向南：《辽代石刻文编》，河北教育出版社，1995年，第305页。

42 《耶律宗允墓志》，向南：《辽代石刻文编》，河北教育出版社，1995年，第319页。

43 《萧袍鲁墓志》，向南：《辽代石刻文编》，河北教育出版社，1995年，第423页。

44 《萧德恭墓志》，向南、张国庆、李宇峰辑注：《辽代石刻文续编》，辽宁人民出版社，2010年，第153页。

45 《王师儒墓志》，向南：《辽代石刻文编》，河北教育出版社，1995年，第645页。

46 《刘宇杰墓志》，向南：《辽代石刻文编》，河北教育出版社，1995年，第106页。

47 《耿延毅妻耶律氏墓志》，向南：《辽代石刻文编》，河北教育出版社，1995年，第142页。

48 《吴景询墓志》，向南、张国庆、李宇峰辑注：《辽代石刻文续编》，辽宁人民出版社，2010年，第17页。

49 《王裕墓志》，向南：《辽代石刻文编》，河北教育出版社，1995年，第62页。

50 《王悦墓志》，向南：《辽代石刻文编》，河北教育出版社，1995年，第112页。

51 《韩佚墓志》，向南：《辽代石刻文编》，河北教育出版社，1995年，第100页。

其所记载进行撰写，这就使得志文呈现出"虚实相间"的特点。

志文在撰写完成后还要进行书丹，清人叶昌炽云："古人撰碑皆自书之，凡无书人名者，撰、书即出一人之手。"[52]这种"不书人名者"的情况在辽代较为常见，如《张俭墓志》《耿延毅墓志》《韩资道墓志》等，这就表明这类墓志是撰写者兼任书丹者。也有墓志明确标注撰写和书丹的程序由同一人完成，如彭城郡王刘继文墓志由"文章大德、赐紫沙门文秀撰并书"[53]；忠顺军节度副使宁鉴的墓志由"中大夫、太常少卿、前史馆修撰虞仲文撰并书"[54]；萧勃特本去世后，其墓志由"布衣逸士袁修睦撰文并书"[55]。可见，以撰写者兼任书丹者是辽代汉文墓志书写的常态。

有些家族为了凸显社会地位，提高墓志的文化内涵，也会在墓志撰写完成后另请擅长书法之人书写墓志，其中以儿子担任书丹者最为常见。如《张思忠墓志》由"儒林郎、守秘书省著作佐郎柴德基撰"，再由"第三男乾州内库都监可奂书"[56]；《梁援妻张氏墓志》的撰写者为"乾文阁直学士、赐紫金鱼袋杨丘文"，书写者为"长男庆先"[57]；《张岐墓志》为"韩城进士马谌撰，次男德毅书"[58]。还有一些社会地位较高或经济实力较强的家族会另请当时书法名家书写志文，如《秦国太妃墓志》由天雄军节度、魏州管内观察处置等使杨佶撰写，再由枢密院户房令史高异书写[59]。秦国太妃家世显赫，为契丹宗室贵族，其孙萧知足为兴宗所宠爱，这就使得其有能力另请书法名家为其祖母抄写墓志，以提升墓志的整体水平。又如《蔡志顺墓志》由上京管内商税点提、云骑尉、赐紫金鱼袋杨骏声撰，再由乡贡进士刘安贞书丹。辽兴宗第二子和鲁斡任上京留守时，蔡志顺受到了他的青睐任契丹令史，之后又任上京商税点检，"有功可奖，朝廷以为能"[60]，故其家庭也有能力请专人为墓主书写墓志。

辽代汉文墓志中只有很少一部分由专人书写，请书法名家书写墓志不仅能展现墓主家族的经济水平，同时也能提高墓志的文化内涵和品质。

（三）不撰铭文原因

墓志铭一般由"志"和"铭"两部分组成，"志"是整个墓志铭的主体，主要记载

52　（清）叶昌炽撰，姚文昌点校：《语石》卷6《总论撰书一则》，浙江大学出版社，2018年，第198页。

53　《刘继文墓志》，向南：《辽代石刻文编》，河北教育出版社，1995年，第71页。

54　《宁鉴墓志》，向南：《辽代石刻文编》，河北教育出版社，1995年，第606页。

55　《萧勃特本墓志》，向南、张国庆、李宇峰辑注：《辽代石刻文续编》，辽宁人民出版社，2010年，第172页。

56　《张思忠墓志》，向南：《辽代石刻文编》，河北教育出版社，1995年，第215、216页。

57　《梁援妻张氏墓志》，向南：《辽代石刻文编》，河北教育出版社，1995年，第566~568页。

58　《张岐墓志》，向南、张国庆、李宇峰辑注：《辽代石刻文续编》，辽宁人民出版社，2010年，第366页。

59　《秦国太妃墓志》，向南、张国庆、李宇峰辑注：《辽代石刻文续编》，辽宁人民出版社，2010年，第90~92页。

60　《蔡志顺墓志》，向南、张国庆、李宇峰辑注：《辽代石刻文续编》，辽宁人民出版社，2010年，第261页。

志主的生平事迹；"铭"由韵文写成，是在志文的基础上歌颂墓主的功勋和表达哀悼之情，这是墓志铭的基本结构。

辽代汉文墓志中有25方墓志有志无铭，这部分墓志之所以没有铭文，可能是由以下因素所导致的。其一为墓主生平信息较少，无内容可赞颂。如《刘承遂墓志》载其"世本云中三井里人也"，成年后没有入仕为官，而是"念契佛家……焚课筵僧"[61]，这就导致他没有功名可赞颂，所以其墓志缺少铭文。又《张哥墓志》《程延超墓志》《张让墓志》等皆是因没有功名而缺少铭文。其二为撰者学识不高。如《刘从信墓志》的撰写者为其夫人江氏，因江氏学识不高故只能"具述先代官位名讳"[62]。从墓主身份上看，他们一般都为低级官吏和平民。

综上所述，辽代汉文墓志的撰写有相对严格的程序。一般由请志者提出请求，撰写者根据行状和家族谱牒撰写志盖、志文和铭文，有经济实力的家族也会延请书法名家为墓主书写墓志。墓主生平及家庭情况参考行状据实撰写，而远祖多为墓主家族攀附，并不真实，这就使墓志文呈现出"虚实相间"的特点。另外，参与墓志制作、撰写和书写等工作的人员越多、越知名，这就越能体现墓主家族的社会影响力，也是墓主后人践行"孝道"的直接体现。

附记：本文系辽宁省社科基金重点项目"辽金元三朝的文化认同与中国统一多民族国家发展研究"（L21AZS001）、辽宁省经济社会发展研究课题"古代教令与地方治理研究——以唐宋时期建州为例"（2023lslytkt-005）阶段性成果之一。

（王雨鸣　渤海大学历史文化学院）

61　《刘承遂墓志》，向南：《辽代石刻文编》，河北教育出版社，1995年，第676页。

62　《刘从信墓志》，向南、张国庆、李宇峰辑注：《辽代石刻文续编》，辽宁人民出版社，2010年，第212页。

辽代契丹字书法初探

——兼析《契丹小字萧敌鲁副使墓志铭》等两方墓志铭的真伪

李晓飞

内容提要： 辽代契丹字书法主要包括契丹大字与契丹小字两部分。其中，契丹大字书法包括楷书体、篆书体、行书体，契丹小字书法包括楷书体、篆书体。在辽朝汉文书法的演变、统治者的推动、契丹字书法的革新等诸多因素影响之下，辽代契丹字书法逐渐由稚嫩走向成熟。随着辽代契丹字书法的发展，契丹字墓志在笔法、结构、章法等方面呈现出诸多特点。这为学界从书法角度入手鉴别《契丹小字萧敌鲁副使墓志铭》和《契丹小字胡睹堇审密墓志铭》的真伪提供了可能。

关键词： 辽代　契丹大字　契丹小字　书法　墓志铭真伪

引　言

契丹字是辽代契丹人为记录契丹语而创制的文字，分为大字与小字。神册五年（920）春，在耶律突吕不、耶律鲁不古的协助之下，辽太祖耶律阿保机"多用汉人，教以隶书之半增损之，制契丹字数千，以代刻木之约"[1]，即成契丹大字。一般认为契丹大字为表意文字，是参照汉字并简化其笔画形体所创制的。此后，阿保机的弟弟迭剌又创制出了契丹小字，一般认为"契丹小字是参照汉字和契丹大字的形造成原字，并参照汉字的反切创出拼音的方法，以原字作为基本读写单位拼成字（词）的"[2]。契丹大小字使用时间近三百年，直到明昌二年（1191）金章宗才"诏罢契丹字"[3]。元明时期，契丹字成为死文字。自20世纪20年代，辽帝庆陵中哀册的发现才掀起了对契丹字的研究热潮。目前，学界对契丹小字与契丹大字的解读已经取得了非凡的成绩，为我们进一步研究契丹字打下了坚实的基础。作为辽朝的官方文字之一，契丹字在辽代书法中的

1　（宋）叶隆礼：《契丹国志》卷23《国土风俗》，上海古籍出版社，1985年，第221、222页。

2　清格尔泰、刘凤翥等著：《契丹小字研究》，中国社会科学出版社，1985年，第6页。

3　《金史》卷9《章宗一》，中华书局，1975年，第220页。

地位也不应小觑。

通过搜集整理，辽代契丹字资料涉及墓志、哀册、官印、陶壶、木牍、刻石、钱币、铜牌、手稿书。现拟从这些契丹字资料入手，对辽代契丹字书法及辨伪进行初步研究，不足之处，还请方家斧正。

一、契丹大字

根据目前掌握的资料，契丹大字的书体有楷书体、篆书体和行书体三种，下面分别进行分析。

（一）楷体契丹大字

迄今所见辽代最早的契丹大字资料为统和四年（986）的《契丹大字耶律延宁墓志》（以下简称《延宁墓志》）。《延宁墓志》为灰白色石质，方形，志盖已佚。1964年出土于辽宁省朝阳县西五家子乡柏树沟村西北柏木山。《延宁墓志》志文上半部为19行契丹大字，下半部为24行汉字，其中汉字满行38字，共291字[4]。无论是契丹大字，还是汉字，《延宁墓志》在笔法的运用上多以方笔为主，点画略显坚硬与单一，变化稍有不足。如 ㇐、㇐、㇐、㇐ 等字在横、竖、点、钩、撇、捺的书写上虽然均使用切笔与方笔，但也不免略显单调。在结构上，《延宁墓志》结体内敛，中宫紧凑，但是部分单字在处理上存在结构失衡、重心不稳的问题。如 ㇐、㇐、㇐ 等字在点画的安排上虽然十分紧凑，但是都有结构倾斜的问题。在章法上，契丹大字与汉字的兼顾关系明显，行列分明，布局疏朗。整体风格古拙质朴、天真烂漫、自然硬朗、不加修饰。

重熙十年（1041）的《契丹大字北大王墓志》[5]（以下简称《北大王墓志》）的契丹大字与汉字的书法风格也极其统一。《北大王墓志》的契丹大字与汉字在笔法上均以方笔为主，结体上因形而异，同样也存在部分单字结构失衡、重心不稳的问题。如 ㇐、㇐、㇐、㇐、㇐ 等字从起笔到收笔都呈方形，虽字形各异，但略有歪斜之态。全篇风格内敛瘦硬，古拙质朴，与《延宁墓志》的风格颇为相似。

《契丹大字多罗里本郎君墓志铭》（以下简称《多罗里本墓志》），大康七年（1081）刻[6]。《多罗里本墓志》的契丹大字行笔时以露锋入笔为主，方笔居多，点画刚劲，字形内敛，重心平稳，结体方正。如 ㇐、㇐、㇐、㇐ 等字在笔法与结构的处理上已经渐趋合理。通篇字形小巧古拙、天然质朴，布局工整疏朗、气韵流畅，不失为一件契丹大字书法的佳作。

除了《延宁墓志》《北大王墓志》《多罗里本墓志》以外，大康十年（1084）的《契丹大字耶律昌允墓志》[7]（以下简称《昌允墓志》）、大安五年（1089）的《契丹

4　辽宁省博物馆：《辽宁省博物馆藏碑志精粹》，文物出版社，2000年，第168、169页。

5　盖之庸：《内蒙古辽代石刻文研究》，内蒙古大学出版社，2007年，第782页。

6　盖之庸：《内蒙古辽代石刻文研究》，内蒙古大学出版社，2007年，第791、792页。

7　盖之庸：《内蒙古辽代石刻文研究》，内蒙古大学出版社，2007年，第789、790页。

大字萧元忠墓志》[8]（以下简称《元忠墓志》）、大安六年（1090）的《契丹大字萧袍鲁墓志》[9]（以下简称《袍鲁墓志》）在笔法、结构、章法、风格上也都具有类似的特征。如《昌允墓志》的 ■、■、■，《元忠墓志》的 ■、■、■，《袍鲁墓志》的 ■、■、■ 等字，尽管其书法水平参差不齐，但是在点画、结体、风格等方面颇为相似。

辽道宗大安年间（1085～1094），楷体契丹大字在书风上为之一变，其中，最具有代表性的当属大安八年（1092）的《契丹大字永宁郡公主墓志铭》（以下简称《永宁公主墓志》）。《永宁公主墓志》出土于内蒙古赤峰市巴林左旗林东镇，墓志盖为盝顶式，中部篆书"故永宁郡公主墓志铭"3行9字。志石为方形，长94.5厘米，宽95.5厘米，厚1.5厘米。志石上刻契丹大字36行，满行38字[10]。《永宁公主墓志》的契丹大字书法章法布局合理得当、行列分明、气韵贯通，整体风格宽博大气、端庄厚重。具体来看，■、■、■、■ 等字多藏锋入笔，方圆结合，提按起伏、顿挫有力，转折处圆满遒劲，收笔时干净利落；结体平稳方正、字形外拓、字字珠玑，是辽代契丹大字书法的极佳之作。除了《永宁公主墓志》以外，乾统八年（1108）的《契丹大字耶律祺墓志》[11]（以下简称《祺墓志》）与天庆四年（1114）的《契丹大字耶律习涅墓志》[12]（以下简称《习涅墓志》）在契丹大字的书写上也开始呈现点画转折处圆转外拓、笔法刚健、字形沉稳的特点。如《祺墓志》的 ■、■、■、■ 与《习涅墓志》的 ■、■、■、■ 等字笔法方圆结合、字形外拓沉稳，与《永宁公主墓志》风格相近。

从以上分析，基本可以看出，辽代楷体契丹大字风格基本以大安年间（1085～1094）为参考，分为前期和后期两种风格。前期的笔法以刚硬的方笔为主，结体内撅，但在字形结构的处理能力上稍显不足，整体风格古拙质朴、刚硬内敛。后期笔法方圆结合、圆满遒劲；字形方正端庄，结体外拓，结构处理能力日渐成熟；整体风格宽博大气、沉稳端庄。

（二）篆体契丹大字

辽代篆体契丹大字主要保留在辽朝官印之中。赵娍所编《辽代官印汇考》对辽代契丹大字官印进行了系统的整理，为我们研究辽代篆体契丹大字提供了宝贵的资料[13]。通过对契丹大字官印的梳理可知，现存的辽代篆体契丹大字包括九叠篆、鸟虫篆、铁线篆，其中绝大多数为九叠篆。

由于存世的隋唐五代时期的官印极为稀少，因此，九叠篆入官印的年代尚不可考。随着辽朝的建立、"以国制治契丹，以汉制待汉人"[14]的统治政策的推行，契丹大字官

8　北京图书馆金石组编：《北京图书馆藏中国历代石刻拓本汇编》第45册，中州古籍出版社，1997年，第78、79页。

9　刘凤翥：《契丹寻踪——我的拓碑之路》，商务印书馆，2016年，第165页。

10　盖之庸：《内蒙古辽代石刻文研究》，内蒙古大学出版社，2007年，第750、783～785页。

11　盖之庸：《内蒙古辽代石刻文研究》，内蒙古大学出版社，2007年，786～788页。

12　盖之庸：《内蒙古辽代石刻文研究》，内蒙古大学出版社，2007年，780、781页。

13　赵娍：《辽代官印汇考》，辽宁大学出版社，2010年。

14　《辽史》卷45《百官志一》，中华书局，1974年，第685页。

印开始出现。在辽前中期，契丹大字官印虽然以篆书刻就，但这一时期的九叠篆契丹大字点画古拙、字形简易、章法多变，显然当时的辽代官印并未形成一种统一规范的体例。辽后期，官印中的九叠篆契丹大字在笔法、字法、结构、章法上都日渐成熟。现以契丹大字官印中最常见的"各"（汉字译作"之"）字为例，简要分析一下辽代九叠篆契丹大字写法的演变。

通过整理，辽代前中期"各"的九叠篆写法大致包括𤇾、𢆶、𢆶、𤎷、𤎷、𤎷六种，辽后期"各"的九叠篆写法包括𤎷、𢆶、𤎷、𤎷四种。首先，对比辽前中期的写法与辽后期的写法，可以看出辽前中期"各"相对古拙简单，辽后期"各"相对规整复杂。其次，辽后期的𤎷、𢆶是对辽前中期六种写法的总结与完善，这不仅是辽后期篆体契丹大字笔法与结构精进的体现，更是审美水平提高的最好证明。最后，𤎷、𤎷两种新的写法分别对"各"的"日"与"丷"进行叠篆，说明辽代对同一篆体契丹大字也曾尝试过创新。

辽代九叠篆契丹大字由简易多变到成熟完善的过程也正是辽代契丹字书法由稚嫩走向成熟的一个直接体现。

（三）行书体契丹大字

辽代契丹大字行书极为罕见，迄今为止所发现的也仅有俄罗斯科学院东方文献研究所收藏的契丹大字手稿书[15]。该手稿由毛笔写就，行文是从右至左、从上至下垂直书写，纸张为白色，稍黄。手稿中的契丹大字入笔迅捷、果断，行笔自然流畅，取势斜上，字与字之间的牵丝连带关系极强，整个书写过程一气呵成。

这件辽代契丹大字行书作品也进一步展现出了辽代在发展契丹大字书法上所做出的努力，是我们进一步认识辽代契丹大字书法的珍贵资料。

二、契 丹 小 字

根据掌握的资料，契丹小字的书体有楷书体和篆书体两种，下面分别进行阐释。

（一）楷体契丹小字

《契丹小字耶律宗教墓志铭》（以下简称《宗教墓志》）刻于重熙二十二年（1053），出土于辽宁省北镇市鲍家乡高起村。墓志盖长107厘米，宽106厘米，厚17厘米。背面刻契丹小字36行。志石长107厘米，宽106厘米，厚17厘米，刻汉字志文33行[16]。其是目前传世最早的契丹小字文物，撰者为𤁬、（郎君）𤋮（辛）。《宗教墓

15　〔俄〕维·彼·扎伊采夫（В.П.Зайцев）著，任震寰译：《俄罗斯科学院东方文献研究所收藏的契丹大字手稿书》，《隋唐辽宋金元史论丛（第三辑）》，上海古籍出版社，2013年，第242～261页。

16　刘凤翥、唐彩兰、青格勒：《辽上京地区出土的辽代碑刻汇辑》，社会科学文献出版社，2009年第212页。

志》的契丹小字点画稚嫩多变、结字小巧内敛、风格古拙质朴[17]。如 🔳、🔳、🔳、🔳、🔳、🔳、🔳 等字的点画或圆或方，或瘦硬有力，或饱满厚重，笔法风格尚未统一；其结体亦是因字而异，都存在结构不甚合理之处，这一点与《延宁墓志铭》《北大王墓志》等都有相似之处。此外，寿昌元年（1095）的《契丹小字萧太山和永清公主墓志铭》（以下简称《永清公主墓志》）、乾统二年（1102）的《契丹小字耶律贵安·迪里姑墓志铭》（以下简称《迪里姑墓志》）[18]与《契丹小字耶律副部署墓志》（以下简称《副部署墓志》）[19]在风格上与《宗教墓志》也基本类似。如《永清公主墓志》的 🔳、🔳、🔳，《迪里姑墓志》的 🔳、🔳、🔳，《副部署墓志》的 🔳、🔳、🔳 等字的笔法不甚精到，结体颇为随意，字形紧凑，整体风格内敛古拙。

　　与上述几方契丹小字墓志相比，现存的其余契丹小字墓志在笔法、结构上均有不同程度的差异。第一，刊刻于大康八年（1082）的《契丹小字耶律慈特墓志铭》（以下简称《慈特墓志》）在行笔时以方笔为主，结体方正合理[20]。如 🔳、🔳、🔳、🔳 等字在起笔与收笔处多为方笔与切笔，点画刚劲有力，结构平稳方正。同样地，寿昌六年（1100）的《撒懒·室鲁太师墓志碑》[21]（以下简称《撒懒墓志》）在 🔳、🔳、🔳 等字上也是类似的风格。第二，《契丹小字耶律永宁郎君墓志铭》［大安四年（1088）以下简称《永宁郎君墓志》][22]中的 🔳、🔳、🔳，《契丹小字耶律弘用墓志》［寿昌六年（1100）以下简称《弘用墓志》][23]中的 🔳、🔳、🔳，《契丹小字义和仁寿太叔祖妃哀册》［乾统十年（1110）以下简称《太叔祖妃哀册》]中的 🔳、🔳、🔳 等字点画厚重有力、转折处行笔外拓，钩法饱满爽利，结构端庄大气[24]。与最早的契丹小字墓志铭《宗教墓志》相比，至辽后期，契丹小字书法的水平已经得到了明显的提升。而这一点在《契丹小字宣懿皇后哀册》（以下简称《宣懿哀册》）中体现得更为明显。

　　《宣懿哀册》刊刻于乾统元年（1101），1930年出土于内蒙古自治区巴林右旗索博日嘎苏木瓦林茫哈地方的辽道宗皇帝陵内。《宣懿哀册》志石为方形，上刻契丹小字30行，哀册撰文者为 🔳（耶律）🔳（固）[25]。尽管不知其书丹者为何人，但就从目前所发

17　刘凤翥、唐彩兰、青格勒：《辽上京地区出土的辽代碑刻汇辑》，社会科学文献出版社，2009年，第65页。

18　刘凤翥、唐彩兰、青格勒：《辽上京地区出土的辽代碑刻汇辑》，社会科学文献出版社，2009年，第37页。

19　盖之庸：《内蒙古辽代石刻文研究》，内蒙古大学出版社，2007年，第765～767页。

20　盖之庸：《内蒙古辽代石刻文研究》，内蒙古大学出版社，2007年，第763、764页。

21　刘凤翥、董新林：《契丹小字"撒懒·室鲁太师墓志碑"考释》，《考古》2007年第5期，第69～73页。

22　郑晓光：《契丹小字〈耶律永宁郎君墓志铭〉考释》，《民族语文》2002年第2期，第63～70页。

23　盖之庸：《内蒙古辽代石刻文研究》，内蒙古大学出版社，2007年，第773页。

24　盖之庸：《内蒙古辽代石刻文研究》，内蒙古大学出版社，2007年，第776～778页。

25　刘凤翥、唐彩兰、青格勒：《辽上京地区出土的辽代碑刻汇辑》，社会科学文献出版社，2009年，第247～253页。

现的辽代契丹小字石刻来看，《宣懿哀册》的书法水平在辽代也是首屈一指[26]。《宣懿哀册》行笔流畅、刚柔相济，点画之间牵丝连带感极强，显然是将行书的笔意运用到了楷书之中。结构上中宫紧凑、内收外放，字形既沉稳端庄，又不失灵动洒脱之感。如▨、▨、▨、▨等字运笔潇洒自如、结体稳健灵动。此外，《宣懿哀册》布局疏朗有度、字字珠玑，实为辽代契丹小字书法的极品。通过对比同年刊刻的《契丹小字道宗皇帝哀册》（以下简称《道宗哀册》）[27]中的▨、▨、▨、▨等字，可以肯定，两方契丹小字哀册的书丹者实为一人。这也进一步说明，这两方哀册书丹者的书学造诣之高，其书法水平更是深受辽代帝后的赏识与认同，在辽代契丹小字的书法中属于超凡脱俗的存在。

从上述分析，可以发现，辽代楷体契丹小字的发展历程与契丹大字略有不同。辽代楷体契丹小字呈现出古拙内敛、率性为之的书风与厚重刚劲、端庄外拓的书风并行不悖、共同发展的趋势。同时，辽代楷体契丹小字书法在运笔中开始加入汉文行书笔意，使其行笔更为生动流畅；结字紧凑、自然洒脱而又不失法度。这些新的因素推动着辽代契丹小字书法开始朝多元化方向发展。

（二）篆体契丹小字

辽代篆体契丹小字仅见于《契丹小字道宗皇帝哀册盖》（以下简称《道宗哀册盖》）《契丹小字宣懿皇后哀册盖》《契丹小字义和仁寿太叔祖妃哀册盖》《契丹小字皇太叔祖哀册盖》（以下简称《叔祖哀册盖》）中。《道宗哀册盖》中央篆书契丹小字原字6行，每行6字，共36字[28]。由于契丹小字为拼音文字，将单词分解为原字刻写既不影响识读，又能保证《道宗哀册盖》书法的整齐美观。如▨（仕）、▨（反）、▨（豹）三个原字组合在一起读作"▨"，汉字译作"圣"。从书学角度看，《道宗哀册盖》的契丹小字篆文直接脱胎于汉文玉箸篆。篆文行笔苍劲有力、粗细均匀、气韵贯通；结构平稳中正、方圆结合、布白匀称、一丝不苟，整体风格端庄大气、张弛有度，尽显皇家威严与气魄，堪称辽代篆书的精品。相比之下，《叔祖哀册盖》的契丹小字篆书却略逊一筹。如▨、▨、▨等字在笔法和结构上还相对稚嫩[29]。另外，由《道宗哀册盖》可知，"圣"的契丹小字写法为▨、▨、▨。由于"▨"中的原字"▨"为所有格词尾，其意与"之"类似，因此，"圣"的契丹小字写法基本为▨和▨两种，其原字数目分别为3和4。"孝"的契丹小字写法为▨、▨、▨，其原字数目分别为6、5、6。从《道宗哀册盖》来看，书丹者选用了▨、▨，即两个单词原字相加为9的组合，而并没有选择数目之和为8或10的组合。可见，书丹者不仅精通契丹小字，在章法布局上也极为讲究。

与篆体契丹大字不同，辽代契丹小字在玉箸篆方面成就斐然，这也为辽代契丹小字书法的发展与完善做出了卓越的贡献。

26　盖之庸：《内蒙古辽代石刻文研究》，内蒙古大学出版社，2007年，第757～760页。

27　盖之庸：《内蒙古辽代石刻文研究》，内蒙古大学出版社，2007年，第754～756页。

28　盖之庸：《内蒙古辽代石刻文研究》，内蒙古大学出版社，2007年，第753页。

29　盖之庸：《内蒙古辽代石刻文研究》，内蒙古大学出版社，2007年，第774页。

三、辽代契丹字书法嬗变的原因

就辽代书法而言，契丹字书法的发展史无疑是其中不可或缺的一环。其中契丹大字楷书体的风格从刚硬内敛变为端庄外拓，篆书体风格由简易多变到日臻完善，行书体出现洒脱自然的风格；契丹小字楷书体多种风格共同发展，篆书体在玉箸篆方面也取得了显著的成就。而这些发展变化离不开辽代汉字书法的演变、统治者的推动以及契丹字书法的革新。

（一）辽代汉字书法的演变

由于契丹大字是直接脱胎于汉字，并将汉字简化所形成的一种表意文字，其在笔法、结构、章法等方面也是直接借鉴了辽代当时的汉字楷书。随着辽代汉字楷书的发展，契丹大字在其影响之下也逐步走向成熟。

从目前发现的辽代石刻书迹与墨迹来看，辽前期至辽中期，汉字楷书与当时的楷体契丹大字的书法风格极为相似。其中，《王邻墓志》《王说墓志》《常遵化墓志》《耶律元宁墓志》《萧氏夫人墓志铭》《陈万墓志》《李绍俞墓志》《耿知新墓志》《耶律遂正墓志》《萧仅墓志》《萧琳墓志》《耶律遂忠墓志》《萧相公墓志》《杨从显墓志》《耶律庶几墓志》《赵匡禹墓志》《寂善大师墓志铭》《秦晋国妃墓志》等近20方出土于上京道、中京道、东京道的楷书墓志无不呈现出方笔为主、点画迟滞、结体内敛、结构欠妥、字形内撅、风格拙朴的特点。此外，辽庆州白塔出土的墨书《佛说摩利支天经》在行笔时也以切笔和方笔为主，除部分点画在书写时较为夸张外，整体字形内撅，结体内敛。在这一时期，除了契丹大字以外，契丹小字墓志也受到当时汉文书法的影响。只是目前所能见到的仅有《宗教墓志》一方契丹小字墓志，其受影响程度暂时无法考证。由于契丹字是辽朝创制的少数民族文字，因此，在汉字书法悠久而厚重的历史文化积淀之下很容易被同化，呈现契丹字书法与汉字书法相交融的特点。

到辽后期，汉字楷书逐渐师法于颜真卿与柳公权。颜真卿（709～784），字清臣，琅琊临沂（今山东省临沂市）人。《新唐书·颜真卿传》中提到："（颜真卿）善正、草书，笔力遒婉，世宝传之。"[30]颜真卿将篆籀笔法融入到楷书之中，形成了厚重、端庄、高古的书法风格。柳公权（778～865），字诚悬，京兆华原（今陕西省铜川市耀州区）人，唐朝官员，书法家。柳公权集各家之长，创出了独树一帜的"柳体"。柳体在笔法上方圆结合，起笔处多方笔，收笔处多圆笔，转折处圆满劲拔，笔势爽利遒张，凶猛迅疾，有"惊鸿避弋，饥鹰下鞲"[31]之姿。结构上中宫紧凑，四周疏放，有清劲、宽博、挺拔之态。《旧唐书》评价道："公权初学王书，遍阅近代书法，体势劲媚，自成一家……金刚经碑备有钟、王、欧、虞、褚、陆之体，尤为得意。"[32]

这一时期，颜柳型汉字楷书墓志、题记等广泛分布于辽朝的上京道、中京道、南

30　《新唐书》卷153《颜真卿传》，中华书局，1975年，第4861页。

31　（宋）佚名，顾逸点校：《宣和书谱》，上海书画出版社，1984年，第34页。

32　《旧唐书》卷165《柳公权传》，中华书局，1975年，第4311页。

京道。其中，上京道主要有《秦越国妃墓志》《宣懿皇后哀册》《道宗耶律洪基哀册》《萧义墓志》《张懿墓志》《耶律习涅墓志》，中京道主要有《郑恪墓志》《耶律昌允妻萧氏墓志》《耶律庆嗣墓志》《尚暐墓志》《刘文用墓志》《刘贡墓志》《梁援妻张氏墓志》。在这种崇尚颜柳之风的书学环境之下，契丹字书法也逐渐开始受其影响，出现字形外拓、厚重端庄、沉稳大气的书风，这也进一步推动了辽代契丹字书法的发展。

（二）辽朝统治者的推动

由于辽朝实行"以国制治契丹，以汉制待汉人"[33]的"因俗而治"的统治政策，因此汉文化与契丹文化都得到了充分的发展。辽朝契丹统治者为了保持自身民族特色，先后创制了契丹大字与契丹小字，并作为官方文字加以推广和使用。在这种文化背景之下，契丹字书法开始逐步走向正轨。

首先，辽朝统治者在推广契丹字方面做出了很大的努力。从目前发现的契丹字资料来看，包括帝后的哀册、贵族墓志、官印、钱币、铜牌、题记等。此外，据相关史料记载，辽朝契丹字还用于刻石记功、著诸部乡里之名、书函、旗帜、写诗、译书、考试等方面[34]。如辽朝皇帝曾命人将汉文文献译为契丹字。《契丹国志》载："（辽圣宗）亲以契丹字译白居易《讽谏集》，召番臣等读之。"[35]辽初，"契丹医人鲜知切脉审药，上（即辽兴宗）命（耶律）庶成译《方脉书》行之，自是人皆通习，虽诸部族亦知医事"[36]。在契丹族统治者的倡导下，契丹字在辽朝得到了广泛使用，从而为契丹字书法的发展打下了坚实基础。

其次，从目前对契丹字史料的释读来看，辽朝契丹贵族对契丹字的撰文高手与书丹高手都极为重视。如耶律良、耶律固、模奴等。"耶律良，字习撚，小字苏"[37]，其曾为《辽兴宗皇帝哀册》《萧令公墓志》《萧图古辞尚书墓志铭》撰写契丹小字志文，为《萧陈哥别胥墓志铭》《大辽国常衮耶律准墓志铭》撰写契丹大字志文，并为《契丹小字萧回琏郎君墓志铭》书丹[38]。耶律固更是《耶律迪烈墓志》《耶律智先墓志》《道宗皇帝哀册》《宣懿皇后哀册》《皇太叔祖哀册文》《义和仁寿太叔祖妃哀册》《宋魏国妃墓志》《耶律高十墓志》等八方契丹小字志文的撰者。模奴曾为《皇太叔祖哀册文》《义和仁寿太叔祖妃哀册》《宋魏国妃墓志》的契丹小字志文书丹。对这些精通契丹字人才的重用无疑使辽代契丹字有了可持续发展的动力。

（三）契丹字书法的革新

辽朝契丹字书法的革新主要集中于辽道宗大安年间至天祚帝时期（1085～1125）。

33　《辽史》卷45《百官志一》，中华书局，1974年，第685页。

34　高福顺：《教育与辽代社会》，人民出版社，2019年，第18页。

35　（宋）叶隆礼：《契丹国志》卷7《圣宗天辅皇帝》，上海古籍出版社，1985年，第71页。

36　《辽史》卷89《耶律庶成传》，中华书局，1974年，第1349页。

37　《辽史》卷96《耶律良传》，中华书局，1974年，第1398页。

38　苏龙嘎：《新发现契丹大字〈萧陈哥别胥墓志铭〉研究》，内蒙古大学博士学位论文，2021年，第145页。

这一时期，契丹大字、契丹小字的楷书体与篆书体均有不同程度的革新。

第一，在《永宁公主墓志》中，书丹者**太光丹克昝王光兔舍**（汉译为"太原人王严"）[39]将颜柳型楷书的笔法、结构等直接用于书写契丹大字。如⿰、⿱、⿲与颜真卿所书的⿳、⿴、⿵相似，⿶、⿷与柳公权所书的⿸、⿹相似。与契丹大字相类似，自辽大安年间始，部分辽代契丹小字墓志在书写上也开始取法于颜柳书风。此外，《道宗哀册》与《宣懿哀册》在楷体契丹小字中融入行书笔意，一定程度上加速了楷体契丹小字的革新进程。

第二，辽代篆体契丹字在革新方面也借鉴了汉字篆书。其中，契丹大字官印的印文取法于汉字九叠篆，如⿺、⿻、⿼等字在点画设计上多为叠笔。这种写法最早出现于汉字九叠篆中，而且在辽代契丹大字官印印文中也有九叠篆汉字与契丹大字共用的情况。契丹小字篆体墓志盖取法于汉字玉箸篆，如《道宗哀册盖》中的⿽、⿾等字与唐朝篆书大家李阳冰《三坟记》中的⿿、⿀等字在笔法与字形结构方面如出一辙。

第三，辽代契丹字书法也十分注重体现民族特色。尽管汉文与契丹字为同一字形，但篆体契丹字与篆体汉字还是有所不同。如同一字形的"都""来""私"，九叠篆汉字分别为⿁、⿂、⿃，九叠篆契丹大字分别为⿄、⿅、⿆。这些借鉴与创新无疑为契丹字书法增添了活力。

四、从书法角度辨析两方契丹字墓志的真伪

据笔者统计，目前出土的辽代契丹字墓志近30方，其中契丹大字墓志有9方，契丹小字墓志有20方。但是随着市场经济的发展和盗墓活动的猖獗，契丹字石刻的赝品也日益增多。由于这些赝品一般都为墓志，现拟结合出土的辽代契丹字墓志书法的特点，对如何辨别契丹字墓志的真伪谈几点看法。

（一）辽代契丹字墓志书法的特点

与汉字书法类似，契丹字墓志书法在笔法、结构、章法等方面也呈现出诸多特点。

首先，辽代契丹字墓志的笔法风格主要包括古拙、刚硬、圆劲、洒脱四类。"古拙"即行笔不加修饰、自然天成，但却又迟滞缓慢、缺少灵动。其代表性墓志有《宗教墓志》《永清公主墓志》《迪里姑墓志》《副部署墓志》等。"刚硬"即起笔、收笔、转折处多为方笔与切笔，且转折处有明显内擫，行笔如刀刻斧凿一般刚硬有力。《延宁墓志》《北大王墓志》《多罗里本墓志》《慈特墓志》《撒懒墓志》便是这类笔法风格的代表。由于辽后期受颜柳书风的影响，"圆劲"类风格的行笔也开始出现。这类行笔方圆结合、遒劲有力，点画转折处明显外拓，给人以圆满劲拔之感。代表性墓志有《永宁公主墓志》《祺墓志》《习涅墓志》《永宁郎君墓志》《弘用墓志》《太叔祖妃哀册》《泽州刺史墓志残石》（以下简称《刺史墓志》）等。与上述三类笔法风格所不

39　苏龙嘎：《新发现契丹大字〈萧陈哥别胥墓志铭〉研究》，内蒙古大学博士学位论文，2021年，第111页。

同，《道宗哀册》《宣懿哀册》是"洒脱"类笔法的典型代表。这类笔法极具行书笔意，下笔饱满圆润，行笔灵动自然、提按明显，而又不失法度。由于这四类笔法风格迥异，因此，从目前出土的辽代契丹字墓志来看，这些墓志在书丹时均以其中一类风格为主，并未出现杂糅的情况。

其次，尽管辽代契丹字墓志书法在结构的处理水平上参差不齐，但这些墓志书法在结体上都遵循着一个共同的原则——结体紧凑端正。这一点在辽代契丹小字墓志的书写上体现得尤为明显。由于契丹小字的单字均是由若干个原字组成，结体松散势必使契丹小字凌乱不堪、结构失衡。因此，结体紧凑端正也就成了众多契丹小字书丹者在结构处理上的共识。

最后，辽代契丹字墓志书法在间距疏密、题署、末署等章法要素上也有明显的特点。

一方面，通过审读辽代契丹字墓志书法，大致可以将这些墓志书法的间距疏密类型分为三类，即"字距紧密 行距疏朗"型、"字距疏朗 行距紧密"型、"字距疏朗 行距疏朗"型。在出土契丹字墓志中，"字距紧密 行距疏朗"型多达14方，"字距疏朗 行距紧密"型有《撒懒墓志》《宗教墓志》《刺史墓志》3方，"字距疏朗 行距疏朗"型有《道宗哀册》《宣懿哀册》《昌允墓志》《弘用墓志》《永宁郎君墓志》《永宁公主墓志》等6方。与契丹字笔法相类似，这三种间距疏密类型在辽代契丹字墓志章法中也并未有杂糅的情况出现。

另一方面，契丹字墓志的题署与末署为撰文者和书丹者的基本信息。部分墓志只有题署，部分墓志只有末署，部分墓志题署、末署都有。如《永宁公主墓志》的题署为"妾府之院正工将军用工先左亍慈家奴撰 太原之王严写"[40]，《契丹大字萧陈哥别胥墓志铭》的末署为"沈州之刺史习撚苏撰 马家奴书丹"[41]。

在辽代契丹小字墓志的制作中，如果墓志的书丹者为墓主人的仆人或子侄，那么为了表示对墓主人的尊敬，书丹者的题款应位于墓志的末署位置。现将这些墓志及其末署信息罗列如下：

契丹小字耶律迪烈墓志（大安八年）　　　　末署：兄弟㷱留家奴太师之子查剌写
契丹小字耶律智先墓志　　　　　　　　　　末署：长子阿信
契丹小字萧太山和永清公主墓志铭　　　　　末署：孙韩家奴写
契丹小字撒懒·室鲁太师墓志碑　　　　　　末署：大儿子特每
契丹小字耶律迪烈墓志（乾统元年）　　　　末署：仆人木杨家奴书
契丹小字故耶律氏铭石　　　　　　　　　　末署：伯父子太师仪惬写

从上述6方契丹小字墓志来看，作为墓主人的仆人或者子侄，书丹者将自己的题款置于末署位置，既体现了书丹者在尊卑礼制方面的重视程度，更体现了一个书丹者的基

40　刘凤翥、唐彩兰、青格勒：《辽上京地区出土的辽代碑刻汇辑》，社会科学文献出版社，第102页；苏龙嘎：《新发现契丹大字〈萧陈哥别胥墓志铭〉研究》，内蒙古大学博士学位论文，2021年，第111页。

41　苏龙嘎：《新发现契丹大字〈萧陈哥别胥墓志铭〉研究》，内蒙古大学博士学位论文，2021年，第19页。

本素养。

综上，辽代契丹字墓志书法在笔法、结构、章法等方面既有共性，又有个性。这些特征也为我们进一步分析契丹字墓志提供了可靠的依据。

（二）从书法角度分析两例契丹小字墓志的真伪

结合上述出土契丹字墓志书法的特点以及前文对辽代契丹字书法发展历程的分析，我们重新审视《契丹小字萧敌鲁副使墓志铭》（以下简称《萧敌鲁墓志》）与《契丹小字胡睹堇审密墓志铭》（以下简称《胡睹堇墓志》），就会发现这两方契丹小字墓志的疑点颇多。此前，刘凤翥先生已经从契丹小字考证方面对上述两方墓志进行了批驳，认定这两方墓志必为赝品[42]。现拟从书法角度对《萧敌鲁墓志》《胡睹堇墓志》的真伪进行探讨。

据介绍，《萧敌鲁墓志》的出土地点不详。包括志盖和志石两部分。志盖呈盝顶式，志盖背面刻有契丹小字25行，每行17至29字不等。志石呈准正方形，刻有契丹小字26行，每行2至29字不等[43]。该墓志铭题署为"𗴛𗵒𗴪（耶律）𗴾（遂）𗵃（奴）𗴫（撰）"，末署为"𗴾（遂）𗵃（奴）𗴭（书）"。但是，当我们仔细审读这方墓志时，便会发现该墓志在笔法、结构、章法等方面存在诸多问题。

第一，从笔法上看，该墓志的笔法为"洒脱"型。然而，与《道宗哀册》《宣懿哀册》中𗴛、𗴜、𗴝等字饱满圆润的"捺"画有所不同，《萧敌鲁墓志》中的𗴞、𗴟、𗴠等字的"捺"画在起笔处以露锋书写，提按处方笔明显，收笔时出锋既快又长，且略微朝右上方轻挑，毫无含蓄与收敛之态。这种书写方式与辽代饱满圆润的"洒脱型"笔法并不相符。此外，《萧敌鲁墓志》中的𗴡、𗴢等字以"刚硬"型的笔法风格写就，𗴣、𗴤等字以"圆劲"型的笔法风格写就，此种杂糅风格在出土的辽代契丹字墓志中并未存在。

第二，从结构上看，该墓志中的部分文字出现了大角度欹侧，如𗴥、𗴦、𗴧等字在书写时横笔大幅度向右上方倾斜，这与辽代契丹字墓志书法"端正"的结体理念相违背。

第三，从章法上看，该墓志的间距疏密类型包括：1～25行"字距疏朗 行距疏朗"、26～41行"字距疏朗 行距紧密"、42～51行"字距紧密 行距疏朗"，显然三种间距疏密类型均出现于一方契丹字墓志中，这在辽代契丹字墓志中是根本不存在的。另外，契丹字墓志在题署、末署等方面完全仿照汉文墓志体例进行书写。在辽朝汉文墓志中，当撰者与书丹者同为一人时，无一例外，均采用"×××撰并书"或"×××撰书"或"×××撰兼书"，并未出现"撰""书"分别落款的情况。同样地，既然《萧敌鲁墓志》的撰者与书丹者同为一人，也应该在题署位置书写成"×××撰并书"等形

42 见刘凤翥：《契丹小字〈萧敌鲁墓志铭〉和〈耶律廉宁墓志铭〉均为赝品说》《所谓契丹小字〈萧德里㪍·胡睹堇墓志铭〉为赝品说》，《辽金历史与考古（第七辑）》，辽宁教育出版社，2017年，第390～393页、第404～409页。

43 康鹏：《契丹小字〈萧敌鲁副使墓志铭〉考释》，《辽金历史与考古（第四辑）》，辽宁教育出版社，2013年，第261页。

式，而不应该将"撰"与"书"分别置于题署与末署。显然，该契丹小字墓志的设计者并没有辽朝契丹字墓志体例的相关知识，而且对契丹小字更是一知半解。

因此，根据以上的分析，基本可以断定，《萧敌鲁墓志》是模仿《道宗哀册》《宣懿哀册》而进行作伪的。但是由于其对契丹字墓志书法的特点不甚熟悉，对契丹小字志文的篇幅大小估计不足，加之缺乏对契丹字书法的练习，才导致以上诸多问题的出现。

关于《胡睹堇墓志》，据介绍志石为方形，上刻契丹小字39行，出土时间与出土地点均不详[44]。关于此墓志铭有以下几点疑惑。

第一，从笔法上看，该墓志为"刚硬"型笔法风格，但是在部分字的处理上与同类型墓志的风格却大相径庭。如《慈特墓志》中的 ▨、▨ 等字在折笔处有刚硬、停顿、内撅等特征，但《胡睹堇墓志》中的 ▨、▨ 等字在折笔处却平滑圆转，毫无内撅、刚硬之势。另外，与《萧敌鲁墓志》相似，《胡睹堇墓志》中的 ▨、▨ 等字却是以"圆劲"型的笔法风格写就，显然此方墓志在书写上依然存在风格杂糅的问题。

第二，从结构上看，该墓志字形结构松散无度。在涉及5～7个原字组成的单词时（见表一），《道宗哀册》《撒懒墓志》《慈特墓志》《弘用墓志》等墓志在单词的书写上显得极为紧凑。然而《胡睹堇墓志》在涉及这种情况时，都是胡乱堆砌在一起，并无任何紧凑感，每个单词均是由部分原字生搬硬拼在一起所组成的。显然，这在辽代契丹字墓志书法中是绝对不可能存在的。

表一　契丹小字结字风格对照表

墓志	《胡睹堇墓志》			《道宗哀册》	《撒懒墓志》	《慈特墓志》	《弘用墓志》
示例							

第三，从章法上看，吴英喆先生将该墓志题署汉译为"天疆左院移离毕将军成为耶律司家奴撰　第二子杨晢写"[45]，然而按照辽代契丹小字墓志的书写体例来说，墓志书丹者第二子杨晢在落款时，绝不应该将其置于题署位置，而应该置于末署位置，以表对墓主人的尊敬。可见，至少墓志的书丹者绝不是墓主人胡睹堇的第二子杨晢，那么也就只能说明是作伪者所书。

44　吴英喆：《契丹小字〈胡睹堇审密墓志铭〉考释》，唐彩兰：《契丹遗珍（金银器 铜器 玉器卷）》，线装书局，2011年，第234页。

45　吴英喆：《契丹小字〈胡睹堇审密墓志铭〉考释》，唐彩兰：《契丹遗珍（金银器 铜器 玉器卷）》，线装书局，2011年，第237页。

　　因此，根据《胡睹堇墓志》杂糅的笔法风格、松散的结字特点、不合礼制的章法布局等问题即可认定《胡睹堇墓志》实为赝品无疑。

　　从上述分析来看，尽管作伪者在制作赝品时手段极为高明，但是依然会露出蛛丝马迹，而这些不合常规之处正是我们需要认真辨别和分析的。只有这样，才能减少这些赝品对学术研究的影响。

结　　语

　　终辽一代，契丹字书法不断经历着变化与发展。契丹大字书体包括楷书体、篆书体、行书体。契丹大字楷书体由辽前中期的瘦硬内敛、古拙质朴之风发展为辽后期的方正稳健、端庄外拓之风；篆书体的笔法、结构、章法也在吸收汉文篆书的基础上日渐成熟与完善；行书体在书写上也极为流畅与自然。契丹小字书体包括楷书体、篆书体。辽后期，契丹小字楷书体古拙内敛、劲健外拓、潇洒自如之风并行不悖；篆书体或稚嫩、或成熟，总体呈现多元化的发展趋势。在此期间，辽朝汉文书法的演变、统治者的推动、契丹字书法的革新在契丹字书法的发展中发挥着不可替代的作用。随着契丹字书法的逐步发展，辽朝契丹字墓志书法在笔法、结构、章法等方面也呈现出诸多特点。通过对这些出土辽代墓志的分析，为我们从书法角度鉴别契丹字墓志的真伪提供了可能。鉴别契丹字墓志的真伪任重而道远。如今赝品墓志作伪者的水平日益提升，我们要时刻保持高度警惕，绝不放过任何可疑之处，这样才不会令作伪者有任何可乘之机。也只有如此，我们才能始终立于不败之地。

（李晓飞　河北大学宋史研究中心）

辽萧德恭及妻耶律氏墓志"记事"发微

——兼论与丧葬习俗相关的辽人夫妻关系

张国庆

内容提要：以《萧德恭墓志》及《萧德恭妻耶律氏墓志》"记事"为例，结合其他辽人墓志石刻文字，探讨墓志石刻所记与丧葬习俗相关的夫妻关系，诸如夫妻墓志铭的类型、夫妻祔葬形式、妻子丧夫守贞及丈夫丧妻续娶等问题。如此，便可进一步拓展辽代墓志石刻及辽人丧葬文化研究之领域。
关键词：墓志铭　记事　丧葬习俗　辽人夫妻关系

辽道宗咸雍九年（1073）的《萧德恭墓志》与辽天祚帝乾统十年（1110）的《萧德恭妻耶律氏墓志》，2002年出土于辽宁省阜新市阜新蒙古族自治县关山种畜场王坟沟一座辽墓中。萧德恭出身契丹辽朝萧氏后族之家，"曾翁晋国王讳和，曾母秦国太妃耶律氏。祖翁大丞相、齐国王讳孝穆，祖母燕国太妃耶律氏。皇考大丞相、陈王讳知足，母秦晋国王女、公主耶律氏"[1]。萧德恭生前职任金州刺史、忠正军节度留后（遥领）等。作为一名军将，萧德恭曾随耶律仁先讨伐阻卜，立有军功。辽道宗咸雍九年（1073）七月二十九日，萧德恭因病去世，时年三十八岁。同年"冬十一月二十一日葬于奉先军北黑山，从先茔也"。萧德恭的妻子耶律氏，其父为北王府太师耶律提不里。萧德恭去世之后，妻子耶律氏"坚持素节，因守纯诚，以金石挺志，以冰霜洁己，以惠和接于姻娅，以温善教于子孙，躬修祭祀，虔奉威仪。酒脯断来，用资太师之灵；金珠施尽，广铸诸佛之像"[2]。耶律氏于天祚帝乾统十年（1110）五月十八日病逝，享年六十九岁。同年八月十九日，与丈夫萧德恭"合葬于黑山旧茔"。萧德恭与妻子的合葬墓，2002年经考古发掘，出土了二人的墓志铭共一盒。志石正面镌刻萧德恭墓志铭，志盖顶部镌刻"大辽国节度使墓志铭"三行九字，志盖背面镌刻萧德恭妻耶律氏墓志铭。萧德恭墓志铭的作者为文林郎、试秘书省正字石介，萧德恭妻耶律氏墓志铭的作者为乡

1　辽道宗咸雍九年（1073）《萧德恭墓志》，周阿根校注：《辽代墓志校注（下册）》，天津古籍出版社，2022年，第376、377页。

2　天祚帝乾统十年（1110）《萧德恭妻耶律氏墓志》，周阿根校注：《辽代墓志校注（下册）》，天津古籍出版社，2022年，第559页。

贡进士李拱辰。由此可以判定，萧德恭的墓志铭镌刻于辽道宗咸雍九年（1073）七月至十一月；天祚帝乾统十年（1110），其妻耶律氏逝后祔葬夫茔，没有另外选择石料，其墓志铭便镌刻在丈夫墓志铭的志盖背面。以下，笔者不揣浅陋，拟依据《萧德恭墓志》和《萧德恭妻耶律氏墓志》相关"记事"，结合其他辽人墓志文字，对与丧葬习俗相关的辽人夫妻墓志铭之类型、辽人夫妻逝后合葬之形式、辽人夫妻中妻子丧夫守贞及丈夫丧妻续娶等问题，予以发微浅探，不当之处，敬祈方家教正。

一、石上佳偶：辽人夫妻墓志铭之类型

《萧德恭墓志》"记事"：

> 如介（石介）者，智不识葵，慧无辨菽。学不足以烛于古，才不足以华于时，识不足以鉴于隐。徒以大国舅驸马顾怜之下，曲付行状，强以编之。噫！书不尽言，言不尽意，公之宗族、德行、功略、容仪，刻群山之石，不可殚纪，聊以纲举万一而言。其文也，实而不华；其辞也，直而无愧。精心报思，黯而铭曰……[3]

《萧德恭妻耶律氏墓志》"记事"：

> 窃以拱辰（李拱辰）学愧雕虫，词惭润石，承厚命以靡遑，叙徽猷而或阙，式备刊铭，其为辞曰……[4]

墓志铭是记述逝者人生轨迹及赞颂其功德的应用型文体。辽圣宗统和二十四年（1006）的《王邻墓志》即云："志者，形于言而侔于法，观其行而立其规。规矩，可以播徽猷而扬威烈，征故事而著英声。若以课虚，焉能务实？匪铭匪石，无以彰不朽之谈，乃质乃文，可以叙莫穷之纪。承其大体，敢构荒辞。陈三代之嘉名，垂千年之令范。"[5]萧德恭及妻耶律氏先后去世，均请托文人撰写墓志铭，于石上书丹镌字后，埋入墓穴之中。因耶律氏墓志铭是镌刻在萧德恭墓志盖的背面，按类型划分，应属夫妻二人共"一盒二志"。

笔者检索出土辽人夫妻墓志铭，大致归纳其类型有如下四种：

其一，夫妻二人各自"一盒（石）一志"[6]。辽人夫妻墓志铭中此种类型，笔者据周阿根教授《辽代墓志校注》录文统计，大约有10例。譬如韩匡嗣及妻萧氏墓志铭。景宗朝西南面招讨使韩匡嗣病逝于乾亨五年（983）十二月八日，辽圣宗统和三年（985）

3　周阿根校注：《辽代墓志校注（下册）》，天津古籍出版社，2022年，第378页。

4　周阿根校注：《辽代墓志校注（下册）》，天津古籍出版社，2022年，第560页。

5　周阿根校注：《辽代墓志校注（上册）》，天津古籍出版社，2022年，第117页。

6　所谓"一盒"，是指志盖石与志文石的二石扣合组成。但也有辽人墓志铭只见志文石，没有志盖石，故称为"一石"。

入葬。此间，韩家请托宣政殿学士马德臣为其撰写墓志铭。"得臣最承相国之知，旧忝真王之顾，既闻嘉命，难诉不才，谨为铭曰……"[7]韩匡嗣妻萧氏病逝于辽圣宗统和十一年（993）正月二十日，当年八月十八日入葬。此间，韩家请托三司使邢抱朴为其撰写墓志铭。"抱朴承上台之厚念，熟圣善之芳猷，辄效直书，庶期可久。嘻！陶侃门外，已招鹤吊之祥；蔡邕墓前，永感兔驯之异。谨为铭曰……"[8]又如耿延毅及妻耶律（韩）氏墓志铭。耶律（韩）氏病逝于辽圣宗统和二十九年（1011）十月七日，次年十月十五日入葬。此间，耿家请托积庆宫都部署判官史克忠为其撰写墓志铭。"香骨归泉，指窀穸之匪远；孤魂游岱，虑冥寞以无闻。故命非才，式扬盛美。虽辞非幼妇，参八字以无奇；而铭勒他山，庶千年而不泯。"[9]户部使耿延毅病逝于辽圣宗开泰八年（1019）十二月七日，次年二月二十六日入葬。此间，耿家请托李万为其撰写墓志铭。"将赴葬期，乃征铭于陇西氏，万元非史才，久废文笔，承郡王之教，难以固辞，乃考世德，刊勒墓石。"[10]此外，韩佚及妻王氏墓志铭、萧绍宗及妻耶律氏墓志铭、王泽及妻李氏墓志铭、耶律宗政及"妻（妃）"萧氏墓志铭、萧阊及妻耶律氏墓志铭、耶律弘世及妻（妃）萧氏墓志铭、梁援及妻张氏墓志铭、耶律弘本及妻（妃）萧氏墓志铭（耶律弘本为哀册），亦均为夫妻二人各自"一盒（石）一志"之例。

其二，夫妻二人共"一盒（石）一志"。所谓"共'一盒（石）一志'"，即夫妻"合志"。一方志石，综合记述夫妻二人的事迹功德，这在辽人夫妻墓志铭中比较少见。如何确定为夫妻合志，笔者以为主要要把握以下几点：一是看墓志铭题目，二是结合墓志铭题目参看志盖文字，三是考察、比对志文及铭文之内容。

墓志铭题目是鉴别是否为夫妻"合志"的重要标志之一。譬如辽景宗乾亨四年（982）的大同军节度使许从赟与妻康氏的墓志铭，志文题目为"大契丹国故大同军节度管内观察处置等使特进检校太保右领军卫上将军兼御史大夫上柱国高阳县开国男食邑三百户赠太傅许公泊夫人康氏墓志铭并序"[11]。"泊"，通"暨"，意为"及""和"或"同"。由此便可断定其为许从赟夫妻二人之"合志"。如果仅看志文题目也难以确定其是否为夫妻"合志"，还可以参考志盖的题字来进一步辨析。如辽兴宗重熙十三年（1044）的蓟北县令李继成与妻马氏的墓志铭，志文题目为"大契丹国故朝议郎尚书水部郎中守幽都府蓟北县令赐绯鱼袋陇西李公扶风县太君马氏墓志铭并序"[12]。看此题目，在李继成（李公）和马氏（马君）之间并没有"泊"或"暨"字相连接，与大多女性单人墓志铭的题名颇类似。如辽圣宗统和十一年（993）的《韩匡嗣妻萧氏墓志》志文题目即为"故推诚奉上宣力匡运协赞功臣西南面招讨使晋昌军节度使开府仪同三司检校太师兼政事令尚父京兆尹上柱国秦王食邑一万户赠尚书令昌黎韩公嫡夫人故秦国太夫

7　周阿根校注：《辽代墓志校注（上册）》，天津古籍出版社，2022年，第63页。

8　周阿根校注：《辽代墓志校注（上册）》，天津古籍出版社，2022年，第81页。

9　周阿根校注：《辽代墓志校注（上册）》，天津古籍出版社，2022年，第156页。

10　周阿根校注：《辽代墓志校注（上册）》，天津古籍出版社，2022年，第171页。

11　周阿根校注：《辽代墓志校注（上册）》，天津古籍出版社，2022年，第54页。

12　周阿根校注：《辽代墓志校注（上册）》，天津古籍出版社，2022年，第245页。

人兰陵萧氏墓志铭并序"[13]。这样，我们就要参看一下志盖的题字了。《李继成暨妻马氏墓志》志盖题字为"大契丹国故陇西李公故扶风县太君马氏墓志铭"。这与女性单人墓志铭的题字却大不相同。辽圣宗统和十一年（993）的《韩匡嗣妻萧氏墓志》志盖题字为"故秦国太夫人墓志铭"。二者之区别，显而易见，一目了然。

当然，夫妻"合志"与单人墓志铭的最大区别，还是在于志文内容的书写顺序上。一般来说，夫妻"合志"的志文内容与单人墓志铭的志文内容没有多大区别。但有所不同的是，如果是单人墓志铭，志文先叙述志主本人族属与事迹，然后才简介对方（夫或妻）的族属与事迹等；若是夫妻"合志"，志文必先记述丈夫（男方）的族属与事迹功德，然后才是妻子（女方）的族属与事迹懿德等。譬如李继成与妻马氏的墓志铭为夫妻"合志"，志文之书写顺序，首先记述的是男性李继成的族系及事迹功德等，然后才是女性马氏的家世及妇德懿范等。又如《许从赟暨妻康氏墓志》志文记述内容也基本按此顺序安排。而韩匡嗣妻萧氏之单人墓志铭，志文内容书写顺序正好与之相反，志文前部记述萧氏的族属及妇德懿范等，志文中间夹杂少许韩匡嗣的事迹，志文最后还是与萧氏相关内容的书写。

此外，夫妻"合志"与单人墓志铭最明显的区别标志，还有二者铭文内容的不同。单人墓志铭的铭文，大都只赞颂志主本人的功德，而夫妻"合志"的铭文，则是二者的功德懿范均加赞颂。如《许从赟暨妻康氏墓志》的铭文即云："卓哉许公，挺神如虎。奋武隆家，□□□□。仗节拥旌，陈师鞠旅。遽谢遐年，浥晞朝露。懿哉夫人，□□□□。妇德无加，母仪有度。暗萚蓂花，忽坠星婺。生则同室，□□□墓。骨掩玄堂，魂归冥路。庶万古千秋兮，记大葬于此处。"[14]又如《李继成暨妻马氏墓志》的铭文，也是对夫妻二人共同的赞颂："君子之行，何道可存，志尚直温。郎中之行，犹彼间出儒门。夫人之行，何道可取，礼贵规矩。太君之行，若兹挺生相府。秀孕蕲蹱，神储洛浦。凤叶和鸣，鸾惊孤舞。君子辞世，贤妇嫠居。母仪益盛，家道晏如。大期是从，福善爰虚。先公逝兮三十四，太君薨兮七十余。岁在申兮月在酉，桑水西兮贺代墟。卜新茔兮刊贞石，铭景行兮聊直书。"[15]而女性单人志《韩匡嗣妻萧氏墓志》铭文则只有对她本人的颂词："猗欤夫人，妇道彰明。子孙大盛，将相兼荣。生有余庆，殁有令名。呜呼！德如是，福如是，千载之后，莫之与京。"[16]

按以上标准确定为夫妻"合志"者，出土辽人墓志铭中还有一例，即辽道宗咸雍五年（1069）的董匡信与妻王氏的墓志铭。不赘言。

其三，夫妻共一盒（石）二志。《萧德恭妻耶律氏墓志》是镌刻在《萧德恭墓志》志盖的背面，为"一盒二志"型。辽人墓志铭中，也有在一块石板上镌刻夫妻二人墓志铭各一篇者，可称之"一石二志"。此类墓志铭极为少见，笔者检索出土辽人墓志铭仅发现一例，即辽圣宗统和二十七年（1009）的萧氏夫人和她的丈夫耶律污斡里的墓志铭。《辽代石刻文编》《辽代墓志校注》等收录该墓志铭时，均依前志标题命名为《萧

13　周阿根校注：《辽代墓志校注（上册）》，天津古籍出版社，2022年，第78页。
14　周阿根校注：《辽代墓志校注（上册）》，天津古籍出版社，2022年，第56页。
15　周阿根校注：《辽代墓志校注（上册）》，天津古籍出版社，2022年，第248页。
16　周阿根校注：《辽代墓志校注（上册）》，天津古籍出版社，2022年，第81页。

氏夫人墓志》。但仔细辨析，笔者以为应是"一石二志"。志石前半部镌刻耶律污斡里妻子萧氏夫人的墓志铭，标题为"大契丹国夫人萧氏墓志并序"。志文内容依次为萧氏夫人族属世系及妇德懿范、病逝时间及入葬地点、子女及丈夫简况等，最后是赞颂萧氏夫人懿德的铭文："常娥降耀，姿女腾光。诞兹淑女，为家之祥。贤逾孟母，美类齐姜。夫为将相，父乃侯王。福既有终，祸故无常。年临寿惧，疾构膏肓。雨停巫峡，云覆高堂。贞珉载刊，永扇遗芳。"志石后半部镌刻的应是萧氏夫人丈夫耶律污斡里的墓志铭，虽然没有标题，但志文、铭文俱全。志文内容依次为耶律污斡里的族属家世、志主事迹功德、妻子染病及去世入葬等内容（末段志文与萧氏夫人志文内容有重复处），最后是赞颂耶律污斡里功德的铭文："天诞奇人，粹禀星辰。诗书广德，文武藩身。资忠履信，祖义本仁。位分符行，恩降丝纶。颁条布政，返朴还淳。壮室从仕，耳顺罹屯。命也孰测，天守宁论。岁次单阏，月届建亥。迁灵輴以即域，封马鬣以安神。刊贞珉兮纪功，播芳烈兮万春。"萧氏夫人志文中有"萧氏即耶律太保之第二夫人也，太保即贵联天戚，位过人臣，谅福尽以祸来，当乐极而悲至，乃先薨"等字样。"耶律太保"即耶律污斡里，"太保"为其职衔[17]。笔者揣测，萧氏夫人的丈夫耶律污斡里先逝，萧氏夫人后亡，萧氏启夫墓祔葬时，匠人于一石之上，先镌萧氏夫人墓志铭，接着补刻了耶律污斡里的墓志铭，由此，便呈现出了夫妻"一石二志"之现象。

其四，夫妻单方一人二石二志。辽人夫妻中有单方一人二石二志者，十分罕见。笔者检索出土辽人墓志铭，仅发现两例。第一例为陈顗妻曹氏墓志铭。辽道宗咸雍三年（1067）三月十日，知度支使事陈顗的妻子曹氏"疾终于中京之私第，享年四十有三"。入葬前，由其女婿、直史馆杜公谓撰写墓志铭，题目为"大辽金紫崇禄大夫行给事中知度支使事颍川郡开国侯食邑三千户食实封叁伯户上柱国陈公夫人故谯国郡君墓志铭并序"。作者题名为"朝散郎守右拾遗直史馆京兆县开国男食邑三百户上骑都尉赐绯鱼袋杜公谓撰"。杜公谓撰此墓志铭是在岳母曹氏去世三年之后。"庚戌岁夏五月庚寅朔二十五日甲寅，陈公迁奉先茔于京之南金河之表，夫人亦祔焉。以公谓熟夫人之行，俾志其实而铭曰……"[18]"庚戌岁"为辽道宗咸雍六年（1070）。这是曹氏的第一方墓志铭。辽道宗"大安六年岁次庚十一月辛酉朔七日辛未，□□□先府君大夫人神枢移葬于白鹿山之先茔"，陈顗前妻曹氏、次妻刘氏（辽道宗大康十年病逝，有充史馆修撰王鼎撰写的墓志铭）棺椁亦一同迁葬于此。于是，曹氏的丈夫陈顗，又为妻子撰写了第二方墓志铭。陈顗为妻子曹氏撰写的墓志铭，镌刻在杜公谓所撰曹氏墓志铭志石的背面，题目为"故谯国郡君曹氏墓志铭并序"。作者题名为"夫奉国功臣前三司使崇禄大夫守太子太保上柱国颍川郡开国公食邑四千五百户食实封肆佰伍拾户陈顗撰"。曹氏去世三年后，本有女婿杜公谓撰写的墓志铭，为何若干年后移坟迁葬，丈夫陈顗又为她另撰墓志铭一方？陈顗在志文中陈述了二次撰志之个中原因："予重熙中进士第，故济州刺史曹公讳可行，以幼女妻予，即夫人也。侍烈考、主中馈者垂二纪。咸雍戊甲岁，疾终于

17　周阿根校注：《辽代墓志校注（上册）》，天津古籍出版社，2022年，第135～139页。

18　辽道宗咸雍六年（1070）《陈顗妻曹氏墓志》，周阿根校注：《辽代墓志校注（下册）》，天津古籍出版社，2022年，第340、341页。

中京之私第。岁次庚戌夏五月，因奉先茔于都城南五里，原夫人得以祔焉。大康甲子御□秋九月戊戌朔二十四日辛酉从先舅姑之神枢，复迁于旧域东之吉地。夫圹有铭，所以文其实。夫人之行与存没之始卒，已具子婿杜公谓之前志，此不复道，所书者，乃予昔与夫人同更荣否，迭相规勖，暨其后休戚之事焉。"[19]细读陈顗撰写的妻子曹氏墓志铭得知，陈顗在朝为官期间，正是道宗朝权臣耶律乙辛（志文中称"弘孝"）、张孝杰等人"势倾中外，将图不轨"之时，不喜阿附、忠正耿直的陈顗颇受排挤与打击，人生低谷，全赖妻子曹氏的劝慰与鼓励。陈顗在新志中如实追忆书写全部过程，为的是缅怀和感恩早逝的妻子曹氏。

　　第二例为天祚帝朝韩氏丈夫王师儒的墓志铭。王师儒为道宗朝名臣，曾任翰林学士、枢密副使、参知政事、尚书左仆射等职。天祚帝乾统元年（1101）因病去世，享年六十二岁。次年四月五日入葬，时有墓志铭随葬墓中。王师儒的妻子韩氏，为辽代汉人世家大族韩延徽韩氏家族成员，其父为判三司使事韩造。韩氏逝于天祚帝天庆四年（1114）二月二十八日。韩氏祔葬丈夫王师儒墓时，守少府少监南抃又为王师儒撰写墓志铭一方。由此可知，王师儒先后有两方墓志铭埋入地下。王师儒原有入葬时的墓志铭一方，为何祔葬妻子韩氏时又请托南抃再撰一方墓志铭？天祚帝天庆四年（1114）的《王师儒墓志》作者做了说明：王师儒与韩氏"有子四人，二男：长曰元孙，始冠而卒；次曰德孙，承恩荫授率府副率、合门祗候，应进士举。二女：一曰春宫，适宣徽判官、崇禄少卿贾辉；二曰芝香，适枢密都承旨时立爱，蚤卒。德孙至性纯孝，事殁如存。自公之亡，克继先志。以母夫人（韩氏）徂逝，未卒哭，卜得四月二十有五日，将祔葬于公（王师儒）墓。以书走仆，持公行状来。且言先侍中旧志阙追崇之事，是因启圹思得新文易之。幸矜此怀，无以牢让。以抃尝在公史席之末，故有是托。既属勤请，可不志而铭诸？"[20]这就是说，王师儒的儿子王德孙认为，当年王师儒去世下葬比较匆忙，作为高官重臣的王师儒，朝廷的"追崇"（赐赠官爵）当时还未做出，原墓志铭亦未能刻记，与墓志铭"陈三代之嘉名，垂千年之令范"之功用大不符。于是，此时便借葬母启墓之机，请托南抃另撰新志一方，补上朝廷"追崇"（赐赠官爵）诸项。王师儒墓志以新易旧，旧石或已被毁掉。天庆四年（1114）南抃撰写的《王师儒墓志》及妻韩氏墓志志盖（题字为"丰国夫人韩氏墓志铭"）1957年于北京复兴门外公主坟侧出土。

　　到目前为止，学界已公布的出土辽人汉文墓志铭约有二百几十方[21]，其中除去个别志主因年龄原因没有婚娶（嫁）之外，大多数志主均应结婚成家。但笔者经过检索，显示夫妻二人均有墓志铭者只占其中一小部分。即便有些墓志文字显示夫妻另一方曾经撰写并镌刻过墓志铭，但现实中我们并没有见到，应该有以下几种原因：一是夫妻一方墓志铭有明确出土信息者，可能夫妻的另一方当时入葬时确实没有撰写和镌刻墓志铭；二是夫妻一方墓志铭出土信息不清晰（为征集或收缴者），其结果，或是夫妻另一方入葬

19　辽道宗大安六年（1090）《陈顗妻曹氏移葬墓志》，周阿根校注：《辽代墓志校注（下册）》，天津古籍出版社，2022年，第431页。

20　周阿根校注：《辽代墓志校注（下册）》，天津古籍出版社，2022年，第586页。

21　2022年出版周阿根教授校注的《辽代墓志校注》收录辽代墓志铭228方。

时没有撰写和镌刻墓志铭，或是有墓志铭但因盗掘等原因已经遗失，或是有墓志铭还没被发现，至今仍埋于地下。总而言之，辽人夫妻二人缺失任何一方墓志铭，其结果，都将不利于我们对辽人夫妻墓志铭的类型作深入研究。

二、黄泉重聚：辽人夫妻逝后之袝葬形式

《萧德恭墓志》"记事"：

> 丙戌年，尽降虏首，未返阙庭，尚父、于越、晋王（耶律仁先）以状闻于上，嘉叹不已。是夏，（道宗）驾幸公（萧德恭）之私第。三接考易，符康侯锡马之祯；十乘稽诗，享元戎启行之贵。报其功，授忠正军节度留后，朝野忻然而谓当矣！将期内持政柄，外付兵权。何期咸雍九年朝觐回，（萧德恭）遘寝疾于行路，七月二十九日薨于松山州近郊之行帐，享年三十有八。……攀辕引靷，号护灵辒，以冬十一月二十一日葬于奉先军北黑山，从先茔也[22]。

《萧德恭妻耶律氏墓志》"记事"：

> 公（萧德恭）即大丞相陈王第三子也，当重和之季，年始承睿眷，自时厥后，建立功名，恩荣不次。具载前志，不烦再叙。洎咸雍九年夏宗而回，遘寝疾于行路，七月二十九日公薨于松山州东近郊之行帐，享年三十有八。以冬十一月二十一日葬于显陵北黑山，从先茔也。……何期，乾统十年五月十八日，（耶律氏）遘厉疟疾，殂于豪州，享年六十有九。……夫人（耶律氏）年寿至此，痛忽奄终，虽死生有命，奈吉凶无报。刀骨锯肉，不谓之酸；饮鸩茹荼，不谓之苦。以当年秋闰八月十九日，合葬于黑山旧茔，礼也[23]。

志文显示，丈夫萧德恭先逝，葬于显陵北黑山萧氏家族茔地（今辽宁省阜新蒙古族自治县关山种畜场王坟沟）；妻子耶律氏后亡，与丈夫萧德恭合葬（"袝"）。辽人去世后，夫妻要合葬（"袝"），在出土的其他辽人墓志铭中亦有较多记载。作为古代葬俗中的一种，夫妻逝后合葬（"袝"）在契丹辽朝十分盛行。因而，冀望夫妻逝后黄泉重聚，同穴而眠，已成为诸多辽人夫妻的临终述求。如辽景宗保宁二年（970）的《刘承嗣墓志》即载，左骁卫将军刘承嗣的原配夫人杨氏去世后，"公（刘承嗣）义重嘉偶，悲早悼亡。谢蒨华之正芳，愿丘垄之同穴。视必如归，想无余恨。"[24]辽圣宗太平七年（1027）的《耶律遂正墓志》亦载，辽兴军节度使耶律遂正去世后，其妻"薛国夫人，结发为姻，如宾起敬。当夜台忽奄，而昼哭无休。益叹未亡，旋谋归葬。因服勿

22　周阿根校注：《辽代墓志校注（下册）》，天津古籍出版社，2022年，第377、378页。
23　周阿根校注：《辽代墓志校注（下册）》，天津古籍出版社，2022年，第559、560页。
24　周阿根校注：《辽代墓志校注（上册）》，天津古籍出版社，2022年，第26页。

药，已止半涂。夫人每听诵佛经，颇悟于教理，行果归依法宝，求离于地水火风。虽穷生死之恨，已卜窀穸之事。又曰：'生则异室，死则同穴。存则与子偕老，没则携手同归。'方从灵輴，渐加美疹。以当年七月二十一日薨于行次，享年五十有一。"[25]笔者检索出土辽人夫妻墓志铭，发现辽人夫妻逝后合葬（"祔"）之形式有多种，诸如妻"祔"（附于）夫葬、夫"祔"（附于）妻葬、夫妻"迁祔"葬、一夫与多妻"祔"葬，等等。以下分而述之：

其一，妻"祔"（附于）夫葬形式。辽人夫妻中，无论谁先亡故，均有开启丈夫墓穴而使夫妻合葬者。

一是丈夫先去世入葬，待妻子去世后启夫墓而合葬。辽人夫妻合葬中此类葬式为最多。譬如赵德钧与妻种氏。辽穆宗应历八年（958）的《赵德钧妻种氏墓志》标题即为"辽故卢龙军节度使太师中书令北平王赠齐王天水赵公夫人故魏国太夫人赠秦国夫人种氏合祔墓志铭并序"。据志文记载，卢龙军节度使赵德钧去世后，妻子种氏"荷麻但诉于天穹，询礼岂闻于夜哭。"此后，"十载之间，五丧相继。积变襄□之状，长怀孤苦之情。构疾弥留，俄臻大渐。于应历七年五月二十二日薨于燕京隗台坊之私第，享年七十有四。"次年四月十九日，"祔于燕京蓟北县使相乡勋贤里齐王（赵德钧死后赠爵）之茔，礼也。"[26]赵德钧与妻子种氏合葬墓，1959年11月6日在北京南郊养鸭场被发现。1960年，北京考古工作者进行考古发掘，出土种氏墓志铭一方。考古工作者根据墓室散乱遗骨判断，墓中原葬有二人，其中一人应为焚尸火葬[27]。又如韩匡嗣与妻萧氏。辽圣宗统和十一年（993）的《韩匡嗣妻先生墓志》即载："无何，乾亨五年壬午冬，秦王（韩匡嗣）先夫人（萧氏）而薨。夫人义重天穹，礼遵昼哭。亲营丧事，恒极送终之哀：志愿同归，每抱歼良之恨。进封秦国太夫人，旌轨范也。寒暄屡改，疾疹渐加。于统和十一年春正月二十日薨于曩潭之行帐，享年七十有七。皇帝闻而轸悼，乃遣东上合门使李从训伸赗祭之礼，有加于常等。以其年秋八月十有八日，迁神枢渠劣山，祔先秦王之茔，礼也。"[28]

二是妻子先去世，棺枢"权厝"（临时置棺待葬）某处，待夫亡后，启棺移枢与丈夫合葬。如石延煦与妻赵氏。辽圣宗统和五年（987）的《石延煦墓志》即载：辽景宗乾亨四年（982），行建州刺史石延煦被"授右骁卫上将军，开国侯，食邑三百户。至统和元年，又加食邑三百户。虽当重委，日慕神怙，罢镇虚怀，君闲养素，才临耳顺，俄染膏肓。以统和五年正月八日薨于州寝。夫人赵氏，早构凶罹，以其年九月廿四日合祔于晋城之辛地，嗣王之茔焉。"[29]又如耶律弘本与妻（妃）萧氏。天祚帝乾统十年（1110）的《耶律弘本哀册》云："维乾统十年岁次庚寅闰八月丁酉朔，皇太叔祖（耶律弘本）薨于庆州西南之行帐，有诏促于州北，崇建丘攒殿以殡焉。粤以十一月八日壬申，将安兆于兴云山，以祔先陵，礼也。……平生之行，上寿可期。胡为昊天，降此大

25　周阿根校注：《辽代墓志校注（上册）》，天津古籍出版社，2022年，第196页。

26　周阿根校注：《辽代墓志校注（上册）》，天津古籍出版社，2022年，第15、16页。

27　北京市文物工作队：《北京南郊辽赵德钧墓》，《考古》1962年第5期。

28　周阿根校注：《辽代墓志校注（上册）》，天津古籍出版社，2022年，第79页。

29　周阿根校注：《辽代墓志校注（上册）》，天津古籍出版社，2022年，第70页。

戾。七十其龄，遽敛神气。舟壑潜移，川水皆逝。"[30]天祚帝乾统十年（1110）的《耶律弘本妃萧氏墓志》亦载："乾统庚寅岁秋，天子西狩，次庆陵之右，属太叔祖（耶律弘本）告疾，遂薨。上闻之，震悼者弥日，再幸灵次，易服以哭之，特命执政者监护，凡厥赗赠，窀穸之事，皆视常制者逾等，仍诏以故妃萧氏祔焉。……妃幼聪惠，美姿色，进止有度，瞬容顾盼，辉映左右，殊为永乐之所宠爱，亟因间进言之。遂召嫔于宋魏国王之邸，时年一十有五，以重和八年册为宋魏国妃。自承眷遇，尤不以富贵自矜。两宫问安，婉娩奉馈，日以孝闻。而复睦于姻娅，下逮妾隶，无不顺适。属道庙纂历，仁御寰区。至清宁末，元恶启衅，祸连戚里，妃以亲累，诏归于舅氏。尔后，尤以贞素自守，非命召未曾逾阃。宴居穆晬，恒若恍然。无何遘疾，以大安六年十二月二十三日薨于保州，享年二十有五。始，妃之薨也，权瘗于彩云山。今上以妃之被遣，故以他累，而终始懿节炳然，重以皇叔魏国王忠恪德业，蔚为宗英，而有母氏之戚。乃诏节度使、知裳衮耶律药哥，妃弟延昌宫副宫使、同签点检司事德恭，持节奉迎妃之神枢，祔于玄殿，复追谥曰太叔祖妃。"[31]耶律弘本与妻（妃）萧氏合葬墓位于今内蒙古巴林右旗辽庆陵的陵域内，历史上多次被盗。1997年经考古工作者抢救性发掘，出土皇太叔祖（耶律弘本）哀册及萧氏墓志铭各一盒。"棺中被早期盗扰，尸骨散乱，内有两个人头骨，可分出为一男一女。男性头骨较大，前额上耸而丰满，牙齿磨损较重，齿根稀疏。女性头骨较小且圆，牙齿整齐而紧密。据此推知，这两人，一个在年老时死去，一个在年轻时死去，和墓志所记墓主死时年龄基本相符，可能是墓主的头骨。"[32]

　　其二，夫"祔"（附于）妻葬形式。检索出土墓志文字资料，辽人夫妻葬式中，亦见丈夫去世后启妻墓而合葬的现象，其特点：一是诸例均在兴宗朝中期以后，二是均为妻子先逝。如萧德顺与妻耶律氏。辽兴宗重熙十四年（1045）的《萧德顺墓志》即载："渭川之玉，太公徒应于卜畋；洹水之琼，声伯忽悲于梦泣。以重熙十四年乙酉三月（萧德顺）遇疾，薨于扈随之行帐，享年五十有八。两殿闻讣，谓之辍朝，赗赠有加，追叹无已。公（萧德顺）娶枢密太师耶律留宁女为夫人，后封别胥，柔嘉迪哲，聪惠秉彝，敬中馈以时修，钦内言而日慎，大福无苔，遐龄未臻，以重熙七年十月先公而逝，享年五十有一。……嗣子乙信，时在云中，共典京钥，俟听凶讣，号踊殆绝。遂泣血奔丧，即日而至。乃暨孤弟燕留，祇奉灵枢，寅议窆室。陈家元季，踵德行以攸偕；穆氏谷雕，营祀收而弥切。即以其年十月丁亥朔十二日甲子，卜葬于丰州括嵩里，启别胥（耶律氏）之穴附焉，礼也。"[33]又如萧阇与妻耶律氏。耶律氏先逝。辽道宗咸雍五年（1069）的《萧阇妻耶律骨欲迷已墓志》即载："无何！调裕乖节，而遭沉疾，荏苒星霜，既疲且瘠，璇壶耳之，屡加存省。促赴行在，于诏阳军东北郊以驻泊之。仍降御医数人治之。弥月，砭剂术穷，殊然不起。（耶律氏）于咸雍五年仲春之月二十五日薨谢于行帐，春秋二十有四。常娥厌世，已归蟾兔之宫；交甫回身，难接神仙之面。凡朝廷勋望，鲜不姻娅。躬谒窀灵，履屧相缀。永念金夫，偕老违望，疚心毁容，旁顾不忍，

30　周阿根校注：《辽代墓志校注（下册）》，天津古籍出版社，2022年，第561、562页。

31　周阿根校注：《辽代墓志校注（下册）》，天津古籍出版社，2022年，第564、565页。

32　巴林右旗博物馆：《辽庆陵又有重要发现》，《内蒙古文物考古》2000年第2期。

33　周阿根校注：《辽代墓志校注（上册）》，天津古籍出版社，2022年，第255、256页。

遂归全于白雷之壤，至蒙谷山于罔极寺前，具阴仪而权厝之。以当年冬十月二十八日祔祖姑秦晋国大长公主寝园之午位。圹其吉地，禭而藏焉，礼也。"[34]率府副率萧闾后亡，启妻耶律氏墓室而合葬。辽道宗咸雍七年（1071）的《萧闾墓志》即云："本望虞韶汤护，铿然扬荐庙之音；牺卦夏畴，焕若作兴王之瑞。暐晔族望，昭彰简编。岂期折鹏翼于半天，踬骏足于中道。无何！咸雍六年孟夏之月二十八日，（萧闾）寝疾殁于徽郡甲第之园囿，春秋二十有八。想其谓尘世之厌居，望天宫之遽返。以次岁夏四月十五日癸时，归葬于白雷香台山罔极寺之离位，故燕王、秦晋国大长公主之先茔，合祔先娘子耶律氏之故穴。"[35]再如耶律宗福（本姓"韩"，"耶律"为赐姓）与妻萧氏。辽道宗咸雍八年（1072）的《耶律宗福墓志》即载：南宰相耶律宗福"于咸雍纪祀之七载，行帐至于瓜埚之右，俄婴痼疾，虽药勿喜。是岁十月十八日午时，善若眠寝而薨于裒潭之私第，享年七十有四。一族哀咷，合境悲恋。国戚□□，闻之出啼。上以伊衡折而难理，魏鉴遗而莫寻。轸悼恺叹者移时，辍朝减膳者有日。因遣上京副留守谢卿云充敕祭葬使，赙赠仪礼，倍逾常数。定于八年四月十二日乙时葬于安山之阳，黑山之阴，渠列山之中央，祔上祖秦王之茔而全归焉，礼也。启先亡别婿之墓而合祔焉，顺也。别婿乃大国舅帐保安统军普你□□□女也。"[36]"别胥"，耶律宗福妻子萧氏的封号。

其三，夫妻"迁祔"葬形式。所谓夫妻"迁祔"葬，是指辽人夫妻去世后因故"权厝"，若干年后，移枢于新茔而合葬。如王仲福与妻齐氏。据辽穆宗应历十七年（967）的《王仲福墓志》记载，盖造军绳墨都知王仲福先逝，没有正式入葬。"无何，膏肓有疾，药饵无征，去唐清泰元年前正月二十八日寝疾于家，奄然长逝，享年六十。寻厝于府城东，从其权也。"后唐清泰元年即辽太祖天显九年（934）。"夫人齐氏，周太公之令胤也。齐眉起誉，褵耳全贞。去辽应历九年十二月十三日遇疾，终于蓟州渔阳县界高村之私第也，享年七十有三。寻厝于本贯。"移夫妻二人棺枢而合葬是在辽穆宗应历十七年（967）。"诸孤等念劬劳义重，固宅增营，去辽应历十七年三月二日，迁祔于蓟州北渔阳县界高村管，礼也。"[37]又如许从赟与妻康氏。辽景宗乾亨四年（982）的《许从赟暨妻康氏墓志》记载，大同军节度使许从赟与妻子康氏先后去世，均没有正式入葬，多年后移枢合葬。"陈师鞠旅，正图战伐之勋；泰始否终，遽染膏肓之疾。（许从赟）以应历八年九月六日薨于燕京肃慎坊之私第，享年五十七。""夫人长沙康氏，故云州都指挥使敬习之女也。姿容端丽，词气柔顺。在室以女德传芳，故备六仪而归于我；殒天以妇道哭昼，乃感四时而成其疾。以保宁八年三月五日薨于云州丰稔坊之私第，享年六十五。""以乾亨四年十月二十七日，取公之神枢于燕，与夫人灵枢合葬于云中县宝权里，并二子祔于坟，成公之先志也。"[38]许从赟夫妻移枢合葬墓位于今山西省大同市西南郊新添堡村南，1984年，考古工作者进行抢救性发掘，除了出土许从赟暨妻康氏墓志铭一盒外，还有大量精美的墓室壁画，以及各种

34　周阿根校注：《辽代墓志校注（下册）》，天津古籍出版社，2022年，第334页。

35　周阿根校注：《辽代墓志校注（下册）》，天津古籍出版社，2022年，第346、347页。

36　周阿根校注：《辽代墓志校注（下册）》，天津古籍出版社，2022年，第354、355页。

37　周阿根校注：《辽代墓志校注（上册）》，天津古籍出版社，2022年，第20、21页。

38　周阿根校注：《辽代墓志校注（上册）》，天津古籍出版社，2022年，第55页。

实物性文物等[39]。再如李继成与妻马氏。辽兴宗重熙十三年（1044）的《李继成暨妻马氏墓志》记载："无何，福善则灵，有违辅德，降年不永，忽叹歼良。（蓟北县令李继成）于统和二十三年正月六日寝疾，薨于燕京西时和坊之私第，享年三十有四。当年二月二十五日于幽郡县广老乡真宰里衬先茔而权窆焉。""夫人即宣政殿学士、同政事门下平章事马得臣之长女。……重熙十一祀，仲子秩峻亚列，政布外台，授将作少监、知北安州军州事。次岁以国家加上徽称，普均鸿渥，爰降丝纶之命，特疏汤沐之封。于春正月，母因子贵，夫人特封扶风县太君。秋九月，忽染沉疴，俄终大限。是月六日薨于回车之公署，享年七十有四。十三年，奉护灵梓，归葬故乡，谓土薄则浸渍毁于棺椁，谓陇远则祭祝阙于蒸尝。于当年岁次甲申八月庚寅朔二十五日甲寅，迁先郎中之神枢，就爽垲之地，于元辅乡贺代里新茔合衬焉，礼也。"[40]

其四，一夫与多妻"衬"葬。辽代盛行一夫多妻，辽初法律亦曾允许妻亡妹续，因而，辽人墓志文字中多见一夫与多妻"衬"葬的事例。如张建立与两位夫人一位娘子的合葬。辽景宗保宁元年（969）的《张建立墓志》即载，榆州刺史张建立，"天显五年十月十六日染疾卒于公府，春秋四十有七，权葬于宅外西地。"张建立在世时，有两位夫人和两位娘子。"长夫人药氏者，门庸暐晔，仁德丰隆，积善肥家，断机训子，流年感□，于应历十五年十二月八日染疾寿终于正寝，年七十有六，权葬于外地。次夫人樊氏者，丰约合度，谨素严颜，有闺政之规，无外族之□，天显十年正月七日，疾疹终于寝室，年五十二，权葬于宅右。娘子杜氏者，艳态出群，礼敬余侈，赞佐能遵于内训，箕帚善禀于古风，去应历十年十二月十三日疾终于侧室，年五十有九，权葬于宅右。"辽景宗保宁元年（969），"是以命良师以择吉日，辟旧圹以就新茔。礼禀周仪，衬葬同椁，有三人焉：嫡夫人药氏、夫人樊氏、娘子杜氏。"此次与父亲及诸母合葬的，还有张建立的几位已逝子女[41]。又如宋匡世与两位夫人的合葬。辽圣宗太平六年（1026）的《宋匡世墓志》即载，兴化县令宋匡世生前有过三位夫人，其中夫人吴氏、夫人李氏均先于宋匡世去世。宋匡世"太平五年五月十八日遘疾，启手足于提辖公署之正寝，春秋四十有八。权厝于京南义井院精舍。以太平六年三月七日，归窆于榆州南和乡余庆里鹿鸣山先茔之左，举二夫人衬焉，礼也。"[42]再如赵匡禹与两位夫人的合葬。辽道宗清宁六年（1060）的《赵匡禹墓志》即载，遂州观察使赵匡禹，"以开泰八年岁次己未九月戊午朔十日薨于建州之私第，享年六十有九。即以十年四月九日葬于州之南白杨口，从先茔，礼也。前夫人清河郡君张氏，故仁博州刺史、司徒之女。以九年六月一日卒，已衬于穴。次夫人萧氏，故护卫相公之女，先公而逝。今启公之茔合衬，礼也。"[43]

墓志石刻文字显示，有的辽人"夫妻"合葬比较另类，具体原因不详，譬如耶律宗政与秦晋国妃的合葬。秦晋国妃萧氏原为耶律宗政父亲耶律隆庆的王妃。耶律隆庆去世

39　王银田等：《山西大同市辽代军节度使许从赟夫妇壁画墓》，《考古》2005年第8期。

40　周阿根校注：《辽代墓志校注（上册）》，天津古籍出版社，2022年，第247页。

41　周阿根校注：《辽代墓志校注（上册）》，天津古籍出版社，2022年，第22、23页。

42　周阿根校注：《辽代墓志校注（上册）》，天津古籍出版社，2022年，第186页。

43　周阿根校注：《辽代墓志校注（下册）》，天津古籍出版社，2022年，第307页。

后，圣宗皇帝诏命王妃萧氏下嫁隆庆之子宗政，遭到婉拒。辽道宗清宁八年（1062）的《耶律宗政墓志》即载："先是，圣宗皇帝藩戚间，逼王娶妃。王性介特，辞以违卜，不即奉诏。自是不复请婚，以致无子。"[44]这就是说，耶律宗政与庶母秦晋国妃之间并没有事实上的婚姻关系。后来，秦晋国妃萧氏再次奉诏下嫁汉官刘二玄。辽道宗咸雍五年（1069）的《秦晋国妃墓志》对志主的三段婚姻有不太真实的描述："故资忠弘孝神谋霸略兴国功臣、兵马大元帅、燕京留守、守尚书令兼政事令、秦晋国王、赠孝贞皇太弟讳隆庆，即妃先出适之所天也。故资忠佐理保义翊圣同德功臣、开府仪同三司、守太傅兼中书令、判武定军节度使、魏国王讳宗政，即妃次奉诏所归之嘉偶也。故忠亮竭节功臣、宣力佐国功臣、守太尉兼中书令、鲁国公、赠太保、谥忠正刘二玄，即后有诏亲奉左右者也。"[45]有意思的是，秦晋国妃萧氏去逝后，并未与有事实婚姻关系的耶律隆庆或刘二玄合葬在一起，而是与有名无实的丈夫耶律宗政合葬。耶律宗政与秦晋国妃"夫妻"合葬墓为辽景宗乾陵的陪葬墓，位于今辽宁省北镇西北医巫闾山下富屯乡龙岗子村。

墓志石刻文字还显示，似乎有的辽人夫妻去世多年后"迁祔"葬，是要经过申请获批后，才能最终实行。如辽道宗咸雍五年（1069）的《董匡信及妻王氏墓志》即载："无何，天不慭遗，福应则虚。以重熙二十二年六月十五日寝疾，（董匡信）啓手足于大同府长清县之私舍，享年六十有八。官终于右班殿直。悲哉！夫人太原王氏，柔嘉贞正，耀映闺门，辅内睦族，足为母范。又恒以清净心日课《上生》《法花观音品》。十数年间，持六斋戒。年六十六先府君三载而逝，即二十年正月八日也。属以岁月屡移，窀穸未贲。幼子守将作监、侍御史知杂庠，起风树之悲，伫拱木之望，列状上闻，以归葬得请。遂以咸雍五年八月三日卜葬于析津府宛平县仁寿乡南刘里之南原，择先人旧游嘱爱之地，作新茔而合祔焉，礼也。"[46]但是否所有的辽人夫妻"迁祔"都需要"列状上闻"，还是董匡信及妻王氏之"迁祔"仅为个案，不详，待考。

此外，辽人夫妻逝后，也有一些缘于各种原因并不能合葬在一起。譬如，辽太宗朝的刘知遇与妻子康氏，即因战乱未能合葬。辽穆宗应历十六年（966）的《刘知遇妻康氏墓志》即载："大辽会同六年七月六日，故定州司马彭城刘府君讳知遇夫人东郡康氏，年七十六，疾殁于燕京南罗坊之私第，是岁九月六日出殡于京北刘村。府君大茔在中山，以两地阻兵，未遂合祔。至应历十六年十一月十二日权葬于奉圣州永兴县孝义乡谦和里别墅坤原，礼也。"[47]又如道宗朝的耶律庆嗣。辽道宗大安十年（1094）的《耶律庆嗣墓志》文字显示，大辽平乱尽忠功臣、西南路招讨使耶律庆嗣逝后，也没有与妻子萧氏合葬。"大安八年，（耶律庆嗣）任西南路招讨。无何，西北路驰奏，将臣失职，贼众窥边。公承命讨伐，且不虞其兽穷则攫，遂至掩殁，时年五十有五。……以十年三月壬申日葬于葛萎母山，从先茔也。""夫人萧氏，累封大国，即公之慈□也。淑

44　周阿根校注：《辽代墓志校注（下册）》，天津古籍出版社，2022年，第312页。

45　周阿根校注：《辽代墓志校注（下册）》，天津古籍出版社，2022年，第337、338页。

46　周阿根校注：《辽代墓志校注（下册）》，天津古籍出版社，2022年，第330、331页。

47　周阿根校注：《辽代墓志校注（上册）》，天津古籍出版社，2022年，第5页。

问贞德，图史斯在。……夫人萧氏，先公而逝。"[48]耶律庆嗣又名耶律挞不也，为辽朝中后期名臣耶律仁先之子，《辽史》有传。据《辽史·挞不也传》记载："挞不也少谨愿，后为族嫠妇所惑，出其妻，终以无子。人以此讥之。"[49]"出妻"，应该是耶律庆嗣与妻子逝后未能合葬的原因，墓志铭作者为逝者讳，便隐而未书。还有的辽人夫妻去世后，丈夫没能与原配夫人合葬，似是受某种习俗制约所致。如天祚帝朝的杜念与妻子孙氏。天祚帝天庆十年（1120）的《杜念墓志》即载："如何斯人而有斯疾？天庆九年十一月二十六日（杜念）薨，享年六十有八。……公（杜念）先娶故逸士孙克规女，故启圣军节度使克构侄也。早承□封邑，遽叹逝川。后妻故守太子太师、同中书门下平章事、判三司使事、赠中书令韩造第三女。……先以天庆九年八月二十二日巽时，葬孙氏于析津府宛平县元辅乡鲁郭里祔先茔，避伦忌也。复以天庆十年二月二十五日，与夫人韩氏合祔为礼也。"[50]"避伦忌"究竟为何习俗，不详，待考。

三、遽伤失俪：辽人丧夫之寡女多守贞不渝

《萧德恭墓志》"记事"：

> 夫人漆水郡耶律氏，即北王府提不里太师之女也。……自公（萧德恭）捐馆，触地无容，仰天无告，精修蕴藻，极乎可荐之心；仰视梧桐，甚矣半凋之苦[51]。

《萧德恭妻耶律氏墓志》"记事"：

> （萧德恭去世后）夫人坚持素节，因守纯诚，以金石挺志，以冰霜洁己，以惠和接于姻娅，以温善教于子孙，躬修祭祀，虔奉威仪。酒脯断来，用资太师之灵；金珠施尽，广铸诸佛之像[52]。

受中原王朝儒家封建礼教的影响，契丹辽国的女性大多亦遵守"三从""四德"等行为标准。若丈夫先于自己去世，她们便洁身守贞，不另改嫁，抚幼赡老，持家终身。萧德恭的妻子耶律氏便是其中之一。检索出土辽人墓志铭，笔者发现类似萧德恭妻子耶律氏这样的为亡夫守贞之女性还有很多。经笔者梳理归纳，辽人女性为亡夫守贞之类型大致有如下三种：

其一，贞烈型。夫妻恩爱，丈夫猝然而逝，妻子哀痛不已，经受不住丧夫的沉重打击，由此而获疾，不久便追随亡夫而去。辽人墓志铭中此类例证比较常见。如耶律羽

48　周阿根校注：《辽代墓志校注（下册）》，天津古籍出版社，2022年，第457、458页。

49　《辽史》卷96《挞不也传》，中华书局，1974年，第1398页。

50　周阿根校注：《辽代墓志校注（下册）》，天津古籍出版社，2022年，第607、608页。

51　周阿根校注：《辽代墓志校注（下册）》，天津古籍出版社，2022年，第378页。

52　周阿根校注：《辽代墓志校注（下册）》，天津古籍出版社，2022年，第559页。

之的妻子萧氏。辽太宗会同五年（942）的《耶律羽之墓志》即载，东丹国左相耶律羽之"以会同四年岁次辛丑八月十一日戊戌薨于官，春秋五十有一。……以壬寅年三月六日庚申葬于裂峰之阳。""夫人重衮，故实六宰相之女也，升天皇帝之甥。淑德传芳，柔仪显誉。深谐瀚濯之规，颇叶丝萝之义。始自相国薨后，痛孤鸾之独处，增别鹤之悲伤。日夜哀号，殆将灭性。洎营葬具，用尽身心。因兹积气成疴，内攻膝理。虽加医药，渐至沉绵。去相国葬后一十八日戊寅倾逝。呜呼！生死之期，荣瘁之分。在修短而不定，于因缘而或差，未有如相国与夫人同缘同会者焉。即以当年五月十一日甲午祔葬于旧茔。"[53]又如刘铸的妻子王氏。辽圣宗统和十八年（1000）的《刘铸墓志》即载，绫锦使刘铸于辽圣宗统和"十三年岁次癸未四月十三日，遘疾，终于孝慈坊之私第，春秋五十。""府君（刘铸）娶故左千牛卫大将军、太原郡太公讳承祚之女（王氏）。府君之物化也，未亡情苦，（王氏）不数月而奄忽，亦烈女之俦矣。"[54]再如邓中举的妻子冯氏。辽道宗寿昌四年（1098）的《邓中举墓志》即载，保安军节度使邓中举于辽道宗"寿昌四年五月十九日，因疾而薨，春秋六十一。夫人冯氏曰陈留郡夫人，公既薨，追悼悲痛，不浃旬亦以疾卒。"[55]

其二，守贞终老型。丈夫去世，妻子守贞不渝，直至终老。辽代女性中此类例证最多。如耶律昌允的妻子萧氏。辽道宗大安八年（1092）的《耶律昌允妻萧氏墓志》记载，建雄军节度使耶律昌允去世后，妻子萧氏"悼孤桐之半死，誓中柏之靡它。克正母仪，遂专家事，庭闱之训，隶慈诲于义方；筐筥之仪，竭勤诚于荐献。大安七年冬十一月寓居中都清河张公私第，其月十二日，寝疾而终，享年八十有一。"[56]又如梁援的妻子张氏。天祚帝乾统元年（1101）的《梁援墓志》记载："乾统元年八月五日，中书梁公（梁援）薨于位。"[57]天祚帝乾统七年（1107）的《梁援妻张氏墓志》亦载："天圣故宰辅、开府仪同三司、左仆射兼中书侍郎、同中书门下平章事、知枢密院事、监修国史、赵国公、追赠侍中、谥号忠懿、复赠中书令、梁府君赵国夫人，享年六十有七。因寝疾至乾统七年三月二日如眠，薨于白霫私第。……自中令既薨，往生竺域。乃赵国夫人（张氏）清持闺范，静蔼闺风，克正其家，善训于子。"[58]再如耿公妻张氏。辽圣宗开泰五年（1016）的《耿公妻张氏墓志》即载，"有巨鹿县开国男耿公妻清河郡张氏，故张将军之女也。实谓巫山殊□，□□华资，别有馨香，自多颜色。三回□眼，悬星彩于长天；□□丹岳，排□屏于满□。爰居闺阁，裕晓纶□。年一十有七适推忠奉国功臣□男。夫人则敩齐眉之敬，守□□之贞，洎归出嫁之端，不失采葛之道。□五十有九，夫将军（应指耿公）不禄。虽居周丽之风，不革齐姜之列。抚存孤却，无遗慈母之恩；□□悌惟，不失婚妻之□。以至时襄福谢，祸降灾临，未卜茔以无□，命针医而罔效，年□十有九，死矣。苦儿女以号咷，遣里闾而酸

53　周阿根校注：《辽代墓志校注（上册）》，天津古籍出版社，2022年，第3页。

54　周阿根校注：《辽代墓志校注（上册）》，天津古籍出版社，2022年，第109页。

55　周阿根校注：《辽代墓志校注（下册）》，天津古籍出版社，2022年，第492页。

56　周阿根校注：《辽代墓志校注（下册）》，天津古籍出版社，2022年，第443页。

57　周阿根校注：《辽代墓志校注（下册）》，天津古籍出版社，2022年，第509页。

58　周阿根校注：《辽代墓志校注（下册）》，天津古籍出版社，2022年，第539、540页。

楚，至开泰五年十月七日葬于霸州西北七十里龙耳山。"[59]

　　其三，守贞奉佛型。辽人中一些女性丧夫后守贞，开始信奉佛教，持戒食斋、念佛诵经已经成了她们日常生活的重要组成部分。如耶律弘世的妻子（妃）萧氏。丈夫去世后，萧氏恳请皇帝诏准，庐墓守贞，奉佛筵僧近十年。辽道宗寿昌二年（1096）的《耶律弘世妃萧氏墓志》即载："大安三年秋七月，王（耶律弘世）薨，归祔于庆陵之善地。妃（萧氏）既违偕老，以哀恳闻上，请庐于王之窆所，是其愿也。帝用嘉纳，乃敬事灵幄，专心正色。至丰洁荐馨香，四时禋享如在。彼楚淑妃尽妆泽之祀，曹大家全节义之守，迨无以过也。故《诗》云：泛彼柏舟，在彼中河。至己之死，誓而靡佗，其是之谓欤！加以敏慧博知，尤通内学。口不嗜荤茹，色不尚铅华。衾饰服御，珍玩之资，皆非己有。惟奉佛筵僧为施，以荐冥福，九载之余，一节而已。古人谓天之道常与善人，其可以保康宁、延寿考。无何，冥数有限，遘疾不起，寿昌二年春正月九日薨，享年五十。垂终之夕，诵佛作观而逝，盖平生习尚之然也。"[60]

又如萧知微的妻子耶律氏（梁国太妃）。天祚帝乾统七年（1107）的《梁国太妃耶律氏墓志》即载："乾统六年冬十二月甲子，梁国太妃薨……时年八十有八。以次年四月丁巳朔十四日庚午癸时，祔于黑山故宋国王之墓。""妃（耶律氏）性仁静纯懿，语动以法，视诸帐妇子，无疏昵，必爱拊之犹己子，然介介有节义。自宋国王（萧知微）薨，日侍饮食于其祠而寝不解衣者，垂四十年。尤嗜浮屠法，其营饰庙像，日玩其籍，或时飨其徒，以治斋戒。"[61]更有甚者，丈夫去世，妻子不仅守贞奉佛，最后竟然剃发出家为尼，青灯黄卷，伴之余生。如高£齐的妻子刘五拂。天祚帝乾统元年（1101）的《悟空大德发塔铭》即载："兴宗、道宗朝宰相、守太尉、兼侍中刘公讳六符，室燕国太夫人李氏第三之女曰五拂，美而且贞。既成人，适司勋郎中高公□齐，生三男一女，裁三十六，嫠居。誓志不再嫁，训毓诸孤，皆长立，乃落发为精行尼。……初，长男为苾刍，隐居是寺，以故抵斯求度焉。即寿昌二年丙子正月五日，剃发于兹矣，时年五十六。寻授十戒，为沙弥尼。其年四月十二日，领六法；十九日，圆大比丘戒；七月，赐紫方袍，赐号悟空大德。方半载，一切事既，人皆嗟异。初大安中，曾从母太夫人谒通理策上人，拜之为弟子，得法号□是不易，讳曰善诚。当剃度时，京师闻之，□□大骇。士大夫妻有嫠居者，感而募道□□□者数人。族亲悲恸，竞求发以供养。"[62]

　　"贞"者，坚定、有操守也。所谓"贞女不更二夫"，是古代儒家礼教对已婚女子的一种道德约束。有辽一代，中原地区的儒家学说不断北传契丹辽地，对辽人的影响不可小觑。辽人夫妻中妻子丧夫后守贞不再改嫁，即是其中的一个侧面，尤其是在受儒家礼教文化影响较深的汉人世家之女，表现更为突出。但在受儒学礼教影响较小的契丹人家庭，则有一些女性不受丧夫"守贞"的约束，改嫁现象时有发生。如前引辽道宗咸雍五年（1069）的《秦晋国妃墓志》的志主萧氏，就是典型例证。又如辽道宗清宁五年

59　周阿根校注：《辽代墓志校注（下册）》，天津古籍出版社，2022年，第619页。

60　周阿根校注：《辽代墓志校注（下册）》，天津古籍出版社，2022年，第472页。

61　周阿根校注：《辽代墓志校注（下册）》，天津古籍出版社，2022年，第535页。

62　周阿根校注：《辽代墓志校注（下册）》，天津古籍出版社，2022年，第501、502页。

（1059）的《耶律庶几墓志》所载的耶律惯宁次妻骨欲夫人，丈夫去世后，便与庶子永哥同居，生得男孩、女孩各一名，还被记入墓志铭中。"惯宁相公求得神得奚王女蒲里不夫人，生得大儿查阿钵，第二个儿名亚斯钵，大女名秒里迷已，娉与国舅上父宰相儿为妇，第三个儿名永哥。蒲里不夫人故，（耶律惯宁）再求得挞里幺奚王儿查鲁太保女，名骨欲夫人，生得大儿嘔你钵郎君，第二个儿糯哥郎君。大女名乌也夫人，娉与太妃孙刘四哥太师为妇；第二个女特及夫人，娉与拜里古奚王孙什德奴相家为妇。惯宁相公故，大儿永哥其继母骨欲夫人宿卧，生得女一个，名阿僧娘子，长得儿一个，名迭剌将军。"[63]

四、余绪：再寻和鸣——辽人丧妻之鳏男多续弦另娶

综上，笔者依据《萧德恭墓志》《萧德恭妻耶律氏墓志》"记事"，结合其他辽人墓志文字资料，对墓志文中所记与丧葬有关的辽人夫妻关系，予以梳理、归纳和探讨。然而，与之相关者还有一个问题没有言及，那就是与丧夫后大多数寡女守贞不渝相反，若男人丧妻，大多数鳏男均续弦另娶，这种现象在辽人墓志石刻文字中俯拾即是。譬如圣宗至兴宗朝的北大王耶律万辛，丧妻后曾两娶。辽兴宗重熙十年（1041）的《耶律万辛墓志》即载："王讳万辛，于重熙四年封为北大王、同政事门下平章事。曾祖谐里，夷离堇。父索胡，舍利。大王先娶达曷娘子，年十六而夭。生一子，马九，本王府司徒。再娶留女夫人，三十八终。生一子，三部奴，祗候。又娶得索胡驸马、袞胡公主孙，奚王、西南面都招讨大王、何你乙林免之小女中哥。"[64]又如兴宗至道宗朝的三司使陈顗，前妻曹氏去世后，便续娶次妻刘氏。辽道宗大安六年（1090）的《陈顗妻刘氏墓志》即载："夫人姓刘氏，今太子太保、颍川陈公（陈顗）继室也，则故礼部尚书致政准之第五女。商州刺史、随驾内库都提点直之最小妹。母张氏，累封清河郡夫人。初，公（陈顗）元配（曹氏）云逝，旷中馈者累年，择门至详，惧德不类。闻夫人（刘氏）在室，容德兼茂，又宿仰礼部正卿，行端履洁，为政干肃，忠亮耿直，冠绝一时。自初仕泪归休，未尝少浮沉于权贵。商州亦克嗣先训，介性无倚，当途者恶不附己，方侧目排斥，期于不齿，交亲忌祸，多易旧分。公尚其家范与己道一，遂纳礼币而娶焉，实大康丁巳岁也。"[65]再如圣宗、兴宗至道宗朝的果州防御使（遥领）耶律智先，丧妻后曾三娶。辽道宗大安十年（1094）的《耶律智先墓志》即载："先典迪氏胡睹夫人，续婚生子阿撒里，早卒。次娶□□大王萧兄女乙你割娘子，早世。又娶术里者宰相女丑女哥，亦早世。后娶高九大王女达不也娘子，生男二：曰阿信，曰佛顶。"[66]

辽人丧妻男子续娶之例中，更有"姊亡妹续"甚至"姑亡侄续"者，表明在太宗

---

63 周阿根校注：《辽代墓志校注（下册）》，天津古籍出版社，2022年，第304页。

64 周阿根校注：《辽代墓志校注（上册）》，天津古籍出版社，2022年，第243页。

65 周阿根校注：《辽代墓志校注（下册）》，天津古籍出版社，2022年，第434页。

66 周阿根校注：《辽代墓志校注（下册）》，天津古籍出版社，2022年，第461页。

朝已被禁止的"姊亡妹续"[67]，事实上于此后的辽朝社会中依然存在着。如兴宗至道宗朝的北宰相萧袍鲁，丧妻后续娶的二夫人与三夫人即为姊妹关系。辽道宗大安六年（1090）的《萧袍鲁墓志》即载："夫人耶律氏，横帐故前节度使曷芦不之女，早亡。次娶耶律氏，北大王帐，故静江军节度使陈家奴女，以为继室，亦早亡。续娶次夫人妹，以待巾栉，年未二纪，先公而逝。公以与次夫人同胞之故，命葬于二夫人之墓侧，礼也。三夫人皆治家有法，何速逝于前，伤矣哉！"[68]又如圣宗朝的户部使耿延毅，原配夫人与续娶之次夫人即为姑侄关系。辽圣宗开泰九年（1020）的《耿延毅墓志》即载："（耿延毅）先娶陈国太夫人之弟武定帅、赠侍中女，封漆水郡夫人，早卒。有一女，初笄未嫁。侍中元配梁国太夫人曰：'吾甥婿也，勿他娶！'遂以侄继之，袭封漆水郡夫人。"[69]

辽人中之所以大多数男子丧妻后均续娶、再娶，应该是有其历史渊源和纲伦理论支撑的。自先秦以来，儒家的某些纲常伦理，譬如"三从四德"等，多是针对和约束女性的。而要求男性遵守的"三纲""五常"等内容中，并无要求丈夫对妻子"从一而终"，反而，所谓"不孝有三，无后为大"等论调，都支持和鼓励男子多娶和续娶，以便家族人丁兴旺，蒸尝有继。所以，缘于政治、经济和礼教文化、社会习俗等多方面原因，男人便可以一夫多妻，丧妻后也能堂而皇之地续弦另娶。辽人亦不例外。辽人墓志石刻文字中，常见一夫多妻之例证。譬如辽朝前期的榆州刺史张建立。辽景宗保宁元年（969）的《张建立墓志》即载："公（张建立）在世，有夫人二、娘子二。"[70]张建立逝于辽太祖天显五年（930），长夫人药氏，逝于辽穆宗应历十五年（965），次夫人樊氏，逝于辽太祖天显十年（935），娘子杜氏，逝于辽穆宗应历十年（960）。据此分析，张建立的几位夫人和娘子均不属于"前亡后续"，而是张建立在世时同时存在的诸妻妾。类似的例证在辽人墓志石刻文字中还有很多，不赘举。辽人男子生前可以一夫多妻，亡妻后续娶也就不足为怪了。

当然，辽人中也有个别男性，概因夫妻感情深厚，或受其他因素影响，妻子去世后，并不续娶，悼亡怀旧，志鳏余生。譬如圣宗至兴宗朝奉陵军节度使王泽，是一位虔诚的崇佛居士，妻子李氏去世后，便没有续娶。辽兴宗重熙二十二年（1053）的《王泽墓志》即载："夫人李氏，贞柔迪哲，慈顺凝猷。善积有余，年曷永。父（王泽）愿违偕老，恨匪同涂。顾鸾影以虽孤，喜鶺羽而且盛。……父公（王泽）素重佛乘，淡于权利。尝曰徒以墨翰，□兹节钺。顾器名之颇重，念龄算之已高。服廪兼充，子孙俱显。政之不致，事复何求。私悬然深，朝论未允。期载，移镇奉陵军节度使。方新视理，遽遂及瓜。尔后于金台私第，终日燕居，其心晏如也。自夫人（李氏）疾疢，迨越十稔，继室无从，杜门不仕。惟与僧侣，定为善交。研达性相之宗，薰练戒慧之体。间年看《法华经》千三百余部，每日持《陀罗尼》数十本。全藏教部，读览未竟。□□财

<hr />

67　《辽史·太宗纪》：会同三年（940）十一月，"除姊亡妹续之法"（《辽史》卷四《太宗纪下》，中华书局，1974年，第49页）。

68　周阿根校注：《辽代墓志校注（下册）》，天津古籍出版社，2022年，第425页。

69　周阿根校注：《辽代墓志校注（上册）》，天津古籍出版社，2022年，第170页。

70　周阿根校注：《辽代墓志校注（上册）》，天津古籍出版社，2022年，第22页。

则欢喜布施，闻胜利则精进修行。由至辛劬，恙生腠理。胡上池而无验，倏藏壑以兴嗟。无何，于重熙二十二年二月二十四日初夜，礼诵云毕，更衣定枕，宵常寤寐，少顷视之，风眩微作，如眠如酪，无苦无恼。姻属省视之际，圣梵咒护之间。神色不渝，奄然而谢。次夕，薨于本第之正寝，享年六十有五。"[71]

（张国庆　辽宁大学历史学院）

71　周阿根校注：《辽代墓志校注（上册）》，天津古籍出版社，2022年，第281页。

辽代显陵、乾陵陪葬墓出土墓志校勘与研究评述

都惜青

内容提要： 辽代共有五处帝陵，其中显陵与乾陵均在辽宁省北镇市医巫闾山山麓，自20世纪70年代初以来，在已经发掘的十余座陪葬墓里出土八方墓志，本文对陪葬墓出土的墓志校勘与研究现状予以综合性评述，并提出我的一些认识。

关键词： 辽代 显陵 乾陵 陪葬墓

引 言

辽代五处帝陵中的显、乾二陵，均在辽宁省北镇市医巫闾山麓，据记载，辽代先后有皇后、皇妃、皇子等14人陪葬显、乾二陵，其中有东丹王耶律倍王妃大氏、耶律倍四子耶律隆先、世宗怀节皇后及妃甄氏、景宗次子皇太弟耶律隆庆及子孙等。自20世纪70年代初以来，在已经发掘的7座陪葬墓里，共出土8方墓志，本文拟对陪葬墓出土的墓志校勘与研究现状依据发现年代的先后顺序，作综合性评述，并提出我的一些认识，以供学界同仁参考利用。

一、有关耶律宗政、秦晋国妃、耶律宗允三方墓志的校勘与研究

1970年6月，在辽宁省北镇市富屯街道龙岗村村民张少英家房后挖战备地道时，发现两座辽墓，其中一号墓为耶律宗政与秦晋国妃的合葬墓，二号墓为耶律宗允墓，两墓共出三方墓志。1972年，辽宁省博物馆孙守道、姚义田前往调查，并手抄了三方墓志志文，之后应陈述先生的请求，率先将手抄志文发表在陈述先生辑校的《全辽文》里[1]，后来成书的《辽代石刻文编》[2]，《辽宁碑志》[3]，均照《全辽文》抄录未改，但因其讹

---

1 陈述辑校：《全辽文》卷8、卷9，中华书局，1982年，第156、183、193页。

2 向南：《辽代石刻文编》，河北教育出版社，1995年，第305、319、345页。

3 王晶辰主编：《辽宁碑志》，辽宁人民出版社，2002年，第129、131、133页。

误颇多，以致造成以讹传讹的后果。《北宁龙岗辽墓》[4]一文首次发表了三方墓志的拓片，但未录志文。《辽上京地区出土的辽代碑刻汇辑》[5]一书订正了《全辽文》等书的错误，著录了依据拓片校勘的三方墓志志文。

耶律宗政、秦晋国妃、耶律宗允三方墓志志文发表之后，先后有学者撰文考释研究。姜念思、韩宝兴在《龙岗辽墓墓志考释》[6]一文中，对耶律隆庆、耶律宗政、耶律宗允父子三人和秦晋国妃的生平事略以及萧排押世系，又耶律宗政、耶律宗允兄弟生身之母等问题作了详细考述，对《辽史》是重要补充。唯有该文认为耶律隆庆只有三子，并非《辽史》在《皇子表》及《皇族表》中记载的有五子的说法是失检所致，《耶律宗教墓志》的出土，可证三子之说是错误的。朱子方在《辽陈国公主、萧仪墓志刍议》[7]也对其作了考证论述，认为耶律隆庆正妃是秦国妃，耶律隆庆有五子，秦晋国妃是萧排押之女，与豳国夫人之女为亲姐妹。张克举在《北宁龙岗辽墓》[8]一文中对之前的研究作了一些补充。

耶律宗政，《辽史》无传，但其名字（只见契丹名，未见汉名）及事略在《辽史》中多有记载。据向南《辽圣宗子侄契丹、汉名考》[9]考证，耶律宗政作为秦晋国王耶律隆庆的长子，契丹名字为查葛，在《辽史》圣宗、兴宗二纪中作查割、查哥、查割折，在《契丹国志》中作查箇只，皆是译音书写致歧。耶律宗政在《契丹国志》里有传[10]，将宗懿作为汉名，是以谥号为汉名，乃误。耶律宗政的汉名仅见于出土的辽代墓志，除《耶律宗政墓志》记载“王讳宗政，字去回”外，还见于兴宗重熙十五年（1046）的《秦晋国大长公主》：“乃诏宗子、中书令宋王宗政监护丧事”[11]；兴宗重熙十七年（1048）的《萧绍宗墓志》：“诏南宰相鲁王耶律宗政监护丧事”[12]；道宗咸雍元年（1065）的《耶律宗允墓志》：“兄二人，长曰宗政，守太傅兼中书令，魏国王”[13]；道宗咸雍五年（1069）的《秦晋国妃墓志》：“故资忠佐理保义翊圣同德功臣。开府仪同三司守太傅兼中书令判武定军节度使魏国王讳宗政。即妃次奉诏所归之嘉偶也。”[14]据墓志记载，耶律宗政从12岁时起即走上仕途，效力朝廷，历圣宗、兴宗、道宗三朝。在校勘考释耶律宗政墓志的文章中，以新近发表的刘洋《辽〈耶律宗政墓志〉校勘考

4 张克举：《北宁龙岗辽墓》，《辽宁考古文集》，辽宁民族出版社，2003年，图版二一、二二、二三。

5 刘凤翥、唐彩兰、青格勒：《辽上京地区出土的辽代碑刻汇辑》，社会科学文献出版社，2009年，第202～210页。

6 姜念思、韩宝兴：《龙岗辽墓墓志考释》，《东北地方史研究》1985年第2期。

7 朱子方：《辽陈国公主、萧仪墓志刍议》，《辽海文物学刊》1988年第1期。

8 张克举：《北宁龙岗辽墓》，《辽宁考古文集》，辽宁民族出版社，2003年，第112～120页。

9 向南：《辽圣宗子侄契丹、汉名考》，《辽金史论集（第十二辑）》，吉林大学出版社，2012年，第111页。

10 （宋）叶隆礼撰，贾敬颜、林荣贵点校：《契丹国志》卷14《诸王传·晋王宗懿》，上海古籍出版社，1985年，第153页。

11 郑绍宗：《契丹秦晋国大长公主墓志铭》，《考古》1962年第8期。

12 郭宝存、祁彦春：《辽代〈萧绍宗墓志铭〉和〈耶律燕哥墓志铭〉考释》，《文史》2015年第3辑。

13 陈述辑校：《全辽文》卷8，中华书局，1982年，第183页。

14 陈述辑校：《全辽文》卷8，中华书局，1982年，第193页。

释》[15]一文较有力度，该文不仅依据拓片详细校勘了志文，还全面考释耶律宗政的先祖与家世、生平事略及后母秦晋国妃不幸的婚姻等。

耶律宗允，契丹名为谢家奴，耶律隆庆第三子，母齐国妃萧氏，在《辽史》《契丹国志》皆无传。《辽史》中只有五六条关于谢家奴的记载。其志文和《辽史》记载二者可互为补充，大致勾勒出耶律宗允的生平事略。

秦晋国妃，作为辽朝后族的著名才女，自墓志发表后，先后有蜀春的《扫眉才子知多少——辽秦晋国妃之生平点滴》[16]、武玉环的《多才多艺的秦晋国妃萧氏》[17]对其生平事略进行考述研究，朱子方的《辽陈国公主、萧仅墓志刍议》[18]、都兴智的《关于萧排押家族的两个问题》[19]及李宇峰的《关于耶律隆庆的几个问题》[20]，亦对涉及秦晋国妃的生平事略分别进行详细阐述，其中都兴智文中明确指出秦晋国妃是在《辽史》中有传的萧排押第三个女儿即幼女，此说甚是。

据墓志记载，圣宗开泰五年（1016），年仅16岁的秦晋国妃嫁给景宗次子、圣宗之弟——年已44岁的秦晋国王耶律隆庆为妃，封为秦晋王妃。当年耶律隆庆死后，圣宗皇帝下诏逼迫年仅14岁的耶律宗政娶其后母秦晋国妃为妻，但他生性耿直，个性极强，拒不奉旨，以至终身未娶，鳏老一生。秦晋国妃后来又奉旨改嫁刘二玄为妻，刘二玄出身燕京（今北京）名门望族，家世十分显赫，其四世祖为唐代幽州卢龙军节度使刘怦，曾祖父为辽代南京（今北京）副留守刘守敬，祖父为《辽史》中有传的刘景[21]，父亲为北府宰相刘慎行。刘二玄之弟刘六符，《辽史》中亦有传[22]，并有墓志出土[23]，是辽代中期圣宗、兴宗两朝著名的外交家。秦晋国妃与刘二玄二人没有子嗣，秦晋国妃于道宗咸雍五年（1069）死后，并没有与刘二玄合葬，而是与耶律宗政合葬一墓，成为名义上的夫妻，并刻写墓志随葬，成为后世研究秦晋国妃弥足珍贵的史料。据墓志记载，秦晋国妃聚书数千卷，博览经史，其歌诗赋咏，落笔则朝野传诵，脍炙人口。其雅善飞白，尤工丹青，所居屏扇，多其笔也。其嗜书成癖，晚年尤甚，并撰有《见志集》若干卷，可惜没有流传下来。《辽史·艺文志》也未提及，仅从出土的《秦晋国妃墓志》可略知一二。此外她还擅长骑射，"性不好音律，不修容饰，颇习

15　刘洋：《辽〈耶律宗政墓志〉校勘考释》，《辽宁省博物馆馆刊（2017）》，辽海出版社，2018年。

16　蜀春：《扫眉才子知多少——辽秦晋国妃之生平点滴》，《史学集刊》1985年第4期。

17　武玉环：《多才多艺的秦晋国妃萧氏》，《中国北方各族人物传·辽代卷》，辽海出版社，1989年，第232页。

18　朱子方：《辽陈国公主、萧仅墓志刍议》，《辽海文物学刊》1988第1期，第68～78页。

19　都兴智：《关于萧排押家族的两个问题》，《辽金历史与考古（第十辑）》，科学出版社，2019年，第38～46页。

20　李宇峰：《关于耶律隆庆的几个问题》，《契丹学研究（第二辑）》，商务印书馆，2022年，第82～91页。

21　《辽史》卷86《刘景传》，中华书局，1974年，第1322页。

22　《辽史》卷86《刘六符传》，中华书局，1974年，第1323页。

23　北京市文物研究所：《北京考古六十年》，《北京文博》2009年第3期，第27页。

骑射。尝在猎围，料其能中则发，发则应弦而倒”[24]。可见，秦晋国妃是契丹后族一位多才多艺、文武双全的才女。

二、关于《耶律宗教墓志》的研究

耶律宗教墓是在1982年文物普查中，在辽宁省北镇市鲍家乡高起村西北的山谷中发现的，由于早年多次被盗，破坏严重。1991年5月由辽宁省锦州市文物考古队清理发掘，虽然该墓文物所剩无几，但在甬道里出土一合墓志，均为青绿砂岩质。志盖盝顶式，正中阴刻篆书汉字“大契丹国广陵郡王墓志铭记”凡3行12字；盖内阴刻契丹小字志文36行，每行字数不等，满行34字，千余字。志石阴刻楷书汉字志文33行，满行41字，合计935字。据汉文墓志记载，耶律宗教卒于兴宗重熙二十二年（1053），是圣宗之弟孝贞皇太弟耶律隆庆之胤子。虽然《辽史》无传，但其汉名耶律宗教和契丹名旅坟（驴粪）多次在《辽史》中见及。尤其是志盖内阴刻的千余字的契丹小字志文是迄今为止，已发现的辽代石刻中年代最早的例子，为契丹小字的识释解读增加了新资料，引起学术界的高度重视与关注。

耶律宗教汉文墓志志文及拓片和契丹小字墓志及拓片首次发表在《北镇辽耶律宗教墓》[25]一文中。因为出土契丹小字志文，经李宇峰推荐，文稿曾送请阎万章先生审阅。根据李宇峰建议，阎先生撰写了《契丹小字〈耶律宗教墓志铭〉考释》[26]一文，与简报同期发表在《辽海文物学刊》1993年第2期上，以求相得益彰。阎先生不仅详细对耶律宗教汉文墓志进行校勘考释，并首次明确提出耶律宗教即《辽史》《皇子表》及《皇族表》中的“驴粪”，亦即《圣宗记》及《兴宗记》所记载的“旅坟”的观点。最近发表的《阎万章先生致刘凤翥先生书札辑注》[27]《从几帧审稿手迹忆起——纪念阎万章先生百年诞辰》[28]二文，都曾详细记述此事，此处不再赘言。刘凤翥先生在《回忆阎万章先生》[29]一文中，谈及“契丹·辽”为辽国的双国号问题，阎先生提供的契丹小字《耶律宗教墓志铭》早期拓片再次证明了这一点。

1995年，刘凤翥先生等人的《契丹小字解读五探》[30]及刘凤翥先生的《契丹小字解读五探及其它》[31]两篇文章发表，内容相仿，从《耶律宗教墓志》中考释出

24　陈述辑校：《全辽文》卷8《秦晋国妃墓志》，中华书局，1982年，第193页。

25　鲁宝林、辛发、吴鹏：《北镇辽耶律宗教墓》，《辽海文物学刊》1993年第2期。

26　阎万章：《契丹小字〈耶律宗教墓誌铭〉考释》，《辽海文物学刊》1993年第2期。

27　李俊义、徐玥廷：《阎万章先生致刘凤翥先生书札辑注》，《辽宁省博物馆馆刊（2021）》，科学出版社，2021年，第381~394页。

28　李宇峰：《从几帧审稿手迹忆起——纪念阎万章先生百年诞辰》，《辽金历史与考古（第十三辑）》，科学出版社，2022年，第15~23页。

29　刘凤翥：《回忆阎万章先生》，《辽金历史与考古（第十三辑）》，科学出版社，2022年，第9页。

30　刘凤翥、朱志民、周洪山、赵杰：《契丹小字五探》，《汉学研究》1995年第13卷第2期。

31　刘凤翥：《契丹小字解读五探及其它》，《中国北方古代文化国际学术研讨会论文集》，中国文史出版社，1995年。

"故""知"等契丹小字。2010年，刘凤翥先生的《契丹小字〈耶律宗教墓志铭〉考释》[32]对《耶律宗教墓志》作了进一步的研究，对墓志的题目、撰写者、墓志主人事迹以及先人、妻室子女、墓志主人葬礼等内容作了考释。

耶律宗教汉文墓志与契丹小字墓志二者虽然不是对译的，但在叙述其家世与出身的相关部分却基本一致。耶律宗教是孝贞皇太弟耶律隆庆之庶长子，圣宗之侄，对此刘凤翥先生依据契丹小字墓志文2～4行，将其解读为："大王讳驴粪，第二个名慈宁。祖父耶律宗室之第五汗景宗皇帝，生父秦晋国王，景宗皇帝第二子。大王秦晋国王之大儿子，母穆里给迟女娘子，丹国之圣汗。"[33]学者们围绕"丹国之圣汗"的丹国到底是指渤海国还是东丹国发表自己的观点。刘浦江先生认为，汉文墓志提到的萧氏外祖父故渤海圣王，应指东丹王耶律倍[34]。乌拉熙春最早亦认为耶律宗教之母萧氏的外祖父，即辽初的东丹国王耶律倍，后根据"乌鲁古之后裔"的识读，认为耶律宗教的生母迟女娘子是渤海国亡国之君大諲譔之外孙女，渤海王族大氏原来的姓氏就是迷里吉，并依据契丹小字考释出参加耶律宗教葬礼的人物名单中有耶律宗教两个妹妹同哥公主和讨古别胥的名字，认为可能是迟女娘子所生[35]。这对《辽史·公主表》是重要补充。

三、有关《耶律弘礼墓志》考释与研究

2015年9～11月，辽宁省文物考古研究所主持发掘了辽宁省北镇市富屯街道洪家街二号辽墓即耶律弘礼墓，发掘简报首次发表了志盖及志石的拓片，但未录志文[36]。耶律弘礼墓志志文首次发表在《辽代耶律弘礼墓考释》[37]一文，但未加标点断句，该文考释了辽代"大横帐"问题，并考释耶律弘礼的先祖家族世系兄弟、子嗣及过继给辽代重臣韩德让（耶律隆运）为嗣等事。在此基础上，李玉君、李宇峰的《辽代〈耶律弘礼墓志〉考释》[38]一文除对志文进行加标点断句外，还作了进一步考释，不仅详列了有关耶律弘礼五世家族谱系表，还补充耶律弘礼祖母萧氏的齐国妃封号先后见于圣宗开泰六年（1017）的《无垢净光大陀罗尼法舍利经记》题名录[39]，以及兴宗重熙十五年（1046）的《秦晋国大长公主墓志铭》[40]。该文补充考释出耶律弘礼曾参与道宗清宁九年（1063）的耶律宗元（重元）、涅里骨父子谋反叛乱之事，自知仕途无望，于是从此

32 刘凤翥：《契丹小字〈耶律宗教墓志铭〉考释》，《文史》2010年第4期。

33 刘凤翥：《契丹小字〈耶律宗教墓志铭〉考释》，《文史》2010年第4期，第204～205页。

34 刘浦江：《再谈"东丹国"国号问题》，《中国史研究》2008年第1期，第93～98页。

35 〔日〕爱新觉罗·乌拉熙春：《爱新觉罗·乌拉熙春女真契丹学研究》，日本松香堂书店，2009年，第175～180页。

36 司伟伟、万雄飞等：《辽宁北镇市辽代耶律弘礼墓发掘简报》，《考古》2018年第4期。

37 万雄飞、司伟伟：《辽代耶律弘礼墓志考释》，《考古》2018年第6期。

38 李玉君、李宇峰：《辽代〈耶律弘礼墓志〉考释》，《辽金历史与考古（第十辑）》，科学出版社，2019年。

39 杜晓敏：《辽〈无垢净光大陀罗尼法舍利经记〉考释》，《辽金历史与考古（第九辑）》，科学出版社，2018年。

40 郑绍宗：《契丹秦晋国大长公主墓志铭》，《考古》1962年第8期。

远离官场，读书饮酒自娱，颐养天年，终老一生。

四、有关《韩德让墓志》校勘与研究

　　2016年，辽宁省文物考古研究所在辽宁省北镇市富屯街道富屯村洪家街村民组发掘四号辽墓即韩德让墓，出土墓志一合。志盖与志石拓片首次发表在发掘报告《辽宁北镇市辽代韩德让墓的发掘》[41]中，但未录志文。志文首次发表在周峰《韩德让墓志录文（三订）》[42]文章中，并进行了校勘。万雄飞、司伟伟《辽代韩德让墓志考释》[43]对韩德让的丧葬礼、生平事迹、赐名事件、家世、葬地及墓志中涉及的一些人物如墓志撰写者、负责加赠赐名者等内容进行了详细的考释。

　　对于韩德让墓的命名，张桂霞、李宇峰在《辽代显陵、乾陵考古发现述略》一文中指出，《辽宁北镇市辽代韩德让墓的发掘》《辽代韩德让墓志考释》二文将墓主的名字称作韩德让不妥，因为志文首题中的耶律王即指耶律隆运，志文中亦记"王讳隆运"，且《辽史》及《契丹国志》中皆有其传，均作耶律隆运。韩德让死后陪葬景宗乾陵，享受"亲王之礼"，这样的殊荣也都归于被赐国姓耶律隆运，并与圣宗以兄弟相称。而且到目前为止，辽代显、乾二陵考古发现的陪葬墓，均为辽代皇室成员，绝无汉族大臣陪葬的例子，即使是辽代其他三处皇陵——祖陵、怀陵、庆陵，迄今亦未发现汉族大臣陪葬的例子。因此，应称耶律隆运为对[44]。

　　鉴于《韩德让墓志》引用历史典故颇多，且有些文字生僻古奥，而《辽代韩德让墓志考释》一文对历史典故方面极少涉及，因此有学者撰文，对《韩德让墓志》进行疏解[45]，着重探究《韩德让墓志》典故出处，以及个别职衔的解释等，疏解条目共计近200条，旁征博引，详尽备至。《辽代韩德让墓志考释》及《辽代（韩德让墓志）疏解》二文都对辽圣宗统和十七年（999）宋辽瀛州之乱中俘虏宋将康保裔一事考据甚详。需要补充的是关于此次战役早年在辽宁省朝阳县出土的圣宗太平三年（1023）的《冯从顺墓志》也有记载："于统和十七年九月，承天皇太后金坛拜将，玉帐运筹，因兴丹浦之师，直指黄河之渡，宋主以公素负令器。□□宸聪，爰委重权，可属大事，遂与瀛州兵马都统康保裔同驱军旅，来御王师，十万兵溃而见擒，一千载圣而合契。"[46]我们认为，两方墓志均为辽代文人所撰写，名字均为康保裔，可知康保裔即是《辽史》所记的康昭裔[47]，据此可订正《辽史》之误。

41　辽宁省文物考古研究院等：《辽宁北镇市辽代韩德让墓的发掘》，《考古》2020年第4期。

42　周峰：《韩德让墓志录文（三订）》，《辽金西夏史研究》微信公众号2020年5月30日。

43　万雄飞、司伟伟：《辽代韩德让墓志考释》，《考古》2020年第5期。

44　张桂霞、李宇峰：《辽代显陵、乾陵考古发现述略》，《辽金历史与考古（第十二辑）》，科学出版社，2021年，第9页。

45　辽金史工坊：《辽代（韩德让墓志）疏解》，《辽宁省博物馆馆刊（2020）》，科学出版社，2020年。

46　陈述辑校：《全辽文》卷6《冯从顺墓志铭并序》，中华书局，1982年，第123、124页。

47　"（统和）十七年冬十月，癸酉……次瀛州与宋军战，擒其将康昭裔、宋顺，获兵杖器甲无算。"《辽史》卷14《圣宗纪五》，中华书局，1974年，第155页。

《辽代韩德让墓志考释》一文对韩德让墓志撰写者刘晟即刘慎行的事略写得过于简单，可再作些补充。首先，《辽史·刘六符传》内并未明确记载，刘晟即刘慎行[48]。陈述先生在《辽史补注》里详细考证了刘晟即刘慎行[49]，我们赞同此说。刘慎行家世显赫，四世祖为唐代幽州卢龙军节度使刘怦。曾祖父为辽代南京（今北京）副留守刘守敬。祖父刘景为南京副留守、户部使，历武定、开远二军节度使兼侍中。刘晟及刘慎行之名在《辽史》里均有记载。刘晟主要活动在辽圣宗朝，他曾任太子耶律宗真的汉学老师，曾于圣宗开泰四年（1015）参加讨伐高丽的战争。并奉命监修国史，除在中央任北府宰相，及南院枢密使等要职外，曾三次出镇地方，任辽代封疆大吏，统军理政，政绩斐然。刘晟奉命为韩德让撰写的墓志铭是目前所见刘晟流传下来的唯一作品，文辞书法俱佳，引用典故繁多，表明刘晟是一位学养很高，颇具文采的文章大家。

五、关于耶律弘仁、耶律弘义墓志的校勘与研究

2015年4月至2017年6月，辽宁省文物考古研究所对辽宁省北镇市富屯街道富屯村洪家街村民组的四座辽代砖室墓进行发掘，其中三号墓即耶律弘仁墓，出土墓志一合，志盖及志石录文与拓片首次发表在《辽代耶律弘仁考释》一文[50]，但录文未加标点。2018年7~9月，辽宁省文物考古研究所对辽宁省北镇市富屯街道新立村小河北村五座被盗辽墓进行抢救性清理发掘，其中三号墓出土耶律弘义墓志一合，《辽代耶律弘义墓志考释》一文首次公布了志盖及志石拓片及录文[51]，但未加标点。鉴于二文所录志文均未加标点，且尚存若干纰误，李俊义、武忠俊撰文《辽耶律弘仁、耶律弘义墓志铭勘误》[52]对上述两方墓志志文进行了勘误。王英新对《耶律弘仁墓志》[53]作了补考，补考辽代碑志所见关于辽太祖尊号与谥号的记载、考释未曾涉及的历史上辽太宗灭后晋始末、关于辽与回纥之关系、有关历史地理、耶律弘仁墓地性质及墓志撰写者和书者等诸问题作了详细的论述和补充。

结　语

辽代帝陵的考古与研究工作是辽代历史与考古研究的重要课题之一，而帝陵的陪葬墓是帝陵研究中的重要组成部分。迄今为止，在辽代五处帝陵中，尤以显、乾二陵的陪葬墓发现最多，这十余座陪葬墓都经过辽宁省及锦州市考古部门的正式发掘，据出土的

48　《辽史》卷86《刘六符传》，中华书局，1974年，第1323页。

49　（元）脱脱等撰，陈述补注：《辽史补注》卷86《刘六符传》，中华书局，2018年，第3229页。

50　司伟伟：《辽代耶律弘仁墓志考释》，《北方文物》2021年第5期。

51　司伟伟：《辽耶律弘义墓志考释》，《文物》2021年第11期。

52　李俊义、武忠俊：《辽耶律弘仁、耶律弘义墓志铭勘误》，《辽金历史与考古（第十三辑）》，科学出版社，2022年，第369~376页。

53　王英新：《辽代耶律弘仁墓志补考》，《辽金历史与考古（第十三辑）》，科学出版社，2022年，第363~368页。

八方墓志记载可知，墓主人多为辽代皇室成员或辽国重臣，大都为辽代景宗乾陵的陪葬墓，这为寻找和确定显、乾二陵的具体位置、分布范围及陵园形制等提供了弥足珍贵的文字资料。

自辽代帝陵发现以来，已有的研究成果，特别是2022年出版的《辽祖陵：2003～2010年考古调查发掘报告》（全五册）一书[54]尤为重要，为帝陵的进一步深入研究奠定了坚实的基础。相信随着医巫闾山辽代帝陵考古资料整理与研究的进一步推进与实施，将会有更多的考古新发现，相关的学术研究也将会取得更加丰硕的成果。

（都惜青　辽宁省博物馆）

54　中国社会科学院考古研究所、内蒙古自治区文物考古研究院编著：《辽祖陵：2003～2010年考古调查发掘报告》，文物出版社，2022年。

辽金历史与考古 · 第十四辑

辽海文博

南阳市宛运公司20号汉墓发掘简报

崔 华

内容提要：1999年7月，南阳市宛运公司在南阳市东关新建住宅小区时，经文物钻探发现古代墓葬43座。报批后，由南阳市文物考古研究所对该处墓葬进行了清理发掘，出土了一批两汉时期文物，其中20号墓较为完整，出土各类文物90余件，且摆放位置明确。出土的铜熏炉、琥珀饰、水晶珠在南阳地区比较少见，为研究南阳地区汉代墓葬和汉代文化提供了新的资料。

关键词：南阳 土坑墓 西汉中晚期 铜熏炉 琥珀饰

南阳市宛运公司在南阳市东关新建住宅小区时，经文物钻探发现古代墓葬43座。报批后，由南阳市文物考古研究所于1999年7～11月对该处墓葬进行了清理发掘，出土了一批两汉时期文物，其中20号墓较为完整，出土物较多，且摆放位置明确。现将发掘情况介绍如下。

一、地理位置和环境

南阳市地处河南省西南部，属于南襄盆地北区，跨"黄淮海区"和"长江中下游区"两大区，是南北交通要道。在已经发掘的新石器遗址中，文化内涵既有黄河流域仰韶、龙山文化的性质，又有江汉流域屈家岭文化的特点，中原文化和江汉文化在这里交融碰撞，说明早在原始社会，这里就是江汉流域到关中的通道。

南阳市宛运公司住宅小区位于南阳市建设东路与独山大道"十"字交叉路口的东北角，东南距白河约2000米，西北距汉代宛城遗址约2000米。这一带地势较高，历年来在此处发现古代墓葬数百座，大多数以汉墓为主，为两汉重要的墓葬区（图一）。

二、墓葬形制

这里地表以下约30厘米深为耕土层，30～170厘米深为扰土层。M20开口于扰土层下。

20号墓现距地表深170厘米，为长方形土坑竖穴墓，方向86°。长430厘米，宽220厘米，深335厘米。墓壁较直，平底。填五花土。随葬品在墓底西部和中部（图二）。

葬具已朽，不详。人骨架腐朽无存，葬式不详。

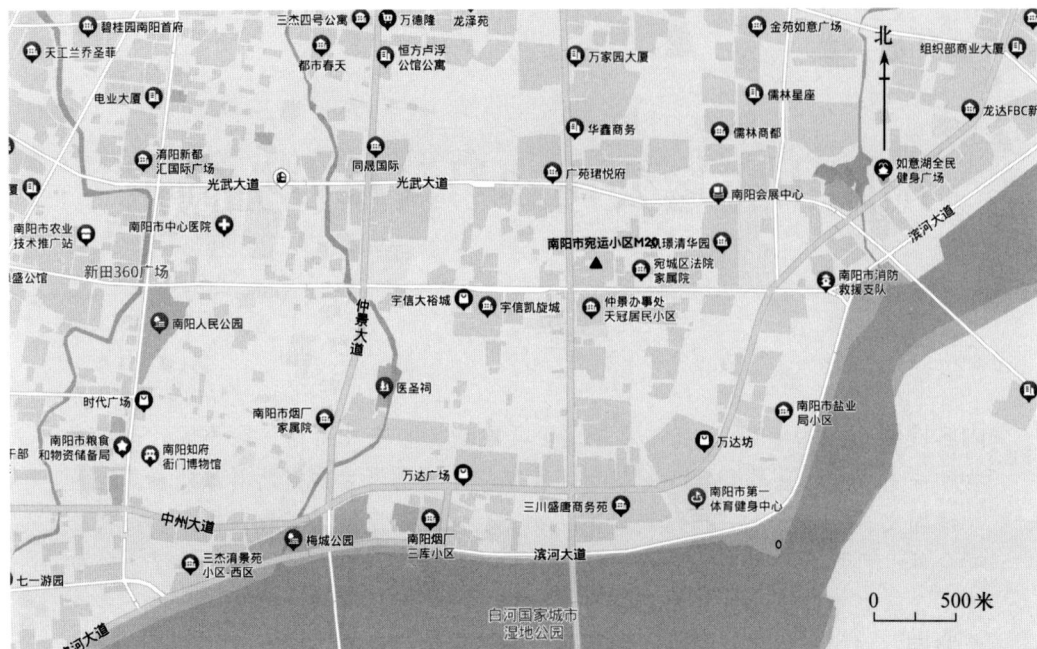

图一　M20位置示意图

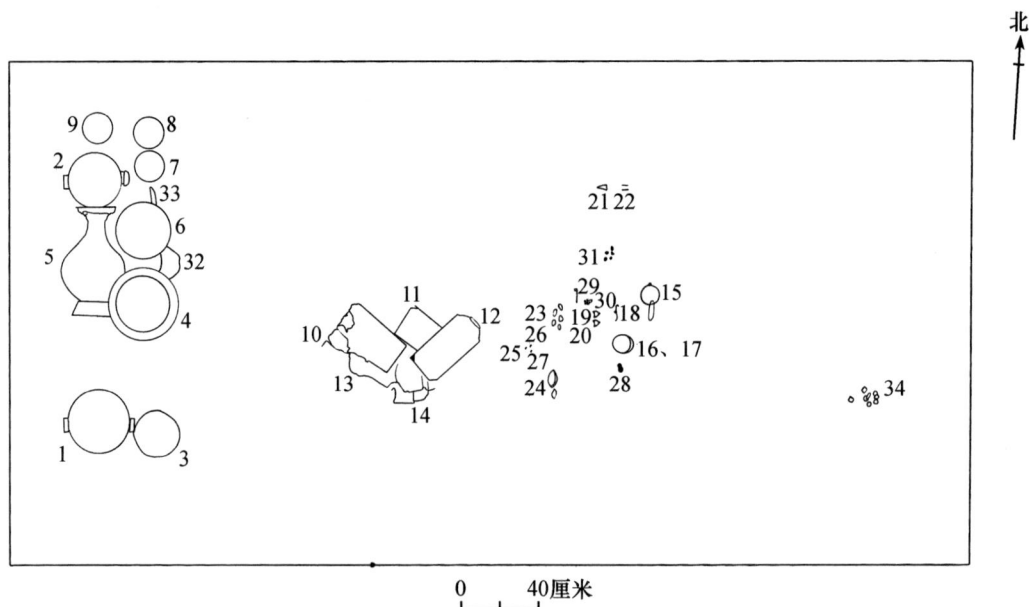

图二　M20平面图

1、2.陶鼎　3.陶盒　4、5.陶壶　6.陶壶盖　7～14.陶仓　15.铜熏炉　16、17.铜镜　18.铜带钩　19、20.铜铃　21.口琀　22.鼻塞　23.石蛋　24.铜钱　25.琥珀虎　26.琥珀鸟　27.水晶珠　28.石花生　29.铜刷　30.铜泡　31.泥球　32.陶罐　33.铁刀　34.铅饰件

三、随葬器物

20号墓葬出土器物94件，种类丰富，有陶器、铜器、琉璃、石器、琥珀、水晶、铅器、铁器、泥质器等。分述如下。

（一）陶器

出土的陶器主要为泥质灰陶，纹饰有弦纹、蝴蝶结纹、铺首衔环纹、卧兽纹等。器形主要有鼎、盒、壶、仓、罐等，陶鼎2件、陶盒1件、陶壶2件、陶仓8件、陶罐1件，共14件。

鼎：2件。分二型。

A型：1件。标本M20：1，泥质灰陶。敛口，沿为子母口，口沿两侧竖立长方形耳，耳中有方孔，弧腹斜收，圜底，腹中有三周凸弦纹，下附三人面足。口径22.5厘米，通高24.5厘米。半球形盖，盖中心为一伏兽钮，钮外一周凸棱，近口部也有一周凸棱。口径22.7厘米，高8厘米（图三，1）。

B型：1件。标本M20：2，泥质灰陶。敛口，沿为子母口，口沿两侧竖立长方形耳，耳中有方孔，弧腹斜收，圜底，腹中有三周凸弦纹，下附三人面足。口径22.3厘米，通高28厘米。博山炉式盖，上面模印山峦、人物、鸟兽、树木等。顶端伏卧一蟾蜍。口径21.5厘米，高11.5厘米（图三，2；图版一，1）。

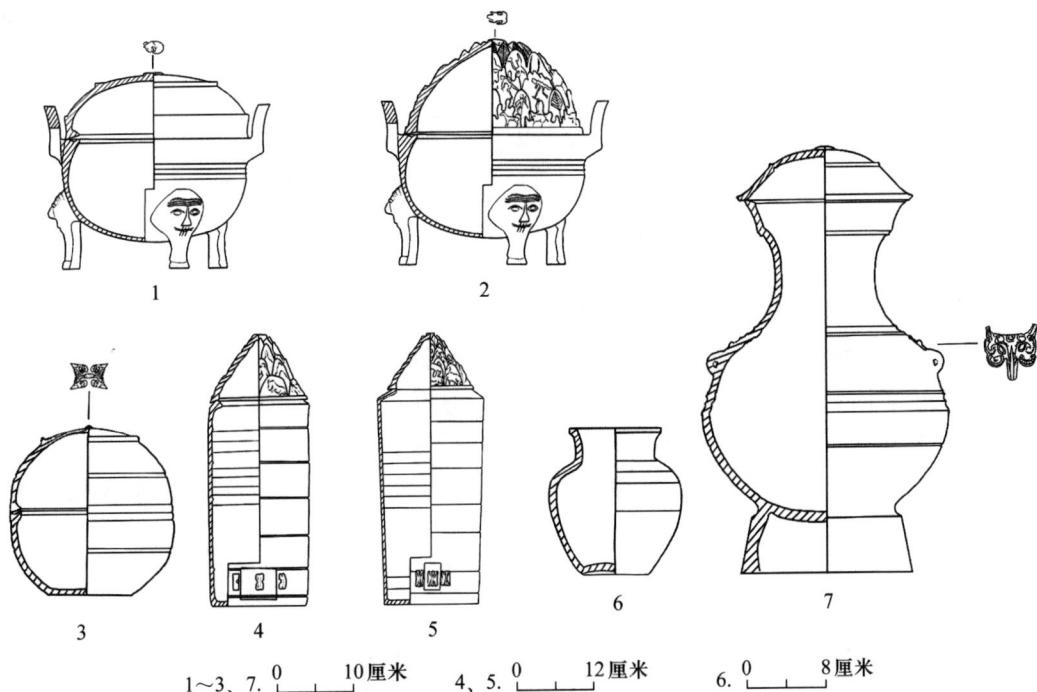

1～3、7. 0 ⊢——⊣ 10厘米　　4、5. 0 ⊢——⊣ 12厘米　　6. 0 ⊢——⊣ 8厘米

图三　M20出土陶器

1. A型陶鼎（M20：1）　2. B型陶鼎（M20：2）　3. 陶盒（M20：3）　4. A型陶仓（M20：7）
5. B型陶仓（M20：8）　6. 陶罐（M20：32）　7. 陶壶（M20：4）

盒：1件。标本M20：3，泥质灰陶。外施红彩，但大多已脱落。敛口，沿为子母口，口沿下和腹中部各有一周凹弦纹，斜直腹，下腹微折，平底。口径23厘米，底径11.2厘米，通高21.9厘米。半球形盖，盖中心为一蝴蝶结钮，钮外一周凸棱，中间和近口沿处各有一周凹弦纹。口径22厘米，高10.2厘米（图三，3；图版一，2）。

壶：2件。标本M20：4，形制相同。泥质灰陶。盘形口，平沿，束颈，鼓腹，腹上有对称的铺首衔环，颈、腹有三周宽弦纹，喇叭形折棱圈足。口径21.8厘米，底径21.5厘米，高48.5厘米。标本M20：6，弧形盖，盖顶中心为一卧兽钮，钮外一周凸棱。有红彩已脱落。口径23厘米，高6.5厘米，通高53.5厘米（图三，7；图版一，3）。

仓：8件。分二型。

A型：3件。标本M20：7，泥质灰陶。小敛口，圆唇，斜折肩，圆筒形腹中部略粗，腹壁上有五周凹弦纹，近底部刻划有方形仓门，门中央及两侧各模印一个门栓，并有插销，平底。口径8厘米，底径14.3厘米，通高32.8厘米。博山炉式盖，上面模印山峦、树木、人物、鸟兽等。顶端为一圆钮形。口径12.9厘米，高8.5厘米（图三，4；图版一，4）。

B型：5件。标本M20：8，泥质灰陶。小敛口，圆唇，斜折肩，圆筒形腹上部略粗，腹壁上有七周凹弦纹，近底部刻划有方形仓门，门中央及两侧各模印一个门栓，并有插销，平底。口径8.5厘米，底径14.4厘米，通高31厘米。博山炉式盖，上面模印山峦、树木、人物、鸟兽等。顶端为一圆钮形。口径12.8厘米，高8厘米（图三，5）。

罐：1件。标本M20：32，泥质灰陶。小敞口，平沿，束颈，腹微鼓，平底。口径9.2厘米，底径6.6厘米，高13.5厘米（图三，6；图版二，4）。

（二）铜器

共6件。有铜熏炉1件、铜镜2面、铜带钩1件、铜铃2件。

熏炉：1件。标本M20：15，由盖和身组成，盖与身用活动铆扣相连，可以自由启合。炉盖呈半圆形，镂空，花枝蔓条状缠绕。炉身为圆形，直壁，浅腹，腹壁一侧伸出一扁条状柄，平底，下附三蹄足。通高8.7厘米，底宽7厘米（图四，1；图版二，1）。

镜：2件。分二型。

A型：日光镜：1面，标本M20：16，圆钮，圆钮座，座外饰一周内向八连弧纹，再外为两道斜向短线纹夹一周铭文"日见之光长不相忘"，字间以"◆"纹相隔，通体呈黑色。直径6.5厘米，缘厚0.2厘米（图五，1；图版二，2）。

B型：昭明镜：1面，标本M20：17，已锈蚀成残块，但可看出为小昭明镜，圆钮，铭文可看出有一"象"字，花纹不太清楚。

带钩：1件。标本M20：18，钩体断面呈扁圆形，背上有一椭圆形钮。钩首部残缺。残长4厘米（图四，4）。

铃：2件。形制和大小相同。标本M20：19，铃桶略扁，口沿向内凹成弧形，顶部正中有一扁圆形梁，铃桶两侧铸有凸起的纹饰，两边图案相同，为菱形网格纹，每格内有一小乳钉。通高3.6厘米，顶长2.1厘米，顶宽0.9厘米，口长3.2厘米，口宽1.6厘米，厚0.1厘米（图四，2；图版二，3）。

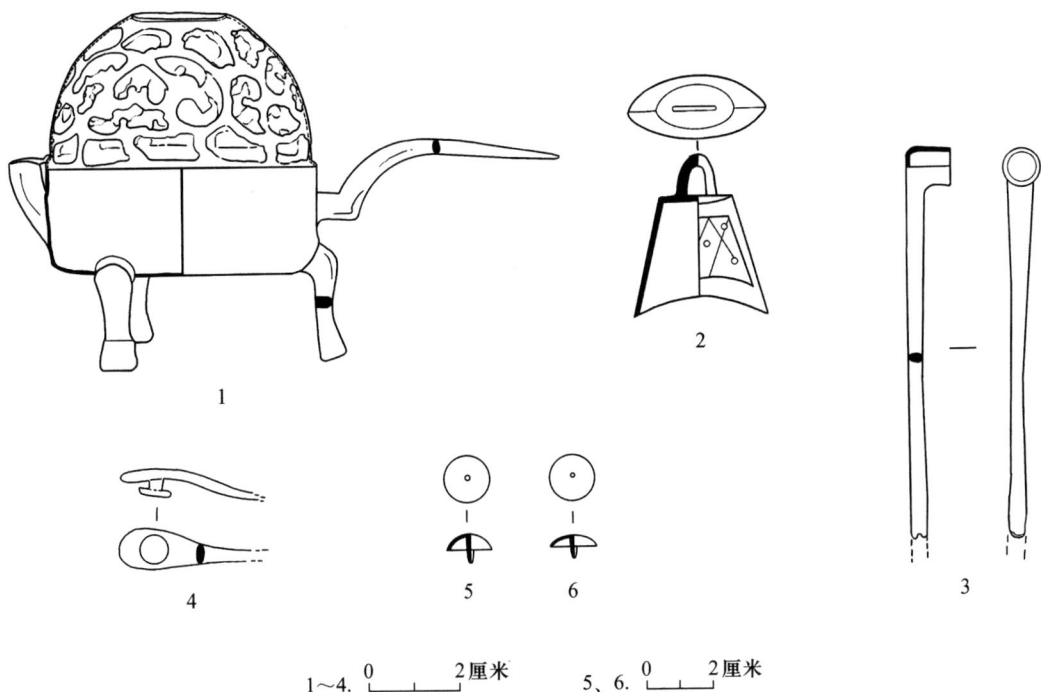

图四　M20出土铜器

1. 铜熏炉（M20：15）　　2. 铜铃（M20：19）　　3. 铜刷（M20：29）　　4. 铜带钩（M20：18）

5. A型铜泡（M20：30-1）　　6. B型铜泡（M20：30-2）

刷：1件。标本M20：29，鎏金，圆柄细长，一端形如烟斗状，一端残缺，残长11.2厘米，刷端直径0.9厘米（图四，3）。

泡钉：12个。形制相同，大小不一。分二型。

A型：标本M20：30-1，半圆形钉盖，方锥形钉。盖径1.5厘米，高1厘米（图四，5）。

B型：标本M20：30-2，鎏金。扁圆形钉盖，四棱锥形钉。盖径1.5厘米，高0.8厘米（图四，6）。

五铢钱：30枚。分二型。

A型：6枚。"五"字中间两笔较直，整个字形如二个对角三角形。"铢"字的金字头，如一带翼之镞；朱字头方折。有的在钱的正面穿上有横郭一道，有的在穿下有一月牙。标本M20：24-1，直径2.4厘米（图五，2）。

B型：24枚。"五"字中间两笔弯曲，中间两笔和上下两画相接的地方略向内靠拢。"铢"字的金字头略小一点；朱字头方折。钱范刻得精，字画清晰。标本M20：24-2，直径2.5厘米（图五，3）。

（三）铅器

由一套明器车马器残件组成。较完整的约11件，其余残缺。

车軎：1件。标本M20：34-3，空心圆柱体，器表有数道凸棱，一端阔大。下端外

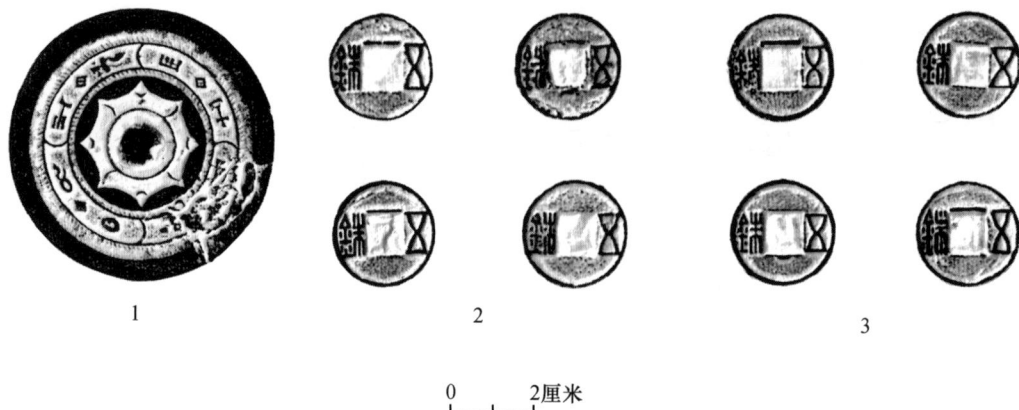

图五 M20出土铜器拓片

1. 铜镜（M20：16） 2. A型铜钱（M20：24-1） 3. B型铜钱（M20：24-2）

有一凸起的车辖与轪连为一体。口宽1.4厘米，长1.8厘米（图六，1）。

帽：2件。形制和大小相同。短粗。圆筒形双层相套叠，器身有三道凸箍。有合模制作痕。标本M20：34-4，直径1.1厘米，长1厘米（图六，2）。

四叶瓣饰件：6件。大小相近，形制相同。中间略圆鼓，周围一圈纹饰带内饰交错的三角斜线纹。四叶瓣大小形状相近，每个叶瓣上都有两个相对浮起的卷云纹。标本M20：34-1，残长2.8厘米，残高1厘米（图六，3）。

盖弓帽：2件。形制和大小相同。圆筒形，中空。顶端残缺，腹侧斜伸一钩。标本M20：34-2，残长1.6厘米。

（四）铁器

刀 1件。标本M20：33，锈蚀残断，柄端呈环状，单面刃。环首径3～2.5厘米，刃宽1.3厘米，残长26厘米。

（五）石器

有石蛋5件、仿生花生1件。

石蛋：5件。鹅卵石质，表面光滑、细腻、致密。按形状分为三型（图版三，3）。

A型 2件。形制相同，石质和大小不同。长圆形，截面为扁圆。标本M20：23-1，青白色，长径2.7厘米，截面直径1.7厘米（图六，4）。标本M20：23-2，米黄色，长径1.1厘米，截面直径0.8厘米。

B型 2件。形制相同，石质和大小不同。蛋圆形，截面较圆。标本M20：23-3，卵白色，长径2.4厘米，截面直径1.7厘米（图六，5）。M20：23-4，青白色，长径1.4厘米，截面直径1.1厘米。

C型 1件。M20：23-5，纽扣形，截面较扁，米白色。长径1.2厘米，截面直径0.5厘米（图六，6）。

仿生花生：1件。标本M20：28，白色，石质，形似花生，表面有较多纹路。长3.5

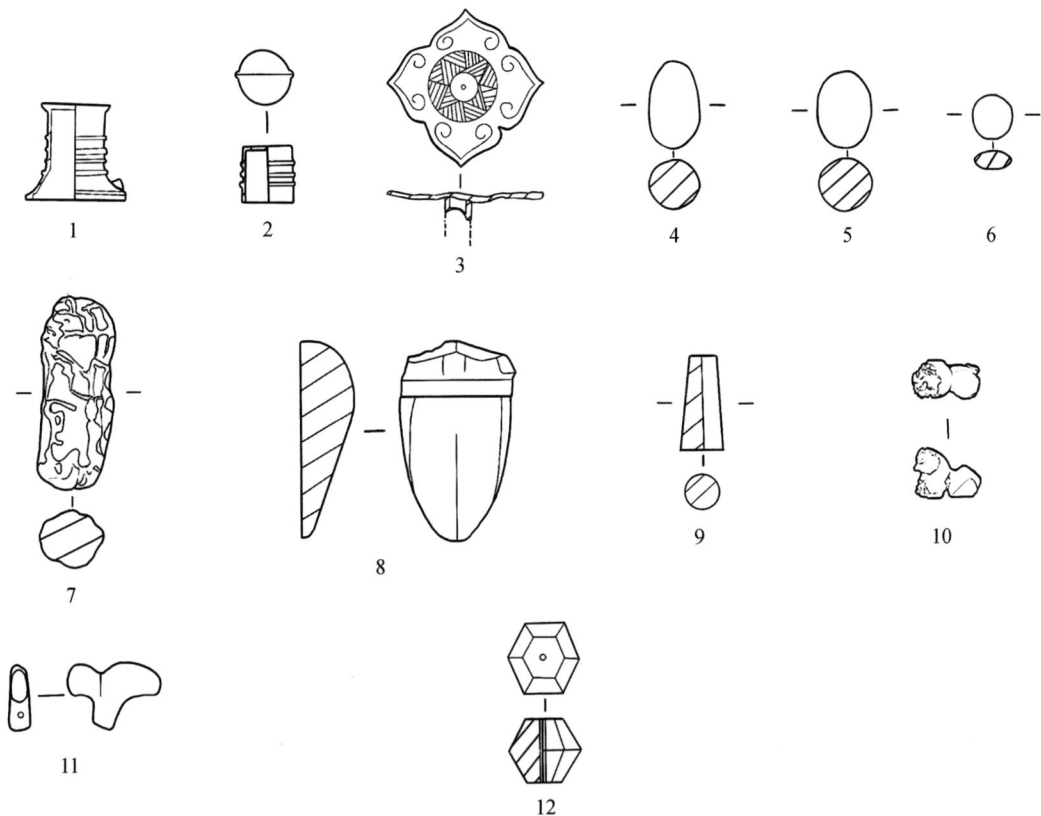

图六 M20出土器物

1. 铅车軎（M20：34-3） 2. 铅帽（M20：34-4） 3. 铅四叶瓣饰件（M20：34-1） 4. A型石蛋（M20：23-1）
5. B型石蛋（M20：23-3） 6. C型石蛋（M20：23-5） 7. 仿生花生（M20：28） 8. 琉璃口琀（M20：21）
9. 琉璃鼻塞（M20：22） 10. 琥珀虎（M20：25） 11. 琥珀鸟（M20：26） 12. 水晶珠（M20：27）

厘米，宽1.2厘米（图六，7；图版一，6）。

（六）琉璃器

出土琉璃蝉1件、琉璃鼻塞2件。

口琀：1件。标本M20：21，表面氧化为灰白色，质地较软，正面用阴线刻划出蝉的头部、两翼。中脊起棱。底部平整。长3.9厘米，宽2.2厘米（图六，8；图版二，6）。

鼻塞：2件。形制和大小相同。表面氧化为灰白色，质地较软，圆柱形，两头齐平，一端略细。标本M20：22，长1.7厘米，直径0.6~0.8厘米（图六，9；图版二，5）。

（七）琥珀、水晶

由琥珀虎1件、琥珀鸟1件、水晶珠子1件组成串饰1套。

琥珀虎：1件。标本M20：25，红色。卧姿，昂首，张口，头部、四肢刻划数道阴线，形象生动。长1.3厘米，高0.8厘米（图六，10；图版三，1）。

琥珀鸟：1件。标本M20：26，红色。形似小鸟。颔首，尾部内卷，下有足，足上有一穿孔。长1.5厘米，高1.4厘米（图六，11；图版三，2）。

水晶珠：1件。标本M20：27，白色，晶莹剔透。六棱体，横截面为六边形，折腰，最大径在中部，中间穿孔。长1厘米，直径1.8厘米（图六，12；图版一，5）。

（八）泥球

较完整的约7个。形制和大小相同。标本M20：31，圆形，黄泥团成。直径2厘米。

四、结　语

该墓葬形制为长方形竖穴土坑墓，是南阳地区西汉墓葬的基本形制。从随葬器物组合上看，出土的鼎、盒、壶、罐、仓，已摆脱了西汉早期以鼎、盒、壶为代表的一套礼器组合，增加了日常生活中的器具——罐、模型明器——仓。洛阳烧沟汉墓将此类组合划为第二期，即西汉中期稍后[1]；鼎、盒、壶、罐与南阳市烟草专卖局西汉墓[2]发现的同类器有相似之处。且这些器物与西汉中晚期流行的日光镜和昭明镜伴出，日光镜与洛阳烧沟汉墓第四型第一式镜[3]接近，烧沟汉墓亦将此镜划为第二期，即西汉中期出现。从出土的五铢钱看，与洛阳烧沟汉墓Ⅰ型、Ⅱ型五铢钱一致，且这二种钱皆出于西汉昭、宣、元帝时期。据此，20号墓葬的年代定为西汉中期偏晚为宜。

西汉初年经过"休养生息"政策，到了武帝时期，社会经济已经发展到鼎盛时期，加之又采取"盐铁官营"的重要措施，冶铁业得以飞速发展，南阳是当时重要的冶铁基地之一。南阳郡治宛已是南北贸易的重要枢纽。《盐铁论》称之为"商遍天下，富冠海内"，是举足轻重的商业大都会之一。人口倍增，达官显贵、商贾云集于此，与当时的长安、洛阳形成鼎足之势，史称"南都"。

从随葬的琥珀、水晶饰上看，墓主人可能是一位女性。随葬了成套的仿铜陶礼器、鎏金的铜饰件和铅车马饰件等，由此可知墓主人是一位统治阶级中的官吏或富商豪绅的夫人。

值得提出的是，该墓出土的琥珀虎、鸟，小巧玲珑，惟妙惟肖。加之，石蛋、泥球等随葬品，这些在已发现的汉墓中是不多见的，它们在墓中有何作用或寓意，待今后进一步考释。

（崔　华　南阳文物保护研究院）

1　洛阳区考古发掘队：《洛阳烧沟汉墓》，科学出版社，1959年。

2　南阳市古代建筑保护研究所：《南阳市烟草专卖局春秋西汉墓葬的发掘》，《华夏考古》1999年第3期。

3　洛阳区考古发掘队：《洛阳烧沟汉墓》，科学出版社，1959年。

高句丽时期佛寺遗址的考古发现

包艳玲　解　峰

内容提要：佛教传入高句丽的时间为公元372年，之后被高句丽官方在全国广泛推广。高句丽佛寺遗址目前已知共发掘8处，其中6处位于今朝鲜民主主义人民共和国境内，包括定陵寺址、土城里寺址、青岩里废寺址、上五里寺址、元五里寺址、梧梅里寺址；2处位于我国境内，包括古城村1号寺庙址及杨木林子寺庙址。本文主要对朝鲜境内发现的高句丽寺庙址进行系统编译，并搜集我国境内高句丽历史疆域中发现的寺庙址，对其位置分布、结构布局、出土遗物等进行介绍，以期为我国学界系统展开高句丽佛教遗存研究提供便利。

关键词：高句丽　佛寺遗址　考古发现

高句丽于公元前37年建国，都城位于今辽宁省桓仁县境内，公元3年，高句丽迁都于今吉林省集安市国内城，公元427年迁都平壤，公元668年，唐、新罗联合攻灭高句丽。据《三国史记》记载，佛教于小兽林王在位期间的公元372年传入高句丽[1]。佛教被高句丽的统治阶级在全国广泛推广，在高句丽占据了极为重要的地位。高句丽佛寺遗址目前已知共发掘8处，其中6处位于今朝鲜民主主义人民共和国境内，2处位于我国境内。本文主要对朝鲜境内发现的高句丽寺庙址进行系统编译，并搜集我国境内高句丽历史疆域中发现的寺庙址，以期为我国学界系统展开高句丽佛教遗存研究提供便利。

一、朝鲜境内发现的高句丽寺庙址

朝鲜境内已发掘的高句丽佛寺遗址包括定陵寺址[2]、土城里寺址[3]、清岩里废寺（金

1　（高丽）金富轼著，孙文范等校勘：《三国史记》，吉林文史出版社，2003年，第221页。

2　〔朝〕《东明王陵及其附近的高句丽遗迹》，金日成综合大学出版社，主体65（1976）年，第109～216页。

3　〔朝〕南一龙：《黄海北道凤山郡土城里高句丽寺址》，《朝鲜考古研究》1987年第4号，社会科学出版社，第8～13页。

刚寺址）[4]、上五里寺址[5]、元五里寺址[6]、梧梅里寺庙址[7]，主要分布于平壤市、平安南道、黄海北道、咸镜南道等地[8]。

（一）定陵寺址[9]

定陵寺址位于平壤市东南22千米处的力浦区戊辰里王陵洞，北距东明王陵仅120米。1974～1975年，金日成综合大学历史学部对其进行了全面发掘，寺址分布范围南北132.8米、东西223米、总面积为29614.4平方米。通过发掘，共确认建筑址18处、回廊址10处、圆形砖构遗迹2处、方形石构遗迹1处。定陵寺址以南北向回廊将建筑群分为东西5个区域（图一），自西向东依次为四区、二区、一区、三区、五区。

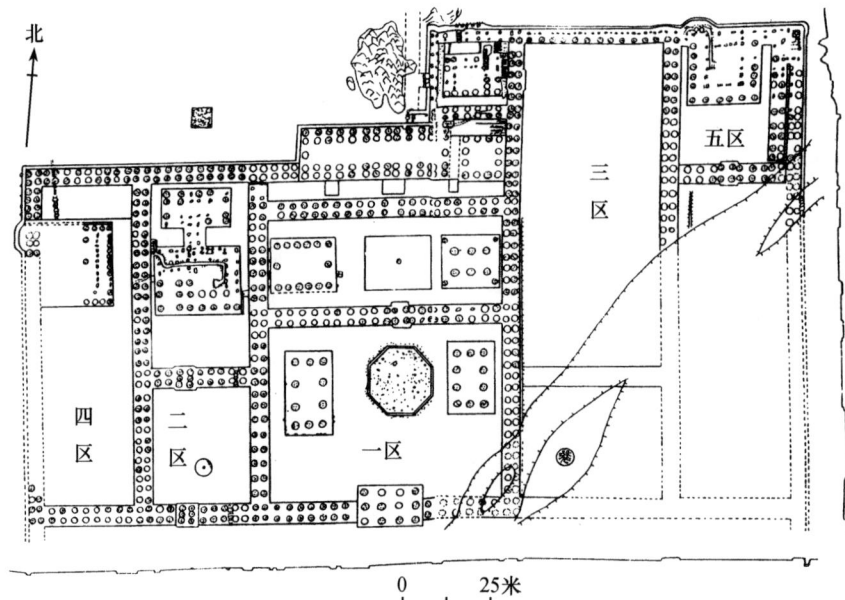

图一　定陵寺址平面分布图[10]

4　〔日〕小泉显夫：《昭和13年度古迹调查报告》（日文），1940年，第5～19页。

5　〔朝〕社会科学院考古学研究所：《朝鲜考古学全书28·中世篇5·高句丽的建筑》，2009年，第155页。

6　〔日〕小场恒吉：《泥佛出土地元五里废寺址的调查》，《昭和十二年度古迹调查报告》，1937年，第63～70页。

7　〔朝〕金钟赫：《我们国家东海岸一带调查发掘的渤海遗迹及遗物》，《渤海史研究论文集》（2），科学百科事典综合出版社，1997年；〔朝〕韩仁浩：《关于金湖地区梧梅里寺庙址》，《朝鲜考古研究》1997年第1号，第13～15页；〔朝〕金宗赫、金智哲，《金山第二建筑址发掘报告》，《朝鲜考古研究》1991年第3号，第37～40页。

8　除本文介绍的6处遗址外，据韩国学者尹张燮搜集披露的信息，朝鲜境内的推定为高句丽时期佛寺遗址者，还包括永明寺址、法云寺址、乐寺址、清湖洞寺址、中兴寺址等，但上述遗址均未进行发掘。〔韩〕尹张燮：《韩国的建筑》，汉城大学出版部，1996年，第82～86页。

9　〔朝〕《东明王陵及其附近的高句丽遗迹》，金日成综合大学出版社，主体65（1976）年，第109～216页。

10　〔韩〕文化财管理局、文化财研究所编，包艳玲译：《朝鲜文化遗迹发掘概报》，内部资料，第54页。

一区为建筑群的中心区，共发现包括八角塔址及金堂、讲堂在内的9处建筑址，回廊及回廊门址2处。一区自南向北以中门、八角塔址、金堂、讲堂为中轴线分布，又以回廊分隔成南、中、北三个区域（图二）。南区分布八角塔址、中门、东金堂、西金堂，中区分布钟楼、金堂、经楼，北区分布包括讲堂在内的数座建筑。即定陵寺址的中心区布局为以八角塔址为中心、金堂位于左、右、后侧的一塔三金堂式布局。

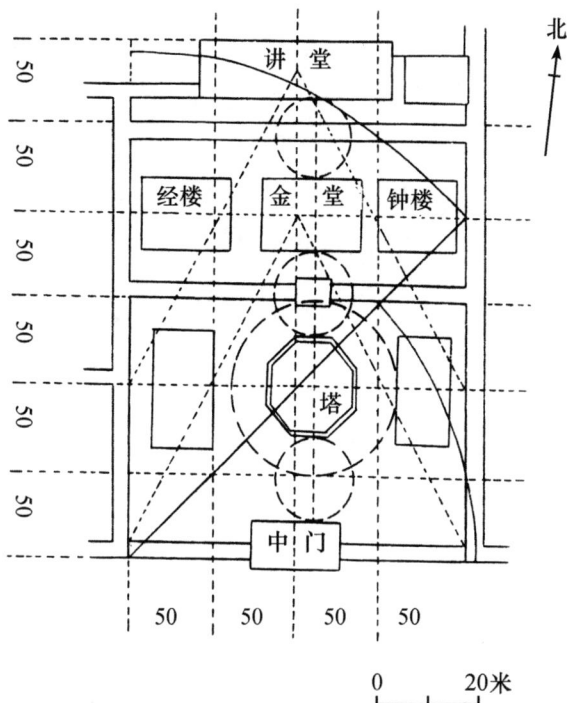

图二　定陵寺址一区平面复原图[11]

八角塔址平面呈正八角形，台基为土石夯筑，深约2米。台基上部东侧分布直径约1米的礎堆3个，上未见础石。台基外侧立有陡板石，陡板石外侧有沟槽，沟槽外为散水。整体长20.4米，台基长17.6米，台基边长7.3米，散水部边长8.4米。东、西、南、北的中央各有一步道连接外侧（图三）。

金堂址分别位于八角塔址的东、西、北侧。东金堂与西金堂台基的结构基本相同，平面呈长方形，台基为夯筑，上部均发现10个礎堆。东金堂南北长22.8米，东西宽13.8米；西金堂南北长20.05米，东西宽13.4米。北侧金堂位于一区的中区中部，与经楼及钟楼并排分布，台基东西长17.8米，南北宽14.8米。

经楼址位于金堂西侧，东西长19.4米，南北长13.5米，周围有石砌墙基，建筑面阔5间，进深2间，中央部无立柱，总面积为172.5平方米。钟楼址位于金堂东侧，东西长16.4米，南北长13.8米，共发现10个礎堆，其中四角各分布1个，另外6个呈2列分布，建筑结构较为特殊。

11　〔韩〕文化财管理局、文化财研究所编，包艳玲译：《朝鲜文化遗迹发掘概报》，内部资料，第54页。

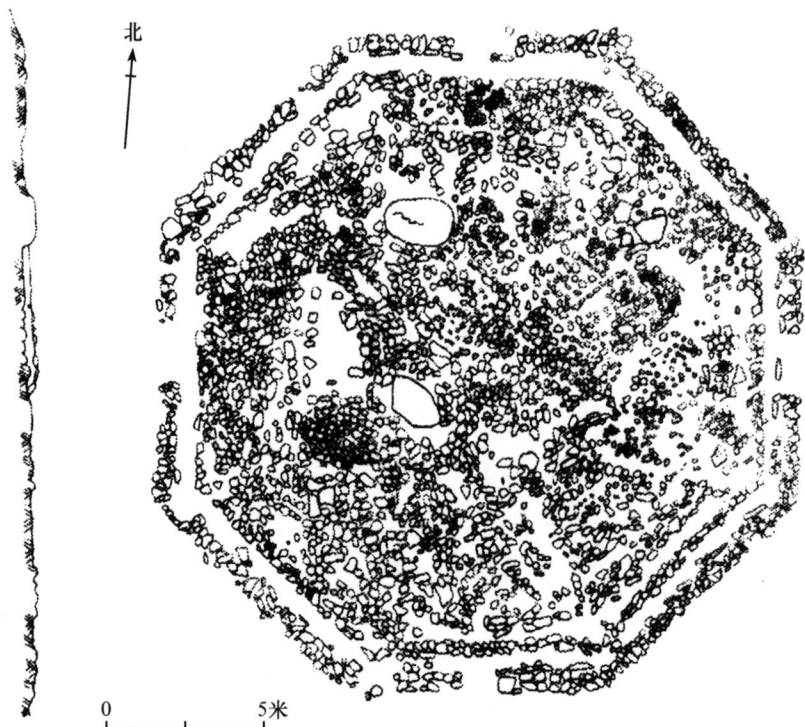

图三　八角塔址平、剖面图[12]

讲堂址位于一区的北区，由两座建筑构成，东西向并排分布。西侧建筑平面呈长方形，建筑规模为东西长41.5米、南北宽11.5米、面积477.25平方米，为大型建筑。东侧建筑被严重破坏，仅发现2列柱础，建筑规模为10米×9米。

一区最北侧建筑台基东西长16米，南北11.8米，平面呈长方形（图四）。建筑四面回廊环绕，回廊与房址之间除南侧外全部铺砖，两侧使用楔形石包边。建筑内部东侧分布南北向的单烟道火炕，利用砖瓦垒砌，接近北侧廊庑处有一烟囱。从建筑位于高处、建筑周围包石、柱础石制作工整以及烟道设施等来看，此建筑为高等级身份者居住的寝室。建筑西侧为假山构成的庭院，范围南北24米，东西14米，假山的东侧可见折尺形上山的道路，并有水渠经过。

二区位于一区西侧，此区发现2处建筑址，均位于北部，中间以廊道连接。南侧建筑台基东西长26.1米，南北宽18.2米，为大型建筑，内有折尺形烟道。北侧建筑台基东西长20米，南北宽11.2米。建筑面阔5间，进深4间。从建筑内存在烟道及出土陶器等来看，推测此处建筑为生活用房。

三区未发现建筑址。

四区位于二区西侧，内部遗迹被严重破坏，仅北侧发现了建筑址。

五区位于建筑群最东侧，发现3座建筑址，均位于北部，以回廊环绕。北侧最大建

12　〔朝〕社会科学院考古学研究所：《朝鲜考古学全书28·中世篇5·高句丽的建筑》，2009年，第119页。

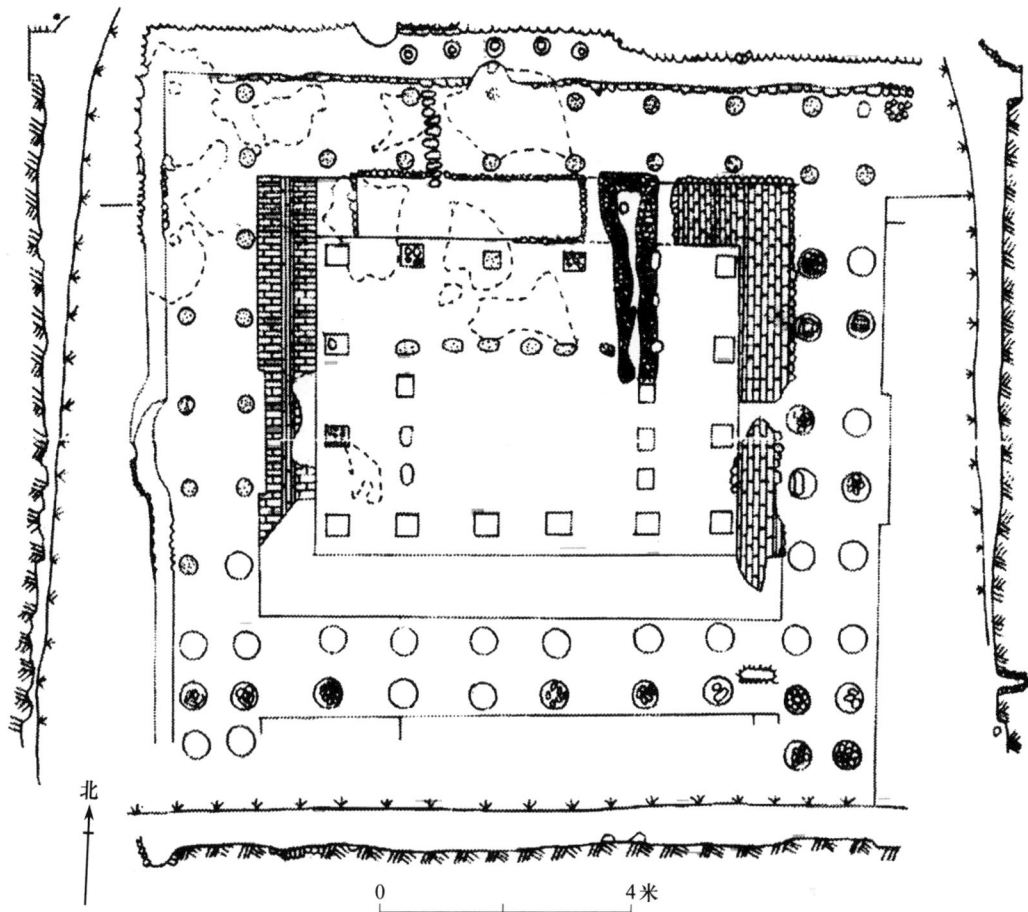

图四　一区最北侧建筑址平、剖面图[13]

筑为1号建筑址，东侧小型建筑为2号建筑址，2号建筑南侧南北向长的建筑为3号建筑址。3座建筑址内部均有取暖设施，推测3座建筑址为多人居住场所。

定陵寺址出土遗物有瓦件、陶器、铁器、铜器等。瓦件主要包括板瓦、筒瓦及亚当条，以红色为主，其中瓦当多为莲花纹瓦当，少量兽面纹瓦当，为典型的高句丽时期瓦当形制。还发现鸱尾及兽头，鸱尾与安鹤宫出土品类似。陶器种类多样，有瓮、缸、盆、罐、甑、敛口钵、盘、盏等，部分陶器上面有文字，包括刻划的"寺""定""陵寺"等与寺庙相关的文字。此外还发现有铁器及青铜制品，其中剑鞘表面有刻划的"复兴"二字，花形金铜制品2件，表面鎏金。

定陵寺址平面布局为一塔三金堂结构，出土遗物包括建筑构件、陶器、鎏金铜器等，根据铭文陶片中的"定陵""陵寺"等可确认此处为定陵寺。结合《三国史记》记载，推测此寺庙址为393年在平壤市修建的九寺之一[14]。定陵寺址的完整发掘，在高句

13　〔朝〕社会科学院考古学研究所：《朝鲜考古学全书28·中世篇5·高句丽的建筑》，2009年，第126页。

14　（高丽）金富轼著，孙文范等校勘：《三国史记》，吉林文史出版社，2003年，第223页。

丽寺庙遗址中尚属首次，为东北亚地区汉唐时期寺院建筑的研究提供了重要资料。

（二）清岩里废寺址（金刚寺址）

清岩里废寺位于平壤市大城地区清岩里土城内，地处安鹤宫的西南侧。1938～1939年日本朝鲜古迹研究会平壤研究所对此寺址进行了发掘[15]。寺址由中门址、八角佛塔、东金堂、西金堂、中金堂及北侧建筑址构成，以中轴线为基准对称分布（图五）。中门

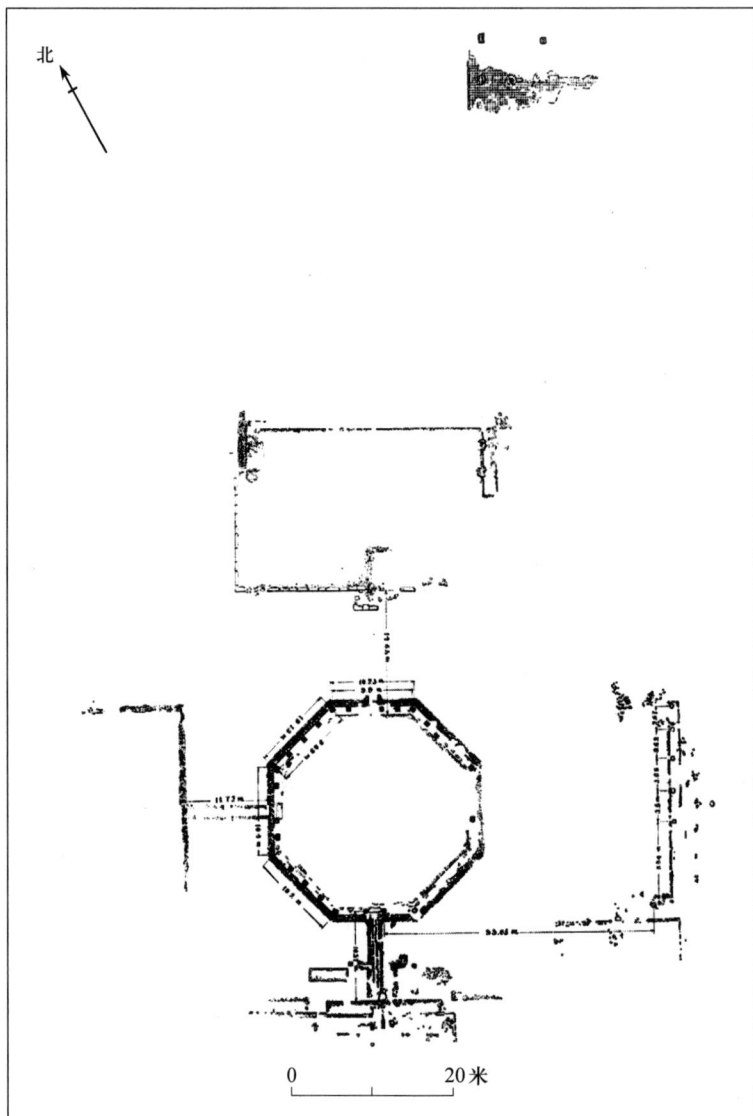

图五　清岩里废寺址平面分布示意图[16]

15　〔日〕小泉显夫：《昭和13年度古迹调查报告》（日文），1940年，第5～19页；〔朝〕《考古民俗论文集》卷12，科学百科事典综合出版社，主体79（1990）年，第103页。

16　〔日〕小泉显夫：《昭和13年度古迹调查报告》（日文），1940年，图版第一〇。

址仅发现外侧散水部，左右与回廊相接，中门至八角佛塔以甬道相接。八角佛塔台基分为两层，下层以自然石块为基础夯筑，修建成八角形，上层外侧置有础石，东西南北四边各5间，其余四边各4间，台基外侧分布散水、踏道等，与定陵寺址、土城里寺址佛塔结构相同。东、西、南、北的中央各有踏道连接甬道，通过甬道与周边建筑相接。八角佛塔东、西、北三侧分别为东金堂、西金堂、中金堂。东金堂与西金堂对称分布，中金堂位于北侧，规模大于东、西金堂，台基上可见础石，四周有散水，台基与散水之间立有板石，面阔22.4米，进深19.18米。建筑址北侧有砖构建筑，破坏严重，仅发现磉堆5个及柱础石1块。

寺址出土遗物有刻划"金""寺"文字瓦及包括鎏金飞天塑像、金铜花形装饰物在内的遗物。附近有众多与此寺址相关的地名，寺前大同江岸被称为金刚滩，附近还有金刚殿、塔岘等地名。结合《三国史记》记载文咨明王七年（498）秋七月创金刚寺[17]，因此学界一般认为，清岩里废寺址即为高句丽时期修建的金刚寺。清岩里废寺址是以八角佛塔为中心，东、西、北分别为三金堂的一塔三金堂式伽蓝排列的高句丽时期寺址。

（三）上五里寺址[18]

上五里寺址位于平安南道大同郡林原面上五里，坐落于大同江谷地，西北距清岩里废寺址2千米。1939年日本朝鲜古迹研究会平壤研究所对上五里寺址进行了发掘，发现了八角佛塔、东金堂、西金堂等建筑址（图六）。八角佛塔边长约8米，周边有散水，宽约0.8米，东、西、南、北四个方向中央部都发现有踏道。东侧及西侧的踏道与东金堂、西金堂以甬道连接。东金堂及西金堂距八角佛塔散水约4米，左右对称分布，台基南北长25.8米，东西宽12.6米，外部有包石。保存相对较好的西金堂台基为两层，台基上分布有础

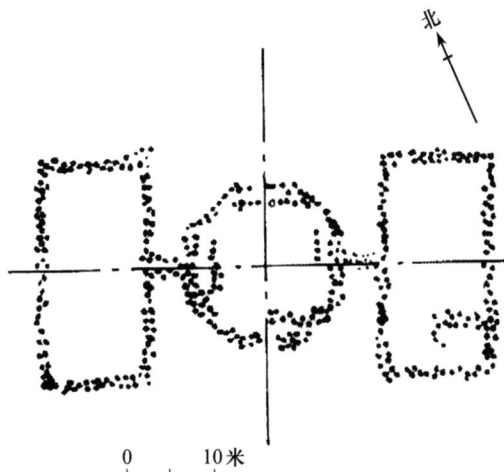

图六 上五里寺址平面分布图[19]

石，间隔约2米。虽然仅发现两座金堂址，但结合其他高句丽寺址的布局，推测上元里寺址的平面布局为以八角佛塔为中心的一塔三金堂式排列。

上五里寺址出土遗物有高句丽筒瓦瓦当20余件，其中包括刻划"东"的文字瓦，还发现有金铜风铎、金铜装饰物等。

17　（高丽）金富轼著，孙文范等校勘：《三国史记》，吉林文史出版社，2003年，第233页。

18　〔朝〕社会科学院考古学研究所：《朝鲜考古学全书28·中世篇5·高句丽的建筑》，2009年，第155页。

19　〔朝〕社会科学院考古学研究所：《朝鲜考古学全书28·中世篇5·高句丽的建筑》，2009年，第155页。

（四）元五里寺址[20]

元五里寺址位于平安南道平原郡德浦里，遗址地处海拔248米的万德山西南谷地，1937年日本朝鲜古迹研究会平壤研究所对此寺院址进行了发掘。寺址可分为上、下两个区域，上区为建筑分布区，下区较窄且地势倾斜，仅发现了门址，发掘主要位于上区。元五里寺址被破坏严重，遗址的整体布局不明，主要发掘建筑址两处（图七）。建筑址

图七　元五里寺址平面分布示意图[21]

20　〔日〕小场恒吉：《泥佛出土地元五里废寺址的调查》，《昭和十二年度古迹调查报告》，1937年，第63～70页。

21　〔日〕小场恒吉：《泥佛出土地元五里废寺址的调查》，《昭和十二年度古迹调查报告》，1937年，图版第五八。

为东西向分布，东侧有宽170厘米、厚20厘米、长度略有差异的南北向并排分布的两块石板。东侧台基建筑上部可见部分圆形磉堆，外侧可见陡板石，东西向分布。

在建筑址周边发现了大量的高句丽瓦件残片及佛造像，瓦件中包括莲花纹瓦当及刻划"太""安"的文字瓦。当时收集及发掘的泥造佛像、菩萨像残片共204尊，佛坐像高19.5厘米，菩萨立像17.5厘米，推测为统一制作，从雕刻样式来看应为6世纪中后期制作[22]。此寺庙在高句丽时期始建，高丽时期进行了修复并重新使用。

（五）土城里寺址[23]

土城里寺址位于黄海北道凤山郡土城里。土城里一带东侧及北侧为定方山支脉，南侧及西侧为西兴江及载宁江两江的冲积平原。通过发掘可知，土城里寺址由中央八角佛塔及其西侧、北侧建筑、东南侧圆形砖构遗迹构成（图八）。

八角佛塔平面呈八边形，上面覆有厚约25～30厘米的红色瓦砾堆积。台基为土石夯筑，边长7.7米，直径18.2米，周长63.2米；外侧有散水，边长9.1米，直径22米，周长72.8米，宽0.7米，使用河卵石铺筑，左右立有青灰色黏板岩陡板石，散水向外侧呈5°倾斜。西侧建筑址平面呈长方形，南北向长，长18米，宽9.1米，距八角佛塔中心部18.2米。台基外侧发现有散水，台基部分被破坏，表面略高于散水。散水宽约1.4米，用河卵石铺筑。北侧建筑距八角佛塔中心27.3米，散水宽1.8米，较西侧建筑址散水宽0.4米，可见北侧建筑要大于西侧建筑，但北侧建筑被破坏更为严重，具体结构不明。

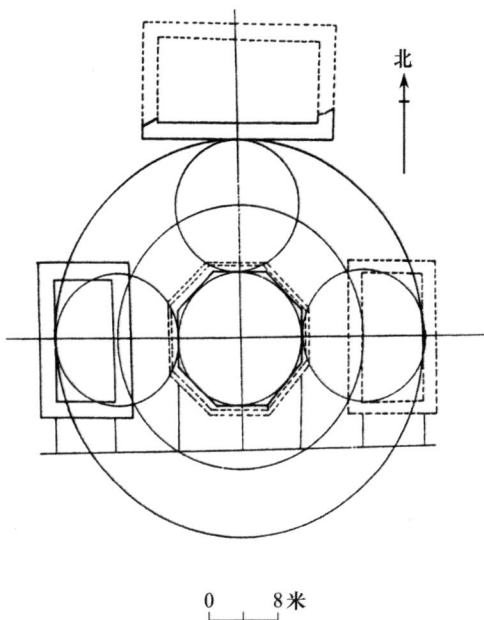

北

0 8米

图八 土城里寺址平面分布图[24]

八角佛塔东侧也应存在建筑，已被完全破坏，无法确认建筑痕迹，距八角佛塔中心东南36米处发现一砖构圆形遗迹。此圆形遗迹直径约2.5米，边缘部被严重破坏，原来应大于此。圆形遗迹所用砖常见于古朝鲜、高句丽时期的遗迹。推测土城里寺址的平面布局是以八角佛塔为中心的一塔三金堂式排列。

土城里寺址出土了大量的遗物，其中多为红色瓦件，包括红色板瓦、筒瓦、瓦当及灰色瓦当等残件以及部分陶器残片。此寺址出土的瓦当在形制、纹饰、胎质、胎色等与

22　〔韩〕梁银景：《朝鲜的佛教寺院址出土高句丽、渤海佛像的出土地问题及继承关系》，《高句丽渤海研究（31辑）》，2008年。

23　〔朝〕南一龙：《黄海北道凤山郡土城里高句丽寺址》，《朝鲜考古研究》1987年第4号，第8～13页。

24　〔朝〕南一龙：《黄海北道凤山郡土城里高句丽寺址》，《朝鲜考古研究》1987年第4号，第13页。

大城山城内房址、安鹤宫址、定陵寺址在内的高句丽时期建筑址出土品相同。

（六）梧梅里寺庙址[25]

梧梅里寺庙址位于咸镜南道新浦市东北13千米的梧梅里西1.5千米处。东北约10千米为渤海南京南海府故址——青海土城。1988年朝鲜社会科学院考古研究所、咸镜南道历史博物馆对寺庙址进行了发掘。发掘表明，遗址分布范围南北100米、东西50～60米。通过文化层内出土遗物，可确定寺庙址有高句丽、渤海两期遗存。梧梅里寺址自北向南发现有1号建筑址、2号建筑址及塔址。1号建筑址位于寺庙址最北侧，台基分为东、西两部分，东侧台基长12米，西侧台基长8.45米，台基高0.2米，其中东侧宽度不明，西侧台基宽4.8米，台基上可见础石，根据础石分布推测东侧建筑长9.8米，宽6.3米；西侧建筑长6.75米，宽3.5米。东侧建筑内部发现有折尺形火炕及灶址等取暖设施。2号建筑址位于1号建筑址南15米处，南北6米，东西7米，内部发现有柱洞及火炕设施。方形佛塔东西长12.3米，南北长12.5米，现存台基高0.74米，础石距台基表面40厘米深，上面可见立柱痕迹。

两处建筑址及方形佛塔周围发现了大量与佛教相关遗物，包括佛头、金铜板、金铜装饰物、金铜佛残件、金铜菩萨立像等。其中金铜板尤为重要，上部雕刻113字，根据记录，此塔为高句丽时期修建的5层塔，金铜板年代可将其比定为546年。但由于金铜板出土于渤海文化层，可反映其在渤海时期仍沿用。

二、我国境内的高句丽佛教遗存

我国境内高句丽遗存分布在辽宁省东部及吉林省东部，但在高句丽早期核心区的辽宁桓仁未发现任何佛教遗存，在中期都城所处的吉林集安地区发现了佛教造像[26]及墓葬壁画中的佛教图像[27]。目前已知高句丽时期佛教遗存均位于高句丽东部地区的珲春盆地，包括古城村1号寺庙址、杨木林子寺庙址。

（一）古城村1号寺庙址[28]

古城村1号寺庙址位于吉林省延边朝鲜族自治州珲春市三家子乡古城村东侧。2016年，吉林省文物考古研究所对珲春市古城村1号寺庙址进行了主动性考古发掘。古城村

25　〔朝〕金宗赫著，季元泽译：《朝鲜东海岸一带的渤海建筑址》，《历史与考古信息·东北亚》2003年第1期，第17～23页。

26　1983年，在国内城发现1件佛教造像，一般认为是高句丽佛造像，但也有观点认为此像为渤海国时期造像。解峰：《渤海国佛教遗存研究》，吉林大学博士学位论文，2019年。

27　据温玉成考证，长川1号壁画墓的布局，体现了"苍天在上""佛"及"天人"居中、墓主人拜佛场景居下的观念，反映了十六国至南北朝初期对佛教的认识，与十六国"北凉"（397～439）一批石塔的布局相一致。温玉成：《集安长川一号高句丽墓佛教壁画研究》，《北方文物》2001年第2期，第32～38页。

28　解峰：《吉林珲春古城村1号、2号寺庙址考古发掘收获》，《中国文物报》2021年9月18日。

1号寺庙址被破坏严重，清理到的建筑遗迹均为建筑地面以下残留部分，未清理到建筑原生倒塌堆积。遗迹包括墙体基槽、疑似磉墩、火炕。墙体基槽遗迹发现4段，疑似磉墩共发现3个，另发现火炕遗迹1处，可辨灶址、烟道、烟囱。遗物主要包括石质佛像残件、建筑构件、陶器等。

古城村1号寺庙址已被严重破坏，建筑布局与建筑结构不明，根据遗址中出土大量建筑构件、佛像可确认遗址性质为佛寺。依据遗物形式特征及制作工艺，可将其分为四组：第一组为瓦件，瓦背宽端均施极浅的指压纹、侧面施指压纹的筒瓦，网格纹复合枣核纹瓦当等，在形制及制作工艺上与辽西地区发现的三燕时期遗物接近，特别是当面带有"壬子年六月作"的铭文瓦当，与辽宁北票金岭寺遗址及朝阳老城北大街遗址[29]出土的瓦当形制相似[30]（图九），经考证，"壬子年"为公元412年的可能性最大，由此推定该组遗存年代为公元5世纪初期；第二组遗存主要为小型石造像，具有明显的北朝至隋时期佛造像的形制特征，与上京城出土的唐代风格的佛教造像具有明显差异，应属高句丽时期遗物，该组遗存年代约为公元6世纪后半叶；第三组为瓦件，形式与制作工艺接近敦化六顶山渤海早期墓葬出土瓦件，应属渤海国早期遗存；第四组为瓦件，形制及制作工艺与渤海东京八连城等遗址出土的瓦件相同，属渤海国中晚期。

图九 网格纹复合枣核纹瓦当
1. 古城村1号寺 2. 辽宁北票金岭寺

古城村1号寺庙址始建年代约为公元5世纪，是我国东北地区已发现最早的地面式佛寺遗址，对于探讨佛教在本地区的传入时间与途径等问题具有重要价值。该寺庙址中出

29 辛岩等：《辽宁北票金岭寺魏晋建筑遗址发掘报告》，《辽宁考古文集（二）》，科学出版社，2010年；万雄飞、白宝玉：《朝阳老城北大街出土的3～6世纪莲花瓦当初探》，《东北亚考古学论丛》，科学出版社，2010年；〔日〕清野孝之等：《金岭寺遗迹出土瓦件的研究》，《辽西地区十六国时期都城文化研究》，辽宁人民出版社，2017年，154～203页。

30 宋玉彬：《试论佛教传入图们江流域的初始时间》，《文物》2015年第11期，第66页。

土的石造像与北朝晚期至隋代中原地区佛教造像的形式、题材趋同，为研究6、7世纪中原地区佛教造像样式在东北亚地区的传播与影响提供了重要材料。

（二）杨木林子寺庙址

杨木林子寺庙址位于吉林省珲春市杨泡乡杨木林子村东部漫岗上，南侧1.5千米为萨其城。寺庙址已被完全破坏，仅存数块础石。原来此处分布高约1米的夯土台基，东西长约20米，南北宽约15米。采集到的遗物有莲花纹瓦当、筒瓦、指压纹板瓦、绳纹板瓦、席纹板瓦及佛造像、装饰花纹残片等[31]。过去一般都认为其性质为渤海时期的寺庙址。宋玉彬先生根据杨木林子寺庙址采集的联珠纹复合忍冬纹瓦当，将其与集安国内城时期及迁都平壤后的忍冬纹瓦当相对比（图一〇，1~4），认为杨木林子寺庙址出土瓦当忍冬纹外绕一周联珠纹的纹饰造型与平壤期忍冬纹瓦当相近，并且复合主题纹饰的构图风格也符合平壤期瓦当的时代特点，此类瓦当可能为高句丽时期遗物或者具有明显的高句丽文化因素。同时他根据图们江流域渤海寺庙址、墓葬中出土的忍冬纹复合倒心形瓦当（图一〇，5），其具有的复合主题纹饰、倒心形花瓣等因素判断，其年代下限不会晚于西古城为都时，同时由于"倒心形"花瓣已介入其纹样构图，年代上限要晚于以高句丽文化因素为主的联珠纹复合忍冬纹瓦当。故而杨木林子寺庙址的始建年代不但早于渤海时期，还可能上延至高句丽时期[32]。但是由于此类型瓦当仅采集到2块，且均为残存约1/3程度的残块，当心及边轮部结构不明，无法进行深入的对比，同时也无法确认此类型瓦当所占比重。对杨木林子寺庙址的性质及时代的判定还期待材料的进一步发现。

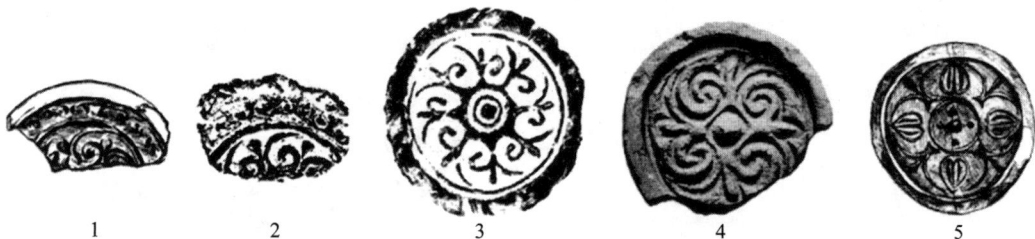

图一〇　忍冬纹瓦当[33]

1、2.杨木林子出土　3.集安出土　4.平壤出土　5.图们江流域出土

三、结　　语

目前已发现的高句丽时期佛教寺院的分布地，包括大同江流域、图们江流域及朝鲜东海岸一带。经过正式发掘的包括元五里寺址、清岩里废寺址、上五里寺址、定陵寺址、土城里寺址、古城村1号寺庙址，经研究推定为高句丽时期佛寺遗址的为杨木林

31　吉林省文物志编委会：《珲春县文物志》，1984年，第74页。

32　宋玉彬：《试论佛教传入图们江流域的初始时间》，《文物》2015年第11期，第65页。

33　宋玉彬：《试论佛教传入图们江流域的初始时间》，《文物》2015年第11期，第66页，图三。

子寺庙址。梧梅里寺址一直被认为是渤海寺庙址,其分布位置也位于渤海南京南海府故址——青海土城附近,但由于其出土的金铜板上有铭文,可比定年代为546年,因此也将梧梅里寺庙址的始建年代延至高句丽时期。古城村1号寺庙址被严重破坏,无法明确布局及结构,仅能从瓦类及佛造像等遗物中,判定此处为寺庙址,年代上限可到5世纪初期,一直沿用至渤海时期。杨木林子寺庙址的年代推定,主要依据遗址中采集瓦当的年代学研究。但是,由于此类型瓦当仅采集到2块,且均为残存约1/3程度的残块,当心及边轮部结构不明,无法开展制作工艺等角度的对比,对杨木林子寺庙址的性质及时代的判定还期待材料的进一步发现。

定陵寺址由于进行了全面揭露,且已出版发掘报告,因此寺庙整体布局及结构较为明确。除元五里遗址由于受到后期的严重破坏,整体布局不明,其余已发掘的高句丽寺址全部为以八角塔址为中心,左、右及后侧为金堂的一塔三金堂式布局,学界普遍认为,这种建筑布局为高句丽寺庙址的典型结构。

根据《三国史记》记载,372年,前秦苻坚遣使及浮屠顺道送佛像、经文至高句丽。375年小兽林王始创肖门寺及伊弗兰寺,以置僧顺道及阿道。推测,肖门寺、伊弗兰寺可能位于当时高句丽都城——吉林省集安国内城,但目前集安一带未发现高句丽时期寺庙址。据考证,公元393年,高句丽官方主导下将佛教推广至都城以外的地区[34],可能在此大背景下,高句丽佛教寺院扩展至大同江流域、图们江流域及朝鲜东海岸等地区。虽然集安地区尚未发现与佛教相关的建筑址,但长川1号墓壁画中发现了莲花、飞天、菩萨等佛教题材,表明该地区的佛教物质文化曾一度兴盛。集安丸都山城宫殿区2号、3号建筑为八角形建筑,王飞峰的研究认为其为佛教建筑[35],但由于未发现明确与佛教相关的遗物,此建筑性质有待进一步研究确认。

附记:本文为吉林省哲学社会科学规划基金办公室(编号:2020WG8)研究项目、吉林省高句丽研究中心研究项目(编号:JG2020Y0010)的阶段性成果。

(包艳玲 解 峰 吉林省文物考古研究所)

---

34 蒋璐、赵里萌、解峰:《珲春古城村1号寺庙址始建年代及出土造像研究》,《文物》2022年第6期,第87页。

35 王飞峰:《丸都山城宫殿址研究》,《考古》2014年第4期,第93～104页。

边牛山城及周边历史变迁考述

姜大鹏

内容提要：边牛山城俗称"高丽城"，这里遗存丰富，且时代跨度较长，具有极高的考古、历史和文化价值。本文结合历史文献资料和近年考古发现，对边牛山城的修筑背景、周边遗迹、"边牛"得名等历史问题进行梳理和考证。
关键词：边牛山城　高句丽　历史变迁

本溪市溪湖区日月岛街道办事处边牛村现存一处古代山城，俗称"高丽城"，考古定名"边牛山城"。边牛山城及周边遗迹历经高句丽、金、明、清等时代，遗存丰富而明显，具有极高的考古、历史和文化价值。本文结合近年考古成果，对该山城修筑背景、相关史事、周边遗迹、"边牛"得名等历史进行梳理、考证和论述，以期对该山城及其周边的历史变迁取得相对完整的认识。不揣鄙陋，还望就教方家。

一、修筑背景与唐时战事

边牛山城所在的山呈簸箕形，东、南、北三面为隆起的山脊，西为谷口，城墙修在山脊之上，依形就势，以土夯筑，全长2000多米。山城东南角和东北角分别建有一个角台，是山城的制高点。共设四座城门，其中西墙设三门，由北向南依次为正门、水门、便门，东墙设一门。西墙外另筑有两道与南墙相连的土墙，与山脊上的城墙相比较，这两道城墙形制单薄，残损也比较严重。西墙内地势较低，常年积水，应为当时的蓄水池。在山城内采集到灰陶片和石臼等。依据山城建筑方式方法以及采集的遗物推断，边牛山城应修筑、使用于高句丽中晚期。

高句丽是中国古代汉唐时期东北少数民族政权，由朱蒙建立于西汉建昭二年（前37），最开始的都城设在今本溪桓仁境内。公元5世纪初期，高句丽占领了太子河流域，为加强这一地区的防御能力，在今本溪市区及本溪县等地，陆续修筑了诸多山城，边牛山城的修筑，应当就在这段时间。高句丽山城类型有山顶型、簸箕型、"筑断为城"型、左右城（内外城）型四种，按照砌筑材料分类则有石筑、土石混筑、土筑等几种[1]。

1　魏存成：《新中国成立以来高句丽考古的主要发现与研究》，《社会科学战线》2014年第2期，第224~234页；魏存成：《中国境内发现的高句丽山城》，《社会科学战线》2011年第1期，第122~134页。

边牛山城属于典型的簸箕型土筑城。本溪地区簸箕型山城还有高俭地山城、瓦房沟山城、李家堡子山城等。高句丽土筑山城在辽宁发现的数量不多，著名的有抚顺高尔山山城、沈阳塔山山城、铁岭龙潭寺山城等，边牛山城保存相对完整，为研究该类型山城提供了实物参考。

边牛山城应是史籍中记载的磨米城、磨米州。隋唐两朝与高句丽多次发生战争，唐贞观十九年，太宗李世民亲自率军东征高句丽，攻拔十城，磨米城就是其中之一[2]。总章元年（668）九月，唐灭高句丽，在高句丽旧地设都督府、州、县，擢用高句丽有功的"酋渠"，分别授予都督、刺史及县令等官职，与唐人官员共同管理百姓民务[3]。唐太宗曾经攻拔的磨米城，此时改为磨米州，属安东都护府，州长官为刺史，由高句丽人来担任，百姓为高句丽降户。根据唐军征高句丽路线及地理位置关系推断，符合磨米城条件的高句丽山城有本溪平顶山山城和边牛山城，平顶山山城当为横山城[4]，那么，磨米城当为边牛山城[5]。

入唐之后的磨米州，因"营州之乱"中两位降唐的高句丽将领的殉国，再次被记录在历史中。高句丽灭亡前后，一批贵族归附唐朝，成为唐朝官员，高质、高慈父子就是其中的代表人物。高，是高句丽贵族姓氏，但其先祖本不姓高，原是追随高句丽第一代王朱蒙开疆建国的功臣，因高质十九代祖高密在与前燕军事对抗中立有大功，故国原王封赐其为王爵，高密坚辞不受，于是赐姓"高"，与王同姓，赐金文铁券，许诺"高密子孙，代代封侯"，高质的曾祖、祖、父及其本人在高句丽均居高位[6]。高句丽宝藏王二十五年（666），权臣泉氏兄弟内乱，两年后（668）高句丽灭亡。高质在此期间审时度势，归降唐朝，担任武将，多次参与军事行动，屡立功勋，频获升迁。周万岁通天元年（696）五月，发生"营州之乱"[7]。高氏父子奉命至辽东地区征讨契丹叛军，在磨米州"城孤地绝，兵尽矢穷"，被叛军击败、俘虏、杀害。唐王朝追赠高氏父子官职，旌酬子孙，葬以国礼，编入史册，并由当时名家、大匠为之撰、书、刻墓志。

与边牛山城有关的高氏族人还有高从政。宋代江少虞《事实类苑》记载：推官李文邵在寿光县东境稻田中得到一枚古铜鱼左符，上面镌刻官职、人名是"左云麾将军、行磨米州刺史、持节磨米州诸军事高从政"[8]。按《宋史·地理》：宋朝设京东路，其下设京东东路，辖一府、七州、一军、三十八县，七州之中有青州，寿光乃青州所属六县之

2　《资治通鉴》卷198《唐纪十四·太宗贞观十九年》，中华书局，1956年，第6230页。

3　《册府元龟》卷19《帝王部·功业》，影印文渊阁四库全书本，台北商务印书馆，1986年，第21页；《旧唐书》卷39《志第一九·地理二》，中华书局，1975年，第1527页。

4　梁志龙、马毅、王斌：《辽宁本溪市平顶山高句丽山城调查》，《东北史地》2009年第5期，第3～15、98页。

5　姜大鹏：《边牛山城的今世前生》，《本溪日报·文化周刊》2014年7月15日。

6　陕西省古籍整理办公室编：《高质墓志》，《全唐文补遗（千唐志斋新藏专辑）》，三秦出版社，2006年，第79页；陕西省古籍整理办公室编：《高慈墓志》，《全唐文补遗（第三辑）》，三秦出版社，1996年，第513页。

7　《旧唐书》卷6《则天皇后纪》，中华书局，1975年，第125、126页。

8　（宋）江少虞撰：《事实类苑》卷62《古铜鱼符》，影印文渊阁四库全书本，台北商务印书馆，1986年，第17页。

一[9]。青州、寿光均位于今山东省。江少虞认为，这枚铜鱼左符是唐王朝灭高句丽之后颁发给所设州刺史的信物，同时表示困惑，这铜鱼左符本应在辽东，为何却在寿光出现？江少虞的困惑，缘其只虑及地理方位，须知从唐至宋，战事频仍，这枚铜鱼左符或是高从政后人迁徙、流落至寿光一带时携来乃至遗失，或是作为把玩之物而几经人手流转至此——辽东之物出土于寿光，又何足为奇。按高从政其人未见于《旧唐书》《新唐书》。

二、金代沿用并建寺

金代，边牛山城内仍有人居住。20世纪90年代初，在边牛山城西南隅，发现了一处金代窖藏，出土铜钹9件、铜鎏金法铃1件，窖藏周边还发现大量板瓦残片及陶兽首、陶凤首等建筑构件[10]。这些文物证明金代此处应建有一座规模较大的佛教寺庙，且从其出土法器数量即可想见当时佛事之盛、僧人之众。笔者曾撰文考证过上述窖藏法器[11]，此不赘言。另，本溪地区高句丽山城在金代沿用的不只是边牛山城，桓仁五女山城中也发现了金代房址和铁器、铜器、陶器、瓷器、货币等遗物[12]。

窖藏的铜钹上刻款"东京僧司"并画押，"东京"即今辽阳。金袭辽制，以辽阳为东京（东都），作为陪都之一。后改东京道辽阳府为东京路辽阳府，路、府均治辽阳老城。东京路下辖辽阳府、婆婆府等二府五州，今含边牛山城在内的本溪市区、本溪县当时均属东京路辽阳府。"僧司"为管理佛教僧尼事务的衙署，僧官则是朝廷从僧人群体中选任的代表。朝廷赋予僧官以负责处理僧团事务的权力，同时也控制着僧官的任免。朝廷中主管佛教事务的是礼部，《金史·百官志》载："礼部，尚书一员，正三品……掌凡礼乐、祭祀……释道……之事。"[13]

同时，从中央到地方，设置各级专门机构和僧官，建立起一套自上而下的僧官制度。僧官主要有国师、都僧录、都僧录判官、都纲、僧录、僧正、维那等职，在金朝的五京地区和路一级行政机构中，设置都僧录、都僧录判官，都僧录判官，是都僧录的副职，但这两项职务在《金史》中都没有明确的记载，只能通过一些当时高僧或与佛门相关人士的塔铭、墓志、版铸等文献资料推断。东京是金国陪都，"五京"之一，故而"东京僧司"或应是"东京都僧录司"的简称。辽宁瓦房店市台后村金代窖藏出土了一件金代铜锅，口沿边缘上也刻有"东京僧司"的字样及画押[14]，可与边牛山城出土铜钹互为佐证。"□直院寺官"应为僧司分管该处寺庙的机构。

9　《宋史》卷85《志第三八·地理一》，中华书局，1977年，第2107、2108页。

10　梁志龙：《本溪发现四处金代窖藏》，《辽金史论集（第七辑）》，中州古籍出版社，1995年，第410页。

11　姜大鹏：《本溪边牛金代窖藏密宗法器考》，《辽金历史与考古（第三辑）》，辽宁教育出版社，2013年，第376～380页。

12　辽宁省文物考古研究所编著：《五女山城——1996～1999、2003年桓仁五女山城调查发掘报告》，文物出版社，2004年，第219、261、290页。

13　《金史》卷55《百官志一》，中华书局，1975年，第1234页。

14　王德朋：《论金代僧官制度》，《黑龙江社会科学》2014年第4期，第150页。

三、明代修筑墩台

明代，边牛山城因其交通位置的重要，仍然在本溪历史上发挥作用，见证了明末清初本溪地区政权归属更迭。边牛山城所在山的西角现存一座圆台状土筑墩台（烽火台），台顶径长5、台底径长20、高8米。此台的修筑与建州女真和后金有密切关系。《明实录》：成化三年（1467），明朝与朝鲜军队合力围剿建州女真，斩杀名酋李满住父子。随后，明廷根据提督辽东军务左都御史李秉的建言，在辽阳以东接近建州女真处，建设城堡、驿道、墩台[15]。从成化四年（1468）至万历三年（1575），在今本溪境内修筑了包括威宁营堡在内的共计七座城堡。许多城堡下辖墩台，各台派驻官兵，名为"台军"或"墩军"，用以点火传递警报和沿边防御。

边牛烽火台应是威宁营堡下辖的墩台之一。威宁营堡，位于今本溪市明山区高台子街道办事处威宁营村。考古勘探表明，威宁营堡如今已全部覆盖在地表之下，平面呈长方形，北城墙和南城墙长320米，西城墙和东城墙长260米，墙宽10米左右，城外有两道护城河。明代威宁营堡的修筑时间，在史料中没有找到明确记载，明代嘉靖十六年（1537）《辽东志》中有多处关于威宁营的记载，在《辽东河东地方总图》上，还绘有"威宁营堡"，位处辽阳城东、太子河中上游，因此嘉靖十六年（1537）威宁营堡已经存在。威宁营堡北接沈阳，西至辽阳，又是东面重镇清河堡的"屯兵"之所[16]，地理位置十分关键，是明朝设于辽东长城内的一座重要堡城。明《四镇三关志·辽阳形胜》："中路沈阳城，洪武二十三年建，隆庆三年修。奉集堡，缓；威宁营堡，缓。"[17]可见明时威宁营堡归属沈阳城管辖。

但是，据成书于嘉靖十六年（1537）之《辽东志》、成书于嘉靖四十五年（1566）之《全辽志》，威宁营堡、奉集堡条下明确记载均"无边墩"[18]，而在万历四年（1576）成书的《四镇三关志》中，二堡下亦未见墩台，这说明至少在万历四年（1576）时威宁营堡尚未修筑墩台。边牛烽火台的形制较大，超过本溪地区清河、碱场、孤山等堡所辖的大部分烽火台，这也侧面反映出边牛烽火台的修筑时间不同于其他城堡下辖的烽火台。按照该台形制并据史料推断，边牛烽火台修筑的时间当在明万历三十七年（1609）。先是明万历三十六年（1608）熊廷弼巡按辽东，次年（1609）十二月向明廷奏报其率领军民对清河城、草河堡、碱场、孤山、威宁营等城进行补修或拓展

---

15 《明宪宗实录》卷48，成化三年十一月癸亥朔丁卯条，台湾"中央研究院"历史语言研究所，1962年校印本，第986页。

16 （明）毕恭、任洛：《辽东志》卷3《兵食志·武备》，《辽海丛书》，辽沈书社，1985年重新影印1934年本，第22页。

17 （明）刘效祖撰：《四镇三关志》第2册，全国图书馆文献缩微复印中心编印《中国文献珍本丛书》影印明万历四年刻本，1991年，第59页。

18 （明）毕恭、任洛：《辽东志》卷3《兵食志·武备》，《辽海丛书》，辽沈书社，1985年重新影印1934年本，第20页；（明）李辅：《全辽志》卷2《边防·墩台》，《辽海丛书》，辽沈书社，1985年重新影印1934年本，第38页。

的相关情况，其中威宁营堡"补修东西二门、围墙三十三丈，土筑西关北面……挑挖围堡大壕二道"，又修筑边墙六百八十五里，包砌墩台九十九座[19]。此时，明朝辽东地区军事形势严峻，防守压力逐年加大，威宁营等堡城也渐由原来的"缓"地开始向"冲"地演变，加紧补建烽火台、加强军事防御和预警系统，已然是形势所需，边牛烽火台应修筑于此时，是辽东军事形势变化下的历史产物。

边牛烽火台所处位置在威宁营堡与奉集堡之间，与两堡相距里程也相仿，应是当时两堡所辖区域的交界处。之所以认为该台为威宁营堡所辖，而非奉集堡下辖，主要是从历史渊源、地理位置以及区域划分等因素考虑。明时堡城主要用以屯兵守备，所辖烽火台则用以传烽报警，堡城与烽火台要根据所在区域特点，尤其是相应的山地等地形来进行修筑和辖属划分，以期提高使用效能，形成有效的应援机制。威宁、奉集二堡虽然均属沈阳城，但是奉集堡位于浑河流域，而威宁营堡、边牛烽火台则位于太子河流域，且有沙河横亘二堡之间，奉集堡在沙河北，威宁营堡、边牛烽火台在沙河南。自古及今，多以山川河流为边界来划分区域，因此边牛烽火台划属威宁营堡不仅是可能的，也是合理的。古代区域划分也对后世具有普遍深远影响，如今，奉集堡地区归属沈阳市，威宁营堡、边牛地区归属本溪市，也表现出行政区划的历史延续性。

四、清代得名"边牛"

清代，边牛山城所在之处名为"边牛录堡"[20]，如今的"边牛"之名即是"边牛录堡"的简称。"边牛录堡"设置的时间，应是明天启元年（后金天命六年，1621），这一年的三月十三日，后金攻克沈阳城，明军总兵贺世贤、尤世功等战死，辽东经略袁应泰将奉集、威宁两堡驻军撤回辽阳，"并力守辽阳"[21]。三月十九日，后金军攻克辽阳城，袁应泰自尽。从此，包括今边牛在内的本溪地区完全被后金占领。为有效控制新占领区，后金在今边牛地区布置牛录，屯田练兵，扼守要路，该地名"牛录堡"当由此始。

以"牛录"为地名，边牛并非孤例，如《清史稿·地理·奉天》："辽中……光绪三十二年七月，分新民、辽阳、海城地，设治阿司牛录镇"[22]，该地现为沈阳市辽中区。又，"辽中……西：达都牛录，县丞驻，光绪三十三年置"[23]，该地现为台安县达牛镇。又，《沈阳县志》载"坡牛录堡子距城三十五里"[24]及"大托牛录堡子距城

19 （明）熊廷弼撰，李红权点校：《熊廷弼集》卷4《巡按奏疏第四》，学苑出版社，2011年，第171、174、176页。

20 本溪市博物馆编：《本溪碑志》，辽宁民族出版社，2015年，第333页。

21 （清）张廷玉等撰：《明史》卷259《列传第一百四十七》，中华书局，1974年，第6690页。

22 （清）赵尔巽等：《清史稿》卷55《志第三〇·地理二·奉天》，中华书局，1976年，第1929页。

23 （清）赵尔巽等：《清史稿》卷55《志第三〇·地理二·奉天》，中华书局，1976年，第1929页。

24 赵恭寅、曾有翼：《沈阳县志》，《中国方志丛书·东北地方·第十号·西路第二区》，成文出版社，民国六年影印本，第115页。

五十五里"[25]。除此之外，辽中还有敖司牛录、乌伯牛录，新民还有法哈牛录，等等，如今这些村镇的名字分别是敖司牛、乌伯牛、法哈牛，以及上文提到的达牛，均是简称，不见"录"字。

因此"牛录堡"的"牛录"当指满清基层军政组织之牛录。牛录本义是"大箭"，派生义则是十人左右组成的临时性围猎小组，原本是传统的生产组织。努尔哈赤为加强管理，对牛录加以改建，以300人为一牛录，并设牛录额真为长官，牛录之上还逐级设有甲喇、固山[26]，凡出兵、应役等，以牛录为单位，编组分派任务，牛录从原本的生产组织逐渐演变成军事组织。万历四十一年（1613）至四十三年（1615），努尔哈赤再次改造牛录组织，除了军事职能，牛录的行政职能特别是农业管理职能得到加强，开始成为屯田的单位，牛录额真主要职能此时已经涵盖计丁授田和组织农耕。

"边牛"的"边"，有人认为该地有"边"，即城墙、边墙，但多年来考古工作者在此未曾发现边墙。还有传说曾有后金将领在此处鞭打一名牛录额真，"边牛录堡"即"鞭打牛录堡"，这个说法亦不可信。"边牛"的"边"当为满族姓氏"边佳"的简化，边牛最开始可能是某位边佳氏牛录额真的驻防地，"边佳"与"鞭打"音近，以讹传讹，就有了"鞭打牛录堡"。满族姓氏向汉族姓氏简化的历史或可推溯至清朝初期，并一直持续到清末民初。边佳氏汉化为边、卞等姓，是满族姓氏汉化、简化的常见形式，即取满族老姓第一音节发音或者是谐音作为汉姓，瓜尔佳氏简化为"关"，边佳氏简化为"边"，等等。因此，"边"是边佳氏简称，"牛"是牛录简称，"边牛"是"边佳牛录堡"的简称。

五、结　语

边牛山城修筑于高句丽中晚期，为研究高句丽山城修筑方法、形制演变均提供了重要参考。边牛山城应是高句丽磨米城，唐灭高句丽后将其改设磨米州，是唐丽战争和唐代处置高句丽降将、移民的重要史迹。金代，边牛山城被沿用，曾建有较大规模的佛教密宗寺院，附近地区也应有相当数量的居民，城内出土的铜制佛教法器及其上画押，对于研究金代佛教信仰、僧官制度和铜禁政策，均有佐证价值。明代，边牛山城上修筑了烽火台，是明代辽东地区军事传烽报警系统的组成部分，是明末清初本溪地区政权归属更迭历史的见证。清代，"边牛"成为该处地名，体现出清代地方基层管理体系设置方式，以及满族姓氏简化和汉化的过程。

（姜大鹏　本溪市文物保护中心）

25　赵恭寅、曾有翼：《沈阳县志》，《中国方志丛书·东北地方·第十号·东路第三区》，成文出版社，民国六年影印本，第148页。

26　祁美琴、强光美编译：《满文〈满洲实录〉译编》卷4，中国人民大学出版社，2015年，第158页。

《刘贤墓志》相关问题补论

邵正坤

内容提要： 出土于辽宁朝阳的刘贤墓志，具有非常重要的史学价值，对此，学界已经进行了多方面的研究，但尚有余义可挖。墓志一方面显示了作为匈奴人的刘氏家族对于华夏的祖源认同，也反映了其在十六国、北朝时从朔方地区，辗转迁往辽宁朝阳附近的几个关键节点。此外，题名中也揭示了刘贤一家的宗教信仰情况，以及在北魏时期，这个家族中儒、佛交融的现状。

关键词： 刘贤　墓志　祖源　迁徙　信仰

《刘贤墓志》于1965年9月出土于辽宁朝阳以北西上台大队，碑形鳌座，全高103.5厘米，宽30.3厘米，厚约12厘米，现藏辽宁省博物馆。该志出土以后，陆续有学者撰文，对碑形、文字、书法等问题进行研究，此外，墓志所涉及的职官、谱系、历史等内容，也引起学界的重视。这些探讨，从不同角度加深了我们对于刘贤墓志的认识，但是，关于墓志本身，尚有些问题需要进一步考察，本文即对相关问题加以探究，希望对该墓志的研究有所补苴。

一、《刘贤墓志》释文

该碑阳面碑额刻"刘戍主之墓志"六字。碑身四面环刻，碑阴、碑阳各六行，左侧、右侧各三行，隶书，共计194字。清晰、准确的释文是对墓志展开进一步研究的前提和基础，本文通过审读拓片，并与诸家已有释文相参照，现将《刘贤墓志》释读如下：

刘戍主之墓志

　　君讳贤，字洛侯，朔方人也。其/先出自轩辕黄帝，下及刘累/，蓼龙孔甲，受爵于刘，因土命/氏。随会归晋，留子处秦，还复/刘氏，以守先祀。魏太武皇帝/开定中原，并有秦陇，移秦大/姓，散入燕齐。君先至营土，因/遂家焉。但营州边塞，地接六/蕃（藩）。君枭雄果毅，忠勇兼施，冀/阳白公，辟为中正，后为临泉/戍主，东面都督。天不吊善，歼/此名喆（哲），春秋六十有四，奄至/薧俎（徂）。州间悲痛，镌石文铭。其/辞曰：芒芒　（茫茫）天汉，胶胶　（皎皎）恒（姮）娥，呜/呼哀哉，渠可奈何！呜呼哀哉！

　　君息僧沼，州西曹；息多兴/，进士、都督；息贰兴，息康仁/。孙高和，孙德素，孙法爱。

该碑碑文主要包括以下几个部分：碑题、志文、铭文以及题名。碑题点明了墓主生前身份——戍主，以及该碑的性质——墓志。志文涉及墓主的姓字、祖先源流、祖先的迁徙情况、定居地、墓主生前所历职官、年寿等。铭文采用四字韵文的形式，并无实际内容，主要表达对于死者的悲悼。题名皆为男性，从称谓来看，当为死者子息。

《刘贤墓志》出土以后，收录和研究该墓志的著作及论文便对释文加以著录，因文字识别差异，各家的释文也容有不同。如《辽宁碑志》及《辽宁省志·文物志》皆将"戍主"误为"戎主"，"刘戍主"和"临泉戍主"被误释为"刘戎主""临泉戎主"。"戎""戍"二字字形相近，在石刻中容易混淆，但检核拓片，我们发现，该字字形更近于"戍"，而非"戎"。此外，北朝至隋唐时期的传世文献中，并无"戎主"一职，关于"戍主"的记载却时有所见。如《魏书》卷7《孝文帝纪》载太和二十一年冬，"萧鸾将王昙纷等万余人寇南青州黄郭戍，戍主崔僧渊击破之，悉虏其众"[1]。同书卷8《宣武帝纪》载永平元年冬十月"前宿豫戍主成安乐子景俊杀宿豫戍主严仲贤，以城南叛"[2]。《北齐书》卷25《徐远传》载徐远曾祖徐定，"为云中军将、平朔戍主，因家于朔"[3]。《周书》卷22《杨宽传》载其"弱冠，除奉朝请。属钧出镇恒州，请从展效，乃改授将军、高阙戍主"[4]。关于戍主的设置，《隋书》卷27《百官志中》称："三等戍，置戍主、副，掾，队主、副等员。"[5]可见隋代三等戍设戍主管理，并配备副职和掾，以为辅助，戍主的下一级则为队主。北朝的情况当与此相类。这一职名也延续至唐，《新唐书》卷55《食货志》载光宅元年诏："中、下镇副各二人，镇仓曹、关令丞、戍主副各一人，皆取于防人卫士，十五日而代。"[6]戍主之下仍有副职，而且无论戍主还是其副手，都从戍边的卫士中选取。综上可见，"戎主"当为"戍主"，"戎主之说不可取"[7]。墓志中有"恒娥"一词，有学者径直将其释为"姮娥"[8]，审核拓片，当为"恒娥"。诚然，"恒""姮"通假，然而碑文既作"恒"，我们也应予以遵守，未便遽然将其释为"姮"。"麑妞"，从字形来看，当为"麑妞"，当然，"妞""姐"二者亦为通假[9]。

二、刘贤一家的祖源

祖源是探讨中古墓志的一个重要面向，关于刘氏家族的祖源，墓志中有如下记载："其先出自轩辕黄帝，下及刘累，豢龙孔甲，受爵于刘，因土命氏。"志文将刘氏家

1　（北齐）魏收：《魏书》，中华书局，2018年，第216页。

2　（北齐）魏收：《魏书》，中华书局，2018年，第247页。

3　（唐）李百药：《北齐书》，中华书局，1972年，第363页。

4　（唐）令狐德棻：《周书》，中华书局，1971年，第365页。

5　（唐）魏徵：《隋书》，中华书局，2019年，第849页。

6　（宋）欧阳修：《新唐书》，中华书局，1975年，第1396页。

7　王力春：《辽宁今存早期四碑志释读》，《文化学刊》2011年第5期，第140页。

8　王力春：《辽宁今存早期四碑志释读》，《文化学刊》2011年第5期，第140页。

9　王力春：《辽宁今存早期四碑志释读》，《文化学刊》2011年第5期，第140页。

族的祖源追溯至轩辕黄帝，在史籍中，黄帝乃五帝之首，是远古时代华夏族的共主，也是华夏族的人文初祖。将祖源上溯至传说中的三皇五帝，在中古时期的墓志中并不罕见，如北魏《北海王元详墓志》称其"启源轩皇，婵联万祀"[10]。《王真保墓志》："实轩辕之裔，后稷之胄。"[11]北齐《魏翙军墓志》："盖轩辕皇帝之苗裔，魏文侯之世胄。"[12]北周《安伽墓志》："帝系传绪，轩辕启基。"[13]墓志中的这类追溯不仅意味着志主的家族源远流长，而且暗示其属于华夏正枝，承继的乃是中原正统。《刘贤墓志》也是如此，"其先出自轩辕黄帝"一句，意在彰显刘氏子孙为黄帝后裔，与华夏有着密不可分的联系。为了加深这一印象，下文又提到刘累，刘累的事迹最早可见于《左传》和《竹书纪年》，根据相关文献记载，刘累乃尧的裔孙，生活在夏代，早年曾经向豢龙氏董父学习豢龙及御龙之术，因豢龙、御龙有功，被孔甲封为御龙氏，后隐居于鲁山。因其人出生时手上便有"刘累"二字，其子孙后代即以刘为姓，这也成为有史记载的刘氏得姓的最早起源。而墓志中对于刘累得姓原因的记载，则是"受爵于刘，因土命氏"，即先是获赐封土，封土在刘，后来因以为氏，这与传世文献的记载存在差异。不论其得姓缘由究竟为何，墓志中有这样一个逻辑关系不容忽略：刘累是唐尧后裔，唐尧又是黄帝玄孙，由此，刘累便与黄帝建立起直系血亲关系，如此推衍，刘累的后代，当然也是黄帝之后。

介绍了刘氏的始祖和得姓缘由之后，墓志接下来称"随会归晋，留子处秦，还复刘氏，以守先祀"，随会即士会，祁姓，士氏，春秋时人，因为封地于随、范，亦以邑为氏，别称随会、范会。士会为范姓得姓之祖，那么，他又是怎样与刘姓产生关联的呢？士会原为晋国太傅，刘累之后，因政治原因流亡秦国，后主持晋国政事的正卿赵盾施计，将士会迎回晋国，但其部分子孙仍留在秦，并且恢复刘姓，为祖先守冢祭祀。对此，《左传》文公九年杜预注记载颇为详细："士会尧后，刘累之胤，别族复刘累之姓。"对于属于士会胤祀之后的刘氏遗绪，墓志并未继续追溯，不过，根据相关史籍的记载，我们可以推断，以刘累和士会为先祖，也暗含刘贤是汉高祖刘邦之后的深意。《史记·高祖本纪》司马贞《索隐》："高祖，刘累之后，别食邑于范，士会之裔，留秦不返，更为刘氏。"[14]由此，墓志便在轩辕黄帝、刘累、士会、士会之后、汉高祖刘邦之间建立起一个前后相承的链条。这无疑向我们昭示，墓主刘贤乃黄帝之胤，得姓于士会之后，又与汉帝国的肇造者刘邦一脉相承，祖上既高且贵，出身极为不凡。

那么，事实是否如此呢？关于刘贤家族的姓氏和族属，已有学者进行过探讨。有学者认为刘贤确乎刘邦之后，当为汉族大姓[15]；也有学者指出，刘贤先世应为胡族，墓志中追尊轩辕黄帝、刘累、士会等人为先祖，属于伪托和附会。其原因如下：其一，就名、字而言，刘贤是汉姓汉名，但"洛侯"则为鲜卑语的汉字记音，由刘贤字洛侯，可

10　罗新、叶炜：《新出魏晋南北朝墓志疏证》，中华书局，2005年，第176页。

11　罗新、叶炜：《新出魏晋南北朝墓志疏证》，中华书局，2005年，第91页。

12　赵超：《汉魏南北朝墓志汇编》，天津古籍出版社，2008年，第339页。

13　尹申平、邢福来、李明：《西安发现的北周安伽墓》，《文物》2001年第1期。

14　（汉）司马迁：《史记》，中华书局，1982年，第341页。

15　王金炉：《刘贤族属之管见》，《辽海文物学刊》1995年第1期。

推测他为鲜卑人，或出身具有鲜卑血统的别支部族。其二，墓志称刘贤乃朔方人，朔方是汉武帝所设十三刺史部之一，匈奴铁弗部长期在此活动，十六国时期，赫连勃勃更在朔方一带建立大夏国。进入北朝，鲜卑或其他北地胡族，原本无所谓籍贯，《魏书》等史籍所书"代人也""朔方人也"，既指区域，也指族属。刘贤墓志称其为朔方人，"既指原来刘虎、刘卫辰、赫连勃勃割据的区域，又兼指他们这个族系及支庶"[16]。笔者同意后一种观点，即刘贤一族出自铁弗刘氏，祖述黄帝后裔、冒姓汉人刘氏当属伪托。然而细味墓志，我们发现，这种伪托颇具匠心，并不突兀，原因在于墓志中对刘氏后裔所居之地进行了极为巧妙的腾挪与嫁接。"随会归晋，留子处秦"，是史籍中记载的汉人刘氏这一支得姓的主要渊源，刘贤这一支在塑造自己的家系时，敏锐地抓住了这一点，前文已经言及，铁弗匈奴曾长期在朔方一带活动，这一带就包括秦陇地区，墓志下文有云，"魏太武皇帝开定中原，并有秦陇，移秦大姓，散入燕齐"，这是关于刘贤家族离开秦陇、迁入燕齐的记录，这段记载也表明，刘贤一家曾居秦陇地区，而这，正与士会别支在此得姓暗合。经过这样一番操作，原属铁弗匈奴的刘氏，便成了源远流长、贵胄辈出的汉人刘氏，只是此刘非彼刘也。关于铁弗刘氏得姓的真正原因，据《晋书·刘元海载记》："初，汉高祖以宗女为公主，以妻冒顿，约为兄弟，故其子孙遂冒姓刘氏。"[17]也就是说，匈奴铁弗部人自称姓刘，属于"冒姓"，与汉人刘氏并非同一族裔，当然他们也并非汉人。

出自铁弗匈奴的刘贤一族为何以黄帝为始祖，并且费尽周折地冒姓汉人刘氏，"一方面是自有久远的历史根源，另一方面也正是北朝重门阀，谱牒姓氏之学随之兴盛的一种社会反映"[18]。除此以外，原为胡族的刘氏家族有意攀附黄帝为始祖，暗示自己为华夏正统，也与北朝、隋唐时期胡族渐渐融入华夏，进而成为华夏的一部分相一致，事实上，这也是当时民族融合的一个侧面。

三、刘贤家族的迁徙情况

与其他同类墓志一样，刘贤墓志在追溯刘氏家族的祖源时，真伪混杂，虚实相间，这也使其迁徙情况同样处于晦暗不明的状态。如前所述，墓志称志主"朔方人也"，这种表述并非无据，刘氏确实曾居于朔方，但刘氏一族却并非如墓志所说的那样，自先秦便开始世代在朔方生息繁衍，而是至十六国时期，才因缘际会，来到此处。据《魏书》卷95《铁弗刘虎传》：

> 虎一名乌路孤。始臣附于国，自以众落稍多，举兵外叛。平文与晋并州刺史刘琨共讨之，虎走据朔方，归附刘聪，聪以虎宗室，拜安北将军、监诸鲜卑诸军事、丁零中郎将，复渡河侵西部，平文逆击，大破之，虎退走出塞[19]。

16　曹汛：《北魏刘贤墓志》，《考古》1984年第7期，第616、617页。

17　（唐）房玄龄：《晋书》，中华书局，1974年，第2645页。

18　曹汛：《北魏刘贤墓志》，《考古》1984年第7期，第617页。

19　（北齐）魏收：《魏书》，中华书局，2018年，第2224页。

根据上述记载，铁弗刘氏与朔方的渊源可追溯至刘虎时期，刘虎曾率领部众归附拓跋鲜卑，不久又举兵外叛，受到部落联盟大酋长拓跋郁律与西晋并州刺史刘琨的联合征讨，为躲避兵峰，刘虎逃至朔方，投奔前赵皇帝刘聪，接受前赵委任，与鲜卑为敌。为了谋求生存，铁弗匈奴依附于北方各个强大的政权之间，据同卷《刘虎附刘卫辰传》载，至刘虎之孙刘卫辰时，铁弗刘氏再次归附拓跋鲜卑，但同时又"潜通苻坚"，试图在两个政治势力的夹缝之间寻求平衡，这种平衡岌岌可危，随时都可能倾覆，后刘卫辰为苻坚"遣其建节将军邓羌讨擒之"，据《魏书》卷95《刘虎附刘卫辰传》所载：

> 坚自至朔方，以卫辰为夏阳公，统其部落。卫辰以坚还复其国，复附于坚，虽于国贡使不绝，而诚敬有乖。帝讨卫辰，大破之，收其部落十六七焉。卫辰奔苻坚，坚送还朔方，遣兵戍之。昭成末，卫辰导苻坚来寇南境，王师败绩。坚遂分国民为二部，自河以西属之卫辰，自河以东属之刘库仁。语在《燕凤传》。坚后以卫辰为西单于，督摄河西杂类，屯代来城[20]。

苻坚俘虏刘卫辰后，采取怀柔政策，亲至朔方，封卫辰为阳夏公，加以安抚。铁弗刘氏倒向前秦，引起拓跋鲜卑的不满，于是派兵征讨，溃败的铁弗匈奴投奔苻坚，苻坚将其送回朔方，并以兵马卫护。由此可见，铁弗刘氏的进退，基本不离朔方之地，至少在十六国时期，这里已经成为他们最重要的根据地。前秦灭代之后，为了加强对于鲜卑余众的控制，以黄河为界，分为东西两部，黄河以西由刘卫辰据守，仍以朔方为核心和根基之地。

至刘卫辰之子赫连勃勃时，为了逃避复国之后的拓跋鲜卑的追击，逃往后秦，后秦国主姚兴以其为"持节、安北将军、五原公，配以三交五部鲜卑二万余落，镇朔方"[21]，几经辗转，又回到朔方。勃勃所建立的大夏国，仍以朔方为重点经营地区[22]。

那么，刘贤一族又是何时离开朔方的呢？对此，墓志提供了非常重要的线索，据《刘贤墓志》记载："魏太武皇帝开定中原，并有秦陇，移秦大姓，散入燕齐。君先至营土，因遂家焉。"北魏太武帝拓跋焘在统一黄河流域的过程中，攻下秦陇，将秦陇大姓迁入燕齐等地，刘贤一族也在被强制迁徙之列。有些学者将"君先至营土"中的"君"与"先"分开，认为"君"指的是刘贤，"先"为副词，是就时间而言。事实并非如此，"君先"应为一个词，指刘贤的祖先，这样一来，就不是刘贤本人，而是刘贤的先祖从秦陇迁至营州。

拓跋焘在结束十六国的分裂割据局面时，曾多次移徙被征服地区的民众，十六国晚期，其兵峰指向据守秦陇的大夏政权，在克定秦陇的过程中，对原来居住于此的大夏皇室、高官显贵，以及部分普通民众进行了迁徙。《魏书》卷4《太武帝纪》载，始光三年冬十月，太武帝御驾亲征，率轻骑二万袭击赫连昌，"至其城下，徙万余家而还"。

20　（北齐）魏收：《魏书》，中华书局，2018年，第2225页。

21　（北齐）魏收：《魏书》卷95《刘虎附刘屈孑传》，中华书局，2018年，第2227页。

22　胡玉春：《铁弗匈奴迁居朔方考》，《西夏研究》2014年第3期，第87页。

次年五月，车驾再次西讨赫连昌，"虏昌群弟及其诸母、姊妹、妻妾、宫人万数，府库珍宝车骑器物不可胜计，擒昌尚书王买、薛超等及司马德宗将毛修之、秦雍人士数千人。……以昌宫人及生口、金银、布帛班赏将士各有差"[23]。这是正史关于北魏攻打大夏之际，前后两次大规模移民的记载。刘贤一族属于铁弗刘氏的宗族，应该也在被徙之列。

大夏灭亡之后，国内的"大姓"，也就是那些有影响力的家族，随着强制性的移民政策，"散入燕齐"，主要是现在的河北、山东一带。除此以外，北魏的都城平城，也是这些人落脚的一个主要地域。而刘贤一族，其祖上迁徙路径，应该是由朔方至燕齐，再由燕齐至营州，逐渐定居下来，并生息繁衍。

四、志主一家的信仰情况

关于志主一家的信仰情况，此前的学者皆未言及。北朝、隋唐时期，佛教和道教都很盛行，倘若家中长辈皈依佛教，抑或崇奉道教，其他家庭成员也会受到影响，信仰通常会在代际之间进行传递，这与长辈在日常生活中的言传身教是分不开的。在这种情况之下，长辈在为子侄辈取名时，其命名用字，往往与自己所秉持的信仰存在千丝万缕的联系。《刘贤墓志》仅记录了家内男性子息的情况，分别是其子僧沼、多兴、贰兴，孙高和、德素、法爱。刘贤的下一代，有一子名僧沼，他的孙辈，有一人名法爱，而"佛""法""僧"三字，是北朝、隋唐时期，奉佛的家庭在为子女命名时，经常使用的标志性符号。众所周知，佛、法、僧乃佛教中所谓的"三宝"，其中佛宝指圆成一切佛道的佛陀，法宝为佛陀的教法，僧宝乃信受佛教、弘传佛法、度化俗众的僧侣。刘贤以下，连续两代子孙名字中出现"僧""法"二字，无疑向我们昭示这个家族对佛教的热衷。换句话说，刘贤及其子孙，可能都是佛教信徒。当然，刘贤的孙辈，在命名用字上，已经呈现出儒、释交融的倾向，"高和"与"德素"，取名时明显是受儒家文化中注重"和"与"德"的影响，考虑到子辈往往由父辈来命名，这就说明，刘贤之子已经开始接受儒家文化熏陶，因此在为自己的儿子命名时，才会有这样的选择。不过，在刘氏家族第三代中，"法爱"这一名字的存在，暗示这个家族虽然渐受儒风熏沐，但仍然未改崇奉佛法的底色。

刘氏家族倾心佛法，当与佛教在辽西的广泛传播关系密切。据《晋书》卷109《慕容皝载记》，因有黑、白二龙戏于龙山，慕容皝遂下诏敕其境内，并"立龙翔佛寺于山上"[24]，这一年大致相当于东晋永和元年（345），慕容氏能在天现祥瑞之后于龙山立寺，说明其早已归信佛法，而龙翔寺的建立，应对佛教在当地的推展起到至关重要的作用。除此以外的标志性的事件是，黄龙僧人昙无竭，奉北燕国主冯跋之命，于太平十四年（422）左右，率领由25人组成的队伍西行取经。由于统治者的大力支持，佛教在三燕地区发展迅速，都城内外广造寺塔，僧侣众多，佛法炽盛。由鲜卑酋豪拓跋珪建立的

23　（北齐）魏收：《魏书》卷95《刘虎附刘屈孑传》，中华书局，2018年，第85页。
24　（唐）房玄龄：《晋书》，中华书局，1974年，第2826页。

北魏统一北方之后，在统治者"以教辅政"的既定政策下，佛教得到了进一步的发展，北魏虽有太武灭佛事件，但废毁佛法的时间极为短暂，其继任者很快便复兴佛法。在统治者的倡行之下，佛教发展极为迅猛，几乎每家都有奉佛之人，在这样的社会背景之下，出身于铁弗匈奴的刘氏家族，也难免不被同化，刘贤子孙命名时，选取与佛教相关的字词，就是其家族信仰的外在反映。

附记：本文系国家社科基金冷门绝学研究专项学术团队项目（项目编号：20VJXT020）阶段性成果。

（邵正坤　吉林大学古籍研究所）

浅谈唐代的遥领制度

李玉璞

内容提要：自高祖朝始，唐代遥领地方军政长官的情况始终存在。高祖时王室成员实际出镇地方与遥领相结合，表面上形成了李氏宗亲掌控全国的局面。到太宗、高宗朝之际，君主已经注意到君权和王权的冲突，并着手限制王权的继续扩大，但这种限制在遥领人数的体现上并不剧烈。玄宗时，遥领制度正式形成，宗室遥领人数骤增，同时也标志着宗室地位下降到新的阶段，然遥领制度并没有起到加强君主集权的作用，反而使君主权力相对削弱。安史之乱前夕，实际遥在京城的都护、都督们限制于种种因素，无法通过有效的措施来干预或阻止地方节度使势力的膨胀，从而助推了安史之乱的爆发和藩镇割据的形成。

关键词：唐代　宗室诸王　遥领制度

有关遥领的文献记载最早见于汉高祖时期，时象郡、桂林、南海皆不属汉管辖，尉佗实控其地，并未归降，汉高祖封吴芮为长沙王，实行形式上的控制[1]。史念海认为这种"不入版图之地，而别于国内他处设刺史郡守以辖之"的管理制度，即为遥领[2]。周振鹤则更清楚地指出遥领是以不属于本国的州郡设置郡守，为一种虚幻的制度[3]。又胡世明在其硕士论文《汉末三国遥领及吴蜀参分天下诸问题研究》更具体地将遥领划分为内封和外封两种形式，并指出内封在汉末三国之后一直存在。内封是在割据混乱大背景下上层的无奈选择，统一后则消失[4]。进入唐代，在大一统和中央集权的政治背景下，外封不复存在，同时遥领的人员和实质发生了变化：其一人员形成以皇室宗室为主，间杂功臣、外戚及宦官；其二实质内容上与政治形势和皇权强弱紧密相连，在皇权强大的时候，遥领就几近不存，反之则会出现大量的宗室遥领。目前学界对唐代宗室的研究成果斐然，但对于同期宗室遥领问题并无关注。本文试就唐代宗室诸王的遥领情况、遥领成因以及所造成的影响加以分析。

一、高　祖　时　期

高祖时期遥领的情况是极少的，《旧唐书》载："初，高祖受禅，以天下未定，

1　《汉书·高帝纪》注引"文颖曰"，中华书局，1962年。

2　顾颉刚、史念海：《中国疆域沿革史》，商务印书馆，1938年，第137页。

3　周振鹤：《中国地方行政制度史》，上海人民出版社，2005年，第260页。

4　胡阿祥：《魏晋南北朝之遥领与虚封述论》，《南京师大学报（社会科学版）》2011年第5期。

广封宗室以威天下，皇从弟及侄年始孩童者数十人，皆封为郡王。"[5]由于当时环境形势，唐初实际控制的领土有限，且周边强敌环绕，从高祖开始就有意识地通过宗室之间的血缘关系来强化自己的统治。雷艳红在《唐代君权与皇族地位研究》中有提到，"高祖任用官吏有三类，其中一类便是镇守地方的宗室诸王，而且高祖年间宗室诸王是普遍任官，不论贤愚"[6]。高祖通过任用宗室子弟来为自己开疆拓土，治军治民，以巩固自己的统治基础。因此该时期遥领的宗室诸王很少，仅有高祖六子李元景，据《荆王元景传》："荆王元景，高祖第六子也。武德三年，封为赵王。八年，授安州都督。"[7]至于元景遥领之缘由，笔者认为是因其年幼之故。高祖二十二子中，以五子智云为界，智云后诸子都出生较晚，而荆王元景为武德元年（618）出生，至武德八年时（625）仅七岁。而武德八年时，安州已为督九州之地之大都督府[8]。九州之繁杂事务不应是一个七岁孩童所能处理的，且武德七年时唐才平定辅公拓于江淮流域发动的叛乱[9]，安州靠近江淮流域，易于受到动乱波及，因此于此地安插一位直系宗室有助于稳定人心和安定局势，也是为了向天下宣示李唐帝国的威严。

二、太宗时期

太宗时期遥领见载者有四人，分别为太宗三子李恪、四子李泰、五子李祐与九子李治。该时期遥领的原因（或特点）大致有以下几点：一是由于年龄幼小。据《旧唐书》记载："吴王恪，太宗第三子也。武德三年，封蜀王，授益州大都督，以年幼不之官。"[10]这里就明确说明李恪不就封的原因是年幼。二是君主的个人偏爱，例如太宗对李治，有《旧唐书》载："初，贞观中高宗为晋王，以文德皇后最少子，后崩后累年，太宗怜之，不令出阁，至立为太子。"[11]三则是立储所需。太宗通过玄武门之变这一非常手段登上皇位，违背了儒家传统所提倡的忠孝仁义，在传统政治伦理观看来这是不被接受的，为了避免自己的儿子走上兄弟相争的结果，也为了稳固自己的统治，自然要采取一系列的措施。首先是将没有机会夺嫡的儿子驱逐出权力中心，让其出镇地方，避免他们影响或干预太子的地位，其次让有机会争夺储位的亲王留在帝都，让其遥领，任其施为[12]。《旧唐书》有载："贞观十一年，定制李元景等为代袭刺史……其所任刺史咸令子孙代代承袭。"[13]

5 《旧唐书》卷60《宗室·淮安王李神通传》，中华书局，1975年，第4626页。

6 雷艳红：《唐代君权与皇族地位研究——以储位之争为中心》，厦门大学博士学位论文，2002年，第16、17页。

7 《旧唐书》卷64《荆王元景传》，中华书局，1975年，第4794页。

8 《旧唐书》卷20《地理志》，中华书局，1975年，第3036页。

9 《旧唐书》卷55《辅公拓传》，中华书局，1975年，第4476～4479页。

10 《旧唐书》卷76《吴王李恪传》，中华书局，1975年，第5252页。

11 《旧唐书》卷107《玄宗诸子传》，中华书局，1975年，第6549、6550页。

12 雷艳红：《唐代君权与皇族地位研究——以储位之争为中心》，厦门大学博士学位论文，2002年，第46～51页。

13 《旧唐书》卷68《高祖二十二子·荆王李元景传》，中华书局，1975年，第2424页。

《唐大诏令》卷34诸王册文中亦有相关记载[14]。这些不仅体现了太宗朝对宗室诸王的重用，展现了该时期王权的强盛，也包含了太宗对心中储君人选的保护。尤其是四子濮王李泰，李泰请求编修《括地志》得到了太宗的大力支持，其"于是大开馆舍，广延时俊，人物辐凑，门庭若市。泰月给逾于太子"[15]。太宗甚至还要求李泰移入宫内的武德殿居住，这无疑又将李泰的地位提升了一个层次，若非魏徵上书劝阻，移宫居住一旦落实，那争储的斗争必会更加惨烈[16]。

直到贞观十七年（643）太子李承乾因图谋造反被废黜之后，太宗开始觉察到宗室诸王为夺取最高统治权相争的严重后果，李治得为皇太子，远徙了四子李泰，并且对侍臣说："自今太子无道，藩王窥嗣者，两弃之，传之子孙，以为永制。"[17]加上太宗同年镇压了第五子齐王李祐发动的叛乱，处死了和太子李承乾密谋发动政变的汉王李元昌。这一系列的事件也让太宗和后继之君对宗室诸王多了一份猜忌与防备。

对于非高祖一脉的诸王，太宗虽不令其遥领，但却对他们的社会地位加以削减。武德九年（626）十一月，李世民刚刚即皇帝位就颁布诏令："降宗室郡王皆为县公，惟有功者数人不降。"[18]五十多位诸侯王因此降爵。太宗通过削弱宗室诸王对唐代的政治影响和社会地位，强调了高祖一脉的绝对权威。

总的说来，太宗时期还是大体沿用着高祖时期广制封建的策略，继续宗室诸王出镇地方的基调，遥领也多受君主个人情感和年龄等现实因素所左右，因而规模有限。但也正是得益于该时期遥领较少，宗室诸王大多能出任地方掌握实权，使武后建周的进程受到拖延。

三、高宗至睿宗时期

高宗时期遥领见载者仅有"泽王上金，高宗第三子也。永徽元年，封巳王。三年，遥授益州大都督"[19]。"睿宗玄真大圣大兴孝皇帝，讳旦，高宗第八子，中宗母弟。龙朔二年六月己未，生于长安。其年封殷王，遥领冀州大都督、单于大都护、右金吾卫大将军。"[20]遥领人数偏少的原因是因为高宗继位后，在对待诸王问题上所持的立场太宗无本质差别，都是给予实职，放至州郡锻炼[21]。因高宗性格柔软，诸王即使有过也不会严于责罚。据《唐会要》记载：

> "江王元祥，贪鄙多聚金宝……滕王元婴，为金州刺史，颇骄纵，动作

14　《唐大诏令集》卷34《册荆州都督荆王元景文》，学林出版社，1992年，第127页。

15　《旧唐书》卷76《濮王李泰传》，中华书局，1975年，第5263页。

16　《旧唐书》卷76《濮王李泰传》，中华书局，1975年，第5264页。

17　《旧唐书》卷76《濮王李泰传》，中华书局，1975年，第5266页。

18　《旧唐书》卷60《淮安王神通传》，中华书局，1975年，第4626、4627页。

19　《旧唐书》卷86《高宗中宗诸子传》，中华书局，1975年，第5606页。

20　《旧唐书》卷7《中宗睿宗本纪》，中华书局，1975年，第273页。

21　张红：《唐代皇子政治活动研究》，西南大学硕士学位论文，2013年，第23～27页。

无度。高宗与书诚之曰：'王地在宗枝，寄深盘石，幼闻诗礼，夙奉义训。实冀孜孜无怠，渐以成德，岂谓不遵轨辙，踰越典章，且城池作固，以备不虞关锁闭开须有常准。'"[22]

元祥、元婴在当地肆意无度，高宗知晓后也仅是下诏训斥而已，最严重的惩罚也仅为削户一半，只要不是谋反及违背人伦之大罪，都只是象征性地做出惩罚。高宗时期诸王遥领的原因与太宗时相比大体相似，主要还是君主的情感和年龄因素起主导作用，例如李旦，有《旧唐书》载："高宗朝，睿宗为豫王，虽成长，亦以则天最小子，不令出阁。及至圣历初封为相王，始出阁。"[23]

诸王地位和遥领在武后专政时期就受到了重大打击。武则天时期，对李唐宗室诸王的政策发生了很大的变化。她作为一名女子把持着最高权力，在男尊女卑的年代，其心中的惴惴不安可想而知，心中却又不肯放弃已经到手的权力，只能通过自己对敌对势力的大力打击来维持自己的权威[24]。在武后代唐自立的道路上，对自己威胁最大，也最容易引起社会共鸣的无疑便是李唐的宗室诸王。对此，武则天采取了许多严酷的手段来对李唐宗室诸王进行打击和控制。得益于高祖、太宗时期的宗室分驻地方的基础，在武后有意强化统治，更改国号时带来了极大的阻力。垂拱四年（688）爆发了多位拥有地方实权的宗室王参与反对武则天的战争。此次战争涉及的皇子从辈分上来看从高祖至高宗皆有，包括高祖十一子绛州刺史韩王李元嘉及子黄国公譔、高祖十四子青州刺史霍王李元轨及子江都王绪、高祖十九子荆州刺史鲁王李灵夔及子范阳王蔼、太宗八子豫州刺史越王李贞及其子琅琊王冲，虢王凤子东莞公融等。但是由于双方力量的悬殊，宗室们的谋反活动最终也以失败告终，皇子们也皆身首异处。垂拱四年后唐宗室诸王的处境更加艰难，首先武后设置了许多的告密机构和酷吏，一旦有人状告李唐皇室成员谋反，即使证据不足，也会抱着宁杀错不放过的心态处理宗室被告。其次对自己的儿子进行严密的控制。弘道元年（683）高宗崩，遗诏皇太子灵柩前继帝位。皇太后临朝称制，改元嗣圣。元年二月，皇太后废帝为庐陵王，幽于别所。"其年五月，迁于均州，寻徙居房陵。"[25]而睿总虽居帝位，绝人朝谒，诸武赞成革命之计，深嫉宗枝，（李）守礼以父得罪，与睿宗诸子同处于宫中，凡几十年不得出庭院[26]。

这里很清楚地看到，虽为其亲子，实则防子甚于防川，不断地将其迁移出权力中心。但是此迁移并非之前高祖、太宗时期宗室在地方长官任上的迁转，后者的实质为幽禁，以免中宗李显和当地忠于李唐皇室的官僚相互串通，威胁其母的统治。另一子李旦虽贵为皇帝，但是无人敢前来谒见，实际上也是处于被母幽闭的状态。在武则天的视角来讲，嫡子更要处于自己的控制之下，以免被他人利用，树起反抗自己的大旗。至于在高祖、太宗时奠定的宗室诸王出镇地方的基础，已经在武则天血洗宗室诸王的行动中被

22　《唐会要》卷5《杂录》，上海古籍出版社，2006年，第56页。

23　《旧唐书》卷107《玄宗诸子传》，中华书局，1975年，第6549、6550页。

24　孙正军：《二王三恪所见周唐革命》，《中国史研究》2012年第4期。

25　《旧唐书》卷7《中宗睿宗本纪》，中华书局，1975年，第239页。

26　《旧唐书》卷90《高宗诸子·章怀太子李贤附李守礼传》，中华书局，1975年，第5624页。

破坏。为防范诸王卷土重来，武后一边以莫须有的罪名逼杀李唐宗室，另一边将武姓之人大肆封王，并出任中央和地方的要职，李唐王室在这段黑暗时期能够幸存下来已经是万幸[27]。武后在位期间，没有哪个皇子能够出镇成为地方的长官，甚至连遥领的都没有。一直到了中宗复位，睿宗继位之后，李唐宗室诸王的地位相比武后时期才有所提升，宗室诸王也相继出镇地方。诸王遥领在中睿时期也只有中宗三子李重俊、四子李重茂两位，关于重茂有《唐会要》载：唐中宗时，"卫王重俊为太子，又与成王千里等起兵将诛韦后，故温王重茂虽年十六七，竟亦居宫中。"[28]这里居宫中的另一层含义则是还未出阁，则其所任职皆为遥领。遥领人数的减少除了与当时宗室人数少之外，和中宗睿宗的宗室再造运动也有很大关系。宗室再造运动旨在恢复李姓王室的权力，加强王室对中央和地方的掌控。出于这种目的，该时期遥领人数少也不难理解了。

四、玄 宗 时 期

玄宗时期是遥领制度形成的大跨步时期，也是唐代王室诸王由主动参与对皇权的争夺，转为受到皇权日益监督的转折点。玄宗时有十一位皇子遥领了节度使、刺史、都督等职位，分别如下（表一）：

表一　玄宗时期的遥领情况

姓名	身份	仕宦遥领	资料来源
李琮	玄宗长子	遥领梁州都督、安西大都护安抚河东关内大使（开元四年），凉州都督（十五年），河东诸军政大使（天宝元年）	《新书》卷82《旧书》卷107
李亨	玄宗三子	遥领安西大都护、抚河东、关内、陇右诸蕃大使（开元四年），遥领朔方大使、单于大都护（十五年），实任河北道元帅（十八年）	《新书》卷82《旧书》卷107
李琰	玄宗四子	遥领安北大都护、安抚河东、关内、陇右诸蕃大使（开元四年），遥领太原牧（开元十五年），遥领武威郡都督、河西陇右经略节度大使（天宝元年）	《新书》卷82《旧书》卷107《资治通鉴·唐纪》第211
李瑶	玄宗五子	遥领幽州都督、河北节度使（开元十二年）	《新书》卷82《旧书》卷107
李琬	玄宗六子	授京兆牧、遥领陇右节度大使（开元十五年），遥领单于大都护（天宝元年），征讨元帅（十四年）	《新书》卷82《旧书》卷107
李琚	玄宗八子	遥领广州都督、五府经略大使（开元十五年），东宫尚书省上（开元二十三年）	《新书》卷82《旧书》卷107
李璲	玄宗十二子	遥领河南牧（开元十五年）	《新书》卷82《旧书》卷107

27　唐华全：《试论唐中宗时期的诸武势力》，《中国史研究》1996年第3期，第1页。

28　《唐会要》卷5《诸王》，上海古籍出版社，2006年，第59页。

姓名	身份	仕宦遥领	资料来源
李璬	玄宗十三子	遥领安东都护（开元十五年）、平卢军节度使，玄宗幸蜀后实任蜀郡大都督、剑南节度使（天宝十四年）	《新书》卷82 《旧书》卷107
李璘	玄宗十六子	遥领荆州大都督（开元十五年），实任山南东路四道节度使、江陵郡大都督（天宝十五年）	《新书》卷82 《旧书》卷107
李珺	玄宗十八子	遥领益州大都督、剑南节度大使（开元十五年）	《新书》卷82 《旧书》卷107
李玢	玄宗二十子	遥领安西大都护、碛西节度大使（开元十五年）	《新书》卷82 《旧书》卷107
李琦	玄宗二十一子	遥领扬州大都督（开元十五年），遥领广陵大都督、江南淮南河南等路节度使（天宝十五年）	《新书》卷82 《旧书》卷107

通过梳理我们发现，玄宗时期的遥领除了人数较于前代有大幅增加外，遥领人员也和前代有不同特点。其一，太宗高宗时期遥领几乎都出于对嫡出或年幼诸子的偏爱和照顾，可不依诸王成年即出阁的规定任其遥领[29]。而玄宗时期的诸子遥领则不论嫡庶和年龄，哪怕是其到了出阁的年纪，也不会给与实职，若无特殊情况，皇子将遥领终生，例如李嗣直及永王李璘[30]。其二，玄宗时期，遥领官职出现重复的现象。例如开元四年，李琮及李亨皆遥领安西大都护。学界之前对玄宗时期的宗室政策有过诸多讨论，陈丽萍认为玄宗是出于对宗室群体政治打压的需要[31]。而雷艳红更细致地认为应从玄宗及其之前诸帝的上位史和皇室政变频发的大局来着眼，她认为纵览玄宗之前的历代诸帝：太宗是通过玄武门之变与太子李建成、齐王李元吉相争而夺得皇位；高宗的皇位也是在其兄长李承乾和李泰相争之下，太宗两弃之的情况下才轮到的他；中宗复位之神龙政变，景龙元年七月的中宗太子李重俊起事，然后是发生于景云元年（710）六月，临淄王李隆基发动的政变，最后是开元元年（713）七月，玄宗除掉了太平公主的势力，将太平公主赐死于其府邸。神龙元年（705）到先天二年（713）九年的时间里，唐王朝就发生了四次大规模政变，且皆是在皇室上层中爆发，故笔者认为雷的观点更符合实际。因玄宗亲身经历了这些血雨腥风的时光，深知宫廷政变暴力与杀戮所带来的危害，于是才下决心调整对宗室诸王的政策。遥领制度的巅峰就这样随着历史的前车之鉴，慢慢地走上了其所处时代的巅峰。

遥领制度是形成在对宗室诸王严格的控制之上的。唐玄宗继位之后，他敏锐地洞察到宗室诸王如水也，其既能为皇权力量的坚定支撑，也能是叛乱力量的滋生源头。因此，玄宗一方面给自己的宗室亲人极具荣宠，大量地赏赐钱帛、宴饮来表示自己的宽松和友爱[32]，还在长安兴庆宫之侧为他的兄弟建造府邸，借此来缓和诸王内心的恐惧和野

29　谢元鲁：《唐代诸王和公主出阁制度考辨》，《唐史论丛（第十二辑）》，三秦出版社，2010年，第1页。

30　《旧唐书》卷107《玄宗诸子传》，中华书局，1975年，第6521、6522页。

31　陈丽萍：《唐〈嗣赵王妃窦氏墓志〉释读》，《故宫博物院刊》2019年第11期。

32　李锦绣：《唐代财政史稿》第3册，社会科学文献出版社，2007年，第327~330页。

心，争取他们对自己统治的认可与支持。据《资治通鉴》记载：

> "玄宗于兴庆宫西南笠楼卜西面题曰花萼相辉之楼，南面题曰勤政务本之楼。玄宗时登楼，闻诸王音乐之声，咸召登楼同榻宴谑，或便幸第，肠全分帛，厚其欢赏。诸王每日于侧门朝见，归宅之后，即奏乐纵饮，击拯斗鸡，或近郊从禽，或别墅追赏，不绝于岁月类。游践之所，中使相望，以为天子友娣，近古无比，故人无间然。"[33]

另一方面又严禁他们干涉朝政军务。对宗室诸王的监督与控制在玄宗时期形成了完备系统的制度。玄宗创立了"十王宅"和"百孙院"来监督、禁锢宗室诸王及其子孙，并吩咐他最信任的宦官来执行监督诸王的任务，主要目的是禁止诸王与群臣交结。[34]《唐会要·诸王》对这一情况有一定的记载：

> "先天以后，皇子幼则居内，东封后卜以年渐长成，乃于安国寺东附芜城为大宅，分院居之，名为"十王宅"。会中官钾之，于夹城中起居。每日家令进膳，又引词学工书之士入教，谓之侍读。……而府幕列于外坊，岁时通名起居而已。外诸孙长成，又于十宅外围置百孙院，每岁幸华清宫侧，亦有十王宅百孙院。十王宫人每院四百余人，百孙院三四十余人。"[35]

十王宅和百孙院的制度一直持续到了终唐之世。在玄宗如此严密的监督防范之下，使诸王虽封，竟不出阁。陈丽萍在其作中也有论述到府官，且王府官吏也是有名无实，跟诸王没有实际接触，渐渐成为安置闲官散吏之地[36]。紧接着玄宗又制定颁布了《诫宗属制》："自今以后，诸王公主驸马外戚家，除非至亲以外，不得出入门庭，妄说言语。"禁止了宗室与外人往来，又在开元四年（716）三月下了一道制书"诸封国自始封至曾孙者，其封户三分减一"[37]。又从经济上对诸王的权势进行了把控与削弱。在这一严肃精确的体制下，宗室诸王完全丧失了出任地方、执掌地方的权力，他们不再就封，仅仅是遥领都督、节度使等称号。除了在安史之乱的时期，动乱发生后，玄宗第一时间想到的是自己的骨肉至亲，并"诏以皇太子玚充天下兵马元帅都统朔方、河东、河北、平卢等节度兵马收复两京永王磷江陵府都督统山南东路、黔中、江南西路等节度大使盛王琦广陵郡大都督统江南东路、淮南、河南等路节度大使丰王琪武威郡都督领河西、陇石、安西、北庭等路节度大使。"[38]但事实上除了太子及永王李磷，其余诸王都没有能够

33　《资治通鉴》卷210《唐纪二十七·开元二年》，上海古籍出版社，2017年，第3532页。

34　介永强：《唐代宗室管理制度论略》，《陕西师范大学学报（哲学社会科学版）》2003年第32卷第1期，第82页。

35　《唐会要》卷5《诸王》，上海古籍出版社，2006年，第52页。

36　陈丽萍：《再议唐"十王宅制"》，《中国史研究》2022年第1期。

37　《全唐文》，上海古籍出版社，1990年，第182页。

38　《旧唐书》卷8《玄宗本纪》，中华书局，1975年，第423页。

前往赴任。后虽说玄宗是以荣王琬为主帅，高仙芝为副帅，可事实上大军出征时的誓师大会上主角却是副帅高仙芝[39]。何以大军出征不以主帅为名，而冠副帅之名，唯一的解释就是荣王只是遥领元帅名号，皇帝去送别的是事实的元帅高仙芝。虽实际出任的皇子很少，但玄宗的使皇子出镇的行为表明遥领制度在安史之乱的冲击下执行程度有所松懈。

五、肃宗至昭宗时期

玄宗之后的遥领特点和宗室政策与玄宗时几近相同[40]，遥领皆是不论嫡庶年龄，仅在人数上有所变化。

通过表二，我们可以发现该时段遥领的皇子仅有14位，且各个时期的遥领人数多则四人，少则一人，已经不成规模，主要因其后皇子大都不出阁。如唐代宗就曾下诏："诸王驸马不得参禁掌兵见任官者并令改职"，后继之德宗、宪宗亦颁布有不许诸王出阁，甚至不允许诸王驸马掌禁军的诏令[41]。结合当时大唐国势渐微，安史之乱之后藩镇割据已是不可扭转的局面，中央的领导力也不复以往的时代背景，我们可以得出一点结论：唐代的遥领在玄宗之后就渐渐成为了一种形式上的存在。武力强大、经济实力雄厚、战略地位重要的藩镇长官不得不因为上层的妥协或是平定叛乱的功勋定了人选，唐王朝中央政府是百废待兴的现状，就连遥领也需小心翼翼，何况安排宗室实任。而且在肃宗时期又发生了亲王谋反的事件，并且还是在外任官上进行的谋反活动，导致亲王与皇帝的关系越发紧张。在唐朝的后期宦官专权，甚至直接干预皇帝的废立，由此不免可以想到宗室诸王在此时的处境，遥领实际上成为一纸空文，从根本上说来已经不由皇帝所能掌控。与此同时，皇权也下降到了最低，随着朱温的一声令下，大唐的气数与其遥领制度一起走向了这个时代的终点。其后蔡襄有语云唐亡其国皆因遥领，其言虽有夸大之嫌，但李唐国运与李氏子孙之命运看却与之所说无异[42]。唐代的遥领从开始就注定了其悲惨的结局，而禁锢在制度中的皇子们，只能沦落为政治运行的牺牲品。

表二　玄宗后诸帝遥领情况

姓名	身份	仕宦遥领	资料来源
李僩	肃宗六子	遥领北庭节度大使（乾元三年）	《新书》卷82 《旧书》卷116
李侹	肃宗七子	遥领陇右节度大使（乾元三年）	《新书》卷82 《旧书》卷116
李邈	代宗次子	天下兵马大元帅（宝应元年）	《新书》卷82 《旧书》卷116

39　《旧唐书》卷8《玄宗本纪》，中华书局，1975年，第416页。

40　孙俊：《略论唐代宗室制度及其影响》，《北方论丛》2012年第4期，第72页。

41　介永强：《唐代宗室管理制度略论》，《陕西师范大学学报（哲学社会科学版）》2003年第32卷第1期。

42　《通志》卷28《氏族略第四》，中华书局，1995年。

续表

姓名	身份	仕宦遥领	资料来源
李述	代宗四子	遥领岭南节度支营田使（大历十年）	《新书》卷82 《旧书》卷116
李逾	代宗五子	遥领渭北鄜、坊等州节度大使（大历十年）	《新书》卷82 《旧书》卷116
李迥	代宗六子	遥领汴、宋等节度观察处置使（大历十年）	《新书》卷82 《旧书》卷116
李造	代宗十三子	遥领昭义军节度观察大使（大历十年）	《新书》卷82 《旧书》卷116
李谊	德宗养子	遥领四镇北庭行军、泾源节度使（大历十四年）	《新书》卷82 《旧书》卷150
李谌	德宗三子	遥领宣武军节度大使、汴宋等州观察支度营田等使（贞元九年），遥领河东节度大使（贞元十一年）	《新书》卷82 《旧书》卷150
李谅	德宗三子	遥领蔡州节度大使（贞元二年），朔方灵盐节度大使、灵州大都督（贞元十年），横海节度大使（贞元十一年），徐州节度大使（贞元十六年）	《新书》卷82 《旧书》卷150
李源	顺宗子	遥领义武节度使（贞元七年），昭义节度使、易定观察使（贞元十年）	《新书》卷82 《旧书》卷150
李恒	宪宗三子	遥领彰义军节度大使（元和元年）	《新书》卷8 《旧书》卷16
李恪	宪宗十子	充平卢军淄青等州节度营田观察处置、陆运海运、押新罗渤海两蕃等使（元和元年）	《新书》卷82 《旧书》卷175
李晔	懿宗七子	遥领幽州大都督，幽州卢龙等军节度使（乾符四年）	《新书》卷10 《旧书》卷20

六、结　语

遥领制度是中国古代政治中的一种特殊形式，它是中国封建社会政治制度演变的一个重要阶段。遥领制度的出现，标志着封建社会中央权力的进一步强化和地方分权的相对削弱。从唐代宗室来讲，遥领总归有以下几个特点：一是遥领之职位大都为边疆地区或富庶要地。二是宗室遥领仅局限于皇子辈，皇叔伯、皇兄弟等不在遥领之列。三是遥领在玄宗朝前还保持着一官一人的匹配，而在玄宗之后其加强了对诸王室的管理，再实行诸王遥领时，一官有多皇子任职的现象出现，这其实就体现了此时诸王遥领已是流于形式。

遥领其影响也是多方面的，首先高祖至肃宗时期诸王争权的现象被明显扭转了许多，且从代宗开始的十二代帝王统治的期间内，诸王谋反或者叛乱的事件没有再发生，在整个十二代帝王治理期间，只有文宗时期的漳王李凑一人是因为被宦官诬陷反叛而被杀，从某种程度上来说维护了皇朝的稳定，保障了统治阶级内部的和平与安宁。但是对于地方上讲则不同。由于遥领仅仅挂名，然所挂之职非是军事要冲，便是赋税汇聚之地，挂职之地一切的政务军务实则由挂职地的副手所经办，这就大大地增加了地方权力，助长了地方的割据野心，酿成了地方与中央离心离德的苦果。等到后来昭宗在位时欲任用宗室诸王来掌握禁军兵权时，已经是日薄西山，不可实行了。对于后来的中原王朝来讲，以宋代为例，遥领其实也是宋代皇室整体孱弱的原因之一，皇帝对宗室弟子总是加以限制，处处防范，以至于国家危难之时宗室弟子无法以足够的能力来缓解危局。但也如前所述，虽抵抗不了外患，但遥领下的宗室控制手段至少也解决了内忧，北宋宗室再也无法对皇权形成有效威胁，整个宋代宗室造反的情况几乎很难见到。总的说来，在遥领制度下，地方官员可以在自己的辖区内行使相对独立的权力，而不必受到中央政府的过多干预。这种制度的出现，反映了封建社会中地方势力的崛起和中央政府对地方控制力的减弱，同时也为后来的地方割据和分裂奠定了基础。因此，遥领制度对于中国封建社会政治制度的演变和历史进程具有重要的启示意义。

（李玉璞　新疆大学历史学院）

东港地区碑刻书风流派研究

孙道俊

内容提要： 东港地区的碑刻书法可以按碑学与帖学两种书风流派进行分类。碑学书风碑刻明代"新建望海寺碑记序碑"（"毛文龙碑"）的历史价值与艺术价值较高，值得进一步深入研究。帖学书风碑刻数量多，以唐楷占据主导地位，也不乏取法上追魏晋，下溯元明诸家的身影。多数碑刻书丹者缺少创新意识，在学习古代经典法帖的范围上未能突破《阁帖》笼罩下的狭隘束缚，没有受到清代中晚期至民国时期社会上兴起的帖学与碑学书风替代转换大势变迁的影响，仍然将唐楷作为一种实用性的书体广泛应用到碑刻文字当中。这种普遍性的群体现象是一种影响力的扩张，也是书法艺术俗化过程的具体体现。

关键词： 东港地区　碑刻　书风流派　碑学　帖学

一、东港地区碑刻基本情况

东港地区历史悠久，文化积淀厚重。清代顺治年间，清廷颁布《辽东招民开垦条例》，关内居民蜂拥而至，人口数量大幅度增加。大孤山、大东沟、龙王庙等商贸地点带动了本地区经济的发展，文化也逐渐兴盛起来。境内现存明、清、民国时期碑刻近百通，年代较早的碑刻有明万历二十年（1592）"重修龙泉宝刹碑记碑"、天启六年（1626）"重修古刹寺碑"和崇祯元年（1628）"新建望海寺碑记序碑"（"毛文龙碑"）等。明代至清代早期的碑刻大多数因为年代久远、自然风化、人为破坏等因素导致保存状况较差，上面的文字漫漶难以识读。清代中晚期的碑刻相对保存较好，纹饰与文字的雕刻别具匠心，书法水平也达到了一定高度，堪称佳作。这一时期的碑刻体现出数量多、类型全、材质优、工艺精的特点。民国时期的碑刻纹饰与文字雕刻承续了前朝工艺，但无论从雕刻的技艺上还是书法水平上都明显出现式微迹象，艺术水准没有达到清代的高度。这些碑刻根据内容可以分为颂功、纪事、墓碑等；材质可以分为汉白玉、青石、花岗岩等；书风流派可以分为碑学与帖学。碑文的内容从不同侧面反映了本地区政治、经济、文化的交流与融合，是一批珍贵的地方史料。20世纪80年代，东港市文物管理部门将大多数散落于东港各地的碑刻集中移存于大孤山古建筑群碑林进行保护，并将碑林及大孤山古建筑群内保存好、刻工精的碑刻进行拓片，现撷取书风流派取法脉络清晰，且有代表性的碑刻统计如下（以立碑时间先后排序）：

（1）"重修龙泉宝刹碑记碑"现存于东港市孤山镇北街1组大孤山古建筑群下庙省级文物保护标志碑西侧40米处，该碑立于明万历二十年（1592），保存状况较差。青花岗岩雕刻，首趺皆佚，碑身高151厘米，宽67.5厘米，厚15.5厘米。碑阳两侧边缘阴刻缠枝纹，阴刻楷书15行，满行36字。由弃俗归释河间府人汪性刚撰文、书丹。碑文记载了龙泉寺始建于明弘治初年（1488）前后及重修的经过。民国十年（1921）《庄河县志》、民国二十三年（1934）《庄河县志》、民国23年（1934）《奉天通志》和日本昭和十四年（1939）日本人水谷国一著《满洲金石志稿》第二册著录该碑。

（2）"新建望海寺碑记序碑"（"毛文龙碑"）位于东港市孤山镇大鹿岛村村委会西北500米处，立于明崇祯元年（1628），保存状况一般。青石雕刻，螭首残趺佚，碑身高158厘米，宽66厘米，厚16厘米。碑阳四周边缘浮雕缠枝纹，阴刻楷书11行，满行32字，共284字。儒学生员王州贤撰文。碑文记载了毛文龙等众将士建造寺庙的事宜和抗击后金收复失地的决心。碑阴阴刻楷书574字，记述镇守辽东各岛屿57名将领姓名与官衔。可辨者有"钦差平辽使宜行事挂征虏前将军印总镇左军都督府左都督毛文龙"等，故此碑又称"毛文龙碑"。石碑原立于大鹿岛望海寺，"文革"期间遭到破坏被推倒，1975年重新立起，1979年省文化厅拨款修建仿古碑亭，将毛文龙碑矗立其中。2008年6月31日，辽宁省人民政府公布大鹿岛毛文龙碑为第八批省级文物保护单位。民国十年（1921）《庄河县志》、民国二十三年（1934）《庄河县志》著录该碑[1]。

（3）"重修关帝庙碑记碑"位于东港市孤山镇北街1组大孤山古建筑群关帝庙殿前，立于清道光四年（1824），保存状况一般。草白玉雕刻，螭首方趺。碑首高96厘米，宽105厘米，厚24厘米。透雕双龙盘结，碑阳阳刻于壬林篆额"万古流芳"；碑阴阴刻楷书"永垂不朽"。碑身高222厘米，宽94厘米，厚22厘米。碑阳两侧边缘浮雕龙珠纹，阴刻赵体楷书12行，满行44字。蓬莱郭晖吉撰文、蓬莱徐华金书丹。碑文记载了清嘉庆二十五年（1820）易地重建关帝庙，道光四年完工的经过。碑阴阴刻赵体楷书捐助商号及人员名单[2]。

（4）"重修地藏庙碑记碑"位于东港市孤山镇北街1组大孤山古建筑群地藏寺院内左前方，立于清道光六年（1826），保存状况较好。大理石雕刻，螭首方趺。碑首高82厘米，宽76厘米，厚22厘米。透雕双龙盘结，碑阳阳刻篆额"万古流芳"；碑阴阴刻篆额"永垂不朽"。碑身高172厘米，宽69厘米，厚17.5厘米。碑阳两侧边缘浮雕龙珠纹，阴刻褚体楷书12行，满行48字。于壬林撰文、书丹。碑文记载了清嘉庆二十一年（1816）重修地藏庙，二十三年（1818）完工的经过。碑阴文字风化严重，难以识别。

（5）"大孤山文昌宫记壁碑"镶嵌在东港市孤山镇北街1组大孤山古建筑群文昌宫内左侧墙壁上，立于清道光十八年（1838），保存状况较好。青石刻制，碑身长132.5厘米，宽67.5厘米。阴刻欧体小楷28行，满行24字。蓬莱徐华金撰文，泾邑翟山甫书

1　王晶辰：《辽宁碑志》，辽宁人民出版社，2002年，第68页。

2　王晶辰：《辽宁碑志》，辽宁人民出版社，2002年，第79页。

丹。碑文记载了周奕山等人创建文昌宫的缘由及道光十年（1830）开工，道光十一年（1831）完工的经过。另有一通文昌宫捐助芳名壁碑镶嵌在右侧墙壁上，青石刻制，碑身长130.5厘米，宽67.5厘米。阴刻欧体小楷，碑文记载了创建文昌宫捐助人姓名及金额等内容[3]。

（6）"重修观音阁碑记碑"位于东港市孤山镇东街1组观音庵前，立于清咸丰十年（1860），保存状况较好。黑花岗岩雕刻，螭首方趺。碑首高80厘米，宽78厘米，厚23.5厘米。透雕双龙盘结，碑阳阳刻篆额"万善同归"；碑阴阴刻篆额"永垂不朽"。碑身高182厘米，宽68厘米，厚17厘米。碑阳两侧边缘浮雕回形纹，阴刻赵体楷书12行，满行49字。山左文登县张羽伯撰文，浙绍会稽山严持中书丹。碑文记载了观音阁的来历和清咸丰十年周长盛主持重修观音阁的经过。碑阴阴刻赵体楷书26行，满行63字。记载了捐助商号及人员名单。

（7）"重修地藏佛爷庙碑记碑"位于东港市孤山镇北街1组大孤山古建筑群地藏寺殿内右前方，立于清咸丰三年（1853），保存状况较好。草白玉雕刻，螭首方趺。碑首高90厘米，宽98厘米，厚28厘米。透雕双龙盘结，碑阳阳刻篆额"万善同归"；碑阴阴刻篆额"永垂不朽"。碑身高228厘米，宽91厘米，厚20.5厘米。碑阳两侧边缘浮雕龙珠纹，阴刻欧体楷书12行，满行45字。沙毓燮撰文，张芹馥书丹。碑文记载了于元祺、于元凯募监修地藏寺的经过。碑阴文字风化严重，难以识别。

（8）"处士张公讳景祥妻王氏之碑"现存于东港市孤山镇北街1组大孤山古建筑群下庙东侧碑林，立于清咸丰十一年（1861），保存状况较好。花岗岩雕刻，平首削肩趺佚。首身一体，高190厘米，宽60厘米，厚16厘米。碑阳额刻柳体楷书"柏操霜节"，两侧边缘浮雕龙珠纹，阴刻柳体楷书"处士张公讳景祥妻王氏之碑"。碑阴两侧刻回形纹，阴刻柳体楷书10行，满行35字。乡眷王相清撰文，庠生孙□光书丹。碑文记载了张景祥妻王氏节孝事迹。

（9）"文昌宫纪事碑"位于东港市孤山镇北街1组大孤山古建筑群文昌宫殿前，立于清同治元年（1862），保存状况一般。汉白玉雕刻，首佚方趺。碑身高150厘米，宽61.5厘米，厚17厘米。碑阳两侧边缘浮雕龙珠纹，阴刻欧体楷书14行，满行43字。邑庠生孙殿元撰文，例贡生宫如珠书丹。碑文记载了清道光十年（1830）修建文昌阁、魁星楼及同治元年修缮文昌宫的经过。碑阴阴刻欧体楷书19行，满行38字。记载了捐助商号及人员名单[4]。

（10）"天后宫庙产析权碑"位于东港市孤山镇北街1组大孤山古建筑群天后宫殿前台阶下左侧，立于清同治五年（1866），保存状况一般。黑花岗岩雕刻，首佚方趺。碑身高168厘米，宽50.5厘米，厚14厘米。碑阳阴刻柳体楷书10行，满行33字。统带天津洋砲队官兵副将大沽协前右营游击费荫魁撰文、书丹。碑文记载了大孤山天后宫庙产权析权经过。碑阴阴刻柳体楷书8行，满行14字。记载了捐助商号及人员名单。

3　王晶辰：《辽宁碑志》，辽宁人民出版社，2002年，第278页。

4　王晶辰：《辽宁碑志》，辽宁人民出版社，2002年，第284页。

（11）"岫岩州谕饬碑"位于东港市孤山镇北街1组大孤山古建筑群地藏寺右前方，立于清光绪二年（1876），保存状况一般。草白玉雕刻，平首趺伏。高131厘米，宽49厘米，厚12厘米。碑阳两侧边缘阳刻回形纹，阴刻柳体楷书11行，满行36字。碑阴阴刻柳体楷书14行，满行20字。陈作霖书丹。碑文记载了清光绪二年大孤山地藏寺主持不守清规，被乡约、会首等人呈报岫岩州府，遭知州朱谕驱逐出境的经过[5]。

（12）"固守冰孀碑"现存于东港市孤山镇北街1组大孤山古建筑群下庙东侧碑林，立于清光绪二年（1876），保存状况较好。黑花岗岩雕刻，螭首趺伏。高63厘米，宽56厘米，厚19厘米。透雕双龙盘结，碑额阳刻欧体楷书"圣旨"及满文；碑阴阳刻欧体楷书"万古流芳"。碑身高148厘米，宽53厘米，厚15厘米。碑阳两侧边缘浮雕龙珠纹，正中阴刻欧体楷书"固守冰霜"左右阴刻楷书及满文各两行。碑阴阴刻宋体字"大清光绪二年三月二十日子马永□立"。撰文、书丹者不详。

（13）"观海亭碑记碑"位于东港市孤山镇北街1组大孤山古建筑群上庙观海亭南2米处，立于清光绪八年（1882），保存状况一般。青石雕刻，平首削肩方趺。高175厘米，宽70厘米，厚17厘米。碑阳顶部篆额"观海亭碑记"。碑文阴刻隶书14行，满行40字。会稽周长盛撰文，孙守愚书丹。碑文记载了清光绪八年（1882）修建观海亭的经过。碑阴无字。民国十年（1921）、民国二十三年（1934）《庄河县志》著录该碑。

（14）"薛公德政碑"位于东港市孤山镇北街1组大孤山古建筑群关帝庙殿前，立于清光绪十一年（1885），保存状况一般。草白玉雕刻，平首削肩方趺。高168厘米，宽59.5厘米，厚15.5厘米。碑阳顶部篆额"薛公德政碑"。碑文阴刻颜体楷书16行，满行37字。张松龄撰文，孙守愚书丹。碑文记载了薛福龄任大孤山海防通判时的德政。碑阴无字[6]。

（15）"重修天后宫碑记碑"位于东港市孤山镇北街1组大孤山古建筑群天后宫前台阶下右侧，立于清光绪十四年（1888），保存状况一般。汉白玉雕刻，螭首方趺。碑首高72厘米，宽80厘米，厚22.5厘米。浮雕双龙盘结，碑阳阳刻篆额"海宴河清"；碑阴阳刻篆额"福缘善庆"。碑身高165厘米，宽73厘米，厚18厘米。碑阳阴刻欧体楷书14行，满行41字。山左张松龄撰文，浙绍周良图书丹。碑文记载了天后宫在清光绪六年（1880）火燹后重修至光绪八年（1882）完工的经过。碑阴阴刻欧体楷书34行，满行78字。记载了捐助商号及人员名单[7]。

（16）"脚行八扣章程批谕碑"位于东港市孤山镇北街1组大孤山古建筑群天后宫内右侧，立于清光绪二十四年（1898），保存状况差。草白玉雕刻，平首削肩方趺。高201厘米，宽65厘米，厚17厘米。阴刻欧体楷书16行，满行45字。住持尹座莲书丹。碑文记载了清光绪十七年（1891）始大孤山港南移，脚费增加，上呈岫岩州减免及批复事宜。碑阳、碑阴文字风化严重，难以识别。

（17）"大东沟创修天后宫副碑"现存于东港市孤山镇北街1组大孤山古建筑群天后

5　王维刚：《大孤山及周边地域遗存古碑刻简述》，《记忆东港》，辽新内资F字〔2017〕25号，2017年，第41页。

6　王晶辰：《辽宁碑志》，辽宁人民出版社，2002年，第461页。

7　王晶辰：《辽宁碑志》，辽宁人民出版社，2002年，第288页。

宫入口台阶左侧，立于清光绪三十二年（1906），保存状况一般。黑花岗岩雕刻，螭首跌伏。碑首高120厘米，宽100厘米，厚35厘米。透雕双龙盘结，碑额阳、阴面均阴刻柳体楷书"圣旨"。碑身高226厘米，宽86厘米，厚25厘米。碑阳两侧边缘浮雕龙珠纹，阴刻柳体楷书13行，满行48字。邑庠生林辉篯撰文、书丹。碑文记载了大东沟天后宫的修建经过。碑阴文字风化严重，难以识别[8]。

（18）"袁公德政碑"位于东港市孤山镇北街1组大孤山古建筑群天后宫内左侧，立于清光绪二十九年（1903），保存状况一般。草白玉雕刻，平首削肩方趺。碑身高209厘米，宽64.5厘米，厚15厘米。碑阳阴刻柳体楷书16行，满行55字。附生马一峰撰文，仲元孙德奎书丹。碑文记载了袁大化的德政。碑阴阴刻柳体楷书18行，满行40字。记载了捐助商号及人员名单。

（19）"廖彭诗联碑"位于东港市孤山镇北街1组大孤山古建筑群上庙三霄娘娘殿左前方，立于民国七年（1918），保存状况较差。草白玉雕刻，平首削肩方趺。高178厘米，宽66厘米，厚18厘米。碑阳阴刻篆额"游目骋怀"，阴刻隶书、行书7行，满行28字。庄河县知事廖彭撰文，大孤山县佐山左龙锡钺书丹。行书书风流派出自二王一脉，有《圣教序》遗风。两侧阴刻隶书15言联，宗法汉隶，但受时人影响。碑阴阴刻欧体楷书，记载了民国七年（1918）庄县知事廖彭途经大孤山，应友人之邀，宴于圣水宫并拟联文及友人酬和之事[9]。

（20）"旌表翟永丰未婚室王氏之碑"现存于东港市孤山镇北街1组大孤山古建筑群下庙东侧碑林，立于清光绪三十一年（1905），保存状况一般。汉白玉雕刻，螭首跌伏。碑首高56厘米，宽61厘米，厚19.5厘米。透雕双龙盘结，碑额阳刻欧体楷书"流芳"；碑阴阳刻欧体楷书"百世"。碑身高134厘米，宽54厘米，厚19.5厘米。碑阳两侧边缘浮雕丹凤朝阳纹，正中阴刻欧体楷书大字"旌表翟永丰未婚室王氏之碑"，左侧刻立碑日期1行，右侧刻书丹、撰志、石工姓名3行。赐进士出身即用广东知县王芹芳撰文、处士刘士达书丹。碑阴阴刻欧体楷书19行，满行59字。记载翟永丰未婚室王氏夫亡守节的经过。

（21）"旌表义民李公讳鹏云全家殉难之碑"现存于东港市孤山镇北街1组大孤山古建筑群下庙东侧碑林，立于清光绪三十二年（1906），保存状况一般。汉白玉雕刻，螭首跌伏。碑首高80厘米，宽74厘米，厚32厘米。透雕双龙盘结，碑额阳、阴面均刻欧体楷书"圣旨"。碑身高153厘米，宽64厘米，厚20.5厘米。碑阳两侧边缘浮雕丹凤朝阳纹，正中阴刻欧体楷书大字"旌表义民李公讳鹏云全家殉难之碑"两侧刻立碑日期、书丹、撰志、石工姓名。碑阴阴刻欧体楷书19行，满行45字。戊戌进士王芹芳撰文、岁进士王焕恩书丹。碑文记载了李鹏云一家七口在日俄战争中殉难的经过。民国十年（1921）《凤城县志》著录该碑。

8　王维刚：《大孤山及周边地域遗存古碑刻简述》，《记忆东港》，辽新内资F字〔2017〕25号，2017年，第38页。

9　王维刚：《大孤山及周边地域遗存古碑刻简述》，《记忆东港》，辽新内资F字〔2017〕25号，2017年，第38页。

（22）"太平庵碑"现存于东港市孤山镇北街1组大孤山古建筑群下庙东侧碑林，立于清光绪三十三年（1907），保存状况一般。汉白玉雕刻，趺佚。该碑首身一体，碑额浮雕双龙吸珠，阴刻欧体楷书"太平庵"。高145厘米，宽52厘米，厚15厘米。碑阳两侧边缘浮雕暗八仙图案，阴刻欧体楷书7行，满行23字。撰文、书丹者不详。碑文记载了太平庵的修建经过。碑阴额刻欧体楷书大字"万古流芳"，底部小字风化严重，不可识读。

（23）"操守松筠碑"现存于东港市孤山镇北街1组大孤山古建筑群下庙东侧碑林，立于清末，保存状况较差。汉白玉雕刻，首趺皆佚。碑身高104厘米，宽64厘米，厚29厘米。碑阳四周边缘浮雕龙珠纹，正中阴刻柳体楷书"操守松筠"左右阴刻满文及汉字楷书各两行。撰文及书丹者不详。碑阴文字风化严重，记载□林天妻董氏夫亡守节的经过。

（24）"龙公德政碑"现存于东港市孤山镇北街1组大孤山古建筑群下庙东侧碑林，立于民国八年（1919），保存状况一般。青石雕刻，首趺皆佚。碑身高147厘米，宽56厘米，厚12.5厘米。碑阳阴刻欧体楷书16行，满行44字。赵莲峰撰文，宋作哲书丹。碑文记载了龙锡钺为王懿荣、赵尔丰办理后事的经过及任大孤山县佐时的德政。碑阴文字模糊不清，难以识读。

（25）"李公德政碑"位于东港市小甸子镇三尖泡村李家堡村民组东南200米的公路边，立于民国十七年（1928），保存状况较好。青石雕刻，趺佚。碑首高75厘米，宽70厘米，厚25厘米。顶部抹角，浮雕双龙吸珠，碑额阴刻隶书"李公德政"；碑阴浮雕缠枝花瓶，阴刻隶书"千古不朽"。碑身高145厘米，宽65厘米，厚20厘米。碑阳两侧边缘浮雕八仙图案，正中阴刻董体（董其昌）楷书"公颂振翁李村长之德政"。碑阴阴刻董体楷书15行，满行40字。吴勤三撰文，汪锦芳书丹。碑文记载了三尖泡村村长李振魁于民国四年来此建房置地，并接办地方事务时的德政。2022年，东港市人民政府公布李公德政碑为第八批县级文物保护单位。

（26）"贞节可风碑"现存于东港市孤山镇北街1组大孤山古建筑群下庙东侧碑林，立于民国二十六年（1937），保存状况一般。草白玉雕刻，首趺皆佚。碑身高162厘米，宽70厘米，厚21厘米。碑阳两侧边缘浮雕暗八仙图案，正中阴刻柳体大字行楷"贞节可风"，左右各阴刻柳体楷书2行。碑阴阴刻柳体楷书15行，满行37字。两侧壁阴刻柳体行楷七言对联。前清副举人补用知县杜培元撰文、王黄氏四孙王□□书丹。碑文记载了王黄氏夫亡守节的经历。

（27）"圣水宫记碑"位于东港市孤山镇北街1组大孤山古建筑群上庙三霄娘娘殿右前方，立于民国三十四年（1945），保存状况一般。汉白玉雕刻，首佚龟趺。碑身高142厘米，宽57厘米，厚13厘米。碑阳四周边缘浮雕回形纹，阴刻欧体楷书11行，满行41字。胡然芳撰文、书丹。碑文记载了大孤山圣水宫的历史。碑阴刻有金山派的谱系[10]。

10　王晶辰：《辽宁碑志》，辽宁人民出版社，2002年，第294页。

二、东港地区碑刻书风流派考辨

东港地区的碑刻书法取法脉络清晰，可以按碑学与帖学两种书风流派进行分类，考辨如下：

1. 碑学

碑学始于宋代，清中叶以后，帖学衰微，金石大盛而碑学兴起。沙孟海先生《近三百年的书学》"碑学"一节特加"以魏碑为主"，即用笔，结字与魏碑书风相吻合。东港地区此类碑刻有明代《重修龙泉宝刹碑记碑》与"新建望海寺碑记序碑"（"毛文龙碑"）。"重修龙泉宝刹碑记碑"因为年代久远、石材质地差，导致风化严重，无法制作拓片，艺术价值不高。"新建望海寺碑记序碑"（"毛文龙碑"）相对保存较好，该碑文字在刻制过程中刀痕毕现，笔画不计工拙，转折处又多为硬折，或化圆为方，或露锋直入。通篇文字用笔基本呈方笔化，结字依循汉字自身形态特点和行气章法来构形，追求的是率意、粗犷、凌厉的笔势和刀法，不乏奇宕野逸，自然率真（图一）。

如，由表一中东港地区碑刻"碑""之""所""来""呼"字与北魏石刻文字的对比可见，二者都是通过点画起笔形态的斜切式带来榫接关系的转换，从而促成了斜画紧结体势的形成。明代开科选士时，皆用楷书答试卷，务求工整。字写得欠佳者，即使满腹经纶，也会名落孙山。同时将以书法服务于内宫殿房的官员，称之为"书办"，这是朝廷认可的书家，他们对明代书法的发展产生过极大影响。所谓"台阁体"

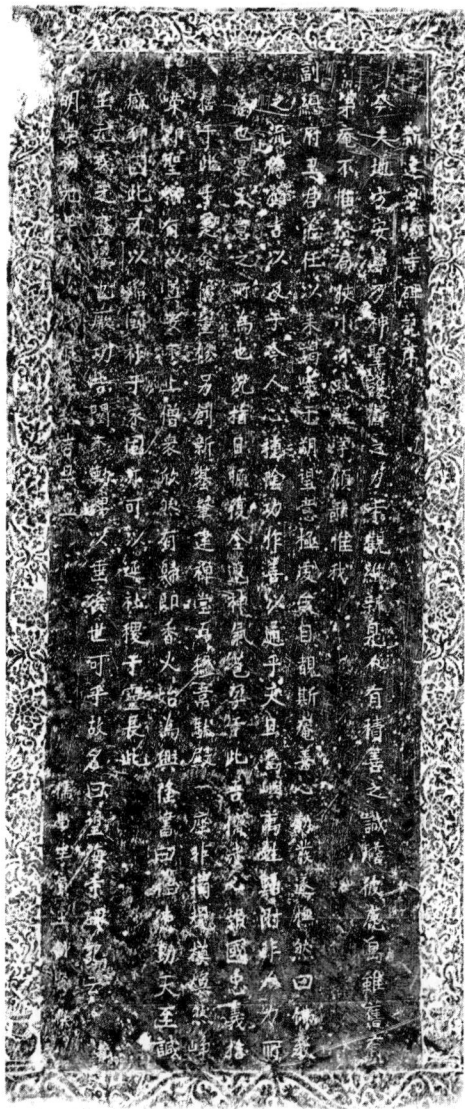

图一　"新建望海寺碑记序碑"
（"毛文龙碑"）碑阳拓片全貌

就是宫廷书办官员们的字体，代表了当时社会书法水平与主流风格，自永乐至明亡二百余年兴盛不衰[11]。"新建望海寺碑记序碑"的书丹者与刻工均不知姓名，并非出自名家之手，能在崇尚台阁体的时代脱颖而出，无疑是明代东北地区书坛的一股清流，让人耳

11　张金梁：《明代殿房书办研究》，《全国第六届书学讨论会论文集》，河南美术出版社，2004年，155页。

目一新。究其形成原因，与刻碑之前书丹者书写碑文时对书法的领悟与表现手法及刻工在刻制过程中对方、硬、斜的加工成分（方笔比圆笔刻起来要省力）有紧密关联，二者的综合作用加之年代久远风化后而出现的"金石气"使该碑文字的结字与笔法在艺术的层面上得到了大幅度提升，进而达到了民间书风"无意于佳乃佳"的自然升华过程。

表一　东港地区碑刻碑学书风文字考辨表

碑刻名称	文字比较				
魏碑文字	碑	之	而	来	乎
"新建望海寺碑记序碑"（"毛文龙碑"）	碑	之	而	未	乎

2. 帖学

帖学历史悠久，笔法全面完善，涵盖了书法的所有书体，奠定了它的书法正脉地位。东港地区帖学书风的碑刻数量较多，碑额题字字体丰富，有篆书、隶书、楷书、行书。碑文多以楷书书写而成，取法追溯隋唐正统，顺应实用时势，用笔工稳平正。根据字型大小可以分为大、中、小楷，大、中楷碑刻流派以欧、颜、柳三家为主，也有取法赵孟頫、董其昌书风的碑刻，统计如下（表二）：

欧体（欧阳询）楷书碑刻12通，分别为"大孤山文昌宫记壁碑""重修地藏佛爷庙碑记碑""文昌宫纪事碑""固守冰孀碑""重修天后宫碑记碑""脚行八扣章程批谕碑""廖彭诗联碑"碑阴和"旌表翟永丰未婚室王氏之碑""旌表义民李公讳鹏云全家殉难之碑""太平庵碑""龙公德政碑""圣水宫记碑"。以上碑刻取法多出自欧阳询的"九成宫醴泉铭"与"化度寺碑"等碑。如：表二中"重修地藏佛爷庙碑记碑"碑文中的"夏""成""严""施""庄"字，"重修天后宫碑记碑"碑文中的"商""捧""今""维""碣"字，用笔瘦硬坚挺，结构险峻，体态修长，婉润隽美，整体造型中宫收紧，以内撇为主，这些都是典型的欧体特征。"龙公德政碑"碑文"国"字框的左右两竖内撇，"山"字第二笔竖折，竖的上部向里收，"也"字最后一笔竖弯钩是转笔向右上方钩出，而不是颜、柳体回锋后向左上方钩出，也属于欧体书风碑刻。但是此碑书风不纯，能看出虞世南及颜真卿等人楷书的影子。小楷碑刻一通，为"大孤山文昌宫记壁碑"。该碑文字以欧体书风为基调，如：碑文中"商""之""痛""有"字符合欧体结字法。"山"字第二笔竖折，竖的部分由左上向右下行笔与颜真卿"多宝塔碑"中的山字结字法相同，而与欧体"山"字竖折，竖的部分右上向左下行笔的结字法差异很大。由此可见，该碑取法宽泛，有融会贯通之处。

颜体（颜真卿）楷书碑刻1通，为"薛公德政碑"。碑文中的"路""善""凹""凸""孤"字的整体造型以外拓为主，用笔横细竖粗，结体端庄，宽绰舒展，拙中见巧，取法直追颜真卿的"勤礼碑"。

柳体（柳公权）楷书碑刻7通，分别为"处士张公讳景祥妻王氏之碑""天后宫庙产析权碑""岫岩州谕饬碑""大东沟创修天后宫副碑""袁公德政碑""操守松筠碑""贞节可风碑"。通过对比"大东沟创修天后宫副碑"碑文中的"张"字与唐人欧阳询、颜真卿、柳公权字帖中的"张"字。第二笔横画与第三笔竖折折钩的接笔处的组字特征与柳公权的"玄秘塔碑"的"张"字最为接近，而与颜真卿、柳公权的"张"字对比则泾渭分明。"大"字撇长捺短，也是柳体字的结字特点。其余"年""公""以"字，也与柳公权的"玄秘塔碑""神策军碑""金刚经碑"的同类字书风最为接近。"操守松筠碑"碑阳"操""守""松""筠""碑"字，用笔、结字亦取法柳公权，最有特征的笔画就是"守"字第二笔点画，这个在书法上以左点命名的点画，柳体在书写时是按竖点的写法处理的，即点画起笔轻顿从上向下垂直行笔，收笔轻顿。

褚体（褚遂良）楷书碑刻1通，为"重修地藏庙碑记碑"。碑文中"藏""记""生""历""道"字，符合褚遂良变长为扁，宽绰疏朗，以行入楷，灵动多变的用笔、结字法则。尤其"道"字走字旁的横撇折撇的写法最具褚字神韵，但此碑书风疑似受到其他唐楷书家的影响，取法不纯粹。

赵体（赵孟頫）楷书碑刻2通，为"重修关帝庙碑记碑"与"重修观音阁碑记碑"。如："重修关帝庙碑记碑"碑文中"乎""之""狭""依""图"字，点画之间的呼应有行书笔意，结体偏扁、严谨端庄，具有赵体风貌。

董体（董其昌）碑刻1通，为"李公德政碑"。碑阳大字楷书"振""李""之""德""政"字，用笔略带行书笔意，笔画笔断意连。结体左低右高，字势向右上方倾斜，与董氏"似奇反正"的思想十分符合。

表二　东港地区碑刻帖学书风（楷书）文字考辨表

书家/碑刻名称	文字比较				
欧阳询	張	大	年	公	以
颜真卿	張	大	年	公	以
柳公权	張	大	年	公	以

书家/碑刻名称	文字比较				
褚遂良	葳	生	廳	非	道
赵孟頫	乎	之	狭	依	圖
董其昌	振	李	之	德	政
"重修地藏佛爷庙碑记碑"（欧体）	夏	成	巖	施	莊
"重修天后宫碑记碑"（欧体）	商	捧	今	維	碣
"龙公德政碑"（欧体）	國	山	也	之	石
"大孤山文昌宫记壁碑"（欧体）	山	商	之	瑞	有
"薛公德政碑"（颜体）	路	壽	凹	凸	瓶

书家/碑刻名称	文字比较				
"大东沟创修天后宫副碑"（柳体）	張	大	年	公	以
"操守松筠碑"（柳体）	操	守	松	筠	碑
"重修地藏庙碑记碑"（褚体）	藏	生	歷	非	道
"重修关帝庙碑记碑"（赵体）	乎	之	狭	依	圖
"李公德政碑"（董体）	振	李	之	德	政

隶书碑刻1通，为"观海亭碑记碑"。书丹者孙守愚是清末大孤山人，善隶书，有纸本作品传世。该碑文字取法汉隶，点画敦实，书风醇古朴茂。但用笔习气较重，格调不高，能看出受清代书法家翟云升隶书书风的影响（表三）。

表三 东港地区碑刻帖学书风（隶书）文字考辨表

碑刻名称	文字比较				
翟云升隶书	風	志	閒	濤	松
"观海亭碑记碑"	循	志	省	重	半

图二　"固守冰媚碑"碑阳

清代东港地区有很多满族人民在此居住生活，保留下来一些满、汉文字结合形式的碑刻。如："固守冰媚碑"与"操守松筠碑"碑阳左右分别阴刻满、汉文字。满文是拼音文字，与汉字相比较，满文书法笔画长短不一，不是框架的规整结构。通过文字对比可见满文的线条、字头、字牙、点、圈等基本笔画与汉字的点、横竖、撇、捺等笔画有不同的区别。这种受汉文化影响的石碑见证了满族社会的发展步伐，是文化交流与交融的见证物。满文书法的出现进一步丰富了中国书法艺术在少数民族文字中的表现力及艺术价值（图二）。

三、结　语

东港地区碑学书风碑刻明代"新建望海寺碑记序碑"（"毛文龙碑"）有较高的历史价值与艺术价值，值得进一步深入研究。帖学书风碑刻数量多，唐楷占据主导地位，也不乏取法上追魏晋，下溯元明诸家的身影。书丹者既有本地书家，也有来自外埠。这些人有的书法功力扎实，但缺少创新意识；有的取法不纯粹似有变通之意，却未能走出古人窠臼。他们在学习古代经典法帖的范围上未能突破《阁帖》笼罩下的狭隘束缚，导致在审美取向上没有受到清代中晚期至民国时期社会上兴起的帖学与碑学书风替代转换大势变迁的影响，仍然将唐楷作为一种实用性的书体广泛应用到碑刻文字当中。这种普遍性的群体现象是一种影响力的扩张，也是书法艺术的俗化过程。这是东港乃至东北地区多数碑刻书法体现出重法尚古显性帖学观主要原因，也是没能扭转出后世在传承唐楷过程中形成的萎靡之风，缺少撼人心魄精神内涵的根本原因。

［孙道俊　东港市文化体育旅游事业发展服务中心文化遗产部（东港市文物管理所）］

试析张学良旧居的建筑特色

裴丽宏　赵菊梅

内容提要： 张学良旧居始建于1915年，并历经扩建与改建，由中院、东院、西院和院外建筑四部分组成。其建造过程持续了近20年之久，基本与沈阳建筑近代化的过程同步。文章从该建筑群的空间布局与建筑风格入手，分析了该建筑群时代特色，阐明了它在沈阳建筑近代化的过程中所具有的重要历史地位。

关键词： 张学良旧居　空间布局　建筑风格　建筑近代化

张学良旧居是伟大的爱国者张学良将军在东北的官邸和私宅，保存完好、规模庞大。它始建于1915年，总占地面积5.3万平方米，建筑面积3.5万平方米，由中院三进四合院，东院大青楼、小青楼、花园，西院红楼群以及院外建筑——办事处旧址、边业银行（今沈阳金融博物馆馆址）、赵一荻故居等建筑风格各异的四部分组成。其建造过程持续了近20年之久，基本与沈阳建筑近代化的过程同步，是沈阳建筑近代化的历史缩影。其建筑风格与装饰艺术丰富多样，独步当时，为世所重，留下了宝贵的建筑艺术遗产和历史文化信息。1991年7月，国家建设部和国家文物局联合发文，将其列为全国近现代优秀建筑群；1996年11月，国务院正式颁布其为全国重点文物保护单位。

一、张学良旧居的空间布局

张学良旧居建筑群分院内建筑和院外建筑两大部分。其中，院内又分为中、东、西三路建筑，各路建筑均有围墙相隔，连环往复，既相迎合，又自成体系，故有中院、东院、西院之称。毗邻府外的三处单体建筑——赵一荻故居、办事处旧址和边业银行，位于高墙壁垒的院外，故通称为院外建筑部分。

（一）中院建筑布局——沿中轴线左右对称的闭合空间

中院三进四合院始建于1915年，与东院小青楼、花园以及横跨中院、东院的前庭院同时规划修建，属于张学良旧居一期建筑的一部分。

中国传统建筑文化的一大特色，是以中轴线为对称轴，左右对称分布的建筑大量存在。对称安排、秩序井然、有条不紊，具有强烈的政治伦理色彩和浓郁的理性精神风貌。中轴线建筑实体构成的空间格局，其平面布局特色主要表现在：重要的主体建筑居中，其中心之所在，就是中轴线之所在，两侧对称安排建筑群的其他附属建筑。

中院四合院坐北朝南，共有三进院落，属于中国古代建筑传统院落式的空间布局形式，沿中轴线左右对称，平面呈"目"字形，南北长，东西窄，四周以围墙封闭。全院占地面积3900平方米，房屋共13栋，计57间，建筑面积1460平方米。

三进四合院的大门南向、居中，南部正对着随墙雁翅形的巨大照壁。位于前庭院的"鸿禧"照壁、一进院"门神"院门与通往二进院的垂花仪门及通往三进院的门楼和过厅均处在四合院的南北中轴线上，使整个建筑群落的中轴线强烈地突显了出来，且每个院落都有东西对称的厢房、耳房。

最南面的影壁体现了这处豪宅的气势，并营造了宅院的神秘空间，垂花门楼内的彩绘仪门则彰显了喜庆、热烈的气氛，同时它与两侧的看面墙共同起到了合理分割一、二进院纵向空间的效用，从视觉和心理上达到幽静、典雅的感觉，增加了审美意境。

二进院正房过厅前门楼的设置，既强化了作为宅院主人办公和接待等功能性建筑的重要地位，也提高了这处建筑的等级。这三处门或门楼都处在中轴线上，丰富了四合院的层次感，会使人产生强烈的"庭院深深深几许"的层层院落感。

三进四合院集办公与居住为一体，具有"前政后宅"的功能特点，其中，一、二进院用于办公，三进院是家眷居住的地方。

一进院是当年行政、后勤部门的办公地点。与二、三进院相比，一进院的房屋较二、三进院矮小，且无抄手游廊。院内共有门房7间，东西厢房各3间，东西厢耳房各3间。另有垂花门楼一座。院内地面采用大小不一的方石板铺就，房子建在二十多公分高的台基之上，四周台明采用陡板石铺装。

门房的正中一间为门洞，是四合院的主入口。门洞两侧各有3间房屋，除紧挨门洞的两间向侧开门外，其余均北向开门，东三间为警卫室与传达室，西三间为电工室与电话室。

东厢房是内账房，负责管理张家私人钱财和贵重物品，是专为张氏家族服务的机构。西厢房是承启处，专门负责登记、接待、禀报、引见前来府邸公干或拜访的人员。东西厢房南端两隅分别有一个八角形门洞，里面各有3间耳房，其中东耳房是张家当年的厨房，西耳房为厨房仓库和厨师休息室。

间隔一、二进院的是一面7米高的磨砖雕饰的看面墙，中部开有为迎接客人而设置的垂花仪门。穿过垂花仪门，便进入了张作霖早期办公和会客的主要场所——二进院。

二进院呈长方形，比一进院稍大，金砖铺地，周围起台，回廊四合。垂花仪门直接与两侧的抄手游廊相连接。二进院有正房7间、东西厢房各5间。正房是张作霖的办公用房，东西厢房是秘书室。正房有前后廊，其正中一间为过厅，门前建一雕花门楼，北侧通向三进院。正房两侧与厢房相连的地方，东、西两侧各有一座便门，可供人进出三进院。同时，东侧便门还可通往东院。

三进院较二进院宽敞，是张学良旧居的内宅，是家眷居住的地方。三进院也由正房7间和东西厢房各5间组成，同二进院一样建在三步台阶之上。其正房、东西厢房均有前廊，与二进院正房的后廊相连，组成台上四周回廊。东西厢房与正房两侧相连的地方，也各有一座便门，东侧通往耳房，穿过假山可达东院；西侧通往耳房和西院。东耳房是张家的私塾馆；西耳房是佣人居室。

中院三进四合院在房屋建筑本体之外，东、西、北三面另外建高高的围墙，将整个院落围合成一个封闭空间，是名副其实的"四合"之院。这种封闭性的空间处理，与追求隐私和安全有关，也与沈阳地处北方，要求实现保温的实用功能有关。

（二）东院建筑布局——房苑共生、错落有致的复合空间

东院建筑主要包括大青楼、关帝庙、小青楼、五间房、东大门两侧门房以及花园假山、凉亭、荷花池等。其中小青楼、五间房及花园假山、凉亭、荷花池等，是与中院三进四合院同期规划修建的，属于张学良旧居一期建筑。大青楼和关帝庙是张家搬入新居后向北扩建的结果，属于张学良旧居的二期建筑。

同期规划修建的中院三进四合院和东院小青楼、花园以及横跨东院和中院的前庭院，处于同一个建筑空间序列，共同构成了一个近似方形的空间，体现出了强烈的整体性。其中，小青楼位于花园的中部偏北，被称为"园中花厅"，是张作霖为最宠爱的五夫人寿氏专门修建的居所。小青楼平面呈"凹"字形，坐北朝南，共两层，建筑面积450平方米，由青砖砌成，在色彩上与四合院浑然一体，和谐统一。此楼南面有大门，北面有小门，二楼南面设有宝瓶围栏式阳台，楼体四面共有32扇窗户，从各个角度都可看到园中景色，是观景的绝佳之处，可见小青楼与花园是相互依存、互为交融的关系。

与中国传统园林中曲径通幽的路径构图迥然有别，小青楼西侧、南侧的花园路径完全是西方几何形的构图方式，园中南部中心是椭圆形的荷花池，东南角假山上有一座飞檐翘角的八角形凉亭。与小青楼的建筑风格一样，中西合璧也是张学良旧居花园的一大特色。

大青楼作为张学良旧居二期工程中最重要的建筑，如何与四合院、小青楼、花园假山相互协调，是府邸主人修建大青楼时重点要考虑的问题。张学良旧居一期工程中，四合院的北围墙是一直向东延伸与东大墙相连的。后来向北扩建大青楼和关帝庙时，原有建筑空间的整体性被打破了，为了解决大青楼门前的入口空间，一期建筑中东院的北围墙被拆除，而花园北部东西横亘的假山既可作为大青楼象征性的屏障，又能起到将其与四合院和花园相隔离的作用，因而形成了现在的格局。

大青楼建成于红砖技术和西洋建筑艺术流行的1922年，但仍采用青砖砌成，目的就是要保持张学良旧居整个院落在格调和色彩上的统一。同时，为了凸显这处建筑，使大青楼能够统领前面的诸多建筑，府邸主人将其建在九级台阶之上，特意增加了它的高度和体量。整栋楼坐北朝南，地下一层、地上三层，楼高22.45米，建筑面积2460多平方米。一层前出列柱遮阴廊，东侧有宽敞的月台，二层和三层亦有观光平台。前廊正面及东西两侧共有三道九级台阶降入庭院，并通过南侧的假山门洞与四合院和花园相联系。

这样，在整个府邸北扩后，就形成了以大青楼为龙头，统领其他建筑，以彰显府邸气势的有机整体。东院内从南到北，由地面花园、平房、二层小楼、假山和大青楼构成了层层递增的复合空间关系，房苑共生、错落有致。站在大青楼顶部的观光平台上，府内假山、花园、园中花厅、四合院一览无余。而站在府邸院外由南向北远远望去，仍可

感受到大青楼三分之一的宏伟气势。

可以说，正是大青楼这一具备一定体量和高度且外形豪华壮观的单体建筑的出现，进一步彰显了张学良旧居作为官邸和私宅的恢宏气度。因而，大青楼也成为了张学良旧居的地标式建筑。

（三）红楼群建筑布局——洋楼围合的半封闭院落式空间

红楼群是张学良时期拆除西院原有建筑后兴建的集办公和居住为一体的大型建筑群，总占地面积11017平方米，建筑面积13250平方米，初建时有6栋楼宇，其中正楼4栋，东西厢楼各1栋。1953年，位于张学良旧居北大墙附近的狐仙堂被拆除，修建了一栋俱乐部。目前西院共有7栋红楼。红楼群在规划设计时，充分考虑了它与中院、东院建筑环境相协调的关系。

从整个建筑的平面布局来说，西院红楼群采取了极有创意的"U"＋"E"两位一体、既对称又不对称的"四进半四合院"式的构图手法。正对着大门的1号楼坐北朝南，与两侧对称分布的西厢楼和东厢楼组成一个"U"字形，和南侧大门共同围合成一个院落式的半封闭空间，这种建筑组合方式，在当时是典型的公建类建筑空间布置方式，显得庄重典雅、空间开敞，"公廨"氛围凝重。2、3、4号楼则采用既纵向排列，又通过西侧偏楼相连接的方式，构成了"E"字形的平面布局，形成了方便的室内联通，让办公区和生活区有机联系了起来，显得灵活亲切，充满了闲适宜人的生活气息。同时，这样的布局方式还形成了西边针对外部建筑相对封闭，东边针对旧居中院、东院完全开放的洋楼围合的半封闭院落式空间。

为了使红楼群与中院相联通，府邸主人又在四合院西院墙的北部开了一个便门通往西院，加之红楼群的西厢楼为东西向开门，其出入口正好与中院西辕门相通。这样一来，红楼群的北部生活区与东院大青楼完全相通，再加上这两个通道，西院与中院也形成了有机联系。可以说，张学良旧居的东院、中院、西院看似分离，实则一体。

西院红楼群的这种布局方式既符合中国传统庄重的礼仪形式和生活习惯，又体现出近代灵活的精神气息。中国传统"公廨"皆遵循"前政后宅"的原则布局，宫殿如此，各级衙门也是如此。其中的"前政"为办公之所，"后宅"为宅邸主人自己及家眷居住。张学良旧居西院红楼群亦呈"前政后宅"的空间格局，具有官邸和私宅双重性质的使用功能，为办公与居住合一的"公廨"建筑。

从室内空间组合上看，1号楼、2号楼、西厢楼和东厢楼的楼内一层空间都有开放式的共享空间，且楼梯宽大，为钢筋混凝土结构。二、三层为对称开间、中间为走廊的方式。这显然是办公楼的设计。最北部的3号、4号两栋楼与前四栋楼的内部空间相比，有明显的不同，呈现出典型的住宅特点。一层没有大面积的公共空间，楼梯为承重力较小的木质楼梯，可直接进入二、三层，每个房间面积都较小，开间方式也适合人居，完全不适合办公。显然，这6栋建筑的前4栋，即1号楼、2号楼、东厢楼、西厢楼应作为办公使用；后2栋，即3号楼和4号楼应作为住宅使用。

张学良建造红楼群，目的是将大青楼的办公功能转移到这里，而将东院、中院仅作私宅使用。因此，西院红楼群的"前政"部分单独南向开门，门前有巨大的照壁，且突出于东院、中院前的水平线，这使得整个府邸的形象在视觉上发生了根本的改变。

（四）院外建筑布局——相互毗邻的独立闭合空间

张学良旧居院外建筑包括赵一荻故居、办事处旧址和边业银行楼房。这些建筑在旧居院外的东南边依次呈半环状分布，以相互毗邻、独立闭合的方式，与院内建筑产生共生关系，共同构成了一个有机的整体。

赵一荻故居位于张学良旧居大院的东墙外，有一巷之隔，占地面积547平方米，建筑面积428平方米，是一座体量小巧、坐北朝南的赭红色二层小楼。其四周围以赭红色、粗肌理的水泥罩面院墙，仿佛是一座独立的城堡或庄园，静谧而安详。其院门朝南，通过东院东大门与院内建筑发生联系。

办事处旧址是由张作霖主持修建的，位于旧居正南偏东的位置，紧邻沈阳古城的南城墙根。它是一处回形建筑群，占地面积3291平方米，建筑面积2996平方米，由主楼和东西两侧各十余间拐角式平房组成，主楼坐南朝北，北侧以实体墙上加铁栅栏连接拐角房，正北开院门，形成相对独立的闭合空间。其主楼采用对称、规整的平面布局形式，地下1层，地上2层，局部3层。主入口在北侧，从7级台阶进入庭院，与院门相连。在东西两侧楼梯处，另设两个辅助入口，作为对外交通疏散之用。正对主入口设二层高的营业大厅，四周一、二层的房间上下对正，均围绕营业大厅设置并向大厅开门，二层设有跑马廊。在第三层的四角处有4个房间和屋顶花园相通。

办事处旧址原来作为对外营业的公共建筑，采用青砖砌筑，保持了与旧居中院、东院建筑色彩的统一。且其门面朝北，入口位于进入张学良旧居的横街和纵街的交叉处，以附属建筑的形式与旧居主体建筑融为一体。

新边业银行位于旧居院外东南角，东临朝阳街，南邻办事处旧址，西北临赵一荻故居，西与旧居花园一巷之隔。占地面积3700平方米，总建筑面积6800平方米，建筑采用红砖，为钢筋混凝土结构，地下1层，地上2层，局部3层，是一座体量庞大的单体建筑。

新边业银行的内部空间不像办事处旧址那样围绕营业大厅布置房间，而是留出空间在建筑中形成内院和天井。各功能房间都采用周边式布局或围绕院落及天井布置，保证了房间的良好采光，并且房间在走廊单侧，走道也可以自然采光。该建筑虽然设有若干天井，但上部都用玻璃封顶，既不影响采光，又能防止形成冷空气拔风。建筑整体显得厚重而体块分明。各功能房间围合出的四个空间院落，既是交通空间，又丰富了建筑层次，还保证了银行的私密性与安全性。

边业银行在建筑高度的处理上也很有特色，整幢建筑自东向西依次为三层和二层，高度依次递减，这样，既不影响张学良旧居的天际线，避免了此处建筑气势压过旧居建筑，又在临街处突出了该建筑，也强化了它作为公共建筑——银行的开放视觉。

二、张学良旧居的建筑风格

张学良旧居拥有风格各异的六组近代优秀建筑。其中，中院三进四合院是中国传统建筑，大开大合、精美绝伦；东院大青楼是中华巴洛克式建筑，气势恢宏，为西式风格，中国传统文化融入其中；花园内中国传统假山、亭榭与西方几何形路径相互映衬，别具韵味；"园中花厅"小青楼，亦中亦洋，秀丽典雅，犹如花园中一颗耀眼的明珠；欧式风情的红楼群、边业银行等，布局严谨，充满古典浪漫情怀。细细观赏这些建筑，不但可以体味不同风格的建筑之美，还可以感受历史的沧桑变迁，人间的悲欢离合。

（一）中院——中国传统式建筑

张学良旧居中院三进四合院是采用传统的抬梁式木结构，使用北方传统青砖、筒瓦等建筑材料营造的仿王府式建筑，属于典型的中国传统建筑。它坐北朝南，按照中国风水学说建在正偏东方向，呈"目"字形，左右对称，前低后高，尊卑有序。"前政后宅"，内外有别，充分体现了传统的礼教精神。四合院高墙深院，与外界完全隔绝，不仅能保证整个家族人员的安全，更重要的是它迎合了中国传统的生活方式。高墙之内，以院落为中心形成家庭公用的活动空间，在与外界隔离的自家院落中，家庭成员自由往来，共享天伦之乐。

三进四合院的房屋都是硬山式建筑，分为七架梁（七檩无廊），如一进院的房屋；八架梁（八檩前廊），如二、三进院厢房和三进院正房；九架梁（九檩前后廊），如二进院正房等三种形式，且以八架梁、九架梁为主，建筑面阔、进深与举架尺寸较大，整个房间显得宽敞明亮。所有房屋均由台基、屋身和屋顶三部分组成，各部分按一定比例设计，以求视觉上的美感。屋身由柱子、梁枋和门窗组成。所有的柱、梁、额、桁、枋、拱等构件在满足了结构和功能本身要求的同时，也兼具装饰的作用。例如墙壁上的柱子，被漆成红色，外露而不隐藏，与屋外的廊柱形成呼应，营造出完美的室外景观。

在建筑工艺方面，三进四合院建筑用料讲究、制作精细。青砖砌筑均采用磨砖对缝技术，廊柱均有鼓式础石（多数有雕刻），陡板石砌筑严丝合缝，砖、木、石雕工艺精湛。尤其是二、三进院，屋地面、回廊地面、庭院地面都采用金砖墁地法铺设；抄手游廊下台基用金砖和阶条石铺就，台明均为精致陡板石砌成，严丝合缝；石雕作品以组画的方式装饰在正房建筑的槛墙上，厢房槛墙用经过严格打磨的大方砖贴面。整个院落在红柱、鼓形础石、额枋彩绘、金砖墁地、石制台基的映衬下，给人以清爽别致、幽静典雅的感觉。

三进四合院是以青砖、筒瓦、照壁、廊柱、磨砖对缝工艺以及大量的砖雕、木雕、石雕及彩绘等中国建筑的传统处理方法建造而成的，是清末民初东北四合院建筑的经典之作，代表了当时的最高水平。

（二）东院——中西合璧式建筑

"中西合璧"是指既有对传统文化的继承，又受外来文化的影响，两种文化相互交织而错综复杂，互相渗透而彼此相融。张学良旧居中西合璧式的建筑风格典型地反映在东院建筑上。

其中，小青楼是一座以"中式为主，西式为辅"的中西合璧式的典型建筑。该楼为两层硬山起脊的八檩前檐廊建筑，屋架结构采用中国传统的抬梁式，青砖砌就，屋顶铺设灰瓦。内部空间划分套用东北民居"明间进入、两侧口袋房"式布局，楼的正面为五开间分隔，其朱漆门柱、雀替、门楼、青筒瓦和举架式木结构，以及墙体砌筑工艺，都是中国传统的处理手法。而"凹"字形平面布局、石材窗台、枭混线条、宝瓶式外廊栏杆、砖砌拱窗及镇石窗罩等装饰又都是西洋式的处理手法。同时，砌口正中上方的镇石等设计形式是西式的，而艺术内容则是中式的。

因此，尽管小青楼着力模仿西洋形式，但受本地材料与技术所限，仍采用本地传统的砖木结构。其传统工艺制作的砖雕纹饰，砖砌腰檐、水平线带、叠涩拱券窗装饰壁柱，既充分体现了本地工匠的高超技艺和聪明才智，也反映了建筑主人对外来文化的主动吸纳。

与小青楼同时规划修建的花园，也呈现了中西合璧的特色。其中的假山、凉亭、荷花池等，是中国传统的造园艺术，而几何形的花园路径，则完全是西方的构图方式。

与小青楼以"中式为主，西式为辅"的建筑风格不同，建成于1922年的大青楼，是以"西式为主，中式为辅"的典型实例，属于中华巴洛克式建筑，即在罗马复兴风格的基础上融入中式建筑符号，包括楼的外立面及内部个别空间均采用了中式的装饰。

大青楼外观中的柱式、宝瓶栏杆、三角形山花、拱券型和椭圆形的门窗洞口、叠涩线角、阳台与露台的设置都为典型的罗马复兴风格。楼体呈三段式结构，正面中部两壁柱中间呈分段式，依次为一楼的拱券门洞、二楼的拱券门、三楼的椭圆形天窗，以此线为中心，向两侧对称均匀分布竖向窗洞，使整个大楼在豪华、厚重之中增加了挺拔之感。

虽然大青楼呈现出诸多典型的西式建筑特征，但西式建筑中所采用的大量石材，在此处却并未出现。大青楼仅在外墙的局部位置为充分表达其西洋形式使用了混凝土，而其他部位皆为砖木结构。建筑的承重体系，包括梁柱、楼地面、屋架、楼梯等仍为中式惯用的木构做法。只是以木梁架去适应非本土习惯的分间方式，将抬梁屋架改成了受力更为合理的西式三角形屋架。

在装饰艺术方面，大青楼充分体现了中西文化深层交融所取得的成就，室内装饰以西式木吊顶、木墙裙、瓷砖墙裙、壁炉为主，敷以中式壁画、天井天花等。楼的拱形门柱及正面两侧立柱则很特别地用水泥制作的中国花鸟画的图案来装饰，增加了大青楼中国传统文化的元素。

总体来说，张学良旧居的东院建筑，从小青楼到大青楼体现出了一种技术上的进步和美学观念的变化，加之该院落的建筑组合丰富，空间多变实用，设计先进，施工精良，体现出了较高的艺术品位，使得这处建筑成了沈阳近代建筑中的精品。而秀丽壮观的大青楼，更是20世纪20年代沈阳盛行的西洋古典复兴样式潮流的先驱。

（三）西院——都铎哥特式建筑

都铎哥特式建筑因流行于英国都铎王朝而得名，是一种混合着传统哥特式风格和文艺复兴风格的新兴建筑风格，一开始多用于建造舒适的贵族府邸，随后陆续被民间广泛采用。

都铎哥特式的建筑，形体复杂起伏，保留了哥特式建筑的塔楼和雉堞。竖向构图，中间突出，两旁对称，又具有文艺复兴建筑的特点。凸起的骨架山墙，高耸的烟囱，丰富的装饰线角，排列随意的垂直竖框窗户，以及阔绰的露天庭院，构成了都铎哥特式建筑的典型风格特征。

都铎哥特式往往采用红砖建筑和三角形尖顶来诠释建筑的美感。其典雅庄重的外部造型、精致考究的内部装饰以及大尺度的空间等为特点的建筑风格，融合了对美好生活的追求，体现了英国贵族三百年优雅气质的积淀，展现着英式建筑独有的魅力。

张学良旧居西院红楼群采用的就是英国都铎哥特式的设计风格，并做了适当的简化。所有建筑均为红砖清水外墙，局部以混凝土饰面，红白相间，格调统一，体现着纯正的英式风情。建筑布局规整而活泼，设计手法成熟而高超，体量配合与细部构图都十分精彩。前面的东、西厢楼和1、2号楼用于办公，属于"前政"部分，其楼体造型相对简约规整、对称严谨；后面的3、4号楼用于居住，属于"后宅"部分，其楼体造型，无论是平面、立面还是屋顶部分，都显得层次丰富、自由活泼，充满了生活气息。

1号楼是"前政"部分最重要的建筑，立面为典型的纵横三段式的构图方式。在竖向上，一层为第一段，一层与二层之间以水泥线脚进行分割；二、三层为第二段，两层楼的窗户设计成一体的模式，整体看似一层，实为两层；屋顶部分为第三段。横向上，是通过突出中间，两侧对称的形式，将建筑分割为三段，且中间段造型特别，以三角形山花的形式高出建筑主体部分，在二层位置挑出露台，形成一层宽大凸出的门厅，不仅突出了入口的作用，而且体现了1号楼在前院中的主体地位。

位于1号楼前的东、西厢楼对称分布，平面设计略有不同，但立面处理基本相同，均为平顶，有女儿墙。两栋楼亦为纵横三段式的构图方式，其主入口都采用了两层通高的大门来强调入口，且窗户的装饰纹样及其他细部纹样处理与1号楼完全一致，也更加强调了1号楼的主体地位。

2号楼与1号楼相比，造型相对复杂，不再是三段式构图，不再是统一的三层和统一的门窗，也不再是完全的对称形式。其建筑的正立面入口处向内凹进，以二层挑出的阳台充当雨棚及丰富立面，突出主入口，不仅以老虎窗与山花装饰屋顶，显得灵活自由，同时以坡顶和平顶带女儿墙、两层与三层相结合的方式，既丰富了立面又灵活了空间。

3、4号楼用于居住，建筑形体复杂起伏，不再采用对称式布局，而是根据平面自由组织立面，尤其4号楼有点类似于联排别墅，有三个不分主次的入口。屋面陡峭的坡顶上不规律地分布着突起的老虎窗，品位高雅、形态动人。高耸的烟囱与塔楼错落有致地点缀在高低起伏的屋顶上，洋气十足，引人瞩目。立面的开窗尺寸较小，但窗口周围都有水泥装饰，使建筑显得厚重而不失精巧。在较为重要的部位上，常由两个或三个单窗组成造型复杂、线脚较多的复合窗或者连窗来增添建筑立面的自由度。3、4号楼的主入口和转角或是重要的山墙上，设置有形式多样的阳台，也使得该建筑立面更加丰富与活跃。

红楼群的建筑装饰具有当时最流行的西洋风气息，却在细节上又非常巧妙地结合了中式的传统构图。如2号楼大厅的天花吊顶，以中国斗拱的造型作为主体装饰素材，令人体验到强烈时代感的同时，一股浓郁的中国传统文化气息扑面而来，体现了设计者力图突破西方所流行的新古典主义的束缚，潜心于西为中用之路的开辟与探索。

（四）院外——各具特色的建筑

张学良旧居院外建筑包括赵一荻故居、办事处旧址和边业银行。这三处建筑风格各异，座座精彩。

赵一荻故居是东洋式即日式风格的建筑。较大而平缓的屋顶，紧凑的建筑布局都是日式风格的特点。此外，日式建筑通常用比较简洁的几何形组合出立体感十足的空间，无论在色彩功能或是造型设计等方面都比较推崇自然，强调自然主义。赵一荻故居便是这样一座二层的日式小楼。该建筑整体呈赭红色，水泥砂浆抹面，立面造型简洁，除了门、窗、墙身腰线等位置处有些许点缀，基本没有多余的装饰。东方的框架结构，与"人"字梁结合使用、坡度较缓的大屋顶，木板封檐，西式仰瓦，以及室内的日式拉门，均带有日式古典建筑的味道。屋顶挑出部分与室内舞厅天花上有"松鹤延年"的彩绘，并做成藻井的形式，又具有中国传统特色的装饰韵味，显得秀气而华贵。

办事处旧址与大青楼一样，都属于中华巴洛克式建筑，但它建成时间较晚，也比大青楼更多地体现了对西方建筑特色的吸收与融合。二者建筑的主体材料都为青砖，但办事处旧址更多地采用了西方的主要建筑材料——石材，楼体的表面局部为青砖直接裸露，更多的为石材饰面。主楼大门台阶两侧立有8根石柱，形成了柱廊式的空间以突出入口。办事处旧址四角塔楼女儿墙的处理方式以及中间哥特式钟楼的设计样式，都表达了十足的西洋味道，还有宝瓶式的栏杆、层叠的线脚、露台、牛腿、窗楣等均为西式的建筑装饰。

尽管如此，办事处旧址并未放弃中式的表现手法，而是将中式的元素都融入了西式的建筑之中。如入口处的柱子，整体造型为西式柱式，但柱头部分使用的却不是西方的雕刻样式，而是采用了近似梅花的样式；主体建筑的女儿墙，采用的不是宝瓶式栏杆，而是用青砖砌筑出十字花形的镂空，并以西式的方式进行分割。此类的融合在办事处旧址中屡见不鲜。

边业银行是向现代靠拢的欧式风格，且正立面和侧立面采用了完全不同的两种风格。其正立面为欧洲18世纪流行的罗马古典复兴的建筑样式，采用"横纵三段式"构图，横向三段是以六根爱奥尼柱式为中心，向两侧延展，突出中心形象。竖向三段式则是由高高的台基、爱奥尼柱及檐部和建筑的小爱奥尼柱所组成。在十级台阶上的门廊由6根直径为80多厘米的爱奥尼巨柱组成。巨柱贯通两层，由花岗岩雕刻而成，支撑着三层的出挑阳台部分。高大的柱廊给人以豪华和坚固之感，同时让人产生基业稳固和财富雄厚的感觉。三层挑台上有6根短小的爱奥尼柱式承托屋檐，柱顶饰花垂穗。门廊两侧也有平面化壁柱，正立面均由石材贴面。整个建筑严谨壮观，比例均匀。除明确的体量关系，正立面还考虑到了许多细部处理，在檐口、柱头以及上下两层窗间都有精美的浮雕花饰，在粗犷中不失细腻。一层的石材以及建筑转角的石材和窗楣窗套、檐口、线角，也表现了强烈的欧式风格。

边业银行的另外三个侧立面都是趋向于现代的简约风格。墙体使用清水红砖，除下部有高约1.6米的水泥罩面外，无其他装饰，基本保持了最简单、干净的建筑立面。窗户的排列是根据功能的需求，按照统一规格排布的。建筑的转角处采用了圆角的形式，这一点在沈阳的一批近代建筑中十分具有代表性。所有这些都可以认为是在向现代建筑过渡的一个过程。

三、张学良旧居在沈阳近代建筑发展中的历史地位

中国建筑的近代化普遍经历了从中国传统建筑的持续发展，过渡到对西洋建筑的简单模仿，再到中西建筑文化的结合并逐步成熟的几个阶段和过程。分期形成的张学良旧居十分典型地呈现出这几个发展步骤的阶段性特点。

沈阳近代初期，除了以英法传教士为媒介引进的个别对西洋教堂的模仿式建筑（如小南天主教堂）之外，大部分建筑仍延续着中式建筑的传统风格。中路三进四合院作为张学良旧居一期建筑正是这类建筑的代表。它承袭着中国礼制思想的内质，体现着东北四合院的空间形态，依附着中国地方性的建造技术和装饰手法，是同时期沈阳城内最具时代性、地域性与典型性特征的建筑。

后来，随着西风东渐，越来越多的"欧式建筑风格""欧式建筑片段"被引进到沈阳建筑之中。但沈阳不同于中国的其他地区，对西洋建筑的纯粹模仿和克隆仅限于一个十分短暂的时期和体现在极个别的建筑上面。从宏观层面上看，西洋风的影响最初是在建筑的局部，运用在最为表面和显眼的部位。比如仅作为院门或建筑正立面重点部位的装饰上。在沈阳，这类建筑被冠上了一个十分形象的俗称——"洋门脸"。此后，随着社会审美观进一步受西方文化的影响，西洋建筑的符号与片断，被集中而突出地汇录到一起，既不受限于西洋建筑原本的构图与组合规律，也不拘泥于其固有和严谨的柱式、制式、尺度与比例。这就是沈阳所谓的"中华巴洛克"。

无论是沈阳早期的"洋门脸"也好，中期的"中华巴洛克"也好，又都不排斥本土文化的渗透与植入。这既由于沈阳城的悠久历史与传统文化的长期作用，又由于东北地方当局对地方思想文化观念的自觉推崇。因此，这一时期的沈阳建筑实际上是一种不甚成熟的中西文化相互融合的结晶。张学良旧居的第二期建筑，如大青楼、办事处旧址等，恰是这一时期沈阳城内的典型代表。

在张学良旧居东院中，1918年建成的小青楼的设计手法与沈阳城内许多近代早期在中式传统建筑中局部套取西洋片段与符号的做法同属一宗。1922年建成的大青楼建筑又属沈阳城中当时盛行的中华巴洛克式建筑的代表作。以中式风格为主、融入西式做法的小青楼居南，以西式风格为主、融入中式做法的大青楼位于其后，从建筑的总体布局上来讲已完全打破了本地传统居住建筑的合院模式。小青楼前西式几何形路径的花园，大青楼前中式假山绿植以及东南角的假山、凉亭，亦中亦西、中西交错，总体布局体现出了沈阳近代建筑的一种文化演变。从"以中为主，辅以西法"的小青楼，到"以西为主，辅以中法"的大青楼，所反映的正是西洋文化进入沈阳近代建筑史由早期阶段到中期阶段的演进过程。

属于张学良旧居二期的院外单体建筑——办事处旧址和大青楼一样也属于中华巴洛克建筑，但因建成时间相对较晚，因此它比大青楼更多地体现了对西方建筑特色的吸收与融合。到张学良主持修建时期，随着对西方建筑技术和建筑艺术认识程度的提高，

设计者将中国传统建筑的布局理念、思想与西方建筑风格有机地融合起来，同时将中国传统的青砖改作从国外引进不久的红砖体系，兴建了红楼群和边业银行。它们是近代后期西洋建筑文化进入沈阳之后，经历了探索与提高的再创作过程而具有相当高设计水平的建筑代表作。

张学良旧居的这几个主要组成部分——中院三进四合院，东院小青楼、花园、大青楼，院外建筑——赵一荻故居、办事处旧址、边业银行以及西院红楼群的先后建成，体现了近代中国建筑的一种历史走向，即"中式—中西合璧式—新式"的发展过程，它浓缩了沈阳建筑近代化的历程，恰似沈阳近代建筑由初始到成熟发展全过程的缩影，代表了沈阳传统建筑向近代化建筑发展、演变的过程。在张学良旧居建筑群中，诸种风格的建筑组合在一起，各具特点，构成了一座近代建筑文化的博览园。这在国内也是绝无仅有的，对研究沈阳乃至东北近代建筑具有重要的参考价值。可以说，了解了张学良旧居建筑群的发展脉络，也就掌握了沈阳此时期建筑发展演变的主线。因此，它们既是历史发展的见证，也是沈阳建筑的精华。也正因为如此，张学良旧居建筑群能够跻身于全国近现代优秀建筑群之列。

参 考 书 目

陈伯超：《张氏帅府——沈阳近代建筑发展的缩影》，《城市建筑》2010年第12期。
刘兵：《沈阳张氏帅府建筑研究》，沈阳建筑大学硕士学位论文，2012年。
陈伯超、刘兵：《少帅府建筑考》（一）（二），《建筑设计管理》2019年第4、5期。

（裴丽宏　赵菊梅　张学良旧居陈列馆）

浅议几类智慧语音导览在博物馆应用现状

杨雅洁

内容提要： "博物馆热"的掀起带动博物馆职能由陈列展示向教育的方向转变，智慧语音导览作为观众到馆后最广泛接触的讲解途径在博物馆教育工作中扮演着重要角色。近年来随着科学技术的发展，智慧语音导览的形式也由传统的导览设备向智能手机导览方式转变。因此本文拟观察国内博物馆中几类智慧语音导览的应用情况，并在此基础上简要说明目前存在的不足和仍需改进之处，期冀未来博物馆智慧语音导览的发展能加深观众对博物馆的了解，打通彼此间沟通的桥梁，让博物馆真正成为人民的文化殿堂。

关键词： 智慧语音导览　博物馆　技术　观众

博物馆的智慧语音导览是指自助导览设备或基于智能终端的导览应用程序。近年来，由于科技与博物馆的融合，智慧语音导览以其携带方便、内容灵活和可扩展，愈发受到观众的青睐，成为博物馆公众服务的一个重要方面[1]。博物馆导览系统的另一个分支为人工导览讲解，与智慧语音导览相比，虽其面对面的讲解方式让内容更加生动且互动交流性更强，但随着博物馆的免费开放，人工讲解受人员配置的限制显然无法满足观众日益增长的导览讲解需求。因此，博物馆智慧语音导览面临着前所未有的发展机遇，各大博物馆也逐步在馆内推广应用智慧语音导览。现简要概述国内部分博物馆投入使用的智慧语音导览情况。

一、便携式语音导览器

语音导览设备第一次升级换代是从磁带播放机变为便携式CD随身听，之后MP3、MP4也应用其中。随着信息技术的发展，智能系统开始改变人们生活方式，也催生了语音导览系统的再次升级换代。基于RFID技术的语音导览系统开始被运用导览系统中，并被广泛推广，目前我国一些大型博物馆基本都使用了该导览系统。该系统是通过增加自动位置识别模块形成的一种智能导览系统，需要在博物馆内安装无线发射装置来帮助

1　吴彬、姚菲：《从博物馆语音导览系统发展谈成都金沙遗址博物馆智慧导览系统建设》，《文博学刊》2021年第2期，第74～81页。

导览设备完成对展品的定位，观众只需租借电子导览器、戴上耳机，便可获得自助式的语音及多媒体服务[2]。这类语音导览器最早在博物馆内投入使用，发展也较为成熟，多是由博物馆与相关语音导览设备公司合作完成，一方出讲解内容和导览方案，另一方出技术和设备，部分公司也会指派员工至博物馆协助设备租赁和维修。

便携式语音导览器一般将设备放置在终端机中保持充电状态，因此为确保观众能够随用随取，终端机在馆内的位置必须引人注目。目前国内博物馆多将此类自助导览设备放置在馆内观众服务咨询台一侧，方便观众能够第一时间租借设备。但考虑到无论是自助扫码租赁还是人工以押金的方式租赁，观众均需要在导览结束后归还设备，因此这一处置方式仅方便观众租借，但并未将导览后续归还服务纳入考虑。相较之下，南京博物院在游客中心、艺术馆正门、特展馆正门、历史馆二楼大厅均设有租借咨询台[3]，观众可以随时随地租借和归还，最大程度便利观众，这一做法值得借鉴。导览器如同产品，博物馆在向观众"推销产品"的同时，须同时做好售后服务才能在最后环节赢得观众好评。同时也应考虑到中小型博物馆在场馆面积、人员配置以及财政预算等方面受限，因此各博物馆应根据实际情况酌情增设导览器租借服务台或自助导览机。另值得注意的是，故宫博物院早在2015年和2017年针对两场特展的语音导览服务中，率先采用"先听讲解，之后自愿付费"的后付费模式，这种模式下的语音导览服务成为重要的观众信息收集方式，有利于持续完善语音导览服务，同时也提高了故宫整体社会服务水平[4]。

统观国内博物馆，在设备器形上一般可分为三种形式，分别为手持数字按键式、多媒体语音播放式和全触屏式。手持数字按键式导览设备一般采用随机点播的方式，观众可通过电话式的键盘，输入相应的编号，聆听所需内容，同时也可加载自动感应功能[5]，随着博物馆观众参观需求层次逐步提升和通讯科技的不断发展，这类导览设备已逐渐在国内大中型博物馆中减少使用。但鉴于其具有操作简单、准确且简明的优势，在部分博物馆用作盲障人士和老年人群体导览设备。例如包头市博物馆针对盲人的导览设备，设计一侧为显示屏，方便可以感光的盲人大概区分显示功能，另一侧则为四个按钮，分别是导览、导航、确定和SOS按钮[6]。多媒体语音播放式导览设备是将录制完成的导览词导入设备中，以馆内安装的蓝牙定位接收器定点播放语音讲解，观众只需戴上耳机，跟随既定线路参观即可。这一导览设备在各大博物馆中运用广泛，馆方往往只需在博物馆内投放自助导览机，观众扫码付款即可领取设备，全程无须额外配备工作人员。但需注意的是，这种导览方式完全由博物馆主导选择他们认为观众想要收听的展品，并为观众设计好参观路线，因此更适用于相较常设展览，规模更小且叙事性更强的特展。如吴文化博物馆针对每一次特展均会做新的语音导览内容，内容虽少但精，许多观众收听完均认为物有所值并积极预约配套的教育活动。全触屏式导览设备以其自主性

---

2 史慧倩：《浅析语音导览系统在博物馆中的应用》，《学理论》2015年第32期，第101、102页。

3 杜博凡：《上海博物馆和南京博物院自助式语音导览使用现状及效果研究》，浙江大学硕士学位论文，2019年。

4 闫宏斌：《论故宫特展语音导览服务的创新》，《博物院》2018年第6期，第102~106页。

5 肖昀：《论中国航海博物馆语音导览设置》，《湖南科技学院学报》2012年第1期，第62~64页。

6 赵云彦：《包头市博物馆盲人导览系统设计研究》，《长江丛刊》2016年第26期，第142、143页。

更强的特点越来越受观众青睐，其外形类似智能手机，在播放语音导览的基础上增设可触屏幕，观众通过触屏方式自主选择想要获取的信息。苏州博物馆使用的全触屏式导览设备有自动触发播放和手动选择播放两种模式，屏幕上随着观众在馆内移动实时显示其位置信息，并对周边展品和基础设施如卫生间、楼梯、商店等均有标记。除此之外，对于正在讲解的展品，观众可以通过点击屏幕图片多视角察看文物详情。金沙遗址博物馆更是针对重点文物推出三维模型展示、增强现实技术、360°全景展示、动画视频等多媒体资源，观众可以通过交互式导览获得多感官、多角度、全方位、立体式的博物馆参观体验[7]。南京博物院还创造性地提供Ipad mini作为导览设备，除提供语音导览、图片、视频和文字信息外，还可在一定程度上实现交互操作。

然而无论何种形式的便携式语音导览设备，目前在使用体验上均存在定位不准确、展品蓝牙触点过于密集导致讲解内容反复横跳的问题。针对该情况首先需加大技术改进力度，在馆内搭建定位传感系统，提高展品定位精度。其次还需有针对性地组合展品定位，例如于2021年9月投入运行的苏州博物馆西馆在语音导览系统上全面升级蓝牙定位技术并实现控制定位误差在两米以内，然而由于展厅中文物摆放相对密集，虽定位精度提高，但导览效果并不理想。因此可以考虑从叙事的角度将同一展柜或相邻展柜内的文物串联讲述，仅对其中一至两件文物设置蓝牙触点。如此一来，既能避免导览反复横跳，又能确保讲解内容仔细全面，同时串联式讲述也能帮助观众加深理解展览内容和展品信息。

二、智能手机语音导览

便携式导览虽然已发展出全触摸设备，相较以往自主性更强，但其最终仍需依赖博物馆馆内的蓝牙定位技术向观众传递信息，无法真正赋予观众随心观展的权利。智能手机的普及让博物馆在导览方式上找到新方向，仅仅通过手机，就能让观众全面了解博物馆并满足语音导览需求，不仅免费便捷，甚至还能实现足不出户观展。智能手机语音导览发展至今，虽时间不长，但已依托智能手机延展出三种主要导览方式，分别为二维码扫描听展、博物馆微信小程序以及博物馆APP平台。

扫描二维码听展为各大博物馆广泛使用，观众仅需掏出手机，扫描展示柜贴示的文物介绍二维码即可收听讲解。这一方式的实现是先将博物馆展览中的展品信息资源整合并创建微信素材，再将素材转换为二维码，观众通过线下扫描二维码即可快速获取展品信息[8]。在随后的发展中，这一方式也与博物馆微信公众号不断整合，例如上海博物馆将二维码扫描端设置在其微信公众号中，观众须进入公众号才能对文物二维码进行扫描，虽操作稍显复杂，但同时也将扫描内容由音频扩充至图文并茂，增加观众可获取的

7　吴彬、姚菲：《从博物馆语音导览系统发展谈成都金沙遗址博物馆智慧导览系统建设》，《文博学刊》2021年第2期，第74～81页。

8　孙奇：《"微信+二维码"导览在中小博物馆展览信息服务中的应用》，《无线互联科技》2019年第9期，第142～144页。

信息。扫描二维码听展只需馆方将二维码对照相应展品，张贴在显眼处，由观众自主选择需要讲解的展品。因此无论在技术上还是成本上，对博物馆限制较少，并在一定程度上满足观众完全自主化导览的需求。除此之外，移动支付的普及让这一操作也变得十分简单，对老年人和小朋友均较为友好。但二维码扫描的方式在体验感上较为机械，一个接一个地扫描最终会让观众丧失耐心；在内容深度上，每个展品的单独解说导致博物馆展陈的故事脉络不清晰，无法让观众了解展品陈列在此的意义。因此扫描二维码听展只能作为博物馆语音导览系统的辅助形式存在，为观众提供另一种导览选择。

微信公众号或微信小程序目前正成为博物馆对外宣传的主要阵地，博物馆借此平台创建参观预约、观看展览、聆听导览、预约活动、观众留言等板块，全面覆盖观众参观前、参观中和参观后三个阶段。例如南京六朝博物馆在微信小程序设五大板块，分别为微信扫码定位文物、展品导览、文创商城、收藏转发和排行榜功能，其中展品导览页面又分成展品信息、文献参考和用户评论，排行榜功能则是根据参观次数，收听讲解次数，点赞次数和评论数的值按一定权值计算作为热度排序[9]。

单就语音导览这一板块来讲，通过查看国内各博物馆微信公众号或小程序实际情况，可主要分为三类。第一类以上海博物馆和南京博物院为例，由博物馆事先将展品编号，观众在公众号消息栏中输入展品对应的编号即可弹出链接或图文、音频内容。该类型与扫描二维码听展的原理相同，只不过将展品二维码换成编号，获取方式由扫描二维码转变成输入编号，因此其优缺点不再过多赘述。第二类是以常展和特展中的展厅为单元，点开每个单元又细分至每一个重点文物进行讲解。该类型与便携式语音导览器相类似，均由博物馆提前为观众规划好参观路线，但不同的是手机导览不受蓝牙定位的限制，观众可以根据智能手机上的图片和文字找到展厅中对应的展品，点击播放即可。并且手机的联网功能使得其导览功能远比讲解设备更加强大，如成都博物馆针对常设展览的每一个展厅均设置有2～4个讲解版本。以位于二楼的"成都历史"展厅为例，分别设有免费的普通全程和简易全程讲解以及博物馆特邀讲解人的收费讲解三个版本供观众选择。不仅如此，在讲解页面还针对性地设置文创、评价、提问、推荐模块，观众既可通过观看评价选择适合的讲解版本，又能通过留言提问的方式向博物馆工作人员提出建议，与其他观众交流心得，实现三方良性互动。第三类则完成博物馆导览由2D向3D的转变，不仅实现观众足不出户就能观展，还能协助首次到馆的观众消除陌生感，真正享受观展旅程。首先是各博物馆开始在公众号或小程序内设置"全景漫游"模块，如苏州博物馆、金沙遗址博物馆、成都博物馆等，采用观众视角，以实景模式带领观众参观博物馆全貌，全程播放速度平缓，配以舒缓音乐，对屏幕中展示的场景，观众可自由点击了解详情，满足双重感官。其次部分博物馆已实现展厅3D语音导览，一改以往观众拿着图片找展品听讲解的情况。打开金沙遗址博物馆微信公众号，点击线上观展栏目内的云观展平台，观众就可以自行选择针对馆内现有展览打造的VR导览，全程由数字卡通人物"小精灵"带路，并对重点文物设置跳动的图标提醒观众此处是讲解点，博物馆还在页面贴心标出观众针对展品最常见的几点疑问，观众点击问题就能获得答案解说。通

9　王敏：《博物馆微信小程序导览平台建设与思考》，《信息化建设》2018年第2期，第51～54页。

过VR导览，观众置身展厅仅需一个手机，就能愉快的享受一场免费但高质量甚至可与人工讲解相媲美的讲解服务。

如今智能手机内存越来越大，但下载的软件、文件、数据也越来越多，大多数人仍表示内存不够用，所以博物馆APP想在观众的智能手机中占据一席之地显然并非易事。查看相关博物馆APP的下载量，最多不超过1000人次，因此使用APP进行语音导览的观众更是少之又少。背后成因或为以下几点，第一，目前国内的博物馆APP实际上更像是微信公众号或小程序的放大版，功能基本一致，相较两者观众必然选择使用更方便、占用内存更小的后者。第二，即使是集多家博物馆于一体，意在打造为观众提供最全面博物馆信息的"云观博"APP至今也仅做到将博物馆的馆藏文物信息向大众展示，远未达到预期效果。观众无法从中获取想要的信息自然会产生失望之感，不再下载。第三，许多观众将博物馆与旅游景点划等号，可能一辈子只参观一次，而下载博物馆APP不仅占内存还耗时间，除此之外还不能提供更多服务，自然不愿下载。因此想要通过博物馆APP拓宽语音导览渠道仍需继续努力。

三、AR眼镜导览

AR是增强现实技术的缩写，最早在军事、医疗、工业等领域使用。随着AR技术的成熟，2014年国外博物馆开始将AR眼镜运用至博物馆导览中。观众佩戴上AR眼镜，只需开口发布指令即可，且在视觉上也较VR技术更逼真，更立体，如同戴上3D眼镜参观文物，同时还能用手转动3D建模文物，观察每一个细节。

目前AR眼镜已在国内少数博物馆的指定展厅中使用，如苏州博物馆的《城市与帝国——大英博物馆珍藏古罗马》文物展、成都博物馆的《中国皮影展》和《人与自然贝林捐赠展》等。观众通过佩戴十分轻便的AR眼镜，跟随视角变化的动态图像，利用图像识别功能就可自动识别展出的展品，在屏幕上浮现展品的相关信息，传统的语音解说也包含在内，同时还可以播放与展品相关的视频信息。[10]由于AR眼镜导览对技术要求较高，成本也较前几类语音导览更高，所以其在博物馆的推广应用并不普遍，但作为未来的导览发展方向，AR眼镜的普及是必然趋势。

四、总结与思考

随着博物馆观众的整体素质越来越高，想通过参观博物馆达到学习目的的愿望也愈加强烈，其中导览讲解是观众获得博物馆教育体验的最有效途径，而人工讲解服务自身的局限决定了博物馆智慧语音导览建设的急迫性。通过上述分析可知博物馆智慧语音导览建设在介质上经历了由导览器向智能手机的转变；在表现形式上经历了由图文、音频向三维立体环绕的转变；在技术上也实现AR增强现实技术的飞跃。但无论何种语音导

10　翁林伟：《AR技术在博物馆展呈中的应用——以良渚文化为例》，《家具与室内装饰》2019年第12期，第15～17页。

览方式，在今后的发展和建设过程中，仍需注意以下几点。

首先，"智慧"二字与技术息息相关。对于便携式语音导览设备，需加强蓝牙定位的精确性，提升观众体验感。针对智能手机语音导览，一方面，需加快博物馆Wi-Fi尽早实现全覆盖，确保观众联网畅通。另一方面，应提高网络安全风险意识，加强博物馆网络安全建设，尤其导览二维码、博物馆APP、微信跳转小程序等均存在安全隐患，应在平时做好病毒、钓鱼网站查杀力度，避免陷入网络病毒风险。除此之外，烦琐的操作步骤和庞大信息量是劝退观众使用导览设备的重要原因，因此涉及博物馆微信公众号、小程序和官方APP的页面应简洁明了、观感舒适，各项功能也应尽可能做到一目了然，语音导览设备界面也应化繁为简，突出重点，直奔导览主题。

其次，语音导览的目的在于让观众认识展览目的，了解展品背后的意义，并非博物馆单方面向观众灌输知识，参观者被动接收信息。因此在策划语音导览内容前理应做好观众调研，全面了解观众的真实导览需求。调研内容包括但不限于观众信息、观众使用情况和使用意愿、导览过程中常遇到的问题、观众偏好导览形式、观众想从展览中获取何种信息。调研方式可采用问卷和留言两种。问卷调查不仅包括定期向馆内观众发放问卷，收集信息以用作后续分析，还可以在导览设备、微信小程序、微信公众号的页面设置电子问卷供观众填写。留言则可在导览的环节进行，博物馆工作人员通过浏览观众之间的互动留言了解观众内心的真实感受。

最后，优质的内容才是决定语音导览是否被观众接受的关键。博物馆参观人群的多样化决定了语音导览也需设置不同版本以满足观众需求。大多数博物馆的语音导览分为中英两版，但除了增加不同语种的导览，博物馆还可以根据实际情况增设方言版导览，不仅能让本地观众感到亲切，还能让其他观众感受方言的魅力，帮助弘扬地方文化。分众化语音导览也是广大观众的强烈诉求，尤其教育改革鼓励青少年走进博物馆，了解和感知优秀的传统文化，若讲解内容过于专业，则在很大程度会让青少年望而生畏并失去学习的兴趣。因此针对青少年版本的讲解词应以趣味化为主，重在挖掘背后的故事而非科普知识，成人版本的讲解词则可以科普知识为主，重在拓展观众的知识面。

（杨雅洁 苏州博物馆）

儿童博物馆可持续发展路径探索

——以路易斯安那州儿童博物馆和儿童玻璃博物馆为例

曾睿妍

内容提要： 儿童博物馆是通过展览和活动调动儿童探索、学习的兴趣和满足儿童成长需要的中心。我国儿童博物馆数量少，建设和发展仍有较大的空间。通过对中美两个儿童博物馆的选址与展示等进行分析，从建筑选址、陈列和服务三个方面，阐释了儿童博物馆可持续发展路径的实现。在此基础上，为国内其他儿童博物馆如何更好地贴近儿童日益增长的学习、成长、探索需求进行了讨论，以期为推动儿童博物馆可持续发展提供借鉴。

关键词： 儿童博物馆　可持续发展　路径探索

儿童是世界的探索者，是民族发展的希望，儿童博物馆是通过展览和活动调动儿童探索、学习的兴趣和满足儿童成长需要的中心。在当前城市化建设的过程中，儿童博物馆建设也愈发受到重视，新建或者改造提升后的儿童博物馆竞相开放。在新的时代背景下，儿童博物馆如何立足儿童视角，兼顾"展示功能""教育功能"，实现儿童博物馆的可持续发展，成为博物馆从业者需要面对的一个重要问题。

一、理论阐释：儿童博物馆与博物馆可持续发展

2022年国际博物馆日的主题是"博物馆的力量"，阐释为"博物馆有能力改变我们周围的世界"。博物馆的力量，正在以前所未有的活力爆发。儿童作为博物馆日益扩大的观众群体，也是博物馆建设及展览活动设置所考虑的重点对象。儿童常常被视为在展厅里嬉戏打闹的"熊孩子"，但这并不是博物馆该拒之门外的理由，实际上，21世纪的教育工作者们发现"儿童不仅不是幼稚无知的，相反，他们具有惊人的认知能力，是非常出色的学习者"。

"儿童博物馆"的概念最早诞生于美国，美国儿童教育博物馆协会（Association of Children's Museums）认为，儿童博物馆是专为儿童的需求和兴趣服务的机构，通过提供展览项目和教育活动来激发儿童的好奇心、创造力和学习兴趣。我国学者金鑫、杨梦萍则认为，儿童博物馆是以儿童为主要对象，为其提供体验自然、社会、文化和科技的

场所，它是一个扩展感官体验，刺激想象力，儿童能自由交换意见的寓教于乐的教育设施[1]。简言之，儿童博物馆是以儿童为中心，服务于儿童的社会教育机构。世界上第一所儿童博物馆在1899年诞生于美国纽约，而直到20世纪90年代中期，我国第一所儿童博物馆——上海儿童博物馆才问世，中国儿童博物馆的起步还是比较晚的。直到目前，中国登记在案的儿童博物馆数量仍很少。讨论当前中国儿童博物馆的建立以及可持续发展很有必要。近年来，我国博物馆越来越重视面向儿童的服务，儿童博物馆的建设也如火如荼地展开。

随着博物馆学的理论不断成熟，博物馆的建设愈发完善，博物馆可持续发展理念成为学术界的讨论焦点。多数学者认为博物馆的可持续发展是博物馆高质量建设的发展目标，更好地满足公众需求和提升社会公共价值[2]。为了实现博物馆的可持续发展，努力的方向包含其运作的各个领域，既包含了博物馆的硬件设施，也包含博物馆的展览及活动举办。只有实现博物馆的可持续发展，才可以实现博物馆绿色、低碳发展，盘活博物馆内部资源，实现科学研究、建设运营、教育传播的可持续发展目标的实现[3]。儿童博物馆作为博物馆建设中的新兴力量，发展仍有很大的潜力，也是落实博物馆可持续发展的重要场所，儿童博物馆应将可持续发展理念置身于工作活动之中，更好地满足儿童需求、提升社会服务价值，让儿童博物馆不仅仅成为城市的一座建筑，而是成为儿童接受学习教育和探索知识的乐园。

二、美国路易斯安那州儿童博物馆：绿色环保、儿童视角

路易斯安那州儿童博物馆创立于1986年，2019年博物馆从位于新奥尔良市中心的旧址迁至城市公园内，新建的博物馆旨在为更多的家庭提供支持，引导人们积极地看待人类与自然的关系，希望能打造一个富有"儿童视角"的博物馆。博物馆涵盖着室内和室外的展区（图一）。

（一）建筑设计

儿童博物馆位于公园内中心位置。考虑到飓风等恶劣天气的影响，将博物馆建在高出防洪水线约5英尺的桩基上，并利用桥梁、花园和湿地景观更好地融合了室内和室外体验。两座博物馆建筑由玻璃栈连接，其走道设计综合考虑了可持续性和韧性（图二）。户外游戏空间包括一个漂浮在船艇上的教室。大约三分之一的新建筑面积用于展览和户外游戏，可以让人们在湖上开展各种活动，并从不同的角度欣赏陆地，鼓励孩子亲近水和大自然，享受与自然的互动。

---

1 金鑫、杨梦萍：《博物意识下的儿童科学探究学习及支持策略》，《陕西学前师范学院学报》2018年第4期，第6~8页。

2 张景岷：《博物馆可持续发展路径初探》，《文博》2021年第2期，第108、109、84页。

3 周慎、吕晨欣：《可持续发展的博物馆：内涵、实践及建设路径》，《中国博物馆》2022年第4期，第57~62、127、128页。

图一　路易斯安那州儿童博物馆全景

（图片来源：路易斯安那州儿童博物馆官方网站https://lcm.org/2023年1月18日）

图二　路易斯安那州儿童博物馆室外栈道

（图片来源：路易斯安那州儿童博物馆官方网站https://lcm.org/2023年1月18日）

室外钢材支撑结构主体为嫩绿色，设计者希望通过颜色唤起植物新芽的想象，嫩绿色同时与周边的湿地环境相呼应，为孩子们提供一个清新的游览环境。钢材结构中间的照明灵感来源于萤火虫，对游客起路线引导作用，且萤火虫设计与整体湿地环境相呼应，且元素设计充满童真，趣味性十足。

（二）陈列设计

路易斯安那州儿童博物以水为主题分为主要七大展区，分别是"与我一起玩耍"、"深入大自然"、"跟着食物走"、"留下你的印记"、"随流而动"和"户外探险"（图三）。

图三　路易斯安那州儿童博物馆活动界面

（图片来源：路易斯安那州儿童博物馆官方网站https://lcm.org/2023年1月18日）

每个大的展区下都有与展区相关的活动开展，博物馆设施也从"儿童视角"出发，考虑到了儿童的身高和操作性，活动开展的覆盖面不仅考虑到了低龄儿童的参与性而且涉及以家庭为单位的互动。除了六个基本展区外，还开展了主题多样的节日活动和社区活动，活动也随着时间不断更新，像是10月就有拉丁舞表演、家庭民俗日、社区慈善项目、小踩脚表演、西班牙裔传统月表演（图四）。

图四　路易斯安那州儿童博物馆日常活动开展

（图片来源：路易斯安那州儿童博物馆官方网站https://lcm.org/2023年1月18日）

为了让低龄儿童也能参与进博物馆互动中，路易斯安那州儿童博物馆更开设了触摸感知活动。低龄儿童通过可触摸教具，将获得更多感官体验，从听觉、触觉等各方面开发大脑（图五）。

（三）服务设计

博物馆场外的路标和场内的指示牌都采用了儿童视角的简笔画标识，更加贴近儿童的阅读能力（图六）。

儿童博物馆更加重视儿童的健康和安全问题，对于健康和安全条例的制定，博物馆有严格的标准。日常做好儿童触摸设施的定时清洁消毒，从场馆内的空气过滤系统保证观展环境，并且提供相关的母婴基础设施（图七）。此外，博物馆有完善的网站页面，包含订票、活动举办等详细信息，便于参观者提前了解参观信息。

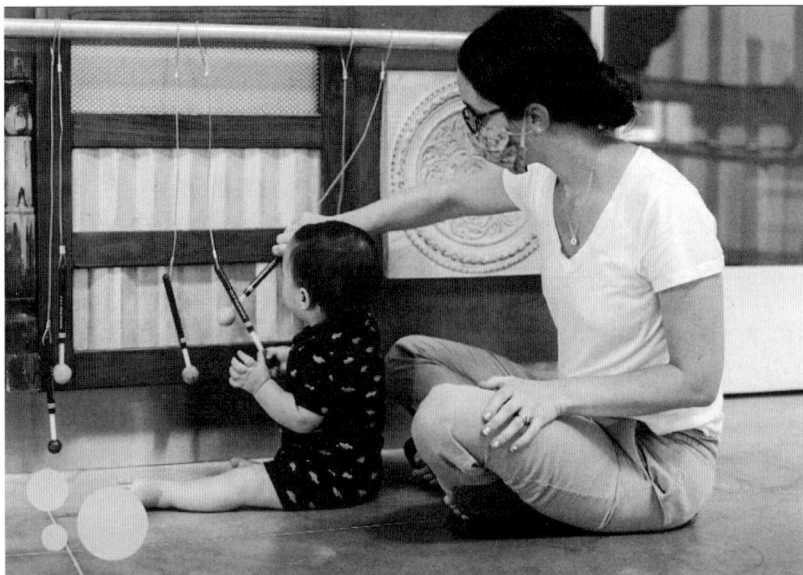

图五　幼儿与家长参与感官体验活动

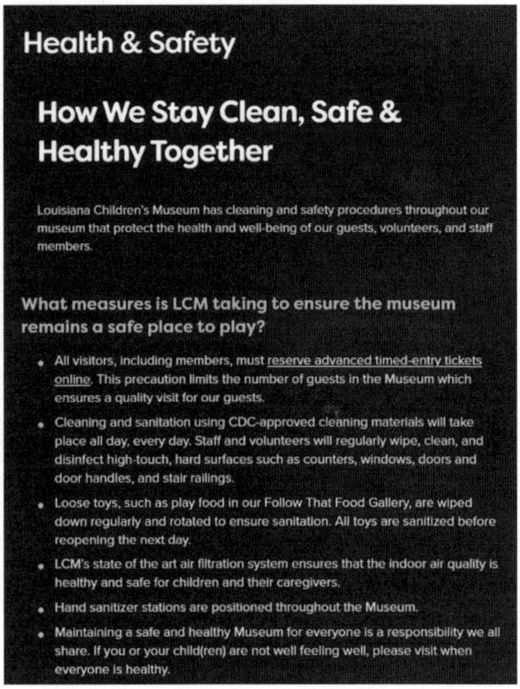

（图片来源：路易斯安那州儿童博物馆官方网站https://lcm.org/2023年1月18日）

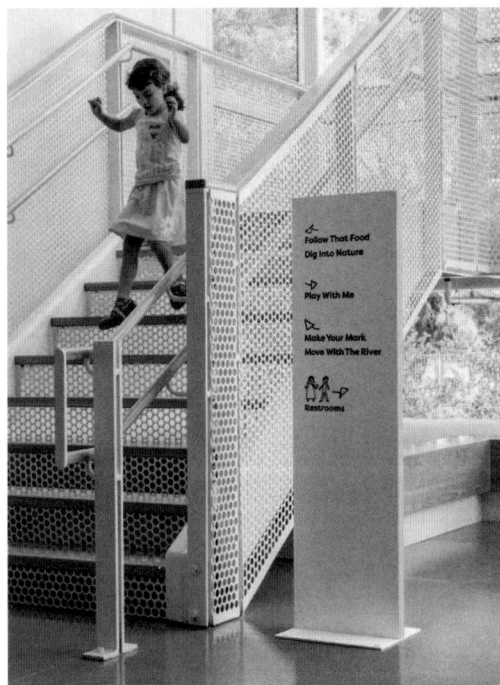

图六　儿童简笔画标识

（图片来源：路易斯安那州儿童博物馆官方网站https://lcm.org/2023年1月18日）

Health & Safety

How We Stay Clean, Safe & Healthy Together

Louisiana Children's Museum has cleaning and safety procedures throughout our museum that protect the health and well-being of our guests, volunteers, and staff members.

What measures is LCM taking to ensure the museum remains a safe place to play?

- All visitors, including members, must reserve advanced timed-entry tickets online. This precaution limits the number of guests in the Museum which ensures a quality visit for our guests.
- Cleaning and sanitation using CDC-approved cleaning materials will take place all day, every day. Staff and volunteers will regularly wipe, clean, and disinfect high-touch, hard surfaces such as counters, windows, doors and door handles, and stair railings.
- Loose toys, such as play food in our Follow That Food Gallery, are wiped down regularly and rotated to ensure sanitation. All toys are sanitized before reopening the next day.
- LCM's state of the art air filtration system ensures that the indoor air quality is healthy and safe for children and their caregivers.
- Hand sanitizer stations are positioned throughout the Museum.
- Maintaining a safe and healthy Museum for everyone is a responsibility we all share. If you or your child(ren) are not well feeling well, please visit when everyone is healthy.

图七　路易斯安那州儿童博物馆安全告示

（图片来源：路易斯安那州儿童博物馆官方网站https://lcm.org/2023年1月18日）

三、上海儿童玻璃博物馆：探索体验、可持续运作

儿童玻璃博物馆是中国唯一一座针对儿童设立、强调可触摸与互动探索的博物馆，这里就像一个充满童趣的玻璃之城，儿童是主角，玻璃是主题[4]。儿童在馆内探索的同时也可以学习到与玻璃相关的知识。博物馆的设计展现了一个以当代文化与教育为目的地的愿景，为儿童及其家庭提供了一个共同欣赏、参与艺术文化活动的平台。

（一）建筑设计

儿童玻璃博物馆2.0是为年轻观众打造的当代艺术与设计博物馆，整体建筑是由原有的玻璃工作车间改造而成，在保留原有空间韵味的同时，也让建筑空间设施得以循环利用。带有烧纸玻璃炉窑的大型工作坊空间，也更好地让儿童了解玻璃烧制的相关知识并参与玻璃的制作过程。儿童玻璃博物馆相关设计都是以可持续及健康理念为优先考虑，馆内大部分展览材料均采用可持续发展的材质，以倡导环境保护。在注重环保的同时，同样注重其安全性，将儿童的行为模式都被纳入考虑，例如展柜上的强化玻璃让孩子们能够站立、行走其上，甚至蹦跳。场馆不同于之前黑色为主色的基调，更改为主要是白色为底色并结合玻璃博物馆的吉祥物，整体设计充满活力（图八）。

图八　儿童玻璃博物馆内部

（图片来源：儿童玻璃博物馆官方网站http://www.shmog.org/visit/spaces/kmog/2023年1月18日）

基于健康环保的理念，在灯光设计上巧妙地主要采用耗电低、寿命长、高亮度的线条灯，柱子上用200瓦投光灯将顶棚打亮，通过漫发射从而使空间照度保持均匀，有效运用自然光去延伸室内空间的光环境。

4　Yvette coordination-asia：《儿童玻璃博物馆》，《设计》2015年第8期，第54～59页。

（二）陈列设计

博物馆将儿童的观展体验放在首位，旨在成为第一座以玻璃为主体、为儿童设计的当代艺术博物馆，让孩童独立自主地探索是参观体验的核心。陈列展览也重视和儿童观众的互动。玻璃博物馆的常设展览，围绕着一个寻宝游戏展开，展览由26个作品组成，每一个作品都对应着一个英文字母，观众们的任务就是找到这些作品上的字母，并在游戏任务手册中做上记号（图九）。

图九　儿童玻璃博物馆任务手册

（图片来源：儿童玻璃博物馆官方网站http://www.shmog.org/visit/spaces/kmog/2023年1月18日）

图一〇　儿童创意玻璃作品——"怪鸟"

（图片来源：儿童玻璃博物馆官方网站http://www.shmog.org/visit/spaces/kmog/2023年1月18日）

这些作品的设计以多种方式与观众产生互动，从关于玻璃的知识点到各种玻璃制作工艺的翔实呈现，孩子们将主导整个参展体验，进一步探索他们感兴趣的主题。在观展过程中，儿童有机会触摸展品进行互动。并且在儿童艺术展厅还展出了由孩子自己设计的玻璃艺术品，从孩子的视角展开策展叙事。小朋友天马行空的创作，由上海玻璃馆博物馆把这些创作变成真正的玻璃制品（图一〇）。

博物馆的其余活动多围绕着与玻璃相关的物理和化学实验展开，还有玻璃DIY活动以及与该社区周边的馆校合作。除此之外，博物馆还开展儿童公教"礼仪工作坊"，让儿童体验博物馆日常工作，将保护和修复展品的知识学以致用，从"理论派"成为"实践家"。让儿童了解展品的珍贵和脆弱，才能从心底里生发对展品的爱护之情，从而自觉遵守博物馆参观礼仪（图一一）。

（三）服务设施设计

儿童玻璃博物馆将遵循以儿童为先，因此博物馆相关设计都以可持续及健康理念为优先考虑。博物馆特别选用了有空气净化过滤效果的空调设备以确保孩子们在馆内拥有干净健康的空气环境。2320平方米的空间增加了休息区以供家长和儿童在观展中使用。多媒体区播放与玻璃相关的各种主题视频，涉及建筑、艺术、设计、音乐等领域，以动态的方式与儿童进行互动。考虑到儿童观展精力充沛，宽敞的空间为儿童提供了尽情嬉戏的场地，丰富的运动器材让孩子们在参观之余还能进行愉快的运动体验，充分"放电"（图一二）。

在儿童玻璃博物馆的微信公众号及小程序可以了解到博物馆的详细信息，还有与玻璃相关的科普知识，也可以在小程序上进行预定和报名活动等，信息页面和小程序设定较为完善（图一三）。

图一一　儿童玻璃博物馆儿童礼仪工坊宣传海报

（图片来源：儿童玻璃博物馆官方网站http://www.shmog.org/visit/spaces/kmog/2023年1月18日）

图一二　儿童"放电"区

（图片来源：儿童玻璃博物馆官方网站http://www.shmog.org/visit/spaces/kmog/2023年1月18日）

图一三　儿童玻璃博物馆微信小程序界面

（图片来源：儿童玻璃博物馆官方网站http://www.shmog.org/visit/spaces/kmog/2023年1月18日）

四、儿童博物馆的打造：中美儿童博物馆对比

相比于国外，特别是美国来说，中国儿童博物馆的事业发展相对落后，并且由于儿童博物馆多集中于一线城市，发展呈现地域不平衡的现象。儿童博物馆作为城市重要的学习教育场所，更是联系社区的纽带，因此想要建立可持续发展的儿童博物馆需要从儿童博物馆的建筑、陈列和服务等多个角度出发，通过发掘美国及国内儿童博物馆的成功案例，对比建筑、陈列和服务等多个方面，探讨可持续发展的途径。

（一）儿童博物馆建筑对比

在博物馆的建造方面，美国路易斯安那州儿童博物馆考虑到了社区博物馆的建设理念，将博物馆与建筑所在地自然融合，选用了浅灰色与嫩绿色作为基底色，使得鸟巢型的建筑呈现勃勃生机的状态，使用的建筑钢材及内部装饰材料等以安全环保为出发点，可持续循环使用（图一四）。

博物馆的灯光采用自然光与人造环保灯光相结合的设计，让儿童的活动不仅更加贴近户外，也让整体的灯光设计更加充满环保理念。在博物馆外的栈道外还设置了充满童趣的萤火虫欢迎灯，让儿童跟随着萤火虫的足迹来到博物馆的正门（图一五）。

图一四　路易斯安那州儿童博物馆建筑外观

（图片来源：路易斯安那州儿童博物馆官方网站https://lcm.org/2023年1月18日）

图一五　路易斯安那州儿童博物馆户外照明灯

（图片来源：路易斯安那州儿童博物馆官方网站https://lcm.org/2023年1月18日）

博物馆的内部固定陈列的设施也考虑到了以儿童的视角开展活动，比如模拟厨房的道具兼顾到了儿童的身高，考虑到儿童易磕碰设施的设计避免了尖锐面，突出安全性能等。

上海儿童玻璃博物馆正在进行更新，没有大体量地改变博物馆建筑的外观，仍是采用玻璃厂旧址作为场地，但在墙面颜色选择了明快的白色代替原有的黑色墙面，并结合玻璃博物馆原创吉祥物的图案装饰，更加凸显明快活泼感，让儿童在探索博物馆时有更多的想象空间。在内部光照的方面同样选择了自然光与人造环保光相结合，突出自然环保理念。博物馆内的材料也多选用了环保可循环材料，像是"环保洞洞板"，洞洞板除了可以作为固定桌面设施外，随着博物馆的装修改造还可以用作展画固定、收纳等多种作用（图一六）。

博物馆内儿童经过的玻璃栈道也选择了可以承受儿童奔跑跳跃的安全玻璃，在建筑设施方面充分考虑到儿童的好动天性（图一七）。

（二）儿童博物馆陈列对比

美国路易斯安那州儿童博物馆的基础陈列主要以"水"为理念延伸出六个主题，从

图一六　环保洞洞板

（图片来源：儿童玻璃博物馆官方网站http://www.shmog.org/visit/spaces/kmog/2023年1月18日）

图一七　玻璃栈道

（图片来源：儿童玻璃博物馆官方网站http://www.shmog.org/visit/spaces/kmog/2023年1月18日）

多个方面调动了儿童的感官，并且给予了儿童更多实践机会。基础陈列包括贴近大自然的漂流活动、制作当地美食、幼儿的感官激发活动、社区文化的传播以及安全的普及，大部分活动甚至可以以家庭为单位进行。在基本陈列方面除了考虑到7～15岁儿童的活动参与性，更考虑到了幼童的活动参与感，一些基础陈列活动通过声音、触摸激发幼儿的感官，让幼儿也有机会进入博物馆和感受博物馆（图一八）。

除了常见的节庆活动，路易斯安那州儿童博物馆的活动是以月为单位进行更新的，活动数量多，形式多样。例如，10～11月为万圣节主题活动。多数活动涉及该州当地的传统活动，并结合社区、学校组织开展。综合活动主题涉及多个方面，充满教育意义，并联合社区开展，紧密联系了社区，活动的综合反馈良好（图一九）。

上海儿童玻璃博物馆通过让儿童自主探寻"藏宝地图"上的26个字母，从而主动观赏和了解26件玻璃展品，让儿童在博物馆观展的过程更加自主（图二〇）。

图一八　幼儿感官活动

（图片来源：路易斯安那州儿童博物馆官方网站https://lcm.org/2023年1月18日）

图一九　阅读活动

（图片来源：路易斯安那州儿童博物馆官方网站https://lcm.org/2023年1月18日）

图二〇　儿童自主观赏展品

（图片来源：儿童玻璃博物馆官方网站http://www.shmog.org/visit/spaces/kmog/2023年1月18日）

儿童玻璃博物馆的展品为玻璃相关设计制品，展出的多数展品采取了儿童的"设计原稿"，以儿童的视角，还原并展示了他们的奇思妙想。在博物馆内的部分展品还可以触碰，尽可能满足儿童的好奇感和触摸欲（图二一）。

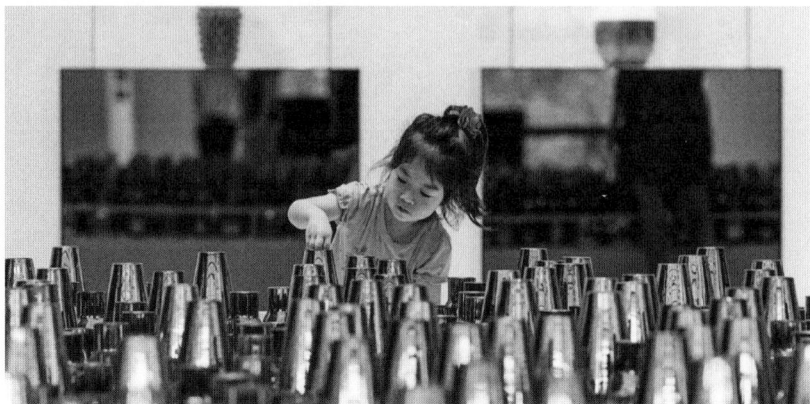

图二一　儿童触摸展品

（图片来源：儿童玻璃博物馆官方网站http://www.shmog.org/visit/spaces/kmog/2023年1月18日）

儿童玻璃博物馆开展的活动多是以玻璃为主题开展的物理和化学实验活动，或是联系当地小学开展的馆校教育活动，开展的活动与形式较为有限。儿童玻璃博物馆的年报显示，活动举办的主题及次数仍比较少，并且比较多集中于馆校合作。

（三）儿童博物馆服务对比

在基础服务方面，路易斯安那州儿童博物馆以保证儿童的安全为第一位开展相关的服务，博物馆内有空气净化器保证空气的洁净，并且对于儿童接触的设施都进行了严格、规范、及时的消毒。基础设施考虑到了使用群体，大部分的路标与指示牌都添加了儿童简笔画方便儿童阅读和理解。同时，为家长提供了方便泊车、休息区服务，以减少参观博物馆障碍。路易斯安那州儿童博物馆官方网站提供了便捷的基础陈列、活动预告等展览活动信息，页面设计充满童趣，可以及时了解到博物馆的详细信息（图二二）。

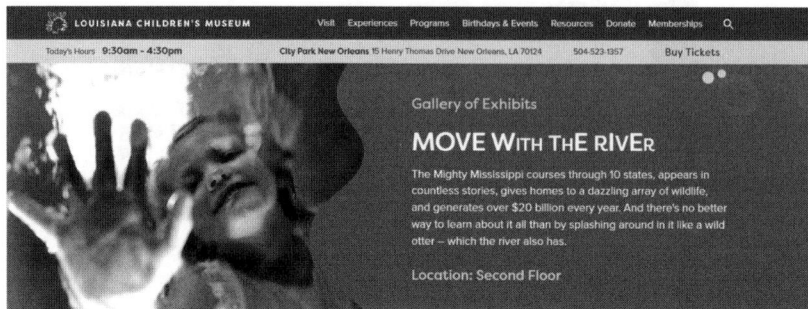

图二二　路易斯安那州儿童博物馆官网界面

（图片来源：路易斯安那州儿童博物馆官方网站https://lcm.org/2023年1月18日）

上海儿童玻璃博物馆除了考虑到儿童的安全外，还考虑到了陪同儿童的家长，设置了餐饮区和大量的座位，供家长补充能量和休息。更有儿童专门的"放电区"，让儿童可以尽情地玩耍。儿童玻璃博物馆将博物馆相关信息更多地集中于公众号的宣传上，公众号小程序内容完善，除了可以了解到玻璃的相关知识外，还可以报名参与相关活动，小程序设计较为完善（图二三）。

课节	星期	时间	签到时间	上课地点	12/03 星期六	12/04 星期日	12/10 星期六	12/11星期日	12/17 星期六	12/18 星期日	12/24 星期六	12/25 星期日	班级人数
「100%」旧瓶改造	第一节	10:00-11:00	9:50	儿童玻璃博物馆团课区	Nina	Nina	Nina	玻玻璃璃实验室化学实验	Nina	Nina	Nina	Nina	30
	第二节	13:00-14:00	12:50	儿童玻璃博物馆团课区	Nina	Nina	Nina	Nina	Nina	Nina	Nina	Nina	30
	第三节	15:00-16:00	14:50	儿童玻璃博物馆团课区	Cindy	Cindy	Cindy	Cindy	Cindy	Cindy	Cindy	Cindy	30
「SEEDS」植物生活	第一节	10:00-11:00	9:50	Seeds种子展厅	Cindy	Cindy	Cindy	Cindy	Cindy	Cindy	Cindy	Cindy	30
	第二节	13:00-14:00	12:50	Seeds种子展厅	Cindy	Cindy	Cindy	玻玻璃璃实验室物理实验	Cindy	Cindy	Cindy	Cindy	30
	第三节	15:00-16:00	14:50	Seeds种子展厅	Nina	Nina	Nina	Nina	Nina	Nina	Nina	Nina	30

图二三 儿童玻璃博物馆公益活动课程表

（图片来源：儿童玻璃博物馆官方网站http://www.shmog.org/visit/spaces/kmog/2023年1月18日）

五、可持续发展：儿童博物馆建设之道

儿童博物馆的建立，不仅要从儿童的视角出发，更要考虑到儿童博物馆的可持续发展，探寻更加贴近儿童日益增长的学习、成长、探索需求的途径。根据美国路易斯安那州儿童博物馆和上海儿童玻璃博物馆的成熟运作成果，对未来儿童博物馆的建立及可持续发展有以下几点建议。

（一）可持续发展的基础建设运营

儿童博物馆的可持续发展也体现在博物馆建筑本身，在博物馆的场馆设计角度上，要注重保护自然资源，提高能源的使用效率，使用可再生资源，为儿童创造兼具童趣与环保的健康活动场所。案例所采取的建材设备多采用了环保材料以及可循环的建材设施，选用的建筑设计颜色也更加贴近儿童偏好，达成了美感与可持续的双重目标。儿童博物馆要实现可持续发展，需要有适合其构建核心理念及主体的建筑造型，以及贴近儿童身心健康的内部建筑色调，选择适合儿童发展的活动设施的同时，也应注重材料的环保性和可持续利用。

（二）可持续发展的陈列活动开展

陈列是博物馆的核心环节，儿童博物馆的陈列更需立足于儿童的身心成长需求出发，两座儿童博物馆以儿童的视角打造了主题性的儿童学习与玩耍的乐园。儿童博物馆陈列设施首先要立足儿童的视角，配合儿童的身高及活动思维的基础活动，并且具有教育性。

在博物馆资金允许的条件下，应结合季节、节庆、当地传统开展有益的活动，活动的及时更新和富有教育意义更是让儿童博物馆不断保持生机与活力的关键。不能仅仅将儿童博物馆视为城市的标志性建筑，而应将其视为联系社区成员的场所，想要实现社区互动及所在地文化归属感，最好将当地特有的文化融合陈列设施及环节。像是路易斯安那州儿童博物馆的固定陈列融合了当地的传统美食制作和社区文化。儿童是具有巨大探索能力的存在，借助数字化应用可以吸引儿童的注意力，并可以开展更多不限实体形式的互动。

可持续发展的儿童博物馆也要考虑到儿童的覆盖面，幼儿的成长和教育不应该被忽视，可以加入促进幼儿感官开发的相关活动，促进幼儿的感官开发，扩大儿童年龄的覆盖面同样可以让更多的家庭更早地参与博物馆的活动开展，体悟到博物馆教育及活动的重要性，从而让儿童博物馆在孩子的成长过程中扮演更重要的角色，为儿童走进博物馆营造更良好的氛围，促进儿童博物馆的可持续发展。

儿童博物馆的活动开展应始终以教育为主线，儿童博物馆的可持续发展离不开与学校开展合作。应重视和学校的合作，重视活动内容的选择和形式，让教育不仅仅停留于课本文字，提供更多的实践机会。

（三）可持续发展的服务后勤保障

儿童博物馆的正常运营离不开良好的后勤保障。儿童博物馆的发展需要重视儿童的健康，大部分的儿童博物馆内都有大量的互动设施，对于这些设施的清洁是保证儿童健康地开展博物馆互动的前提条件。除了儿童的活动安全，也要考虑到带领儿童来到博物馆的家长的活动体验，应该提供充足的休息区避免家长的博物馆疲劳，给家长留下良好的活动体验，也将提升儿童来博物馆活动的概率。

随着数字化的发展，博物馆的宣传和预订服务多集中于公众号和小程序上，通过完善公众号和小程序，让更多的家庭以更快速的方式了解到博物馆的展陈和活动开展情况。通过公众号的活动反馈和日常推文更新，让多数家长了解到这并不是一座死板的博物馆，而是能让孩子有收获的寓教于乐的场所。

六、结　语

儿童博物馆作为儿童学习探索的场所，肩负着满足儿童成长需求、探索需求，助力博物馆可持续发展的重要使命。两座博物馆都向我们证明了，儿童并非不可以走进博物馆，相反，儿童通过博物馆教育可以更好地在博物馆学习相关知识。博物馆应成为儿童的乐园。当前中国儿童博物馆的数量仍很少，探索儿童博物馆的建立和可持续发展路径是急需关注的问题。

综上所述，儿童博物馆想要实现可持续发展，首先应当充分把握儿童视角，在基础建设和陈列安排中，注重"展示功能"和"教育功能"二者并驾齐驱，真正将儿童博物馆打造成寓教于乐的场所；其次，要运用好数字化新技术，用新的语境和逻辑为儿童创建良好的沉浸式、交互性体验空间；此外，博物馆还应多关注儿童权益，重视社区构建的价值。相信在未来，儿童博物馆的可持续建设和发展将会制造出更多的惊喜。

（曾睿妍　暨南大学文学院）

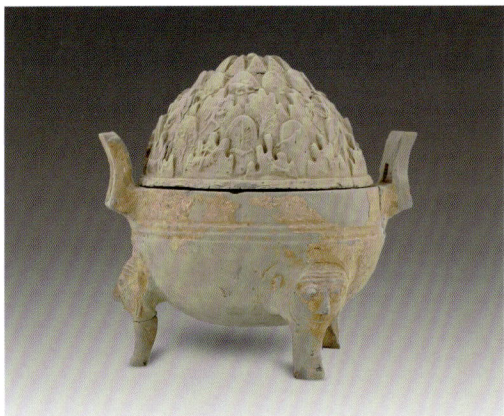

1. B型陶鼎（M20：2）

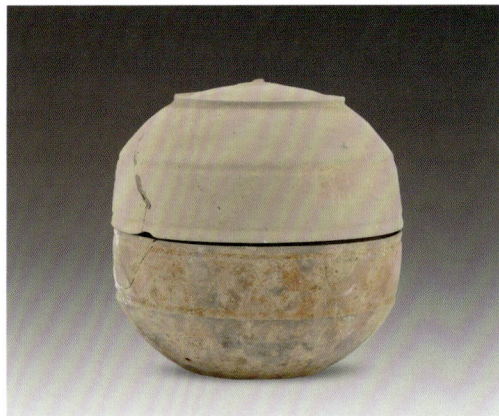

2. 陶盒（M20：3）

3. 陶壶（M20：4）

4. 陶仓（M20：7）

5. 水晶珠（M20：27）

6. 石花生（M20：28）

南阳市宛运公司20号汉墓出土器物

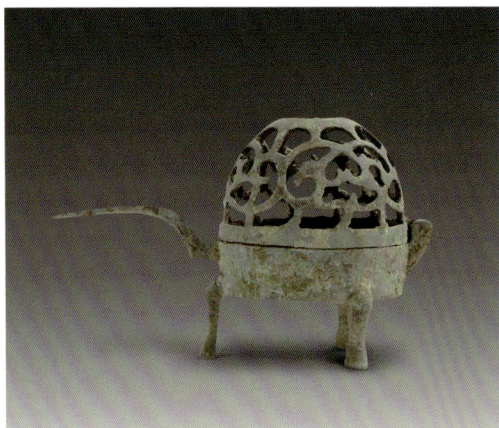

1. 铜熏炉（M20：15）

2. 铜镜（M20：16）

3. 铜铃（M20：19）

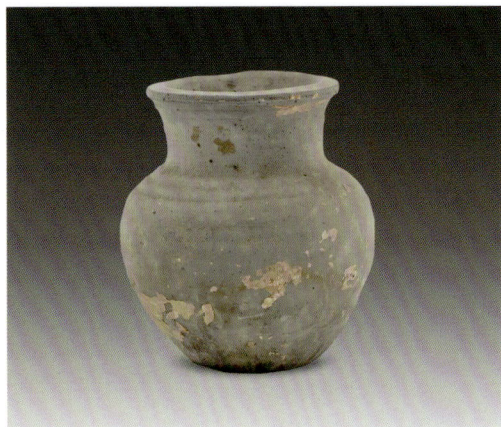

4. 陶罐（M20：32）

5. 琉璃鼻塞（M20：22）

6. 琉璃口琀（M20：21）

南阳市宛运公司20号汉墓出土器物

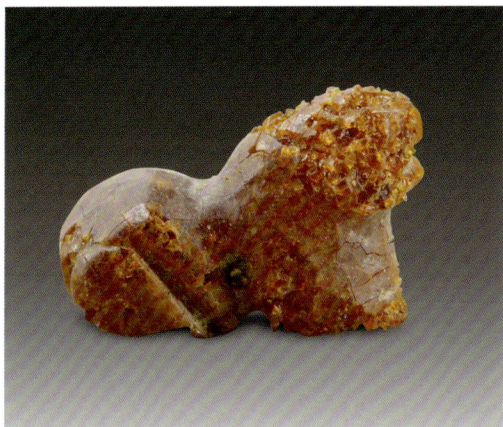

1. 琥珀虎（M20∶25）

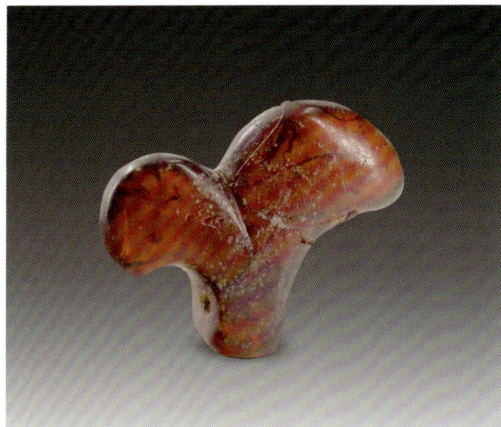

2. 琥珀鸟（M20∶26）

3. 石蛋（M20∶23）

4. 迦陵频伽纹铜镜

5. 四凤龟灵贺寿纹音乐铜镜

6. 孔雀衔花纹铜镜

南阳市宛运公司20号汉墓出土器物和草原丝路珍品陈列馆藏铜镜

1. 胡人驯虎纹铜镜

2. 钱纹锦地双牡丹纹铜镜

3. 刻双鱼纹转心铜镜

4. "青盖"铭文龙虎人物纹铜镜

5. 鹤鹿同春仙人故事纹铜镜

6. "大定通宝"钱文铜镜

草原丝路珍品陈列馆藏铜镜